本文集由晨讯科技集团、暨南大学211工程第三期项目赞助出版

鄧喬彬學術文集

第六卷

词学三著

邓乔彬 著

安徽师范大学出版社

责任编辑:潘　安　何章艳
装帧设计:丁奕奕

图书在版编目(CIP)数据

词学三著 / 邓乔彬著.—芜湖:安徽师范大学出版社,2013.8
(邓乔彬学术文集;6)
ISBN 978-7-5676-0148-2
Ⅰ.①词… Ⅱ.①邓… Ⅲ.①词学—诗词研究—中国 Ⅳ.①I207.23

中国版本图书馆CIP数据核字(2012)第300349号

词学三著
邓乔彬　著

出版发行:安徽师范大学出版社
芜湖市九华南路189号安徽师范大学花津校区　　邮政编码:241002
网　址:http://www.ahnupress.com/
发 行 部:0553-3883578　5910327　5910310(传真)　　E-mail:asdcbsfxb@126.com
经　销:全国新华书店
印　刷:安徽芜湖新华印务有限责任公司
版　次:2013年8月第1版
印　次:2013年8月第1次印刷
规　格:787×1092　1/16
印　张:23.75　　插　页:4
字　数:551千
书　号:ISBN 978-7-5676-0148-2
定　价:48.00元(平装)　58.00元(精装)

1986年版封面

1993年版封面

2004年版封面

2001年版封面

《唐宋词美学》获奖证书

1986年

2001年，天台山

2002年，武陵源

2004年，平遥

2004年，长沙贾谊宅

总序

孔子说："吾十有五而志于学，三十而立，四十而不惑，五十而知天命，六十而耳顺，七十而从心所欲，不逾矩。"我今年七十周岁，应以之对照反省并思考其中原因了。

孔子以六艺授徒，实行全才式教育，我于1956年考入华东师大附中，勉强可算"十有五而志于学"，却已开始偏科。试前突击可考数、理、化优良，日常所好却为文哲、史地与艺术。高中再入师大附中，不久就被调到区体校，虽安排就读于同是名校的复兴中学，兴趣使然，偏科更为严重。直到高三，情况始变：体校为兼顾运动会得分和高考录取率，全班仅剩十七人，在最小的教室上课，一流老师讲课，我虽近视未戴眼镜，仍看得清又听得明，能集中思想学习。我不仅是文、史课代表，空间解析几何、有机化学等课程的测验、考试也几为全优。学业之进，使我误以为自己能做到文理兼长，因看到了历年对《红楼梦》研究、对胡适思想、对诸多文艺现象和人物的批判，深感"文科危险"，于是，在高考的选择上，决定报考理工科。我有绘画之长，又爱制作船模，原欲报考同济大学建筑系或上海交大造船系，后来却突然生变。原因是：在六月举行的上海市中学生运动会体校组比赛中，我获得跳高冠军和三项全能亚军，被观战的华东师大体育老师相中，劝我报考师大。他告以师大物理系毕业生多分配至高校或科研单位，到中学的仅百分之五。而因经济困难，我曾对父母许诺读大学不要家里负担，师范生由国家提供膳食，能不爽所约，故而听从所劝，改以华东师大物理系为第一志愿，并被录取。

入学后，开始还信心满满，但随着时间推移，却对学习越来越不感兴趣。尤其是高等数学，常布置几十道题，有时竟然半天也解不了一题，使我深感烦恼。有次实验，一女同学失手损坏了仪器配件，被命赔偿，她的痛哭使我难以平静，就此视实验为畏途。我住在运动员宿舍，见文科生毫无作业、实验负担，同室一位羽毛球队员读中文系，是印尼归侨，曾说："我们的同学真厉害，高中就读过《三国演义》、《水浒传》、《红楼梦》！"听此叹慕，我心中暗笑："这些小说，鄙人小学时就读过了，岂止读过，人物和情节都能随口说出！”我深感文理科的苦乐不同，心想：“毕业后拿一样的工资，何必要读物理系？学得如此之苦！”为此，因高考弃长取短、选择了理科而后悔，开始有转系之念。

那时的高校，转系极难。我先向物理系提出转读中文系的申请，未得理睬。后听说，有一数学系转中文系的学生，曾向市委书记柯庆施写信，历尽周折才得批准，且必须从一年级读起。我当然不愿去中文系“留级”，更不愿在物理系勉强升级，决定破釜沉舟、“舍命”一搏。于是，所有的专业课都亮起“红灯”，以证我不宜在物理系学习；同时，正式提出转读中文系二年级的申请。在受阻于物理系、教务处之后，我决定写信给校党委书记兼副校长常溪萍，申明要求转系的理由。常溪萍抗战时入党，曾是山东的模范专员，保持老八路本色，经常出现在学生宿舍、食堂和运动场，爱打篮球，曾多次看我跳高，认识我。我刚入学，就在新生运动会上破了校纪录。1963 年参加高校运动会，所有高度都一次过杆，最有希望夺冠，却在跳 1 米 86 时，心想过此高度将集冠军、高校纪录和一级运动员于一身，杂念一生，三跳失败，仅获亚军。虽如此，我仍是华东师大田径队的“希望之星”。我候在丽娃河桥畔，见他经过，把信交他手上，只说：“常校长，这是我要求转系的信。”转身就走。不久，教务处约我谈话，认真听取我要求转系的理由，后又同意我参加中文系考试，以决定能否转读二年级。事后得知，这是奉常校长所命而办，而常校长之所以同意我转系，主要不在于我是学校的优秀运动员，而是通过查阅高考作文卷，知我所写《雨后》一文似是得了理科生的最高分，这是可以转读中文系的重要理由和依据。

因期终考试已过，我被安排参加中文系一年级的补考，所有课程都通过，优多良少，我终于没成为“留级生”，在 1963 年下半年转到中文系二年级就读。这年冬天，成为一级运动员，自感学习上驾轻就熟，大有余力读书。次年春，我以 1 米 92 打破 1 米 86 的上海高校跳高纪录，距新的运动健将标准仅 3 厘米，是全校最有希望成为健将的人选。我开始酝酿学习与体育双优的计划，期待毕业能留校工作，走上高校教学和文学研究的道路。

但是，在中文系仅读了一年，1964 年 10 月，全年级同学就被命参加“社教”工作队，到安徽农村搞“四清”。先是“访贫问苦”、“扎根串连”，后是“整那些走资本主义道路的当权派”，从全椒县到定远县，先后参加了三期运动。1966 年 5 月，结束“社教”，恢复了大学生身份，回到学校。但随即“五一六”通知下达，“无产阶级文化大革命”真正拉开序幕，我在无“学”、不“学”的大学度过了“乱也看惯了，篡也看惯了”的两年多。好不容易在被拖一年后，于1968年毕业分配。五年制的大学六年毕业，我实际上只读了一年物理系，一年中文系，在“四面向”（厂矿、农村、基层、边疆）的潮流中，被分到甘肃永登水泥厂。服从建材部安排，我于1968年9月到江苏南通长江边的东方红农场，接受解放军的再教育。战天斗地，劳动一年半，于1970年3月结束锻炼。5月初到甘肃永登水泥厂报到，开始在黄土高原的山沟接受工人阶级的永久性再教育。

我先被安排随政工组挖防空洞，后到原料车间，每天推小车，数月后，再被分到班组，当了三班倒工人。一年多后，职工子弟小学一位体育教师调回老家，厂政工组找我谈话，令去学校顶缺，理由是我不久前获兰州市首届运动会跳高冠军，教体育很合适。我认为自己虽能当专业教练却教不了小学体育，在压力之下还是顺从了。每天面对小麻雀般的一二年级小学生，和“我们今天玩什么”的发问，我只能摇头苦笑，唯求不出意外，何有教学可言！一年后，我改任职工子弟中学的军体课，课馀还曾满怀热忱训练学生田径队。后被同事告知：校长对我教体育穿运动鞋和运动服、戴太阳帽（均自费购置）很不满，认为是资产阶级作风，差点过不了转正一关。在教了近两年军体课后，我“归队”当语文教师，而因“阶级”的嫌疑，冷却了对学校体育事业的热心。

很快就到了“而立”之年。难出于时代之外，此时的我是不“学”又未“立”。应付每周十二节语文课兼一个班的班主任，每周三个晚上的学习毛选、马列，是极其容易的。在“知识越多越反动”的年代，不必“给人一杯水，自己要有一桶水”，此时除了马列、毛选，实在无书可读，我仅是利用为厂文艺宣传队创作节目的机会，借口找参考书，在厂图书馆发现了几本藏在角落的外国小说，读了以前未读过的梅里美《嘉尔曼》、《高龙巴》等书。

黄土高原的杨树叶生生落落，我的生活在“看人儿女大，为客岁年长”中循环……终于到了1976年，周恩来、朱德先后逝世，唐山大地震，毛泽东逝世……不久，传来了一举粉碎“四人帮”的消息，举国欢庆之后，很快就是一系列的拨乱反正。终于，在1977年听到了恢复高考的喜讯，不久又传来研究生招生的消息。“伤痕文学”的出现，促使人们反思“文革”，陈景润攻克“哥德巴赫猜想”的报告文学，更鼓舞了许多人，“志于学”的时代终于来临了！我在1978年春报考了古代文学研究生，以母校华东师大为第一志愿，在永登县城参加考试，除俄语外，其他三门课自感较好。在等待中得到了复试通知，却因夏天的洪水冲断宝天铁路，只能向厂领导申请乘飞机回沪，且不顾只准飞兰州到西安的批示而直飞上海，参加复试。9月，收到录取通知，我成为了“文革”后“黄埔一期”研究生，得以从中年开始“志于学”。

三年研究生，是我真正的读书期。深感本科六年、毕业十年的无学，蹉跎岁月之痛，激起了学习的热情。我尽废以前所好，停止了体育锻炼，渐入学术之门。1981年，研究生毕业，留校工作，既是我学术研究的继续，又是逐渐开拓的起始。很快就进入“不惑”之年，对于人生之途自无所“惑”，而对学术问题则“惑”者甚多，因之而兴趣渐广。我先是为写研究吴梅的硕士论文而用力于戏曲和曲论，后因兴趣主要在词而转向唐宋词与词学批评，以上研究领域的相关成果分别是《吴梅研究》与《唐宋词美学》二书及参撰的《中国词学批评史》，还有多篇词学论文。而因唐宋词与词学批评分别被同事设为选修课，且作为科研主攻方向，我就避之而将研究转到了古代诗画比较。这一转向并非有意作跨界研究，而是或因我青年时对诗画皆有所好的“情结”所致，此时因浸淫学术而多了几分中年的理性，虽未能用力于诗画创作，却对研究二者尤其是比较其异同感兴趣。遂从钱锺书先生的两篇论文及所提出的问题出发，写出了古代诗画比较的讲稿，以此稿开了多年的选修课，并据此而写成、出版了《有声画与无声诗》一书。此书被一书评称为“中国的《拉奥孔》”，虽或过誉，但也确是点出了构建中国古代诗画比较理论体系，揭示民族特色的意旨。

《吴梅研究》初稿成于1981年，出版于1990年底，历时近十年；《有声画与无声诗》成稿五年后，才于1993年出版。《唐宋词美学》1993年出版，《中国词学批评史》1994年出版。以上四种著作，都出在五十岁左右。而因前两者的出版历尽艰难，使我真正懂得学术研究成果的面世受制于市场，这就改变了以前的观念，大概可算是我的“五十而知天命”了！

虽然上述的专著、合著都出版于二十世纪九十年代，却是我八十年代“学”之所成，所以这十年之所“治”，主要是词曲与诗画之学。

1988年起，我受命参与华东师大文科第一个复合型硕士专业的筹建，开始指导这一名为“中国文化建设”方向的硕士生，又有授课的任务，遂用了很多时间阅读文化学、文化史著作，结合我国古代的文学与艺术，写成《中国文化与文艺》讲稿。除了为这一方向的硕士生授课外，又在中文系各层次、范围的学生中以选修课讲过多次。在讲述十年后，写成《古代文艺的文化观照》一书，作为我主持的教育部项目成果，在2003年出版。在研读文化学、文化史的过程中，我一度对图腾、民俗颇感兴趣，曾费时费力地借助放大镜阅读影印版《二十五史》，企图从古史记载中寻找图腾制的遗迹，欲写《中国图腾艺术史》。此事虽未行，却因对文化学、文化史及中国古代史著作的阅读，引发出对史前文艺与神话研究的兴趣。适逢中文系有人主持撰写二十世纪中国美学研究丛书，以人为题，确定了十位对象，将其中的闻一多研究交给我，我虽因读了俞兆平的《闻一多美学思想论稿》而自感难以再作全新之论，却因对闻一多用文化人类学方法研究神话、《诗经》的兴趣，而将论题扭转到对闻氏的古代文学研究作文化的观照，与赵晓岚合作，写成了《学者闻一多》。

与上述研究几乎同时，我又延续了对诗、画的研究兴趣。《有声画与无声诗》出版后，因感到西方是力图拉开诗与画的距离，而我国古代却着力于诗画的融合，可是，诗与画毕竟所属不同，艺术介质、手段有异，虽可比又不可比，为此而生分写《中国诗歌思想史》与《中国绘画思想史》之念。我以先生后熟为原则，先作后者，全书百万字，始于1994年，因有集体项目和教学任务，主要用暑假写作，耗时四年才完成，也同《有声画与无声诗》一样，经历了曲折的过程，才在成稿三年多后出版。此时，已入新世纪，同事萧华荣的《中国诗学思想史》已出多年，使我只能将另一选题调整为《中国诗歌艺术思想史》，却因对能否出版的疑虑，令我不敢贸然动笔。而因2002年接受暨南大学之邀担任古代文学学科带头人，则更使我的生活发生了很大改变，这一写作计划终未能实施。近十年之后，出版拙著《中国绘画思想史》的贵州人民出版社要我自报选题，争取国家出版基金资助，而此时经历了一场大病，我的健康状况已不允许再写大部头著作。于是，我的诗画之学就只能终止于这种跛腿的状态了。

九十年代的十年，我的治学既延续了诗画之学而偏在绘画，又新辟了文化与文艺的宏观关系研究，还在学术史范畴以学者为对象继作“研究之研究”。以上三方向的成果，就是分别出版于2001年的《中国绘画思想史》，2003年的《古代文艺的文化观照》，2001年的《学者闻一多》。三著的出版，在我六十岁左右，此时的辨识力已较前为高，虽非和光同尘，却听到的多能泰然入耳，看到的也见怪不怪，虽无反潮流的勇气，却能不跟风而动，此或为我的“六十而耳顺”之义。

2002 年底，为申报古代文学博士点及中文一级学科博士点，我被借调到暨南大学，担任学科带头人，次年，前者得批，后者未就，我正式调入暨大。河南大学出版社的《宋代研究丛书》已出多种，或因我有《中国绘画思想史》之作，向我约写《宋代绘画研究》。成约于 2002 年 6 月，而因我的调动，应对多事，虽只用了半年多撰稿，成书却已在 2004 年 8 月，出版则是 2006 年 10 月了。我的学术兴趣屡转，虽不怕“学书不成学画，学画不成学塑”之讥，却因只问耕耘、不问收获，从未在各界求取认同，故似只有词学界还将我看作“自己人”，因此而有回归词界之想。我先应上海古籍出版社之约写了《宋词与人生》，又在该社出了《词学廿论》，在齐鲁书社再版了《唐宋词美学》，以维持先入为主的词学学者形象。2004 年，国家社科基金项目“唐宋词的形式与艺术发展史”获批，为应对考核而发表了 30 多篇论文后，我在 2007 年一年内完成了《唐宋词艺术发展史》的百万字书稿，三年后正式出版。

我曾有二十年的体育锻炼和体力劳动史，自三十五岁重回大学以来，为追回岁月，就停止了锻炼，虽自感体能退化，却无明显的不适，为之还自我调侃：“青年时应是狮子老虎，老年时要像乌龟王八。”而实际上我不应提前进入“乌龟王八”状态，故从中年起已因久坐不动而疾病暗生。1999 年，第一个验血指标高出临界，此后各指标逐年飘红，渐成“三高”人员，本应重启体育锻炼，却停不下高强度研究的脚步。因多年的连轴转，健康严重透支，终在 2009 年大病一场，躺上了手术台。此时，我才意识到体育锻炼确应是一生之事，对于运动员出身的人尤应如此。悔之晚矣，亡羊补牢，却已非其时！我只能停止了将要进行的研究，为自己的学术生涯不情愿地划上休止符。

从前曾流行过“为祖国健康工作五十年”的口号，我的真正为学始于三十五岁，应工作到八十五岁，但因健康亮起红灯，身患多种疾病，我只能止于七十。这本是“从心所欲，不逾矩”之年，我虽不逾法度规矩，却受制于健康而不能从心所欲了。有了这一清醒认识，我只能中止原先计划，仅在出版《唐宋词艺术发展史》后，于 2011 年再版了《中国绘画思想史》插图本，旋即开始整理三十多年的著作、论文，拟在七十周岁时出版自己的学术文集，就此将“换一种活法”，以度余生。这样，原先计划要写的几种著作都不能付之实施了。按先后，这些著作是：《进士文化与唐诗》、《中国诗歌艺术思想史》、《中国韵文学概论》，以及力图构建新体系、体现“一代之所胜”的《中国文化史纲》，此外，还有一或两种词籍别集的校笺。

新著写作未成，旧作整理已就，如今，名之为《邓乔彬学术文集》的十二卷本将正式出版。十二卷文集分别是：

第一卷：《文化与文艺》，包括专著《古代文艺的文化观照》和相关论文七篇。

第二卷：《比较诗学》，包括平行比较与影响比较两个专题。前者是：专著《有声画与无声诗》，古代诗画比较论文一篇，中外比较诗学论文六篇。后者是：与陈学祖合作的影响比较研究书稿《现代新诗与古典诗词》三章。

第三卷：《文化诗学》，包括四组论文：文化与诗，十二篇论文；进士文化与唐诗，十二篇论文；诗歌美学，十篇论文；曲学及其他，十一篇论文。

第四卷：专著《唐宋词艺术发展史（上）》。

第五卷：专著《唐宋词艺术发展史（下）》。

第六卷：《词学三著》，分别是《唐宋词美学》、《宋词与人生》、《爱国词人辛弃疾》。

第七卷：《词学论文集》，包括：词学总论，十三篇；词人词作论，十三篇；词论研究，十篇；其他，八篇。

第八卷：专著《中国绘画思想史（上）》。

第九卷：专著《中国绘画思想史（下）》。

第十卷：《宋画与画论》，包括《宋代绘画研究》及研究绘画与画论的论文六篇，访谈一篇。

第十一卷：《学者研究》，包括《吴梅研究》与《学者闻一多》二著，及论述二人学术成就或研究方法的论文二篇。

第十二卷：《杂缀集》，包括六部分：第一部分是为古代六十种画论著作所写的提要，第二部分是九十二篇古文的提要，第三部分为序跋后记，第四部分为学习笔谈，第五部分为发言、讲座稿，第六部分为作品赏析。最后附有作者分年度的著作、论文、文章目录。

回顾七十年的人生，恰以1978年三十五周岁为界：此前是在中学、大学偏科、移易的“志于学”与不能“学”之十多年，学工、学农、学军的数年，不能给人以学、自己亦不能学的工厂子弟学校教师的七年；

此后则是真正在高校的为学、治学，经历了不惑、知天命、耳顺、从心所欲而不逾矩的生命历程、节点。十多年的蹉跎岁月，即使放弃体育锻炼及诸般爱好，也难以追回！若老天能再给我以十多年的健康岁月，本应有逾千万的文字用于结集的，如今却只能止于古稀之年而仅得六百多万字。不过，人们常说，学问是做不完的，念此也就不必自责、自叹了。

本文集的出版，先得暨南大学第三期211工程经费的资助，所缺的大半费用由晨讯科技董事长杨文瑛女士赞助，在我筹款无门、不得已而向这位从无联系的初中同学求助时，立即就得到她的无条件应允，随即将钱款打入出版社账户。对此，实在是难以表达我内心的感激之情！本文集的整理、出版，得我沪、穗两地历届的博士生、博士后助力甚多，分别负责各卷的整理、校核者是：

第一卷：刘兴晖、金国正

第二卷：陈学祖

第三卷：彭国忠

第四、五卷：刘兴晖、昌庆志

第六卷：吴思增、王毅

第七卷：杨柏岭、仲冬梅

九卷：李杰荣、刘兴晖、王嘉、陈建穰

第十卷：何平华、汪涤

第十一卷：李俊（委托刘晓亮）

第十二卷：程刚、夏令伟

文集能顺利出版，衷心感谢他们！

安徽师范大学出版社将本文集列为重点图书，社领导统筹安排，诸位编辑兢兢业业，特此致谢！

围绕为学主题，回顾五十多年人生历程，权以为序。啰嗦之至，望读者谅之！

邓乔彬

2013年5月22日

本卷提要

本卷收入著作三种:《唐宋词美学》、《宋词与人生》、《爱国词人辛弃疾》。

《唐宋词美学》为齐鲁书社所出《词学研究丛书》之一,全书六章,分论唐宋词的审美对象、题旨原型、艺术境界、审美意识、艺术传达、美学接受,多以古人词话中用语作小标题,力求能以此概括其中内容,有清晰、醒目之效。前三章立足于客观:第一章将唐宋词定义为内倾型的心绪文学,并从主客两端论心灵与物质世界的审美;第二章将伤春与伤别作为唐宋词的感情原型,而出于《离骚》的芳草美人则是政治原型;第三章认为唐宋词的艺术境界以狭而深为特征,为阴柔美之极致,是悲剧性的精品,并分析其成因。第四章着眼主观,以"其情最真,其体最正"论唐宋词人审美意识主潮的非功利性与非道德性,又论审美意识的个性差异与时代差异。后两章分论作者与读者的"授""受"互动:先论从审美感受到艺术传达的过程,再归纳艺术传达的一般特点和特殊途径,论述代言与离合、比兴寄托等属于"传达"的问题;从美学接受而言,应注意感情基础与文化时态,书中描述、总结了接受的过程及审美感受问题,而对于词中的寄托,则应作政治解读,在接受过程中会有自己的再创造。

《宋词与人生》系上海古籍出版社的约稿,为该社《传统文化与人生丛书》之一。

全书分为爱情、闲情、性情、雅趣、节日、咏物、羁旅行役、济世之志、流落之悲九个板块,共由一百篇文章组成。每篇单独成文,用宋词中名句为题,并有副标题。书中结合宋代词人的生活际遇、人生体会、感情世界,以及作者自己"同情之了解",力求在还原当时的文化生态同时,又表达自己的人生感悟。对于爱情,通过约会、离别、相思、怨妇、思妇、悼亡、婚外情、负心与痴心、痛苦与甜蜜等,提出了作者自己对于宋代文人学士与女性间爱情的看法。对于闲情,不为"无病呻吟"说所囿,对人生如寄、年光之憾、叹老嗟卑、及时行乐等被视为消极的情绪、态度,以生命意识相观照,说明"闲"者不闲,应有合情合理的理解。对于性情,则从性格、情怀、思想、操守等角度,谈词人如何处理名利、事功、仕途经济、人生忧患,赞赏坦荡、旷达、狷洁、随遇而安及解脱之道,可谓多方面地结合具体词人、词作,形象化地作出自己的理解。羁旅行役、节序习俗,是宋人常态化的生活,而民族灾难、流落之悲则是特殊化的生活,都在宋词中有大量作品,故书中亦有多视角的叙写、谈论。宋代词人多为士大夫文人,多有经邦济世之志,外族入侵所造成的民族灾难,更奋起不少志士、斗士,但因种种原因,其志难行、其愿难践,书中对此亦有专谈。本书还针对宋词颇多的咏物之作,主要从比兴寄托的角度作通俗化的解读。

《爱国词人辛弃疾》是《祖国丛书》的一种,仅六万字,分为"时代的风云"、"起义与南归"、"十论和九议"、"地方十年"、"闲居与起用"、"晚岁生涯"、"稼轩词的杰出成就"

七部分,实为辛弃疾的小传及词作简论。后附生平大事年表。因本人曾赴济南辛稼轩纪念馆联系配图事,得馆方帮助,原版有图片多幅。后因照片被借未还,收入本卷仅存文字,不再配插图。

鉴于本书原来各板块内容排列不尽合理，故收入本卷时调整了顺序和个别目录名称。

目 录

唐宋词美学

宋词与人生

爱国词人辛弃疾

唐宋词美学

序

邓乔彬同志是我所带的首届词曲专业硕士研究生，能填词，有相当扎实的古代文学基础，又有多年的教学经验，入学后，勤勤恳恳，钻研业务，进步很快。邓君曾以二十万字的《吴梅研究》作为硕士论文，其中部分刊于1983年出版的《研究生论文选集》，全稿亦于前年出版。

邓君读书认真，善于研究，实事求是，决不人云亦云，故于词曲理论，时有创见，已有多篇论文发表。他于教学之暇，更不断精进，现又写成《唐宋词美学》一书，都十七万言。余读之，颇感教学相长之益。

吴梅先生是我的恩师，他研究范围深广，著作等身，被称为近代词曲大师，声名籍籍。以吴师之见，诗、词、曲虽同为诗歌，但各具鲜明艺术特征，不容相混。歌德曾说过，艺术的最高成就是风格。清人焦循《易馀硁录》认为一代有一代之所胜。而目前学术界有人对诗、词、曲的区别不甚注意，或只停留在口头上，一接触到具体作品，就不能真正加以认识，这都是未能深入研究所致。

邓君此著，不辞舍易就难，对唐五代宋词的艺术特性与个性，以"不入虎穴，焉得虎子"的精神，"不惮其烦"地切磋琢磨，非捕捉到曲折精致的、有时是转瞬即逝的具有鲜明个性的活的形象不止。

兹就阅读邓君大著所得，另举"重、拙、大"问题谈一点体会。《蕙风词话》卷一第三条："作词有三要，曰重、拙、大。南渡诸贤不可及处在是。"第五条："半塘云：'宋人拙处不可及，国初诸老拙处亦不可及。'"

卷二第八一条：

> 重者，沈著之谓。在气格，不在字句。于梦窗词庶几见之。即其芬菲铿丽之作，中间隽句艳字，莫不有沈挚之思，灏瀚之气，挟之以流转。令人玩索而不能尽，则其中之所存者厚。沈著者，厚之发见乎外者也。欲学梦窗之致密，先学梦窗之沈著。即致密、即沈著。非出乎致密之外，超乎致密之上，别有沈著之一境也。梦窗与苏、辛二公，实殊流而同源。其见为不同，则梦窗致密其外耳。其至高至精处，虽拟议形容之，未易得其神似。颖慧之士，束发操觚，勿轻言学梦窗也。

虽作上述引录，但什么叫重、拙、大，仍不易搞清楚。"轻者重之反，巧者拙之反，纤者大之反。"轻浮、浅薄就是不重；纤巧、做作就是不拙；尖纤、琐屑就是不大。清初之词何以能重、拙、大？因为它们还没有沾染明词纤庸之习，浙派、寒乞之习。为了便于反复阐明重、拙、大的意义，我们再引卷五第三六条：

问哀感顽艳,"顽"字云何诠?释曰:"拙不可及,融重与大于拙之中,郁勃久之,有不得已者出乎其中而不自知,乃至不可解,其殆庶几乎。犹有一言蔽之:若赤子之笑啼然,看似至易,而实至难者也。"

联系上面,"顽"就是顽钝、迂拙,即陶渊明的性刚才拙,杜甫的"老大意转拙",总之,即不能作随风转舵、投机取巧的"聪明人"。卷一第十五条:"真字是词骨。情真、景真,所作必佳,且易脱稿。"胸中积蓄着万不得已、不吐不快的真实的沉思激情,用口、笔表达出来就是词。唐圭璋《唐宋词简释》把"重、拙、大"易为"拙、重、大",我以为具有卓识。"拙"是词的内容,是顽强到底、甚至死而后已的思想和态度,值得深刻体味。

我弱冠时在上海第二师范求学,王饮鹤老师教我读《水云楼词》、《蕙风词》,当时情景令人难忘。现在我摘些佳句、警句,这虽非好办法,但对理解"重、拙、大"不无裨益。

被吴梅先生称为"国朝词人之冠"的蒋春霖,且看其名句:

疏灯晕结,觉霜逼帘衣自裂。(《凄凉犯》)

一片石头城上月,浑怕照,旧江山。(《唐多令》)

又况蕙风《临江仙》八阕,饮鹤师为我击节吟诵,屡屡叹为绝唱。先录其题:

子大(湘程颂万)来申,词事云涌。《临江仙》连句八阕,极掩抑零乱之致。讷翁和之,余亦迭韵。晨夕素心之乐,身世乱蓬之感,固有言之不足者。

词曰:

约略琵琶商妇怨,春花秋月蹉跎。貂裘换后峭寒多。江山欹枕梦,风雨缺壶歌。

明镜晓霜羞短发,负它云髻峨峨。相逢切莫误横波。雍门成归曲,无计惜韩娥。

往事秦淮流不尽,棹歌凄断吴舲。揭天风色带潮青。斜阳非故国,名士又新亭。

画舫重温罗绮梦,卷波风急谁知。江南大好惜年时。水香山媚妩,花靥柳腰肢。

危坐促弦弦转急,新愁旧恨难论。秭归啼血到吴根。有楼皆蜃市,无地著桃源。

身世断蓬之感,是八首的主题。蕙风逊清遗老,飘泊海滨,卖文为活。词中伤时念乱的思想感情,以炼字、炼句、炼意出之,真是意无不达、凄咽动人。这种选言、塑象、造境的艺术手段,千锤百炼、语不惊人死不休的锻炼工夫,是颇值得我们学习的。至于词的理论,如贵拙、贵留,及事事征实,笔笔凌空的特色,难道不值得批判地继承下来吗?叶恭绰先生在所编《全清词钞》的序言中,曾说有清一代的词,超越了明代。朱彊村并认为清词独到之处，即宋人也未必能及。纳兰容若说："诗亡词乃盛，比兴此焉托。"(见《蕙风词话》)沈祥龙《论词随笔》也说词中比兴多于赋，但蒋春霖词就多用赋，少用比兴，具见他的真实力量(吴梅语)。词学理论如陈洵《海绡说词》的"以周吴为师，余子(王沂孙、辛弃疾)为友"，及"贵拙""贵留"，可谓是《蕙风词话》的发展与总结；"事事征实，笔笔凌空"则是宋词质实与空灵的结合，周、吴与姜、张的结合；对梦窗词与清真词的分析，更见贡献。至于词的格律方面，朱、况、吴梅先生、张茂炯等规定前人自度曲(涩体)依四声，一般常用词牌依平仄，这在词与音乐已经亡失的情况下也是可以考虑的。有人以为词到清代中期已经灭亡，这不过是五四时期某位国学家"词到南宋已成鬼的时代"的旧调重弹，这种民族虚无主义的态度，对文学遗产的粗暴否定，当然无法让我们信服。

我在以前所写的论文中，曾驳斥将豪放、婉约的风格视作主流、逆流之说，并努力探究况周颐《蕙风词话》所阐述的鉴赏、创作经验，在拙著《诗词曲欣赏论稿》中，对三者的艺术手法作了研究和论述。邓君在就读研究生时，曾对诗词曲作过初步的比较研究，今又写成《唐宋词美学》，更足见研究水准之提高。若言尚有所憾，当是未及元明清三代词作。虽如此，我想学界对此书是会乐于接受的。

是为序。

万云骏

1992年10月5日

唐宋词的审美对象

“文律运周，日新其业”（刘勰《文心雕龙·通变》），惟有新变，才能代雄，故焦循《易余籥录》持“代有所胜”观点，王国维更标举“一代之文学”。王氏在《宋元戏曲史·自序》中说：“凡一代有一代之文学，楚之骚，汉之赋，六代之骈语，唐之诗，宋之词，元之曲，皆所谓一代之文学，而后世莫能继焉者也。”

唐、五代、两宋词之能够在古代诗苑中焕发出独特光彩，不仅在于诸如反映世情风俗、时势变化的史学价值，也不仅在于窥见情感世界、心灵历史的“人学”价值，还在于其独到的美学价值。

探析、评判唐宋词美学价值，首先要作一番“定位”，要在比较之中逐一地确定其独具个性的美学特征。本章先论其审美对象。

一 曲尽人情 动摇人心
——内倾型的心绪文学

要将唐宋词作“内倾型”、“心绪文学”的定位，当接过王国维“一代之文学”的话题，对唐宋词以前的韵文创作作一番扫描。

在最古老的诗歌结集《诗经》之前，曾有过原始歌谣阶段。除“举重劝力之歌”（见《淮南子·道应》）外，较多的是有着原始宗教色彩之作，其中包括自然神崇拜的媚神歌舞，和祖先崇拜的敬祖歌舞。当然，庆祝农牧丰收，歌颂战争胜利，对异性的诱惑，也是原始歌谣的创作动因和主要内容。总之，它们都与原始的生命意识相关，即求得生存和延续生命。在氏族社会与自然斗争、与野兽斗争、与对立部落斗争的生活中，原始歌谣当然具有群众性，表现为集体的参与。

产生于以黄河流域为主的中原地带、创作在西周初年到春秋中叶、结集为305篇的《诗经》，是我国第一部诗歌总集。《诗经》全面地反映了周民的生活，表达了他们的情感，倘用最简洁的语言作一概括，“男女有所怨恨，相从而歌。饥者歌其食，劳者歌其事”（后汉何休《春秋公羊传·宣公十五年解诂》）差可当之。饥者、劳者之歌，征人、思妇之唱，固然表现了“有所怨恨”；“君子作歌，维以告哀”（《小雅·四月》），上层人士的作品也是这一精神。直到东汉班固，仍在《汉书·食货志》中写道：“冬，民既入，妇人同巷，相从夜绩……男女有不得其所者，因相与歌咏，各言其伤。”因为周人直至汉人，都取“相从而歌”、“相与歌咏”的形式，故班固据以为诗、歌分别定义，并由采诗言及诗歌的功能：“《书》曰：‘诗言志，歌咏言。’故哀乐之心感，而歌咏之声发。诵其言谓之诗，咏其声谓之歌。故古有采诗之官，王者所以观风俗，知得失，自考正也。”（《汉书·艺文志》)汉儒所作的《毛诗序》,对《诗经》的政教意义更作了全面推衍。

诚然,《诗经》的主体是抒情诗,但其歌食歌事的内容,群歌互答的咏唱方式,使之产生了由“内”而“外”的功用。孔颖达《毛诗正义》针对郑玄《诗谱序》的不足,总结了“诗”的“三训”:“承也,志也,持也。作者承君政之善恶,述已志而作诗,所以持人之行,使不失坠,故一名而三训也。”所说固有无视《诗经》重要内容(如爱情诗)和功能(如抒情、状物)之偏颇,但却道出了承君政、持人行的外向性特点,值得注意。

《楚辞》中的《九歌》,其范本是民间祭神乐歌,带着巫文化色彩。而以《离骚》为代表的政治诗,题旨多在刺世事、言治乱、明道德(参见司马迁《史记·屈原传》)。屈、宋有别,这就是“哀众芳之芜秽”(《离骚》)的悲世,和“然惆怅而自悲”(《九辩》)的悲己,但出处穷通都与政治相关。因此,《楚辞》虽与《诗经》体制不同,但承君政、述己志、持人行之“三训”仍合之,同样是外向型的。

汉代韵文创作有两个大端:赋与乐府诗。大赋之盛是出于“润色鸿业”的需要,其主流在于“体物”而非抒情,将诗、骚的重在内心情志感发,变为对外部世界的赞美,“采摭事物,摛华布体”,“控引天地,错综古今”,均为铺陈描写以臻极致。乐府诗的主体是“代、赵之讴,秦、楚之风”的民歌,其创作主导倾向是“感于哀乐,缘事而发”,既有抒情性,又具叙事性,统治者立乐府以采歌谣,起到了“观风俗,知薄厚”的作用,仍是《诗经》“观乐知政”精神的延续、发扬。

魏晋六朝的诗歌、骈文、小赋,经历了不同的创作阶段,有不同的思想内容和风格流派,随着玄、佛继盛,儒家思想一统地位的不复存在,亦可粗略概言其创作格局。大致表现为三种基本倾向:儒家“入世”思想主导下的功业之叹与政治悲愤,道家“出世”思想浸淫下的游仙、玄言与山水赏会,杨朱“乐世”思想影响下的放情肆志。应该说,它们所重者主要还是外在的,表现也是外向的。但是,玄谈之基于思辨,当渐转入于内,人物品鉴的由貌征神,亦导入于内心。老、庄对外部世界的认识侧重在内心体验,“言意之辨”之从重言(口)到重意(心),佛学之神秘直觉,使六朝士夫文士的心理和思维方式发生了变化。

历史并非笔直的单行道,盛唐的出现推迟了内倾型文学的降生。自唐太宗“贞观之治”,到玄宗开元年间,达到鼎盛。东西汇通,南北交流,开放、自由、富裕。对边功、出仕的向往,使得文士既积极肯定现实,又醉心于幻想。以李白诗歌、张旭草书、吴道子绘画为代表的盛唐文艺,是飘逸、豪放、飞动、明快,王、孟的山水田园诗虽宁静甚至幽邃,却仍然生趣盎然。经历了安史之乱的杜甫,以沉郁顿挫的“诗史”关注人生,世上疮痍、民间疾苦,都化成了他的笔底波澜。盛唐诗歌所表现的是纵览天下的气度,其背后是诗人全方位的开放心态。

我们无意于考证《菩萨蛮》、《忆秦娥》是否李白所作,词的渐成风气,当在中唐。以张志和《渔父》为代表的长短句,同以钱起、郎士元为代表的大历诗风,在描绘山水、追求隐逸上,有相当的一致性。这正是安史之乱后,士大夫人生理想和生活情趣发生显著变化的表现。若谓张志和以“斜风细雨不须归”,“长江白浪不曾忧”,“笑著荷衣不叹穷”表其放旷,《全唐诗》中收入诸多中唐诗人的《忆长安》,可显见追怀昔日的盛世而不无忧思。戴叔伦的“胡笳一声愁绝”,韦应物的“边草无穷日暮”,王建的“春草昭阳路断”,“鹧鸪夜飞失伴”(均为《调笑令》),都失去了盛唐的欢快调子、健朗风神,或悲壮沉痛背后的磅礴气势。

刘禹锡和白居易留意民间歌曲,倚声填词,开启其后的晚唐之盛。二人都曾热心政治,富于斗争精神,但他们的词却是流连宛转,哀怨无穷。如刘禹锡:

春去也,共惜艳阳年。犹有桃花流水上,无辞竹叶醉尊前,惟待见青天。

——《忆江南》

斑竹枝,斑竹枝,泪痕点点寄相思。楚客欲听瑶瑟怨,潇湘深夜月明时。

——《潇湘神》

如白居易:

瞿塘峡口水烟低,白帝城头月向西。唱到竹枝声咽处,寒猿闲鸟一时啼。

——《竹枝》

汴水流,泗水流。流到瓜洲古渡头,吴山点点愁。思悠悠,恨悠悠,恨到归时方始休,月明人倚楼。

——《长相思》

刘禹锡的诗中,是“汉家飞将下天来,马箠一挥门洞开”(《平蔡州》)的平定淮西,是“人世几回伤往事,山形依旧枕寒流”(《西塞山怀古》)的兴亡之感,是“种桃道士归何处?前度刘郎今又来”(《再游玄都观》)的斗争豪气。同样,若不论白居易的《新乐府》、《秦中吟》,其“草萤有耀终非火,荷露虽团岂是珠”(《放言五首》)的斥假象、表心迹,“安得禹复生?为唐水官伯”(《自蜀江至洞庭湖口有感而作》)的关心水利,甚至连“当君白首同归日,是我青山独往时”(《九年十一月二十一日感事而作》)之自幸未遭甘露之祸,都与现实相联系。可以认为,刘、白的诗多系心政治、民瘼,无论兼济、独善,都与外在的现实相关。

而词却不然,刘禹锡的“春去也,多谢洛城人”(《忆江南》),“长安陌上无穷树,唯有垂杨管别离”(《杨柳枝》),“君看渡口淘沙处,渡却人间多少人”(《浪淘沙》),“及看花落后,却忆未开时”(《抛球乐》);白居易的“怪来调苦缘词苦,多是通州司马诗”(《竹枝》),“柳丝挽断肠索断,彼此应无续得期”(《杨柳枝》),所写都是人生意绪,缠绵往复,虽淡犹浓。白居易的《花非花》,堪称这种心绪的形象表达:“花非花,雾非雾。夜半来,天明去。来如春梦不多时,去似朝云无觅处。”到晚唐,以温庭筠为代表的文人词,其表现人生意兴心绪,更细微深隐。如《菩萨蛮》:

心事竟谁知?月明花满枝。

鸾镜与花枝,此情谁得知?

春恨正关情,画楼残点声。

《更漏子》:

春欲暮,思无穷,旧欢如梦中。

《归国遥》:

画堂照帘残烛,梦馀更漏促。谢娘无限心曲,晓屏山断续。

温庭筠所作,尚多拟歌女语气,皇甫松、韦庄则为自抒其情。皇甫松《梦江南》所写:

闲梦江南梅熟日,夜船吹笛雨萧萧,人语驿边桥。

梦见秣陵惆怅事,桃花柳絮满江城,双髻坐吹笙。

较之白居易同调之作的忆江花江水、寻桂看潮、吴酒吴娃的明言,颇增惝恍迷离之致。韦庄之作,非仅"炉边人似月,皓腕凝双雪。未老莫还乡,还乡须断肠"(《菩萨蛮》)以抒客怀惆怅著称。试看《清平乐》:

罗带悔结同心,独凭朱栏思深。梦觉半床斜月,小窗风触鸣琴。

《谒金门》:

新睡觉来无力,不忍把伊书迹。满院落花春寂寂,断肠芳草碧。

情意之凄怨、绵邈,甚过于李商隐诗。温、韦之后的西蜀词人所作,其基调正是表现男女情爱的心境、意绪。诚如李泽厚《美的历程》所说:"时代精神已不在马上,而在闺房;不在世间,而在心境。"晚唐五代词已将盛唐诗歌的马上功业、世间情怀,转换为闺房情思、宛转闲愁,积极、外向的艺术精神随之变为深细的审美体验和情感捕捉,词成为一种内倾型的"心绪文学"。不妨再看一些作品是如何表达心绪:

茂苑草青湘渚阔,梦馀空有漏依依,二年终日损芳菲。

——薛昭蕴《浣溪沙》

乡思望中天阔,漏残星亦残。画角数声呜咽,雪漫漫。

——牛峤《定西番》

花满驿亭香露细，杜鹃声断玉蟾低，含情无语倚楼西。

——张泌《浣溪沙》

金盘珠露滴，两岸榆花白。风摇玉珮清，今夕为何夕。

——毛文锡《醉花间》

斜日照帘，罗幌香冷粉屏空。海棠零落，莺语残红。

——欧阳炯《凤楼春》

玉英凋落尽，更何人识？野棠如织，只是教人添怨忆，怅望无极。

——孙光宪《后庭花》

红烛半消残焰短，依稀暗背银屏。枕前何事最伤情？梧桐叶上，点点露珠零。

——尹鹗《临江仙》

更漏咽，蛩鸣切，满院霜华如雪。新月上，薄云收，映帘悬玉钩。

——毛熙震《更漏子》

回首西南看晚月，孤雁来时，塞管声呜咽。历历前欢无处说，关山何日休离别。

——冯延巳《鹊踏枝》

青鸟不传云外信，丁香空结雨中愁。回首绿波春色暮，接天流。

——李璟《浣溪沙》

绿窗冷静芳英(音)断，香印成灰。可奈情怀，欲睡朦胧入梦来。

——李煜《采桑子》

对两宋词，就毋庸例举了。宋人自己说："吟咏性情，莫工于词。临淄、六一，当代文伯，其乐府犹有怜景泥情之偏，岂情之所钟，不能自已于言焉。"(尹觉《坦庵词序》)而"吟咏性情"之"怜景泥情"，正是主于表现"心曲"、"心绪"。胡寅《题酒边词》曾作溯源之论：

> 词曲者，古乐府之末造也。古乐府者，诗之旁流也。诗出于《离骚》楚词，而《离骚》者，变风变雅之怨而迫、哀而伤者也。其发乎情则同，而止乎礼义则异。名曰"曲"，以其曲尽人情耳。

此中道出了词的抒情基调，其溯源之论可置而不评，但"怨而迫，哀而伤"却实为词之所长（详第三章第三节），尤其"曲尽人情"一语，正深中词的特性。我们又看到，先于胡寅的黄庭坚，曾为晏几道词作序，在指出小晏词写出"高唐洛神"、"桃叶团扇"的同时，谓其又能"动摇人心"。"动摇人心"正是晏词真切、深细的心绪传达所产生的美感力量，其显然有别于闻之起舞、警顽立懦的壮士歌诗。非仅小晏，历数两宋词人，多有"动摇人心"之作。

合黄庭坚、胡寅所论，"曲尽人情"、"动摇人心"概括了唐宋词作为内倾型心绪文学的特点。但是，"心绪"究竟是什么？前引词例，有显有隐，有的直接说出，有的欲语还休，有的易感难言，有的不能指实，"愁心似醉兼如病，欲语还慵"（冯延巳《采桑子》）恐怕是不少人的体会，故作“送春滋味，念远情怀，分付杨花”（万俟咏《诉衷情》）的表达。其实，“心绪”就是感情，下面进而论之。

与西方普遍存在史诗不同，我国汉族诗歌（广义）体制短小，不重描述，基本可视作以抒情诗为主体。但若对全部古典诗歌作题材、体性的考察，又确可见出其间的不同。诗、词常被并称，二者却有不同的美学特征，在经历唐五代的词作繁盛，北宋继有创获之后，终于有人始言诗词之别。陈师道、李之仪、李清照是较早的三位。陈师道是“苏门六君子”之一，但他对苏轼扩大词的题材，改变词的艺术手法，以言志抒怀提高词的意格并不赞同。他说：“退之以文为诗，子瞻以诗为词，如教坊雷大使之舞，虽极天下之工，要非本色。”（《后山诗话》）李之仪也颇有感慨地写道：“长短句于遣词中最为难工，自有一种风格，稍不如格，便觉龃龉。”（《跋吴思道小词》，《姑溪居士文集》卷四十）李清照著名的《词论》（见《苕溪渔隐丛话》后集卷三十三）在论列本朝著名词人时，一一指出不足，在提出音律、铺叙、典重、故实等般要求外，又云词“别是一家，知之者少”。这“本色”，“自有一种风格”，“别是一家”，还是似已触着，却终未道出，真能发其底蕴，当在南宋时期了。

李清照认为北宋著名词人各有不足，自己当是真正懂得词“别是一家”了。王灼《碧鸡漫志》终于道出了“别是一家”的某种含义，此书卷二曾专论李清照：“作长短曲，能曲折人意，轻巧尖新，姿态百出，闾巷荒淫之语，肆意落笔，自古缙绅之家能文妇女，未见如此无顾忌也。”对“轻巧尖新，姿态百出”的艺术技巧可不论，且看“曲折人意”，“闾巷荒淫之语”当指什么？还是看李清照词：若谓函致丈夫赵明诚的《醉花阴》，其“玉枕纱橱，半夜凉初透”，“莫道不消魂，帘卷西风，人比黄花瘦”表达相思之意还较含蓄，那么《一剪梅》的明言“云中谁寄锦书来”，则情意显见了。至若此词下片所写：

> 花自飘零水自流。一种相思，两处闲愁。此情无计可消除，才下眉头，却上心头。

“无顾忌”之评实不诬也。原来这“曲折人意”的“闾巷荒淫之语”是表露深深的爱情。《凤凰台上忆吹箫》将“曲折”与“肆意”结合为一阕缠绵悱恻之作：

> 香冷金猊，被翻红浪，起来慵自梳头。任宝奁尘满，日上帘钩。生怕离怀别苦，多少事、欲说还休。新来瘦，非干病酒，不是悲秋。　休休！这回去也，千万遍《阳关》，也则难留。念武陵人远，烟锁秦楼。惟有楼前流水，应念我、终日凝眸。凝眸处，从今又添，一段新愁。

在唐风之通脱早逝，理学已兴之时，纵使是对丈夫的爱情、思念，也会被看作“荒淫之语”。

以王灼之评释“别是一家”，或非李清照原意，但词之“本色”、“自有一种风格”，却无疑是出于“缘情”性质。黄庭坚谓小晏之词“能动摇人心”，自与其“高唐洛神”、“桃叶团扇”的爱情题材相关。胡寅称道苏轼“使人登高望远，举首高歌”，却被看作“词诗”，大概正在于“绮罗香泽之态”和“绸缪宛转之度”的失落。同样，辛弃疾的“大声鞺鞳，小声铿鍧，横绝六合，扫空万古”，却被目为“词论”，作为词，人们更认可他的“秾纤绵密者亦不在小晏秦郎之下”（分见胡寅《题酒边词》，刘克庄《辛稼轩集序》，“词诗”、“词论”出潘牥所说）。《怀古录》所载陈子宏称道稼轩语，在肯定了“稼轩词为豪迈”的同时，批评了“徒狃于风情婉娈”之作，这“风情婉娈”四字却是词之真魂所在。在南宋倡导雅词已成风气之后，王炎《双溪诗馀自叙》作了颇为公允之论：

> 今之为长短句者，字字言闺阃事，故语懦而意卑。或者欲为豪壮语以矫之，夫古律诗且不以豪壮语为贵，长短句命曰“曲”，取其曲尽人情，惟婉转妩媚为善，豪壮语何贵焉。不溺于情欲，不荡而无反，可以言曲矣。

他在看到豪壮语不宜于词的同时，指出了词的特点在于“曲尽人情，惟婉转妩媚为善”，虽反对“字字言闺阃事”，倡以“不溺于情欲，不荡而无反”，但“婉转妩媚”者自与“情”最相宜。王炎虽与胡寅一样，都以“曲尽人情”言词，但对“人情”的着眼点实有不同。张炎以著名词人由宋入元，其《词源》实有总结宋词这“一代之文学”创作理论的意义，《赋情》一则云：

> 簸弄风月，陶写性情，词婉于诗；盖声出莺吭燕舌间，稍近乎情可也。若邻乎郑、卫，与缠令何异也！
>
> 若能屏去浮艳，乐而不淫，是亦汉、魏乐府之遗意。

这里，提出了“屏去浮艳，乐而不淫”的雅正要求，反对“邻乎郑、卫”，指出词“声出莺吭燕舌间”的“倚声”（女声）特点，最能为多数论者所接受。而“簸弄风月，陶写性情”正是对词之“缘情”特性，和“情”的内涵的合适定义。

且不论被陆游叹为“士大夫乃流宕如此”（见《渭南文集》卷三十）的《花间集》，南北宋最见“本色”，最能体现“自有一种风格”的，都是“缘情”之作。且看：

> 伤高怀远几时穷？无物似情浓。离愁正引千丝乱，更东陌，飞絮濛濛。嘶骑渐遥，征尘不断，何处认郎踪？　双鸳池沼水溶溶，南北小桡通。梯横画阁黄昏后，又还是斜月帘栊。沉恨细思，不如桃杏，犹解嫁东风。
>
> ——张先《一丛花》
>
> 梦后楼台高锁，酒醒帘幕低垂。去年春恨却来时，落花人独立，微雨燕双飞。　记得小苹初见，两重心字罗衣。琵琶弦上说相思。当时明月在，曾照彩云归。
>
> ——晏几道《临江仙》
>
> 十年生死两茫茫，不思量，自难忘。千里孤坟，无处话凄凉。纵使相逢应不识，

尘满面，鬓如霜。　　夜来幽梦忽还乡，小轩窗，正梳妆。相顾无言，惟有泪千行。料得年年肠断处，明月夜，短松冈。

——苏轼《江城子》

消魂，当此际，香囊暗解，罗带轻分。漫赢得青楼、薄幸名存。此去何时见也？襟袖上、空惹啼痕。伤情处，高城望断，灯火已黄昏。

——秦观《满庭芳》下片

画图中、旧识春风面，谁知道，自到瑶台畔。眷恋雨润云温，苦惊风吹散。念荒寒，寄宿无人馆，重门闭，败壁秋虫叹。怎奈何、一缕相思，隔溪山不断。

——周邦彦《拜星月慢》下片

将发，画楼芳酒，红泪清歌，顿成轻别。回首经年，杳杳音尘都绝。欲知方寸，共有几许新愁？芭蕉不展丁香结。憔悴一天涯，两厌厌风月。

——贺铸《石州引》下片

燕燕轻盈，莺莺娇软，分明又向华胥见。夜长争得薄情知？春初早被相思染。　　别后书辞，别时针线，离魂暗逐郎行远。淮南皓月冷千山，冥冥归去无人管。

——姜夔《踏莎行》

听风听雨过清明，愁草瘗花铭。楼前绿暗分携路，一丝柳、一寸柔情。料峭春寒中酒，交加晓梦啼莺。　　西园日日扫林亭，依旧赏新晴。黄蜂频扑秋千索，有当时纤手香凝。惆怅双鸳不到，幽阶一夜苔生。

——吴文英《风入松》

以上是“情”之大宗——爱情，或出于妻妾，或见于婚外。还有一端，则是闲情或感慨：

一曲新词酒一杯，去年天气旧亭台，夕阳西下几时回？　　无可奈何花落去，似曾相识燕归来，小园香径独徘徊。

——晏殊《浣溪沙》

群芳过后西湖好，狼藉残红，飞絮濛濛，垂柳阑干尽日风。　笙歌散尽游人去，始觉春空，垂下帘栊，双燕归来细雨中。

——欧阳修《采桑子》

栖乌飞绝，绛河绿雾星明灭。烧香曳簟眠清樾。花影吹笙，满地淡黄月。　　好风碎竹声如雪，昭华三弄临风咽。鬓丝撩乱纶巾折。凉满北窗，休共软红说。

——范成大《醉落魄》

少年听雨歌楼上，红烛昏罗帐。壮年听雨客舟中，江阔云低，断雁叫西风。　　而今听雨僧庐下，鬓已星星也。悲欢离合总无情，一任阶前点滴到天明。

——蒋捷《虞美人》

这四首，除蒋捷《虞美人》带着亡国后的悲凉，回首人生苦旅外，或作年光之叹，见淡淡哀愁，或表幽栖情怀，见悠闲怡静。

诚然，苏、辛及其后劲都曾扩大词的题材，或抒发志向、襟抱，写人生感慨，或愤于时势，表君国之忧，但一则在两宋词中毕竟属少数，二则得人首肯者并非直言而是“寄言”，是以闺房花草写政治内容之作。至如说理，苏、辛都曾尝试，甚至演《庄子》为词，终未获成功。可以说，苏、辛等词人以言志、说理入词，均未得认可，词以“缘情”为本位似是难以移易的。

明清人在审视历史时，似乎看得更清。若谓“词曲不尚雄劲险峻，只一味妩媚闲艳，便称合作。是故苏长公、辛幼安并置两庑，不得入室”（王骥德《曲律》卷四）尚不免偏颇，何良俊所说则不失为持平之论。其《草堂诗馀序》云：“乐府以皦迳扬厉为工，诗余以婉丽流畅为美。如周清真、张子野、秦少游、晏叔原诸人之作，柔情慢声，摹写殆尽，正词家所谓当行，所谓本色者也。”这“本色”、“当行”就是婉丽流畅、柔情慢声。何以能致此？当然是写“情”，而周、张、秦、晏正是写情高手。晚清的沈祥龙，对前人未曾道出的诗词之别，作了排除性的题材界定，他在《论词随笔》中写道：

> 题有不宜于词者：如陈腐也，庄重也，事繁而词不能叙也，意奥而词不能达也。几见论学问、述功德而可施诸词乎？几见如少陵之赋《北征》，昌黎之咏石鼓而可以词行之乎？

排除了那些虽宜于诗却不宜于词者，进而证明词长于“缘情”。换言之，唐宋词作为内倾型的“心绪文学”，当以感情为主要审美对象。

二　幽香蜜味　沁入心脾
——心灵的审美化

唐宋词作为内倾型的心绪文学，作为以缘情为本位的文学园苑，其必然走上心灵审美化的发展道路。

心灵的审美化包含两个方面：审美的心灵和心灵的审美。前者指不被功利观所拘、不为道德律所缚的纯粹审美意识，后者指灵魂深处真实情感的艺术表现。前者近于纯美，后者近于纯真。

王国维《人间词话·附录》有这样一段值得玩味的话：

> 山谷云：“天下清景，不择贤愚而与之，然吾特疑端为我辈设。”诚哉是言！抑岂独清景而已，一切境界，无不为诗人设。世无诗人，即无此种境界。夫境界之呈于吾心而见于外物者，皆须臾之物。惟诗人能以此须臾之物，镌诸不朽之文字，使读者自得之。

这里，有“呈于吾心”和“见于外物”的境界之别，即心内之境与心外之境。以心灵的审美才能呈心内之境，以审美的心灵才能见心外之境。王氏在《人间词话·删稿》中提出“词人观物，须用诗人之眼，不可用政治家之眼”，故此处之强调“一切境界，无不为诗人设”，“惟诗人能以此须臾之物，镌诸不朽之文字”，这就是离异了政治、功利、道德的纯真、纯美的审美意识、审美感受。前引《附录》文字之下又云：

> 若夫悲欢离合，羁旅行役之感，常人皆能感之，而惟诗人能写之。故其入于人者至深，而行于世也尤广。

这里的悲欢离合、羁旅行役之感几乎就是词之专利，其入人至深、行世尤广正在于心灵审美产生的美感力量。王氏之作既是“词话”，我们就不妨将“诗人”易为“词人”。

前引沈祥龙《论词随笔》，已见陈腐、庄重、学问、功德、事繁、意奥不宜于词。那末何者宜于词呢？吴谷人《红豆词序》云：

> 驻枫烟而听雁，舣葭水而寻渔；短径遥通，高楼近接；琴横春荐，杂花乱飞；酒在秋山，缺月相候，此其境与词宜。金迷纸醉之娱，管语丝哇之奏；浦遗余佩，钗挂臣冠；满地蘼芜，夕阳如画；隔堤杨柳，红窗有人，此其情与词宜。（见江顺诒《词学集成》卷七）

所说与词相宜之境，当以审美之心灵去拥抱，并“镌诸”文字；而与词相宜之情，当“超以象外，得其寰中”，表现为心灵之审美。

审美的心灵并非词人所独有，却为唐宋词人所共有。

“诗圣”杜甫，是伟大的现实主义诗人，“《述怀》、《北征》诸篇，穷极笔力，如太史公纪传”（叶梦得《石林诗话》卷上），“史不言河北多事，子美日日忧之；史不言朝廷轻儒，诗中每每见之”（浦起龙《读杜心解·读杜提纲》），故有“诗史”之称。人谓读杜“可以知其世”，因为“凡出处去就，动息劳佚，悲欢忧乐，忠愤感激，好贤恶恶，一见于诗”（胡宗愈《成都新刻草堂先生诗碑序》）。但是杜甫又具有细腻的审美心灵，居成都草堂期间所作尤可见之。他虽不作词，却有人认为他的《风雨看舟前落花戏为新句》“词中之神理备具”（见清刘体仁《七颂堂词绎》）。这“词中之神理”不仅是得之于桃枝、春雨、疏篱、碧水、蜜蜂、蝴蝶、蜻蜓、伯劳等优美意象，还见于影遭水引、风妒红花、水风相怯、蜂蝶多情等情感移注。这既有别于李白笔下充满动感的雄奇、开阔的山水自然，又不同于王维笔下浸满禅味的冷寂、清幽的终南辋川。

造就“词中之神理”的审美心灵，为唐宋词人所共有。如温庭筠，很有抱负，希望能为世所用，但“词客有灵应识我，霸才无主始怜君”（《过陈琳墓》），这种异代同悲之感，是产生在“未能鸣楚玉，空欲握隋珠”（《百韵》）的生活际遇中。于是，走上了“能逐弦吹之音，为侧艳之词”的道路。将政治期许的失望，寄托在艺术的审美之中，以画屏溢彩、宝帘美枕、江柳残月、海棠带雨、杏花含露、芳草萋萋等意象表现“绮怨”。又如韦庄，应举长安而逢黄巢起兵，“秦妇吟秀才”非无用世之心，遇乱世而身如飘萍，“飘于风雨”的心灵，遂付之于“吐属之美”（二语出刘熙载《词概》）。宋代有所不同。当“卧榻之旁”的几个小朝廷被相继扫平之后，对辽与西夏的战争都以失败结束，宋君既无“天可汗”的气度，宋臣也多安于“歌儿舞女以终天年”，优待文士的政策，渐见完善的科举制度，造就了文人士夫的“仲夏夜之梦”。政治悲愤、功业之慨多不复存在，审美的心灵通之于“美景良辰，固多于高会；而清风明月，幸属于闲人”（欧阳修《近体乐府·西湖念语》），故“多运藻思为乐府新词”（陈世修《阳春集序》）。在南渡之初，愤于黄流乱注、狐兔横行，词人们抑塞磊落、慷慨悲歌。自绍兴和议，经隆兴和议，到开禧北伐，除小有战事，宋金间有长达八十年的和平。连落职后闲居上饶的辛弃疾都钟情于瓢泉带湖、山鸟山花，更难怪幕僚清客、风雅文士要以湖山清赏、风月吟唱来安顿生命、寄寓情怀了！

审美的心灵只是对事功、政教、伦理的离异和超越，真正体现心绪文学、缘情本位的却是心灵的审美。前引与词相宜之情与“志”之“怀抱”（闻一多《歌与诗》释“志”有三义，但“诗言志”之“志”指“怀抱”）不同，它同样与事功、政教、伦理较远。若从感人、动人角度言，“金迷纸醉之娱，管语丝哇之奏”可置于外，近人陈去病所说更为确切：

> 是以文史从容之彦，江湖傲啸之身，关山之所涉跋，戎马之所奔驰，与夫思妇羁人，孤臣戍卒，际风尘之澒洞，值雨雪之纷纶，莫不哀啸孤呻，驰魂荡魄(《笠泽词徵序》)。

陈氏此序有“凡兹赋咏，悉本灵襟”二语，这“灵襟”二字，真正道出了词之底蕴。我们可将“哀啸孤呻，驰魂荡魄”的悲剧性、凄艳美暂置，而着重探讨心灵之审美在唐宋词中如何表现。

前述杜甫“词中之神理具备”之作，其所具备者尚属“能与花鸟共忧乐”（《人间词话》语）的审美之心灵。而被黄升《绝妙词选》称为“百代词曲之祖”的李白《菩萨蛮》、《忆秦娥》则是心灵之审美的肇始（就词而言）。何以言之？因为二者有“繁情促节”、“长吟远慕”（刘熙载《词概》）的特点，这较之诗的齐言句式之沉稳，语言的庄重平和、清新自然，其形式的杂言、多变，语言的灵动健捷、凄咽宛转，确有抒情之长。感情节奏与词之形式相谐洽，繁情促节、长吟远慕，岂非“能言诗之所不能言”（《人间词话》语）？刘禹锡作《竹枝》，似七言绝句的形式，但“含思宛转”（刘禹锡《竹枝词引》，《刘梦得文集》卷九）的特点却为其独得。可以认为，从中唐起，词已开始用“含思宛转”表其心灵之审美。而繁情促节、长吟远慕、含思宛转等，确不同于诗的从容庄矜、沉郁顿挫、雄健劲直，为晚唐、五代、两宋词心灵之审美的深化、泛化奠定了基础。

晚唐温、韦二家，走上了心灵审美的个性化道路。温庭筠词以细腻的感受力传递感官印象，化景为情，以内心的“外化”为特点。如《菩萨蛮》（小山重叠）以“金明灭”状初阳辉映的画屏流光溢彩、金碧生辉，以“雪”拟脸色白皙，以“金鹧鸪”见服饰之美，都得之于视觉，而“香腮雪”又益之以嗅觉，女主人公懒画蛾眉，迟于弄妆，是由于“花面交映”更起“谁若为容”之想，鹧鸪双双更兴自怜影单之叹。而《更漏子》(玉炉香)的“一叶叶，一声声，空阶滴到明”，则是主于听觉。这种心灵的审美近于西方所说的冷静、客观的“日神”精神。宋代“密丽”一派颇受其影响。

韦庄写词则不然。他在情景相契之中更多主观的抒情，以内心的“深化”为特色。他的词以怀乡、感旧、伤时为主，更多爱情之作。无论是自抒其情的“咫尺画堂深似海，忆来唯把旧书看，几时携手入长安？”(《浣溪沙》)“不知魂已断，空有梦相随。除却天边月，没人知”(《女冠子》)，抑或代人所言的“妾拟将身嫁与，一生休。纵被无情弃，不能羞”(《思帝乡》)都深入于内心。其热烈、深切，近于“酒神”精神。后者的“决绝语”对后人颇有影响，牛峤的“须作一生拼，尽君今日欢”(《菩萨蛮》)，柳永的“衣带渐宽终不悔，为伊消得人憔悴”(《蝶恋花》)，周邦彦的“天便教人，霎时厮见何妨”(《风流子》)，皆为显见者。

《花间集》所收西蜀词人之作，除少数作品表现吊古伤今之情，部分描绘了南国风光，少数亦涉及边塞战争，或表现隐逸意趣外，多为写艳情的“流宕”之作。这些作品主要是描写女子的外在姿容，写及不少欢会场面，其下者甚至流为色欲，当然也多写相思离别之意。但总括而言，风格多未出温、韦，似韦庄之抒发情真意切的爱情之作也罕见。因而，体现出心灵审美泛化于作品，且更形深入、发展的是南唐词。主要是冯延巳和李璟、李煜父子。

先看冯延巳。在冯词中，显见的“心绪”是年光之叹及引发的人生无常之感，是劳人思妇的羁情闺思，其背后则是可思可味却又难以指实的政治联想。冯词不似温词之纯为代言、客观、外化，亦不似韦词之多叙己事、主观、内化，而以凄清、冷瑟之景色，与忧伤愁闷之情绪，作情景交融的表达。如《酒泉子》的“归鸿飞，行人去，碧山边”，“九回肠，双脸泪，夕阳天”，《鹊踏枝》的“阶下寒声啼络纬。庭树金风，悄悄重门闭。可惜旧欢携手地，思量一夕成憔悴”。《采桑子》多首更具意辞相称的意境。在悼惜韶华，抒发好景难常、衰荣代谢之感泛见于冯词的同时，其心灵审美又可从羁愁闺怨引发出别有寄托的联想。如《鹊踏枝》(几日行云何处去)交织着猜疑、希冀、留连、迷乱、怨愤等诸多情绪，难免人们要从其身居相位，面临周师南侵，国势岌岌，却难有作为的境遇测其郁不自达之情怀。倘如此，以政事作闺情，入之于心灵审美，实又开宋人(尤其南宋)寄托之先。

若谓李璟《浣溪沙》的“众芳芜秽，美人迟暮”(《人间词话》)之感还是不自觉的灵魂悸动，李煜亡国后之作在心灵的审美上却有刻意为之的积极创获。一是以亡国前后作强烈对照，坦露自己的灵魂之苦痛，二是借梦境与现实相比，抒发“落差”最大的人生感慨，有时二者并用，感人尤深。前者如《破阵子》(四十年来家国)，为君时的凤阁龙楼、玉树琼枝，为虏时的沈腰潘鬓，加入“仓皇辞庙”的回忆，心灵是何等震悸！又如《浪淘沙》(往事只堪哀)、《虞美人》(春花秋月何时了)，都在今昔比照中入以怀念、感叹、自问、自答、拟想，在千思万绪之中，亡国之痛又是一以贯之。后者如《望江南》二首，梦中所见的旧日游上苑时车马极盛、花月春风的情景，反衬今日断脸横颐的泪水，加以

"多少恨"、"多少泪"的感叹,"断肠更无疑"的悬测,心灵的表暴极为凄惋。又如《子夜歌》(人生愁恨)、《浪淘沙令》(帘外雨潺潺)等,都作今与昔、梦与真的对照。李煜不似冯延巳那样婉约隐微,其心灵的审美是极度的悲凉、痛苦,是以血泪书之,故直切真率、纯任自然,以典型物象(如林花之谢、风雨相摧、秋风月华、春水东流)传递欢愉难再之理,同时凭藉这些物象的审美直觉,表达至深至痛之情。

入宋以后,词中的情感世界更为拓展,更趋深细,心灵的审美也愈为发展,愈形丰富。

柳永充分利用了长调铺叙展衍之长,将唐诗中的时空交织作进一步发展,而时空的错综与众多的抒情手段合为一体,感情的审美较之前人又进一层。李商隐的《夜雨寄北》由此时此地想彼时彼地,以时空转换、交错写出悲欢离合之情。柳永充分利用了慢词的容量,将李诗式的时空格局,作了心灵世界的充分披露。如《浪淘沙慢》(梦觉透窗),也是夜雨忆人的题材,也是悬想相逢后再话相忆。但词中对环境作了反复渲染,在感叹"久作天涯客"后,自责负盟,自作昔欢今戚的对比,继而极力描摹当时的种种柔情蜜意,在回到如今"天长漏永"的同时,再拟想重逢之日细说思忆之情。如此反复缠绵,正是藉《夜雨寄北》的今—明两段式的总体时空格局,发展为更细更深的今—昔—今—明—昔,使错综的时空成为心灵、情感的载体,其丰富、深微,又过于唐五代词。

柳永词多作时空交织是一大进步,但变化仍较少,加以"词语尘下"(李清照语),情趣不高,使后人有足够的拓展余地。如晏几道,其词既有时空交织变化,又能不限于柳永的主于叙事,而是将比喻、象征等修辞手法与梦境、醉境相结合,作今昔对比,写其悲欢离合的"伤心人怀抱"。周邦彦除"模写物态,曲尽其妙"(强焕语)外,在心灵的审美化上有其独造之诣。如《瑞龙吟》(章台路),其首叠写今,次叠写昔,三叠今昔不可分,除时空错综外,又在章法上"层层脱换,笔笔往复"(周济《宋四家词选》),曲折细腻地表现了心中的爱情思绪。其《风流子》(新绿小池塘)将"咫尺画堂深似海"的阻隔之感,通过羡物(燕、花)、听乐、闻歌、设想作层层加重,最后出之以直切之叹,情感既真,表达又美。其以实写表追思(如《拜星月慢》)而最后点醒的写法,不仅在时空变化上又有出新,且以强烈的失落感撼动人心。除爱情外,周邦彦词写羁旅行役之情,也进一步开拓了心灵的审美世界。如《兰陵王》是借柳写别情,客中送客,为人惜别复为己惜别,从未别想别后,从居者写行者,时虚时实,时合时离,这种友朋别情,前人实未写出其凄美中饶悲壮之境。可以认为,由于多种艺术手段的运用,从柳永到周邦彦,已将增加感情容量的时空交织变化,发展为词被造就成充分负荷、融汇着感情的时空合一体,时间是感情的绵延发展,空间是感情的外化之境。

心灵的审美在南宋词中又有发展。一是借赋物以言情,将审美心灵之所得,变为心灵审美的表现。北宋时,苏轼已肇其端,其写杨花的《水龙吟》"幽怨缠绵,直是言情,非复赋物"(沈谦《填词杂说》)。经周邦彦的《六丑·蔷薇谢后作》,到南宋,名作继出。辛弃疾赋琵琶的《贺新郎》给人以"乱杂无章,殆如一团野草"(梁启超语,见《艺蘅馆词选》)之感,内心的骚动,情感的拼搏,使作者难以作审美静观,笔下的意象就是心灵节奏的物化。姜夔的《暗香》、《疏影》亦花亦人,时虚时实,物态化作人情,其题旨、情感都令人作多向性联想。而吴文英赋水仙的《花犯》以花写人，时梦时真，其缠绵往复之情是借花而怀去姬，其“心曲”给人以特有的美感，“天光云影，摇荡绿波，抚玩无斁，追寻已远”（周济《介存斋论词杂著》），此又前人所未到。二是在时空错综变化的同时，心灵的审美已深入下意识、潜意识层次，与幻觉、幻想相结合，展现了灵魂的丰富性。如姜夔因青年时代的合肥情遇成为后半生的重要“情结”，其数次的感梦而作，都是潜意识所致。而《琵琶仙》（双桨来时）的划船惊遇，更是“一襟芳思”的潜意识和下意识表现。其写柳则隐逗当年情事，也几乎是一种下意识的创作欲勃发。与姜夔相较，吴文英也写梦，但更多可从幻觉、幻想窥其心灵。如在一个花深、夕阳、燕归的房舍内，他因怀念“去姬”而似觉“玉纤香动小帘钩”（《浣溪沙》）。在另一场合，当西园赏新晴时，又因“黄蜂频扑秋千索”而起“有当时纤手香凝”的幻觉，这种“痴语”较之“腻粉阑干，犹闻凭袖香留”（《声声慢》）更见情深。他的《八声甘州·陪庾幕诸公游灵岩》更将“青天坠长星”而化成山、树、宫、城的幻想，同“时靸双鸳响，廊叶秋声”的幻觉相结合。

确实，唐宋词的发展历程也是心灵审美化的发展历程。纵然北宋颇多应歌之作，南宋颇多应社之词，免不了为文而造情，但其真情实感之作，无疑是展示了人的情感之多彩，和灵魂的深度。清人谢章铤说过这样一段话：

> 诗以道性情尚矣，顾余谓言情之作，诗不如词。参差其句读，抑扬其声调，诗所不能达者，宛转而寄之于词，读者如幽香蜜味，沁入心脾焉。诗不宜尽，词虽不必务尽，而尽亦不妨焉；诗不宜巧，词虽不在争巧，而巧亦无碍焉。其设辞愈近，其感人愈深。范希文、欧阳永叔非一代名德哉！乃观其所为词，与张三影、柳三变未尝不异曲同工。何哉？嗟乎！夫人必先有所不忍于其家，而后有所不忍于其国，今日之深情款款者，必异日大节之磊磊者也。故工诗者馀于性，工词者馀于情。（《眠琴小筑词序》，载《赌棋山庄全集》）

所说虽不无迂腐处，但既道出了词在体式上较诗更能宛转传情的优越性，更明确地勘定了诗词之界：工诗者馀于性，工词者馀于情；而且从艺术技巧而入之于“深情款款”，已触及心灵审美化问题。我们不妨借其从读者角度所言之“幽香蜜味，沁入心脾”，移作词之心灵审美化的概括，有心灵的审美，才有审美的感悟，“作”与“受”就是这样辩证的双向流程。

三　搜研物情　刮发幽翳
——对物质世界的审美

唐宋词的审美对象主要是人的感情、心灵世界，又因为所处历史时代都值封建社会经济高度发达的时期，物质生活、物质环境较之前代优越；经六朝及初、盛唐之后，对山水自然的审美情趣亦逾于前人，所以唐宋词又以物质世界为主要审美对象。这里，借用苏轼《祭张子野文》所说作为这一节的标题。苏轼说："清诗绝俗，甚典而丽，搜研物情，刮发幽翳。微词婉转，盖诗之裔。"（《东坡集》卷三十五）我们不深究这段评语，但应指出："搜研物情，刮发幽翳"颇合于词，可用以概言唐宋词以自然及人文的物质世界为审美对象的特点。

前引沈祥龙《论词随笔》语，"事繁而词不能叙也，意奥而词不能达也"，实已概言词不宜于叙事和说理。从功能言，词除了抒情外，又宜于状物，从审美对象而言，人们的感情世界、心灵深处而外，唐宋词对客观世界中的自然之物与人文之物也瞩目甚多。

我国诗歌在先秦时代，基本上都是社会性题材，楚人受巫风影响，《九歌》属祭神歌舞。汉代诗歌无论是乐府抑或文人诗，仍然是关注社会生活，汉人对自然界，对物质世界的兴趣，主要给了赋。魏晋以后，开始有了游仙诗、玄言诗。为了安顿生命，并实现人格超越，晋宋之交，有了较成熟的田园诗、山水诗。宋、齐、梁、陈进一步发展，诗人对山水自然的观察愈形深入，写景技巧不断提高，到隋唐时代，山水诗达到了高峰。唐初以还，形成了蓬勃向上的时代精神，英雄主义、荣誉感、责任感结合成一种遍及上下的社会氛围，向往功业、积极参政，实现"济苍生"、"安社稷"的理想，成了诗人的共同追求，成为诗歌的主调。但是，诗人们有的未能为世所用，终身布衣，有的经宦海风波，看透世情，半官半隐，有的因遭兵乱而弃官隐居，有的致仕退隐，养性于山林，有的待价而沽，走上了"终南捷径"，有的经行边塞，领略了西域风光，有的仗剑远游，踏遍名山大川。无论隐居还是经行，都对山水怀有深切的爱，遂使山水成为唐诗的重要题材。

盛唐时代，由于受南北统一、东西交汇、国力强盛、理想可期的影响，山水诗也跃动着博大的气势（王维辋川绝句除外）。安史之乱以后，诗人笔下的山水境界也似关乎气运，而变得清远、冷峭，甚至萧瑟。如"白云依静渚，芳草闭闲门。过雨看松色，随山到水源。"（刘长卿《寻南溪常道士》）"漠漠帆来重，冥冥鸟去迟。海门深不见，浦树远含滋。"（韦应物《赋得暮雨送李胄》）"黄叶覆溪桥，荒村唯古木。寒花疏寂历，幽泉微断续。"（柳宗元《秋晓行南谷经荒村》）与盛唐诗确乎不同。到晚唐时期，藩镇割据、宦官擅权都积重难返，诗人们的从政意识和事功理想在现实坚冷的墙壁前被碰得粉碎，审美意趣也就退缩到庭院、闺房，自然风物亦从大境变为小景。晚唐所作，丽则丽矣，但纤巧细腻已昭示着显著的变化，"只务外华，而气弱格卑，流为词体"（吴可《藏海诗话》）。

这气格卑弱的"词体"诗，最以韩偓为代表，即使不言《香奁集》中的艳情之作，他笔下的"外境"（非"心境"）绮艳纤美亦为前人所无：

> 鹅儿唼喋栀黄嘴，凤子轻盈腻粉腰。深院下帘人昼寝，红蔷薇架碧芭蕉。
>
> ——《深院》
>
> 碧阑干外绣帘垂，猩色屏风画折枝。八尺龙须方锦褥，已凉天气未寒时。
>
> ——《已凉》

淡月照中庭，海棠花自落。独立俯闲阶，风动秋千索。

雨后碧苔院，霜来红叶楼。闲阶上斜日，鹦鹉伴人愁。

——以上《效崔国辅体》

温庭筠诗人、词人一身二任，他将阳刚给了诗，词却专写阴柔：

咸阳桥上雨如悬，万点空濛隔钓船。还似洞庭春水色，晓云将入岳阳天。

——《咸阳值雨》

古树老连石，急泉清露沙。千峰随雨暗，一径入云斜。

——《处士卢岵山居》

荒戍落黄叶，浩然离故关。高风汉阳渡，初日郢门山。

——《送人东归》

竹风轻动庭除冷，珠帘月上玲珑影。山枕隐浓妆，绿檀金凤凰。

——《菩萨蛮》

海燕欲飞调羽。萱草绿，杏花红，隔帘栊。

——《定西番》

一点露珠凝冷，波影。满池塘，绿茎红艳两相乱。肠断，水风凉。

——《荷叶杯》

诗与词的区别可以显见。但总的说来，“花间”词中专以自然风光作为审美对象，类似于山水诗的“山水词”却较为少见。其中孙光宪所作颇值得注意，如：

茅舍槿篱溪曲，鸡犬自南自北。菰叶长，水葓开，门外春波涨绿。听织，声促，轧轧鸣梭穿屋。

——《风流子》

写乡村风景，洋溢着农家的清新、野趣。又如《渔歌子》二首：

草芊芊，波漾漾。湖边草色连波涨。沿蓼岸，泊枫汀，天际玉轮初上。　扣舷歌，联极望。桨声伊轧知何向？黄鹄叫，白鸥眠，谁似侬家疏旷？

泛流萤，明又灭。夜凉水冷东湾阔。风浩浩，笛寥寥，万顷金波澄澈。　杜若洲，香郁烈。一声宿雁霜时节。经霅水，过松江，尽属侬家日月。

走出了画楼深院，洗去了浓浓的脂粉，将情趣倾注于大自然，使词有走出五代风气之势。可惜的是，除李珣以外，很少再能见到类似的作品了。而体现出物质文明、享乐生

活、安恬环境的种种物象,虽未成为词人单独的审美对象,却与词中人物和谐地营造出特有的“花间”气氛。如:

画罗金翡翠,香烛销成泪。花落子规啼,绿窗残梦迷。

——温庭筠《菩萨蛮》

绿槐阴里黄莺语,深院无人春昼午。画帘垂,金凤舞,寂寞绣屏香一炷。

——韦庄《应天长》

罗襦绣袂香红,画堂中,细草平沙番马小屏风。卷罗幕,凭妆阁,思无穷。暮雨轻烟魂断隔帘栊。

——薛昭蕴《相见欢》

锦江烟水,卓女烧香浓美,小檀霞。绣带芙蓉帐,金钗芍药花。

——牛峤《女冠子》

宝檀金缕鸳鸯枕,绶带盘宫锦。夕阳低映小窗明,南园绿树语莺莺,梦难成。

——毛文锡《虞美人》

若对照盛唐诗,如王昌龄也屡写宫怨,但对宫中物件、陈设并不留意,如:“昨夜风开露井桃,未央前殿月轮高。平阳歌舞新承宠,帘外春寒赐锦袍。”(《春宫曲》)“西宫夜静百花香,欲卷珠帘春恨长。斜抱云和深见月,朦胧树色隐昭阳。”(《西宫春怨》)都是粗线条的带过。温庭筠也有一首宫怨词,其下片云:“凤帐鸳被徒熏,寂寞花锁千门。竞把黄金买赋,为妾将上明君。”(《清平乐》)对“凤帐鸳被”就作了重彩描绘。薛昭蕴《小重山》更是极力铺陈:“秋到长门秋草黄。画梁双燕去,出宫墙。玉箫无复理霓裳。金蝉坠,鸾镜掩休妆。

忆昔在昭阳。舞衣红绣带,绣鸳鸯。至今犹惹御炉香。魂梦断,愁听漏更长。”若谓王昌龄七绝是限于字数,那末白居易《长恨歌》又有多少篇幅描写宫廷摆设和杨妃穿戴?由这一比较,不是可以看到“花间”词审美对象、审美趣味的变化消息吗?

整部《花间集》,除描摹女子容貌、娇态外,对“物”的审美,可谓兴趣正浓。且不计此派“鼻祖”温庭筠的最善镂金错采,“精妙绝人”(详第三章第二节),集子中对以下的自然物象描写最多:柳丝、芳草、绿萍、绿苔、杏花、牡丹、梨花、梅花、绿槐、露桃、红豆、芙蓉、海棠、豆蔻、丁香、晓莺、春燕、鸂鶒、鸳鸯、鹧鸪、杜鹃、喜鹊、鹦鹉、蜻蜓、蝴蝶、蜜蜂,晓风、残月、微雨、轻云、淡烟、碧水、彩霞、初露、欲雪。对以下环境、陈设、服饰描写最多:红楼、朱户、翠栏、小阁、画桡、绮窗、珠帘、翠幕、屏风、锦帐、鸳被、山枕、绣帷,凤钗、金钿、翠翘、罗带、绣衫、玉珮、红袂、菱花(镜),红蜡、玉箫、瑶琴、银筝、兰釭、熏炉。这种种轻灵、绮艳、精妙之物,都是词人的审美对象,入于词中,成为极其精美的意象,加以对女性容貌、体态、情思的极力描绘使词成为显别于诗的“艳科”。也许是出于“诗言志”的传统,宋人对晚唐诗大多不以为然,却对新出之词不无嘉许。如陈振孙说:“诗至晚唐、五代,气格卑陋,千人一律,而长短句独精巧高丽,后世莫及。”(《直斋书录解题》)连陆游也对“花间”词并不全部否定,有“历唐季、五代,诗愈卑而倚声辄简古可爱”之评,继而探究其原因:“盖天宝以后诗人常恨文不迨大中,以后诗衰而倚声作,使诸人以其所长,格力施于所短,则后世孰得而议?”(均见《花间集跋》二)可见唐五代词审美对象的转移,将新的情趣寄于新体,还得到一定程度的承认。

宋代文艺的审美趣味发生了较大变化。针对晚唐诗歌的哀怨、消沉、伤感,宋初文人以“弘道”精神,欲重建儒学道统,在强调“道文合一”的同时,也求自身精神品格的提升,努力去改变承晚唐五代的“穷妍极态,缀风月,弄花草,淫巧侈丽,浮华纂组”(石介《怪说》,《石守道先生集》卷下)的宋初诗风。绘画也从中晚唐的热衷于仕女,转而为描摹山水,以致宋人自豪地宣称“本朝画山水之学,为古今第一”(邵博《闻见后录》)。北宋宋迪曾以八种主题创作山水画,即:平沙落雁、远浦帆归、山市晴岚、江天暮雪、洞庭秋月、潇湘夜雨、烟市晚钟、渔村落照。郭熙《林泉高致·山水训》云:“君子之所以爱夫山水者,其旨安在?丘园养素,所常处也;泉石啸傲,所常乐也;渔樵隐逸,所常适也;猿鹤飞鸣,所常亲也;尘嚣缰锁,此人情所常厌也;烟霞仙圣,此人情所常愿而不得见也。直以太平圣日,君亲之心两隆,苟洁一身,出处节义斯系,岂仁人高蹈远引,为离世绝俗之行,而必与箕颖埒素,黄绮同芳哉?”这种将庙堂与山林统一的看法,其实也代表了北宋的普遍思潮。北宋所提供的考试制度,能使世俗地主出身的文士登上仕途,对家园的怀念,对庄园的营建就成为都市繁华生活的必要补充。日渐深入士大夫文士的禅宗,也使士人们向往追求淡泊清雅的生活情趣。入而能登朝理政,出而能觅趣山林,宋人确乎不必像谢灵运那样只能单向地退隐了。与山水画兴盛相同步,山水诗在北宋初亦已开始自具面目,王禹偁、寇准、林逋等人,都有佳作,欧阳修、梅尧臣、苏舜钦等,山水诗占据了他们作品的较大比重。与唐人山水诗多长在五言不同,宋人五、七言皆有所长。唐人山水诗主要产生在隐居生活中,宋人则在游宦、贬谪途中,或退归林下之时,都有佳作。宋代写山水诗的不仅是士夫文士,僧人也是一支重要的创作队伍,宋初有惠崇等“九僧”,后又有惠洪、如璧,都长于山水。宋代山水诗由于入以理趣,且与山水画相得益彰,是唐代以后的又一高峰。

与诗、文(游记)、绘画都向山水题材倾斜相应,北宋词一方面继承了“花间”、南唐遗意,对享乐生活倾注了颇多情趣,另一方面,审美的目光也开始移注于山水。如潘阆有《忆余杭》:

长忆西湖,尽日凭阑楼上望,三三两两钓鱼舟,岛屿正清秋。　笛声依约芦花里,白鸟成行忽惊起。别来闲整钓鱼竿,思入水云寒。

长忆西山,灵隐寺前三竺后,冷泉亭上旧曾游?三伏似清秋。　白猿时见攀高树,长啸一声何处去?别来几向画阑看,终是欠峰峦。

寇准有《江南春》:

波渺渺，柳依依，孤村芳草远，斜日杏花飞。江南春尽离肠断，蘋满汀洲人未归。

欧阳修写颍州西湖的《采桑子》十首，更是对一泓碧水倾注了许多的爱。如：

轻舟短棹西湖好，绿水逶迤，芳草长堤，隐隐笙歌处处随。 无风水面琉璃滑，不觉船移，微动涟漪，惊起沙禽掠岸飞。

群芳过后西湖好，狼籍残红，飞絮濛濛，垂柳阑干尽日风。 笙歌散尽游人去，始觉春空。垂下帘栊，双燕归来细雨中。

何人解赏西湖好？佳景无时，飞盖相追，贪向花间醉玉卮。 谁知闲凭阑干处，芳草斜晖，水远烟微，一点沧洲白鹭飞。

天容水色西湖好，云物俱鲜，鸥鹭闲眠，应惯寻常听管弦。 风清月白偏宜夜，一片琼田。谁羡骖鸾？人在舟中便是仙。

欧阳修在词前的《西湖念语》中自云："虽美景良辰，固多于高会；而清风明月，幸属于闲人。并游或结于良朋，乘兴有时而独往。鸣蛙暂听，安问属官而属私？曲水临流，自可一觞而一咏。"一方面可见已将五代宋初词只属意于绮楼宴饮、院落笙歌的情趣，移注于清风明月、天容水色，自觉地追配晋人风度；另一方面，"富贵闲人"的身份、属官属私的自问，正体现出在"太平盛日，君亲之心两隆"的时代，庙堂之志与林泉之趣相调和的特点，山水已从前代的"可行"、"可望"，变而为"可游"、"可居"。

柳永多羁旅行役之作，虽不以自然风物作为单独审美对象，但如"陇首云飞，江边日晚，烟波满目凭阑久"(《曲玉管》)，"暮景萧萧雨霁，云淡天高风细。正月华如水，金波银汉，潋滟无际"(《佳人醉》)，"暮雨初收，长川静，征帆夜落"(《满江红》)，"鹜落霜洲，雁横烟渚，分明画出秋色"(《倾杯》)等，都展现了开阔的自然外境。审美情趣偏于崇高、刚美的苏轼，就称道他的《八声甘州》中"霜风凄紧，关河冷落，残照当楼"，"于诗句不减唐人高处"(赵令畤《侯鲭录》卷七)。

当然，"以诗为词"的苏轼，其以山水为审美对象的词，更应引人注目。苏轼作词之始，就以清新俊迈之笔写江山之胜，与前人柔媚婉丽的传统很见不同。如《行香子·过七里濑》：

一叶舟轻，双桨鸿惊。水天清影湛波平。鱼翻藻鉴，鹭点烟汀。过沙溪急，霜溪冷，月溪明。 重重似画，曲曲如屏。算当年虚老严陵。君臣一梦，今古空名。但远山长，云山乱，晓山青。

在贬谪黄州之时，山水成为一大安慰，或惊涛乱石，或白鸟红蕖，雄奇与幽迥兼到。离黄之后，渺渺斜风、淡烟疏柳、岷峨雪浪、潺潺清颖，亦屡见于词。我们可以看看苏轼前后所作：

春已老，春服几时成？曲水浪低蕉叶稳，舞雩风软纻罗轻。酣咏乐升平。　微雨过，何处不催耕。百舌无言桃李尽，柘林深处鹁鸪鸣。春色属芜菁。

——《望江南》

照野弥弥浅浪，横空隐隐层霄。障泥未解玉骢骄，我欲醉眠芳草。　可惜一溪风月，莫教踏碎琼瑶。解鞍欹枕绿杨桥，杜宇一声春晓。

——《西江月》

山雨萧萧过，溪风浏浏清。小园幽榭枕蘋汀，门外月华如水彩舟横。　苕岸霜花尽，江湖雪阵平。两山遥指海门青，回首水云何处觅孤城？

——《南歌子》

晚景落琼杯，照眼云山翠作堆。认得岷峨春雪浪，初来，万顷蒲萄涨渌醅。春雨暗阳台，乱洒歌楼湿粉腮。一阵东风来卷地，吹回，落照江天一半开。

——《南乡子》

既有"但空江、月明千里"(《水龙吟》)，"青山白浪，万重千叠(《满江红》)，"清溪无底，上有千仞嵯峨。画楼西畔，天远夕阳多"(《满庭芳》)的开阔、明快；也有"扒扒，疏雨过，风林舞破，烟盖云幢"(《满庭芳》)，"欹枕江南烟雨，杳杳没孤鸿"(《水调歌头》)的朦胧；还有"桃李溪边驻画轮，鹧鸪声里倒清尊"(《浣溪沙》)，"风压轻云贴水飞，乍晴池馆燕争泥"(《浣溪沙》)的隽秀，都写物传神，触处生春。苏轼由于对自然界满怀热爱之情，又有极高的文字表达能力，心识所然，手以应之，故能做到"烟云风雨，必曲尽其志，合于天造，厌于人意，而形理两全"(见李日华《六砚斋笔记》)。

黄庭坚、秦观、贺铸、周邦彦等词中专写山水者不多，但所作在情景交融中，不乏传物之神韵者。如写秋夜待月：

断虹霁雨，净秋空、山染修眉新绿。桂影扶疏，谁便道、今夕清辉不足？万里青天，姮娥何处？驾此一轮玉。寒光零乱，为谁偏照醽渌？

——黄庭坚《念奴娇》

江南春到：

小桃灼灼柳鬖鬖，春色满江南。雨晴风暖烟淡，天气正醺酣。　山泼黛，水接蓝，翠相搀。歌楼酒旆，故故招人，权典青衫。

——黄庭坚《诉衷情》

清江夜钓：

红蓼花繁，黄芦叶乱，夜深玉露初零。霁天空阔，云淡楚江清。独棹孤篷小艇，悠悠过、烟渚沙汀。金钩细，丝纶慢卷，牵动一潭星。

——秦观《满庭芳》

田园风光：

树绕村庄，水满陂塘。倚东风，豪兴徜徉，小园几许，收尽春光。有桃花红，李花白，菜花黄。　远远围墙，隐隐茅堂。飏青旗、流水桥旁。偶然乘兴，步过东冈。正莺儿啼、燕儿舞，蝶儿忙。

——秦观《行香子》

既有初春远望之开阔境界：

薄雨收寒，斜照弄晴，春意空阔。长亭柳色才黄，远客一枝先折、烟横水际，映带几点归鸦，东风销尽龙沙雪。

——贺铸《石州引》

又有盛夏避暑之幽深小景：

新篁摇动翠葆。曲径通深窈。夏果收新脆，金丸落，惊飞鸟。浓翠迷岸草。蛙声闹，骤雨鸣池沼。

——周邦彦《隔浦莲近拍》

并称"二张"的张元幹、张孝祥，不仅是著名的爱国词人，他们对自然风光也怀有异常的挚爱，笔端常见清幽、明净的画面：

山绕平湖波撼城，湖光倒影浸山青，水晶楼下欲三更。　雾柳暗时云度月，露荷翻处水流萤，萧萧散发到天明。

——张元幹《浣溪沙》

满载一船明月，平铺千里秋江。波神留我看斜阳，唤起鳞鳞细浪。　明日风回更好，今朝露宿何妨。水晶宫里奏霓裳，准拟岳阳楼上。

——张孝祥《西江月》

辛弃疾被迫长期赋闲上饶，尤多山水之作，《丑奴儿近·博山道中效李易安体》、《水龙吟·题雨岩》、《鹧鸪天·鹅湖寺道中》、《浣溪沙·黄沙岭》、《沁园春·灵山齐庵

赋》等,都极为山水传神。他能一改恬淡、幽柔之宗风,表现出山水雄壮、阳刚之美和飞动之势:

直节堂堂,看夹道冠缨拱立。渐翠谷、群仙东下,佩环声急。谁信天峰飞堕地,傍湖千丈开青壁。是当年,玉斧削方壶,无人识。

——《满江红》

叠嶂西驰,万马回旋,众山欲东。正惊湍直下,跳珠倒溅;小桥横截,缺月初弓。老合投闲,天教多事,检校长身十万松。吾庐小,在龙蛇影外,风雨声中。

——《沁园春》

补陀大士虚空,翠岩谁记飞来处? 蜂房万点,似穿如碍,玲珑窗户。石髓千年,已垂未落,嶙峋冰柱。有怒涛声远,落花香在,人疑是、桃源路。

——《水龙吟》

写潮水:

望飞来、半空鸥鹭,须臾动地鼙鼓。截江组练驱山去,鏖战未收貔虎。

——《摸鱼儿》

写飞雪:

造物故豪纵,千里玉鸾飞。等闲更把,万斛琼粉盖玻瓈。好卷垂虹千丈,只放冰壶一色,云海路应迷。

——《水调歌头》

都以凌云健笔开出词中山水的审美新世界。同时,他又写了许多清新自然的村居之作,洗净了“花间”以来的脂粉气,散发出青草野花的芳香。如:

陌上柔桑破嫩芽,东邻蚕种已生些。平岗细草鸣黄犊,斜日寒林点暮鸦。 山远近,路横斜,青旗沽酒有人家。城中桃李愁风雨,春在溪头荠菜花。

——《鹧鸪天》

明月别枝惊鹊,清风半夜鸣蝉。稻花香里说丰年,听取蛙声一片。 七八个星天外,两三点雨山前。旧时茅店社林边,路转溪桥忽见。

——《西江月》

这样的审美趣味与营造境界,真堪称“豪华落尽见真淳”。

被称为“辛派词人”的刘过、刘克庄等人,在对自然风物的审美上,确难追稼轩。而

姜夔以下的风雅派(又称格律派)词人,则以文心之细、技巧之精,于刻画物态、移注情感,甚得玲珑妥帖之妙。如:

燕雁无心,太湖西畔随云去。数峰清苦,商略黄昏雨。

——姜夔《点绛唇》

芳莲坠粉,疏桐吹绿,庭院暗雨乍歇。无端抱影销魂处,还见筱墙萤暗,藓阶蛩切。

——姜夔《八归》

古城阴,有官梅几许,红萼未宜簪。池面冰胶,墙腰雪老,云意还又沉沉。

——姜夔《一萼红》

江水苍苍,望倦柳愁荷,共感秋色。废阁先凉,古帘空暮,雁程最嫌风力。

——史达祖《秋霁》

春云粉色。春水和云湿。试问西湖杨柳,东风外、几丝碧。

——高观国《霜天晓角》

羞红鬓浅恨,晚风未落,片绣点重茵。旧堤分燕尾,桂棹轻鸥,宝勒倚残云。千丝怨碧,渐路入仙坞迷津。

——吴文英《渡江云》

空濛乍敛,波影帘花晴乱。正西子梳妆楼上,镜舞青鸾。润逼风襟,满湖山色入阑干。天虚鸣籁,云多易雨,长带秋寒。

——吴文英《丑奴儿慢》

清溪数点芙蓉雨,蘋飙泛凉吟艋。洗玉空明,浮珠沆瀣,人静籁沉波息。

——周密《齐天乐》

爱吾庐、傍湖千顷,苍茫一片清润。晴岚暖翠融融处,花影倒窥天镜。沙浦迥。看野水涵波,隔柳横孤艇。眠鸥未醒。甚占得莼乡,都无人见,斜照起春暝。

——张炎《摸鱼子》

这些都非一般"赋笔"之形容描绘,而是真正努力于"搜研物情,刮发幽翳",虽"人趣"过于天趣,但正由于研炼甚深,故能极妍尽态,以闲婉之笔见幽邃情怀,以隐秀辞章达绵渺之思。这是在北宋词(尤其是苏轼)将"花间"的楼阁庭院、南唐的玉殿珠帘移向自然山水、田园风物之后,继而大中见小地传递物态,移注人情,发其未逮,以见幽微,是审美的深化。

至于由南宋词另一主要审美对象而成的词坛大宗——咏物词,我们将在后面再作"搜研"与"刮发"。

唐宋词以社会生活和现实政治为审美对象,其作为美的形态的优美,悲剧等,以及真、善、美关系等,分别在第二章、第三章、第四章继作论述。

唐宋词的题旨原型

文学的发展有流必有源,对词的寻源之论,宋人已不少作,相较而言,后人的论述更具有一定的原型意识。如王昶在《国朝词综序》中就说到:"太白之'西风残照,汉家陵阙','黍离行迈'之意也;志和之'桃花流水',《考槃》《衡门》之旨也。嗣是温歧、韩偓诸人,稍及闺襜,乐而不淫,怨而不怒,亦犹是'摽梅''蔓草'之意。"更有论之稍宽者:"词有与古诗同义者:'潇潇雨歇','易水'之歌也;'同是天涯','麦蕲'之诗也;'又是羊车过也','团扇' 之辞也;'夜夜岳阳楼中','日出当心' 之志也;'已失了春风一半','鲵居'之讽也;'琼楼玉宇,'《天问》之遗也。""词又有与古诗同妙者;如'问甚时同赋、三十六陂秋色',即'灞岸'之兴也;'关河冷落,残照当楼',即《敕勒》之歌也;'危楼云雨上,其下水扶天',即'明月积雪'之句也;'燕子楼空,佳人何在,空锁楼中燕',即'平生少年'之篇也。"(刘体仁《七颂堂词绎》)较之仅从音乐、句式等方面来为词寻源,以上所说无疑更具有值得称道的美学眼光。

"影落千江,谁知月处?"(黄庭坚《黄龙南禅师真赞》)我们不妨就唐宋词的千江月影,寻找成此众多月影的真月。

一 伤春 伤别
——人生感情原型

唐宣宗大中三年(849)春天,诗人李商隐给另一位诗人杜牧写过两首诗。其中一首《杜司勋》写道:"高楼风雨感斯文,短翼差池不及群。刻意伤春复伤别,人间唯有杜司勋。"意谓在风雨凄迷之时,登上高楼,对杜牧的诗感受尤深。自己如弱燕之"差池其羽"(《诗·邶风·燕燕》句),虽奋力而飞,仍赶不上同群,这既是自伤身世,又是自谦不如杜牧之才。三、四句以"伤春"、"伤别"概括了杜牧诗歌的基本内容,"刻意"言其态度严谨,寓意深刻,"唯有"可见极力推重之意。杜牧素有大志,"平生五色线,愿补舜衣裳"(《郡斋独酌》),注重经世致用之学,着力研究财赋兵甲之事,但因生活在多事之秋的晚唐,难有作为,只能成为善感诗人、风流才子。李商隐也同样壮心难遂,以惺惺相惜之情怀,作同心相应之诗篇,诚如何焯所说:"高楼风雨,短翼差池,玉豁方自伤春伤别,乃弥有感于司勋之文也。"伤春伤别是小李杜诗歌的基本主题,也是晚唐诗歌的最主要内容,词之兴真正始于此时,当然更是如此。其实,伤春伤别并非杜牧所"唯有",而是在唐宋词中一以贯之,成为唐宋词表现人生感情的原型。

伤春,是生命意识的表现。

研究殷商史料的学者,发现除"春"、"秋"二字外,尚无四季的全称。但在 20 世纪

40年代的甲骨卜辞中，发现了武丁时的牛胛骨有“东方曰析”、“南方曰因”、“西方曰夷”、“北方曰伏”的刻辞。学者们认为此系以四方配四时，而殷商人尚处于牧业兼游农阶段，故以“析”、“因”、“夷”、“伏”的草木之象称四季。周代农业发达，有春、夏、秋、冬之称，汉儒训四季之名，谓春者屯也、动也，夏者大也，秋者熟也，冬者终也，皆根据于农事。倘撇开与天道相关联的人事，阴阳五行家所说亦不无道理：“春嬴育，夏养长，秋聚收，冬闭藏……此谓岁德。”(《管子·四时篇》)春天是万物滋生的季节，阳气上升，人有四体舒泰之感，自应喜悦。但是，在《诗经》中，就有《采薇》“昔我往矣，杨柳依依”之以春写悲的从军之苦，又有《苕之华》“其叶青青”的饥馑之叹。到《楚辞》中，伤春之意渐显，并上升为一种强烈的生命意识：“朝搴阰之木兰兮，夕揽洲之宿莽。日月忽其不淹兮，春与秋其代序；惟草木之零落兮，恐美人之迟暮。”(《离骚》)木兰去皮不死，宿莽经冬不枯，自己似二者之经得起考验，经自我修养而独立不移。但是春天虽有花荣草茂，毕竟日月不久留，春秋有代谢，草木会由盛而衰，人会由壮而老。故在搴木兰、揽宿莽之春时，想及实现人生的价值，更因“恐年岁之不吾与”而兴起留连生命、努力实践之意。在些微的伤春中，所激发的生命意识是积极的。屈原曾为顷襄王初立，而作愉快游春之想：

> 开春发岁兮，白日出之悠悠，吾将荡志而媮乐兮，遵江夏以娱忧。
>
> ——《思美人》

终又因顷襄荒于游畋，而伤春为怀王招魂：

> 朱明承夜兮时不可淹，皋兰被径兮路斯渐。湛湛江水兮上有枫，目极千里伤春心。魂兮归来哀江南！
>
> ——《招魂》

“朱明承夜兮时不可淹”仍是时不淹留之意，伤春出于现实政治，但全诗立基于借哀悼死者来感动生者，又岂非借助于强烈的生命意识？

四季相续，由荣而枯，春之可伤，秋更堪悲。《诗经》中既有《兼葭》“白露为霜”而隔秋水、望伊人的悲凉，更有“何草不黄，何日不行”(《何草不黄》)的沉痛。屈原《湘夫人》“嫋嫋兮秋风，洞庭波兮木叶下”，纵不言“目眇眇兮愁予”，亦可见愁的气氛。在其他作品中，屈原屡陈悲秋之意：

> 乘鄂渚而反顾兮，欸秋冬之绪风。
>
> ——《涉江》

> 何芳草之早殀兮，微霜降而下戒。
>
> ——《惜往日》

悲霜雪之俱下兮，听潮水之相击。

——《悲回风》

宋玉《九辩》更是低回宛转的悲秋之作：

悲哉秋之为气也！萧瑟兮草木摇落而变衰。憭栗兮若在远行，登山临水兮送将归。

皇天平分四时兮。窃独悲此凛秋。白露既下百草兮，奄离披此梧楸。去白日之昭昭兮，袭长夜之悠悠。离芳蔼之方壮兮，余萎约而悲愁。

秋之来临，一年将尽，感时光之易逝，由草木变衰引发人之将老，悲秋的主题更出于对生命的强烈留连和欲求。

伤春悲秋是生命意识的表现，无论是屈原哀众芳之芜秽，以追求美政理想来实现生命的价值；抑或宋玉悲草木之摇落，以贫士失职的不平表其生命价值的失落。在春去秋来的永恒面前，人的生命短暂之体验已成为共识。超越了一己的意义，伤春悲秋遂成为表达共同人生情感的母题。于是，有《古诗十九首》中《回车驾言迈》的诗人伤春：

回车驾言迈，悠悠涉长道。四顾何茫茫，东风摇百草。所遇非故物，焉得不速老！

又有雄才大略的汉武帝《秋风辞》的悲秋：

秋风起兮白云飞，草木黄落兮雁南归。兰有秀兮菊有芳，怀佳人兮不能忘。泛楼船兮济汾河，横中流兮扬素波。萧鼓鸣兮发棹歌，欢乐极兮哀情多。少壮几时兮奈老何！

后代的悲秋之作不胜枚举，唐人对伤春与悲秋各有其见解。韩愈认为："皇天平分成四时，春气漫诞最可悲。"（《感春》）白居易却说："秋思冬愁春怅望，大都不称意时多。"（《急乐世词》）吴融针对屈原的"目极千里伤春心"，和宋玉的"悲哉秋之为气"，作诗发问："悲秋应亦抵伤春，屈、宋当年并楚臣。何事从来好时节，只将惆怅付词人？"（《楚事》）这"惆怅"应就来自"垂帘几度青春老"（李贺《过行宫》）的人生感悟，亦即"譬如朝露，去日苦多"（曹操《短歌行》）之意。

在词这种"心绪文学"里，更可体会出众多的伤春悲秋之作源于潜在的生命意识，是悼惜青春不再，时光难驻的深深叹息。不达、不遇者且不言，位极人臣者的笔下也充满伤春情调：

谁道闲情抛掷久？每到春来，惆怅还依旧。日日花前常病酒，不辞镜里朱颜瘦。　河畔青芜堤上柳。为问新愁，何事年年有？独立小桥风满袖，平林新月人归后。

——冯延巳《鹊踏枝》

小径红稀，芳郊绿遍，高台树色阴阴见。春风不解禁杨花，濛濛乱扑行人面。　翠叶藏莺，朱帘隔燕，炉香静逐游丝转。一场愁梦酒醒时，斜阳却照深深院。

——晏殊《踏莎行》

群芳过后西湖好，狼藉残红，飞絮濛濛，垂柳阑干尽日风。　笙歌散尽游人去，始觉春空，垂下帘栊，双燕归来细雨中。

——欧阳修《采桑子》

伤春是人生速逝之感，是生命意识的体现，从珍惜生命中既可生出积极有为、自我勉励之志，又可化作消极颓放、及时行乐之情。

屈原有感于日月不淹、春秋代序，怀着“恐年岁之不吾与”的迫切感，乘骐骥以驰骋，去努力实现伟大的目标。曹操感慨人生如朝露，却是“老骥伏枥，志在千里”。曹植在“树木发春华，清池激长流”之时，痛惜“羲和逝不留”（《赠王粲》），是由于“盛年处房室”（《美女篇》），不能“甘心赴国忧”（《杂诗》）。左思的“壮齿不恒居，岁暮常慨慷”（《杂诗》），刘琨的“功业未及建，夕阳忽西流”（《重赠卢谌》），都是屈原精神的继续。

词中胜境，常有伤春之中升华出可贵的人文精神者。如苏轼咏榴花的《贺新郎》，所写是“石榴半吐红巾蹙”的暮春初夏之时，其待百花尽时“伴君幽独”的形象，“芳意千重似束”的情怀，“又恐被西风惊绿”的忧心，都隐逗出深衷。谭献以“颇欲与少陵‘佳人’一篇互证”（《谭评词辨》）评之，是看出了“恐美人迟暮”的内蕴。陈廷焯《白雨斋词话》卷一云：“方回《踏莎行·荷花》云：‘断无蜂蝶慕幽香，红衣脱尽芳心苦。’下云：‘当年不肯嫁东风，无端却被秋风误。’此词骚情雅意，哀怨无端，读者亦不自知何以心醉，何以泪堕。”这“骚情雅意”正是悼惜年华已逝，但又为坚持操守而自负的情感，张耒序其词，有“幽洁如屈、宋”一语，并非无因。辛弃疾词，得《离骚》意者甚多。试举一例：

谁向椒盘簪彩胜？整整韶华，争上春风鬓。往日不堪重记省，为花长把新春恨。　春未来时先借问，晚恨开迟，早又飘零近。今岁花期消息定，只愁风雨无凭准。

——《蝶恋花·戊申，元日立春，席间作》

词中吞吐起伏，将伤春之情化作盼花、恨春，复又问春、爱春，惜花、叹春的细腻过程。此前不久，太上皇赵构逝去，一度锐意恢复北方失地的宋孝宗当无人掣肘，但因为辛弃疾知宋廷偏安已久，故虽盼花期，却愁风雨。自己年近五旬，“往日不堪重记省”，逝者已矣，“只愁风雨无凭准”，来日难测，岂能无怨、无恨？词外实有屈原《思美人》期盼顷襄王“勒骐骥而更驾”之深衷，却又存“吾谁与玩此芳草”之疑虑。悼惜春光，即悼惜华年，屈子式的忧伤所体现的正是追求理想，造福民众的可贵士人精神。

流光易逝，时序惊心，又能使人生出及时行乐之念。《诗·唐风·蟋蟀》从蟋蟀避寒趋暖而从户外入于室内，有感“岁聿其莫(暮)”之一年将尽，而宣告“今我不乐，日月其除”。虽又以“无已”、“无荒”自警，以“思居”、“思外”，效法“良士”自勉，但“行乐”毕竟成为主调。《唐风·山有枢》更不厌其详地罗列衣裳、车马、廷内、钟鼓、酒食等“子之所有”，极力劝以及时行乐，否则“宛其死矣，他人是愉”，“宛其死矣，他人是保”，“宛其死矣，他人入室”。屈原在《离骚》中所写到的“保厥美以骄傲兮，日康娱以淫游”，当就是楚国上层社会那种世纪末情绪的表现。在《古诗十九首》中更明白以道：“人生忽如寄，寿无金石固。万岁更相送，贤圣莫能度。服食求神仙，多为药所误。不如饮美酒，被服纨与素。”甚至以“生年不满百，常怀千岁忧。昼短苦夜长，何不秉烛游”相号召。后汉宋子侯的《董娇饶》有感于鲜花“安得久馨香”，而“归来饮美酒，挟瑟上高堂”。在建安、正始之后，陆机以名将后代，破国亡家，虽以文章见赏于西晋显贵，心中仍多哀怨，其《短歌行》就发行乐之音：“置酒高堂，悲歌临觞。人寿几何，逝如朝霜。时无重至，华不再阳。蘋以春晖，兰以秋芳。来日苦短，去日苦长。‘今我不乐’，‘蟋蟀在房’。乐以会兴，悲以别章。岂曰无感，忧为子忘。我酒既旨，我肴既藏。短歌有咏，长夜无荒。”我们可以置东昏侯乐于潘妃的步生金莲、梁代的“郑邦”“宫体”、陈后主《玉树后庭花》于不顾，甚至可以不涉唐代诸多诗人倡以行乐的歌吟，但应看到唐宋词中伤春的年光之叹，行乐之时又潜生哀音，其原型是在于“蟋蟀”、“山枢”的古老旨趣，又可涵括于陆机的“短歌”之中。

倘言“花间”还是耽乐冲淡了感伤色彩，冯延巳的郁伊怆恍过于旨隐词微，李煜前后期作品对照过于强烈，欧阳修词就可味出前述旨趣了。在为颍州西湖之游乐所写的十首《采桑子》中，欧阳修确表现了“清风明月，幸属于闲人”的游赏之乐，但最后一首却尽扫“清欢”而见怅惘：

> 平生为爱西湖好，来拥朱轮。富贵浮云，俯仰流年二十春。　归来恰似辽东鹤，城郭人民，触目皆新，谁识当年旧主人。

词的下片所云，涉及从初知颍州到退居颍州，伴随着升沉荣辱的复杂心态，故以“辽东化鹤”自拟，而“当年旧主人”不在之时，又岂非“他人是愉”、“他人入室”？这也就难怪他既感慨“人生自是有情痴，此恨不关风与月”(《玉楼春》)，又在“挥毫万字，一饮千钟”之时，作“行乐直须年少，尊前看取衰翁”(《朝中措·平山堂》)之叹了。

伤春、惜春而以行乐相劝、自劝者，在宋词中甚多。这里，既有得意者如宋祁的“浮生长恨欢娱少，肯爱千金轻一笑？为君持酒劝斜阳，且向花间留晚照”(《玉楼春》)，又有失意者如黄庭坚的“身健在，且加餐，舞裙歌板尽清欢”(《鹧鸪天》)，俗者如柳永的“镇相随，莫抛躲，针线闲拈伴伊坐，和我，免使年少光阴虚过”(《定风波》)，雅者如苏轼的“休对故人思故国，且将新火试新茶，诗酒趁年华”(《望江南》)。更值得一提的是跨越两宋的词人朱敦儒，早年的“清都山水郎”，经历了靖康巨变而“无路认西州”，在高宗朝为官十余年后，又上疏请归，成为“绿蓑青笠”的渔父，在暮年“彻悟”之后，作有《西江月》二首。其一云：

日日深杯酒满，朝朝小圃花开。自歌自舞自开怀，且喜无拘无碍。　青史几番春梦，黄泉多少奇才。不须计较与安排，领取而今现在。

真是庄子与杨朱的完满结合！在南宋无所作为的时代，连辛弃疾都不能实行屈子的搏击，而强为庄子的放旷，对朱敦儒就不必深责，对南宋词的湖山风月亦不必奇怪了。

伤春，是生命意识的表现，其原型意义及发扬于唐宋词中的人文精神已如上述。同时，还应看到伤春的特定含义和其中的爱情意识。

伤春确实关涉爱情。《易·系辞》：“天地细缊，万物化醇；男女构精，万物化生。”此于春天为最宜。古人将初民天人感应的巫术观念相沿而成俗，由春天的万物滋生，五谷蕃育，通之于婚姻。《白虎通义·嫁娶篇》云：“嫁娶必以春，何？春者，天地交通，万物始生，阴阳交接之时也。”周朝统治者为增加人口，曾以每年春天二月为男女自由择偶、同居之期，《周礼·媒氏》有明确记载：“仲春之月，令会男女；于是时也，奔者不禁。”《郑风·溱洧》写三月上巳节修禊时，青年男女赠花定情事。《鄘风·桑中》更是幽期密约于原来商汤祷雨的桑社。《召南·摽有梅》是女子有感于梅熟落地，联想到青春速逝，故“求我庶士，迨其谓之”。同样，《豳风·七月》也被认为是我国最古老的“伤春”诗。这里引钱锺书先生《管锥编》所论：“‘春日迟迟，采蘩祁祁，女心伤悲，殆及公子同归’；《传》：‘春，女悲，秋，士悲；感其物化也’；《笺》：‘春，女感阳气而思男；秋，士感阳气而思女。是其物化，所以为悲也。悲则始有与公子同归之志，欲嫁焉’……苟从毛、郑之解，则吾国咏‘伤春’之词章者，莫古于斯。”在评判了魏晋以后人所作伤春诗后，认为毛、郑“依文作解，质直无隐”，宋儒目为“淫诗”，清儒“曲说遁词”，极称道丁绍仪《听秋声馆词话》卷一一所说：“俗谚：‘管得住身，管不住心’，周济《虞美人》衍之曰：‘留住花枝，留不住花魂。’”云：“窃谓可作‘名胜欲’之的解，‘管得住身’亦即‘止乎礼义’，‘管不住心’又正‘发乎情’。”钱先生指出：“女子求桑采蘩，而感春伤怀，颇征上古质厚之风。”这对于毛传、郑笺，而释为“怕被奴隶主带走”，确是更能启人心智。

汉诗中最见“管不住心”的，当数《古诗十九首》中的《青青河畔草》了：“青青河畔草，郁郁园中柳。盈盈楼上女，皎皎当窗牖。娥娥红粉女，纤纤出素手。昔为倡家女，今为荡子妇。荡子行不归，空床难独守。”王国维以“真”论词，极称此诗“无视为淫词”者，“以其真也”，并说：“五代北宋之大词人亦然。非无淫词，读之者但觉其亲切动人。”（《人间词话》）仅从“花间”词中，就不难找到这类“淫词”，随手可拈二例：

春漏促，金烬暗挑残烛。一夜帘前风撼竹，梦魂相断续。　有个娇娆如玉，夜

夜 绣屏孤宿。闲抱琵琶寻旧曲,远山眉黛绿。

——韦庄《谒金门》

红粉楼前月照,碧纱窗外莺啼。梦断辽阳音信,那堪独守空闺?恨对百花时节,王孙绿草萋萋。

——毛文锡《河满子》

其中有些描写,堪称"淫鄙之尤",如牛峤的"玉楼冰簟鸳鸯锦,粉融香汗流山枕。帘外辘轳声,敛眉含笑惊。 柳阴烟漠漠,低鬓蝉钗落。须作一生拚,尽君今日欢。"(《菩萨蛮》)欧阳炯的"相见休言有泪珠,酒阑重得叙欢娱,风屏鸳枕宿金铺。 兰麝细香闻喘息,绮罗纤缕见肌肤,此时还恨薄情无?"(《浣溪沙》)奇怪的是,以"重、拙、大"为论词核心的况周颐,在指出后者"自有艳词以来,殆莫艳于此矣"的同时,又云:"半塘僧骛曰:'奚翅艳而已?直是大且重。'"(《蕙风词话》卷二)这到底是以寄托说看待此词,还是破清儒之腐而承认性爱的真实性,就不得而知了。

始于《七月》之伤春,感阳气之动、百卉芳菲而触情怀人者,有如《青青河畔草》之直道,亦有如古诗《穆穆清风至》、《兰若生春阳》之婉言。前者:"穆穆清风至,吹我罗衣裾。青袍似春草,草长条风舒。朝登津梁山,褰裳望所思。安得抱柱信,皎日以为期?"后者:"兰若生春阳,涉冬犹盛滋。愿言追昔爱,情款感四时,美人在云端,天路隔无期。夜光照玄阴,长叹恋所思。谁谓我无忧?积念发狂痴。"后来尤以唐代为盛的诸多《闺怨》、《春怨》等诗,都是这一将伤春情怀作委婉表达的继续。词中如"花间"的温庭筠、南唐冯延巳,均为此类。宋人除柳永之"尘下"含"淫鄙"之意以外,黄庭坚、秦观部分习"俗"之词亦有"柳意",余皆少见"花间"艳语,南宋以"雅"为尚,伤春之词虽多,但都较有节制。

《侯鲭录》卷六载钱氏妇诗:"士悲秋色女怀春,此语由来未是真。倘若有情相眷恋,四时天气总愁人。"《诗经》中多为女子伤春,《楚辞》中《九歌》如《湘夫人》、《山鬼》,却是女子(神)"伤秋"。前者的"帝子降兮北渚,目眇眇兮愁予。嫋嫋兮秋风,洞庭波兮木叶下",后者的"风飒飒兮木萧萧,思公子兮徒离忧",皆可证"四时天气总愁人"。《毛传》、《郑笺》论《七月》之语(见前引),分司过于机械,可信而不可拘。这里,我们不准备深辨,而准备探讨一下"士悲秋色女怀春"的"女怀春"却是男子代言的问题。

除男子受教育的机会多于女子,从而垄断文化的一般性原因外,还缘于由来已久的男权社会存在着不平等的两性道德标准。虽然《周礼·媒氏》有过仲春令会男女、奔者不禁的记载,《毛传》、《郑笺》同样看待女伤春、男感秋的合理性,但钱锺书先生在析《周易》的《大过》卦中,已指出其中"男女歧视不齐"之意。《管锥编》第24页据"枯杨生稊;老夫得其女妻,无不利。象曰:老夫女妻,过以相与也"及"枯杨生华,老妇得其士夫,无咎无誉。象曰:枯杨生华,何可久也!老妇士夫,亦可丑也!"得出这样的结论:"一事也,皆'过以相与'也,而于老夫则奖之,于老妇则责之"钱先生接着写道:"恒之六五:'恒其德,贞;妇人吉,夫子凶。象曰:妇人贞,吉,从一而终也;夫子制义,从妇凶也。'《诗·卫风·氓》:'士之耽兮,犹可说也;女之耽兮,不可说也。'皆乖平等之道,假典常以逞男子之私便,古谑语所谓:‘使撰诗、制礼、定律者为周姥而非周公,当不如是。’(《艺文类聚》卷三五引)明王文禄《海沂子·敦原》篇曰:‘制礼者为男子,不免为己谋。’一语道破。”汉代《大戴礼记·本命篇》载“妇有七去”,男女之“不齐”更可见之。观蔡琰《悲愤诗》,其最后的“托命于新人,竭心自勖厉。流离成鄙贱,常恐复捐废。人生几何时,怀忧终年岁”,令人读来何等沉痛!不得已流落南匈奴而生子,被视为失节,虽被曹操遣使赎还,重嫁同郡董祀,但诗中对“新人”董祀的这份惶恐,实令人为这绝代才女一掬同情之泪!倘能客观审视,《青青河畔草》、《穆穆青风至》、《兰若生春阳》等诗,感女子之所感,言女子之所言,其民主性光华实难掩没。既然后代的才女如鱼玄机感叹“难得有心郎”而为人不齿,如李清照之思夫亦遭讥评;人们多肯定唐诗中诸多的“闺思”“宫怨”等作;那末唐宋词中所惯见的“男子作闺音”(田同之《西圃词说》语),除情趣不高者外,代言体的“伤春”词是可以基本肯定的。“宋词多绮语,其实反映了社会的进化。”(《宋词小札》序)在唐代通脱的世风已逝,宋代道学已成的时代,以上断语确实值得深长味之。这里还指出一点:作为“伤春”原型的《豳风·七月》“女心伤悲”数语,尚是对“春日载阳,有鸣仓庚”,“春日迟迟,采蘩祁祁”的感物而动,而未涉社会原因,汉古诗《穆穆清风至》、《兰若生春阳》亦然;而著名的唐诗作品王昌龄《闺怨》,其“忽见陌头杨柳色”道出了怨情之触媒,“夫婿觅封侯”更是产生闺怨的根本原因;因此,对唐宋词中愈形见多的“觅封侯”之类,我们不置于“伤春”中,而在“伤别”中加以论述。

伤别,也是古已有之。诚如江淹《别赋》所云:“别虽一绪,事乃万族。”其赋中所写,就有“帐饮东都,送客金谷”的富贵者之别,“韩国赵厕,吴宫燕市”的剑客侠士之别,“边郡未和,负羽从军”的征人之别,“一赴绝国,讵相见期”的使臣远别,结绶千里、瑶草徒芳的游宦之别,“驾鹤上汉,骖鸾腾天”的学道求仙之别,以及“芍药之诗,佳人之歌”的恋人之别。以上七种离别,诗中皆有,而词中却以游宦之别和恋人之别为多。其离别对象分别为异性、同性和家乡,从而也分别表现出爱情意识、友谊意识和家园意识。

先看恋人别及爱情意识。《诗经》中不乏恋人分别与思念的情感表达,但却未见写婚后另恋“第三者”而倾诉别情者。汉诗中《古诗十九首》颇多爱情的歌唱,或明为夫妻,或身份难断;而秦嘉的《赠妇诗》却是显为留别妻子之作,《玉台新咏》卷九谓其“为郡上计。其妻徐淑寝疾还家(母家),不获面别,赠诗云尔”。大概是汉末以来儒家思想的被削弱,曹操《求贤令》甚至不避“盗嫂受金而未遇”者,徐干《室思》、繁钦《定情诗》应运而生,其中的爱情意识是很浓郁的。但是,晋朝以后,张华“儿女情多”的《情诗》是写夫妇之情,潘岳《悼亡诗》的继作者,所写亦不出“寄内”、“忆内”、“悼亡”诸题,要么就是“宫体”诗歌、“郑邦”文学。诚如朱光潜先生所说:“中国爱情诗大半写于婚媾之后,所以最佳者往往是惜别、悼亡。”(《中西诗在情趣上的比较》)真正的转折期是中晚唐。李白豪放飘逸,任性而行,其“美酒樽中置千斛,载妓随波任去流”(《江上吟》)的兴致,“美人在时花满堂,美人去后余空床。床中绣被卷不寝,至今三载闻余香”(《赠远》)的惆怅,与其说是爱情意识,不如说是浪漫生活。有“元轻白俗”之称的中唐诗人白居易、元稹就有所不同了,他们既以新乐府知名,又是爱情文学的积极创作者。白居易青年时深深爱悦于湘灵，却未能共谐连理，在《长恨歌》中，他改变了“惩尤物，窒乱阶”的创作初衷，将自己的爱情憾恨倾注到诗中，对李隆基、杨玉环的关系作了理想化处理，“一篇‘长恨’有风情”，表现出很明确的爱情意识。从具有一定自传意义的《莺莺传》中，我们可以看到元稹青年时代的这段恋情，虽因“仕”、“婚”相关，莺莺非出身高门而遭“始乱终弃”（关于莺莺的门第，可参陈寅恪《读〈莺莺传〉》，附刊于《元白诗笺证稿》），但元稹并未忘却所恋，传中固有自我开脱的丑陋尾巴，然而对被弃女子的怨愤和不平的深刻倾诉，使他人难望项背。而对妻子韦丛的爱，使他的悼亡诗为前人所不逮，这是否在真正爱情意识下的“善补过”呢？

到了晚唐时代，藩镇割据和党争不休，使唐王朝难以挣脱由衰而溃的必然定势，有志之士难有作为，未能如王、孟“独善”于山林，却多遁入温柔乡中；城市经济的畸形发展，官吏、富商、市民对娱乐需求的激增，使秦楼楚馆逾形兴盛，传统的文士与妓女交游“于今为烈”；唐朝三教并行，思想上原已多元，士大夫沾染胡俗，男女间接触较为自由，至晚唐更是“通脱”成风，李商隐在反对“载道”的古文，提倡“哀上浮壮，能感动人”（《樊南甲集》自序）的四六文同时，认为诗歌应“备七情之动，必有咏叹，以通性灵”（《献相国京兆公启》），韩偓自序《香奁集》，谓：“遐思宫体，未敢称庾信工文；却诮玉台，何必倩徐陵作序？”于是爱情意识洋溢于晚唐文学，使“刻意伤春复伤别”成为此期诗歌的重要主题。

大体说来，唐宋词中的与恋人“伤别”之作，其对象可分为杜牧型与李商隐型两类。杜牧《赠别》：“娉娉袅袅十三余，豆蔻梢头二月初。春风十里扬州路，卷上珠帘总不如。”“多情却似总无情，唯觉樽前笑不成。蜡烛有心还惜别，替人垂泪到天明。”所赠显为青楼中人。唐宋词中，以此类为多。“花间”词自是如此，宋词亦然。且不说如柳永、秦观、周邦彦等风流才子的诸多伤别词，是确凿为歌妓而作，观唐圭璋先生《宋词纪事》即可知，连不少以德行操守著称的词人，亦难免之。如《西溪丛话》载范仲淹与一乐妓相善，以胭脂寄赠，并题诗：“江南有美人，别后长相忆。何以慰相思，赠汝为颜色。”读其“酒未到，先成泪。残灯明灭枕头攲，谙尽孤眠滋味”（《御街行》），此缠绵别情很可能就与此类恋情相关。苏轼为人旷达，别而不伤，然其集中赠妓之作却委实不少。李商隐作有著名的《无题》多首，历来亦有政治寄托与抒写爱情的不同看法，但无论如何，深挚而难言的恋情是难以否定的。他早年在玉谿学道时就有过恋爱，却终于失恋，他与王氏的结合虽很美满，但妻子却早逝，诚如《无题》的“半明半暗，近通近塞，迷闷不得决”（毛奇龄《西河诗话》记张杉语），其诗中的伤别对象也难以一一指实。唐宋词中，不少作品亦属此类。如韦庄联章体的《女冠子》，词意显豁，所恋者却不似歌妓。又如张先作《一丛花》（伤春怀远几时穷），《绿窗新话》卷上引《古今词话》，证以为一尼姑所作，连词中的“梯横画阁黄昏后”，亦被坐实为“俟夜深人静，其尼潜下梯，俾子野登阁相遇”，此类演绎词中语为故事者当然不足为信，而伤别的对象又决非巫、洛神女，确使人“迷闷不得决”。唐宋文人并不隐瞒与歌妓交游的风流韵事，但由于身份的变化，又常有“自扫其迹”之举，和凝就是最显著的一位；而不少词人虽然倾诉心曲，却不愿公开其私情,使不少伤别词都显得“半明半暗,近通近塞”,与李商隐《无题》相近。

次看朋友别及友谊意识。伤别的对象是同性朋友,这在古代诗歌中甚多。如《诗经》中有些送别之作难以确定身份,荆轲渡易水时,众人相送所唱的“风萧萧兮易水寒,壮士一去兮不复还”,其行者与送者都很清楚。如果不计被疑为后人所拟的李陵、苏武诗,《古诗十九首》中的《涉江采芙蓉》、《庭中有奇树》及另一古诗《新树兰蕙葩》,都难以断为异性的相别相赠。到曹植,除兄弟伤别的名作《赠白马王彪》以外,与朋友惜别之诗甚多,其中如《送应氏》其二的“亲昵并集送,置酒此河阳。中馈岂独薄?宾饮不尽觞。爱至望苦深,岂不愧中肠?山川阻且远,别促会日长。愿为比翼鸟,施翮起高翔”,足征其情深谊长。自此以后,朋友惜别之作继出不休,至唐人,终于达到前人未践的高峰。王维、高适、李白、李颀、杜甫……皆名篇迭出,各有千秋,仅以七绝而言,王维《送元二使安西》、李白《闻王昌龄左迁龙标遥有此寄》、王昌龄《送魏二》、高适《别董大》、元稹《闻乐天授江州司马》等,都是千古传诵的佳作。

朱光潜先生对中西诗歌作过系统研究、比较,认为中西虽多以爱情为中心,但中国诗未被爱情抹煞人伦,甚至友朋交谊者比男女恋爱的还多。他认为,除伦理观念不同而外,还有三个原因:一是西方侧重个人主义,诗人的恋爱史几近生命史,中国侧重兼善主义,文人朝夕接触多为同僚,大半生奔波于仕宦羁旅。二是因为中世纪骑士风的影响,西方女子地位和教育水准较高,中国女子地位低,加以社会理想侧重功名事业,所以中国得于友朋之乐趣,在西方得之于女子。三是西方“恋爱至上”,中国真正的爱情常见于“桑间陌上”,所以西方诗人在恋爱中实现人生,中国诗人在恋爱中消遣人生(详见《中西诗在情趣上的比异》)。

唐末至两宋,虽然士与妓的交往和恋爱,使爱情成为词的主角,但以上三点并未改变,所以朋友之别仍是词中重要内容。这里,尤应提到苏轼。苏轼以前,词几乎是艳情与闲情的天下,苏轼也有不少赠妓之作,却被看作“短于情”,陈师道辩之曰:“风韵如东坡,而谓不及于情,可乎!彼高人逸士,正当如是,其溢为小词,而闲及于脂粉之间,所谓滑稽玩戏,聊复尔尔者也。若乃纤艳淫媟,入人骨髓,如田中行、柳耆卿辈,岂公之雅趣也哉!”(王若虚《滹南诗话》引)苏轼并非“短于情”,而是将情由男女推之于亲朋。他与杭州知州陈襄感情甚深,送陈的《菩萨蛮》:“秋风湖上萧萧雨,使君欲去还留住。今日谩留君,明朝愁杀人。　　佳人千点泪,洒向长河水。不用敛双蛾,路人啼更多。”和《南乡子》:“回首乱山横,不见居人只见城。谁似临平山上塔,亭亭,迎客西来送客行?　　归路晚风清,一枕初寒梦不成。今夜残灯斜照处,荧荧,秋雨晴时泪不晴。”较之唐人的爽朗、豁达,显见深挚、缠绵。他与诗僧参寥交谊甚笃,《八声甘州·送参寥子》既忆念游踪,又以“算诗人相得,如我与君稀”见知己之情。黄庭坚进而更有友谊意识极强烈的写死别之作。他与秦观皆因党祸被贬,秦客死滕州,黄庭坚后作《千秋岁》,其序云:“少游得谪,尝梦中作词云:‘醉卧古藤阴下,了不知南北。’竟以元符庚辰死于滕州光华亭上。崇宁甲申,庭坚窜宜州,道过衡阳,览其遗墨,始追和其《千秋岁》词。”下片:“洒泪谁能会?醉卧藤阴盖。人已去,词空在。兔园高宴悄,虎观英游改。重感慨,波涛万顷珠沉海。"怀念之情,惜才之意,与上片"苑边花外,记得同朝退"的共同遭遇,使之不减曹植赠友诗的原型色彩,加上"同师曰朋,同志曰友"的特殊关系,其友谊意识是多层、立体,可感可味的。

辛弃疾的别友带着特定的时代特点。这就是在期望收复北方失地的前提下,以功业相期许。如"征衫便好去朝天,玉殿正思贤"(《木兰花慢·滁州送范倅》),"一编书是帝王师,小试去征西"(《木兰花慢·席上送张仲固帅兴元》),"东北看惊诸葛表,西南更草相如檄。把功名收拾付君侯,如椽笔"(《满江红·送李正之提刑入蜀》),但由于屡屡失望,他也深慨"江头未是风波恶,别有人间行路难"(《鹧鸪天·送人》)。至如宋亡时的别友之词,如文天祥的《酹江月·驿中言别友人》,在血泪迸流之中,还不忘"睨柱吞嬴,回旗走懿"的壮烈榜样,创造出前所未有的境界,确又是唐宋词以悲壮作"自赎"的光荣结局。

再看家乡别及家园意识。家园意识是农业经济的产物。殷商时代,是游牧而兼游农,史载殷人屡迁,与此种文化形态有关。现存西周史诗共五首,都入于《诗经》,其中三首与农业相关。《生民》写周人始祖后稷,对其长于农业有详细描绘。《公刘》记叙公刘率周人迁豳后开垦土地、改进工具、建庐安家的整个迁徙过程。公刘九传而至古公亶父,《绵》写其率众去豳而迁周原(岐山),在得到肥美土地之后,即定居于此。农业的劳动对象是土地,开垦、经营不易,如果说游牧民族逐水草而居,商业民族逐利而行,农业文化就以"静"区别于二者的"动"。与周民族发祥几乎同时,希腊也值踏进文明门槛的"英雄时代",产生了"荷马史诗",至公元前二至三世纪被编订为《伊利亚特》与《奥德赛》,二者都取材于特洛亚战争,为了追逐财富,前者征战他乡,后者航经七海。与军事征服和航海冒险相伴的商业文化,从希腊、罗马,到西班牙的无敌舰队、英国的海上霸权,始终是动而又动。而我国相沿不已的农业文化,除了随人口增殖而扩大其覆盖范围外,可谓定而不动。

但是,在中国这个多民族国家形成、发展过程中,汉民族内部及汉民族同周边民族,曾有过众多的战争,带来了众多的出征和避乱。与欧洲从公元前的史诗精神到中世纪的骑士业绩不同,我们在《诗经》中看到的不是英雄颂歌、冒险主义,而是厌战、怀乡、怀人,从最早的《破斧》、《东山》、到《采薇》、《伯兮》、《君子于役》等皆然。且沿袭在历代诗歌中,连唐代边塞诗也是反战的长吟压倒对边功的颂赞。个中重要原因就是源于农业文化的家园意识。在久征后回家的途中,"我东曰归,我心西悲",早已为想着家园而伤心,虽预想着家中"伊威在室,蠨蛸在户,町畽鹿场,熠耀宵行",一片破败荒废,却仍是"不可畏也?伊可怀也"(以上《东山》)。到汉代古诗《十五从军征》,以上拟想中的家园荒废,演为目击心伤的意象:"兔从狗窦入,雉从梁上飞。中庭生旅谷,井上生旅葵。"而《采薇》的"昔我往矣,杨柳依依。今我来思,雨雪霏霏",也更被扩而实之为"十五从军征,八十始得归"。唐诗中的征人望乡,可谓比比皆是。

《颜氏家训·风操》云:"别易会难,古人所重。江南饯送,下泣言离……北间风俗,不屑此事。歧路言离,欢笑分首。"然而《折杨柳歌辞》却云:"上马不捉鞭,反折杨柳枝。

蹀座吹长笛，愁杀行客儿。”又《秦川记》载：“陇西郡陇山，其上悬崖吐溜，于中岭泉渟，因名万石泉。泉溢，漫散而下，沟浍皆注，故北人升此而歌。”所歌即著名的《陇头歌辞》：“陇头流水，流离山下。念吾一身，飘然旷野。”“陇头流水，鸣声呜咽。遥望秦川，心肝断绝。”对离乡背井，竟然如此沉痛！即如北人，亦不轻别。到了唐宋词中，由于特殊的历史条件，写及离别家乡的作品，竟以北人重别为主旋律，其家园意识又具有特定含义。

道及离乡者，在韦庄词中较多。韦庄原住京畿，后移居虢州，黄巢义军攻破长安时，适值其应试长安，他既悼惜首都曾有过的“子夜歌清月满楼”的繁华，感叹“今日乱离俱是梦，夕阳唯见水东流”（《忆昔》），又准备南行避乱，因为“适闻有客金陵至，见说江南风景异。自从大寇犯中原，戎马不曾生四鄙”（《秦妇吟》），遂从唐僖宗中和三年（883）起流落江南。江南的“春水碧于天，画船听雨眠”，“垆边人似月，皓腕凝霜雪”，使之感叹“游人只合江南老”，尤其“骑马倚斜桥，满楼红袖招”的青年时代美好回忆，竟令其发愿“白头誓不归”（以上均出《菩萨蛮》）。但韦庄有一首《清平乐》，却真正道出了难以驱除的家园意识：“春愁南陌，故国音书隔。细雨霏霏梨花白，燕拂画帘金额。尽日相望王孙，尘满衣上泪痕。谁向桥边吹笛？驻马西望消魂。”确实，“莫向尊前惜沈醉，与君俱是异乡人”（《江上别李秀才》）只因有家难归，才不得已滞留他乡，“只合江南老”实出无奈，真是“断肠春色在江南”（《古离别》）！

李煜“归为臣虏”的“苍惶辞庙日”，入宋后的屡念“故国”，自与其身份剧变有关，难以家园意识论之。北宋词人中，表述乡情者甚众。范仲淹的“黯乡魂，追旅思”（《苏幕遮》），“浊酒一杯家万里”（《渔家傲》），柳永的“游宦区区成底事？平生况有云泉约”（《满江红》），“不忍登高临远，望故乡渺邈，归思难收。叹年来踪迹，何事苦淹留”（《八声甘州》），周邦彦的“故乡遥，何日去？家住吴门，久作长安旅”（《苏幕遮》），皆其著名者。苏轼虽曾说过：“尘心消尽道心平，江南与塞北，何处不堪行！”（《临江仙》）却又为“一纸乡书来万里”而“东风吹破千行泪”（《蝶恋花》），面对“江汉西来”，怀念“岷峨雪浪，锦江春色”，感叹“君是南山遗爱守，我为剑外思归客”（《满江红》）。以苏轼之旷达，且难忘乡情，可见“虽信美而非吾土兮，曾何足以少留”，“人情同于怀土兮，岂穷达而异心”（王粲《登楼赋》），实已成为一种延袭不已的文化精神。

靖康的剧变，造就了词坛的一片悲歌，这种离乡背井的惨痛，更因北宋高度发达的人文精神，使之超逾以前任何离乱之作所表现出来的家园意识。“胡尘卷地，南走炎荒”（朱敦儒《雨中花》），这与征戍、出使，经商、游宦毕竟大不相同，因而南渡后“梦绕神州路”的词坛主旋律，至辛弃疾的黄钟大吕，终使家园意识上升到前所未有的“黍离麦秀之悲”、“抚时感事之作”的家国之慨，这也是宋词由“内敛”而“外推”的品格提升，是悲壮而光荣的又一种“自赎”。

前言伤春，谓出“物感”，至于伤别，则缘于社会。《诗经》中，“伯也执殳，为王前驱”（《伯兮》），“君子于役，不知其期”（《君子于役》），“王事靡盬，不能艺稷黍”（《鸨羽》），战争与徭役是离别的原因。同样，以上诸篇与《采薇》、《东山》等，则是伤别诗的原型。

随着社会的发展,“王事”的原型题旨经《古诗十九首》未明确道出的“游学”之变,到唐宋词中演为游宦。“执殳”、“于役”的亲与战事,也变为身遭离乱。前者如“旧赏轻抛,到此成游宦。觉客程劳,年光晚”(柳永《迷神引》),“东归燕从海上去,南来雁向沙头落”,“无奈被些名利缚,无奈被他情担阁”(王安石《千秋岁引》);后者如“心折,长庚光怒,群盗纵横,逆胡猖獗”(张元幹《石州慢》),“直是凤凰城破后,擘钗破镜分飞。天涯海角信音稀。梦回辽海北,魂断玉关西”(朱敦儒《临江仙》),“花间”词中常见的征战辽阳,已易为“凤凰城破”。

唐宋词中伤别之作较之前人有何不同呢?拟从三点论之。一是恋人别之转型。从夫妻之别或未婚恋人之别,转为婚外恋人之别。在诗中,起于唐而尤盛于晚唐。至宋代,则有明确的诗词分流:“宋代五七言诗讲‘性理’或‘道学’的多得惹厌,而写爱情的少得可怜。宋人在恋爱生活里的悲欢离合不反映在他们的诗里,而常常出现在他们的词里……据唐宋两代的诗词看来,也许可以说,爱情,尤其是在封建礼教眼开眼闭的监视之下那种公然走私的爱情,从古体诗里差不多全部撤退到近体诗里,又从近体诗里大部分迁移到词里。”(钱锺书《宋诗选注·序》,着重号为引者所加)前一“撤退”,完成于李商隐的“无题”、韩偓的“香奁”,后一“迁移”,则从“花间”到两宋词,而“公然走私的爱情”只能是婚外恋。唐宋词将《诗经》的原型作了变化,完成了转型,这就是结论。

二是友朋别的发展。从一般的友谊、志趣之相投,才情、境遇的惺惺相惜,演为政治上的志同道合,功业的期许、勉励。张元幹寄李纲的《贺新郎》,送胡铨赴新州的同调词,都将友情推至国事。“谁伴我,醉中舞”的相知,“要斩楼兰三尺剑,遗恨琵琶旧语”的期待,“谩暗涩、铜华尘土”的叹惜;“梦绕神州路”的怀念河洛,“回首对床夜语”的重温旧事,“目尽青天怀今古,肯儿曹恩怨相尔汝”的系心大政,已超越了通常的友谊意识。辛弃疾的送别词更非他人可比,尤以鹅湖之会后与陈亮唱和的《贺新郎》特拔众上,深挚的友情,不凡的抱负、共同的遭遇,不屈的意志,发之于慷慨悲歌,非仅一扫词坛的“妮子态”,也是前此诗境所未到。

三是家乡别的变化。由于特殊的历史、社会原因,诗中的较短暂的家乡别,演为词中的长别甚至永别。《诗经》中为徭役、战争等“王事”而离别家乡,时间不算很长。汉诗中,如十五从军、八十始归,转为长别。若谓曹操的“远行多所怀”,尚能“思欲一东归”(《苦寒行》),刘琨赴晋阳而云“惟昔李骞期,寄在匈奴庭”(《扶风歌》),已自知长别了。同样,韦庄的“游人只合江南老”原仅是悬测,李煜的“故国不堪回首月明中”却是不得不面对的事实。北宋还是因游宦而将故园“轻掷”,南宋若欲效张翰之见秋风而思莼鲈,就仅能南向而不能北归了。在《诗经》中,感叹“王事靡盬”而离乡背井,而陆游、辛弃疾、陈亮却是为不能戮力王事而怅恨。由于宋廷南渡与晋室历史相似,新亭之泣,夷甫之斥,屡见于辛词中,“西北望神州”亦成南宋词人递传迭见的思绪。待到元朝一统九州,铜仙铅泪的意象见于宋遗民词,只能感叹:“去年燕子天涯,今年燕子谁家?”(张炎《清平乐》)江山易主,家乡永别,《诗经》以来的家园意识,未能沉痛逾此!

唐宋词对伤别题旨的艺术原型有何发展呢?拟从两点论之。

一是原型意象的发展。仅举柳之一例。在《诗经》中,《采薇》的"昔我往矣,杨柳依依",杨柳当属描述性意象,起"乐景写哀"作用,但已涉离别。《古诗十九首》的"郁郁园中柳"兼伤春、伤别二义。北朝乐府《折杨柳歌词》的折柳与"愁杀行客儿"相关。到唐诗中,杨柳就成了伤别的感情符号,如王维《送元二使安西》的"客舍青青柳色新",不言折柳送别,柳已关离情。在词中,柳作为伤别的感情符号,在应用上颇有发展。如欧阳修《踏莎行》的"溪桥柳细"明写早春,暗寓别意——此为暗用。如苏轼《水龙吟》写杨花而兼及柳的"萦损柔肠,困酣娇眼,欲开还闭",前者得之于柳枝之细柔,后者得之于柳叶的娇态,在"离别"之意上,借物写人,情态兼出,以文心之细对原型意象颇多发展——此见深细。周邦彦《兰陵王》"柳阴直,烟里丝丝弄碧。隋堤上、曾见几番,拂水飘绵送行色",赋兼起兴,"年去年来,应折柔条过千尺",申足别意,以时空之深广见情感之深——此见盘旋跌宕。"楼外垂杨千万缕,欲系青春,少住春还去"(朱淑真《蝶恋花》),由别人而推及别春——此是本意转移。"休去倚危栏,斜阳正在、烟柳断肠处"(辛弃疾《摸鱼儿》),由人事而及政局,描述性意象成为象征性意象——此为扩展提高。总之,由于"诗之境阔,词之言长",词对原型意象颇多发展。

二是原型构思的深化。亦举一例。如《邶风·燕燕》是著名的赠别诗,前三章均以"瞻望弗及"写别时目送人远去,以至消失之状,分继之以"泣涕如雨"、"伫立以泣"、"实劳我心"作每章结句,表送别之深情。"瞻望弗及"遂成送别诗的一种原型构思。屈原在《哀郢》中以"登大坟而远望兮"表达对离别故土的深情。后来颜延之《北使洛》亦以"日夕望三川"写别情。柳恽《赠吴均》的"相思白露亭,永望秋风渚","望"而"永",在"瞻望"的构思上作了深化。阴铿的"依然临送渚,长望倚河津"(《江津送刘光禄不及》),其"长望"亦与柳恽近,都是以时间示情长的表达。何逊《送韦司马别》的"举帆越中流,望别上高楼"开始以登楼之举作"瞻望弗及"的延伸。唐人赠别诗很多,其中如王维《观别者》的"车徒望不见,时见起行尘",李白《黄鹤楼送孟浩然之广陵》的"孤帆远影碧空尽,惟见长江天际流",都从"弗及"而"不见"、而"尽"上着力。到唐宋词中,"瞻望"以送人的原型构思,可显见深化。温庭筠《梦江南》虽非送人,但在"瞻望"上,以时空之延扩表其深情,较之诗来,显见不同,不但是"独倚望江楼",而且"过尽千帆皆不是",一直看到"斜晖脉脉水悠悠"。顾敻《河传》(棹举)既写了"舟去"后所见的"波光渺渺",还以"岸花汀草共依依,雨微,鹧鸪相逐飞",作进一步渲染。张先《一丛花》的"嘶骑渐遥,征尘不断,何处认郎踪",除"瞻望"中的"征尘"外,又益之以"嘶骑渐遥"的耳闻,较之王维的"时见起行尘",显以多方描述感受以见情深。欧阳修《踏莎行》用"寸寸柔肠,盈盈粉泪"铺垫了闺中人的别情,继之以"楼高莫近危阑倚",在"瞻望"上与何逊诗同,但"平芜尽处是春山,行人更在春山外",以递进而层深的写法,示目力所"弗及",此是诗之所未到。柳永《雨霖铃》又见不同,相看泪眼、无语凝噎均《燕燕》中之"泣",且"凝噎"更"无声胜有声",而"瞻望"中的"暮霭沉沉楚天阔"已有"弗及"之意,下片继就"弗及"延伸,以"今宵酒醒何处?杨柳岸、晓风残月"的凄冷场景之拟想,与上片相应,一点一染(参刘熙载《词概》),确是对"瞻望弗及"的原型构思更为深化,更能表其深情。

二 芳草美人
——现实政治原型

人生感情原型的伤春伤别源于《诗经》，现实政治原型的芳草美人出于《楚辞》。此处再论后者。

南宋胡寅《题酒边词》作词的溯源之论，已朦胧触及：“词曲者，古乐府之末造也。古乐府者，诗之旁流也。诗出于《离骚》《楚辞》，而《离骚》者，变风变雅之怨而迫，哀而伤者也。其发乎情则同，而止乎礼义则异。”这里不仅上溯《离骚》和变风、变雅，而且以“怨而迫，哀而伤”作词的感情特性的寻源之论。南宋后期的刘克庄，针对道学家的“崇性理而抑艺文”，以“议论至圣人而止，文字至经而止”为原则，发表了寻觅原型的论词见解：

> “杨柳依依”，“雨雪霏霏”，非感时伤物乎？“鸡栖”、“日夕”、“黍离”、“麦秀”，非行役吊古乎？“熠耀宵行”、“首如飞蓬”，非闺情别思乎？（以上均出《黄孝迈长短句序》）

如果这还是“闺情别思”的人生情感，在《跋刘叔安感秋八词》中，刘克庄所论更值得注意：

> ……间为乐府，丽不至亵，新不犯陈，借花卉以发骚人墨客之豪，托闺怨以寓放臣逐子之感。周、柳、辛、陆之能事，庶乎其兼之矣。

“丽不至亵”是远承扬雄“诗人之赋丽以则”之意，“新不犯陈”是将韩愈“惟陈言之务去”之意发扬于词。具体的创作途径是“借花卉以发骚人墨客之豪，托闺怨以寓放臣逐子之感”，其外是“花卉”、“闺怨”的“缘情”之体，其内是“骚人墨客之豪”、“放臣逐子之感”的“言志”之核。周、柳长于前者之“缘情”，辛、陆长于后者之“言志”，兼得其长就是词的方向与归的，此论确实高出前人许多。“借花卉”、“托闺怨”是比兴寄托，是手段、途径；“骚人”、“墨客”云云是关涉君国大事；尤应注意的是“花卉”、“闺怨”即“芳草”、“美人”。前一则序所涉是词的情感原型，此一则跋已逗现实政治原型的消息。刘克庄为什么要提倡这样一条创作道路呢？因为在辛弃疾之后，词坛已不闻鞺鞳大声，“世故忧患，不入其心，姑以流连光景，歌咏太平为乐”（《题汤埜孙长短句》）已成创作倾向。是忧患意识使词作通向现实政治，刘克庄确有清醒的认识。我们且接过他的话头来展开论述。

为什么不从《诗经》找政治原型，而以《离骚》为政治原型呢？因为《离骚》是我国空前（且近于绝后）的长篇政治诗。其作者屈原是诗人政治家，作为政治家，他的诗人气质太多，但作为诗人，他又始终难以离异政治。《诗经》中有不少作品也涉及政治，讥刺远多于颂扬，但诚如朱熹所说：“凡诗之所谓风者，多出于里巷歌谣之作，所谓男女相与咏歌、各言其情者也。”(《诗集传序》)作为《诗经》主体的国风既如此，雅、颂作者也罕有可指实者。三百零五篇，很少是政治家的作品，真正从正面、作全局涉及政治的，《诗经》中很少。《离骚》的作者却是政治家：“屈原者，名平，楚之同姓也。为楚怀王左徒。博闻强志，明于治乱，娴于辞令。入则与王图议国事，以出号令；出则接遇宾客，应对诸侯。王甚任之。”(《史记·屈原传》)在群小争妒进谗的情况下，“王怒而疏屈平”。楚国屡败于秦，怀王在楚内部亲秦与抗秦的势力间举棋不定，屈原对祖国的命运表现出深广的忧愤，对自己的遭遇也充满怨怼，遂“疾王听之不聪也，谗陷之蔽明也，邪曲之害公也，方正之不容也，故忧愁幽思而作《离骚》”(《史记·屈原传》引刘安语)。“屈平正道直行，竭忠尽智以事其君，谗人间之，可谓穷矣！信而见疑，忠而被谤，能无怨乎？屈平之作《离骚》，盖自怨生也。”(《史记·屈原传》)《离骚》之作密切关系着楚国的政治，又出于自己的不平遭遇，“忧愁幽思”与怨愤交织，深刻的思想，痛苦的灵魂，杰出的理性内容化为动人的形象审美，使之成为伟大的政治抒情诗。

屈原从政时间并不很长，尤其处于权力中心的时间较短，但他毫无疑问是一位兼收并蓄的杰出思想家。他积极用世，抛开个人利益，在饱受打击、屡遭流放后，仍坚持节操，不走“楚材晋用”之路，其从政态度和爱国精神，更逾于儒家代表人物。他以儒家的人格精神克己修身，既“独立不迁”，“深固难徙”，又“闭心自慎，终不失过兮。秉德无私，参天地兮”(《橘颂》)，持性修洁，守正不阿。他不仅在作品中多次称颂儒家的理想圣人尧、舜、禹、汤、文、武，而且主张“重仁袭义兮，谨厚以为本”(《怀沙》)，以“泛爱众”的态度，“长太息以掩涕兮，哀民生之多艰”(《离骚》)。不少论家都看到了屈原思想的主要面在儒家，故云“《离骚》之文，依托五经以立义”(王逸《楚辞章句序》)，“取熔经义，自铸伟辞”(《刘勰《文心雕龙·辨骚》)。因为吴起曾在楚国实行过改革，人虽殁而尚有影响，屈原几度使齐，对稷下学派有所接触，荀子又曾两度入楚，被春申君任命为兰陵令，所以屈原思想并非止于孔孟，而与荀子相近，有一定的法家色彩。他的“美政”理想；“举贤而授能兮，循绳墨而不颇”(《离骚》)，列举傅说、吕望、宁戚等出身贱民的贤者；“明法度之嫌疑”(《惜往日》)，反对“背法度而心治”(《惜往日》)；既称道尧、舜、禹、汤、文、武，又赞赏齐桓公“任贤”，显有贵王尊霸色彩。以上这些，都与荀子相近。

屈原不仅是一位汲取优秀成果、顺应历史潮流的思想家，又是一位在本民族文化传统中成长起来的伟大诗人，他将北方的儒家理性主义，与南方巫术文化的热烈浪漫相结合，“依《诗》而制《骚》”，使政治主题与男女恋歌熔铸成前所未见的杰作，为后世提供了“芳草美人”的范式。由于独特的地理环境，楚文化发展显然滞后于中原，以原始歌舞、图腾礼仪为主要形式的巫文化，与北方文化面貌大异。屈原在楚文化神话传说的基础上，展开奇伟瑰丽的想象，以激越的感情，表达对理想的追求，纵横古今，大开大合。《离骚》继承了《诗经》的比兴手法，将《诗经》中只有局部意义、较为单纯的比喻，发展为具有全局性、起象征作用的意象群，不仅有鲜明的政治倾向，而且将知性的意念，化成美丽的艺术形象的完整体系。诚如王逸所说：“《离骚》之文，依诗取兴，引类譬喻。故善鸟香草，以配忠贞；恶禽臭物，以比谗佞；灵修美人，以媲于君；宓妃佚女，以譬贤臣；虬龙鸾凤,以托君子;飘风云霓,以为小人。”(《离骚序》)概括而言,即“芳草美人”。

“芳草美人”应分开讲。“美人”是指《离骚》将政治的主题付之于男女的主线,“芳草”是指诗中对美好的人、物、事的喻指。楚民歌多为恋爱的主题,连祭神的《九歌》也带上了两性相恋的色彩。《离骚》吸收了这一特点,以男女的形式展开政治的主题。诗中,抒情主人公实为女子身份,既有内美,又重修饰,自己“恐美人之迟暮”,倾心于“灵修”(朱熹说:“灵修,言其有明智而善修饰,盖妇悦其夫之称;亦托词以寓意于君也。”见《楚辞集注》),而“灵修”却不顾我“指九天以为正(证)”的忠贞,“悔遁”当初的“成言”,使我对他的“数化”而伤心(王夫之说:“史称屈平为楚合齐以摈秦,怀王惑于张仪,合秦以绝齐。或谓此欤?”见《楚辞通释》,“数化”当指此)。原已怀妒心而争宠的众女乘机进谗,说我蛾眉善淫,使我受尽委曲,忍辱含耻,不得不开始“往观乎四方”的后半段游程。当然,在女媭申申其詈、跪敷衽以陈词、叩阊阖、游春宫、求宓妃、见佚女、灵氛占卜、巫咸降神、旧乡临睨、仆马悲怀的诸多情节中,抒情主人公似乎身份有变,但就现实政治斗争而言,男女主线无疑是贯串其中。“芳草”屡见于《离骚》中,抒情主人公与芳草难以分离。“扈江离与辟芷兮,纫秋兰以为佩”——此为装饰佩戴。“昔三后之纯粹兮,固众芳之所在;杂申椒与菌桂兮,岂维纫夫蕙茝”——楚国先君“三后”有君德,所以贤才的“众芳”才能聚于此。“余既滋兰之九畹兮,又树蕙之百亩;畦留夷与揭车兮,杂杜衡与芳芷”——为了国家,我曾广泛培养贤才。“朝饮木兰之坠露兮,夕餐秋菊之落英”——所饮所食都取之众芳。“擥木根以结茝兮,贯薜荔之落蕊;矫菌桂以纫蕙兮,索胡绳之纚纚”——所佩所服亦取之众芳。全诗中,确是可见“其志洁,故其称物芳”。总之,“芳草美人”的《离骚》(也包括屈原的其他《楚辞》作品),已逾越了《诗经》“歌食歌事”的直接叙事,和较为简单地以“比兴”抒情,而将理性化为感性,将善人之于美,幻中深蕴着真,给后人提供了极大的审美价值。

“芳草美人”体现出美政理想与建功立业的参与意识相结合的特点,又与“恐美人迟暮”的生命意识熔铸一起,形成了如同女子专一热恋般的政治热情。同时,志洁行芳也成为立身行事的追求,“芳草”渐衍为寓托节操、品行的梅、兰、竹、菊“四君子”。而遇合无期、盛年独处,或风雪摧残、众芳芜秽,又使自悲自悼之情化为无限的伤感。《离骚》及其他《楚辞》作品给予后代的影响是巨大的。

《离骚》产生在七雄纷争的战国后期,当时的楚国是唯一可以与秦国抗衡的国家,楚怀王作为纵约长,应该联合六国力量“扣关攻秦”,首先是要在外交上联合齐国。屈原深知这一外交路线的重要,懂得“横则秦帝,纵则楚王”,他劝谏怀王“忍欲”、“哀民生”、“察民心”,针对秦的招揽六国人才,“余既滋兰之九畹兮,又树蕙之百亩”,一度得到“图议国事”、“应对诸侯”的待遇。却因群小争妒,见疏于怀王。怀王被骗入秦并客死他乡后,顷襄王继立,以弟子兰为令尹。子兰使上官大夫向顷襄王进谗,屈原再被“怒而迁之”,终于自沉汨罗。屈原虽非高官,却是关系到楚国存亡的重要人物。他在政治碰壁后,原想以文学来推行政治理想。因此,《离骚》就是“上称帝喾,下道齐桓,中述汤、武,以刺世事。明道德之广崇,治乱之条贯,靡不毕见”的作品,且“睠顾楚国,系心怀王，不忘欲反，冀幸君之一悟，俗之一改也。其存君兴国，而欲反覆之，一篇之中，三致志焉”。（均见《史记·屈原传》）如此的经历、胸襟、怀抱、才能造就的“芳草美人”，确又使后人难以企及，是“高山仰止”的政治原型。

后汉班固的《四愁诗》，人谓是因“天下渐弊，郁郁不得志”而写，“效屈原以美人为君子，以珍宝为仁义，以水深雪雰为小人。思以道术相报，贻于时君，而惧谗邪不得以通”。（见《文选》）此说可参而不可泥。而曹植的《美女篇》以末二句“盛年处房室，中夜起长叹”点题，即“美人迟暮”之意，但基点仍在感“不遇”，实难与屈原的深广忧愤比肩。唐人诗中，最得《离骚》“芳草”之旨的，当数陈子昂、张九龄。陈子昂《感遇诗》：“兰若生春夏，芊蔚何青青。幽独空林色，朱蕤冒紫茎。迟迟白日晚，嫋嫋秋风生。岁华尽摇落，芳意竟何成。”这就是《离骚》“惟草木之零落”的形象演绎。张九龄《感遇》：“兰叶春葳蕤，桂华秋皎洁。欣欣此生意，自尔为佳节。谁知林栖者，闻风坐相说。草木有本心，何求美人折。”陈沆《诗比兴笺》认为是表“君子自修之初志也”，与《楚辞》“不吾知其亦已兮，苟予情其信芳”同，云“士不为遇主而修行，故亦不因捐废而陨穫”，所见在理，这也是张九龄持身修洁的深衷，境界很高。李白《古风》中的“碧荷生幽泉”、“孤兰生幽园”、“青春流惊湍”诸首，与陈子昂所作旨趣同。中唐涉“美人”、以男女比主臣者，颇有几首名作，如张籍《节妇吟》、王建《新嫁娘》、朱庆余《近试上张水部》等都是，但这些作品还限于个人遭际，不涉家国之慨，所以杜甫的《佳人》更值得注意。杜甫怀“致君尧舜”之志，却困顿长安十年，残杯冷炙，备尝艰辛，安史之乱中，流离颠簸，又被俘扣押，逃出长安到凤翔，“麻鞋见天子”，被肃宗任命为左拾遗，因为房琯辨白，引起肃宗愤怒而被疏。两年后，杜甫流落秦州，此时官职已辞，生活无着，但仍以佳人自喻，“在山泉水清，出山泉水浊”，“天寒翠袖薄，日暮倚修竹”，境遇之冷落与志节的高洁，与张九龄诗最近。一“芳草”一“美人”，形式不一，归趣相同，虽忧愤不及屈原，《离骚》精神已庶几得之。

《离骚》作为政治诗，给后世提供了四种原型的“比体”，即咏史（以古比今），游仙（以仙比俗），艳情（以男女比主臣）、咏物（以物比人），朱自清先生《诗言志辨·比兴》论之甚详。对于唐宋词来说，主要是艳情、咏物，此即“芳草美人”。“芳草美人”见之于词，究竟始于何人何作，颇难断定，因为要做到真正的知人论世并非易事，但无疑必与政治斗争的失败者或政治境遇的失意者相关。苏轼被贬黄州时，在定惠院寓居作的《卜算子》词，就很有“以物比人”的“芳草”意义。词云：

> 缺月挂疏桐，漏断人初静。谁见幽人独往来，缥缈孤鸿影。　惊起却回头，有恨无人省。拣尽寒枝不肯栖，寂寞沙洲冷。

吴曾《能改斋漫录》、陈鹄《耆旧续闻》都认为有托意、取兴，鲖阳居士更将词中意象一一坐实涵义，指出与《诗·考槃》相似。此词借孤鸿形象，写乌台诗案后的遭遇，“退而穷处”的心理，孤独无援的环境，而“拣尽寒枝”又可见自珍自重，不肯苟且的情怀，确有《离骚》的影子。北宋另一位词人贺铸，虽是宋太祖孝惠后的族孙，但为人傲岸近侠，对权倾一时的贵要亦诋之无遗，故辗转地方，不得升迁。前引其《踏莎行》（杨柳回塘），就是一首有着《离骚》“芳草”意味、融人身世之感的作品，张耒以“幽洁如屈、宋”论其词，于此首最合。贺铸另一名作《青玉案》尤以结句“一川烟草，满城风絮，梅子黄时雨”为人称道，但此词上片的“锦瑟华年谁与度？月桥花院，琐窗朱户，只有春知处”，实有《离骚》中“美人迟暮”之意。李商隐《锦瑟》的“锦瑟无端五十弦，一弦一柱思华年”，是悼惜年华空逝的名句。贺铸居苏州时，已五十余岁，借美人以自伤，黄蓼园评此词，认为有“孤寂自守，无与为欢”，“无非写其境之郁勃岑寂耳”之意，确是道出了词中的“骚”情。贺铸自度曲《望湘人》，论者亦以之作伤离怀人之词看待，词中的“泪竹痕鲜，佩兰香老，湘天浓暖”，“认罗袜无踪，旧处奔波清浅。青翰棹舣，白苹洲畔。尽目临皋飞观”，意象、境界都很美。《蓼园词选》谓其“意致浓腴，得《骚》、《辨》之遗”，联系贺铸之志向及遭遇，黄蓼园此说或亦并非无由。

恩格斯曾经这样说过：“歌德在德国文学中的出现是由这个历史结构所安排好了的。”（《诗歌和散文中的德国社会主义》）文学具有难以移易的历史规定性。《楚辞》“芳草美人”能在词中真正焕发出政治原型精神，结出硕果，是由于靖康之变这一历史事件。北宋自英宗之后，虽数十年间党争屡起，阶级矛盾也难得缓和，但社会经济却达到较高的发展水平，农业、手工业、商业都较前代进步，城市经济比唐代更形发展，洛阳、扬州、杭州、成都等城市都非常繁华，首都汴京尤盛。孟元老《东京梦华录序》云：“举目则青楼昼阁，绣户珠帘，雕车竞驻于天街，宝马争驰于御路。金翠耀目，罗绮飘香，新声巧笑于柳陌花衢，按管调弦于茶坊酒肆。”但是，金人南侵的“靖康之变”粉碎了繁华梦，徽、钦二帝及后妃、太子、皇女、宗戚等三千余人被掳北去，“凡法驾、卤簿，皇后以下车辂，卤簿、冠服、礼器、法物、大乐、教坊乐器、祭器、八宝、九鼎、圭璧，浑天仪、铜人、刻漏、古器、景灵宫供器、太清楼、秘阁、三馆书、天下府、州、县图及官吏、内人、内侍、伎艺工匠、倡优，府库畜积，为之一空”。（陈邦瞻《宋史纪事本末》卷五十七《二帝北狩》）金兵的侵掠洗劫并不限于汴京一地，“东及沂、密，西至曹、濮、兖、郓，南至陈、蔡、汝、颍，北至河、朔，皆被其害。杀人如刈麻，臭闻数百里。淮泗之间亦荡然矣”。（李心传《建炎以来系年要录》）空前的民族灾难使词风为之大变，宋廷南渡后的数十年中，心系故国，表达抗战愿望与激情，或感叹世变，抒发“黍离之悲”，成为词坛主潮。而造就这一主潮的词人，是从“中兴名臣”开始的一个作家群，众星捧月般地围绕着光盖星天的辛弃疾。是辛弃疾，才真正改变了“词为小道”的面目，继承了屈骚“芳草美人”传统，使词焕发出异彩。

在古人所有评论辛弃疾的言论中，黄梨庄最堪称知人论世。他说：

> 辛稼轩当弱宋末造，负管、乐之才，不能尽展其用，一腔忠愤，无处发泄；观其与陈同父抵掌谈论，是何等人物？故其悲歌慷慨，抑郁无聊之气，一寄之于其词，今欲与搔首傅粉者比，是岂知稼轩者？（《词苑丛谈》引）

这里，实际上已道出了辛弃疾能“屹然别立一宗”的原因。“当弱宋末造”是所处时代，“负管、乐之才,不能尽展其用,一腔忠愤,无处发泄”是其才具及遭遇,与屈原相似,“一寄之于其词”,是全身心投入词中,这也与屈原相似。在辛弃疾之前,岳飞有《小重山》词:

昨夜寒蛩不住鸣。惊回千里梦,已三更。起来独自绕阶行。人悄悄,帘外月胧明。　白首为功名。旧山松竹老,阻归程。欲将心事付瑶筝。知音少,弦断有谁听?

陈郁《藏一话腴》认为“欲将心事付瑶筝。知音少,弦断有谁听”,“盖指和议之非也”。这其实已是词中以小见大、写大题材的先导,与《离骚》“芳草美人”相近。张孝祥《水调歌头》,在泛湘江时,因为自己主张抗金而遭投降派压抑,不期然而然地想起了屈原,故词的下片写道:“制荷衣,纫兰佩,把琼芳。湘妃起舞一笑,抚瑟奏清商。唤起《九歌》忠愤,拂拭三闾文字,还与日争光。”岳飞、张孝祥并非不能在词中将“《九歌》忠愤”化为“芳草美人”的“三闾文字”,但前者一生征战,屡破金兵,被秦桧害死时才三十九岁,后者亦遭秦桧打击,转徙地方任上,以三十八岁的英年而过早逝世。与辛弃疾同时而年辈稍长的陆游,自幼就受到形象的爱国教育,自云“亲见当时士大夫相与言及国事,或裂眥嚼齿,或流涕痛哭,人人自期以杀身翊戴王室”(《跋傅给事帖》),壮年时又曾入蜀襄赞军务、亲临前线,是“亘古男儿一放翁”。但由于陆游主要致力于诗,自谓作词“少时汩于世俗,颇有所为,晚而悔之”(《放翁词自序》),所作仅一卷,与其万首诗相较,其所厚所薄,自是态度俨然。被辛弃疾赞为“风流酷似,卧龙诸葛”的陈亮,是“推倒一世之智勇,开拓万古之心胸”的人物,才气超迈,议论风生,多次以布衣上书朝廷,纵论国政,置自身安危于度外,而屡遭投降派打击。陈亮是哲学家,“永康学派”领袖,又是政论家,他传词一卷,加上后人补辑,共七十多首,叶适《书龙川集后》云“(亮)有长短句四卷,每一章就,辄自叹曰:‘平生经济之怀,略已陈矣!’”可见与陆游颇不同。但是陈亮除少数作品外(如前引《水龙吟》),其“经济之怀”却未能作摧刚为柔的表达,甚至有“中兴露布”之感,当然与“芳草美人”相距甚远。辛弃疾与陆游、陈亮处于同一时代,抱负、才识、遭遇相近,但他能“一寄之于其词”,不旁骛诗文,以其过人的文学修养,深厚的词学根基,写出“气魄极雄大,意境极沉郁”之作,成为“词中之龙”(陈廷焯《白雨斋词话》),真正在词中继承了屈骚“芳草美人”的传统,使后人能以《楚辞》观照宋词。

辛弃疾早年丧父,由祖父抚养成人,从小就受到爱国教育,有深厚的民族意识,并聪颖过人,在刘瞻的门生中,与党怀英并称“辛、党”。在绍兴三十一年(1161年)秋,金主完颜亮率四路大军欲荡平南宋时,二十二岁的辛弃疾参加了抗金义军,他追杀叛徒义端,劝义军领袖奉表南归。在得知耿京被叛徒张安国杀害后,辛弃疾率五十铁骑突入五万之众的金营中,抓获叛徒,急驰建康,并带来了上万名反正士兵,使怯弱的“圣天子”“一见三叹息”。但是,由于赵构政权对义军的疑忌,“壮岁旌旗拥万夫”的渡江部众被作为流民散置州县,辛弃疾被派任江阴签判。在宋孝宗继位,起用主战派张浚,北伐失败而签“隆兴和议”后,辛弃疾冒越职之罪,奏进《美芹十论》(后简称《十论》),精辟分析形势,提出一系列政治、经济、军事、任贤主张和恢复中原的战略规划。数年后又向宰相虞允文呈送《九议》,分论用人、长期作战、敌我长短、攻守、阴谋、虚张声势、富国强兵、迁都、团结。由于宋廷习于偏安,《十论》、《九议》未得重视,“却将万字平戎策,换得东家种树书”(《鹧鸪天》),辛弃疾一直在地方任上转徙。在滁州的理财,在江西的讨捕“茶寇”,在湖南的兴修水利、整顿乡社、创置飞虎军,在江西的救荒,都显示出他全面的过人才干,但却遭忌落职,被迫闲退二十年之久,直到晚年才又被起用。此次起用,仅是权相韩侂胄想借重辛弃疾的声望,以证实自己的北伐之见,却不愿让他人假手。辛弃疾的北伐计划终至落空,开禧北伐的失败,使他赍志以殁。

辛弃疾具文才武略,应是出将入相的人物,终生坚持收复失地、统一中原的理想,“精忠自许,白首不衰”(《后乐集》卷三《辛弃疾辞免除兵部侍郎不允诏》)。朱熹曾感叹“今日如此人物,岂易可得”(《答杜叔高书》)。刘克庄认为“辛公文墨议论尤英伟磊落”,谓其《十论》、《九议》“笔势浩荡,智略辐凑,有权书衡论之风。其策完颜氏之祸,论请绝岁币,皆验于数十年之后”(《辛稼轩集序》)。周密回顾其滁州上奏议,深慨“惜乎斯人之不用于乱世”(《浩然斋意抄·镇江策问》)。因为辛弃疾有着如同屈原一样的“信而见疑,忠而被谤”,满怀忧愤,无从报国,在精神上与之相通,同气相求,故在狂放慷慨之外,又“变温婉,成悲凉”(周济语),写出许多“芳草美人”的篇章。如《摸鱼儿》:

更能消、几番风雨?匆匆春又归去。惜春长怕花开早,何况落红无数。春且住,见说道、天涯芳草无归路。怨春不语,算只有殷勤、画檐蛛网,尽日惹飞絮。　长门事,准拟佳期又误。蛾眉曾有人妒。千金纵买相如赋,脉脉此情谁诉?君莫舞,君不见、玉环飞燕皆尘土。闲愁最苦。休去倚危栏,斜阳正在、烟柳断肠处。

词中非仅“蛾眉曾有人妒”、“脉脉此情谁诉”分与“众女嫉余之蛾眉兮”,“国无人莫知我兮”相应;而且上片的残春,下片的斜阳烟柳都有一定的象征意义;联系宋孝宗曾数度召见辛弃疾,问政询策,长门买赋,佳期又误,难诉深情云云,亦有“伤灵伤之数化”意味。全词在伤春、惜春中,表现出“恐美人之迟暮”的希求用世之心,和“荃不察余之中情”的怨艾,故孝宗读后“颇不悦”(见罗大经《鹤林玉露》)。再如《祝英台近·春晚》,所塑造伤春惜春的闺中妇形象,在昵狎温柔、缠绵往复中,可体现出“老冉冉其将至兮,恐修名之不立”之感,当与作者自惜宦游无功、思家难归的心情相关。又如《汉宫春·立春》,曾被周济评为“辛词之怨,未有甚于此者”(《宋四家词选》)。其含义虽未必如周济所分析那样,多句皆有所指,但词中以春风“闲时又来镜里,转变朱颜”,“生怕见、花开花落,朝来塞雁先还”的心情,联系此时作者闲放已久,难以报国,就很容易使人想起“恐年岁之不吾与”,“恐美人之迟暮”,陈廷焯大约是看出此中微意,故言“稼轩词其源出自《楚骚》,起势飘洒”(《白雨斋词话》)。他的《满江红·暮春》上片写风雨送春,“一番风雨,一番狼籍”,下片转为闺中,“庭院静,空相忆。无说处,闲愁极。怕流莺乳燕,得知消息。尺素如今何处也,绿云依旧无踪迹”。上片为“芳草”,写其芜秽,下片为“美人”,写其迟暮,而“流莺乳燕”之类,当是进谗的小人,当年辛弃疾在任上,上孝宗札子，流露了“孤危”之感，于此处又可印证。

辛弃疾曾写过：“秋菊堪餐，春兰可佩，留待先生手自栽。”（《沁园春》）以屈原的志洁行芳为榜样，他也深慨屈原的遭妒而孤独：“兰珮芳菲无人问，叹灵均欲向重华诉。”（《贺新郎》）因为精神上与屈原相通，所以在文学上也自觉追随，如用《离骚》体写《千年调》，用《天问体》写千秋词《木兰花慢》，还仿《离骚》、《九歌》写《山鬼谣》，都为此前的词人所未见。源于《离骚》的咏古、游仙，在辛词中都有，与“芳草”相关的咏物词，辛弃疾也写进了家国之慨。如《声声慢》咏红木樨，词中这样写道：

> 开元盛日，天上栽花，月殿桂影重重。十里芬芳，一枝金粟玲珑。管弦凝碧池上，记当时、风月愁侬。翠华远，但江南草木、烟锁深宫。

从开元之盛，到安禄山陷长安，大宴凝碧池，“翠华”三句，点明以翠羽为饰的皇帝旗帜北行，江南草木锁于深宫。词中实是借花写人，寓徽、钦北入绝域之痛。此类作品，对后来的风雅派词人以咏物寄托君国之忧，起了很大影响。总之，对于一个“细读《离骚》还痛饮”（《满江红·山居即事》）的伟大词人，一个以“我亦卜居者，岁晚望三闾”（《水调歌头》）自励的伟大爱国者，我们确应以“陶写之具”看待他的词。随手拈出的如《临江仙》：“小靥人怜都恶瘦，曲眉天与长颦。沉思欢事惜腰身。枕添离别泪，粉落却深匀。　翠袖盈盈浑力薄，玉笙嫋嫋愁新。夕阳依旧倚窗尘。叶红苔郁碧，深院断无人。”“手撚黄花无意绪，等闲行尽回廊。卷帘芳桂散馀香。枯荷难睡鸭，疏雨暗添塘。　忆得旧时携手处，如今水远山长。罗巾浥泪别残妆。旧欢新梦里，闲处却思量。”是否能像前论伤春所引《蝶恋花》一样，以“芳草美人”的眼光来看呢？

屈原所创造的“芳草美人”原型，是建立在事异情同的心理联想机制上，但更重要的当在于作者的人格、襟抱、境遇和文学修养，因而要将“芳草美人”真正作为一种现实政治表现为文学中的原型，并非人皆可为之。刘克庄议论颇高，但却多“满心而发，肆口而成”之作，虽也有如《摸鱼儿·海棠》、《贺新郎·席上闻歌有感》之类分得“芳草”、“美人”遗意之作，但缺乏深沉、浑化的韵致，数量又少，更多的是发展了辛弃疾的议论化。清人如朱彝尊的《红盐词序》，张惠言的《词选序》，为了尊词体，都有将词通之于《离骚》之论，晚清的沈祥龙，更在《论词随笔》中，发表了言简意赅的原型理论见解：

> 屈、宋之作亦曰词，香草美人，惊乎绝艳，后世倚声家所由祖也。故词不得楚骚之意，非淫靡即粗浅。

但因时既非战国、南宋之时，人亦非屈原、稼轩其人，有清一代虽词人、词作远逾于宋，却终难有“芳草美人”的再创造。这大概是伤春伤别的人生意绪可以共有，而芳草美人的政治作品只能出于“词中之龙”吧？谁说只有大言欺人作纸上奔腾，而无“芳草美人”的“游词”呢？

唐宋词的艺术境界

在经过晚唐、五代、北宋前期的创作繁盛后，人们已开始论及诗词之别。陈师道既说苏轼“以诗为词”“要非本色”，又引时人所见：“世语云：‘苏子瞻词如诗，秦少游诗如词。’”（《后山诗话》，原话见《王直方诗话》）作此评论的并非别人，正是与苏、秦关系都很密切的晁补之、张耒。苏轼“横放杰出”，虽作词亦诗，秦观以“女郎诗”手笔入诗，虽诗亦词，诗词确乎有其界。李清照历数本朝名家，多所罗列，然终未点破“别是一家”究竟“别”在何处。金、元词衰曲盛，至明代，论诗词之别者渐多。如王世贞《艺苑卮言》开始例举以明诗词之别：“‘油壁轻车金犊肥，流苏帐暖春鸡报’，非歌行丽对乎？‘细雨梦回鸡塞远，小楼吹彻玉笙寒’，‘青鸟不传云外信，丁香空结雨中愁’，‘无可奈何花落去，似曾相识燕归来’，非律诗俊语乎？然是天生一段词也。着诗不得。”何良俊《草堂诗馀序》以风格言之：“乐府以皦迳扬厉为工，诗馀以婉丽流畅为美。”至陈子龙《王介人诗余序》始以“其为体也纤弱”，“其为境也婉媚”论词，指出“婉媚”二字为词的艺术境界特点。清代词学兴盛，对唐宋词艺术境界的认识、论定，渐形深细、系统，尤经清末陈廷焯、况周颐而至王国维，终将这种探讨提高到前所未有的水平。以“境界说”为核心的《人间词话》更是结旧而出新，以特出的艺术鉴赏力和理论思辨性，给人以很多启迪。我们且从创作实践和前人所论出发，对唐宋词艺术境界作一番进山探宝。

一　深岩曲径　丛筱幽花
——狭而深的境界

清人沈雄引《柳塘词话》的一段话，颇形象地说出了诗词不同境界的特征：

> 野君（徐士俊）与余论：诗如康庄九逵，车驱马骤，易为假步；词如深岩曲径，丛筱幽花，源几折而始流，桥独木而方渡，非具骚情赋骨者未易染指。（沈雄《古今词话·词评》下）

“康庄九逵”是阔、大，故能“车驱马骤”。“深岩曲径”是狭、深，如“丛筱幽花”般的词生于其中，无论是采撷，还是作词，都须经“源几折而始流，桥独木而方渡”的途径。创作的路径是狭而深，词的境界同样是狭而深。

这里不想探讨意境构成的一般原理，也不想区分意境、境界之别，更无意于追寻我国关于意境说渐次形成的理论脚步。而想在引用近人一段颇有概括性的论述后，再展开我们的话题。刘永济先生说：“按品文家又有所谓词境、意境、境界者……大抵人心与物境相接，而后文生焉。此理彦和舍人之论神思尽之矣……盖神居胸臆之中，苟无外物以资之，则喜怒哀乐之情无由见焉；物在耳目之前，苟无神思以观之，则声音容色之美无由发焉。是故神、物交接之际，有以神感物者焉，有以物动神者焉。以神感物者，物固与神而徘徊；以物动神者，神亦随物而宛转。迨神、物交会，情、景融合，即神即物，两不可分，文家得之，自成妙境……又文艺之事，析之有三端焉：一者，人情；二者，物象；三者，文词。文词者，人情、物象所由之以见者也；人情、物象者，文词所依之以成者也。三者之相资，若形、神焉，不可须臾离也。故偏举之，则或称意境，或称词境；统举之，则浑曰境界而已。"（《词论》卷下《作法·总术》）以上所论，对情与景、神与物的关系，作了简洁、深入而辨证的论析。这里，不想取意境、词境、境界之说，而欲取王昌龄《诗格》中的物境、情境、意境的三境之分，加上王国维所论，用以作为不同类型的艺术境界，进而看词的狭深特点。

托名王昌龄的《诗格》提出了"诗有三境"，即物境、情境、意境，并各有所释。我们这里不取其意而借其名用之。王国维托名樊志厚的《人间词乙稿序》有这样一段话："文学之事，其内足以摅己，而外足以感人者，意与境二者而已。上焉者意与境浑，其次或以境胜，或以意胜……出于观我者，意馀于境。而出于观物者，境多于意。"我们且将"以境胜"、"出于观物"、"境多于意"者，称为"物境"；将"以意胜"、"出于观我"、"意余于境"者，称为"情境"；而"意与境浑"者，则称为"意境"。

诗词相较，首先，可见诗之"物境"阔，而词之"物境"狭的特点。如诗，且不言先秦、汉魏、六朝，而看唐、宋：

春江潮水连海平，海上明月共潮生。滟滟随波千万里，何处春江无月明。

——张若虚《春江花月夜》

八月湖水平，涵虚混太清。气蒸云梦泽，波撼岳阳城。

——孟浩然《望洞庭湖赠张丞相》

楚塞三湘接，荆门九派通。江流天地外，山色有无中。

——王维《汉江临泛》

碧丛丛，高插天，大江翻澜神曳烟。

——李贺《巫山高》

云乱水光浮紫翠，天含山气入青红。一川钟呗淮南月，万里帆樯海外风。

——曾巩《甘露寺多景楼》

落木千山天远大，澄江一道月分明。

——黄庭坚《登快阁》

京口寒烟鸦外灭，历阳秋色雁过遥。清江木落长疑雨，暗浦风多欲上潮。

——严羽《和上官伟长芜城晚眺》

九天揽月、沧海掣鲸的李白、杜甫、苏轼、陆游似乎都不必出场。再看唐宋词：

兰露重，柳风斜，满庭堆落花。

——温庭筠《更漏子》

紫薇朱槿花残，斜阳却照阑干。双燕欲归时节，银屏昨夜微寒。

——晏殊《清平乐》

雨过残红湿未飞，疏篱一带透斜晖，游蜂酿蜜窃香归。

——周邦彦《浣溪沙》

阑干外、烟柳弄晴，芳草侵阶映红药。

——张元幹《兰陵王》

池上红衣伴倚阑，栖鸦常带夕阳还。殷云度雨疏桐落，明月生凉宝扇间。

——吴文英《鹧鸪天》

残雪庭阴，轻寒帘影，霏霏玉管春葭。

——王沂孙《高阳台》

词中虽有苏轼的"大江东去"(《念奴娇》)，有辛弃疾的"叠嶂西驰"(《沁园春》)，但毕竟较为少见。以上诗、词相较，"物境"的阔狭自明。

其次，可见诗的"情境"较为显见，而词的"情境"较为深隐。我们不妨从爱情的三种题材：分别、相思、悼亡，对诗词作一比照。

写分别的，如以"刻意伤春复伤别"写杜牧的李商隐，其自己的《无题》就是一首著名的离别诗：

相见时难别亦难，东风无力百花残。春蚕到死丝方尽，蜡炬成灰泪始干。晓镜但愁云鬓改，夜吟应觉月光寒。蓬山此去无多路，青鸟殷勤为探看。

诗为"无题"，自有难言之隐，意旨并非显见，但全诗以首句之"别"字为眼，领起一腔别情：首句的两"难"，已出难分难舍之意，次句以自然状人生，爱情之花残，虽生离犹如死别，三、四句以物拟人，言深深的爱情至死方休，五、六句设想对方别后的情景，末二句不甘于永别，仍存传信的希冀。全诗意致缠绵，但诗中虽物犹情，所结撰之"情境"显为深深之别情，倘非以政治寄托索解，当不会理解为他意。

再看晏几道的《生查子》：

坠雨已辞云，流水难归浦。遗恨几时休？心抵秋莲苦！　忍泪不能歌，试托哀弦语。弦语愿相逢，知有相逢否？

此词五言八句，形式与诗无异，全词几无景物描写，显为"意馀于境"之"情境"。其以物拟人的手法与李商隐诗相似，全词不出一个"别"字，但辞云的坠雨、离浦的流水，即永别而不能再逢之意象，以“遗恨”之不休承之，继以莲心之苦状此情之苦，苦极而忍泪难歌，只能转托哀弦代语，弦语道出相逢之愿，却知再有相逢之时否？其以递进而层深的结构，由比兴而直言，倘非对面设言之以“相逢”挑出离别，再回视“坠雨”、“流水”而见其旨，确是语浅意深，隐而不露，难见出与爱人离别之意。再试比较李诗中“丝（思）方尽”之谐音，“云鬓”之专属女性，“青鸟”的出典，晏词就无此类迹象。唐诗中以李商隐写情最为隐晦，宋词中晏几道写情并不隐晦，尚有如此不同，其余即可推知了。

写相思之情，可对举李白《长相思》和姜夔《江梅引》。李白诗：

长相思，在长安。络纬秋啼金井阑，微霜凄凄簟色寒。孤灯不明思欲绝，卷帷望月空长叹。美人如花隔云端。上有青冥之高天，下有渌水之波澜。天长路远魂飞苦，梦魂不到关山难。长相思，摧心肝。

姜夔词：

人间离别易多时。见梅枝，忽相思。几度小窗幽梦手同携。今夜梦中无觅处，漫徘徊，寒侵被，尚未知。　湿红恨墨浅封题。宝筝空，无雁飞。俊游巷陌，算空有、古木斜晖。旧约扁舟，心事已成非。歌罢淮南春草赋，又萋萋。漂零客，泪满衣。

二者都属“意余于境”的“情境”，其间不同亦显见。李白诗一开始就点明“长相思，在长安”，三、四句写秋夜的环境、气氛，五、六句更以“思欲绝”、“空长叹”明言相思苦况。“美人如花隔云端”一句横插诗中，结上而启下，相思的对象已点出，高不可即亦已昭示。故以下四句写高天、渌水之阻隔，使魂飞亦难到，结尾“长相思”回应篇首，“摧心肝”再接“思欲绝”而更过之。如不像有些论者以政治寄寓看此诗，作为表达男女爱情，诗中的所思除身份不够明确外（李白曾供奉翰林，是否曾属意某地位较高之女？离长安后，自有“隔云端”之感），其情直切、显见。

姜夔此词先言离别已久，今日见梅，想起古人折梅寄赠，遂起相思之情。曾有几度，在小窗幽梦中与所爱者携手。而今夜梦中无觅，漫步徘徊，寒意侵被，尚不知觉。换头谓泪湿红笺写成的书信却不能发出。弹筝人去，宝筝不见，“无雁飞”既是指筝柱斜列如雁阵的宝筝已无，又指无雁传书。想来当年同游的巷陌，只空余古木斜晖了。泛舟同游的约定落空，心事成非。令人想起淮南小山的“王孙游兮不归，春草生兮萋萋”，自己这他乡的漂零者，只有泪满衣襟了。倘无“相思”、“携手”二语，别意可感，相思却难知。而只有考知其过去曾有过的合肥情遇，才知小序中“将诣淮而不得，因梦思以述志”，是微露所思对象为谁，“述志”即相思之情。全词表述的相思之情较李白诗要深隐得多。

悼亡之作，可看元稹《遣悲怀三首》之二，和吴文英《莺啼序》第四段。元诗：

昔日戏言身后意，今朝都到眼前来。衣裳已施行看尽，针线犹存未忍开。尚相旧情怜婢仆，也曾因梦送钱财。诚知此恨人人有，贫贱夫妻百事哀。

吴词：

危亭望极，草色天涯，叹鬓侵半苧。暗点检：离痕欢唾，尚染鲛绡，亸凤迷归，破鸾慵舞。殷勤待写，书中长恨，蓝霞辽海沈过雁，漫相思、弹入哀筝柱。伤心千里江南，怨曲重招，断魂在否？

诗中很沉痛地将“昔日戏言”与“今朝”事实相对照，哀情已现。继而以施舍衣裳与保存针线写对亡妻的思念，施舍衣裳是因为见衣要思人，保存针线则是可睹物而思人，二者是矛盾的，又是统一的。五、六句的念旧情而怜婢仆，梦中送钱财予亡妻，都继言情深。最后以夫妻死别的人人皆有，进而道及自己当年同贫共贱的夫妻生活，更为悲哀，以明不同于一般的丧妻。韦丛是太子少保韦夏卿幼女，二十岁嫁元稹，曾与元稹共过“野蔬充膳”、“落叶添薪”的艰苦生活，七年后即撒手仙去。以自己今日得享厚俸，念及贫贱之时更觉悲凉，故此元稹在诗中表达了深切的悲痛，悼亡之情清晰显见。

吴词《莺啼序》是词中长调之最，达二百四十字。第一段以伤春藏伤别，第二段追忆别前情事，第三段写别后情事，第四段表凭吊之情。据夏承焘先生研究，吴文英的怀人诸作，“其时夏秋，其地苏州者，殆皆忆苏州遣妾；其时春，其地杭者，则悼杭州亡妾”（《唐宋词人年谱·吴梦窗系年》）。词中第四段对这位亡妾表达了极深的悼念之情。“危亭望极”三句写怅望无得，悲伤使人衰老。“暗点检”以下四句，类于元稹诗中的睹物思人，所不同的，词人连她尚染泪痕欢唾的旧手帕都珍藏着，亸凤（指钗）迷归，破鸾（指镜）慵舞，是因为女主人已逝，而破镜难圆又有再难团聚之意。“殷勤待写”四句，谓欲写长恨，但天海空阔，无雁可飞，人天之隔，当然更无从致信了，只有用哀筝寄思念之意了。最后用《楚辞》中《招魂》本意再表深情。第三段的“瘗玉埋香”，此段的招魂，使人窥得悼亡之意。大概由于亡妾身份不同于亡妻，又由于词之体性在于婉约，加之“亸凤”、“破鸾”等词语之隔膜，吴词悼亡之痛未必逾于元诗，但其深隐凄迷，远非诗之所及。

最后，就“意境”言，与诗相较，词除了狭、深、隐以外，更有“深岩曲径”的“曲”的特点。相同题材者，诗词意境并不一定可分出阔、狭，但相较而言，词确实显得更为深隐，尤其更见曲折。试看韩偓的《惜花》和周邦彦的《六丑·蔷薇谢后作》，即可证之。韩诗：

皱白离情高处切，腻红愁态静中深。眼随片片沿流去，恨满枝枝被雨淋，总得苔遮犹慰意，若教泥污更伤心。临轩一盏悲春酒，明日池塘是绿阴。

周词：

正单衣试酒，怅客里、光阴虚掷。愿春暂留，春归如过翼，一去无迹。为问花何在？夜来风雨，葬楚宫倾国。钗钿堕处遗香泽，乱点桃蹊，轻翻柳陌。多情更谁追惜？但蜂媒蝶使，时叩窗槅。 东园岑寂，渐蒙笼暗碧。静绕珍丛底，成叹息。长条故惹行客，似牵衣待话，别情无极。残英小，强簪巾帻。终不似，一朵钗头颤袅，向人攲侧。漂流处、莫趁潮汐；恐断红尚有相思字，何由见得？

二者都不是或偏于物、或偏于情，而是“意与境浑”之作。韩偓此诗，先写枝头欲坠之残花：“皱白”、“腻红”即残花，挂于高枝者离情悲切，其下沉静者也愁态转深。不仅移情于花，物态中见人情，而且将本应是“高处皱白离情切，静中腻红愁态深”的句子，作了词序调整，以突出残花情态。三、四句写眼见残英片片随水流去，雨淋花枝更使人惆怅。五、六句设想落花命运：如果得到青苔遮掩还能使人稍可慰藉，若被泥土污染就更令人伤心了。最后写因无计留春，只能临轩把盏，以酒悲春，待到残红落尽，就只有一片绿阴了。全诗从花残、花落，写到惜花、悲花，逐层推进，将惜花的主题作了充分的表达。

周邦彦此词以“六丑”为调名，是取六个曲调极美的段落相犯以变化，“丑”即美，属反训。词之开头并未入题，写初夏赏新酒时，为虚掷光阴而惆怅，愿春暂停脚步，春却如鸟飞而无迹，数句作题外的迂回盘旋。继而以“为问花何在”的问句入正题，然是写谢时，而非谢后。风雨是落花之由，“楚宫倾国”是以美人拟花，“钗钿”拟落英，“乱点”、“轻翻”见花瓣之轻盈。在“多情更谁追惜”的发问后，“蜂媒蝶使”的惜花，正是侧衬人之不惜花。换头转写自己的初夏之游，自己惜花之意渐出。长条相惹，似牵衣待话，这种“别情”是以花恋人写人惜花，反衬、侧写。簪花数句，推开一层设想，一正一反。最后的断红题字，是腾挪而开，却终合于“谢后”。全词的结构不似韩偓诗那样层层平推，而是不用一处平笔、直笔，故作摇曳，盘马弯弓，引而不发，用意却往往透过一层。周济《宋四家词选》谓此词“不说人惜花，却说花恋人。不从无花惜春，却从有花惜春。不惜已簪之残英，偏惜欲去之断红”。谭献《谭评词辨》评此词结构时，用了“逆入平出，亦平入逆出”，“处处断，处处连”，“结笔仍用逆挽”等语，都道出了此词章法的明暗相间、断续相连、或正或侧、或顺或逆、或前或后、层层转换、吞吐回环，以及立意的借宾定主、以有说无。人谓作长调“如娇女步春，旁去扶持，独行芳径，徙倚而前，一步一态，一态一变”（王又华《古今词论》引毛先舒语），于此最合。

不仅是长调、中调，词中小令也求曲折。人云：“轻而不浮，浅而不露，美而不艳，动而不流，字外盘旋，句中含吐，小词能事备矣。”（先著《词洁》卷一）“小令须突然而来，悠然而去，数语曲折含蓄，有言外不尽之致。着一直语、粗语、铺排语、说尽语，便索然矣。”（沈祥龙《论词随笔》）皆以小令应曲折含蓄。更有从形式上说明原因者：“小令每用转韵，故层折多端，姿态百出，索解正自不易。”（田同之《西圃词说》）即使在初起阶段，词尚是齐言体时，已见曲折。《怀古录》有这样一段话：“‘门外猧儿吠，知是萧郎至。刬袜下香阶，冤家今夜醉。扶得入罗帏，不肯脱罗衣。醉则从他醉，还胜独醒时。’此唐人词也……子苍曰：‘只是转折多耳。且如喜其至是一转也，而苦其今夜醉又是一转，入罗帏是一转矣，而不肯脱罗衣又是一转，后二句自家开释又是一转。直是赋尽醉公子也。'"所说颇有道理。限于篇幅，我们这里不再展开论述词境曲折的一般特点了。至于因比兴造成曲折，将置后面再论。

二　杏花　春雨　江南
——阴柔美的极致

朱光潜先生在《文艺心理学》第十五章中，曾以"骏马秋风冀北"同"杏花春雨江南"作比照，以象征刚性美与柔性美的不同。"杏花春雨江南"六字出元人虞集寄赠柯九思的《风入松》，是元词最出色的名句，移作论词之境界，适可状阴柔美的特征。

我国古代哲人出于对宇宙万物对立统一的朴素观念，已有"观变于阴阳而立卦，发挥于刚柔而生爻"(《周易·说卦》)之说，但就审美而言，则偏在属阳刚之"大"。《左传·襄公二十九年》记载的季札观乐，《论语·泰伯》记孔子语，都显见对大与崇高的赞颂。孟子以充实为美，庄子以河海相较说明"大"，更是将审美目光从审美主体的人，转向客体的自然天道。汉代美学思想受制于"天人合一"的神学目的论，但汉赋之大，汉画之刚，仍是先秦审美观的延续。自曹丕《典论·论文》评价时人文章风格后，已见区分刚柔之别，随着六朝诗文创作实践的发展，沈约、刘勰等人对刚柔的认识更为深刻、全面。《文心雕龙·体性》将文章风格分为八体，唐皎然《诗式》、司空图《诗品》愈分愈细。由于盛唐风范的影响，司空图虽生当艳情文学已蔚成风气的晚唐，其《诗品》所列诸品，仍是阳刚多于阴柔。入宋以后，"端庄杂流丽，刚健含婀娜"的刚柔并重成为一代新风，诗文书画皆如此，独有词却是流丽、婀娜的领地，并臻阴柔美的极致。

下面分以杏花、春雨、江南三者相拟而论。

其一，杏花——优美的象征。

翻开《花间集》，优美的意象、境界比比皆是。

在温庭筠笔下，有着美人的千娇百媚：画眉弄妆、蕊黄当额、绣衫笑靥、春梦关情、翠钿压脸、无聊倚门、凭栏魂消、金钗粉面、淡眉蝉鬓、风伴舞腰、新妆待晓、泪流玉箸、独倚江楼、红袖逐风……

更有精美绝伦的服饰、环境：绣罗襦、金鹧鸪、水精帘、玻璃枕、鸳鸯锦、金翡翠、金鸂鶒、金凤凰、金雀钗、金缕凤、凤凰窗、绣芙蓉、鸳鸯枕、翡翠裙、金带枕、凤凰帷、钿蝉筝、金雀扇、玉钗、翠钗、翠翘、玉钩、翠幕、香烛、绿窗、鸾镜、花枝、屏山、麝烟、锦衾、绣帘、珠帘、画屏、红烛、玉炉、香玉、越罗、银屏、翠箔、纱窗、兰釭、玉楼、画楼、南园、宫树、高阁……

这些美人、美物更有美丽的背景：江上柳烟、月下雁飞、春池碧水、棠梨满枝、烟草飞蝶、杏花含露、绿杨满院、中庭夜月、驿桥春雨、万枝香袅、竹风庭除、满庭落花、楼枕小河、早梅香满、楚山如画、南浦莺声、潇湘春雁、水风落花、碧云摇曳、蘋洲斜晖、烟浦花桥、烟霭南苑、池塘波影……

韦庄较之温庭筠的密丽，显得较为清疏，然而仍不乏优美。如"柳球斜袅间花钿，卷帘直出画堂前”,“隔墙梨雪又玲珑,玉容憔悴惹微红”,“绿树藏莺莺正啼,柳丝斜拂白铜堤”(以上《浣溪沙》),“琵琶金翠羽,弦上黄莺语”,“春水碧于天,画船听雨眠”,“骑马倚斜桥,满楼红袖招”,“桃花春水绿,水上鸳鸯浴”(以上《菩萨蛮》),“春欲暮,满地落花红带雨”,“春欲晚,戏蝶游蜂花烂熳”(以上《归国遥》),“细雨霏霏梨花白,燕拂画帘金额”,“云解有情花解语,窣地绣罗金缕”(以上《清平乐》)等,都秀艳异常,难怪晚清词论家况周颐以“熏香掬艳,眩目醉心”(《历代词人考略》卷五)评之。

其余的“花间派”词人,无论是写情的“蜂须轻惹百花心,蕙风兰思寄清琴”(《浣溪沙》),“只应含恨向斜阳,碧桃花谢忆刘郎”(《浣溪沙》),“手挼裙带绕阶行。思君切,罗幌暗尘生”(《小重山》)(以上薛昭蕴),“浅笑含双靥,低声唱小词”(《女冠子》),“金凤小帘开,脸波和恨来”(《菩萨蛮》)(以上牛峤),“绮筵幽会暗伤神,婵娟依约画屏人”(《浣溪沙》),“睡容新起意沉吟,翠钿金缕镇眉心”(《浣溪沙》)(以上张泌);写景的“蕙风飘荡入芳丛,惹残红”(《酒泉子》),“红粉楼前月照,碧纱窗外莺啼”(《河满子》)(以上毛文锡),“曲槛,春晚,碧流纹细,绿杨丝软”(《河传》)(顾敻),“小芙蓉,香旖旎,碧玉堂深情似水”(《木兰花》)(魏承班);抑或情景相生的“春云空有雁归,珠帘垂。东风寂寞,恨郎抛掷,泪湿罗衣”(《中兴乐》)(牛希济),“香烬落,枕函欹。月分明,花淡薄,惹相思”(《三字令》)(欧阳炯),“含愁独倚闺帏,玉炉烟断香微。正是消魂时节,东风满树花飞”(《清平乐》)(毛熙震),都因柔靡婉丽而呈总体性的优美风貌。

《花间集》为词塑造好阴柔美的初态,也造就了代代相承的“遗传基因”,诚如俞平伯先生所说:“此后历南唐两宋未尝没有豪杰之士自制新篇,其风格题材每轶出《花间》的范围;但其为‘诗客曲子词’的性质却没有改变,亦不能发生有意识的变革。‘花间’的潜势力依然笼罩着千年的词坛。”(《唐宋词选释·前言》)对南唐、两宋词不能如“花间”那样一一列举了,仅从元人陆行直《词旨》所列“属对”和“词眼”,就可见宋词意象之绮艳优美真如杏花:

> 稚柳苏晴,故溪歇雨。(周邦彦《西平乐》)
> 虚阁笼云,小帘通月。(姜夔《法曲献仙音》)
> 落叶霞飘,败窗风咽。(吴文英《法曲献仙音》)
> 画里移舟,诗边就梦。(史达祖《齐天乐》)
> 砚冻凝花,香寒散雾。(周密《齐天乐》)
> 罗袖分香,翠绡封泪。(陈亮《水龙吟》)

以上是从《属对》中随手拈出的几例。而《词眼》中的燕娇莺姹、绿肥红瘦、宠柳娇花、笼灯燃月、桃云研雪、柳昏花暝、翠阴香远、玉娇春燕、绾燕吟莺、移红换紫等,都无不美丽轻灵。

王世贞《艺苑卮言》曾指出“《花间》以小语致巧”,“《草堂》以丽字取妍”,“小”与“丽”恰是杏花的特点。杏花不仅是《花间集》中着笔最多的花(对南唐、两宋词未作统计)，又是最足以状词之优美意象的花。小、丽者轻灵，“词之为体如美人，而诗则壮士也；如春花，而诗则秋实也；如夭桃繁杏，而诗则劲松贞柏也”(田同之《西圃词说》引)。此三喻均为刚柔之别，壮美与优美之异，而春花与秋实之较，桃杏与松柏之较，实又有轻、重的不同。这就难怪丁绍仪认为：“‘燕子不来蝴蝶瘦，饼桃开得可怜红。’余曾语以宜易为词，入之诗中，纤矣。”(《听秋声馆词话》)“纤”者弱也、轻也，宜于词而不宜于诗，所以陈子龙认为词：“其为体也纤弱，所谓明珠翠羽，尚嫌其重，何况龙鸾？”(《王介人诗馀序》)诚然，“诗质要如铜墙铁壁，气要如天风海涛”(刘熙载《诗概》)也说得过于绝对，因为诗中也不乏阴柔之境。但倘将气运、趣尚相近的晚唐之作相较，也显见诗、词有轻重之别。如同样写春天烟雨，杜牧《江南春》：

千里莺啼绿映红，水村山郭酒旗风。南朝四百八十寺，多少楼台烟雨中。

而韦庄《河传》上片：

何处，烟雨？隋堤春暮，柳色葱茏。画桡金楼，翠旗高飐香风，水光融。

同样写黄昏，李商隐《登乐游原》：

向晚意不适，驱车登古原。夕阳无限好，只是近黄昏。

而张泌《浣溪沙》下片：

小槛日斜风悄悄，隔帘零落杏花阴，断香轻碧锁愁深。

同样写作别友人，郑谷《淮上与友人别》：

扬子江头杨柳春，杨花愁杀渡江人。数声风笛离亭晚，君向潇湘我向秦。

而薛昭蕴《浣溪沙》：

江馆清秋缆客船，故人相送夜开筵，麝烟兰焰簇花钿。 正是断魂迷楚雨，不堪离恨咽湘弦，月高霜白水连天。

虽然难以一一指陈，但从其意象之大小、境界之宽狭、意趣之沉隐和灵便，涵泳玩味，确可体会出质地有凝重与轻倩之别。

其二，春雨——柔美的特性。

和凝有一首《春光好》，词意如调名，全词如下：

> 蘋叶软，杏花明，画船轻。双浴鸳鸯出绿汀，棹歌声。　春水无风无浪，春天半雨半晴。红粉相随南浦晚，几含情。

其上片的“蘋叶软，杏花明，画船轻”适状词之小巧、轻灵之美，而下片的“春水无风无浪，春天半雨半晴”恰可形容词的柔美而兼及隐约的特性。

前面列举的种种意象、境界，在“小”、“丽”的同时，已见总体性的阴柔美。除此以外，词还善于将其题旨作“软化”表达。

爱情是词最擅长的题材，“挟春月烟花于闺襜内奏之，一语之艳，令人魂绝，一字之工，令人色飞”，当然应该“宛转绵丽，浅至儇俏”而不宜于“慷慨磊落，纵横豪爽”（见王世贞《艺苑卮言》）。其他内容，也表现得较为轻柔。

如边塞战争，在唐代是重要的诗题，以至于形成诗派。在高适的笔下，“边城十一月，雨雪乱霏霏，元戎号令严，人马亦轻肥，羌胡无尽日，征战几时归？”“幽州多骑射，结发重横行，一朝事将军，出入有声名，纷纷猎秋草，相向角弓鸣。”（以上《蓟门五首》之一、之二）正面写出征，前者是气氛和信心，后者是勇武精神。但到了晚唐词人手中，却专就“铁衣远戍辛勤久，玉箸应啼别离后。少妇城南欲断肠，征人蓟北空回首”（高适《燕歌行》）作“软化”处理。如：“莺语，花舞，春昼午。雨霏微。金带枕，宫锦，凤凰帷。柳弱蝶交飞，依依。辽阳音信稀，梦中归。”（温庭筠《诉衷情》）“碛南沙上惊雁起，飞雪千里。玉连环，金镞箭，年年征战。画楼离恨锦屏空，杏花红。”（温庭筠《蕃女怨》）“舞裙香暖金泥凤，画梁语燕惊残梦。门外柳花飞，玉郎犹未归。　愁匀红粉泪，眉剪春山翠。何处是辽阳？锦屏春昼长。”（牛峤《菩萨蛮》）随着重心之从战场移至闺房，《燕歌行》似凄风急雨、流云走月的气势亦被软化为窈深幽约的“绮怨”。同样，岑参笔下的天山、大漠、雪海、冰湖、急风、飞雪、蒸沙烁石、沸浪炎波，也换成了词人所描绘的与闺中人作伴的万枝香雪、细雨双燕、钿蝉筝、金雀扇、画楼、锦屏、杏花、舞裙、画梁、柳花、红粉泪、眉山翠。雄伟瑰丽的边塞风光，易之为精妙艳丽的闺房小景。

其他题材，也不乏这种“软化”现象。如同样抒发国破家亡之感，杜甫《野望》写道：“西山白雪三城戍，南浦清江万里桥。海内风尘诸弟隔，天涯涕泪一身遥。”而张炎《高阳台》却是：“但苔深韦曲，草暗斜川。见说新愁，如今也到鸥边。无心再续笙歌梦，掩重门、浅醉闲眠。”前者的天涯涕泪，换成了后者的浅醉闲眠。“苔深韦曲，草暗斜川”本无异于“国破山河在，城春草木深”（杜甫《春望》），但苔深、草暗显然将“国破”之劲直，变为柔婉，较之白雪清江之强烈，也显得较为平和。就同一人，写相同或相近之事，入于诗与入于词亦显见不同。如陈与义，愤于金兵占领建康，赵构不战而南逃至海，写下《伤春》一诗：“庙堂无策可平戎，坐使甘泉照夕烽。初怪上都闻战马，岂知穷海看飞龙！孤臣霜发三千丈，每岁烟花一万重。稍喜长沙向延阁，疲兵敢犯犬羊烽。”此后作《临江仙》词，题目正合，旨趣却显见不同：“忆昔午桥桥上饮，坐中多是豪英。长沟流月去无声。杏花疏影里,吹笛到天明。 二十余年成一梦,此身虽在堪惊!闲登小阁看新晴。古今多少事,渔唱起三更。”诗词相较,非但可见轻重之别,而且正如胡仔《苕溪渔隐丛话》所评的“清婉奇丽”。“婉”者,柔也,诗之激烈、质直的无策平戎之叹,穷海飞龙之喻,以及杜甫《伤春》“关塞三千里,烟花一万重”的化用,变成词中登阁看晴之举,和身在堪惊之叹,柔和婉转得多。

以上这种将题旨“软化”,可喻为“春水无风无浪”;而另一类则是以婉转曲达的手法,造就出“春天半雨半晴”的隐约的柔美。

作为词的传统题材、世袭领地的爱情,本来在“花间”词时代,就已有直与曲、显与隐之别,两宋相沿,并有发展。但就总体而言,柔情旖旎,本就是软性的,此处不作深论。我们要着重讨论的,是“感士不遇”的情怀,尤其是家国之慨。

陆游一生以扫胡尘、靖国难为已任,最终却是“塞上长城空自许,镜中衰鬓已先斑”(《书愤》),为表达“志士凄凉闲处老,名花零落雨中看”(《病起》)的情怀,他借物言志,作《卜算子·咏梅》:“驿外断桥边,寂寞开无主。已是黄昏独自愁,更著风和雨。无意苦争春,一任众芳妒。零落成泥碾作尘,只有香如故。”驿外断桥、寂寞无主的梅花正是不得其用的作者形象,其处境与节操,将诗之刚劲质直化为词之柔和婉转。刘克庄四次在朝为官,皆因党争激烈、奸佞当道而被罢职,遂作《贺新郎·闻歌有感》,以自己的“粗识《国风·关雎》乱,羞学流莺百啭,总不涉闺情春怨”,却不及“靓妆按曲”的歌女能得宠幸,写曲高和寡而被弃,“回首望侯门天远”的遭遇。如果说他因写《落梅》而被权相史弥远以“讪谤当国”罪通判吉州,感慨“梦得因桃却左迁,长源为柳忤当权(指李泌作“东门柳”开罪杨国忠),幸然不识桃并柳,也被梅花累十年”(《病后访梅》)尚不免直说,此词之《离鸾操》,一奏三叹,却是“颇哀而不愠,微而婉”,作了很柔化的处理。

以上二例可归为“感士不遇”,再看二例家国之慨。陈亮是浙东学派的代表人物,以收复失地为已任,以功业自许,以作词陈“平生经济之怀”。但在他如奏折、策论甚至“中兴露布”式的词中,竟有一首极为幽秀的《水龙吟》(闹花深处),上片写了“春归翠陌,平莎茸嫩,垂杨金浅。迟日催花,淡云阁雨,轻寒轻暖”的景色,下片写了“金钗斗草,青丝勒马”的往事。上结将“宗留守大呼渡河之意”(刘熙载语)化为“恨芳菲世界,游人未赏,都付与、莺和燕”,换头“凭空念远”,见其有怀中原,“故目中一片春光,触我愁肠,都成眼泪”(陈廷焯《白雨斋词话》)。全词软语温存,却较壮怀激烈之作更得论家赞赏。与陈亮志同道合的辛弃疾,不但有《摸鱼儿》以残春象征南渡后局势,以蛾眉遭妒和玉环、飞燕得宠,通之于主战、主和派遭遇,其《祝英台近·晚春》也是借闺怨言志。作者以温峤、陶侃之才却遭压抑,将恢复失地、建功立业的壮志,化为痴情少妇的满腹怨语,变“激扬奋厉”为“昵狎温柔”,使人有“魂销意尽”之感(见沈谦《填词杂说》),起“何意百炼钢,化作绕指柔”之想。

以上的摧刚为柔多能作知人论世之想,而得事异情同之感。有些作品更是若隐若现,若有若无,“半雨半晴”,极见烟水迷离之致。如苏轼《卜算子》(缺月挂疏桐)的“《考槃》”之意(鲖阳居士语,按《诗序》谓《考槃》有“使贤者退而穷处”之意),贺铸《青玉案》

(凌波不过)的华年空度之叹,辛弃疾《青玉案·元夕》的"自怜幽独"(梁启超语),张炎《解连环·孤雁》的天涯漂泊,都可得之于象外,却又因隐约、"柔化"而呈朦胧,正如"春天半雨半晴"造就的空濛雨景。"天街小雨润如酥,草色遥看近却无",以"春雨"拟词,非仅可状其性柔如水,还有不着迹象的朦胧美感。

其三,江南——南方文学的素质。

词是南方文学,其阴柔美的总貌正是南方文学素质的表现,是南方文学传统的继承和发扬。

词在初起之时,并不侧重在南方,从现存敦煌曲子词就可见之。但从中唐诗人蔚成填词风气后,显然可见创作重心南移的特点。刘禹锡、白居易都是在南方开始填词的,他们所作的《忆江南》、《潇湘神》、《江南春》等,都与南方风物、传说相关;二人所作较多的《浪淘沙》,本为南方水边民歌,《竹枝》是刘禹锡到建平后聆巴歈而作;《纥那曲》虽原为北调,但刘禹锡在巴人送已北归的场合作此,其词云:"杨柳郁青青,竹枝无限情。同郎一回顾,听唱纥那声。"故以之与《柳枝》、《竹枝》相近。

词作为一种歌女所唱的"音乐文学",其发展与城市经济的繁荣密切相关。安史之乱后,唐朝开始走下坡路,但经济却从复苏渐得发展。第五琦以增盐税增加财政收入,后来刘晏任盐铁转运使,改变盐法,整顿漕运,行常平法,宰相杨炎又制定两税法,使江淮勃兴,成为与关中并列的财赋重心。到贞元、元和时,商业发展很快,扬、苏、杭、鄂、洪诸州,成为繁荣的城市。文人词就产生在南方城市富裕绮艳的生活背景下,温庭筠最可见之。在五代十国豆剖瓜分的形势下,西蜀、南唐这两个南方小国还较为安定、繁荣,随着文艺重心之南移二地,"花间"与南唐词显为南方文学的代表。

若谓刘、白、温、韦还是以北人南游而作词,那末西蜀、南唐的词人则基本上隶籍南方或久居南方。宋代词人绝大部分都是南方人,济南"二安"虽北人却南渡,其中辛弃疾更大半生在江南。

刘、白笔下已多涉潇湘、巫峡、蜀江、滟滪、瞿塘、扬子、钱塘、青草湖、瓜洲渡等水域。温庭筠却将他的诸多丽人置于春池、越溪、小河、烟浦、若耶溪、白蘋洲等较为细小的水乡背景中。皇甫松除江南梅雨、桃柳江城外,也多涉水乡。好唱《浣溪沙》的薛昭蕴,自是善写水景。而"游人只合江南老"的韦庄,及其之后的诸多西蜀词人,都在南方水乡写就他们的香艳小词,从江南春水、锦江烟水,湘渚碧水、浣花溪水,直到生长着芭蕉林、桄榔树、木棉花和红豆、孔雀的海南、极浦。

南唐词既然产生在江南的地理环境,必然在作品中展现水乡,李煜降宋后,所思就有"船上管弦江面渌"、"芦花深处泊孤舟"(《望江梅》)。宋代从潘阆《忆余杭》开始,词都与江淮水乡关系密切。如张先之写浙江吴兴,欧阳修之写颍州西湖,柳永之越溪、楚江,贺铸之姑苏横塘,连王安石金陵怀古、苏轼赤壁怀古都关涉长江,周邦彦以南人作宦北方而梦入芙蓉浦。宋廷南渡后,"山外青山楼外楼,西湖歌舞几时休",词坛的咏唱就离不开"一勺西湖水",虽李清照流寓金华,陆游隐居绍兴,辛弃疾闲置江西等地,但都在江南水乡,就更不必说吴文英来往苏杭,周密、张炎、王沂孙等人长住杭州了。

南方的气候与自然条件，使之发展农业更利于北方，多水而便于通航。自东晋政权南渡后，南方经济有了很大发展，六朝政权屡迁，文艺中心一直在南方。如果说东晋和宋、齐还出过陶渊明、谢灵运、鲍照、谢朓这些成就较高的诗人，梁、陈沿着"转拘声韵，弥尚丽靡"(《梁书·庾肩吾传》)之路走，诗风却渐转柔弱。《北史·文苑传》说："江左宫商发越，贵于清绮；河朔词义贞刚，重乎气质。气质则理胜其词，清绮则文过其意。理深者便于时用，文华者宜于咏歌。"北朝统治者是从辽西、幽并、关陇以外陆续迁入的鲜卑等少数民族，马上杀伐之习，形成诗风的壮伟狠戾，如"新买五尺刀，悬着中梁柱。一日三摩娑，剧于十五女"(《琅邪王歌》)，尚武之风可见。而"清绮"、"宜于咏歌"的南方，主要产生在宋、齐的《吴歌》、《西曲》却几乎全为情歌，其描写艳情的"芳词"、"妙意"影响了文人诗。至梁简文帝倡新体、好艳诗，终于出现了宫体诗，陈、隋继踵，相沿百年。

词就是产生在金陵六朝金粉的繁华之上，是梁陈宫体诗的继续和发展。欧阳炯《花间集叙》实是最好的"自报家门"：

> 《杨柳》、《大堤》之句，乐府相传；《芙蓉》、《曲渚》之篇，豪家自制。莫不争高门下，三千玳瑁之簪；竞富樽前，数十珊瑚之树。则有绮筵公子，绣幌佳人，递叶叶之花笺，文抽丽锦；举纤纤之玉指，拍按香檀。不无清绝之辞，用助娇娆之态。自南朝之宫体，扇北里之娼风。何止言之不文，所谓秀而不实。

确如王世贞所说："盖六朝君臣，颂酒赓色，务裁艳语，默启词端，实为滥觞之始。"(《艺苑卮言》)

《吴歌》产于以建业(今南京)为中心的江南，《西曲》出于荆、郢、樊、邓间的长江中游和汉水流域，均为水乡。欧阳炯说及的杨柳、大堤、芙蓉、曲渚，亦出水乡。其实，《楚辞》中颇涉爱情的《九歌》，就是屈原据沅、湘间民歌而作，"叠波旷宇，以荡遥情"(王夫之《楚辞通释序例》)。连《诗经》中《关雎》的求偶之意兴于"在河之洲"，《汉广》的求女之情起于"汉之广矣"，士、女互赠兰、芍行之于溱、洧，《蒹葭》所企慕的"伊人"在水一方……"若乃山林皋壤，实文思之奥府"(刘勰《文心雕龙·物色》)，爱情文学的"江山之助"似是得之于水。

词作为南方文学，是继承了关系于水的"缘情"传统，表现出柔美的固有素质。况周颐在《蕙风词话》卷三说："如辛幼安先在北，何尝不可南。如吴彦高先在南，何尝不可北。""南人得江山之秀，北人以冰霜为清。南或失之绮靡，近于雕文刻镂之技。北或失之荒率，无解深裘大马之讥。"此是言宋、金词的南北之别，其实亦可通于南北文学之别，其美学风范是显然受到自然环境影响的。如果说辛弃疾率义军南来时还过于年轻，难以在他的词中看到南北之别，那末使金被留的吴激，其仅存的十首词中就能让人一窥消息了。吴激写及北方时，是："幽州。山堰蹇，孤云何事，飞去还留？问来今往古，谁不悠悠。"(《满庭芳》)"敞千门万户，瞰沧海，烂银盘。对沆瀣崖楼高，储胥雁过，坠露生寒。阑干，眺河汉外，送浮云尽出众星干。”(《木兰花慢》)而忆及南方，则是：“念兰楫嫩漪，向吴南浦；杏花微雨，窥宋东墙。”(《风流子》)“夜寒茅店不成眠。残月照吟鞭。黄花细雨时候，催上渡头船。”(《诉衷情》)二者的刚柔之别显见。确实，纵不言遭际，在“风雪万里龙庭”，听胡笳、琵琶，与在“暮云楼阁，春草池塘”，听品丝调竹，很难是相同的美学感受。同样是宋词，南北风貌有别，地理是重要原因。谢章铤说：“予尝谓南宋词家于水软山温之地，为云痴月倦之辞，如幽芳孤笑，如哀鸟长吟，徘徊隐约，洵足感人。然情近而不超，声咽而不起，较之前人，亦微异矣。”(《赌棋山庄词话续编》卷五)这“水软山温之地”对词风的影响，甚至逾于风俗习尚。

姚鼐在《复鲁絜非书》中说“文者，天地之精英，而阴阳刚柔之发也”，并形象地论道：“其得于阳与刚之美者，则其文如霆，如电，如长风之出谷，如崇山峻崖，如决大川，如奔骐骥。”“其得于阴与柔之美者，则其文如升初日；如清风，如云，如霞，如烟，如幽林曲涧，如沦，如漾……”经学家焦循更从审美主体的角度，论述阴阳之气的归途：“人察阴阳之气以生，性情中所具之柔气，有时感发，每不可遏。有词曲一途分泄之，则使纯清之气，长流于诗古文。”(《雕菰楼词话》)词继承了南方文学的传统，秉其素质而发展得更为深细精致，“杏花，春雨，江南”，在古代韵文的艺术境界中，词臻阴柔美的极致，她对中国古典美学的贡献毋庸置疑，她千百年来深得人爱亦毋足为怪。

三　托幺弦而徐引　激寒吹以自鸣
——悲剧性的精品

就美的形态言，词不属崇高，故成优美境界。进而，又可见不入喜剧性，而为悲剧境界。

现存千余首的敦煌曲子词，其内容包含很广，作者面很宽，但最具审美价值的，无疑是爱情之作，尤以弃妇词最为感人，如《望江南》(天上月)(莫攀我)、《南歌子》(自从君去后)，都是爱情悲剧的缩写。而唐代文人的爱情词，如韩翃、柳氏的《章台柳》，更是浸润着自身遭遇的辛酸血泪。李白《菩萨蛮》、《忆秦娥》，一者羁情兼闺情，一者伤乱情怀，都弥漫着感伤气息。除张志和《渔歌子》和刘禹锡部分《竹枝》外，中唐词给人以“水蓼冷花红簇簇，江篱湿叶碧萋萋”(白居易《竹枝》)的凄美之感。

温庭筠笔下的女子都置身于精美生活环境中，却又充满怨艾和忧伤，可概入于“蝉鬓美人愁绝”(《更漏子》《河渎神》)。韦庄有“遇酒且呵呵，人生能几何”(《菩萨蛮》)的放旷，有过晚年及第进士“风衔金榜出云来，平地一声雷”(《喜迁莺》)的欢乐，但由于长期流浪和不幸的爱情经历，使他的词也充满乡愁、别怨。晚唐五代的乱世，虽或能“承平”一时，或能偏安一地，但在“酒一卮，须教玉笛吹。锦筵红蜡烛，莫来迟”的及时行乐背后，却是“繁红一夜经风雨，是空枝”(皇甫松《摘得新》)的阴影；词人们不乏“云雨态，蕙兰心，此情江海深”的艳遇，却又多“听咐嘱，恶情悰，断肠西复东”(孙光宪《更漏子》)的悲戚。所以在“流宕”的花间词中，仍流荡着许多伤感：

吴主山河空落日，越王宫殿半平芜，藕花菱蔓满重湖。

——薛昭蕴《浣溪沙》

六代繁华，暗逐逝波声。空有姑苏台上月，如西子镜照江城。

——欧阳炯《江城子》

经春初败秋风起，红兰绿蕙愁死。一片风流伤心地，魂销目断西子。

——孙光宪《思越人》

烟月不知人事改，夜阑还照深宫。藕花相向野塘中。暗伤亡国，清露泣残红。

——鹿虔扆《临江仙》

风流今古隔，虚作瞿塘客。山月照山花，梦回灯影斜。

——牛峤《菩萨蛮》

天上人间何处去？旧欢新梦觉来时，黄昏微雨画帘垂。

——张泌《浣溪沙》

语已多，情未了。回首犹重道：记得绿罗裙，处处怜芳草。

——牛希济《生查子》

天涯离恨江声咽，啼猿切，此意向谁说？倚兰桡，独无聊，魂消，小炉香欲焦。

——顾敻《河传》

皓月泻寒光，割人肠。那堪独自步池塘，对鸳鸯。

——魏承班《诉衷情》

枕前何事最伤情？梧桐叶上，点点露珠零。

——尹鹗《临江仙》

一片相思休不得，忍教长日愁生，谁见夕阳孤梦？觉来无限伤情。

——毛熙震《河满子》

云雨朝还暮，烟花春复秋。猿啼何必近孤舟，行客自多愁。

——李珣《巫山一段云》

若谓“花间”词的感伤情绪还居于“宫体”“娼风”之次，还带着某种类型化色彩，南唐词就由冯延巳的悲凉转为李煜的典型悲剧了。据冯氏的外孙陈世修序其《阳春集》云：“公以金陵盛时，内外无事，朋僚亲旧，或当燕集，多运藻思为乐府新词，俾歌者倚丝竹而歌之，所以娱宾而遣兴也。”在“内外无事”的盛时，以词娱宾遣兴，不作欢语，却唱悲声：

旧愁新恨知多少，目断遥天。独立花前，更听笙歌满画船。

——《采桑子》

夕阳千里连芳草，萋萋愁煞王孙。裴回飞尽碧天云。凤笙何处，明月照黄昏。

——《临江仙》

披衣独立披香，流苏乱结愁肠。往事总堪惆怅，前欢休要思量。

——《清平乐》

燕鸿远，羌笛怨，渺渺澄江一片。山如黛，月如钩。笙歌散，魂梦断，倚高楼。

——《芳草渡》

欢宴终散、好景难常之感，岂是盛极必衰的预见？而当真正的“菡萏香销翠叶残”之后，享尽人间繁华富贵的李煜，更“以眼泪洗面”，以血书写自己由皇帝到囚徒的人生悲剧和莫大哀伤：

林花谢了春红，太匆匆！无奈朝来寒雨晚来风。 胭脂泪，留人醉，几时重？自是人生长恨水长东！

——《乌夜啼》

人生愁恨何能免？销魂独我情何限！故国梦重归，觉来双泪垂！ 高楼谁与上？长记秋晴望。往事已成空，还如一梦中。

——《子夜歌》

雕阑玉砌应犹在，只是朱颜改。问君能有几多愁？恰似一江春水向东流。

——《虞美人》

独自莫凭栏，无限江山，别时容易见时难。流水落花春去也，天上人间！

——《浪淘沙令》

北宋名臣如范仲淹、晏殊、欧阳修，都位高权重，词中却充满愁绪。范仲淹不但因“黯乡魂，追旅思”而“酒入愁肠，化作相思泪”（《苏幕遮》），为“谙尽孤眠滋味”（《御街行》）感叹，在守边而令对方胆寒之时，竟然也为身在万里之外、燕然未勒难归而流下“白发征夫泪”。史载晏殊赋性刚峻，为词却温润和婉，他生于承平，志得意满，政事之外，日以诗酒为乐，但是，既有感于“时光只解催人老”（《采桑子》），为“当时共我赏花人，点检如今无一半”（《玉楼春》）而惊心；又为“当时轻别意中人，山长水远知何处”（《踏莎行》）而相思烦恼，故词中常是深深的叹息：

无可奈何花落去，似曾相识燕归来，小园香径独徘徊。

——《浣溪沙》

满目山河空念远，落花风雨更伤春，不如怜取眼前人。

——《浣溪沙》

斜阳独倚西楼，遥山恰对帘钩。人面不知何处，绿波依旧东流。

——《清平乐》

论词颇有识力的刘熙载论道：“冯延巳词，晏同叔得其俊，欧阳永叔得其深。”（《词概》）这不独是“离愁渐远渐无穷”，“行人更在春山外”（《踏莎行》）失意时的离情，更是那种

兼及政治浮沉的人生感慨:

离歌且莫翻新阕,一曲能教肠寸结。直须看尽洛阳花,始共春风容易别。

——《玉楼春》

聚散苦匆匆,此恨无穷。今年花胜去年红。可惜明年花更好,知与谁同?

——《浪淘沙》

白发戴花君莫笑,六么摧拍盏频传,人生何处似尊前?

——《浣溪沙》

晏、欧毕竟还生当太平盛世,仕至高官,他们的词还只见伤感。而仕途偃蹇,或身罹党祸,伴随着爱情生活的不幸,使得南北两宋词坛充满悲剧色彩。这是柳永的浅斟低唱:

多情自古伤离别,更那堪冷落清秋节!今宵酒醒何处?杨柳岸、晓风残月。

——《雨霖铃》

寸心万绪,咫尺千里。好景良天,彼此,空有相怜意,未有相怜计。

——《婆罗门令》

这是晏几道的"伤心人怀抱":

衣上酒痕诗里字,点点行行,总是凄凉意。红烛自怜无好计,夜寒空替人垂泪。

——《蝶恋花》

罗衣着破前香在,旧意谁教改?一春离恨懒调弦,犹有两行闲泪宝筝前。

——《虞美人》

既有秦观的凄惋:

花下重门,柳边深巷,不堪回首,念多情,但有当时皓月,向人依旧。

——《水龙吟》

驿寄梅花,鱼传尺素,砌成此恨无重数。郴江幸自绕郴山,为谁流下潇湘去?

——《踏莎行》

更有陆游的惨痛

春如旧,人空瘦,泪痕红浥鲛绡透。桃花落,闲池阁。山盟虽在,锦书难托。莫,莫,莫!

——《钗头凤》

姜夔常念“合肥情遇”：

日暮，望高城不见，只有乱山无数。韦郎去也，怎忘得玉环分付。第一是早早归来，怕红萼无人为主。算空有并刀，难剪离愁千缕。

——《长亭怨慢》

别后书辞，别时针线，离魂暗逐郎行远。淮南皓月冷千山，冥冥归去无人管。

——《踏莎行》

吴文英更难忘“去姬”：

歌尘凝扇，待凭信，拚分钿。试挑灯欲写，还依不忍，笺幅偷和泪卷。寄残云剩雨蓬莱，也应梦见。

——《瑞鹤仙》

我们还不应忘记女性的悲剧：朱淑贞因婚姻不如意的无尽泪水，李清照因丈夫早死的沉重叹息。

若谓张升《离亭燕》、王安石《桂枝香》、周邦彦《西河》的金陵怀古尚是感慨兴亡，苏轼《念奴娇》就入以自身的功业之慨了。以苏轼的旷达，尚有“诗酒趁年华”（《望江南》）、“万事到头都是梦”（《南乡子》）之叹，有悼亡之痛，离别之悲，这就难怪善感善觉的周邦彦除怀人词外，其表别情、惜流年、感物华、怀故乡等作，都充满忧郁。

宋词中真正的悲剧是社会大动乱所造就的。“八荒争凑，万国咸通”骤然成为既往，“灯宵月夕，雪际花时”只能存于记忆，“靖康之变”摧毁了繁华梦，词人们在国破家亡之际充分领略了人生苦况。早年自称“我是清都山水郎”，过着“诗万首，酒千觞”，“且插梅花醉洛阳”（《鹧鸪天》）生活的朱敦儒，在南逃时沉痛地哀叹：

但愁敲桂棹，悲吟《梁父》，泪流如雨。

——《水龙吟》

云海茫茫无处归，谁听哀鸣急！

——《卜算子》

向子諲的《江北旧词》都是花前月下、听歌赠妓之作，其《江南新词》却写家国之悲：

芳菲歇，故园目断伤心切。伤心切，无边烟水，无穷山色。

——《秦楼月》

同样，当初"正年少疏狂，歌笑迷著"，"灯夜初过早共约"(《兰陵王·春恨》)的张元幹，在建炎三年(1129)秋天的吴兴舟中悲愤长吟：

两宫何处？塞垣只隔长江，唾壶空击悲歌缺。

——《石州慢》

在这场浩劫过后，遍及上下的情绪是："只言江左好风光，不道中原归思转凄凉"(吕本中《南歌子·旅思》)，终又引出许多报国无门的英雄泪和"黍离之悲"的凄凉语，延续至宋亡，仍有"中锋突进"与寒蝉哀吟之别。悲慨者从张元幹的寄李纲、送胡铨，经岳飞的"仰天长啸，壮怀激烈"(《满江红》)，张孝祥的"时易失，心徒壮，岁将零"(《六州歌头》)，到辛弃疾等词人，终发为鞺鞳大声和抑郁沉痛：

追亡事，今不见，但山川满目泪沾衣。落日胡尘未断，西风塞马空肥。

——辛弃疾《木兰花慢》

问渠侬：神州毕竟，几番离合？汗血盐车无人顾，千里空收骏骨。

——辛弃疾《贺新郎》

今古恨，几千般，只应离合是悲欢？江头未是风波恶，别有人间行路难。

——辛弃疾《鹧鸪天》

凭谁问：廉颇老矣，尚能饭否？

——辛弃疾《永遇乐》

胡未灭，鬓先秋，泪空流。此生谁料，心在天山，身老沧洲。

——陆游《诉衷情》

经刘克庄、黄机等，到文天祥以血泪写就的：

铜雀春深，金人秋泪，此恨凭谁雪！堂堂剑气，斗牛空认奇杰。

——《念奴娇》

刘辰翁的字字悲咽：

又说向灯前拥髻，暗滴鲛珠坠。便当日亲见《霓裳》，天上人间梦里。

——《宝鼎现》

都作直陈。而凄凉者从李清照的"物是人非事事休，欲语泪先流"(《武陵春》)多身世之感，韩元吉的"凝碧旧池头，一听管弦凄切"(《好事近》)为家国之慨，经姜夔的黍离之悲：

二十四桥仍在，波心荡、冷月无声。念桥边红药，年年知为谁生！

——《扬州慢》

吴文英的言外寄慨：

战舰东风悭借便，梦断神州故里。

——《贺新郎》

到宋亡前后，终有周密咏扬州琼花的《瑶华》，张炎咏荷的《疏影》寄托亡国哀思，尤其是王沂孙咏物诸词，如秋蝉哀吟：

铜仙铅泪如洗，叹移盘去远，难贮零露。病翼惊秋，枯形阅世，消得斜阳几度？

——《齐天乐》

由北宋亡于金，到南宋亡于元，词坛终于演完了这部沉缓低回的悲怆奏鸣曲。

诚然，整部唐宋词史并非只有女儿泪、才子泪、英雄泪、遗民泪，闺情词不乏欢乐，隐逸词不乏闲适，席上之作多应景，社中之作多敷衍，咏物词多砌典，祝寿词多谀语，谐谑词更从喜剧走向滑稽……唐宋词是多彩的天地。但是，既然唐宋词是内倾型的心绪文学，以“缘情”为本位，其主流必然不是“言志”、“载道”，而是展示感情世界这一面。作为诗人，他受儒家“道统”的制约，多有从政意识，以修身—齐家—治国—平天下的同心圆式外推，作为自己的政治理想，这连“花间”代表的温、韦也莫能外。而作为词人，除苏、辛、陈亮等少数几位，都约略将以上的同心圆“内收”到与“齐家”这一环相关的爱情(及闲情)上，这就是“内倾型”的“心绪文学”，这连政治家的范仲淹、欧阳修也同样如此。词拙于言志(这与政治相关)、说理(这与“载道”相关)，长于抒情、状物，不必作煌煌巨论，不必设大雅之辞，尤其不必掩真作伪，而要因情造文。自《诗经》“饥者歌其食，劳者歌其事”以来，诗与“悲”的关系最为密切。且不说最具悲情的变风、变雅出于“伤人伦之废，哀刑政之苛”(《毛诗序》)，屈、宋各有悲世、悲己之情，汉乐府民歌“感于哀乐”实侧重于“哀”，建安的“慷慨”实为悲慨，正始的主调是嗟生、忧时；甚至连“诗思最为衰歇”(郑振铎语)的汉代，《古诗十九首》放浪形骸的后面正是死生之嗟的悲凉，被看作诗风最为不振的六朝，陶、谢、鲍、庾都有“悲”的一面。唐代是诗的极盛期，诗题之广，诗作之多，诗人之众均非前代可比，但诚如严羽所说：

唐人好诗，多是征戍、迁谪、行旅、离别之作，往往能感动激发人意。(《沧浪诗话·诗评》)

这就难怪韩愈、欧阳修分作“不平则鸣”和“穷而后工”之论了。作为继诗而起的韵文代表，词确有匡其不逮之处，这就是在“情”的深化上。不必考虑社会功能而侧重在自我抒发，词的"为情造文"实有逾于诗歌之处，近人邵瑞彭就指出了诗词的这种区别：

> 夫成孝敬，厚人伦，美教化，移风俗，则词不如诗；发摅性情，俯仰治乱，登高临远，流连景物，则诗不如词。（《红树白云山馆词草序》，《词学季刊》1935 年第 2 期）

这诗不如词的四者，亦如严羽所说的唐人好诗一样，都是以悲见长的。因此，将唐宋词看作一部悲怆奏鸣曲亦并非无由。

朱彝尊曾说过："昌黎子曰：'欢愉之言难工，愁苦之言易好。'斯亦善言诗矣。至于词或不然……故诗际兵戈俶扰流离琐尾，而作者愈工，词则宜于宴嬉逸乐，以歌咏太平。"（《紫云词序》）其实，这是康熙时期应歌咏太平之需而作的违心之论。因为他在另一处又写道："善言词者，假闺房儿女之言，通之于《离骚》、变雅之义，此尤不得志于时者所宜寄情焉耳。"（《陈纬云红盐词序》）他所编的《词综》，悲怨忧愁者占了绝大多数。清人吴锡麒说得好：

> 昔欧阳公序圣俞诗，谓穷而后工，而吾谓唯词尤甚。盖其萧寥孤奇之旨，幽夐独造之音，必与尘事罕交，冷趣相洽，而后托么弦而徐引，激寒吹以自鸣，天籁一通，奇弄乃发。（《张渌卿露华词序》）

赵庆熹更从逆向发"所以能愁，所以能工"之论：

> 花帘主人，工愁者也。词则善写愁者，不处愁境，不能言愁，必处愁境，何暇言愁。栩栩然，荒荒然，幽然，悄然，无端而愁，即无端其词。落花也，芳草也，夕阳明月也，皆不必愁者也。不必愁而愁，斯视天下，无非可愁之物。斯主人之所以能愁，主人之词所以能工。（《花帘词序》，见江顺诒《词学集成》卷七）

这里未道及生愁的社会性原因，然而词人能愁词才能工之论确有相当的合理性。

由于词在心灵的审美化上为诗所未到，又最具阴柔美，因而我们借吴锡麒语："托么弦而徐引，激寒吹以自鸣"，将词论定为悲剧性的精品。至于唐宋词悲剧性境界的成因，下面再作论述。

四 风会之所必至 情以郁而后深
——狭深、优美与悲剧性的成因

前面已从地域原因而言南方文学的优美传统，以及唐宋词对这一传统的继承发扬，造成了堪称阴柔美极致的美学风貌。又就"原型"角度，论及伤春伤别、芳草美人对词的悲剧性之塑造，以及词继诗歌"悲"的传统而尤具悲情。但都是稍有触及，未作展开。这里准备对词境的狭深、优美与悲剧性之成因,作一较系统的条分缕析。

清宋翔凤在《浮溪精舍词自序》中,引汪小竹语而论曰:“凡情与事,委折抑塞,于五七字诗不得尽见者,词能短长以陈之,抑扬以究之。盖穷居则气郁,气郁则志衰,志衰而虑乱,虑乱而词碎,而能归之节奏之微,道以声音之变,使各就理,靡不开畅。又能包含蕴蓄,不尽其声,俾能平其气以和其疾。是以填词之道,补诗境之穷,亦风会之所必至也。”这里就心理机制,文、声关系,文体原因等,论及词补诗穷的原因,不仅能突破“诗余”、“小道”的传统拘限,有明确的文体进化论观点,而且也部分道出了词境特点的形成原因。尤其是“风会之所必至”一语,具有很大的涵盖性,我们不妨借用来窥测词境狭深、优美的缘由。“风会”所涉甚众,这里想从时代精神之变,以及相应的审美心理、情趣之变,文体之变,谈谈看法。

歌德在1826年1月29日曾与爱克曼作过一番谈话,这一谈话是因德国第一流的即席演说家沃尔夫而引发的。歌德认为,沃尔夫“无疑有明显的才能,但是患着现时代的通病,即主观的毛病”,针对歌德“请替我描绘一下你回汉堡的行程”的演说要求,沃尔夫竟能马上准备好,并“信口说出一段音调和谐的诗”。歌德说:“我不能不感到惊讶,但是我并不赞赏。他描绘的不是回到汉堡的行程,而只是回到父母亲友身边的情绪。”在关于沃尔夫演说引发的谈话后,歌德对爱克曼说出了自己的发现:“现在我要向你指出一个事实,这是你也许会在经验中证实的。一切倒退和衰亡的时代都是主观的,与此相反,一切前进上升的时代都有一种客观的倾向。我们现在这个时代是一个倒退的时代,因为它是一个主观的时代。这一点你不仅在诗方面可以见出,就连在绘画和其他许多方面也可以见出。与此相反,一切健康的努力都是由内心世界转向外在世界,像你所看到的一切伟大的时代都是努力前进的,都是具有客观性格的。”(《歌德谈话录》)歌德的这段话说得很深刻,无论对欧洲还是中国都是适用的。

中国经历了漫长的封建社会,其中汉、唐两代大概可入于封建社会中的“前进上升的时代”,诚如鲁迅所说:“遥想汉人多少闳放”,“唐人也不算弱”,“汉唐虽也有边患,但魄力究竟雄大,人民具有不至于为异族奴隶的自信心,或者竟毫未想到,绝不介怀”(《坟·看镜有感》)。汉唐文艺有很大的不同,但也有共同点,那就是以开放的心态、充沛的感情,去表现客观世界的美,去作出自己的审美评判,作品以气势飞动磅礴,质地浑厚壮伟见长。太史公文章的“究天人之际,通古今之变,成一家之言”(司马迁《报任安书》),汉大赋的“苞括宇宙,总览人物”(《西京杂记》记司马相如语),汉画的“图画天地,品类群生”,“千变万化,事各缪形”(王延寿《鲁灵光殿赋》),都具有“客观的性格”,表现出对人类征服世界的功绩之赞美,对历史伟业的热情,其气势和质地是汉代特有的“闳放”、“雄大”。同样,“龙腾凤翥,若飞若惊”,“飘风骤雨,雷怒霆激”(张怀瓘《书断》上)的张旭、怀素草书,“意存笔先,画尽意在”(见张彦远《历代名画记》),“外师造化,中得心源”(《历代名画记》记张璪语)的吴道子及众多画家的绘画,“戢戢攒枪霜雪耀,腾腾击鼓风雷磨”(元稹新乐府《立部伎》)的《秦王破阵乐》,飘逸高旷的李白,沉郁顿挫的杜甫,如水如山的韩柳古文……雄奇、明爽、潇洒、瑰丽,浑涵、高华……唐代文艺是抒情的，但注目于江山、历史、功业、社稷，“一切健康的努力都是由内心世界转向外在世界”。

经历了“安史之乱”，中晚唐已无复重现从贞观到开元的光荣，在越过历史抛物线的辉煌顶点之后，只能向衰败逐渐滑落。官能感受、情感捕捉、意兴心绪渐成文艺、美学的主题，诗歌转入了“主观的时代”。盛唐时期，诗人们向往边功，漫游南北，笑傲王侯，纵情享乐。盛极而变，安史之乱起，“渔阳鼙鼓动地来，惊破霓裳羽衣曲”，士人的繁华梦、功名梦都被铁蹄踏得粉碎，而且不久之后，他们又发现自己面临着“梦醒后无路可走”的窘境。为填补心灵的空白，投向佛教成为一时习尚，而禅宗的不重修行、不失高雅、直截简明、机锋警言，对士人有很大的吸引力。诚然，杜甫一生都在儒家界内，韩愈恪守道统、全力辟佛，但如白居易、刘禹锡、柳宗元等都与禅宗关系密切，诗人们在“适情性，乐云泉”同时，心理结构趋于内向，故使晚唐诗境渐狭，言情渐深。宋代结束了五代的动乱，创造出更逾于唐的物质繁华，同时也构建了自己的哲学思想和有关观念。宋代哲学家不似韩愈那样，对佛学进行外在的批判，而是吸收和改造了佛学的宇宙论、认识论，去重建孔孟传统。我们这里无意于探讨宋代理学的具体内容，只想就与本论题相关者，谈些看法。

宋代理学是重视宇宙论的，“宋儒之首”周敦颐的《太极图说》即可证之，但又应看到，宋儒终又将其宇宙论导入伦理学。邵雍是比周敦颐更重视宇宙图式的学者，但他认为“观物”“非观之以目而观之以心也，非观之以心而观之以理也”（《皇极经世全书解·观物篇内第十二》），将目、心、物、理相联系，使他的数学图像宇宙论终落于伦理。经张载、二程，再到朱熹，终于完成了以“理”贯串“天”、“命”、“性”、“心”的新儒学，即“理学”。这样的一条哲学路线，具有虽外推终又内收的特点。在将宇宙论导入伦理学同时，宋儒又将重建的儒学之重心，落实到重伦理道德、心性修养的孟子一侧。先秦儒家讲“仁”，“仁”就是“爱人”，“爱人”就应“济众”，因而“修身”与“治国”、“平天下”是统一的，亦即“内圣”与“外王”应是一体之二面。孔子倡导“弟子入则孝，出则悌，谨而信，泛爱众，而亲仁”（《论语·学而》），却并不仅主内修，而是力求用世，“吾岂匏瓜也哉，焉能系而不食！”（《论语·阳货》）所以管仲虽“僭越”、不知“礼”，又不死君难，孔子却称道：“桓公九合诸侯，不以兵车，管仲之力也！如其仁！如其仁！”（《论语·宪问》）可见对功业的肯定。孟子不然，面对着战国的刀兵杀伐，厩有肥马、野有饿殍的事实，他反对霸业，“无道桓文之事”，强调应以“不忍人之心”，行“不忍人之政”，更强调道德的内修。理学家以继承孟子为己任，却将孟子的重“内圣”片面发展为不甚讲事功，只讲正心诚意、修身养性。在理学未成之时，古文革新的倡导者已举起“古其理，高其意”（柳开《应责》），“传道明心”（王禹偁《答张扶书》）的旗帜，欧阳修更倡“兴复古道”（《奏上时务书》），认为“道胜者文不难而自至”（《答吴充秀才书》），一纠晚唐五代德行萎退、悲怨消沉之风，以精神、道德、气节为尚。理学建起之后，其对文学的影响更是不言而喻。

北宋还不是“倒退和衰亡的时代”，但由于以上的学术思潮的影响，因之以辽、西夏、女真继迫，宋人自乏汉唐的“闳放”与信心，使之成为又一个“主观的时代”。在这一总趋势下，宋诗言理，宋词言情，所司不同，却殊途而同归于“内”。平心而论，“花间”词除温庭筠善于化景为情，曲折传递“蝉鬓美人愁绝”，显得较“隐”外，其总体艺术境界可谓狭而不深。南唐词则不同，冯延巳词中已露伤感，潜伏忧患，李煜降宋后所作更是创巨痛深，二主一冯身为君、相，眼界不小，出手不低，所作可谓深而不狭。宋词的艺术境界才是真正的狭而深，这种狭深正是内倾型的艺术精神的体现。魏晋玄学的思辨精神已使文艺渐变为内倾，“言意之辨”的由外之言辨内之意，“形神之鉴”的由外之形征内之神，这两大主题都有内敛趋向，但由于人物容止属于他人的观察，山水清音更是外在的美，内倾型艺术精神在宋朝才得到了“隔代遗传”。与诗文立足于精神、道德、气节相应，宋词抒发内心情感也达到唐五代词所未到的深度，更是以前的其他韵文所不及(《离骚》毕竟本质是政治的)，正所谓“其心弥苦，故境自造其幽奇，其义弥章，而言必引于荒忽”(陈锐语)，境界入于狭深可谓势之必然。

伴随着哲学思想之重建孔孟而侧重“内圣”，艺术精神之由外在转入内在而形成“内倾”路线，宋人的心理结构也由唐人的外向变为内向，其显见者是时空——心理结构之变为敛势。汉代由于人征服世界的主题得以实现，以大赋为代表的开阔、闳伟，向人们展示的是呈张势的心理时空。司马相如《子虚赋》极力铺陈云梦泽东、南、西、北的山川物产，乌有先生对之以“齐东渚钜海，南有琅邪；观乎成山，射乎之罘；浮渤澥，游孟诸”，即为证明。后来的词赋相沿成习，不能看作简单模仿，实与开放型的心理有关。张衡写《四愁诗》时，汉帝国已无当年的气象，但诗中云“所思”分在“太山”、“桂林”、“汉阳”、“雁门”，其心理时空极为广阔。即使是《古诗十九首》，万里天涯、胡马北风、越鸟南枝，人生天地、忽如远行、驱车策马，西北高楼、愿为鸿鹄、奋翅高飞，驾车长道、四顾茫茫、遇无故物，驱车东门、遥望北墓、人生如寄、圣贤莫度……都可感知到对命运、理念等的抗衡，伴随着生命意识的挣扎，诗中所构建的心理时空也呈一种非“内顺”而“外争”的张力。唐代接过了陈隋的宫体诗，由于时代变了，诗人也不安于拘守窄小的天地，对征战半生的唐太宗，喜好宫体诗当是一种补偿，诗人却不然：“宫体诗在卢、骆手里是由宫廷走向市井，五律到王、杨的时代是从台阁移至江山与塞漠。”(闻一多《唐诗杂论·四杰》)这岂非一种空间的逐渐扩张？至如闻一多所称道的张若虚《春江花月夜》的“宇宙意识”，难道不是建立在春、江、花、月、夜的寥廓的时空合一体之上？在陈子昂返照于无尽的时空(不见古人，不见来者，天地悠悠)升起的伟大孤独感之后，盛唐诗人的笔下构建起充满张力的心理时空：

白日依山尽，黄河入海流。欲穷千里目，更上一层楼。

——王之涣《登鹳雀楼》

流水通波接武冈，送君不觉有离伤。青山一道同云雨，明月何曾是两乡。

——王昌龄《送柴侍御》

南潮秋水夜无烟，耐可乘流直上天？且就洞庭赊月色，将船买酒白云边。

——李白《陪族叔刑部侍郎晔及中书贾舍人至游洞庭五首》

岱宗夫如何？齐鲁青未了。造化钟神秀，阴阳割昏晓。荡胸生层云，决眦入归鸟。会当凌绝顶，一览众山小。

——杜甫《望岳》

中唐诗，如韩愈的“东南西北皆欲往，千江隔兮万山阻”(《感春》)，李贺的“少年心事当拿云，谁念幽寒坐呜呃”(《致酒行》)，就是因张势的心理时空受遏，而发出的沉重叹息。但是，此时还毕竟要有所抗争而“外张”，到晚唐就渐转为“内顺”了。试看：

竹坞无尘水槛清，相思迢递隔重城。秋阴不散霜飞晚，留得枯荷听雨声。

——李商隐《宿骆氏亭寄怀崔雍崔衮》

恻恻轻寒翦翦风，小梅飘雪杏花红。夜深斜搭秋千索，楼阁朦胧烟雨中。

——韩偓《寒食夜》

迢递之相思内敛于枯荷听雨，楼阁烟雨阻遏诗心而寄意于小梅红杏，心理时空与盛唐大异。

宋代文人较唐代获得更多的出仕机会，更优厚的待遇，他们并不感叹“大道如青天，我独不得出”(李白《行路难》)，与追求“道”、“理”、“德”、“节”之重内在相应，宋人对人文精神领域、智能活动的审美情趣大增。且不说宋诗中诸多属于人文活动的内容，即使连写及外在自然风光的诗，也导入人文活动以之相拟，“阴沉画轴林间寺，零落棋枰葑上田”(林逋《孤山寺端上人房写望》)，“好是雨余江上望，白云堆里泼浓蓝”(潘阆《九华山》)就是很好的例子。即使如此，宋人还可以将阳刚、雄浑者分给诗；留给词的，当然是作为“性情中所具之柔气”者。这样，即使不必道及“写情要隐，写景要显”的一般原理(宋词是“情”的园地)，在整个时空——心理成内敛之势的总体精神下，宋词的艺术境界以狭深为基本特性就不足为怪了，这就更不必说后来的国土日蹙、报国无门的社会总况了。清人戴熙说：“画有诗人之笔，有词人之笔。高山大河，长松怪石，诗人之笔也。烟波云岫，路柳垣花，词人之笔也，旖旎风光，正须词人写照耳。”(《习苦斋画絮》)画家尚有这份认识，词人更应有这份自觉。词境入于狭深，实风会之必然。

“烟波云岫，路柳垣花”的“旖旎风光”不仅是“狭深”，更是“优美”，而唐宋词境界之臻阴柔美极致，除前面以“杏花、春雨、江南”相拟并有所分析外，还应指出：“曲子词”是柔美境界形成的文艺形式基础。唐代的歌词合乐，开始并非专用女声，“秦王破阵”就难以想象脂粉裙钗将如何表演。到晚唐五代，填词应歌似全为女声而设。欧阳炯《花间集序》所说“则有绮筵公子，绣幌佳人，递叶叶之花笺，文抽丽锦；举纤纤之玉指，拍按香檀”，前者作词，后者演唱，“不无清绝之词，用助娇娆之态”，分工很明显。王灼《碧鸡漫志》卷一云：“古人善歌得名，不择男女。”并分列战国、汉、唐善歌男女之名，又云：“今人独重女音，不复问能否，而士大夫所作歌词，亦尚婉媚，古意尽矣。”毛熙震《后庭花》写道：

轻盈舞妓含芳艳，竞妆新脸，步摇珠翠修蛾敛，腻鬟云染。 歌声慢发开檀点，绣衫斜掩。时将纤手匀红脸，笑拈金靥。

这大概是当时“舞妓”唱词的情景。晏殊《木兰花》也写到演唱：

春葱指甲轻拢捻，五彩条垂双袖卷。雪香浓透紫檀槽，胡语急随红玉腕。当头一曲情无限，入破铮琮金凤战。百分芳酒祝长春，再拜敛容抬粉面。

所演唱当为整套的“大曲”，而非“小词”，其中并杂胡语。由以上二词可见，无论是五代或宋，都“独重女音”。王灼引李廌调侃“善讴老翁”所作《品令》，可见时之所好并非“老翁虽是解歌”，因为“雪鬓霜须”毕竟不如“玉人”的“檀口皓齿冰肤”和“语娇声颤”。试看唐人所重，是在音乐本身，如李白《听蜀僧濬弹琴》、韩愈《听颖师弹琴》、白居易《琵琶行》、李贺《李凭箜篌引》皆如此，而前引毛熙震、晏殊二词，却对“芳艳”、“新脸”、“修蛾”、“腻鬟”、“金靥”、“春葱”、“玉腕”、“粉面”大加描绘，就足见“三分卖唱，七分卖相”并非今日才有了。

宋人王炎在《双溪诗余自叙》中说：“予于诗文本不能工，而长短句不工尤甚。盖长短句宜歌而不宜诵，非朱唇皓齿，无以发其要妙之声。”“宜歌而不宜诵”，且“独重女音”，形式对内容的反作用，必然使唐宋词境界入于优美柔婉，不能想象“声出莺吭燕舌间”（张炎《词源》语）会是金戈铁马之鸣。清彭孙遹《金粟词话》云“词以艳丽为本色，要是体制使然”，这真是一语中的之论。

司空图《诗品》中，大体只有《纤秾》、《绮丽》与词的阴柔境界相近，《缜密》的“要路愈远，幽行为迟”，《委曲》的“登彼太行，翠绕羊肠。杳霭流玉，悠悠花香”似于狭深境界。郭麐《词品》十二则，有《幽秀》、《委曲》、《清脆》、《奇丽》、《秾艳》、《名秀》六则，可明确看作优美境界；《神韵》、《含蓄》、《逋峭》三则，无论形容描绘，无论用语，亦基本可入于优美。较之《诗品》的二十四则，《词品》仅得其半，足以见“狭”。后来杨伯夔的《续词品》十二则，勉力为继，实乏自然。郭氏《词品》中，“千岩巉巉，一壑深美。路转峰回，忽见流水”（《幽秀》），“芙蓉初花，秋水一半。欲往从之，细石凌乱”（《委曲》），“其上孤峰，流水在下。幽鸟欲穷，乃见图画”（《逋峭》），“之子何处？秋山槃槃。万籁俱寂，惟闻幽湍”（《名秀》），均为狭深之境。可见前人对于词的狭深、优美境界，虽乏深入的理性分析，但所用分题系辞、比物取象的方法，形象地昭示了不同的艺术境界，对词的特性实已触着。钱锺书先生认为宋诗“在诗歌的‘小结里’方面有了很多发明和成功的尝试”，“然而在‘大判断’或者艺术的整个方向上没有什么特著的转变”（《宋诗选注·序》）。那末宋词之有“一代之文学”资格，实与其以狭深、优美“补诗境之穷”有关。

词之“以艳丽为本色”是缘于“体制”，同样，词之境界所具有的悲剧性特点，也与形式相关。前引宋翔凤《浮溪精舍词自序》就从感情变化与词的形式的适应性，作了颇为精到的论述。陈廷焯也说：“后人之感，感于文不若感于诗，感于诗不若感于词。诗有韵，文无韵，词固可按节寻声，诗不能尽被弦管……而要皆发源于风雅，推本于骚辨。故其情长，其味永，其为言也哀以思，其感人也深以婉。”（《白雨斋词话自序》）所论在兼及内容、源流同时，也涉及词的形式特点。当然，对于悲剧性而言，形式并不是主要的，我们且借陈廷焯，“情以郁而后深”（《白雨斋词话》卷八）一语，再论悲剧性境界的成因。

形成“情以郁而后深”的原因很多，兼及“风会”而言，我们从以下三方面作一分析。

第一，爱情意识与禁律的失衡。

唐宋词作为“性情中所具之柔气”的载体，其之“分泄”主要是爱情。由于封建社会中，爱情意识与禁律的失衡几乎贯串始终，爱情悲剧也几乎是永恒的主题，唐宋词在内容上的“职所专司”，更使之成为普遍现象。且不说伤春伤别的普遍情绪，使唐宋词弥漫着浓郁的伤感气息，词人本身不幸的爱情遭遇，更是使之以真心和血泪去营造凄迷悲郁的词境。许多宋人笔记、诗话、词话都给作品提供了“本事”，虽然不少是出于附会、讹传，甚至虚构，但确凿无疑者也多。史载词人“无行”、“少检”者不在少数，温庭筠、柳永、晏几道、秦观等，尤其著者，但谁说温庭筠冶游狎妓时，对这些被侮辱被损害的女性没有同情和爱呢？因为自己屈己于人、以求仕进的生活，实与她们颇为相类，而“怜才”的传统观念，也使他得到歌妓的爱。柳永失意无聊，留连坊曲，“日与儇子纵游娼馆酒楼间，无复检约”（见《苕溪渔隐丛话》后集卷三十九）。他与歌妓们平等相待，共同“呈艺”，由于真正的投入，才能“变旧声为新声”作了大量慢词。这种不同于达官贵人（如晏殊）的态度，也使柳永在仕途的失意得到歌妓的感情补偿。他在死后贫不能殡，而由歌妓合谋营葬，且有“吊柳七”之俗，确是事出有因。词人在政治上遭受打击，境遇坎坷之时，常在歌妓那里得到理解，当我们读到“消魂，当此际，香囊暗解。罗带轻分。漫赢得青楼、薄倖名存。此去何时见也？襟袖上、空惹啼痕”（秦观《满庭芳》），能不为这种身世之感与爱情意识感动吗？

前面说过，唐宋词中的爱情主要并非“忆内”之类，而是婚外恋，因为爱情意识与封建禁律的冲突，必然以失败告终。席勒说：“诗人或则就是自然，或则寻求自然。在前一种情况下，他是一个素朴的诗人；在后一种情况下，他是一个感伤的诗人。”（《素朴的诗和感伤的诗》，引自《西方文论选》，上海译文出版社）爱情是人类的“自然”，但由于在封建社会中，这种“自然”被扭曲了，“寻求”的结果只能得到“感伤”。革命导师恩格斯说过：

> 在整个古代，婚姻的缔结都是由父母包办，当事人则安心顺从。古代所仅有的那一点夫妇之爱，并不是主观的爱好，而是客观的义务；不是婚姻的基础，而是婚姻的附加物。现代意义上的爱情关系，在古代只是在官方社会以外才有。（《家庭、私有制和国家的起源》）

“官方社会以外才有”的爱情，当然不能见容于官方社会。那种被称作“现代的性爱”的爱情,“它是以所爱者的互爱为前提的”(同上),晏几道的爱情就带有这种色彩,却为人所不齿。爱情意识与封建禁律(包括社会舆论)是完全失衡的,“这就构成了历史的必然要求和这个要求的实际上不可能实现之间的悲剧性冲突”(恩格斯《致斐·拉萨尔》),因而,唐宋词岂止是“感伤”?其悲剧性境界的产生也是必然的。

第二,家园意识与现实的冲突。

“伤别”的题材是古已有之,为何在唐宋词中“于今为烈”呢?这是与特定的历史条件相关的。

我国古代源于农业经济而非商业、游牧经济,长期以来日出而作、日入而息的生活,使先人们认识到人与人关系应当亲和而非对抗,连古代神话中,英雄神抗争的对象也是洪水、地震、大旱之类的自然灾难,与希腊神话完全不同。建立在血缘基础上的家,成员之间的关系应当是“亲”,孟子说:“亲亲,仁也”(《孟子·尽心上》),由家庭成员进而推之,就是“弟子入则孝,出则悌,谨而信,泛爱众,而亲仁”(孔子《论语·学而》),“老吾老以及人之老,幼吾幼以及人之幼”(《孟子·梁惠王上》)。既然“天下之本在国,国之本在家,家之本在身”(《孟子·离娄上》),其反推就是儒家著名的原则:修身、齐家、治国、平天下。因而以“仁学”为基础的孔孟学说,也就以血缘关系为基础而外推、放大,建构起家国一体的观念,孔子“迩之事父,远之事君”(《论语·阳货》)就是一个简略的表述。但当时所讲的“国”与“天下”都是较为狭窄的概念,而且事实上“士”所追求的多在于“用”,爱国的观念和家园意识都很淡薄,似屈原这样的爱国者几乎绝无仅有。然而,由于文化的不同,形成了生活习性与政治形式之异,又有诸夏与四夷之别,“严夷夏之辨”又是一个不能含糊的传统,家国一体的观念在这一壁垒面前是真正起作用的。

这样,我们就不难理解为什么《战国策》对纵横家的辩才、业绩津津乐道,而《诗经》中对“玁狁”与“王事”的态度又实有不同了。尤其像李陵身陷匈奴之痛,晋室南渡后的新亭之泣,桓温斥责王衍难辞神州陆沉之咎,都与这个“华夷之辨”有关。韦庄有离乡之悲,却无去国之痛,是家国一体观念淡薄吗?似更因其所留是蜀而非夷。

南唐与南宋就不同了。李煜降宋后“以血书”的词,每表“故国”之思,由于他的身份,家园就是社稷,是真正的家国一体,极度悲剧性的词境正构建在这种意识与现实强烈冲突的基础上,试想古来有哪个国君兼有李后主之遭遇与文才?这就难怪王国维《人间词话》有释迦、基督之喻,我们不应简单看作拟喻不伦,因在“大”上,确有共同之处。同样,被视作李后主后身的宋徽宗赵佶,被掳北行见杏花而作的《宴山亭》,被评为“猿鸣三声,征马踟蹰,寒鸟不飞”(沈际飞《草堂诗馀正集》),人云较之李后主,是“犹《麦秀》之后有《黍离》”(贺裳《皱水轩词筌》),又岂非对他来说,家国与现实的冲突,往日与今天的对照,实又强于他人。

对于广大的南渡词人和南宋词人,家国一体的体会是深切的,华夷之辨的“新版”更是痛苦的。在这样内涵丰富的家园意识与现实的冲突中,产生了那么多的悲剧性词作,可谓适不足怪。一个进入奴隶制尚不久的民族,对另一个物质文明和人文精神高度发达的民族,进行了残酷的摧毁,这又岂止是“哀怨起骚人”?张元幹《石州慢》下片:

“心折，长庚光怒：群盗纵横，逆胡猖獗。欲挽天河，一洗中原膏血。两宫何处？塞垣只隔长江，唾壶空击悲歌缺。万里想龙沙，泣孤臣吴越。”就是斥“逆胡”、思中原、念“两宫”的三位一体。家园、君父、华夷，激发出无限悲痛，虽是词以柔婉为宗的体制，岂能不作突破？同样，张孝祥对“洙泗上，弦歌地，亦羶腥”（《六州歌头》）的愤怒，在家园意识背后，更有着对“胡虏”的仇恨。辛弃疾是抗金义军英雄，北人南来，家园意识更强于他人；抱负、才干未得施展，长期投闲置散，对现实的失望也更过于他人；对“胡骑”、“胡尘”的痛恨，念念不忘“长安父老”，屡斥“夷甫诸人”；这一切长期酝酿交融，又岂能不是“敛雄心，抗高调，变温婉，成悲凉”（周济《宋四家词选序论》）？词境之悲壮无逾于稼轩，自有其深厚的基础，深刻的原因。

第三，经世观念与理想的失落。

家国一体的观念，驱使士人以治国平天下为终极目的，这就是经世的思想。历代的士人，都很少能不为其笼罩，即使是被当作“隐逸诗人之宗”的陶渊明，也是因“有志不获骋”才走上躬耕道路，潇洒倜傥如李白，也要追求“功成”才能“身退”。北宋社会给士人提供了较前代优越的仕进机会。如果仅能苟全性命于乱世，是无论如何也难以喊出“先天下之忧而忧”的口号。但是，比起汉唐事功显赫的名相贤臣来，北宋却很难树立起相应的“排行榜”；以“兴致太平”为目的的庆历新政失败了，范仲淹、韩琦、富弼、欧阳修被排斥出中央政府；王安石“负天下大名三十余年”，被神宗用作参知政事，积极推行“新法”，仍归于失败，在新、旧党争中，累及了以大文豪苏轼为代表的一批著名文士。比起温庭筠，北宋词人是有幸“经世”了，却没有成功，如果说他们中更多人在诗文中表现了理想失落之痛，那末“以诗为词”的苏轼，在词中却不无感伤。至于屈身下僚或饱受贬谪之苦如柳、贺、秦、黄等，失落感更强，词风甚至从伤感而演为凄厉。

南宋更是面对着北地沦陷、虎吻垂边的现实。此时，二程“崇礼义、尊经术”之学已成，但反理学、讲功利的浙东陈（永康）叶（永嘉）学派也已崛起。陈亮痛斥理学：“今世之儒士，自以为得正心诚意之学者，皆风痹不知痛痒之人也。举一世安于君父之仇，而方低头拱手以谈性命，不知何者谓之性命乎？”（《上孝宗皇帝第一书》）且不言陈亮、朱熹之争，南渡以来，有多少人在努力“经世”，却受压受阻于赵构、秦桧集团，终于理想难圆，甚至赍志以殁。打开《南宋四名臣词集》，李纲、赵鼎、李光、胡铨所作，使人强烈感受到其中的悲剧力量。岳飞词作极少，其悲愤感人又何在于多？陈亮不顾“陷身功利胶漆盆中”的讥讽指责，以布衣数度上书皇帝，辛弃疾早就以《十论》、《九议》上呈君相，但他们有为、经世的理想都在现实前被无情粉碎了。这就难怪陈对辛的造访，“憩鹅湖之清阴，酌瓢泉而共饮，长歌互答，极论世事”（《祭陈同父文》，见《稼轩诗文抄存》），能够如此契合无间，当陈亮返浙，辛弃疾追至鹭鸶林，因雪深泥滑不得前而作《贺新郎》见意，二人会唱和不止。“看试手，补天裂”之志难成，“汗血盐车无人顾，千里空收骏骨”的悲慨必然沉重无比！

黑格尔突破了古希腊“命运悲剧”的理论，发表了自己的新见解：“悲剧行动的真正内容，是由存在于人的愿望之中的一些实体性的、自身合理的力量所提供的。这些力量决定悲剧人物追求的各种目的。”他认为除家庭之爱以外，“另外就是国家政治生活、公民的爱国精神、统治者的意志”。“个人的行动，在特定的情况之下，力求实现某一目的”“势必会引起和它对立的激情来反对自己，因而导致难以避免的冲突”，这样就产生了悲剧(《美学·悲剧·喜剧和正剧的原则》，引自《西方文论选》)。黑格尔虽难免其调和主义和庸人气息，但用以上观点来看待宋词的悲剧性境界成因之一，还是大体适合的。

唐宋词人的审美意识

审美意识是一个相当宽泛的概念。不仅是艺术的创造者有不同的审美理想，对事物有不同的审美感受和审美能力，在自己的审美观念支配下进行创作；而且读者、观众、听众也有自己在审美趣味上的所好、所嗜，会作出自己的审美判断。曾为文天祥幕僚、宋亡而入元的赵文，在痛定思痛之后，说过这样一段话："观欧阳词，知是庆历、嘉祐间人，观美成词，其为宣和、靖康也无疑矣。声音之为世道邪？世道之为声音邪？有不自知其然而然者矣。悲夫！美成号知音律者，宣和之为靖康也，美成其知之乎……渡江后，康伯可未离宣和间一种风气，君子以是知宋之不能复中原也。近世辛幼安跌荡磊落，犹有中原豪杰之气，而江南言词者宗美成，中州言词者宗元遗山，词之优劣未暇论，而风气之异，遂为南北强弱之占，可感已！《玉树后庭花》盛，陈亡；'花间'丽情盛，唐亡；清真盛，宋亡。可畏哉！"(《青山集》卷二)文中贯串着传统的"观乐知政"精神，但又折射出赵文的审美理想、审美观念，表达了自己的审美感受。从这段话中，可以看出审美意识受着政治的制约和道德律的支配，有着显见的时代差异与个性不同。

上面这段话是作为读者的体会，但唐宋词人本身的审美意识有什么特点呢？我们不准备就其中的审美感受作心理学的论述，而就一般意义上的审美意识在唐宋词人身上的表现，作些归纳和探讨。

一 其情真 其体正
——唐宋词人审美意识主潮的非功利性与非道德性

我国古代诗歌自诞生之日起，就与功利性和道德教育相关。《尚书·尧典》有一段著名的文字："帝曰：夔！命女典乐，教胄子。直而温，宽而栗，刚而无虐，简而无傲。诗言志，歌永言，声依永，律和声，八音克谐，无相夺伦，神人以和。夔曰：於！予击石拊石，百兽率舞。"从中不但可窥见诗、乐、舞(图腾舞)三者紧密结合的文艺初态，而且可见文艺的教育作用。"帝"以"典乐"教"胄子"，是欲使胄子"直而温(正直而温和)，宽而栗(宽弘而庄栗)，刚而无虐(刚毅而不苛虐)，简而无傲(简易而不傲慢)"。这里，"志"属道德范畴的概念，诗、乐、舞是进行道德教育的手段。这段话融功利与道德于一体，对中华民族的文艺发展，有着重要的原始导向作用。

孔子论《诗》，更全面奠定了诗论以至文艺理论的基础。孔子对《诗经》的思想内容有一个总体性认识："《诗》三百，一言以蔽之，曰：思无邪。"(《论语·为政》)邢昺《论语注疏》卷二说："诗之为体，论功颂德，止僻防邪，大抵皆归于正，故此一句可以当之也。""无邪"即正而不邪，此即将《诗经》全部作品看作合于"仁"与"礼"的要求。虽然二者有内外之别(孔子释“仁”为“爱人”,见《论语·颜渊》,子产释“礼”重在“民之行”,见《左传》昭公二十五年),但“无邪”毕竟是将重心落在道德、心理、感情一侧,因而孔子又出于外在功利性而提倡《诗》的社会作用。此即著名的“兴观群怨”说:“子曰:小子何莫学夫诗? 诗可以兴,可以观,可以群,可以怨。迩之事父,远之事君,多识于鸟兽草木之名。”(《论语·阳货》)“兴”即“引譬连类”(《论语集注》引孔安国注),“感发意志”(朱熹《四书集注》)。“观”即“观风俗之盛衰”(郑玄注),“考见得失”(朱熹注)。“群”即“群居相切磋”(孔安国注),“和而不流”(朱熹注)。“怨”即“怨刺上政”(孔安国注)。兴、观、群、怨概言了美学作用,且更强调了社会作用,益之以“多识于鸟兽草木之名”的认识作用,最终归之于“迩之事父,远之事君”的政治作用。若再联系从政、出使之说(“子曰:诵诗三百,授之以政,不达;使于四方,不能专对;虽多,亦奚以为?”见《论语·子路》),可见孔子论诗的较为完整的功能论:诗可以有助于道德修养和培育能力,增加知识,促进人际交流,可用作谏劝君亲,攻非改过,以辅佐政事。

“王者之迹熄而《诗》亡。《诗》亡,然后《春秋》作。”(《孟子·离娄下》)孔子以后相当长时间都未留下诗,直到战国后期才又掀起作诗的高潮。“天下不治,请陈佹诗。”(《荀子·赋篇》)“介眇志之所惑兮,窃赋诗之所明。”(《楚辞·悲回风》)荀、屈所作,都属感情激切、强烈,与孔子所倡“无邪”的中和之美有异,但其政治功利性并无不同。汉诗“感于哀乐,缘事而发”是主于作诗者的抒情、叙事,但“观风俗,知薄厚”又使诗歌具有客观政治效果。至于汉武帝定郊祀之礼以后乃立乐府,可见乐府诗中不少作品都是为神学目的论服务,更体现出直接的政治功利性。汉魏之际,儒学衰退、佛、道杂进,随着思想多元化的到来,文学也进入“自觉”的时代。文学与政治的关系渐远,在建安、正始之后,功业之慨、政治悲愤、忧生之嗟渐渐消落,玄言诗、山水诗继起,“爱情诗”由“绮靡”甚至变为“宫体”。应该说,六朝诗歌与道德性和功利性的距离,是显比前代拉大了,但是理论家们多作“返本”的努力。挚虞《文章流别论》以“宣上下之象,明人伦之叙”言文章,重以“言志”论诗,认为赋应“以情义为主”。刘勰《文心雕龙》认为文学创作应“大明治道”、“顺美匡恶”(《明诗》),针对“宫徵靡曼,情灵摇荡”(梁元帝《金楼子·立言》)的轻艳淫侈,树起原道、征圣、宗经的旗帜。钟嵘《诗品序》以“嘉会寄诗以亲,离群托诗以怨”论作诗动机,是对“群”、“怨”的强调。裴子野《雕虫论》针对南朝诗的“其兴浮,其志弱”,主张恢复“诗言志”,“既形四方之风,且彰君子之志,劝美惩恶,王化本焉”。由上可见,孔门诗论的审美意识的政治功利性和道德性,确有极深远的影响。

隋代李谔、王通都曾重申儒家的教化说,批判南朝诗风、文风。唐初诗风还“承陈隋风流,浮靡相矜”(《新唐书》卷二〇一),魏征修史、孔颖达解经,都重申文学的政治教化观,以期纠谬。王勃《上吏部裴侍郎启》,尤其是陈子昂的《修竹篇序》,打出了以复古求革新的旗帜,儒家的传统文学观得以重振。唐诗的创作实绩似乎使任何理论都显得逊色了,直到白居易极力提倡“新乐府”运动,才又将诗歌的功能极力强调为政教工具这一端。

我们在前面已说过:恰恰是白居易、刘禹锡,才真正体现出诗、词嬗变的消息,对此不再赘述了。时代之变,使诗人“独善其身”的一侧为之发展,与“兼济天下”参予“儒道互补”的同构,诗尚可“闲适”,更何况词?如谓刘、白之词尚是初始,晚唐李商隐、韩偓并不写词(或很少写词),那末我们就可以从温庭筠词,一窥他的审美意识之变了。温庭筠的诗有借凭吊古人以自写身世之感者,除《过陈琳墓》外,《蔡中郎坟》的“今日爱才非昔日,莫抛心力作词人”,也满蓄深重的悲哀和一腔的不平;还有借古人古事针砭现实政治者,如《达摩支曲》以北齐后主高纬荒淫奢靡而亡国的史实,向晚唐统治集团发出警告,《苏武庙》歌颂苏武的民族气节,在晚唐民族矛盾渐形尖锐的形势下,有显见的现实意义。但是,在如《碧硐驿晓思》这样的小诗中,却与家国大事或“感士不遇”都无涉,“香灯伴残梦,楚国在天涯。月落子规歇,满庭山杏花”。短短四句,流露出淡淡羁情和清晨梦醒后的茫然思绪,意境与用语都有“词化”迹象。温庭筠的词基本上都是“代言体”,写妇女的相思、闺怨,那样地对服饰、陈设津津乐道,那样地对环境气氛极力渲染,那样地将女子的心理表现得反复缠绵,确可见温李相较自有其“独胜”(参王士祯《花草蒙拾》)之处。在词中,可见温庭筠的审美能力已向深细发展,同时,也可见审美趣味的变化,除“应歌”之需外,能看出什么功利性呢?与诗相较,温词近于“纯美”,“类不出乎绮怨”(刘熙载《词概》)或近于女子的真情,却与社会功能之“善”无涉。同样,韦庄与西蜀词人的作品,也体现出相近的审美意识。欧阳炯《花间集序》所说的“不无清绝之辞,用助娇娆之态”,可谓是明确宣称词与社会政治功利性彻底离异,“自南朝之宫体,扇北里之倡风”,则明言对道德律的背弃。南唐词虽有冯延巳的“堂庑特大”,有李煜的“眼界始大,感慨遂深,遂变伶工之词而为士大夫之词”(王国维《人间词话》),但仍主于抒发一己之情,与政教、道德都距离很远。

北宋政权建立后,经济繁荣,社会安定,士人们重建儒学“道统”,以精神、气节、道德的标举作自身振拔、提升,诗文革新运动倡导者不仅在理论上,也在创作实践上力纠晚唐五代的颓风。但是,词中的审美世界却无很大变化。试看寇准《江南春》:

> 波渺渺,柳依依。孤村芳草远,斜日杏花飞。江南春尽离肠断,蘋满汀洲人未归。

此词系化用梁朝柳恽《江南曲》一诗而写成,词意亦即柳诗“汀洲采白蘋,日暖江南春”,“故人何不返,春华复应晚”之意。词风较“花间”的浓艳显得清新,代致思妇相思之宗风却未变。以寇准决澶渊之盟的大政治家身份,却作此缠绵小词,曾使人觉得难于理解。胡仔在《苕溪渔隐丛话》中就说:“观此语意,疑若优柔无断者;至其端委庙堂,决澶渊之策,其气锐然,奋仁者之勇,全与此诗意不相类。盖人之难知也如此!”再看一位重要的政治家,即主持“庆历新政”、任参知政事的范仲淹,他存词仅五首,但所写多在离别相思和及时行乐:

> 黯乡魂,追旅思,夜夜除非,好梦留人睡。明月楼高休独倚。酒入愁肠,化作相

思泪。

——《苏幕遮》

愁肠已断无由醉，酒未到，先成泪。残灯明灭枕头欹，谙尽孤眠滋味。都来此事，眉间心上，无计相回避。

——《御街行》

昨夜因看蜀志，笑曹操、孙权、刘备。用尽机关，徒劳心力，只得三分天地。屈指细寻思，争如共、刘伶一醉？ 人世都无百岁。少痴呆、老成尫悴。只有中间，些子少年，忍把浮名牵系？一品与千金，问白发、如何回避？

——《剔银灯》

词中的自我形象与思想感情，同诗中的“雷霆日有犯，始可报君亲”（《出守桐庐道中》），文中的“不以物喜，不以己悲”，“先天下之忧而忧，后天下之乐而乐”（《岳阳楼记》），似非出一人之手。

似更不可思议的是欧阳修。他不仅提倡文章“中于时病而不为空言”（《与黄校书论文章书》），诗歌应该“上闻天子聪，次使宰相听”（《赠杜默》），更将“三不朽”分开来讲，对“立德”尤为重视。在《送徐无党南归序》一文中，欧阳修说：“予读班固《艺文志》、唐四库书目，见其所列，自三代、秦、汉以来，著书之士，多者至百余篇，少者犹三四十篇，其人不可胜数，而散亡磨灭，百不一二存焉。予窃悲其人，文章丽矣，言语工矣，无异草木荣华之飘风，鸟兽好音之过耳也。”在感叹“言之不可恃”同时，极推“若颜回者，在陋巷，曲肱饥卧而已，其群居则默默终日如愚人，然自当时群弟子皆推尊之，以为不敢望而及。而后世更百千岁，亦未有能及之者”，可见对“修于身”的重视。当范仲淹因与宰相吕夷简政见不合，而被贬出知饶州时，朝臣多为范鸣屈，但左司谏高若讷私下却说范仲淹当贬，欧阳修写《与高司谏书》，辨“力所不敢为，乃愚者之不逮；以智文其过，此君子之贼也”，痛斥“足下又欲欺今人，而不惧后世之不可欺邪？”直言“书在史册，他日为朝廷羞者，足下也”，复又谓“愿足下直携此书于朝，使正予罪而诛之”。如此仗义执言，凛凛正气，虽有违“中道”（欧公晚年编集亦去此篇），但其是非分明、正道直行，确使人见“先生之道德文章，固所谓数百年而有者”（曾巩《寄欧阳舍人书》）。但是，欧阳修之词，却似乎出于他人之手。试看：

酒美春浓花世界，得意人人千万态。莫教辜负艳阳天，过了堆金何处买。

已去少年无计奈，且愿芳心长恁在。闲愁一点上心来，算得东风吹不解。

——《玉楼春》

把酒花前欲问君，世间何计可留春？纵使青春留得住，虚语，无情花对有情人。 任是好花须落去，自古，红颜能得几时新？暗想浮生何时好？唯有，清歌一曲倒金尊。

——《定风波》

如此认识人生，势必极力于酒色之欲求：

玉肌花脸柳腰肢，红妆浅黛眉。翠鬟斜亸语声低，娇羞云雨时。　伊怜我，我怜伊，心儿与眼儿。绣屏深处说深期，幽情谁得知？

——《阮郎归》

尊前一把横波溜，彼此心儿有。曲屏深幌解香罗，花灯微透。　偎人欲语眉先皱，红玉困春酒。为问鸳衾这回后，几时重又？

——《滴滴金》

其所写“玉人共处双鸳枕，和娇困、睡朦胧。起来意懒含羞态，汗香融。系裙腰，映酥胸”（《系裙腰》），实逾于“梦笑开娇靥，眠鬟压落花。簟文生玉腕，香汗浸红纱”（萧纲《咏内人昼眠》）的宫体诗。这就难怪有人要为之回护了：“欧公一代儒宗，风流自命”，“当时小人或作艳曲，谬为公词。”（曾慥《乐府雅词序》）“亦有鄙亵之语一二厕于其中，当是仇人无名子所为也。”（陈振孙《直斋书录解题》）

怎样理解这种现象呢？人格的多重性当然是造成文学作品中作者多种面目的主因，对此我们不作详析。与我们论题相关的，是文体分工、各有所适，词为“小道”，与“言志”的诗、“载道”的文大异，其“缘情”在于真。以真情入词，不受“理”的制约，审美意识与政治功利、道德规范都拉开了距离，论者也不得不承认其合理性。如对欧阳修词，宋人罗泌《题六一词序》就从圣人未删《诗》中俟城隅、望复关、摽梅实、赠芍药之类，以及陶渊明《闲情赋》，以证情的合理性。明杨慎《词品》卷三曾就韩琦《点绛唇》（病起恹恹），和前引范仲淹《御街行》，为之论曰：“二公一时勋德重望，而词亦情致如此。大抵人自情中生，焉能无情，但不过甚而已。宋儒云：‘禅家有为绝欲之说者，欲之所以益炽也。道家有为忘情之说也，情之所以益荡也。圣贤但云寡欲养心，约情合中而已。’予友朱良矩尝云：‘天之风月，地之花柳，与人之歌舞，无此不成三才。’虽戏语亦有理也。”此论确为通达。欧阳修为“一代儒宗”，《秋声赋》却感慨“人为动物，惟物之灵，百忧感其心，万事劳其形，有动于中，必摇其精”。故从他的词中，我们看到的是政事、功业、气节、文章的另一侧面——感情世界。

不仅是寇准、范仲淹、韩琦、欧阳修，司马光以后的许多名臣，亦多类似。词中苏、辛向称豪放，稼轩尤多功业之慨，但他们饮酒、赏花、听歌、赠妓之作，实在不是少数。吴处厚在《青箱杂记》中说：“世或见人文章铺陈仁义道德，便谓之正人君子，若言及花草月露，便谓之邪人，兹亦不尽也。”皮日休曰：“余尝慕宋璟之为相，疑其铁肠与石心，不解吐婉媚辞，及睹其文，而有《梅花赋》，清便富艳，得南朝徐庾体。然余观近世所谓正人端士者，亦有艳丽之词，如前世宋璟之比。”这段话非但看到了人的“立体”性，也道出了“花草月露”“艳丽之词”审美意识的非道德性。

人们希望看到真、善、美的统一，对唐宋词而言，审美意识的主潮却侧重在真情与美文。道德常与文章并称，怀抱属于诗歌领域，而道德、功业即“善”之所归。“词多发于临远送归，故不胜其缠绵悱恻。即当歌对酒，而乐极哀来，扪心渺渺，阁泪盈盈，其情最真，其体亦最正矣。”（谢章铤《赌棋山庄词话》卷十）这段话未能尽赅词的主要内容，却道出了词以“情真”为特色。发其底蕴，唐宋词拉远了与特定的“善”之距离，其审美意识确实具有显著的非功利性和非道德性。正由于这样，“为洛学者皆崇理性而抑艺文，词尤艺文之下者也”，“秦郎‘和天也瘦’之句，脱胎李贺语尔，而伊川有亵渎上穹之诮。岂唯伊川哉！秀上人罪鲁直劝淫，冯当世顾小晏损才补德。故雅人修士相戒不为”（刘克庄《黄孝迈长短句序》）。理学家虽不讲功利，对道德却丝毫不放过，如此看待词，也正说明了词主于情而远于德。直到晚清的刘熙载，仍以理学家的立场论“词家先要辨得情字”，“忠臣孝子，义夫节妇，皆世间极有情之人。流俗误以欲为情，欲长情消，患在世道”（《词概》），重新张起道德与功利的旗帜。然而，“后之视今”岂犹今之视今？唐宋词人审美意识的主潮，毕竟是具有非功利性和非道德性，当然，对于道德的离异并非道德的沦丧，此又不得不辨之。

二　士夫与才子
——唐宋词人审美意识的个性差异

“花间”词人易被后人看作一个创作群体，其间并非没有审美意识的差异，但由于时代、地域所决定的审美情趣掩盖了个性的不同，创作形成类型化倾向，差别遂不显见。南唐词人审美意识似更多体现为时代的差异，将置于下一节再论。我们这里主要讨论宋代词人审美意识的个性差异。

在北宋，有“风月闲人”与“白衣卿相”的差别。

“风月闲人”是指仕至高官，以政事之外的“风月”来打发闲暇时光的词人，见欧阳修写颍州西湖《采桑子》的《西湖念语》：“虽美景良辰，固多于高会；而清风明月，幸属于闲人。”“白衣卿相”出于柳永《鹤冲天》词的“才子词人，自是白衣卿相”，系柳永自指。

其实，“花间”词人中已不乏仕为高官者，如韦庄、和凝、欧阳炯都曾拜相。但韦庄之词以未达之时所作为多。和凝作词更在青年时代，拜相之后，“曲子相公”并不以曲子为荣，而是“专托人收拾焚毁不暇”（孙光宪《北梦琐言》卷六）。北宋情况有所变化，前面已说过，通过诗文革新运动，在诗文中的“弘道”，是对士人精神的挺立，对气节的振拔，对道德的张扬，以期对晚唐五代的悲观衰靡作一番涤荡振刷。但词却不同，仅为“小道”，只起侑觞佐欢作用，真实的“情”“欲”都不必深讳。如同文体分工一样，宋代士人有着丰富的精神层面和多种角色意识，从而构成复合的性格和多重的人格。但是，毕竟由于身份关系，即使面对着清风明月或华堂歌舞，“富贵闲人”仍有他的矜持和距离，与“白衣卿相”的无所忌讳、全身心投入有所不同，因而见于词中的审美意识也显为不同。

以范仲淹为例，固然也在词中流露了“残灯明灭枕头攲，谙尽孤眠滋味”（《御街行》）的情怀，更表示过“争如共、刘伶一醉”，“忍把浮名牵系”（《剔银灯》）的颓丧。但前者是特定的“秋日怀旧”，后者是感叹庆历“新政”失败的“席上分题”，写给知己之作。

与他的生活、思想的主导面相较，仅居其次，所以人们只能作“人非太上，岂能无情”的认同。他的名作《渔家傲》虽有“浊酒一杯家万里”，“将军白发征夫泪”的“发乎情”，却更有“燕然未勒归无计”的“止乎礼义”，更不必说他任陕西经略安抚副使兼知延州，以抗击西夏，是受命于危难之时（范任此职之前二年，西夏元昊称帝，宋兵讨伐，每战必败），有“西贼闻之惊破胆”（见孔平仲《谈苑》）之功了。据《宋史》本传，范仲淹年轻时刻苦攻读，“冬月惫甚，以水沃面，食不给至，以糜粥继之”，为官后“每感激论天下事，奋不顾身，一时士大夫矫厉尚风节，自仲淹倡之”，“其后虽贵，非宾客不重肉，妻子衣食仅能自充，而好施予，置义庄里中，以赡族人，泛爱乐善”。综观其人，堪称集立德、立功、立言于一身，词中所表，仅是“争教我辈无欢绪”（《定风波》）的一个小小层面。

我们可摘引几则材料，以见宋代士人精神层面的不同，角色转换之多，性格和人格的复杂。叶梦得《避暑录话》载，晏殊喜宾客，但很适度地掌握宴饮，区别身份以“呈艺”：

> 亦必以歌乐相佐，谈笑杂出，数行之后，案上已灿然矣。稍阑即罢遣歌乐，曰：“汝曹呈艺已遍，吾当呈艺。”乃具笔札，相与赋诗，率以为常。前辈风流，未之有比。

周煇《清波杂志》卷十载：

> 韩黄门持国（按即韩维），典藩觞客，早食则凛然谈经史节义及政事设施，晚集则命妓劝饮，尽饮而罢。虽簿尉小官，悉令登车上马而去。

而正是韩维之弟韩缜，身负划定国界的重任，尚不忘行前宴饮作词，其《凤箫吟》一片缠绵别情。《石林诗话》卷上载：

> 元丰初，虏人来议地界。韩丞相名缜，自枢密院都承旨出分画。玉汝（按韩缜字）有爱妾刘氏，将行，剧饮通夕，且作乐府词留别。翼日，神宗已密知，忽中批步军司遣兵马搬家追送之。玉汝初莫测所因，久之方知其自乐府发也。

辛弃疾经长期闲居，晚年被任为镇江知府，刘宰写信称他“卷怀盖世之气，如圯下子房；剂量济时之策，若隆中诸葛”。到任之后，辛弃疾制订了周密的作战计划，并招募万名红袄兵，准备北伐大业。但据岳珂《桯史》载，“稼轩以词名，每燕必命侍妓歌其所作，特好歌《贺新郎》一词”，作《永遇乐》词，“特置酒召数客，使妓迭歌，益自击节”，在虚心征询意见后，岳珂指出词中之病，稼轩“乃咏改其语，日数十易，累月犹未竟”。

由于士大夫自有其政事、功业、文章，词只留给宴饮场合以作“侑觞”之用，地位自然不高。如同晏殊在歌妓“呈艺”已毕，再“相与赋诗”以“呈艺”一样，欧阳修之自号六一居士，有琴一张、棋一局、酒一壶，却无“词一卷”。钱僖“坐则读经史，卧则读小说，上厕欲阅小词”(欧阳修《归田录》卷二)。这样一来,他们决不可能将词作为事业,不会全身心地投入;另外,虽然在“小词”中不必顾忌真实情感的流露,但一者感情生活在他们的生活中毕竟不占主位,二者男女私情也并未压倒年光之叹、宦情枨触等。因此“风月闲人”的审美情趣偏于高雅,虽也间有俗趣,但毕竟还在士大夫圈子之内。

柳永出身于仕宦之家,有较深的儒学背景。但他不是苦心攻读经史、博取功名后再尽情享受,自踏上汴京的土地,似乎就开始了同歌妓的交往。叶梦得《避暑录话》载其为举子时“多游狭邪,善为歌辞。教坊乐工,每得新腔,必求永为辞,始行于世,于是声传一时”。柳永自己在《凤归云》中也写道:“恋帝里,金谷园林,平康巷陌,触处繁华,连日疏狂,未尝轻负,寸心双眼。况佳人、尽天外行云,掌上飞燕。向玳筵、一一皆妙选。长是因酒沈迷,被花萦绊。”另一首《玉蝴蝶》写及“误入平康小巷”,在“罗绮丛中,偶认旧识婵娟”,被“要索新词”的情况:“迁延。珊瑚筵上,亲持犀管,旋叠香笺。要索新词,殢人含笑立尊前。按新声、珠喉渐稳,想旧意、波脸增妍。苦留连,凤衾鸳枕,忍负良天。”妓女对柳永非常倾慕,柳永属意的妓女亦甚多,仅《木兰花》四首,就分咏所眷的心娘、佳娘、虫娘、酥娘四妓。他曾写过著名的《鹤冲天》,有“黄金榜上,偶失龙头望”,“才子词人,自是白衣卿相”,“忍把浮名,换了浅斟低唱”等句,招致宋仁宗将其摒于进士榜外。但他不是改弦更张,却“日与儇子纵游倡馆酒楼间,无复检率。自称云:‘奉圣旨填词柳三变’”(《艺苑雌黄》引《苕溪渔隐丛话》后集卷三三)。但柳永这种阿Q式的举动难于久行,他终于耐不住而求见晏殊。张舜民《画墁录》卷一记载了二人的对话:

> 晏公曰:“贤俊作曲子么?”三变曰:“只如相公亦作曲子。”公曰:“殊虽作曲子,不曾道‘彩线慵拈伴伊坐’。”柳遂退。

虽同作曲子,审美情趣却很见不同。

晏殊词确实不同于柳永,他也写感情,也写女性,却很有分寸感:

> 淡淡梳妆薄薄衣,天仙模样好容仪,旧欢前事入颦眉。 闲役梦魂孤烛暗,恨无消息画帘垂,且留双泪说相思。
>
> ——《浣溪沙》

由于自己的地位,他与歌女间有明显的身份差别:

> 萧娘劝我金卮,殷勤更唱新词。暮去朝来即老,人生不饮何为?
>
> ——《清平乐》
>
> 倚遍朱阑凝望久,鸳鸯浴处波文皱。谁唤谢娘斟美酒?萦舞袖,当筵劝我千长寿。
>
> ——《渔家傲》

而柳永却全然不同。在被晏殊所斥的那首《定风波》中，柳永以代言体写闺怨，女主人公的"无那！恨薄情一去，音书无个"，"悔当初、不把雕鞍锁"，可见一种异于传统才子佳人的市民色彩，一种平等意识，而"针线闲拈伴伊坐"（按，版本不同，故文字亦不同）的生活理想，"免使年少光阴虚过"的爱情至上，与士大夫意识相差太远；明言直说、毫不遮掩、淋漓畅快的表达方式，也大异于"好色而不淫"、"怨悱而不乱"的传统；"暖酥消，腻云亸"之类富于官感印象却情趣不高的用语，和全篇的俚言俗语，更与以雅为尚的审美趣味截然不同。再看柳词几例：

自古及今，佳人才子，少得当年双美。且恁相偎倚，未消得、怜我多才多艺。愿奶奶、兰心蕙性，枕前言下，表余深意，为盟誓，今生断不孤鸳被。

——《玉女摇仙佩》

太平世，少年时，忍把韶光轻弃？况有红妆，楚腰越艳，一笑千金何啻。向尊前、舞袖飘雪，歌响行云止。愿长绳、且把飞乌系。任好从容痛饮，谁能惜醉。

——《长寿乐》

浮名利，拟拚休，是非莫挂心头。富贵岂由人，时会高志须酬。莫闲愁，共绿蚁、红粉相尤。向绣幄，醉倚芳姿睡，算除此外何求。

——《如鱼水》

如此的生活目的，毫不掩饰的自白，难怪"留意儒雅，务本向道"的仁宗皇帝在"临轩放榜"之时，会"特落之"了。

满搦宫腰纤细，年纪方当笄岁。刚被风流沾惹，与合垂杨双髻。初学严妆，如描似削身材，怯雨羞云情意。举措多娇媚。　争奈心性，未会先怜佳婿。长是夜深，不肯便入鸳被。与解罗裳，盈盈背立银釭，却道你但先睡。

——《斗百花》

旋暖熏炉温斗帐，玉树琼枝，迤逦相偎傍。酒力渐浓春思荡，鸳鸯绣被翻红浪。

——《凤栖梧》

欲掩香帏论缱绻，先敛双蛾愁夜短，催促少年郎，先去睡，鸳衾图暖。　须臾放了残针线，脱罗裳、恣情无限。留取帐前灯，时时待、看伊娇面。

——《菊花新》

士大夫纵然也有这样的低级趣味，却断不会如此不加掩饰的表达。

综上可知，"白衣卿相"柳永的审美意识，代表了新兴市民的俗趣，与"风月闲人"的闲中带雅全然不同。以语言之俗，欧阳修、黄庭坚、秦观都不少见，以"多情种子"言，晏几道更甚于柳永，但唯独柳词代表了"俗"的审美意识，表现出完全、透明的精神、人格。在宋初社会，他似乎已具备晚明意识，他在词中所表现出的审美情趣，既出于本原,又实在超前。“风月闲人”与“白衣卿相”的区别,既基于个性的不同,又是阶级的不同。

在南宋,有“豪杰之词”与“才子之词”的不同。

陈廷焯《白雨斋词话》说:“观稼轩词,知为豪杰,观白石词,知为才人。”其实,这种区别不仅限于辛弃疾与姜夔,可以进一步扩展到“豪放派”词人与“风雅派”(格律派)词人身上,其间确有审美意识的不同。

辛弃疾饱读诗书,又曾聚众起义抗金,于万军之中抓获叛徒,南向献俘行在,是干过轰轰烈烈事业,具有文才武略的人物。诚如他的弟子范开所说:

> 器大者声必闳,志高者意必远。知夫声与意之本原,则知歌词之所自出。是盖不容有意于作为,而其发越著见于声音言意之表者,则亦随其所蓄之浅深,有不能不尔者存焉耳。(《稼轩词序》)

稼轩“器大”、“志高”,怀济世之志,以恢复失地为己任,当然不以词人自限,且在传统的红牙拍板园地发鞺鞳大声。范开又说:

> 公一世之豪,以气节自负,以功业自许,方将敛藏其用以事清旷,果何意于歌词哉,直陶写之具耳。故其词之为体,如张乐洞庭之野,无首无尾,不主故常;又如春云浮空,卷舒起灭,随所变态,无非可观。无他,意不在于作词,而其气之所充,蓄之所发,词自不能不尔也。其间固有清而丽、婉而妩媚,此又坡词之所无,而公词之所独也。昔宋复古、张乖崖方严劲直,而其词乃复有浓纤婉丽之语,岂铁石心肠者类皆如是耶?(《稼轩词序》)

在指出稼轩“这一个”的独特面貌之外,又未忽略其清丽婉媚一面,所见堪称深刻、全面。因为辛弃疾胸襟博大,理想崇高,感情强烈,既理解生活,又能热爱生活,表现生活,审美情趣多在壮美的事物,和热烈动宕的内心世界,故词中意象也带有丰富的想象和外射的感情,呈雄壮、飞动的气势。但另外,则如刘辰翁所说:

> 斯人北来,喑呜鸷悍,欲何为者?而谗摈销沮,白发横生,亦如刘越石。陷绝失望,花时中酒,托之陶写,淋漓慷慨,此意何可复道?(《辛稼轩词序》,《须溪集》卷六)

遂使之“敛雄心,抗高调,变温婉,成悲凉”(周济《宋四家词选序论》),审美意识“内敛”而创造出“芳草美人”的作品,温婉缠绵于外,沉郁顿挫于内。他固然不乏浓纤婉美之作,但主导面是“豪杰之词”,既有深情、生气,又有高格、高致,既沁人心脾,又豁人耳目。

陆游亦如辛弃疾，也是以抗敌、复地为己志的义士，辛弃疾“却笑近来林下，有许多词客”，不愿成为“词客”，陆游也自问：“此身合是诗人未？”不愿以“诗人”自限。陆游较辛弃疾年长，从晚年所作《长短句序》中，又见他对词的认识是“少时汩于世俗”而作，“晚而悔之”，但他毕竟是一个不容忽略的词人，所作也基本上可归于“豪杰之词”。陆游从小受父辈的爱国主义教育，二十九岁考进士，因名列秦桧孙子前，受秦桧排挤，三十四岁始为县中小吏，三十六岁任敕令所删定官，因此职对朝廷用人有发言权，陆游屡请朝廷出师北伐，却始而调职，继则外放，终被免官，“蹭蹬乃去作诗人”（《初冬杂咏》）。宋人谓其诗“发乎情性，充乎天地，见乎事业，忠愤感激，忧思深远”（郑师尹《剑南诗稿序》），他以“君诗妙处吾能识，正在山程水驿中”（《题庐陵萧彦毓秀才诗卷后》）评人，实又可用于自评。他出为镇江府通判时，作《水调歌头·多景楼》有句：

鼓角临风悲壮，烽火连空明灭，往事忆孙刘。千里曜戈甲，万灶宿貔貅。

他从南郑前线调到成都后方，在《汉宫春》中深情回忆南郑的从军生活：

羽箭雕弓，忆呼鹰古垒，截虎平川，吹笳暮归野帐，雪压青毡。淋漓醉墨，看龙蛇飞落蛮笺。

人谓其词“一扫纤艳”（刘克庄《后村诗话》），就指这些得之于“山程水驿”之作，堪为其诗“集中什九从军乐”（梁启超《读陆放翁集》）之羽翼。但由于陆游又被长期投闲置散，词中激愤之外，也有出世之情与纤艳之笔。刘克庄《后村诗话续集》谓其词“激昂慷慨者，稼轩不能过；飘逸高妙者，与陈简斋、朱希真相颉颃；流丽绵密者，欲出晏叔原、贺方回之上”，其实也与稼轩相近。就词的传统题材、主体风格而言，陆游词的审美意识也属“豪杰”之列。

陈亮比起辛弃疾以词作“陶写之具”来，其词更是“经济之怀”的直陈。《念奴娇·登多景楼》：

因笑王谢诸人，登高怀远，也学英雄涕。凭却长江，管不到、河洛腥膻无际。正好长驱，不须反顾，寻取中流誓。小儿破贼，势成宁问强对！

《水调歌头·送章德茂大卿使虏》：

尧之都，舜之壤，禹之封。于中应有，一个半个耻臣戎！万里腥膻如许，千古英灵安在，磅礴几时通？胡运何须问，赫日自当中！

《贺新郎·寄辛幼安，和见怀韵》：

父老长安今馀几？后死无仇可雪。犹未燥、当时生发。二十五弦多少恨，算世间、那有平分月！胡妇弄，汉宫瑟。

这些作品的题旨、思想，甚至语言，都见于陈亮的政论《上孝宗皇帝书》、《中兴论》。由于他与北方"归正"的辛弃疾不同，以一介布衣的身份，不似胆识、谋略、才能过人的稼轩那样易招疑忌，故而词中摧刚为柔、婉转曲达者较少。陈廷焯《白雨斋词话》云："陈同甫豪气纵横，稼轩几为所挫。而《龙川词》一卷，合处寥寥，则去稼轩远矣。"所言甚是。但"豪气纵横"一语，正道出了龙川"豪杰之词"的根本特点。

被称为"天下奇男子，平生以气义撼当世"（毛晋《龙洲词跋》引宋子虚语）的刘过，也是"豪杰之词"的一员大将。他也以上书朝廷陈恢复失地方略，渴望"臂弓腰矢出门去，百战未怕皋兰鹰"（《从军乐》），却始终流落江湖，一介布衣，直到晚年的辛弃疾帅守浙东，才邀之入幕。刘过功名欲强，有抗金报国一面，也有追求富贵的俗趣，所作词甚至不免秽亵，但词中确有豪杰之吐属。如《六州歌头·题岳鄂王庙》：

中兴诸将，谁是万人英？身草莽，人虽死，气填膺，尚如生。

《贺新郎》：

男儿事业无凭据，记当年、击筑悲歌，酒酣箕踞。腰下光芒三尺剑，时解挑灯夜语，更忍对灯花弹泪？

他以"狂逸"为特点，未及稼轩之深沉，但作为稼轩羽翼的资格还是具备的。

刘克庄、陈人杰、刘辰翁等人年辈较晚，不在北伐之声尚振响词坛之时，故难以列入"豪杰之词"。以辛弃疾为代表的"豪杰之词"已将词的审美对象、情趣作了很大转移，与生俱来的花前月下、男欢女爱、春愁秋恨之词固然也在写，家国之慨、身世之感、登临怀古、匡复大计更入于词中；不是蝉鬓美人、翠屏锦帏、庭前花树、秋雨春风引发的审美感受之哀怨缠绵、绸缪宛转，而是愤于国势衰微，朝廷不思有为，上下宴安、文恬武嬉，而作不平之鸣，是请缨无路后的扼腕悲歌。这就是"豪杰之词"审美意识的主流。

当辛弃疾将"倾荡磊落，如诗如文，如天地奇观"的苏轼词，发展为自己的"用经用史，牵雅、颂入郑卫"，"横竖烂熳"，"悲笳万鼓"（见刘辰翁《辛稼轩词序》，《须溪集》卷六）之时，以姜夔为代表的"风雅词派"，则以他们的"才子之词"，表现出截然不同的审美意识。他们不似辛、陆、陈、刘之互有交往，时间跨度也较长，从与辛弃疾约略同时的姜夔、史达祖，经稍后的吴文英，直到宋末的周密、王沂孙、张炎。上关国运，下染世情，又因于艺术宗尚相近，更出于胸襟、抱负、性情与"豪杰之词"的作者不同，"才子之词"的审美意识自有面目，且得到更多的认同。他们上不似柳、周的披风抹月，仅言其

“情”，下不似辛、陈的纵金伐鼓，过言其“志”，而是融“志”入“情”。虽不似“豪杰之词”之与功业相联系，也不似北宋因“小道”而离异怀抱、道德，风雅派词人以“雅”为尚，审美观念，趣味、理想都受着“德”的制约，故以“美”“善”结合为特征。

才子与豪杰审美意识的不同，源于为人的不同。姜夔精于诗，长于词，深于乐，通赏鉴，工翰墨，才情学问均高，他从未为官，中年依附杨万里、范成大，范去世后又到杭州依张鉴十年，张卒后，旅食浙东嘉兴、金陵间。他未如陈亮、刘过那样，以布衣身份上书朝廷言国家大计，却出于己长，尝著《大乐议》，欲正庙乐，时嫉其能，不获尽所议，后又上《圣宋铙歌十二章》，诏免解与试礼部，不第。他一生过的是清客游士的生活，但守贫守节，为人清高，“襟怀洒落，如晋宋间人”（陈郁《藏一话腴》）。吴文英曾在苏州作幕，与吴潜交游数年，后又与贾似道交游，贾入朝，吴潜落职，吴文英不久亦以布衣终。作为江湖游士，以词章曳裾侯门，难以“无行”相责，况贾似道掌握重权后，吴对之极少投赠，亦非负义于吴潜。周密之祖为齐望族，数代高官，他曾为官于浙，宋亡家破，终身寓杭。元破厓山，帝昺蹈海，以遗民而著《齐东野语》、《癸辛杂识》，被称为宋代野史之巨擘。他堪称操守、学问均高。

相比之下，史达祖、王沂孙，张炎较有争议。史达祖曾师事张镃，后为韩侂胄堂吏，负责撰拟文稿，颇得器重，韩发动开禧北伐失败，被诛，史受黥刑，死于贬所。韩侂胄无知人之明，弄权误国，但与秦桧同列奸臣传，实属不公，史之事韩，亦不足为病。王沂孙、张炎生活时代较晚，宋亡才入中年。王曾任元朝庆元路学正，被认为节操不固，其实此为司儒之职，非朝廷命官，与事伪朝者不同。张炎是循王张俊之后，家世显赫，年轻时过着贵公子生活，宋亡后处境凄凉。后被“征召”进京，终又补袂被而归，漫游浙东。总之，王、张均未投降异族，成为新贵，稍乏义士的贞刚，略多才子的软弱。

风雅派词人最擅长的咏物词，我们将置于下一章论述。这里，不妨将他们其余词中的审美意识作一个极粗略的考察。首先，作为清客，姜、吴颇多酬酢之作，而作为文士，周、王、张更多结社的题咏。审美情趣多在湖光山色，吟风弄月，对优美、雅致的事物尤有真切、独到的审美感受。其次，是对自己爱情生活隐秘的追忆。不仅姜夔、吴文英有作，史达祖此类作品亦甚多，如《三姝媚》（烟光摇缥瓦）、《解佩令》（人行花坞）、《临江仙》（愁与西风应有约）等，都见情深意厚，含蓄蕴藉。最后，是身世之感。风雅派词人或生当南宋半壁江山之时，国势既弱，又多怀才不遇，自无“当时年少春衫薄”的轻快，和柳永“白衣卿相”式的放浪；或身丁离乱，备尝亡国之苦，个人遭际更与故国之思相交织，血泪相凝却又要力求化解。在姜夔，还是感慨自己之为衣食屡迁：“南去北来何事，荡湘云楚水，目极伤心”（《一萼红》）；在史达祖，难免为自己空有文采而不平，“好领春衫，全不向、诗书中得”，“三径就荒秋自好，一钱不值贫相逼”（《满江红·抒怀》）；在吴文英，身世的迟暮之感与国势的渐见危殆已渐见融合，“自消凝，能几花前，顿老相如”，“飞红若到西湖底，搅翠澜、总是愁鱼。莫重来，吹尽香绵，满湖平芜”（《高阳台·丰乐楼分韵得如字》）。宋末而入元的词人，在新朝的政治高压下，只能将国难家仇同自身遭遇作含蓄表达，“思想消融在情感里，而情感也消融在思想里”（别林斯基语，转引自朱光潜《西方美学史》）。如周密的《玉京秋》，是因秋感怀之作，却不只是悲秋，换头“客思吟商还怯，怨歌长、琼壶暗缺”，陈廷焯《白雨斋词话》有“一（暗）字，其恨在骨”之评，旅愁中牵萦国难，故难捺愁绪、郁闷。又如张炎《忆旧游》，当年秉烛夜游的豪兴已不复在，因为山河易主，风物全非，自己的孤怀凄惋，是故国沦亡所致，他人的莺燕香风，是因为得到了新主的垂青。再如王沂孙《齐天乐·蝉》：“病翼惊秋，枯形阅世，消得斜阳几度？”更是身世的沉痛写照。

“才子之词”也有关涉时势之作。姜夔的《扬州慢》、《淡黄柳》、《翠楼吟》都或多或少地感时伤乱、寄寓讽谏，平韵《满江红》（仙姥来时）曲折反映了克敌制胜之意，连较为隐晦的《暗香》、《疏影》也多少有心存君国之意。吴文英《贺新郎》（陪履斋先生沧浪看梅），因边事日亟而言外寄慨，《八声甘州》（灵岩陪庾幕诸公游），也可见因南渡宴安而咏史讥刺之意。史达祖《满江红·九月二十一日出京怀古》、《龙吟曲·陪节欲行，留别社友》，或借怀古而伤今，或表现了忧国之情。周密在宋亡之后所作，或凄然怨歌，或感慨悲凉，有深切的故国之思。王沂孙、张炎饱尝遗民之苦，词中更多对故国怀恋的寄托，对《乐府补题》的托意虽有不同见解，但其凄黯的气氛、悲苦的情调，至少还体现出亡国之音的颤袅萦回。

风雅词派并不只作湖山清赏、风月吟弄，“才子”虽非以恢复、兼济为己任的志士，但国事毕竟难于忘怀，海宇澄清更是难待，于是言身世而感慨时势，咏物而有托情志。生逢宋季者，国土日蹙，最后目睹国亡，遭逢离乱，所作必多故国之思。因此，“才子之词” 在将审美趣味重新移回词的传统园苑同时，审美观念又不能不受时势之影响制约，而具有“主文而谲谏”，“言王政之所由废兴”（见《诗大序》）的淡淡色彩。因此，在沿习写艳情、叹年光同时，不忘“志”对“情”的引导，将词引向“好色而不淫”之路，既纠柳永的俚俗尘下，又非周邦彦的软媚少骨，在创作实践上实现了南渡后在“复雅”旗帜下的审美理想。另外，他们的所作固然具有“风雅之兴，志思蓄愤，而吟咏情性，以讽其上，此为情而造文也”（刘勰《文心雕龙·情采》）的色彩，但更是“发乎情，止乎礼义”（《诗大序》），“气和而不促，辞稳而不浇”（谢章铤《赌棋山庄词话》），不直言，多寄托，温柔敦厚，中正和平。于是，在严辨宫商、深于措意、慎于落笔的基础上，一方面与“如诗如文”的苏轼，“用经用史”的辛弃疾划清了界限；另一方面又在异于苏的逸怀浩气和辛的偾张驰骤同时，尤将“豪杰之词”的伉直叫嚣导向“怨悱而不乱”。

词人的审美意识确实存在明显的个性差异，“随其人之性情学问境地，莫不有由衷之言”（周济《介存斋论词杂著》）。不同的审美意识造就出不同的作品，“豪杰之词”总体在豪放，“才子之词”亦可综言为婉约，不少词论家对豪放、婉约不作轩轾之论。田同之《西圃词说》云：“填词亦各见其性情。性情豪放者强作婉约语，毕竟豪气未除；性情婉约者强作豪放语，不觉婉态自露。故婉约自是本色，豪放亦未尝非本色也。”谭献《复堂词话》对南宋“豪杰之词”与“才子之词”的领袖，有更简约的评价：“白石、稼轩同音笙磬，但清脆与镗鞳异响，此事自关性分。”“性分”不同，审美意识自异，这当是“风格即人”的另一种说法吧。

由宋初"富贵闲人"的士大夫词,经苏轼"如诗如文"的进一步士大夫化,演为南宋的"豪杰之词",是因于个性之不同,也基于时代之变。同样,柳永的"才子之词",经周邦彦的过渡,到南宋风雅派的"才子之词"之变,也缘于个性之异,更是时代之变。因之,我们再论审美意识的时代差异。

三　时代既异　音调遂殊
——唐宋词人审美意识的时代差异

这里用徐釚《词苑丛谈》卷四的两句话,作为这一节的标题。原文论宋人词调出于乐府,与我们的论题无关,借用来论唐宋词人审美意识的时代差异。

我国在总结先秦音乐美学思想的《乐记》中,已论及音乐与政治的关系:"治世之音安以乐,其政和;乱世之音怨以怒,其政乖;亡国之音哀以思,其民困。声音之道,与政通矣。"(《乐本篇》)其实,政治涉及时代,不同时代的政治影响了音乐表现的情感,不同时代的社会状况、思想情绪、民情风俗等,也影响了艺术家的审美意识。这一原理是人类艺术史上共同规律的反映,意大利哲学家维柯就说过:"荷马作'伊利亚特',是在他的青年时代,这就是说,希腊当时还年轻,所以沸腾着崇高的情绪,例如骄傲、盛怒和复仇的狂热,这类情绪都不宽容欺诈,都喜爱宽宏大量,因此这样的希腊赞美阿岂理斯,代表强暴的英雄。但是荷马作'奥德赛',是他的老年时代,这就是说,希腊当时已经由于思索而冷静了下来,思索是谨慎之母,所以这样的希腊赞美幽里塞斯,代表聪慧的英雄……"(《新科学》卷三第二部分第一章,朱光潜译稿)。

综观唐宋词人的审美意识,可以看到显见的时代差异。

自温庭筠以"香而软"奠定了"词为艳科"的基本风格后,五代词以西蜀、南唐为两大创作基地。而恰好正是西蜀和南唐词,已体现出审美意识的时代差异。这一时代差异并非由单一的时间先后所决定,因为二者并无明显的先后,而是主要取决于地缘政治色彩,而形成时代之异。总的说来,五代词常被统称,并在美学上得到论家的肯定,如陆游就说过:"故历唐季五代,诗愈卑,而倚声者辄简古可爱。盖天宝以后,诗人常恨文不逮。大中以后,诗衰而倚声作。使诸人以其所长,格力施于所短。"(《跋花间集》,《渭南文集》卷三十)清人江顺诒更从文学自身发展而论曰:"词在五季,正如诗在初唐,有陈隋之绮靡,故变为各体之宏大;有晚唐之纤薄,故变为小令之秾厚。此亦时势使然,与兴亡之国势不相涉。"(《词学集成》卷一)但西蜀与南唐词确有显见的不同,且各自的审美意识又与地缘政治所决定的国势相关,以见出时代的差异。

《花间集》共辑入十八家词人的五百首词,除温庭筠、皇甫松、和凝三人外,皆为蜀人,或客于蜀地,所以《花间集》基本可看作前、后蜀词人的作品集。前蜀政权为王建所建,王建出身无赖,里人呼为"贼王八",后募当兵,升为将,又出镇四川,在朱温杀唐昭宣帝建后梁之后,王建在成都建前蜀。王建死后,其子王衍继位,大建宫苑,耽于游宴,酷好歌词。张宗橚《词林纪事》引《北梦琐言》曰:"蜀主裹小巾,其尖如锥。宫妓多衣道服，簪莲花冠，施脂夹粉，名曰‘醉妆’。自制《醉妆词》云云。又尝宴于怡神亭，自执板，歌《后庭花》、《思越人曲》。”当时前蜀的政治异常黑暗，“衣朱紫者皆盗跖之辈，在郡县者皆虎狼之人。奸谀满朝，贪淫如市”（《蜀梼杌》卷之上），但由于较之中原地区的战乱频仍，前蜀政权还赖山川阻隔，得以偏安于剑南之一隅，君臣沉湎酒色，香艳小词应运而生。王衍《醉妆词》云：“者边走，那边走，只是寻花柳。那边走，这边走，莫厌金杯酒。”实是狎客的绝妙自画像。君行臣效，席前趋奉，“寻花柳”、“金杯酒”也成为文士的普遍的审美情趣。后唐灭蜀，孟知祥建立后蜀政权，其称帝仅半年即死去，其子孟昶继位，其初虽曾以王衍为戒，但不久即又步前蜀之后尘，“君臣务为奢侈以自娱，至于溺器，皆以七宝装之”（《新五代史》卷六四《后蜀世家》）。前后蜀统治半个多世纪，倚仗“郡府颇多，关河甚广，人物秀丽，土产繁华”（何光远《鉴诫录》卷七《陪臣谏》），生产有很大发展，且府库之蓄，无一粒一丝入于中原。凭藉优越的物质条件，前后蜀的君臣都耽于逸乐，所以《花间集》除部分作品主于描绘自然风光，或表隐居情趣，并间有抒发兴亡之感者外，其作者似是自得于锦城之乐，而忘却“天下岌岌”，“自南朝之宫体，扇北里之娼风”成为其审美意识的主潮。

南唐建国之时，前蜀已立国三十年，但南唐被北宋所灭，仅比后蜀灭亡迟十年。南唐不但是十国中的“大邦”，占地既广，经济又非常发达，而且人文精神尤高，“六经臻备，诸史条集，古书名画，辐凑绛帷；俊杰通儒，不远千里而家至户到”（刘崇远《金华子杂编》卷上）。基于这样的背景，南唐君臣虽也有声色之好，但不同于由“无赖”而“暴发户子弟”的王衍之流。冯延巳富有文才，宋初的《钓矶立谈》谓其“学问渊博，文章颖发，辨说纵横，如倾悬河暴雨。听之不觉膝席之屡前，使人忘寝与食”。工诗，书似虞世南。正如前蜀词人欧阳炯、毛文锡、鹿虔扆被号为“五鬼”一样（《十国春秋》五十六《鹿虔扆传》“与欧阳炯、韩琮、阎选、毛文锡等，俱以小词供奉后主，时人忌之者，号曰五鬼”），冯延巳也是南唐“五鬼”之一（马令《南唐书》二十一谓其“与宋齐丘更相推唱，拜谏议大夫翰林学士。复与其弟延鲁交结魏岑、陈觉，查文徽，侵损时政。时人谓之五鬼”）。但夏承焘先生《唐宋词人年谱》辨之甚详，认为“朋党攻伐之辞，则应存疑”。作为一个在必亡之国身居相位者，又处于党争攻讦之中，无诗文分泄其情（《全唐诗》仅录一首），对其全力为之的词，就不应轻易放过。在冯词中，明显不同于“花间”词的，是充溢其中的悲剧气氛，彷徨、迷乱、抑郁、感伤，大厦将倾，盛时难驻，所以“为问新愁，何事年年有？”（《鹊踏枝》）即使同样作长夜之饮的及时行乐，也具有异于西蜀词人的士大夫意识，因为他的词中有着“花间”所无的时代忧患。正因为如此，《人间词话》认为冯词最足当“深美闳约”之评，且云：“冯正中词虽不失五代风格，而堂庑特大，开北宋一代风气。”

中主李璟“天性儒懦，素昧威武”（《江南野史》二），“多才艺，好读书，善骑射”（陆游《南唐书》本纪二），书学羊欣，尤善八分。后主李煜美风仪，“幼而好古，为文有汉魏风”（《江南别录》），工书，善画，收藏之富，冠绝一时，知音律，能弧矢，堪称兼工众艺，博学多才。源于这样的基础，南唐二主词的审美情趣必然高于西蜀君臣。中主词仅存四首，其中《浣溪沙》二首虽写情事，但《人间词话》就评其"菡萏香销翠叶残，西风愁起绿波间""大有'众芳芜秽，美人迟暮'之感"。联系他有悟于王感化讥刺"南朝天子爱风流"，覆杯感叹"使孙、陈二主得此一句，不当有衔璧之辱也"（马令《南唐书》二十五《谈谐传》），王国维所评确乎可信。强邻觊觎之下，出于地缘政治和善感之心的审美感受，当然不无危苦和忧患。

李煜侈耽声色，不恤民困，终至亡国，此其同于蜀主处。其《玉楼春》（晚妆初了明肌雪）就是耽溺享乐的自我写照。但由于他既有丧妻失子的个人不幸，又以多情而怯懦之性格，继续扮演着"日蹙百里"之国的国君角色，词中所体现的审美意识，岂能没有时代风雨的印记？《捣练子令》（深院静）、《谢新恩》（庭前客散人归后）（冉冉秋光留不住）、《虞美人》（风回小院庭芜绿）等，都折射着好景难常、隐忧潜生的审美感受，尤其《清平乐》（别来春半），人谓是怀念其弟从善入宋不归而作，这就更非一般的春愁了。待到国破家亡，降身为虏，他的"历史走错房间"的命运结束了，"帝王"成为"词臣"，入宋后所作词，以个人的悲剧透露出审美意识的特有时代色彩。《人间词话》云："词至李后主而眼界始大，感慨遂深，遂变伶工之词而为士大夫之词。"这不仅将"花间"的香艳变为创巨痛深，由伶工"佐觞"变为自抒其情，而且是真情实感，全无浮辞虚意。"穷而后工"系于个人经历，但更因于时代之变。西蜀词与南唐词之异，是作者修养不同而成，更是时代造就审美意识不同的体现。近人陈洵在《海绡说词》中云："天水将兴，江南日蹙，心危音苦，变调斯作，文章世运，其势则然。"对南唐词基于地缘政治的审美意识之时代色彩，是准确、简要的概括。

宋代词人的审美意识更可见时代的差异。北宋立国以后，经济有很大发展，农业、手工业和商业都出现全盛，城市日趋繁华。在这"身经两世太平日，眼见四朝全盛时"（邵雍《插花吟》）的承平时期，在"金翠耀目，罗绮飘香"，"八荒争凑，万国咸通"（孟元老《东京梦华录·自序》）的汴京，人们必然追求享乐。宋初词坛以此为中心，审美趣味多在歌咏太平，描绘繁华，表现征歌逐舞和宴游之乐。"十二层楼春色早，三殿笙歌，九陌风光好。堤柳岸花连复道，玉梯相对开蓬岛。　莺啭乔林鱼在藻，太液微波，绿斗王孙草。南阙万人瞻羽葆，后天祝圣天难老。"（丁谓《凤栖梧》）"霞散绮，月沈钩，帘卷未央楼。夜凉河汉截天流，宫阙锁清秋。　瑶阶曙，金盘露，凤髓香和烟雾。三千珠翠拥宸游，水殿按凉州。"（夏竦《喜迁莺》）"帝城五夜宴游歇。残灯外，看残月。都人犹在醉乡中，听更漏初彻。　行乐已成闲话说。如春梦、觉时节。大家同约探春行，问甚花先发。"（李遵勖《滴滴金》）如此的帝都盛况，的确未见于惯写小轩庭院的唐五代词人之手。当然，更足以代表这一时期审美趣味，成就最高的，自是"音律谐婉，词意妥帖，承平气象，形容尽致"（陈振孙《直斋书录解题》）的柳永词。兹摘其五首一组的《玉楼春》以见之：

昭华夜醮连清曙，金殿霓旌笼瑞雾。九枝擎烛灿繁星，百和焚香抽翠缕。

香罗荐地延真驭，万乘凝旒听秘语。卜年无用考灵龟，从此乾坤齐历数。

（其一）

皇都今夕知何夕，特地风光盈绮陌。金丝玉管咽春空，蜡炬兰灯烧晓色。

凤楼十二神仙宅，珠履三千鹓鹭客。金吾不禁六街游，狂杀云踪并雨迹。（其三）。

至如写杭州繁华的《望海潮》，就更是词史上的名篇了。聂冠卿的《多丽·李良定公席上赋》以慢词初兴之拙直，表明了士大夫的心态："想人生，美景良辰堪惜。问其间、赏心乐事，就中难是并得。况东城、凤台沙苑，泛晴波、浅照金碧。露洗华桐，烟霏丝柳，绿阴摇曳，荡春一色。画堂迥、玉簪琼佩，高会尽词客。清欢久、重然绛蜡，别就瑶席。 有翩若轻鸿体态，暮为行雨标格。逞朱唇、缓歌妖丽，似听流莺乱花隔。慢舞萦回，娇鬟低亸，腰肢纤细困无力。忍分散、彩云归后，何处更寻觅。休辞醉，明月好花，莫谩轻掷。"生活理想通之于审美意识，此词有着普遍意义，可谓覆盖北宋词坛。直到王灼《碧鸡漫志》，仍有"今少年妄谓东坡移诗律作长短句，十有八九不学柳耆卿则学曹元宠"（卷二）之说，可见承平和享乐对词人审美意识的左右。徽宗时就职于大晟府的词人，都长于"颂圣"之作。又《碧鸡漫志》卷二可见，如万俟咏召试入官后，"以侧艳体无赖太甚，削去之。再编成集，分五体，曰应制，曰风月脂粉，曰雪月风花，曰脂粉才情，曰杂类"，审美趣味可知。因此，被看作继承冯延巳词风的晏、欧之作，以及前面论及带有感伤色彩、悲剧意味的诸多士夫、文人词，颇值珍贵，因为其审美价值总逾于万俟之侧艳和曹组之滑稽。

真正引起审美意识剧变的，不是苏轼作士大夫化的努力，而是靖康之变使词人不期然而然地"以诗为词"，真正表现出"时代既异，声调遂殊"。"中兴名臣"之一的赵鼎，与宗泽、李纲齐名，但早年所作的"年少凄凉天付与，更堪春思萦离绪"（《蝶恋花》），无非是"闲情绮思"（况周颐《蕙风词话》卷二）。靖康之变后，直抒国难之忧："天涯路，江上客。肠欲断，头应白。空搔首兴叹，暮年离拆。""便挽长江入尊罍，浇胸臆。"（《满江红·丁未九月南渡，泊舟仪真江口作》）又如叶梦得，前期词未出离情别绪，如"吹尽残花无人见，惟有垂杨自舞……无限楼前沧波意，谁采蘋花寄与？"（《贺新郎》）南渡后，审美意识转为关注历史和时局："却恨悲风时起，冉冉云间新雁，边马怨胡笳。谁似东山老，谈笑静胡沙。"（《水调歌头》）"闻道尊酒登临，孙郎终古恨，长歌时发。万里云屯，瓜步晚，落日旌旗明灭。"（《念奴娇》）这就难怪关注《题石林词》评曰："味其词婉丽，绰有温、李之风。晚岁落其华而实之，能于简淡时出雄杰。"再如向子諲，自己编定所作《酒边词》，分《江南新词》和《江北旧词》前后两卷。江北所作如："小院深明别有天，花能笑语柳能眠。雪肌得酒于中暖，莲步凌波分外妍。"（《鹧鸪天》）"天上秋期明日是，人间月影十分清，真不负佳辰。"（《望江南》）多为花前月下、听歌赠妓之作。南渡之后，情趣大变："芳菲歇，故园目断伤心切。伤心切，无边烟水，无穷山色。"（《秦楼月》）"故旧凋零，天下今无半。烟尘远，泪珠零乱，怕问随阳雁。"（《点绛唇》）"天可老，海能翻，消除此恨难。频闻遣使问平安，几时鸾辂还？"（《阮郎归》）胡寅《题酒边词》说："退江北所作于后，而进江南所作于前，以枯木之心，幻出葩华，酌玄酒之尊，弃置醇味。"确是点出了向子諲审美意识之变，以及其进退新旧之作的用心所在。毛晋《芦川词跋》谓张元斡所作,既“长于悲愤”,又“极妩秀之致”,而这种风格之变正是基于审美意识之变。就连继承大晟府、专作应制词的词人,也有家国之慨。康与之的“回首塞门何处?故国关河重省”,“过尽也,奈杜陵人远,玉关无信”(《喜迁莺·秋夜闻雁》),与其一贯所长的谀艳粉饰显为不同。其后的曾觌,也有感怀故国之作。

北宋前期歌咏太平,游宴享乐成为词坛主调,柳永所作既长于此,加以雅俗兼到,博得士夫与市民的共好。但柳永词毕竟是代表了市井人士的审美趣味,士大夫可以自觉或非自觉地学其作词,明里或暗里地欣赏他的作品,却终有自己的身份和领地。从晏殊以“不曾道‘彩线慵拈伴伊坐’”而自矜,到苏轼作《江城子》(密州出猎),以“自是一家”,以别于“柳七郎风味”,北宋士大夫词并非仅如聂冠卿《多丽》的只写美景良辰、赏心乐事,画堂高会、瑶席清欢,和歌妓的缓歌妖丽、慢舞萦回,他们的词中有伤感情绪,有理趣感悟,有宦情枨触,有登临怀古……而这些,同样基于时代所决定的审美意识。到南宋词中,时代所造成的忧患更萦绕词坛,从“豪杰之词”的英雄失路,万绪悲凉,到“才子之词”的低回宛转、哀怨动人,使悲剧性在词中找到最好归宿,走到了“遣兴”、“佐欢”的反面。因而,从特定角度理解朱彝尊所说的“词至南宋始极其工,至宋季始极其变”(《词综·发凡》),并非无由。

田同之《西圃词说》云:“词始于唐,盛于宋。南北历二百余年,畸人代出,分路扬镳,各有其妙。至南宋诸名家,倍极变化,盖文章气运,不能不变者,时为之也。”时代不同而导致审美意识不同,诚然不错,但具体说来,南北宋的不同时代,究竟什么对士夫、文人词的审美意识产生不同影响呢?择要而言,北宋的党争,南宋的外患,分别产生了最主要的作用。

宋真宗、仁宗时,党争已公开化。吕夷简、夏竦、文彦博等,与韩琦、范仲淹、富弼、欧阳修等,形成了明显的对立。范仲淹等为改善吏治以求解决社会矛盾,推行“庆历新政”,遭致贵族官僚反对,被诬结为朋党。仁宗庆历四年十一月“诏戒朋党相讦,及戒按察恣为苛刻,文人肆言行怪者”(《宋史》卷十一),范仲淹等被排斥于中央政府之外。联系此前的景祐三年,“仲淹朋党”被榜于朝堂,此又一个循环。遂难怪范仲淹有《剔银灯》的牢骚。欧阳修因与范仲淹为“党”,景祐、庆历两度被贬,他固有作《与高司谏书》的正直敢言,作《朋党论》的新奇善辩,但对宦海风波的感受毕竟多少流露词中。因而对他的“伤怀离抱,天若有情天亦老”,“细想前欢,须著人间比梦间”(《减字木兰花》),“一觉年华春梦促。往事悠悠,百种寻思足”(《蝶恋花》)等,实不必看成是空虚无聊。且不说“世路风波险,十年一别须臾”(《圣无忧》)的直言,对“十年前是尊前客,月白风清。忧患凋零。老去光阴速可惊”(《采桑子》)的“忧患”,不也是很可体味吗?

神宗时的王安石变法,又引起长期的新旧党斗争。遂使苏轼、黄庭坚、秦观、张耒等,都被卷入漩涡中,备尝磨难。以苏轼的博大胸襟和达观的人生态度,且又出入佛、道,尚能将忧患和愁苦化解:“故国神游,多情应笑我、早生华发。人生如梦,一樽还酹江月。”(《念奴娇》)“料峭春风吹酒醒,微冷,山头斜照却相迎。回首向来萧瑟处,归去,也无风雨也无晴。”(《定风波》)“谁道人生无再少?门前流水尚能西,休将白发唱黄鸡。”(《浣溪沙》)“思量,能几许?忧愁风雨,一半相妨。又何须抵死,说短论长!幸对清风皓月,苔茵展,云幕高张。江南好,千钟美酒,一曲《满庭芳》。”(《满庭芳》)黄庭坚学识、个性亦差近东坡,处逆境亦能自慰:“老子平生,江南江北,最爱临风笛。孙郎微笑,坐来声喷霜竹。”(《念奴娇》)“身健在,且加餐。舞裙歌板尽清欢。黄花白发相牵挽,付与时人冷眼看。”(《鹧鸪天》)秦观就不同了,他早年之作,少年情遇之欢亦不让柳永,“而一谪南荒,遽丧灵宝。故所为词,寄慨身世,闲雅有情思”,被称为“后主而后,一人而已”(冯煦《六十一家词选例言》)。甚至苦痛而至“凄厉”。如:

伤怀!增怅望,新欢易失,往事难猜。问篱边黄菊,知为谁开?谩道愁须殢酒,酒未醒、愁已先回。凭栏久,金波渐转,白露点苍苔。

——《满庭芳》

忆昔西池会,鹓鹭同飞盖。携手处,今谁在?日边清梦断,镜里朱颜改。春去也,飞红万点愁如海。

——《千秋岁》

晁补之被贬信州,亦作《迷神引》:

暗想平生,自悔儒冠误。觉阮途穷,归心阻。断魂素月,一千里,伤平楚。怪竹枝歌,声声怨,为谁苦?猿鸟一时啼,惊岛屿。烛暗不成眠,听津鼓。

冯煦评晁词,谓之“无子瞻之高华,而沈咽则过之”(《六十一家词选例言》)。这“沈咽”岂非缘于坐党籍而谪荒徙远,而无苏轼“化解”痛苦之功所致?

南宋的外患前面已述甚多,由外患而造成的民族浩劫是南渡后词风转变之由,而外患引发的主战、主和之争,也几乎贯串了全部南宋历史。主和派的得势,使“豪杰之词”由胡铨的直斥“有豺狼当辙”(《好事近》),渐变为辛弃疾“芳草美人”的寄托。宋亡之际,文天祥被囚金陵,读到昭仪王清惠随宋恭帝被掳北行,而写于驿壁的《满江红》时,认为有欠商量,写成和词,亦以美人隐喻自己的忠贞,“世态便如翻覆雨,妾身元是分明月”,二语真堪光照千古。而无论是继承稼轩的刘辰翁,还是步武姜夔的周密、王沂孙、张炎,抑或开径自行的蒋捷,表现方法或异,艺术风格不同,但审美意识都受到时代的显著影响,留下巨大历史事变的印记。

南宋之被元朝铁蹄所亡,较之靖康之变是更大的历史悲剧。词坛的主调只能是“悲凉于残山剩水”,而难于“豪放于明月清风”(二语见林景熙《胡汲古乐府序》)。陈廷焯说得好:“少陵负沉雄博大之才,正值唐室中兴之际,故其为诗也悲以壮。碧山以和平中正之音,却值宋室败亡之后,故其为词也哀以思。”(《白雨斋词话》卷二)且不云王沂孙是否可与杜甫相拟,对“时代既异,音调遂殊”的见解却是值得珍视的。

唐宋词的艺术传达

清末四大词人之一的况周颐，曾自道作词体会："吾苍茫独立于寂寞无人之区，忽有匪夷所思之一念，自沉冥杳霭中来。吾于是乎有词。洎吾词成，则于顷者之一念若相属若不相属也。而此一念，方绵邈引演于吾词之外，而吾词不能殚陈，斯为不尽之妙。非有意为是不尽，如书家所云无垂不缩，无往不复也。"（《蕙风词话》卷二）这里，道出了词之酝酿及灵感触发，以致词成，以及词成之后与原始构思"若相属若不相属"的情况。这对创作前的心理和作成后的结果，都有真切、深刻的描述，很可惜，却未道及艺术传达这一重要环节。前引王国维《人间词话·附录》中语："夫境界之呈于吾心而见于外物者，皆须臾之物。惟诗人能以此须臾之物，镌诸不朽之文字，使读者自得之。"虽较况氏的经验是更深刻，精到的理论，但也同样未及如何"镌诸"。况周颐并非不讲作词，《蕙风词话》以"重、拙、大"论词，强调"词外求词"，以性情，学养为倡，并对学词程序所论甚详。王国维对词的境界创造和特点，更有将西方理论嫁接到我国传统理论本体的论述，呈现出"新变"色彩。但即使是这两部产生于20世纪的词话，仍取传统的形式，重归纳而非分析，求点悟而非阐释，作形象的描述以求直觉的把握，标举创作的终极而缺乏中间的推演。只有通过艺术传达，才能将词人的审美意识化作物质存在，被读者感知，接受。因而我们拟在前人所论的基础上，对唐宋词的艺术传达之特点、规律，作一分析、归纳，力求有正确的阐释和推演。

一　入乎其内与出乎其外
——从审美感受到艺术传达

清初的王夫之曾说过："身之所历，目之所见，是铁门限。"（《薑斋诗话》卷二）没有生活体验而闭门造车，是无法创作出真正艺术品的。王夫之又说："即极写大景，如'阴晴众壑殊'、'乾坤日夜浮'，亦必不逾此限。非按舆地图便可云'平野入青徐'也，抑登楼所得见者耳。"（同上）王氏极推"大家"而贬抑"小家"："如廛居栉比，三间五架，门庑厨厕，仅取容身，茅茨金碧，华俭小异，而大体实同，拙匠窭人仿造，即不相远：此谓小家。李、杜则内极才情，外周物理，言必有意，意必由衷……如未央、建章，千门万户，玲珑轩豁，无所窒碍：此谓大家。"（同上）李、杜是大家，词却正是"小家"，王氏毫不犹豫地指出："前有齐、梁，后有晚唐及宋人，皆欺心以炫巧。"（同上）但是，大有大的难处，小也有小的好处。刘熙载就说："齐、梁小赋，唐末小诗，五代小词，虽小却好，虽好却小，盖所谓'儿女情多，风云气少'也。"（《词概》）其实，即如词之"小家"，要获得成功，同样要经"身之所历，目之所见"，非炫巧可至。

王国维在《人间词话》中说：

> 诗人对宇宙人生，须入乎其内，又须出乎其外。入乎其内，故能写之。出乎其外，故能观之。入乎其内，故有生气。出乎其外，故有高致。

“入乎其内”，就是要进入“身之所历，目之所见”的“铁门限”，倘无所历，无所见，怎能有词人的审美感受？怎会有无源、无本的创作冲动？无论是“西风残照，汉家陵阙”这样的“关千古登临之口”、“以气象胜”的大景，还是“细雨湿流光”（冯延巳《南乡子》句）的“写春草之魂”，“水面清圆，一一风荷举”（周邦彦《苏幕遮》句）的“真能得荷之神理”之小景，都必须凭藉“入乎其内”的“所见者真”，“所知者深”（带引号者均出《人间词话》）。“入乎其内”既是“大家”、也是“小家”艺术创造的先决条件。当然，只有“入乎其内”还是不够的，艺术创造还须“出乎其外”。因为只言“入”会“入其中而不觉”，“处其境而不知”（语见章学诚《感遇》），只有“置其身于是非之外，而后可以折是非之中。置其身于利害之外，而后可以观利害之变”（明吕坤《呻吟语》卷三）。近代的瑞士心理学家布劳也说：“是距离使得审美对象成为‘自身目的’。是距离把艺术提高超出个人利害的狭隘范围之外，而且授予艺术以‘基准’的性质……它把艺术作品提高超出实践关系和实用目的的领域之外。”（《心理距离》，缪灵珠译稿）但我们这里不准备从“距离”、“静观”论“出乎其外”，而是借以论艺术表达。亦即以王国维所说的“入乎其内”与“出乎其外”，来论述唐宋词人的审美感受和艺术表达。

认识事物首先依靠感觉，早在先秦时代，荀子已有全面的“五觉”之论：“目辨白黑美恶，耳辨音声清浊，口辨酸咸甘苦，鼻辨芬芳腥臊，骨体肤理辨寒暑疾养，是又人之所常生而有也，是无待而然者也。”（见《荀子集解·荣辱》）但是，感觉只是审美感受的原始基础，要获得更高一级的知觉，就要摒除杂念，拉开与现实利害、欲念的距离，对“美”作完全的投入，否则亦如荀子所言：“心忧恐，则口衔刍豢而不知其味，耳听钟鼓而不知其声，目视黼黻而不知其状，轻暖平簟而体不知其安。”（同上书之《正名》）而且知觉还需要必要的构建，“诗人之境界，惟诗人能感之而能写之”（《人间词话附录》），知识、情性、阅历等的修养都十分必要。“是故非气弗昌，豪宕超逸，昌其气者也，非材弗达，精深宏博，达其材者也；非兴弗融，春容顺适，融乎兴者也。三者具而后可以言诗矣。”（明唐锜《升庵长短句序》）

审美感受还需要联想、想象的能力，倘无这些心理活动的参与，就不能成其为审美活动。陆机《文赋》、刘勰《文心雕龙·神思》对联想、想象论述颇丰，兹不引述。宋代惠洪有一极其简炼精彩的断语，尤可珍视。他说：

> 诗者，妙观逸想之所寓也。（见《冷斋夜话》）

虽是言诗，同样适用于词。只有“妙观”与“逸想”的共同参予，才能有真正、深入的审美，才能有清词丽句、锦绣篇章。试以“花间”词为例，看词人如何“逸想”？如温庭筠的《杨柳枝》：

馆娃宫外邺城西，远映征帆近拂堤。系得王孙归意切，不关芳草绿萋萋。

此写杨柳本意，首、次二句写杨柳所在之处，乃杨柳傍水而映帆拂堤之状，第三句以杨柳之细长联想其“系得王孙归意切”，第四句承其之“归”，故“不关芳草绿萋萋”（《楚辞·招隐士》：“王孙游兮不归，春草生兮萋萋。”）倘无“系得王孙”之“逸想”，岂能如此温丽动人？又如韦庄的《浣溪沙》：

惆怅梦余山月斜，孤灯照壁背红纱，小楼高阁谢娘家。　暗想玉容何所似？一枝春雪冻梅花，满身香雾簇朝霞。

其以雪中寒梅来喻指心中佳人，又岂非成于其“逸想”之妙。至如牛希济《生查子》的“记得绿罗裙，处处怜芳草”，更是美感联想的典型例子，故被朱光潜先生数用于美学论著中。唐五代未如北宋后慢词兴盛，可供铺叙和驰骋想象，但如：

翠叠画屏山隐隐，冷铺纹簟水潾潾，断魂何处一蝉新。

——李珣《浣溪沙》

岸泊渔灯风飐碎，白蘋远散浓香。灵娥鼓瑟韵清商。朱弦凄切，云散碧天长。

——毛文锡《临江仙》

笋迸苔钱嫩绿，花偎雪坞浓香。谁把金丝裁剪却，挂斜阳。

——欧阳炯《春光好》

都是善作想象之词。李珣词从画屏想象遥山隐隐，就竹席想象水波潾潾，山水阻隔，旧欢难续，继以新蝉声起，可知苦夏难捱。毛文锡词写黄陵庙怀二妃，“灵娥鼓瑟韵清商”的想象，朱弦声声，袅袅入云，使意境入于要眇。欧阳炯将嫩柳想象成金丝裁剪而成，虽出贺知章诗《咏柳》，但在词中自有新意。南唐词（如李煜）更善想象，宋人愈形发展，兹不详述。

审美感受还伴随着强烈的感情活动。“悲落叶于劲秋，喜柔条于芳春。心懔懔以怀霜，志眇眇而临云”（陆机《文赋》），“登山则情满于山，观海则意溢于海”（刘勰《文心雕龙·神思》）已为人所惯用。清初大词人陈维崧为曹贞吉《珂雪词》写序道：“捶床叫绝，蛟螭夭矫于胸中；踞案横书，蝌蚪盘旋于腕下。谁能郁郁，常束缚于七言四韵之间；对此茫茫，放浪于减字偷声之内。”实是自己的感情体验。唐宋词人虽罕有自道者，但从他们的作品中，完全可以体味审美感受中的强烈情感。

审美感受的本质应该是感情、襟抱、意志与对事物的认识、理解的统一，亦即“情”

与“理”的统一,主观与客观的统一。因此,只有“入乎其内”,深入生活之中,经行世界,体会人生,勤于读书,才能有真情实感,才能增加知性。在审美的心理过程中,情感和知觉是两个最起作用的因素。前面说过,词是“缘情”的文学,情感较诗文更重,“情生文,文生情,何文非情?而以参差不齐之句写郁勃难状之情,则尤至也”,“故诗余之传,非传诗也,传情也”(明沈际飞《草堂诗馀四集序》)。同时,在知觉的参与下,感觉、联想、想象发生作用,并形成更高的审美知觉,“一物一事,引而伸之,触类多通,驱心若游丝之罥飞英,含毫如郢斤之斫蝇翼”(周济:《宋四家词选目录序论》)。词人的审美感受,是以“入乎其内”得以知之的知觉和“入”而“受”所得的感情为基础,通过感觉、联想、想象、思维为中介,终于达到知觉与感情酝酿交融,紧密结合的心理状态。

从上可知,“入乎其内,故能写之”,“入乎其内,故有生气”,确是千锤百炼之语,而“入乎其内”也确是创作的先决条件。但诚如鲁迅所说:“盖凡有人类,能具二性;一曰受,二曰作。受者譬如曙日出海,瑶草作华,若非白痴,莫不领会感动;既有领会感动,则一二才士,能使再现,以成新品,是谓之作。”(《拟播布美术意见书》)因而,在“入”而“受”之以后,就是“出”而“作”之。这就要完成从构思到传达的过程。清人郑板桥有一则很著名的画跋:

> 江馆清秋,晨起看竹,烟光、日影、雾气皆浮动于疏枝密枝之间。胸中勃勃,遂有画意。其实胸中之竹,并不是眼中之竹也。因而磨墨展纸,落笔倏作变相,手中之竹又不是胸中之竹也。

画跋所说,道出了三个必要环节所构成的创作过程。第一个环节是“入乎其内”而得的“眼中之竹”,是未经情感作用、知性过滤的审美感知,是作用于感官的自然之映象;第二个环节是勃发于内,“有生气”的“胸中之竹”,是经渗透、淘洗而浸润着主观审美理想和情感的审美表象,第三个环节是“出乎其外”、“有高致”的“手中之竹”,是凭藉技巧的艺术实践,将构思传达而出的美感物化。我们且看词人是怎样完成眼中之竹——胸中之竹——手中之竹,是怎样从感知而经构思到传达的。

况周颐曾自道作词的体会:

> 吾听风雨,吾览江山,常觉风雨江山外有万不得已者在。此万不得已者,即词心也。而能以吾言写吾心,即吾词也。此万不得已者,由吾心酝酿而出,即吾词之真也,非可强为,亦无庸强求。视吾心之酝酿何如耳。吾心为主,而书卷其辅也。书卷多,吾言尤易出耳。
>
> 人静帘垂。灯昏香直。窗外芙蓉残叶飒飒作秋声,与砌虫相和答。据梧冥坐,湛怀息机。每一念起,辄设理想排遣之。乃至万缘俱寂,吾心忽莹然开朗如满月,肌骨清凉,不知斯世何世也,斯时若有无端哀怨枨触于万不得已;即而察之,一切境象全失,唯有小窗虚幌、笔床砚匣,一一在吾目前。此词境也。

"听风雨"、"览江山"就是"入乎"自然与人生"其内",风雨、江山使人产生"万不得已"的感情,不得不吐,不能不写,这种创作的冲动就是"词心"。"非可强为,亦无庸强求",这是出于自然的真情实感,"由吾心酝酿而出",这需要一个孕育、发展的过程。这样,从"听风雨"、"览江山"的过程中,先有"眼中之竹",而"酝酿"而至"万不得已者","胸中之竹"也渐成。但"词心"怎样凝成"词境","胸中之竹"怎样成为"手中之竹"呢?况周颐就自己的体会,谈了两点。一是前引的"吾苍茫独立于寂寞无人之区,忽有匪夷所思之一念,自沉冥杳霭中来。吾于是乎有词",这"匪夷所思之一念"无异于灵感的不促而至。二是"寂寞无人之区"及上面"人静帘垂"一段,这是虚静之境当为最佳创作心理状态的形成条件。

西方很早就将灵感作了神灵附身的解释:"凡是高明的诗人,无论在史诗或抒情诗方面,都不是凭技艺来做成他们的优美的诗歌,而是因为他们得到灵感,有神力凭附着。"(《文艺对话集》)我国自陆机在《文赋》中首揭灵感之"来不可遏,去不可止",并经验性地描述了来时"思风发于胸臆,言泉流于唇齿",去时"兀若枯木,豁若涸流"之后,至刘勰《文心雕龙》,终以《神思》、《养气》,对灵感作了较深入、系统的探讨。历代对"兴会标举"、"伫兴"讲得颇多,但"伫兴"本身就是一个渐进修养的过程,兼及阅历与学力。有了厚实的基础,灵感闪现犹如催化剂的作用,产生飞跃,"吾于是乎有词",赵师秀尝对问诗法者答曰:"但能饱吃梅花数斗,胸次玲珑,自能作诗。"(见韦居安《梅磵诗话》)词又何尝不是?所以刘熙载说"词客当有雅量高致"(《词概》),况周颐之屡言"襟抱"、"有养","天资"、"学力"、"阅历",并有前引"书卷多,吾言尤易出"之说。

虚静之说,出于老庄。老云"致虚极,守静笃"(《老子》第十六章),庄云"虚静恬淡,寂寞无为者,天地之平,而道德之至"(《庄子·天道》),"用志不分,乃凝于神"(《庄子·达生》)。刘勰也将"虚静"看作艺术构思的重要条件:"是以陶钧文思,贵在虚静,疏瀹五藏,澡雪精神。"(《文心雕龙·神思》)况周颐道出了虚静对词境生成的作用,其心理体验既超妙又真实。环境之静使自身精神亦静,在虚静无碍的状态下,酝酿日久的真情实感出于心中,遂由"小窗虚幌,笔床砚匣"作心溯手追,创造词境。唐宋词人虽未自道其创作经历、体会,但试想如温庭筠《菩萨蛮》十四首之凄冷美艳之静境,怎能出于丝竹嗷嘈之宴?李煜的感人之作并非成于"金炉次第添香兽","春殿嫔娥鱼贯列"的环境中,而是在"秋风多,雨相和,帘外芭蕉三两窠"(《长相思》)的风雨声中,更是"深院静,小庭空,断续寒砧断续风"(《捣练子令》),"秋风庭院藓侵阶"(《浪淘沙》),"寂寞梧桐深院锁清秋"(《乌夜啼》)的静寂凄凉之境。宋代词人,举一姜夔,即可见之,试看其词前小序,就可知成于虚静之境。"予裴回末利花间,仰见秋月,顿起幽思,寻亦得此。"(《齐天乐》)"有卢桔幽篁,一径深曲。穿径而南,官梅数十株,如椒,如菽,或红破白露,枝影扶疏。著屐苍苔细石间,野兴横生。"(《一萼红》)"客居合肥南城赤阑桥之西,巷陌凄凉,与江左异。唯柳色夹道,依依可怜。因度此阕,以纾客怀。"(《淡黄柳》)当然,虚静也并非适用所有词人,如辛弃疾的热烈飞动,就与姜夔异,而类于曹孟德的横槊赋诗。

况周颐虽有词心之得、词境之成的直切体会,但终未就艺术传达道出所以然,故对“胸中之竹”成为“手中之竹”尚须探讨,在“以吾言写吾心”到“于是乎有词”,还有着尚待寻绎的中介阶段。在酝酿、构思过程中,有着一系列的心理活动:感觉、知觉、记忆、体验、联想、想象,伴随着全部心理活动过程的,是感情的积极参与。这一系列心理活动的中心环节是想象,而想象与情感的结合,二者的交互作用,则推动了构思活动的积极进行。我们试举一例,以明构思的过程。辛弃疾词《菩萨蛮·书江西造口壁》:

郁孤台下清江水,中间多少行人泪。西北望长安,可怜无数山。　青山遮不住,毕竟东流去。江晚正愁余,山深闻鹧鸪。

此词作于宋孝宗淳熙三年(1176),当时作者任江西提点行狱,驻节赣州。造口(即皂口)在赣州,有皂口溪,水自此入赣江。据《赣州府志》:“郁孤台,一名贺兰山。隆阜郁然孤峙,故名。唐代李勉为刺史,登台北望,慨然曰:‘予虽不及子牟,心在魏阙一也。郁孤岂令名乎。’乃易匾为望阙。”罗大经《鹤林玉露》谓南渡之初金兵追隆祐太后御舟至造口,辛词与此有关,但邓广铭先生证之为传闻之误。辛弃疾来到郁孤台,俯瞰江水,自然忆起李勉登台事。从李勉尚可远望长安宫阙,联想自己此时望长安(汴京)而不得,悲从中来,江水中的行人之泪又加入了自己的英雄泪,这是兼有想象和实情了。联想大山虽遮挡了自己的视线,却挡不住江水东流,对照自己有志于抗金,却被拦、被阻,心情更为郁闷。当江边日晚,暮霭迷濛时,深山传来的鹧鸪声是此时感受最强的感觉,这很似“行不得也哥哥”的叫声,更唤起了知觉,因为朝中主和派的口气正是:“恢复之事,行不得也!”在“吾览江山”的过程中,一系列心理活动伴随着作者的构思,强烈的情感不得不“借水怨山”(周济语),而成“潜气内转”之势,最后写成此词,完成了艺术传达。

这里不准备对艺术传达的理论作一般性探讨,艺术传达的技巧、手法将置于后面几节再论。而想就“入乎其内”与“出乎其外”的“出”、“入”程度不同,而造就艺术传达的不同,和艺术境界的不同,作些探讨。大体说来,唐宋词有的侧重在“入”,感情未作降温,较热切,显得以“意”为主,形成“情境”;有的侧重在“出”,感情已作降温,较淡隽,显得以“境”为主,形成“物境”;当然,也有“入”而能“出”,感情适度,情、景相契,形成“意境”。前者如秦观《减字木兰花》:

天涯旧恨,独自凄凉人不问。欲见回肠,断尽金炉小篆香。　黛蛾长敛,任是春风吹不展。困倚危楼,过尽飞鸿字字愁。

次者如姜夔《鬲溪梅令》:

好花不与殢香人,浪粼粼。又恐春风归去绿成阴,玉钿何处寻?　木兰双桨梦中云，小横陈。漫向孤山山下觅盈盈，翠禽啼一春。

后者如周邦彦《蝶恋花》：

月皎惊乌栖不定，更漏将阑，辘轳牵金井。唤起两眸清炯炯，泪花落枕红绵冷。　执手霜风吹鬓影，去意徊徨，别语愁难听。楼上阑干横斗柄，露寒人远鸡相应。

又据《人间词话》所说的"诗人必有轻视外物之意，故能以奴仆命风月。又必有重视外物之意，故能与花鸟共忧乐"，"入"而"与花鸟共忧乐"，无论是被动的"物感"，还是主动的"移情"，都形成物我的同一性，此种境界，词中最多。"出"而"以奴仆命风月"，则形成物我的同一性，多成词中壮境，较为少见。前者得于"物感"者，如贺铸《清平乐》：

林皋叶脱，楼下清江阔。船里琵琶金捍拨，弹断幺弦再抹。　夜潮洲渚生寒，城头星斗阑干。忍话旧游新梦，三千里外长安！

主动"移情"者，如赵令畤《乌夜啼·春思》：

楼上萦帘弱絮，墙头碍月低花。年年春事关心事，肠断欲栖鸦。　舞镜鸾衾翠减，啼珠凤蜡红斜。重门不锁相思梦，随意绕天涯。

因"春事关心事"，故弱絮之萦帘，低花之碍月，舞鸾翠减，凤蜡啼红，都是主观感情的移注。"以奴仆命风月"者，如辛弃疾《沁园春·再到期思卜筑》下片：

青山意气峥嵘，似为我归来妩媚生。解频教花鸟，前歌后舞；更催云水，暮送朝迎。酒圣诗豪，可能无势？我乃而今驾驭卿。清溪上，被山灵却笑，白发归耕。

这是既有"移情"，又有"命风月"，气势不凡。当然，这些都是相较而言，有所侧重，而不能绝对割裂，说得过死。

以上主要谈了审美感受和艺术构思，下面具体再论唐宋词的艺术传达。

二　要眇宜修与清空、质实
——唐宋词艺术传达的一般特点和特殊途径

《人间词话删稿》云："词之为体，要眇宜修。能言诗之所不能言，而不能尽言诗之所能言。诗之境阔，词之言长。"对词的体性、境界特点，以及诗、词各有所长，作了精当的概括。"要眇宜修"出《楚辞·湘君》:"君不行兮夷犹。蹇谁留兮中洲?美要眇兮宜修。"清蒋骥《山带阁注楚辞》释之曰:"要眇,静好貌。宜,犹善也。言容质既美,又善修饰也。"所言甚洽。王国维用以状词体特点,此处借用来总述唐宋词艺术传达的一般特点。"形象表现的方式正是他的感受和知觉的方式"(黑格尔《美学》第一卷),唐宋词人所感受的情、景,是人生情、景之尤细美幽约者(可参看缪钺《诗词散论·论词》),他们的知觉遂以达之于词,而非诗文。而词作为文学形式之一,其艺术传达的基本手法就是描写。词的描写有自己的独特个性,清沈谦《填词杂说》有一总体性的说法:

词要不卑不亢,不触不悖,蓦然而来,悠然而逝。立意贵新,设色贵雅,构局贵变,言情贵含蓄。如骄马弄衔而欲行,粲女窥帘而未出,得之矣。

"不卑不亢"是就词之"体"而言,其特定含义就是"上不似诗"而"不亢","下不似曲"而"不卑"。"不触不悖"当是就立意而言,"不触"为不泥定题旨,"不悖"为不离异题旨,"蓦然而来,悠然而逝"当指其起、结特点。以下自明。而"骄马弄衔而欲行,粲女窥帘而未出",则是极为形象的比喻。清孙麟趾《词径》更具体地提出了"作词十六字诀",即:

清、轻、新、雅、灵、脆、婉、转、留、托、淡、空、皱、韵、超、浑。

其中多数涉及描写,进而则关系到词的表达效果。此处再择引孙氏分论十六字所云:

五采陆离,不知命意所在者,气未清也。清则眉目显,如水之鉴物无遁影,故贵清。

重则板,轻则圆。重则滞,轻则活。万钧之鼎,随手移去,岂不大妙。

恐其平直,以曲折出之,谓之婉。如清真"低声问"数句(按,即《少年游》:"低声问:向谁行宿?城上已三更。马滑霜浓,不如休去,直是少人行。"),深得"婉"字之妙。

路已尽而复开出之,谓之转。如"谁得似长亭树?树若有情时,不会得青青如此","当时送行,共约雁归时。人赋归欤。雁归也,问人归如雁也无","甚近来翻致无书。书纵远,如何梦也都无",皆用转笔,以见其妙者也。

何谓留,意欲畅达,词不能住,有一泻无余之病。贵能留住,如悬崖勒马,用于收处最宜。

何谓托,泥煞本题,词家最忌。托开说去,便不窘迫,即纵送之法也。

韵即态也,美人之行动,能令人销魂者,以其韵致胜也。作词能摄取古人神韵必传矣。

通过以上种种手法、手段,创造出词的要眇宜修之体,狭深、优美之境。词是文学作品,

但唐宋词更是与音乐有着密切联系的“倚声”,所以其描写手段对听觉也很重视。孙麟趾“十六字诀”中的“脆”即言“声”:

> 莺语花间,动人听者,以其脆也。音如败鼓,人欲掩耳矣,故贵脆。

这比之元陆行直《词旨》所说的“炼字贵响”,说得更为形象可感。清包世臣就“声”进而发表其三字诀:

> 感人之速莫如声,故词别名“倚声”。倚声得者又有三:曰清,曰脆,曰涩。不脆则声不成,脆矣而不清则腻,脆矣清矣而不涩则浮。(《月底修箫谱序》)

词的要眇宜修,与词之体式多变,较近体诗的整饬而尤见变化、错综,可谓密切相关,故能以变济穷,开辟新境。其中“声”又是很重要的一环。我们这里不涉具体的宫调、音律等问题,就总体而言,甚觉沈祥龙《论词随笔》所说,既有辩证精神,又堪作宏观把握。他说:“词调有生、熟,有谐、拗。熟者多谐,生者多拗。熟而谐者,贵逐字锤炼,求其新警,生而拗者,贵一气旋转,求其浑成。新警,则熟者不熟;浑成,则生者不生矣。”作者虽在晚清,所说又似为唐宋词人而立。

作为唐宋词艺术传达的主要手段之描写,其总的特点已如上述。词是出现在近体诗之后的韵文新体,与诗相较,其描写确有自己的美学特色。举其要者,如隐多于显,婉多于直,深细多于浅言,纤秾多于简古,皆是。由于前面论艺术境界时多有涉及,兹不赘。这里,主要想就立意与章法结构,情景与时空关系,分析它们对造就“要眇宜修”之体的作用。

“诗之境阔,词之言长”,诗多是一句一意,词常是多句一意,一句一意者多向横向扩展,多句一意者多作纵深发掘。因而,与诗之“境阔”相较,词以“言长”而见“层深”。刘熙载《词概》说:“一转一深,一深一妙,此骚人三昧。倚声家得之,便自超出常境。”此前的王又华《古今词论》更引毛稚黄所论,示之以“层深”的实例分析,并益之以“语欲浑成”:“偶拈永叔词云:‘泪眼问花花不语,乱红飞过秋千去。’此可谓层深而浑成。何也?因花而有泪,此一层意也;因泪而问花,此一层意也;花竟不语,此一层意也;不但不语,且又乱落飞过秋千,此一层意也。人愈伤心,花愈恼人,语愈浅而意愈入,又绝无刻画费力之迹,非谓层深而浑成耶?”周济《宋四家词选》认为周邦彦《瑞龙吟》(章台路)“不过桃花人面,旧曲翻新耳”,但由于写来“层层脱换,笔笔往复”,实又能开诗所未到之境。陈洵对周邦彦《兰陵王》(柳阴直)的分析,更能以深细的审美知觉,发其立意与章法结构之妙:“托柳起兴,非咏柳也。‘弄碧’一留,却出‘隋堤’;‘行色’一留,却出‘故国’;‘长亭路’一应‘隋堤上’,‘年去岁来’应‘拂水飘绵’,全为‘京华倦客’四字出力。第二段‘旧踪’,往事,一留;‘离席’,今情,一留,于是以‘梨花榆火催寒食’一句脱开。‘愁一箭’至‘数驿’三句逆提,然后以‘望人在天北’合上‘离席’作歇拍。第三段

'渐别浦'至'岑寂',乃证上'愁一箭'至'波暖'二句;盖有此'渐',乃有此'愁'也。'愁'是逆提,'渐'是顺应,'春无极'正应上'催寒食'。'催寒食',是脱,'春无极',是复。'月榭携手,露桥闻笛'是离席前事。'似梦里、泪暗滴',仍用逆挽。"(《海绡说词》)如此之幽深缭曲,隐谲变化,确是如沦如漾,缓缓交叠,又似曲涧寒林,耐人觅趣,与平川大河、崇崖峻岭异调。

刘熙载《词概》对词的章法结构,很有值得重视的见解。如:"词之章法,不外相摩相荡,如奇正、空实、抑扬、开合、工易、宽紧之类是已。""词要放得开,最忌步步相连;又要收得回,最忌行行愈远。必如天上人间,来去无迹,斯为入妙。"都很有辩证思想,唐宋词的优秀篇章中,亦可见之。近人陈匪石《声执》对词的章法结构之曲,尤有总结意义。文中说:"盖词之用笔以曲为主,寥寥百字内外,多用直笔,将无回转之余地。必反面侧面,前路后路,浅深远近,起伏回环,无垂不缩,无往不复,始有尺幅千里之观,玩索无尽之味。"论述非常精到。简言之,词不是"平平说出",而是"曲曲说出",温庭筠《菩萨蛮》的"照花前后镜,花面交相映",可移作论词,唯其如是,才造就优美之境,得要眇宜修之貌。

词主要是抒情文学,而词之抒情,绝少唯作情语之"情境",因而情与景、时间与空间的组合,对艺术传达的重要性,可谓不言而喻。相对而言,"诗之境阔",故具有空间的张势。《管锥编》第 68 页列举了"男女两人处两地而情事一时"的"双管齐下"诸例。如王维《陇头吟》:"长安少年游侠客,夜上戍楼看太白。陇头明月迥临开,陇上行人夜吹笛。关西老将不胜愁,驻马听之双泪流;身经大小百余战,麾下偏裨万户侯。苏武身为典属国,节旄落尽海西头。"写来就是"少年楼上看星,与老将马背听笛,人异地而事同时,相形以成对照"。相同手眼者如:鲍照《东门吟》"居人掩闺卧,行客夜中饭";白居易《中秋月》"谁人陇外久征戍?何处庭前新别离?失宠故姬归院夜,没蕃老将上楼时";刘驾《贾客词》"贾客灯下起,犹言发已迟。高山有疾路,暗行终不疑。寇盗伏其路,猛兽来相追。金玉四散去,空囊委路歧。扬州有大宅,白骨无地归。少妇当此日,对镜弄花枝";陈陶《陇西行》"可怜无定河边骨,犹是春闺梦里人"等。这种"一时二地"的时空构式,与诗的一句一意、"境阔"密切相关。

词却不然,尽管温庭筠《番女怨》也有这种写法:"碛南沙上惊雁起,飞雪千里。玉连环、金镞箭,年年征战。画楼离恨锦屏空,杏花红。"却较为少见。词之"言长"、"境狭",是将诗的空间张势收敛,而化为时间的延伸。在五代,尚是较简单的今昔对照:"宿莺啼,乡梦断,春树晓朦胧。残灯和烬闭朱拢,人语隔屏风。　香已寒,灯已绝,忽忆去年离别:石城花雨倚江楼,波上木兰舟。"(冯延巳《喜迁莺》)北宋慢词渐兴,"言长"而有今——昔——今的三段式结构,柳永最善为之。如:"望处雨收云断,凭阑悄悄,目送秋光。晚景萧疏,堪动宋玉悲凉。水风轻,蘋花渐老,月露冷,梧叶飘黄。遣情伤,故人何在?烟水茫茫。　难忘:文期酒会,几孤风月,屡变星霜。海阔山遥,未知何处是潇湘?念双燕、难凭远信,指暮天、空识归航。黯相望,断鸿声里,立尽斜阳。"其更复杂的今昔交错,前面已引,兹不赘。

诗词都讲情景交融，词尤甚，“铅汞交炼而丹成，情景交炼而词成”（冯金伯《词苑萃编》卷二引），是很值得注意的说法。词中固有“剪不断，理还乱，是离愁，别是一般滋味在心头”（李煜《乌夜啼》），“寻寻觅觅，冷冷清清，凄凄惨惨戚戚”（李清照《声声慢》）之类“情境”，但倘无至深之情，很难道出。多数的情况是：“言情之作，必藉景色映托，乃具深宛流美之致。”（吴衡照《莲子居词话》）对于情、景的契合，有这样一段很精妙的论述：“情景者，文章之辅车也。故情以景幽，单情则露；景以情妍，独景则滞。”（沈雄《古今词话·词品》引宋征璧语）情、景契合不一定十分均衡，其有所侧重就形成“情中景”、“景中情”的区别（见王夫之《夕堂永日绪论》），但诚如王国维《人间词话》所说：“昔人论诗词，有景语、情语之别。不知一切景语，皆情语也。”唐宋词以其“或前景后情，或前情后景，或情景齐到，相间相融，各有其妙”（刘熙载《词概》）的诸多作品，造就成“百草千花寒食路”，夭桃繁杏，簇拥着“美要眇兮宜修”的盛妆美人。

与“出”“入”的程度不同相关，唐宋词的艺术传达又有“清空”与“质实”的极端、特殊之二途。一般都将“清空”、“质实”看成风格，其实“清空、质实之辨，不出意、辞之间”（刘永济《词论·作法·总术》），是意、辞的侧重不同，成艺术传达的不同，从而形成风格的不同。这里分录二首词：

送客吴皋，正试霜夜冷，枫落长桥。望天不尽，背城渐杳，离亭黯黯，恨水迢迢。翠香零落红衣老，暮愁锁、残柳眉梢。念瘦腰、沈郎旧日，曾系兰桡。

——吴文英《惜黄花慢》

双桨来时，有人似旧曲桃根桃叶。歌扇轻约飞花，蛾眉正奇绝。春渐远，汀洲自绿，更添了几声啼鴂。十里扬州，三生杜牧，前事休说。 又还是宫烛分烟，奈愁里匆匆换时节。都把一襟芳思，与空阶榆荚。千万缕、藏鸦细柳，为玉尊、起舞回雪。想见西出阳关，故人初别。

——姜夔《琵琶仙》

前者是在“枫落吴江冷”之夜作别友人。前面三句点明了事件、时间、地点，四、五句进而写大环境。六、七句转入特定的“吴江小泊，夜饮惜别”环境，故突出“离亭”、“恨水”，一者“黯黯”，一者“迢迢”，都明显带着作者的主观感情。“翠香”二句更以秋天的残荷败柳来加重这种离别之情。然后由物返人，以沈约的消瘦拟被送的友人尹焕，“曾系兰桡”谓曾有所眷。整个上片除歇拍所带出的尹焕情事外，主旨都围绕着送客，其“意”可谓单纯。但其“辞”却是一系列频转频接的景象事物，在服务于抒发离情的过程中，都化作载荷着这一情感的意象，为离愁作了“量”的渲染积累。就整体而言，“意”不质实，“辞”却质实。

后者有小序，从序中可知，此词是作者与其妻党萧时父（萧德藻之侄）在吴兴载酒春游时的“感遇成歌”。首句不是常规的借景渐引，却破空而来，直入画船游春之所遇。“有人似旧曲桃根桃叶”，所遇的二位船上女郎竟似自己过去的合肥情人（桃叶为晋王献之妾，妹名桃根，姜夔合肥所遇歌女，疑为姐妹二人，可参看夏承焘先生《白石怀人词考》)。“歌扇”二句，先态后貌，因其相似，故谓“奇绝”。作者不作因遇而怀的回忆，却转而写景：“春渐远，汀洲自绿，更添了几声啼鴂”，时去春远，洲绿鴂啼，旧游不堪回首，桃叶桃根必难再逢，“十里扬州，三生杜牧，前事休说”道出了沉痛。过片承上语翻出，又当“宫烛分烟”之时，“奈愁里匆匆换时节”，年光似水，去而不回，非不可说，实无从说。一襟芳思，无以排遣，念空阶榆荚生而又落，不能自主，情以付之无情之物亦无所萦怀，然而，此实不得不付与之，更加深“前事休说”的苦味。榆荚辞枝，带去旧情，杨柳飘扬，又起新愁，念当日别筵所见，情思又起，想起“西出阳关无故人”之句，旧情排遣不去，欲不怀想却又不得不怀想，旧事枨触的意绪，真是难以泯灭。

姜夔此词，开头不是纡徐而道，却是直写所见，结尾才言初别，即作收住，于全词都见“借景现情”之笔用得极其经济。再从其形象组织来看，头四句人、景相浑，由“见”而‘触”，“春渐远”三句，以景见情，“十里扬州”，借典言情，道出主旨。换头以景写时，榆荚柳丝，均为情景交炼之笔，怀念之情弃而复拾，欲罢不能。下片檃栝了唐人咏柳三诗，其中“宫烛分烟”用韩翃，“空阶榆荚”用韩愈，“西出阳关”用王维，但明示杨柳形象的仅最后几句，且“宫烛分烟”见其时，“空阶榆荚”见其思，至“西出阳关”才见其难忘之意。总之，此词是以回环跌宕之笔作多角度的“点”笔写意，全词运笔空灵，又多用虚字，虽表现了深长绵邈的感情，但出现于词面的景象事物却有“疏”而“空”的特点，“全在情景交炼，得言外意”(《词源》)，不同于吴文英“密”而“实”的从一线频频渲染，以积聚其量。清郭麐《灵芬馆词话》评姜词“如瘦石孤花，清笙幽磬，入其境者疑有仙灵，闻其声者人人自远”，就缘于其词之清疏、馨逸。

姜、吴这种不同的艺术传达，就是清空、质实之别。这一区别还可从同调、同题材作品的比较中看出。下面分录吴文英的《鹧鸪天·化度寺作》和姜夔《鹧鸪天·元夕有所梦》。

吴词：

> 池上红衣伴倚阑，栖鸦常带夕阳还。殷云度雨疏桐落，明月生凉宝扇间。
> 乡梦窄，水天宽，小窗愁黛淡秋山。吴鸿好为传归信，杨柳阊门屋数间。

姜词：

> 肥水东流无尽期，当初不合种相思。梦中未比丹青见，暗里忽惊山鸟啼。
> 春未绿，鬓先丝，人间别久不成悲。谁教岁岁红莲夜，两处沉吟各自知。

两首都是怀人之作。从吴词中可见，词人此时自居于杭州化度寺，而爱人则在苏州阊门，他设想对方因思念自己，以致“小窗愁黛淡秋山”，因而希望吴鸿速去传递自己即将回来的“归信”。此词中，“杨柳阊门，其去姬所居也，全神注定，是此一句。吴鸿归信，言已亦将去此间矣。眼前风景何有焉！”（陈洵《海绡说词》）。上片四句不是实见之景，而是缘情所布，然而红衣（荷花）尚得倚伴翠阑，栖鸦常带夕阳，雨落疏桐，凉生宝扇，时光逝去了，自己与爱人却还是分离，因而这虚设之景并非赘笔，而是为下片的思归作铺垫。出现在词内的水池、红衣（荷花）、翠阑、栖鸦、夕阳、云雨、梧桐、明月、宝扇，使景象事物紧紧相连。

姜词则不然，这首通过感梦来怀人的作品与吴词很不相同。词上片先点明当年事由——相思，和情遇之地——合肥。肥水无尽，重见难期，梦境中久别而逢的故人仅依稀可见，尚不如丹青之明晰。山鸟惊梦，梦亦难留，连一温旧情的虚幻机缘都失去了。下片谓未及春天，难以相会，而鬓丝已见，老之将至（时姜夔四十余岁，距合肥初遇二十余年），人间久别，本更应悲痛，但此处以“人间别久不成悲”的“淡语”出之，为的是让结句翻出难忘的深意：岁岁灯夜，两地沉吟，互相怀念。这首感梦而作的词与吴词的“缘情布景”不同，用的是“即事述景”，词中的景象事物仅肥水、丹青、山鸟、红莲（灯）数端而已。可见其情景交炼之中以情以主，以景为辅，情写得较“清虚”，景象事物十分空疏。

由上可见，吴文英词的“质实”既是张炎《词源》所批评的“凝涩晦昧”，如《声声慢》的“檀栾金碧，婀娜蓬莱”，既喜用典，又用代字，典雅奥博，流于晦涩；但更是在艺术传达中以相犯、相叠的笔法，使丽景秾情合沓而至，层层渲染，处处铺垫，以取“实”来积蓄其势，在繁复密匝、沉著坚实的描绘中以景现情，情景相生。而姜夔词的“清空”，既如《词源》所称道的“古雅峭拔”，“如野云孤飞，去留无迹”，善于遗貌得神，不着色相；但如果不是以玄虚之语作“点悟”之评，则可见姜词的“清空”也是艺术传达之一径，是以相避的笔法，以用“虚”求情景相间，在欲擒故纵，宕开复回之中，有疾有徐，洁而不腻，显得官止神行，虚灵无滓。总之，“质实”者紧而不结，“清空”者松而不散。

“清空”、“质实”是就极端而言，一般来说，唐宋词以描写为艺术传达手段，其用笔、其意象连缀，有“疏”、“密”之别，或偏于疏，或偏于密，或在疏、密之间。《花间集》中，温庭筠词较密，韦庄词较疏。同是《菩萨蛮》，温词铺锦列绣，错彩镂金：

> 宝函钿雀金鸂鶒，沉香阁上吴山碧。杨柳又如丝，驿桥春雨时。　　画楼音信断，芳草江南岸。鸾镜与花枝，此情谁得知？

韦词清新疏淡、宛转自然：

> 洛阳城里春光好，洛阳才子他乡老。柳暗魏王堤，此时心转迷。　　桃花春水绿，水上鸳鸯浴。凝恨对残晖，忆君君不知。

前者写情较隐，精美的建筑如沉香阁、画楼，艳丽的饰物如宝函、钿雀、金鸂鶒、鸾镜、花枝，并非堆砌铺列，而是作为女主人公孤单寂寞的陪衬，起了诱发感情的作用。后者写情较显，“他乡老”、“心转迷”、“忆君君不知”都道出所思所念所忆，并非前者的相思“此情谁得知”，而词中景语却显比前者少。温、韦之后，我们很难将哪些词人列于“密”，将哪些词人列于“疏”，因为绝对的区别是没有的，即如温，亦有疏，即如韦，亦有密，言温密韦疏是就主体言。被认为是介于疏、密之间的周邦彦，就既有密丽之作，又有清疏之作，不过更多的还是疏密结合的作品。

因为诗多为一句一意，词多为多句一意，且后者较前者更重视炼意、设色，所以词密诗疏几不容置疑。由此亦可推论出：词似乎更应取“密”。不过，论家多取疏、密结合，进而则为（清）空、（质）实结合。如刘熙载《词概》云：“词之大要，不外厚而清。厚，包诸所有；清，空诸所有也。”这较之此前的周济所论：“初学词求空，空则灵气往来；既成格调求实，实则精力弥满。”（《介存斋论词杂著》）似更为合理。周济所说虽有辩证精神，却又因强分阶段，而终于未能超越形而上学的绝对化。刘熙载虽语焉不详，“包诸所有”与“空诸所有”倒是说出了意、辞关系的追求目标。

以文字为材质、媒界的艺术作品，其传达当然以意辞相称为尚，早在孔子，就有“辞达”与“文质彬彬”之论。由于玄学与佛学参予了诗歌艺术理论的构建，“言意之辨”思想对南北朝以后的诗论发生了显著影响，使诗歌都以“深文隐蔚，余味曲包”（《文心雕龙·隐秀》），“但见情性，不睹文字”（皎然《诗式》），“不著一字，尽得风流”（司空图《诗品》），“含不尽之意，见于言外”（欧阳修《六一诗话》引梅尧臣语）为尚。这样，在词的以“言长”确立了自我之后，终又有“以诗为词”之出，自觉或不自觉地追求“清空”。其中，如苏轼是以扩大题材、提高意格作词之“诗化”，从而造就出词的“清刚”；而如姜夔则以诗法为词，尚神似，重含蓄，标举高妙，并以韵度飘逸、语言不俗、句意深远、句调清和求之，成就其词之“清空”。但是，词毕竟还是词，吴文英以“音律欲其协”，“下字欲其雅”，“用字不可太露”，“发意不可太高”为作词之法（见沈义父《乐府指迷》），终于“变美成之面貌，而炼响于实”，与姜夔成“双峰并峙”（陈锐《袌碧斋词话》）之势。

姜、吴分别将疏、密推至清空、质实的两个极端，前者被清初浙西词派所推尊，后者被清中叶后的常州词派所标举。其实，就艺术传达的意、辞关系而言，清空当为“言不尽意”，质实当为“辞过于意”（或意为辞所掩蔽），可看作艺术传达的特殊二途。

三　男子而作闺音　似花还似非花
——唐宋词的代言与离合

符号美学大师苏珊·朗格在《艺术问题》中说：“我现在已经确信，艺术品的情感表现——使艺术品成为表现性形式的机制——根本就不是征兆性的。一个专门创作悲剧的艺术家，他自己并不一定要陷入绝望或激烈的骚动之中。事实上，不管是什么人，只要他处于上述情绪状态之中，就不可能进行创作；只有当他的脑子冷静地思考着引起这样一些情感的原因时，才算是处于创作状态中。”这其实是强调“出”，而非“入”。在论述到艺术的模仿时又说：“在我看来，每一种艺术都以不同程度的纯粹性和精巧性表现了艺术家所认识到的情感和情绪；而不是表现了艺术家本人所具有的情感和情绪，它表现的是艺术家对感觉到的事物的本质的洞察，是艺术家为自己认识到的机体的、情感的和想象的生命经验画出的图画。”即使是中国古代的诗歌，被视作是“表现”而区别于西方的“模仿”，但仍然不乏“表现了艺术家所认识到的情感和情绪”，“而不是表现了艺术家本人所具有的情感和情绪”。这样，诗中就有“移位”而导致的“代言”，而并非是戏剧所专有。

《管锥编》的《毛诗正义》二二云：

> 《桑中·序》：“刺奔也。”按吕祖谦《家塾读诗记》引“朱氏”以为诗乃淫者自作，《朱文公集》卷七〇《读吕氏〈诗记〉》仍持“自状其丑”之说。后世文士如恽恽《大云山房文初稿》卷二《桑中说》，经生如胡承珙《毛诗后笺》卷四，力持异议。然于《左传》成公二年申叔跪之父巫臣所谓“桑中之喜，窃妻以逃”云云，既无词以解，遂弥缝诗“言情”而非“记欲”，或斤斤辩非淫者自作，而如《序》所谓讽刺淫者之作。皆以为逾礼败俗，方且讳匿隐秘，“虽至不肖者，亦未必肯直告人以其人其地也”。夫自作与否，诚不可知，而亦不必辩。设身处地，借口代言，诗歌常例。貌若现身说法，实是化身宾白，篇中之“我”，非必诗人自道。

这种“设身处地，借口代言”，即“诗作自述语气非即诗人自陈行事”。钱锺书先生在列举了诸如陆云《为顾彦先赠妇》，刘禹锡悼武元衡的《代靖安佳人怨》等作之后，指出这类“代言”、“代作”在“词中更成惯技”，并谓“人读长短句时，了然于扑朔迷离之辨，而读《三百篇》时，浑忘有揣度拟代之法”（以上均见《管锥编》87 页）。钱先生此论，不仅找到了我国诗中代言之始，而且指出了词中尤多代言的现象，对于我们认识唐宋词艺术传达的规律很有启发。

清田同之《西圃词说》已从表现与代言角度，作过诗词之辨：

> 从来诗词并称，余谓诗人之词真多而假少，词人之词假多而真少。如“邶风”之《燕燕》、《日月》、《终风》等篇，实有其别离，实有其摈弃，所谓文生于情也。若词则男子作闺音，其写景也，忽发离别之悲；咏物也，全寓弃捐之恨。无其事，有其情。令读者魂绝色飞，所谓情生于文也。此诗词之辨也。

以上所说虽作诗人之词与词人之词的比照，而其例举却是诗、词之别。诚然，词中“真多而假少”，“文生于情”的作品应该还占多数，自李煜“遂变伶工之词为士大夫之词”（《人间词话》语）以来，宋词当是自抒其情者为主。但是，由于晚唐以来“应歌”之需，使中唐后如王建代撰宫词，白居易撰进闺怨词之风更盛，“宫词”、“闺怨”必然成为词的主调，“代言”是势之所成，且对后来影响深远。温庭筠《握兰集》三卷和《金筌集》十卷已佚，从现存七十首词来看，主要就是“代言”之作。孙光宪《北梦琐言》卷四载：“宣宗爱唱《菩萨蛮》词，令狐相国假其新撰，密进之，戒令勿泄。”宣宗爱唱为一“代”，令狐绹进撰为二“代”，令狐假手温庭筠“新撰”，此更为三“代”，温词岂能不为“代言”？岂非“男子作闺音”？即非代人撰进，他以“士行尘杂”而出入青楼，颇多艳遇，“侧艳之词”亦多假歌妓声口，又岂非“闺音”？温庭筠为后来的西蜀词人奠定了词的内容、风格基础，使《花间集》独盛“闺音”。

前引王灼《碧鸡漫志》卷一，知王氏所论“古人善歌得名，不择男女”，以及历代善歌男女姓名；又知宋代风气：“今人独重女音，不复问能否，而士大夫所作歌词，亦尚婉媚，古意尽矣。”其实晚唐五代也是“独重女音”，“春光好，公子爱闲游，足风流”，“美人唱，揭调是甘州，醉红楼”（毛文锡《甘州遍》）可看作此时风尚，为“浅笑含双靥，低声唱小词”（牛峤《女冠子》）的佳人制词，当然要作“闺音”了。北宋城市的繁荣远逾于晚唐、五代，孟元老《东京梦华录·自序》所说的“举目则青楼画阁，绣户珠帘”，“新声巧笑于柳陌花衢，按管调弦于茶坊酒肆”，就可见一斑。从此类较俗的“新声巧笑”，“按管调弦”，到雅致的达官贵人的家宴（如周密《齐东野语》所记张镃家中“牡丹会”），所唱都“独重女音”，所作“亦尚婉媚”，都是“男子作闺音”。我们今天所肯定的唐宋词作品，多是作者的自我抒情之作，但就整个创作状况言，北宋的“应歌”是承袭、发展了唐五代之风，南宋的“应社”是文人相聚，“代言”之作尤多，故田同之所说的“词人之词”确为有据。

唐宋词以“代言”成为一种“惯技”之后，其艺术传达就不同于诗的一般特点。作为“代言”，就不是“表现”，而有“模仿”的特性。亚里士多德《诗学》第十七章说：“诗人在安排情节，用言词把它写出来的时候，应竭力把剧中情景摆在眼中，唯有这样，才看得清清楚楚——仿佛置身于发生事件的现场中——才能作出适当的处理，决不至于疏忽其中的矛盾……还应竭力用各种语言方式把它传达出来。”这虽是对戏剧而言，却又是“代言”体的共同原理。温庭筠词有代言初兴之时的特点，即词中主人公具有类型化的情感与形象，而并非典型。代表作《菩萨蛮》中的“暂来还别离”，“春梦正关情”，“燕归君不归”，“往事那堪忆”，“凭栏魂欲消”等，既是词中女主人公共有的情感，又是词的共同主题。但其小词如《南歌子》：“手里金鹦鹉，胸前绣凤凰。偷眼暗形相，不如从嫁与，作鸳鸯。”却很能忖度少女心理，写得非常生动。皇甫松词多为自我抒情，《采莲子》却云：“船动湖光滟滟秋，贪看年少信船流。无端隔水抛莲子，遥被人知半日羞。”被况周颐评为：“写出闺娃稚憨情态，匪夷所思，是何笔妙乃尔！”（《餐樱庑词话》）全词看似客观描绘，其实对少女情窦初开的心理表现，堪称“笔妙”。韦庄以后的西蜀词人，虽未必似韦之《思帝乡》（春日游）那样强烈、明晰，但他们所作的“闺音”已不同于温庭筠的“纯美”、“客观”。试看：“妆成不画蛾眉，含愁独倚金扉。去路香尘莫扫，扫即郎去归迟”。（韦庄《清平乐》）“窗寒天欲曙，犹结同心苣。啼粉污罗衣，问郎何日归？”（牛峤《菩萨蛮》）“凭栏愁立双蛾细，柳影斜摇砌。玉郎还是不还家，教人魂梦逐杨花，绕天涯。”（顾夐《虞美人》）都如《西圃词说》所云，“其写景也，忽发离别之悲”，“令读者魂绝色飞”。由于所拟真切，确使人有“仿佛置身于发生事件的现场中”之感。“男子作闺音”必须将“男子”从创作主体位置上抽出，而移入于女子的情感世界，体验其心理感受、变化，才能真正写出“闺音”，完成“纯粹性和精巧性表现了艺术家所认识到的情感和情绪”的全过程。王国维以“和泪试严妆”概言冯延巳词，同冯词对女子情感的深刻体验和真切传达相关。北宋的柳永、张先、晏几道、秦观、黄庭坚等词人，不似达官贵人之要以多重人格扮演不同角色，可以较为专注地唱“闺音”，较五代词人更进一层。仅举一例就可明之。张先《菩萨蛮》：“忆郎还上层楼曲，楼前芳草年年绿。绿似去时袍，回头风袖飘。 郎袍应已旧，颜色非长久。惜恐镜中春，不如花草新。”将登楼少妇的感慨、回忆、联想、悬测，紧扣“绿”色，表现得非常深刻，又能自出机杼，比起五代词“代言”的较为单一之主题，较为平直的结构，可显见进步。

晚唐、五代、北宋词之所以“男子作闺音”，主要原因在于“应歌”且独重女音，为求得内容与形式一致，这样的艺术传达具有必然性。即使连“一洗绮罗香泽之态，摆脱绸缪宛转之度”的苏轼，也难出其外，也有不少为歌妓“代言”之作。南宋初，由于“靖康之变”造就的大晟旧谱佚失，伎人星散，使词之合乐一度陷入困境。但不久后，又重新兴盛起来，词人们仍沿北宋习尚，为歌伎作词。此外，南宋的词社兴盛，使拈韵分题的咏物词大起，“男子作闺音”也随之出现了新品种。咏物词不似汉赋“体物”之重在铺排、描写，也不是唐诗中的重在托意(宋词的寄托下节再论)。总结有宋一代词作艺术技巧的沈义父《乐府指迷》，曾这样论述：“作词与诗不同，纵是花卉之类，亦须略用情意，或要入闺房之意。然多流淫艳之语，当自斟酌。如只直咏花卉，而不着些艳语，又不似词家体例，所以为难。”因而，正如前引《西圃词说》所云“咏物也，全寓弃捐之恨”，亦成“闺音”。至如“以男女比君臣”的“美人芳草”的有所寄托，在南宋词中显较北宋为多。如辛弃疾等人的作品，虽不失为“真多而假少”，是“文生于情”的“诗人之词”，然而在表现形式上，此类“美人芳草”恰是“男子作闺音”。因前面多已论到，这里不再展开了。

词人所拟的“闺音”，要做到“无其事，有其情。令读者魂绝色飞”并非易事。要臻此境，就必须使艺术构思在艺术传达过程中，逐渐辩证地趋于完善。且举二例以明之。先看史达祖的《临江仙》：

> 愁与西风应有约，年年同赴清秋。旧游帘幕记扬州。一灯人著梦，双燕月当楼。 罗带鸳鸯尘暗淡，更须整顿风流。天涯万一见温柔。瘦应缘此瘦，羞亦为郎羞。

此词上片感秋怀人，抒情主体更以回忆旧游追述愁的由来，下片才移作“代言”，角色转换，以女子口吻写闺思。虽有些《梅溪词》刻本将此词题作《闺思》，但由于抒情主人公并非一以贯之，使人在欣赏时多少要感到隔膜，不能最充分地投入。对这样的“男子作闺音”，也就很难认可其艺术传达与艺术构思的完全统一，尽管此词不失为节短韵长、情辞兼胜。再看高观国的《金人捧露盘·水仙花》：

> 梦湘云，吟湘月，吊湘灵。有谁见、罗袜尘生。凌波步弱，背人羞整六铢轻。娉娉袅袅，晕娇黄、玉色轻明。　　香心静，波心冷，琴心怨，客心凉。怕佩解、却返瑶京。杯擎清露，醉春兰友与梅兄。苍烟万顷，断肠是，雪冷江清。

此词上片将水仙花拟作神女，下片进而深入写其精神世界，笔笔是花，又笔笔是人。虽非为花代言，亦非"全寓弃捐之恨"，但全词的艺术构思与传达完全无间，达到高度的统一，所塑造的艺术形象形神兼备，读来真有"魂绝色飞"之感。

上面所引高观国词，笔笔是花，笔笔是人，实又牵出唐宋词艺术传达的又一问题——离合。刘熙载《词概》论道：

> 东坡《水龙吟》起句云："似花还似非花"，此句可作全词评语，盖不即不离也。时有举史梅溪《双双燕》咏燕、姜白石《齐天乐》咏蟋蟀令作评语者，亦曰"似花还似非花"。

"似花还似非花"就是关于离合的形象比拟。艺术虽有模仿自然之说，但又不会是纯客观的模仿，我国历来都崇尚言志、抒怀之"表现"，更使作品带上主观色彩和印记。刘熙载所举三词，都可用"似花还似非花"的不即不离来概言之。苏词次句"也无人惜从教坠"，是着眼于"非花"，但"抛家傍路，思量却是，无情有思"，又离而合之，写"似花"的一面。以下将杨花拟人，暗用唐人金昌绪诗意，尤其柳絮与梦互拟互足，极其传神。下片就杨花而抒情，因春归而惆怅，从既是送春的使者，又是离人的眼泪来兼写之，使人叹为"幽怨缠绵，直是言情，非复赋物"（沈谦《填词杂说》）。史词和姜词，旨趣不同，造诣不等，写法各别，有合有离，"似花还似非花"则同。

唐宋词的离合应包括两个层面的不同意义：一是传统的形神关系的发展，二是特有的"体物"与意旨关系的处理。"似花"在于艺术传达能真得形似，能体物精妙，传达的过程让人有"如画"之感，欣赏之中使人感叹其描述之"逼真"。"还似非花"就应进而表现出事物的本质，是谓"神似"，且不是寸步不移、泥煞本题，而应表现作者心中的情思、意旨。前者的形似与善于体物属于浅层，后者的神似与表现意旨属于深层，二者决定了作品的品位有高低之分。唐宋词的离合还应包括另外两种情况：一是一般的美学传达中的离与合，二是特殊的"男子作闺音"的女子声口之"合"，以及自我抒情之"离"。下面分别论之。

对于形神关系，可以追溯到庄子。庄子重道轻物，推而至人，就重神而不重形。《庄子·德充符》通过寓言表明精神高尚重于形体健全，《养生主》进而以薪火之喻表其形亡而神存的思想。魏晋时代，在人物品鉴中，兴起"形神之鉴"的风气，直接导致了大画家顾恺之"以形写神"说，和画论家谢赫"气韵生动"说的诞生。唐代文艺全面繁荣，形神理论也随之有很大发展。如张怀瓘评张僧繇、陆探微、顾恺之三家画，得出"张得其肉，陆得其骨，顾得其神。神妙亡方，以顾为最"（张彦远《历代名画记》引）的结论。大诗人杜甫《丹青引》、白居易《画竹歌》对形、神关系都有形象而精到的见解。张彦远、朱景玄的画论更为系统、全面，五代荆浩关于“似”与“真”的见解，更值得重视。“花间”词人欧阳炯曾说过：“有气韵而无形似，则质胜于文；有形似而无气韵，则华而不实。”（黄休复《益州名画录·蜀八卦殿壁画奇异记》）虽非言词，但对词人的创作应有启发。

宋代各艺俱盛，画论又形发展，仅以大文艺家而言，就常有灼见。如欧阳修诗云：“古画画意不画形，梅诗咏物无隐情。忘形得意知者寡，不若见诗如见画。”（《盘车图》）苏轼更屡道之：“常形之失，止于所失而不能病其全，若常理之不当，则举废之矣。”（《净因院画记》）“书必有神、气、骨、肉、血，五者阙一，不为成书也。”（《东坡题跋》上卷《论书》）“观士人画如阅天下马，取其意气所到。”（《东坡题跋》下卷《又跋汉杰画山》）余如黄庭坚所说的：“徐生作鱼，庖中物耳。虽复妙于形似，亦何所赏？”（《豫章黄先生文集》卷二十七《题徐巨鱼》）姜夔所说的：“若句中无余字，篇中无长语，非善之善者也。句中有余味，篇中有余意，善之善者也。”（《白石道人诗说》）虽分言诗画，但实际上重“神”的思想已贯通众艺。

唐宋词由于“言长”，多句一意，对事物的描写要多于诗，倘斤斤于形态描绘，寸步不移，就难臻高境。所以就情景关系言，应该“情为主，景是客，说景即是说情，非借物遣怀，即将人咏物”（李渔《窥词管见》）。沈祥龙更指出：“词虽浓丽而乏趣味者，以其但知情景两分语，不知作景中有情、情中有景语耳。‘雨打梨花深闭门’，‘落红万点愁如海’，皆情景双绘，故称好句，而趣味无穷。”（《论词随笔》）就形神关系言，“咏物固不可不似，尤忌刻意太似，取形不如取神，用事不若用意。宋词至白石、梅溪，始得个中妙谛”（清邹祗谟《远志斋词衷》）。

我们且结合作品，看词人们如何在作品中“体物”、描形，并进而传神、达意。先看张镃的《菩萨蛮·芭蕉》：

> 风流不把花为主，多情管定烟和雨。潇洒绿衣长，满身无限凉。　文笺舒卷处，似索题诗句。莫凭小阑干，月明生夜寒。

词人仅以“潇洒绿衣长，满身无限凉”两句对芭蕉作正面描写。“绿衣长”是比拟之中传达出“芭蕉叶大栀子肥”的最主要外形特征，而“潇洒”二字又写出芭蕉的特有精神、风韵，“满身无限凉”并非芭蕉本身给人的触觉印象，仍是传神之笔。起二句更是准确地传达出芭蕉的精神：不以鲜花与群芳争妍，“烟雨芭蕉”正如雪里红梅一样，是足状其“品”的典型境界，故“多情管定烟和雨”。下片进而达意：芭蕉知遇于词人，它的绿叶卷舒，似文笺铺就，要索题诗句。而词人自己则“莫凭小阑干，月明生夜寒”，其意如何虽未明确说出，但词中有“我”，抒情主体的情感给人留下联想的余韵。全词就总体言，上片“似花”而“合”，下片“非花”而“离”，但又合中有离，离中有合，形、神兼备，意、辞相济。张炎《词源》曾说过：“诗难于咏物，词为尤难。体认稍真，则拘而不畅；模写差远，则晦而不明；要须收纵联密，用事合题，一段意思，全在结句，斯为绝妙。”以揆此词，可见无“拘而不畅”和“晦而不明”之弊，而有“收纵联密”之长，总之，就是对“离合”掌握得非常适度，是成功的艺术传达。

又如人所称道的史达祖《双双燕》，其知名度远较张鎡词为高。词中并未对燕子作细腻描绘，“飘然快拂花梢，翠尾分开红影”和“贴地争飞”是写燕子飞翔之状，又传其轻灵精巧之神；而拟人化的“还相雕梁藻井，又软语商量不定”，“红楼归晚，看足柳昏花暝”，更是“不写形而写神，不取事而取意”（明卓人月《词统》）。全词以绝大篇幅“合”咏燕之题，末二句“愁损翠黛双蛾，日日画栏独凭”是“离”，此承燕子“便忘了、天涯芳信”而来，所以使得思妇凭栏，却又与“双双燕”之暗衬“独凭阑”作对照而“合”。

唐宋词艺术传达的有离有合，又称之为“不粘不脱”。从美学角度言，“合”凭藉描写，太合则“粘”，故又须“离”，“离”既是旨趣随结构改变而转移，又依靠暗示手法的应用。如姜夔《齐天乐》，全词不从“形”写蟋蟀，而赋蟋蟀之“声”。先从庾信吟愁赋，引出蟋蟀之“凄凄”“私语”，若谓虫声出于铜铺、石井为“合”，思妇无眠、起寻机杼则因此虫别名“促织”而来，当为“离”。曲曲屏山，夜凉独处，当然念远伤怀，此虽由蛩吟所引发，却“离”之更远。换头由织妇而捣衣，更为推远，“候馆迎秋，离宫吊月”是空间的远离，闻蛩吟则如蛇灰蚓线暗连，而此二句实为暗示，“别有伤心”将幽怨隐隐逗出，却仍然非常含蓄，难以指实。最后是“以无知儿女之乐，反衬出有心人之苦，最为入妙”（陈廷焯《白雨斋词话》）。全词正所谓：“蟋蟀无可言，而言听蟋蟀者，正姚铉所谓‘赋水不当仅言水，而言水之前后左右’也。”（清贺裳《皱水轩词筌》）这就是离合之妙。尤其“候馆”二句的暗示，更耐人寻绎，使艺术传达的意蕴远逾于文字所表。

以上对唐宋词美学传达一般意义上的离合，作了简略探讨，下面再看“男子作闺音”的特殊之离合。前论“闺音”所引的史达祖《临江仙》，谓其上片抒情主体直接出现，下片才移作“代言”，以女子口吻写闺思，使之未能真正成为完全的代言体，故未充分肯定。其实，从“离合”角度而言，此词正是上片“离”，故“还似非花”，下片“合”，故“似花”。温庭筠所撰《菩萨蛮》，都拟女性心理和口吻，但有些作品就“移出”而作客观描绘，如《归国遥》：“香玉，翠凤宝钗垂䍦䍦。钿筐交胜金粟，越罗春水绿。　画堂照帘残烛，梦余更漏促。谢娘无限心曲，晓屏山断续。”韦庄词中，多为抒发自己之情，然而也有从客观之叙述，再转为拟女子口吻之作。如《清平乐》：

> 何处游女？蜀国多云雨。云解有情花解语，窣地绣罗金缕。　妆成不整金钿，含羞待月秋千。住在绿槐阴里，门临春水桥边。

上片及下片前两句都为作者叙述与描绘所见、所遇，末二句则转作女子自介住处。其《女冠子》二首，分写两地相思，其一为女思男，其二为男思女：“四月十七，正是去年今日，别君时。忍泪佯低面，含羞半敛眉。　不知魂已断，空有梦相随。除却天边月，没人知。”“昨夜夜半，枕上分明梦见，语多时。依旧桃花面，频低柳叶眉。　半羞还半喜，欲去又依依。觉来知是梦，不胜悲！”前者拟女而作代言，后者感梦而自抒其情。倘从“男子作闺音”角度言，前者为“合”，后者为“离”。北宋人中，柳永善作代言体，除那首著名的《定风波》（自春来、惨绿愁红）以外，《锦堂春》也是绘声绘色的“闺音”，在特有的俚俗中，可窥见市井妇女的内心世界。录其下片：

依前过了旧约，甚当初赚我，偷剪云鬟。几时得归来，香阁深关。待伊要、尤云殢雨，缠绣衾、不与同欢。尽更深、款款问伊，今后敢更无端。

与柳永齐名的张先，则善于有离有合。如《更漏子》：

锦筵红，罗幕翠，侍宴美人姝丽。十五六，解怜才，劝人深酒杯。　黛眉长，檀口小，耳畔向人轻道：“柳阴曲，是儿家，门前红杏花。”

此词很似前引韦庄的《清平乐》，且更为生动，有如见其人、如闻其声之感。但由于叙述成分多，即使最后三句，也还未真正成为代言。相比之下，《菩萨蛮》更是有离有合，代拟闺音，极切美人声口：

牡丹含露真珠颗，美人折向帘前过。含笑问檀郎：“花强妾貌强？”　檀郎故相恼，刚道“花枝好”。“花若胜如奴，花还解语无？”

南宋由于时势、世情之变，词中渐多寄托，“以男女比君臣”之类的作品，成为不同于唐五代和北宋的又一种“男子作闺音”。这里，既有完全代言者，如辛弃疾《祝英台近·晚春》，抒发闺中少妇惜春怀人之情，实借闺怨而言己志；又如文天祥《满江红》（试问琵琶），是借为王清惠代言而自勉。又有“似花还似非花”的有离有合之作，如辛弃疾的名篇《摸鱼儿》（更能消），“长门事”五句以代言而“合”，余皆自抒其情而“离”；又如蒋捷《贺新郎》，抒发亡国之痛，也是“美人芳草”，很见吞吐之妙。此词不似前三者著名，兹录之：

梦冷黄金屋。叹秦筝、斜鸿阵里，素弦尘扑。化作娇莺飞归去，犹认纱窗旧绿。正过雨、荆桃如菽。此恨难平君知否？似琼台涌起弹棋局。消瘦影，嫌明烛。　鸳楼碎泻东西玉。问芳踪、何时再展，翠钗难卜。待把宫眉横云样，描上生绡画幅。怕不是、新来装束。彩扇红牙今都在，恨无人解听开元曲。空掩袖，倚寒竹。

首句借“黄金屋”写美人，美人既是故国的象征，又可借作抒发感慨。上片写美人的感伤，即自己的感伤，表达了对时势之变的隐恨。下片写对美人的追寻，感叹怀念故国之人日少，流露了自己坚贞而幽独的情怀。上片在拟喻中，感情与“美人”渐渐贴近，直至代言而出。下片若即若离，似二而一。

既代言,又离合,词至于此,当然较之初时如唐昭宗“迎奴归故宫”(《菩萨蛮》),李后主“奴为出来难”(同调),确是后出转精。

四 感物而发 假类毕达
——唐宋词的比兴寄托

清代中叶以后出现的常州词派,最推崇比兴寄托。成于嘉庆二年(1797)的《词选》,是该派创始人张惠言所编的一个选本,张氏在为此选本所写的序言中说:“盖诗之比兴,变风之义,骚人之歌,则近之矣。然以其文小,其声哀,放者为之,或跌荡靡丽,杂以昌狂俳优。然要其至者,莫不恻隐盱愉,感物而发,触类条畅,各有所归,非苟为雕琢曼辞而已。”其后,该派中坚人物周济在《宋四家词选目录序论》中又说:“一物一事,引而伸之,触类多通,驱心若游丝之罥飞英,含毫如郢斤之斫蝇翼,以无厚入有间。既习已,意感偶生,假类毕达,阅载千百,謦咳勿违,斯入矣。”我们且借张氏所言“感物而发”和周氏所言“假类毕达”,以论述唐宋词的比兴寄托。

文学作品的艺术传达,除了所有文艺最常用的描写手法以外,又由于其以语言、文字为媒介,具有造型艺术难以企及的优越性,尤其适合于暗示。又因为汉语词汇的单音节,对形、音、义的统一有很大影响,词语有鲜明的具象性,表达有突出的简约性,使意象密集、朦胧,“暗示”有广阔的驰骋天地。这样一来,除与西方共有的比喻、象征、含蓄之外,我国自《诗经》、《楚辞》以来,就以独到的比兴、寄托,在艺术传达上作出了特有的贡献。

描写是文学作品艺术传达的基本手法。谢榛《四溟诗话》卷二曾作过一个统计:“洪兴祖曰:‘三百篇比、赋少而兴多,《离骚》兴少而比、赋多。’予尝考之三百篇:赋七百二十,兴三百七十,比一百一十。洪氏之说误矣。”且不说这个统计是否正确,赋多于比兴却是确定无疑的。其实,即使连沈祥龙《论词随笔》所说的“诗有赋、比、兴,而词则比、兴多于赋”,也可能出于直观印象,而非科学统计。然而无论如何,唐宋词作为“缘情”文学,具有狭深、隐约的艺术境界,其必然与比兴、寄托互为表里,相辅相成。

古代研究《诗经》的学者,对赋、比、兴各有阐释,此处不言“赋”,而择要看学者对比、兴的论述:

> 比者,比方于物也。兴者,托事于物。(《周礼·春官》郑玄注引郑众语)
>
> 比者,附也;兴者,起也。附理者切类以指事,起情者依微以拟议。起情故兴体以立,附理故比例以生。比则畜愤以斥言,兴则环譬以记(一作托)讽。(刘勰《文心雕龙·比兴》)
>
> 比者,以彼物比此物也。兴者,先言他物以引起所咏之词也。(朱熹《诗集传》)

比、兴纵能分而言之,例举以明之,但因为经常是并见于作品中,故后人也多以“比兴”

连称之。唐宋词以比兴作为艺术传达的主要手法，较之此前的诗歌，有什么独到的美学贡献呢？

第一，发展了比兴手法，并以不同的情趣与意象组合方式，形成唐、五代、北宋、南宋的不同发展阶段，造就出各具特色的艺术境界。

与西方主张"模仿"、"游戏"不同，我国古代的文论家多取文艺表现情志之说。人之情志从何而来呢？《乐记·乐本篇》说："凡音之起，由人心生也。人心之动，物使之然也。感于物而动，故形于声。"六朝文艺理论家对"心"与"物"的关系有较系统的论述。如陆机的"遵四时以叹逝，瞻万物而思纷"（《文赋》），道出了文以情生，情因物感的道理。刘勰亦有"人察七情，感物斯应"（《文心雕龙·明诗》），"情以物迁，辞以情发"（《物色》）之说。钟嵘《诗品序》更进而阐明自然环境使人情志"兴"，社会环境使人"群"，尤其使人"怨"的道理。

最初，我国美学着眼点多不在客观的审美对象，而重在主观的审美意识，但随着审美能力的发展，艺术随之进步，诗歌也从最初的主于表现主观情志，渐渐重视再现客观印象。当然，由于诗的再现客观印象并非刻板、谨细的模仿，而是成之为意象——带着主观的意念、情趣的客观形象，遂使诗歌在逐渐发展过程中，趋于情志与意象相契相融，亦即情与景的结合。

大体说来，在曲子词兴起以前，我国诗歌在情志和意象关系上经历了三个发展阶段：第一阶段是汉魏以前，情志重于意象。第二阶段是六朝，体现为情志与意象的轻重倒转，基本上是意象压倒了情志。第三阶段是唐朝，表现为情志与意象的圆满结合。

与诗相似，就情志与意象的关系而言，词也经历了唐五代、北宋、南宋三个阶段，但又与诗的三阶段不同：唐五代是意象重于情趣；北宋渐变为情趣与意象的相合相契；南宋则是情志胜于意象（第一步：辛弃疾和辛派词人）和情志统率意象（第二步：风雅派）。而这种阶段性的变化，又同比兴的变化密切相关。

兴盛于晚唐的文人词，其审美情趣与此时诗歌相似，而在情志与意象的契合上却有所不同。此时的诗还是个人抒发襟抱情怀与描形状物的完美结合，或深于比兴（如李商隐《无题》），或精于描绘（如韩偓《香奁》诗），都并未异于唐诗情景交融的总体特色。但以温庭筠为代表的晚唐词，却是以意象压倒情趣成为基本的美学特征（此处将"情志"易为"情趣"，是因为"应歌""侑觞"之词难以见"志"）。以"客观"、"纯美"论温词，正是意象压倒情趣的表现，而除"人似玉，柳如眉"（《定西番》）之类以外，温词基本不用比兴。韦庄词抒情成分较多较显，以物拟人的比喻亦渐多，如"暗想玉容何所似？一枝春雪冻梅花，满身香雾簇朝霞"（《浣溪沙》），"垆边人似月，皓腕凝霜雪"（《菩萨蛮》），"依旧桃花面，频低柳叶眉"（《女冠子》）等，皆其著名者。其余西蜀词人，或非温庭筠的"客观"、"纯美"，但仍是意象过于情趣。

南唐词与西蜀不同，如果说冯延巳、李璟词的比兴寄托还难以指实，李煜词就在"以血书"同时，于比兴的运用尤有创获。不但是"问君能有几多愁，恰似一江春水向东流"为人所称道，以一江春水的浩森、沉重、滔滔不绝、无际无涯比喻心中之愁，是形象而深刻,而且李煜词更善“赋而比”的暗喻之“兴”。如《乌夜啼》:“林花谢了春红,太匆匆!无奈朝来寒雨晚来风。”看似是实写之“赋”,其实自然界之花草、风雨,喻指人世之变。又如《浪淘沙》的“流水落花春去也,天上人间”,以流水、落花、春去这三者的皆难重返,比之“见时难”,又用“天上人间”再比之。相较之下,“一江春水向东流”,“金剑已沉埋”(《浪淘沙》),“剪不断,理还乱,是离愁”(《乌夜啼》)等都是较显见的比喻,而前引二例却是隐喻。“比兴皆托喻,但兴隐而比显,兴婉而比直,兴广而比狭”(陈启源《毛诗稽古编》),故“比兴”虽连称,却实有高下之别。李煜由于特殊的经历“穷而后工”,比兴由诗的世袭领地而入于词,遂能“眼界始大,感慨遂深,遂变伶工之词而为士大夫之词”(《人间词话》)。

经过李煜的过渡,到北宋词中,虽未根本变更唐五代以来的传统题材,但所作已从“客观”“纯美”转为抒写主观,转为美与真的结合。其间为“应歌”而给歌女代言,作闺音者亦非少数,但毕竟是渐以“士大夫之词”作为词坛主流了。如张先《千秋岁》:“数声鶗鴂,又报芳菲歇。惜春更把残红折。雨轻风色暴,梅子青时节。永丰柳,无人尽日花飞雪。　莫把幺弦拨,怨极弦能说。天不老,情难绝。心似双丝网,中有千千结。夜过也,东窗未白凝残月。”此词写爱情被阻后的情怀。“惜春更把残红折”,是比喻对爱情的悼惜。“雨轻风色暴,梅子青时节”,当非“序物以言情”之“赋”,而是“索物以托情”之“比”和“触物以起情”之“兴”(此对赋比兴的解释,见王应麟《困学纪闻》引李仲蒙语),写其爱情遭遇可谓情深而韵高,为全词神光之所聚。余如“永丰柳”的“尽日无人属阿谁”(白居易《杨柳枝》),“双丝网”(“丝”与“思”谐)与“千千结”之喻,都为自抒己情兼得“含蓄”与“发越”之长(参陈廷焯《白雨斋词话》)。张先所作之所以“韵高,是耆卿所乏处”(《诗人玉屑》引晁补之语),原因之一就在于柳永善于铺叙,展衍无余,而张先却长于比兴,如“愿身能似月亭亭,千里伴君行(《江南柳》),“花不尽,月无穷,两心同。此时愿作,杨柳千丝,绊惹春风”(《诉衷情》),都很值得称道。

又如晏、欧,论者认为:他们“同出南唐,而深致则过之”(冯煦《宋六十一家词选例言》),这“深致”实指情致。二人同出于冯延巳着力不重的抒情,而向纵深发展,达到了情景交融、情趣与意象有机结合的境界。同时,晏殊的“念兰堂红烛,心长焰短,向人垂泪”(《撼庭秋》),“长于春梦几多时,散似秋云无觅处”(《木兰花》),欧阳修的“愿妾身为红菡萏,年年生在秋江上;重愿郎为花底浪,无隔障,随风逐雨长来往”(《渔家傲》),亦以比兴手法见“深致”。

晏、欧以后,经晏几道、苏轼、秦观、贺铸而至周邦彦,不仅达到了“言情体物,穷极工巧”(《人间词话》评周邦彦语),而且张炎、周济、戈载、冯煦都以“浑厚”评周词,这“浑厚”,实是情趣与意象的完全相融相契。能营造出这样的作品,与比兴手法的渐形发展、臻于成熟,可谓密切相关。试择几例以明之。如晏几道的“落花人独立,微雨燕双飞”(《临江仙》),原出五代翁宏《春残》诗,词中为写景之“赋”句,却又赋中有比:花落春残,正如美好时光之逝,当为正比;无知的燕子双双翩飞,有情之人却独立于此,当为反比;而落花、微雨又与此时心情一致,却是正比。这种复合之比对意境的创造和感情的抒发，起了很大作用，故被谭献评为“名句千古，不能有二”（《谭评词辨》）。如秦观《踏莎行》的“雾失楼台，月迷津渡”，看似述景，却可从后面“杜鹃声里斜阳暮”证以时间不合，连后“桃源望断”，可知是借景言情，指物喻事；而最后的“郴江幸自绕郴山，为谁流下潇湘去”，更以愁山怨水写羁旅之思和乡愁，堪称刻至生新。再如贺铸《青玉案》的“试问闲愁都几许？一川烟草，满城风絮，梅子黄时雨”，不仅以博喻称奇，且以实（物）见虚（愁），所以人称道其“盖以三者比愁之多也，尤为新奇，兼兴中有比，意味更长”（罗大经《鹤林玉露》）周邦彦词的“浑”，既体现在情、景的契合交融，且又能将“抚写物态，曲尽其妙”（强焕语）同比兴结合起来，不仅是“情黯黯，闷腾腾，身如秋后蝇”（《醉桃源》），既有出处（韩愈《送侯参谋赴河中幕》，欧阳修《病告中怀子华原父》都写及“寒蝇”），又形象而深婉。且如《玉楼春》：“桃溪不作从容住，秋藕绝来无续处。当时相候赤阑桥，今日独寻黄叶路。 烟中列岫青无数，雁背夕阳红欲暮。人如风后入江云，情似雨余粘地絮。”词中第二句及末二句的三则比喻，都建立在精于体物的基础上，意新语切，不纤不板，且在密丽秾挚之中别绕疏隽。又如《诉衷情》：“出林杏子落金盘，齿软怕尝酸。可惜半残青紫，犹印小唇丹。 南陌上，落花闲，雨斑斑。不言不语，一段伤春，都在眉间。”上片写尝杏情节，下片写伤春情事，而尝杏怕酸实又是怀春少女爱情心理的象喻，努力经营，却又不着痕迹。

苏轼词固有不少咏妓、赠妓、代言之作，但又不同于守定“缘情”本位的观念，而在“言志”上努力提高词的意格，为南宋爱国词、“豪放派”导夫先路。同时，苏轼的咏物词则对南宋风雅词派也有影响，南宋词人在咏物中别有寄托，长于比兴，可以找到苏词的影子。因为南宋词人几三倍于北宋，题材、风格也远较北宋繁复，故另立而论。

第二，继承诗、骚传统，使词从感士不遇的个人情感，向家国之慨的政治寄托发展，提高了词的品位，并在艺术上有独到建树。

由苏轼而辛弃疾，词从表现非关济世经邦的“情趣”，发展至既关注国运升降，又感慨个人穷通的“情志”，与诗文靠近了。他们作品中跃动着鲜明的自我，强烈的主观抒情色彩甚至超越、掩盖了客观物境。可以说，这种“联属天地万物而畅吾之精神意志”的作品，是情志压倒了意象。习惯被称为“豪放派”的词作，也多具备这一特点。但由于词不尚质言、直道，人们还是从比兴上推崇苏、辛。苏词对人生忧患的解脱，在词中表现为传达理趣的比兴。如：“料峭春风吹酒醒，微冷，山头斜照却相迎。回首向来萧瑟处，归去，也无风雨也无晴。”（《定风波》）自然界的阴晴风雨，就是人世间的荣辱穷通，只要看穿忧患，任天而动，就能处之泰然。“谁道人生无再少？门前流水尚能西，休将白发唱黄鸡。”（《浣溪沙》）赋中有比，进而说理，在即景取喻中，表现了积极有为、莫叹衰老的精神。辛弃疾长期投闲，难展抱负，未免消极，自谓读书非庄即老，经常讴歌谢安、陶潜，但毕竟“悲歌慷慨，抑郁无聊之气，一寄之于其词”（《词苑丛谈》引黄梨庄语），故以比兴寄托其襟抱情怀，朱自清所说的四种“比体”皆可见于辛词。如：“千古李将军，夺得胡儿马。李蔡为人在下中，却是封侯者。 芸草去陈根，笕竹添新瓦。万一朝家举力田，舍我其谁也？”（《卜算子·漫兴》）——此是“以古比今”的咏史之作，以古人酒杯浇自己块垒，寄托心中不平。“左手把青霓，右手挟明月。吾使丰隆前导，叫开阊阖。周游上下，径入寥天一。览玄圃，万斛泉，千丈石。”(《千年调》上片)——此是“以仙比俗”的“游仙”之作，以幻想求得精神解脱。“以男女比主臣”的“艳情”之作如《摸鱼儿》。再看“以物比人”的咏物之作《瑞鹤仙·赋梅》：

雁霜寒透幕。正护月云轻，嫩冰犹薄，溪奁照梳掠。想含香弄粉，艳妆难学，玉肌瘦弱。更重重、龙绡衬着。倚东风、一笑嫣然，转盼万花羞落。　寂寞，家山何在？雪后园林，水边楼阁。瑶池旧约，鳞鸿更，仗谁托？粉蝶儿只解，寻桃觅柳，开遍南枝未觉。但伤心，冷落黄昏，数声画角。

高洁情怀，寂寞处境，是花是人，亦物亦我。沈祥龙《论词随笔》云：“词得屈子之缠绵悱恻，又须得庄子之超旷空灵。盖庄子之文，纯是寄言。词能寄言，则如镜中花，如水中月，有神无迹，色相俱空。”要做到“有神无迹，色相俱空”并非易事，但屈、庄结合之语，却似是专为稼轩而发。

辛弃疾的同道们，除慷慨直抒外，也有善作比兴以寄托情怀者。试看陆游《鹊桥仙》：

茅檐人静，蓬窗灯暗，春晚连江风雨。林莺巢燕总无声，但月夜、常啼杜宇。催成清泪，惊残孤梦，又拣深枝飞去。故山犹自不堪听，况半世、飘然羁旅！

去国离乡之情，岁月蹉跎之感，借物以言之，似较陆游他作的直言为胜。再看陈亮的《小重山》：

碧幕霞绡一缕红。槐枝啼宿鸟，冷烟浓。小楼愁倚画阑东。黄昏月，一笛碧云风。　往事已成空。梦魂飞不到，楚王宫。翠绡和泪暗偷封。江南阔，无处觅征鸿。

此词上片为赋，下片比兴。“梦魂”二句自比逐臣屈原，“翠绡”句自比美女欲通情愫，但“无处觅征鸿”以传信。作者《中兴五论》及上孝宗皇帝三书，都“往事已成空”，故以逐臣、女子寄托情怀。但因为陆游、陈亮词很少比兴寄托，故其成就也就难与辛弃疾相提并论。

以姜夔为领袖的风雅词派又如何呢？南宋的这派词作，不仅受着温柔敦厚、中正和平的制约，且多“起于经过在沉静中回味来的情绪”(华兹华斯语)，自与苏、辛、陈、刘的强烈、郁勃不同。此外，又由于姜夔、吴文英的清客、幕僚身份，使之远离政治斗争；周密、王沂孙、张炎所处的时代，则使对故国的眷恋被压抑于新朝的专制之下；再加之性格、气质、艺术崇尚等原因，风雅词在情志与意象关系上，不同于苏、辛等人，是又回到二者的基本契合均衡。所不同的是：在北宋词中，这种均衡是意象中自然生出情趣，而南宋风雅词却多情志统率意象，造成这一区别的原因就在于比兴寄托。周济在《介存斋论词杂著》中所言极有见地：

> 北宋词，下者在南宋下，以其不能空，且不知寄托也；高者在南宋上，以其能实，能无寄托也。南宋则下不犯北宋拙率之病，高不到北宋浑涵之诣。

“空”、“实”之说未免因语焉不详而易流于神秘，但这段话清楚地指出了南、北宋的区别在于“寄托”与“空”“实”的关系：南宋有寄托，寄托与“空”相关，当重在情志；北宋无寄托，无寄托与“实”相关，当重在通常的情、景。因此，北宋词的抒情是自然地感物而动，故见“浑涵”，而南宋词多因情造景或托物寄意，虽不“拙率”，却难达“浑涵之诣”。

在同一著作中，周济明确分析了南北宋词情景组织的顺逆。他说：“北宋词，多就景叙情，故珠圆玉润，四照玲珑，至稼轩、白石，一变而为即事叙景，使深者反浅，曲者反直。”“深者反浅，曲者反直”未为确评（正应相反），但“就景叙情”和“即事叙景”却实是两宋词的不同，亦即无寄托与有寄托的不同。

“感物而动”的就景叙情，至北宋后期已是轻车熟路，于是在集北宋艺术大成的周邦彦词中，已肇端了缘情布景、时空转换的特点。而辛弃疾的“即事叙景”，是内因于情志，外藉于才学。陆机在《文赋》中，已指出了“伫中区以玄览，颐情志于典坟”的“本于学”的创作途径，辛词多驾驭经史，使事用典，就是具体表现。

风雅词派不同于辛弃疾。姜夔多以自己所感之情，所历之事来组织形象。吴文英尤善以时空转换、错综的手法来缘情布景，组织物境。在比兴寄托上，更有独到发展。此派词人不似辛弃疾那样才大、学赡、襟抱非凡、识见超迈，那样兼擅咏史、游仙、艳情、咏物以作寄托，而是在咏物词上有独造之诣。

人们习惯于比、兴并称，其实二者有所不同。前引陈启源《毛诗稽古编》的“兴隐而比显，兴婉而比直，兴广而比狭”，已可见“兴”高于“比”。《毛诗》中的兴诗共一百十六篇，然而仅以“发端”和“譬喻”论“兴”，其实都难尽其义。清陈奂在《诗毛氏传疏》中又说：“盖好恶动于中而适触于物，假以明志谓之兴”，“凡托草木鸟兽以成言者，皆兴也。”近人黄侃云：“兴之为用，触物以起情，节取以托意，故有物同而感异者，亦有事异而情同者”。（《文心雕龙札记》语，见范注《文心雕龙》）综上说，“兴”实是“触物起情”后，“托事于物”（郑玄释“兴”语，见《周礼·太师注》），“节取托意”来“假以明志”。故“寄托”与“兴”最是密切相关。

前引张惠言《词选序》语，其“感物而发，触类条畅，各有所归”，既道出了情因感物而发，又说明了感情与物类有对应关系，看到了类似联想是比兴的审美意识之心理内容，却又导入了机械、僵化、随类比附的思维模式。相较之下，周济所说更符合文学创作的美学规律：事物具有“引而伸之，触类多通”的可比可喻基础，故“意感偶生”，可“假类毕达”；这一物化的过程要凭藉联想来进行艺术构思，如游丝之钩取落花，又要凭藉如同郢人郢鼻和庖丁解牛般的熟练技巧，这样才能做到“有寄托入”，使所创造的艺术形象虽历久而宛在眼前。应该说,周济对词的艺术创造、传达的论述,是既形象且又精辟。我们且看姜夔等词人是如何在咏物词中"感物而发"、"假类毕达"的。

姜夔词集中,常有以咏物来寄托身世之感的作品,如《侧犯》之咏芍药,作者自谓"谁念我,鬓成丝,来此共尊俎",以芍药的由初而盛,由盛而衰,喻自己生平,用"寂寞刘郎,自修花谱"感叹志慨。成于开禧三年的八首咏梅《卜算子》更是自己一生落寞的深沉惆怅。但是,姜夔常能超越感士不遇的个人身世不幸,在咏物词中抒发家国之感。如《虞美人·赋牡丹》:

西园曾为梅花醉,叶剪春云细。玉笙凉夜隔帘吹,卧看花梢摇动一枝枝。

娉娉袅袅谁教惜,空压纱巾侧。沈香亭北又青苔,唯有当时蝴蝶自飞来。

此词以唐明皇、杨贵妃在牡丹亭对酒赏花,忘怀国事,致使渔阳鼙鼓惊破歌舞,马嵬流血,君王掩面的史实为骨,借古言今,对造成南渡偏安的局面深感可叹,堪称语淡情深。

姜夔咏梅词多达二十余首,其中最著名的就是《暗香》、《疏影》,此二者善用比兴自无争议,而关于二词之寄托却有多说。我们这里不析托意,而从艺术传达的角度略析作者如何"感物而发","假类毕达"。由于姜夔心中自有其身世和时势之憾,在范成大席上作词,遂感于梅而发其情,成此"新声"之作。《暗香》重在身世之感。当年戴月夜游,梅边吹笛,不畏清寒,与玉人同摘,此皆年轻时赏梅情事之"类","假"之以"毕达"其美好之回忆。如今年老,已忘却春风词笔,但竹外疏梅将冷香吹入瑶席,又唤起自己对往事的追忆,赏梅之时,渐生今昔不同之感。下片就"寄梅"而难达,写其饮翠尊而难咽易泣,见红尊而无言相忆之情,然后又回到携手西湖的回忆,再以"片片吹尽"状梅花的始盛今衰。"类"皆在梅:赏梅、摘梅、寄梅、忆梅、惜梅,在今昔对比之中组织形象,年光之叹、身世之感随之"毕达"。《疏影》尤多以人比花之"类":一是赵师雄罗浮山遇梅花仙女及绿衣童子(翠禽),二是杜甫《佳人》"日暮倚修竹"的形象,三是王昭君月夜归魂,四是寿阳公主梅花点额事,五是"金屋藏娇"事。这些事、典,有虚有实,作者以之作多层次、立体化、人格化的形象塑造,应用起来确如郢人郢鼻、庖丁解牛,因为技巧纯熟,故形象优美且富于包孕。因此,能充分诱发读者的联想,会作出多向性理解,故对二词的寄托,有"沮石湖(范成大)隐遁"(张惠言《词选》),"恨偏安"(宋翔凤《乐府余论》),"暗指南北议和事"(蒋敦复《芬陀利室词话》),"伤心二帝蒙尘"(郑文焯《郑校白石道人歌曲》),以及"怀念合肥情人"(夏承焘《白石怀人词考》附《暗香、疏影说》)等不同说法。

史达祖、高观国,尤其是吴文英,都善作咏物词,但真正可看出寄托的,当是宋季及宋亡后的词人所作,王沂孙更是其中代表。清蒋敦复《芬陀利室词话》云:"词源于诗,即小小咏物,亦贵得风人比兴之旨。唐、五代、北宋人词不甚咏物,南渡诸公有之,皆有寄托。白石、石湖咏梅,暗指南北议和事。碧山、草窗、玉潜、仁近诸遗民《乐府补题》中，龙涎香、白莲、莼、蟹、蝉诸咏，皆寓家国无穷之感，非区区赋物而已。”如周密的《瑶花慢》（朱钿宝玦），针对贾似道专权隐匿边况危殆之事实，宋度宗沉溺酒色，借咏琼花而讥讽现实，并将度宗以飞骑进琼花与唐玄宗飞骑传荔枝相拟，以咏物与咏史相结合的手法作政治抒情。如张炎的《绮罗香·红叶》（万里飞霜），文辞虽浅，感慨却深。起三句以天气严寒喻新朝，以木叶喻故国，以红叶自喻，下片活画出自己（也包括遗民们）如叶之飘零，结句用“记阴阴、绿遍江南，夜窗听暗雨”，表达了眷念祖国的深情。王沂孙“最多故国之感”（周济《介存斋论词杂著》）甚至被过尊为“品最高，味最厚，意境最深，力量最重，感时伤世之音，而出以缠绵忠爱，诗中之曹子建、杜子美也”（陈廷焯《白雨斋词话》），这都根源于他在咏物词中寄托故国之思。录其代表作《齐天乐·蝉》：

一襟余恨宫魂断，年年翠阴庭树。乍咽凉柯，还移暗叶，重把离愁深诉。西窗过雨，怪瑶佩流空，玉筝调柱。镜暗妆残，为谁娇鬓尚如许？　铜仙铅泪似洗，叹移盘去远，难贮零露。病翼惊秋，枯形阅世，消得斜阳几度？余音更苦；甚独抱清商，顿成凄楚？谩想薰风，柳丝千万缕。

此词从《古今注》所载齐后死而化蝉写起，宫魂虽断而余恨犹存，倘据胡僧杨琏真伽发宋陵，一村翁于孟后陵得一髻，发长六尺余，髻根尚有短金钗来理解，沿“宫魂”一线，“娇鬓”的女性形象是一以贯之。下片的魏明帝迁汉之金铜仙人，令人联想宋亡后宫廷宝物被劫掠北运，而吸风饮露，食性高洁的蝉遂失承露盘，在生命终结之前逆想当日薰风杨柳之盛时，使人更为沉痛。此类家国之慨的政治寄托，无疑也提高了词的意格、品位。

论完王沂孙之后，我们可以返顾而综言唐宋词的比兴寄托之不同特点和各自艺术传达美学品格之高下了。

从比兴寄托在唐宋词中的发生、发展而言，唐五代词是渐有比兴而乏寄托。北宋词比兴手法发展而因内（党祸）外（边患）原因，寄托亦渐起，南宋则虑及主和派当政，或难直抒，故多比兴，以作寄托。宋亡后，新朝政治重压之下，不得不借物言情，掩抑托意，或乱以他辞。

比、兴之别前已辨之，二者与寄托的关系又如何呢？大体说来，有譬喻、比拟者，倘是局部，多无寄托；具全局意义之“兴”体，与寄托关系最为密切。因而，基于比兴之别，寄托又有高下之分。周密、张炎、王沂孙等人，其实都有“餍心切理，言近指远”（周济《介存斋杂著》论王沂孙语）的特点，即以词面形象的“言近”表词意寄托的“指远”；所写合乎情理，并能使读者在积极的欣赏、联想中，申足其义，得到情志感发的满足。他们所写，多从某个主题、意旨出发，去组织形象，“假类毕达”。张炎的名篇《解连环·孤雁》、《绮罗香·红叶》莫能外，王沂孙虽有“以意贯串，浑化无痕，碧山胜场也”（周济《介存斋论词杂著》）之评，仍非兴至神驰、感物而发，未免织绣。《齐天乐·蝉》、《眉妩·新月》等名篇，也表现出“情绪方程式”（庞德语）的特点，其暗示、象征的政治指向，确实有逾于美感诱发。这类寄托，就属于周济所说“能入”者。品位更高的即“能出”者：

赋情独深，逐境必寤，酝酿日久，冥发妄中。虽铺叙平淡，摹绘浅近，而万感横集，五中无主。读其篇者，临渊窥鱼，意为鲂鲤，中宵惊电，罔识东西，赤子随母笑啼，乡人缘剧喜怒，抑可谓能出矣。（周济《宋四家词选目录序论》）

这样的作品，“托讽于有意无意之间”，“意在笔先，神余言外，极虚极活，极沉极郁，若远若近，可喻不可喻，反复缠绵，都归忠厚”（陈廷焯《白雨斋词话》卷六）。“流露于不自知，触发于弗克自已。”（况周颐《蕙风词话》卷五）苏轼《卜算子·咏雁》，辛弃疾《青玉案·元夕》，姜夔《疏影》等作，庶乎近之。蒋捷《燕归梁·风莲》未被更多论者注意，其实也是一首“入而能出”之作：“我梦唐宫春昼迟，正舞到、曳裾时。翠云队仗绛霞衣，慢腾腾，手双垂。　忽然急鼓催将起，似彩凤、乱惊飞。梦回不见万琼妃，见荷花，被风吹。”就是若远若近、极虚极活、可喻不可喻。它们都具有写实基础上的象征性、暗示性，难以指实，故颇能生发，能最充分地诱发联想，“词深于兴，则觉事异而情同，事浅而情深”（刘熙载《词概》）。“艺术家的全体技巧就是创造出引起读者审美再创造的刺激。”（克罗齐《美学原理》）寄托而能“出”者就具有这样的特点，这种再创造根源于审美直觉，而非理性指向。

正由于寄托之“出”“入”有高下之别，故周济示人以创作之径：

初学词求空，空则灵气往来。既成格调，求实，实则精力弥满。初学词求有寄托，有寄托则表里相宣，斐然成章。既成格调，求无寄托，无寄托则指事类情，仁者见仁，智者见智。（《介存斋论词杂著》）

词之“寄托”而至于“无寄托”，则臻艺术传达之最高境。

唐宋词的美学接受

唐宋词人艺术传达的结果就是他们的作品，对于听众和读者来说，这却是他们美学接受之始。接受并不是被灌输，创作主体与接受主体的关系，并不是等同于“授”与“受”的关系。性质相同的“主文谲谏”之词，却有不同的接受结果。马令《南唐书》卷二十五载：元宗（李璟）嗣立，宴乐击鞠不辍，尝乘醉命金陵妓王感化奏水调词，感化唯歌“南朝天子爱风流”一句，如是者数四。元宗辄悟，覆杯叹曰：“使孙、陈二主得此一句，不当有衔璧之辱也！”感化由是有宠。李璟在“悟”后，遂对王感化“谲谏”之词取欣赏态度而积极接受。李煜却不然。据杨慎《词品》卷二：潘佑好直谏，后主于宫中作红罗亭，四面栽红梅，作艳曲歌之。佑应命作小词，有“楼上春寒山四面。桃李不须夸烂熳，已输了春风一半”句，时已失淮南，故云。李煜此次虽为之罢宴，但并未收敛好豪侈、耽声色之心。潘佑后来还因直言上表，开罪后主，被迫自杀。可见李煜对“谲谏”之词取拒绝态度而不愿接受。对不同的词人固然有不同评价，对同一词人，同是一个接受者，亦可有截然不同的评价。如王国维在《人间词话》说：“永叔、少游虽作艳语，终有品格。方之美成，便有淑女与倡伎之别。”后作《清真先生遗事》，却称道：“词中老杜，则非先生不可。”

诗无达诂，词为尤甚。唐宋词的美学接受足资深人探讨。

一　倚枕自歌　能移我情
——接受的感情基础和文化时态

清人沈谦在《填词杂说》中，曾自道对宋词的感情感受：“柳屯田‘每到秋来’一曲，极孤眠之苦。予尝宿御儿客舍，倚枕自歌，能移我情，不知文之工拙也。”我们且看柳永这首《爪茉莉·秋夜》：

> 每到秋来，转添甚况味？金风动、冷清清地。残蝉噪晚，甚聒得、人心欲碎，更休道、宋玉多悲，石人、也须下泪。　衾寒枕冷，夜迢迢、更无寐。深院静、月明风细。巴巴望晓，怎生涯、更迢递。料我儿、只在枕头根底，等人来、睡觉里。

此词所写的是秋夜孤眠的况味，虽然词中也写及“更休道、宋玉多悲”，其实与宋玉《九辩》“贫士失职而志不平”的主题无涉。此词的“秋士易感”与女子怀春相同，所以词中又以料想所爱者“只在枕头根底，等人来，睡觉里”作结。词写得浅而俗，不足深道。问题在于，沈谦在不避披露内心同时，道出了一个原理：要真正做到通过作品这一中介，而与作者的感情共鸣，读者必须要有相同的感情体验。苏轼在评陶诗时说：“陶靖节云:‘平畴交远风,良苗亦怀新。’非古之偶耕植杖者,不能道此语;非余之世农,亦不能识此语之妙也。”(引自颜中其《苏轼论文艺》)就是从传达与接受双方找其“识”之共同点。

沈谦对柳永词“极孤眠之苦”的体会,是由于“尝客御儿客舍”时“自歌”的同样感情触动,遂产生“共振”而有“能移我情”之感。正如德国哲学家费尔巴哈所说:“理性的对象就是对象化的理性,感情的对象就是对象化的感情。如果你对于音乐没有欣赏力,没有感情,那么你听到最美的音乐,也只是像听到耳边吹过的风,或者脚下流过的水一样。那么,当音调抓住了你的时候,是什么东西抓住了你呢?你在音调里面听到了什么呢?难道听到的不是你自己心的声音吗?因此感情只是向感情说话,因此感情只能为感情所了解,也就是只能为自己所了解——因为感情的对象本身只是感情。”(《十八世纪末——十九世纪初德国哲学》)

“感情只能为感情所了解”,此语道出了对文艺作品美学接受的奥秘。在苏门四学士中,苏轼“最善少游”,但对秦观的词却颇有批评。《唐宋诸贤绝妙词选》卷二载,秦少游自会稽入京见东坡,坡云:“久别当作文甚胜,都下盛唱公‘山抹微云’之词。”秦逊谢。坡遽云:“不意别后公却学柳七作词。”秦答:“某虽无识,亦不至是。先生之言,无乃过乎。”坡云:“‘销魂,当此际。’非柳词句法乎?”秦惭服,然已流传,不复可改矣。(引自唐圭璋《宋词纪事》)苏轼崇尚自然,提倡个性化,反对束缚,尤对强求一律不满。他在《答张文潜书》中,就对王安石企图以自己的文章学术来划统一标准表示异议:“王氏之文,未必不善也,而患在于好使人同己。”对四学士的态度,就是不“使人同己”。他之批评秦观“却学柳七作词”,并非要秦“同己”而作“天风海雨逼人”之词,他对秦观这首《满庭芳》的起句就很欣赏,《苕溪渔隐丛话》后集卷三十三引《艺苑雌黄》语云:“其词极为东坡所称道,取其首句,呼之为‘山抹微云君’。”但苏轼所赏在于“体物”,对此词下片之离情,却难以唤起感情的共鸣,遂有“却学柳七作词”之责问。但是,对秦观的《踏莎行》(郴州旅舍作)就非常欣赏。《苕溪渔隐丛话》前集卷第五十引《冷斋夜话》云:“东坡绝爱其尾两句,自书于扇,曰:‘少游已矣,虽万人何赎!’”之所以如此,除了这两句以愁水怨山写羁旅之思和乡愁,极富象征意义,与苏轼词之蕴含理趣相似外;还因为苏轼与少游同因党祸,连遭贬徙,命运相似,感情体验相同。在苏轼而言,此词具有“感情向感情说话”的意义,故自书于扇,深叹“虽万人何赎!”作了欣赏性而又深带惋惜的美学接受。

这里另有一则故事,所说是东坡词为人所不受者。《琅嬛记》卷中和《青泥莲花记》卷十,皆引《林下词谈》:“东坡制《蝶恋花》词云:‘花褪残红青杏小。燕子来时,绿水人家绕。枝上柳绵吹又少,天涯何处无芳草。　墙里秋千墙外道。墙外行人,墙里佳人笑。笑渐不闻声渐悄,多情却被无情恼。’常令朝云歌之,云唱至‘柳绵’句,辄为掩抑惆怅,如不自胜。坡问之,曰:妾所不能竟者,‘天涯何处无芳草’句也。”(引自徐釚《词苑丛谈》)苏轼旷达,“此心安处是吾乡”(《定风波》),虽谪居广东惠州,仍泰然处之。而朝云却为身处天涯而情何以堪,故唱至“枝上柳绵吹又少,天涯何处无芳草”,“辄为掩抑惆怅,如不自胜”,胸襟、情怀不同,作者的感情难以被歌者的感情所了解,朝云对东坡此词的美学接受遂搁浅于“枝上柳绵”二句。

前引沈谦语之前，另有一段：“词不在大小浅深，贵在移情。‘晓风残月’，‘大江东去’，体制虽殊，读之皆若身历其境，惝恍迷离，不能自主，文之至也。”这又说明，能“移情”者，“读之皆若身历其境”，这感情相通，即哲学家所说的“共通感”：“鉴赏判断必需具有一个主观性的原理，这原理只通过情感而不是通过概念……一个这样的原理却只能被视为一共通感。”（康德《判断力批判》）正是这种“共通感”，成为文艺作品被读者接受时具有“补偿功能”的心理、感情基础。

李清照晚年怀念京、洛旧事，作了《永遇乐》一词，结尾数句：“如今憔悴，风鬟雾鬓，怕见夜间出去。不如向帘儿底下，听人笑语。”似乎是平平叙述，却包含着饱经忧患的凄楚。一百多年后，当临安已被元兵占领两载，南宋政权只存广东一隅之地时，刘辰翁依李清照词之声，再作《永遇乐》。在小序中写道：“余自乙亥上元，诵李易安《永遇乐》，为之涕下。今三年矣，每闻此词，辄不自堪，遂依其声，又托之易安自喻。虽辞情不及，而悲苦过之。”在“江南无路，鄜州今夜，此苦又谁知否”之时，“空相对，残釭无寐，满村社鼓”，刘辰翁对李清照的《永遇乐》，实有身历其境的深刻体会，且“悲苦过之”。强烈的“共通感”使他读而愈有得，有得而不能不写，“能赋词最苦”的宣泄，其实也是一种补偿。

晏几道“能动摇人心”之词，是对于自己“春梦秋云，聚散真容易”生活经历的真实体验，因而“衣上酒痕诗里字，点点行行，总是凄凉意”（《蝶恋花》），又是对于生活中所失落者的补偿。黄庭坚《小山词序》云其“合者《高唐》、《洛神》之流，下者不减《桃叶》、《团扇》”，则是自己“共通感”的体会。而清人冯煦对晏词所接受的，则是“古之伤人心”的心声。宋词中既有如花中文杏般的《小山词》（况周颐《蕙风词话》：“《珠玉》比花中之牡丹，小山其文杏乎？”）也有被陈廷焯称为“词中之龙”的稼轩词。稼轩曾自道：“不恨古人吾不见，恨古人不见吾狂耳！”（《贺新郎》）稼轩以词为“陶写之具”，就要表现难以压抑的狂放精神。李贽有这样一段话，似是专为稼轩所发：“且夫世之真能文者，比其初皆非有意于为文也。其胸中有如许无状可怪之事，其喉间有如许欲吐而不敢吐之物，其口头又时时有许多欲语而莫可所以告语之处，蓄极积久，势不能遏。一旦见景生情，触目兴叹；夺他人之酒杯，浇自己之垒块；诉心中之不平，感数奇于千载。”（《焚书》卷三《杂述·杂说》）由于辛弃疾后继者与之有“共通感”，门人范开感受到稼轩词的美学风格：“如张乐洞庭之野，无首无尾，不主故常；又如春云浮空，卷舒起灭，随所变态，无非可观。”（《稼轩词序》）刘克庄作理性的结论：“公所作大声鞺鞳，小声铿鍧，横绝六合，扫空万古，自有苍生以来所无。”（《辛稼轩集序》）至如不甚被人注意的陈人杰，曾“因诵友人‘东南妩媚，雌了男儿’之句，叹息者久之”（《沁园春》“记上层楼”序），他所写词今存者皆《沁园春》。《天问》的“我梦登天，尽把不平，问之化工”，岂非是对“只纷纷桃李，占断春风”的失落感之补偿？也因为对稼轩有“共通感”，故接受了稼轩的“天问体”。他的另一首《浙江观澜》结尾写道：“若到夜深，更和月看，组练分明十万兵。尤奇特，有稼轩一曲，真野狐精。”更可见出对稼轩词不期然而然的美学接受。

美学接受基础的“共通感”主要是感情的相通，从而引起共鸣。部分表现为对唐宋词美感的认同：“抑古有言：‘握五色之灵芝，香生九窍；咽三危之薇露，美动七情。’世有同嗜必至，必知诵此。”（明陈霆《渚山堂词话序》）部分表现为对作品所含哲理的认同，如王国维在《人间词话》中，举《诗·小雅·节南山》的“我瞻四方，蹙蹙靡所骋”为“诗人之忧生”，谓晏殊《蝶恋花》“昨夜西风凋碧树。独上高楼，望尽天涯路”似之；又举陶渊明《饮酒》第二十首的“终日驰车走，不见所问津”为“诗人之忧世”，谓冯延巳《鹊踏枝》的“百草千花寒食路，香车系在谁家树”似之。其实，这是因为王国维自己以哲理入词相关，所作《蝶恋花》：“百尺朱楼临大道，楼外轻雷，不问昏和晓。独倚阑干人窈窕，闲中数尽行人小。　一霎车尘生树杪，陌上楼头，都向尘中老。薄晚西风吹雨到，明朝又是伤流潦。”《浣溪沙》：“山寺微茫背夕曛，鸟飞不到半山昏，上方孤磬定行云。　试上高峰窥皓月，偶开天眼觑红尘，可怜身是眼中人。”都有象征意义，深蕴人生哲理，故对晏、冯词作了如上认同。

“共通感”的感情基础，尤能在悲剧性上沟通作者和读者。文学作品的创作，对于作者有宣泄痛苦的作用，对读者而言，则能引起共鸣，作者与读者共同参与补偿性机制的建构。李渔曾自道体会：“予生忧患之中，处落魄之境，自幼至长，自长至老，总无一刻舒眉。惟于制曲填词之项，非但郁藉以舒，愠为之解，且尝僭作两间最乐之人。”（《闲情偶寄·宾白第四》）近现代词曲家吴梅也说：“我欲为帝王，则垂衣端冕，俨然纶綍之音；我欲为神仙，则霞佩云裾，如带朝真之驾。推之万事万物，莫不称心所愿，屠门大嚼，聊且快意。士大夫伏处蘧庐，送穷无术，惟此一种文字，足泄其抑塞磊落不平之气，借彼笔底之烟霞，吐我胸中之云梦。”（《顾曲麈谈·原曲》）实际上就道出了艺术宣泄生活中所遇痛苦后，就转为快感的原理，说的是戏曲，部分可通之于词。对于读者来说，欣赏悲剧性的作品能以“共通感”去熨贴不幸：“那些处境和我们最相近的人的不幸必然能最深刻地打人我们的灵魂深处。”（莱辛《汉堡剧评》语）同时，也获得快感：“一枝精细的画笔引人入胜的妙技／能将最惨的对象变成有趣的东西／比方，为我们娱乐，那悲剧涕泪纵横／替血羶的哀狄普发出惨痛的呼声／替弑母的奥莱特表演出惊惶震骇／它迫使我们流泪却为我们遣怀。”（波瓦洛《诗的艺术》）这样，就形成了传达与接受的双向交流，悲剧性亦凭藉“共通”之中介，由作者创作之宣泄转为读者接受之快感。

况周颐曾以词人的身份，自道“词境”临时的情感、心绪：“斯时若有无端哀怨枨触于万不得已。”（《蕙风词话》卷一）又以读者的身份言“读词之法”：“取前人名句意境绝佳者，将此意缔构于吾想望中。然后澄思渺虑，以吾身入乎其中而涵咏玩索之。吾性灵与相浃而俱化，乃真实为吾有而外物不能夺。”（同上）尤在元好问、屈大均等遗民词中，找到了“共通感”，如对屈大均的《落叶词》的“无限凄惋”，“令人不忍寻味，却又不容已于寻味”，从其“哀感顽艳”中，深感“亦复可泣可歌”（《蕙风词话》卷五）。况氏所论，兼及词的传达和接受，并已触及悲剧性的快感问题，值得注意和体味。

况周颐对于遗民词的美学接受，其实又牵涉到另一个问题——“共通感”与文化时态的关系。况氏在辛亥革命以后,完成了从逐臣而遗老的身份转移,王国维《人间词话附录》曾把他与朱祖谋相较:“彊村虽富丽精工,犹逊其真挚也。天以百凶成就一词人,果何为哉!”所以况氏尤能以自己的“故国”之思、沧桑之感去接受元好问、屈大均的词,因为他们虽生不同代,却处于相同的文化时态之中。

美具有时代性。车尔尼雪夫斯基曾说过:“每一代的美都是而且也应该是为那一代而存在。它毫不破坏和谐,毫不违反那一代的美的要求。”(《生活与美学》)法国艺术史家丹纳说得更具体:“风俗习惯与时代精神对于群众和对于艺术家是相同的;艺术家不是孤立的人。”(《艺术哲学》)苏珊·朗格曾以美学接受者的身份谈到自己的体会:“一切我自己感兴趣的(或我能够欣赏的)情感模式,在本质上说来都是属于我自己的——但不是属于我个人的,而是属于我自己生活于其中的文化的。”(《艺术问题》)对唐宋词的美学接受,就涉及情感的文化时态问题。

如宋初经济繁荣,天下太平,享乐成风,词人的普遍心态是:“少年不管,流光如箭,因循不觉韶光换。至如今,始惜月满、花满、酒满。”(宋祁《浪淘沙》)柳永虽因宋仁宗“留意儒雅,务本向道”,而“浮艳虚华之文”遭“深斥”(见吴曾《能改斋漫录》),但范镇对柳词的“承平气象,形容尽致”(陈振孙《直斋书录解题》)就非常倾慕,说:“仁宗四十二年太平,镇在翰苑十余载,不能出一语咏歌,乃于耆卿词见之。”(祝穆《方舆胜览》)柳永词广为流传,叶梦得《避暑录话》说:“余仕丹徒,尝见一西夏归朝官云:‘凡有井水处即能歌柳词。’”达到“骫骳从俗,天下咏之”(陈师道《后山诗话》)的地步。他歌咏汴京元宵节的《倾杯乐》传入宫廷,人多称之,他颂扬杭州繁华的《望海潮》甚至流传金朝。可以认为,柳永词在北宋繁盛时代有着广泛的群众基础。但到了南宋时期,民族矛盾尖锐,王灼就批评了“今少年妄谓东坡移诗律作长短句,十有八九不学柳耆卿,则学曹元宠”(《碧鸡漫志》卷二)的现象;罗大经更说道:“伯可(康与之)专应制为歌词,谀艳粉饰,于是声名扫地,而世但以比柳耆卿辈矣。”(《鹤林玉露》乙编卷四)甚至还说:“孙何帅钱塘,柳耆卿作《望海潮》词赠之。此词流播,金主亮闻歌,欣然有慕于‘三秋桂子’、‘十里荷花’,遂起投鞭渡江之志……余谓此词虽牵动长江之愁,然卒为金主送死之媒,未足恨也。至于荷艳桂香,妆点湖山之清丽,使士夫流连于歌舞嬉游之乐,遂忘中原,是则深可恨耳。”(《鹤林玉露》卷一)另外,柳永词在北宋如此风行,亦有特定的文化原因。《四库全书提要》说:“盖词本管弦冶荡之音,而永所作旖旎近情,使人易入,虽颇以俗为病,然好之者终不绝也。”(《乐章集提要》)这就道出了北宋词主于“应歌”,“近情”固“易入”,浅俗亦“易入”,因而有着广泛的接受之基础。而南宋自曾慥编定《乐府雅词》以来,一直倡导雅词。曾慥所编,“涉谐谑则去之”,将欧阳修的“艳曲”认定为“小人”“谬为公词”,而“今悉删除”。王灼屡陈扬苏抑柳之见。尤其鲖阳居士《复雅歌词序略》,总结了历史上溺夷音而荒政的历史教训,以“复雅”求宋词与国事中兴。词坛形成尚“雅”之风,甚至诞生了风雅词派。由于南宋词主于“应社”,文士逞才斗巧,柳永的俚俗易懂已被弃置。在文化时态转成以雅为尚时,张镃为史达祖所写的《梅溪词序》,颇能传递出对词的美学接受信息:“盖生之作,辞情俱到,织绡泉底,去尘眼中,妥帖轻圆，特其馀事。”“有环奇、警迈、清新、闲婉之长，而无祂荡、汙淫之失，端可以分镳清真，平睨方回，而纷纷三变行辈，几不足比数。”到张炎《词源》，更云柳词“亦自批风抹月中来，风月二字，在我发挥，柳则为风月所使耳”。

以上从对柳永词的美学接受、批评，可以折射出文化时态的差异。这里再引刘克庄一段话，可以更清楚地看到这种差异：“坡、谷极称少游，而伊川以为亵渎，莘老以为放泼。半山惜耆卿谬用其心，而范蜀公晚喜柳词，客至辄歌之。余谓坡、谷怜才者也；半山、伊川、莘老，卫道者也；蜀公感熙宁、元丰多事，思至和、嘉祐太平者也。”对柳、秦词的不同接受态度，有文化原因，也有时代原因，可以勉强合为“文化时态”而言之。又如清代常州词派，尤重以比兴寄托说来接受唐宋词，亦与文化时态密切相关。这不仅因为经学到此时已非常发达，经学家以解经法读词并不奇怪，而且清代文字狱大兴，处于这样的文化形态和心态下，过于深求微言大义，也是必然结果。

二 披文入情 沿波讨源
——接受过程及审美感受

《文心雕龙·知音》云：“夫缀文者情动而辞发，观文者披文以入情，沿波讨源，虽幽必显。世远莫见其面，觇文辄见其心。”提出了评论文学作品应体会作家艺术构思过程这一原则。因为美学接受是读者的逆向创造，我们遂借用“披文入情”、“沿波讨源”二语，探讨唐宋词美学接受过程和审美感受的规律。

作为“曲子词”，“管弦冶荡之音”对于欣赏者要“易入”。但即使是浅言直说，丝竹嘈嘈之中，也难以真正做到字字入耳，当然更难潜入内心。试看《花间集》所写到的唱词情景，多停留在外部：对着“低声唱小词”的歌女，词人只注意她的如月之眉和双靥浅笑，“眼看唯恐化，魂荡欲相随”（见牛峤《女冠子》）。宋初的酒宴上，既将情趣倾注于歌女的“红绦约束琼肌隐，拍碎香檀催急衮”，同时又为“美人才子传芳信，明月清风伤别恨”所动，可见美学接受已从外入于内。当然，要真正对唐宋词作美学接受，当非听词，而是读词。况周颐论作词，曾特地拈出心境之“虚静”，论读词亦云“澄思渺虑”。在其之前，清代女词人钱斐仲言之更详：“读词之法，心细如发。先屏去一切闲思杂虑，然后心向之，目注之，谛审而咀味之，方见古人用心处。若全不体会，随口唱去，何异老僧诵经，乞儿丐食？”（《雨华庵词话》）既然文艺的创作要出于虚静：“凡作文，静室隐几，冥搜邈然，不期诗思遽生，妙句萌心，且含毫咀味，两事兼举，以就兴之缓急也。”（谢榛《四溟诗话》）“为丛菊写照，传神难，传韵尤难，横琴坐思，庶几得之丰姿澹忘之表。深秋池馆，昼梦徘徊，风月一交，心魂再荡。抚桐盘桓，悠然把菊，抽毫点色，将与寒暑卧游一室，如南华真人化蝶时也。”（恽格《南田画跋》）作为传达的逆向创造的接受，同样要出于虚静，这大概可以看作唐宋词美学接受的必要前提。

对文艺作品的美学接受有一个过程。宋郭若虚《图画见闻志》载：“唐阎立本至荆州，观张僧繇旧迹，曰：‘定虚得名耳。’明日又往，曰：‘犹是近代佳手。’明日往，曰：‘名下无虚士。'坐卧观之，留宿其下，十余日不能去。"骤然观之，未见其佳，这可能缘于审美风尚已变，阎立本与张僧繇处于不同的文化时态，故发"定虚得名耳"之语。阎立本毕竟是一代国手，张僧繇旧迹的某些东西使他有所触动，下了结论以后，还能"明日又往"，并渐有接受，使评价升级："犹是近代佳手。"待到再往而充分接受，终有"名下无虚士"之评，且留连不去。这样一个美学接受过程，可明显分成三个阶段，而这类三阶段的渐进式接受，又具有相当的典型意义。前引钱斐仲语，其实也表明了从读词到接受的三阶段：第一阶段是"先屏去一切闲思杂虑"，第二阶段是"心向之，目注之，谛审而咀味之"，第三阶段是"方见古人用心处"。

王国维《人间词话》摘句以拟喻，因小见大地昭示了"古今之成大事业、大学问者，必经过三种之境界"。其实若作以词论词，这"三境界"也可喻作对唐宋词审美接受的三阶段。"昨夜西风凋碧树。独上高楼，望尽天涯路。""衣带渐宽终不悔，为伊消得人憔悴。"分别为第一、第二阶段。第三阶段的"众里寻他千百度，蓦然回首，那人却在，灯火阑珊处"，正是"方见古人用心处"的最终发现与接受。人们对事物的认识有明显的阶段性，对唐宋词美学接受的阶段亦与之相合。这里不妨引用一段近来颇受人重视的话：

> 老僧三十年前未参禅时，见山是山，见水是水。及至后来，亲见知识，有个入处，见山不是山，见水不是水。而今得个休歇处，依前见山只是山，见水只是水。

这段载于《五灯会元》，为宋僧释惟信之语，其实是昭示了对事物认识从"未悟"，到"悟入"，再到"悟出"的三阶段。这与禅宗常说的三境界：第一境"落叶满空山，何处寻行迹"，第二境"空山无人，水流花开"，第三境"万古长空，一朝风月"相仿佛。第一境尚"未悟"，第二境已近"悟入"，第三境"顿悟"，顿悟后即可"悟出"。

真正进入美学接受的第一境，当然要屏去闲思杂虑，努力去感受。就读词而言，通过阅读，把握作者之所写，得到了表层的印象，"望尽天涯路"之所得，即"见山是山，见水是水"。进入第二境，遂将第一境时"心向之，目注之"所得表象，作"谛审而咀味之"，"沉思渺虑，以吾身入乎其中而涵咏玩索之"，展开充分的想象、联想，挟带着感情去积极体验，发挥自己的主观能动作用。这种心理活动的再创造，充分调动了自己的形象记忆，同时也有积极的感情参与，经验性的情绪回忆更使自己与作品中的形象、感情贴近。这里，既有"空山无人，水流花开"的审美愉悦，也会有"为伊消得人憔悴"的感情痛苦和寻绎艰难。因为此境侧重在心理活动的"再创造"之中，故"见山不是山，见水不是水"。待到"吾性灵与相浃而俱化，乃真实为吾有而外物不能夺"之时，"方见古人用心处"，这就是"万古长空，一朝风月"的第三境，此亦如创作时的灵感不促而至，是"蓦然回首，那人却在灯火阑珊处"的"顿悟"，这所悟而得或是主于知性的"寄托"，或是主于艺术的"用心"。

这里举一例以明美学接受的三阶段。《花间集》中有李珣的《临江仙》：

> 莺报帘前暖日红，玉炉残麝犹浓。起来闺思尚疏慵。别愁春梦，谁解此情悰？

强整娇姿临宝镜,小池一朵芙蓉。旧欢无处再寻踪。更堪回顾,屏尽九疑峰。

初读之,所得到的表层印象是:帘前莺啼,红日送暖,玉炉残烟,麝香犹浓。女子晨起,闺思疏慵,别愁春梦,谁解情悰?(《说文》:“悰,乐也。”)强整娇姿,临镜相照,小小池沼,一朵芙蓉。旧欢无处,难寻其踪,更堪回顾:望尽画屏、九嶷山峰。继而涵咏玩索,充分联想,才能以联想发其联想之意:闺思之“疏慵”是因为夜间“春梦”中与情人相见,梦醒之后回到现实,不见情人,故有“别愁”之说。因为梦中有相见之“情悰”,梦醒后仅自己孤身只影,谁可解之?“疏慵”之中,还得强打精神梳妆打扮,移坐宝镜之前,看到镜中的自我形象恰如一朵荷花。春梦已醒,旧欢不来,无处再可寻踪。引颈回顾,目光在曲折如山的屏风上移动,直到屏山已尽,仍寻而未得。此情此恨,又何异于娥皇、女英之肠断九嶷山!诚然,这是一个写滥了的题材,但在经过寻绎之后,终有所得:既理解了“小池”以喻宝镜,“芙蓉”以喻娇姿,不由得不对其构思、传达之巧妙表示叹服,“是人是花,一而二,二而一。句中绝无曲折,却极形容之妙。昔人名作、此等佳处,读者每易忽之”(《蕙风词话》卷二),又理解了“别愁春梦,谁解此情悰?”和“更堪回顾,屏尽九疑峰”这上下二语的涵义。一待“方见古人用心处”,“乃真实为吾有而外物不能夺”,自得自足之乐亦如“万古长空,一朝风月”一样,似是瞬刻之中得到了永恒。

再看温庭筠的《菩萨蛮》:

水精帘里玻璃枕,暖香惹梦鸳鸯锦。江上柳如烟,雁飞残月天。　藕丝秋色浅,人胜参差剪。双鬓隔香红,玉钗头上风。

由于词中所写主要都是所得官感印象,骤遇之,看到的也只是水精帘、玻璃枕、鸳鸯锦、江柳、大雁、残月、藕色衣衫、人胜(即“花胜”,据《荆楚岁时记》:“正月七日为人日,……剪彩为人,或镂金薄为人以贴屏风,亦戴之头鬓,又造华胜以相遗。”)、双鬓、玉钗等华贵、精美的陈设、饰物及自然外境的表层印象,“见山是山,见水是水”,难以联缀并求得真意。当充分调动美感联想,凭藉自己的情感揣度能力,从容涵咏,谛审咀味,就能从词中所省略的叙事成分中,窥出其男女情事的背景,了解到词中所写实是“止”、“行”、“送”的三部曲。首二句写了自己的歇息之地:此处有透明的水晶帘,有明洁的玻璃枕,还有绣着鸳鸯的锦被,“暖香惹梦”四字写出了止宿其中的惬意。在他一梦醒来之后,由“止”而“行”,准备乘舟而去。抬眼望去,江清月残,杨柳如烟,鸿雁高飞。在这春晨时光,“她”来作别送行了,词中虽未出现描写她的容貌之句,却通过写服饰展现了不远不近的形象:她穿着近于纯白的藕色淡淡衣衫,双鬓簪花,头上戴着花胜,玉钗袅娜。对其服饰不以通常的描形绘状来表达,却是抓住最显著的特点,传达出明晰的感官印象:藕色的衣衫,参差剪成的人胜,隔着笑靥、簪在双鬓上的花儿又香又红,头上的玉钗在春风中摇曳,正是作者《咏春幡》诗“玉钗风不定,香步独徘徊”的意境。正由于此处是这样美好，“她”又具有这等情韵风度，虽不言离之而去的情怀惆怅，但“江上柳如烟，雁飞残月天”已流露了淡淡哀愁。在这整个玩索、接受的过程中，对于后四句，尤有“见山不是山，见水不是水”之感。待当理解了词中涵义后，再看此词，我们就不再从思想意蕴上探求，此时却不得不被其美感所折服，产生如此共感：“帘内之清秾如斯，江上之芊眠如彼。千载以下，无论识与不识，解与不解，都知是好言语矣。”（俞平伯《读词偶得》）此时当与“依前见山只是山，见水只是水”相类。

美学接受过程的三阶段具有普遍意义。这既因于人们对事物的认识，通常都经过感知、认识、理解；又缘于艺术鉴赏出于特殊的形象思维，须经感受、想象（联想）和体验，再到理解（再创造）。就唐宋词而言，作为“心绪”文学，境界优美、狭深，“要眇宜修”，并非浅尝即知底蕴，稍涉可得其美。“诗文之词采贵典雅而贱粗俗，宜蕴藉而忌分明；词曲不然，话则本之街谈巷议，事则取其直说明言。”（李渔《闲情偶寄·贵显浅》）此是曲家所见，以曲概词。唐宋词中固有浅显、通俗之作，但“初阅不见其佳，深思而后得其意之所在者”，却不在少，且很难说“便非绝妙好词”（同上）。李渔作为戏曲家，以耳熟能详的“本色”语言为“当行”，是出于演出的直接性，“街谈巷议”、“直说明言”不会成为接受的阻隔。唐宋词，尤其是南宋重在“应社”的文人词中，“不能于浅近处求新，而于一切古家秘笈之中，搜其隐事僻句及人所不经见之冷字，入于词中，以示新艳”（李渔《窥词管见》）并非少见。沈义父《乐府指迷》传吴文英法乳，同时又认为“其失在用事下语太晦，人不可晓”。清人戈载对吴文英词就有自己的独到体会：“貌观之雕缋满眼，而实有灵气行乎其间。细心吟绎，觉味美方回，引人入胜，既不病其晦涩，亦不见其堆垛。”（《七家词选》）对如同吴文英“初阅不见其佳，深思而后得其意之所在”一类词，非经“细心吟绎”难以接受；而“近世学梦窗者，几半天下”（吴梅《乐府指迷笺释序》），说明吴词在清末之盛行，已得广泛接受。这样看来，非但李渔所论是曲家之见，即使连王国维“尤痛诋梦窗、玉田。谓梦窗砌字，玉田垒句。一雕琢，一敷衍，其病不同，而同归于浅薄”（樊志厚《人间词甲稿序》，见《人间词话附录》）亦是个人之见。而对于梦窗词及南宋风雅派之词，非经三阶段难以接受。有些看似浅言直说者，却别有寄托，倘非从容涵咏吟绎，当因浅尝而未得，深负作者，何云接受？此类下节再叙。

由李渔所说及戈载论梦窗词之所见，又引出对唐宋词美学接受的另一话题。此即《文心雕龙·知音》所说的“凡操千曲而后晓声，观千剑而后识器；故圆照之象，务先博观”和“无私于轻重，不偏于憎爱，然后能平理若衡，照辞如镜矣”。这也就是说：要有广博的知识，亲身的实践经验；摒弃私心，破除偏见，才能对作品有正确的认识、接受，作出恰如其分的批评。

先说前者。“博观”对于任何文艺作品的美学接受都是必要条件。内行看门道，外行看热闹，这是人所共知的。但唐宋词由于所处的文学发展阶段，又有其特殊性。纵然袁枚曾写道：“但肯寻诗便有诗，灵犀一点是吾师。夕阳芳草寻常物，解用都为绝妙词。”（《遣兴》）要做到言必己出而又纯乎一片天籁，却又谈何容易？李白应是天马行空的“诗仙”，可以一空依傍吧，但却对名声远逊于自己的前代诗人阴铿有所汲取，杜甫更不讳言这种汲取,“少陵绝句云:‘颇学阴、何苦用心。’又赠太白云:‘李侯有佳句,往往似阴铿。’此特赏其句,非取其格也”(沈德潜《古诗源》卷十四)。杜甫是凭藉“读书破万卷”才“下笔如有神”的。而在宋人看来,生于唐后,开辟难为,“荆公尝言‘世间好语言,已被老杜道尽;世间俗言语,已被乐天道尽’”(胡仔《苕溪渔隐丛话》前集卷十四)。宋诗之走上以学为诗,形成影响巨大的江西诗派,亦非偶然。黄庭坚所说的“诗意无穷,而人之才有限。以有限之才,追无穷之意,虽渊明、少陵,不得工也。然不易其意而造其语,谓之换骨法;窥入其意而形容之,谓之夺胎法”并非无理。

温庭筠以来,在他当属创造的用词和风格,被其他“花间”派词人沿用,竟然出现难分彼此的类型化现象。南唐词是能够充分展现创作个性的作品,冯延巳的“堂庑特大”,李煜的“眼界始大,感慨遂深”,都非前人可比。北宋初期,晏、欧未越冯词范围,张先难称大家,柳永不失唐人高处,更以俗词见长。苏轼另辟蹊径,以诗为词,词中的语言材料难免向诗靠拢,“学”就成为一个重要来源。如曾季貍指出他的《水龙吟》(杨花词)“夺胎换骨”之处,就是一例:“东坡和章质夫杨花词云:‘思量却是,无情有思。’用老杜‘落絮游丝亦有情’也。‘梦随风万里,寻郎去处,依前被莺呼起。’即唐人诗云:‘打起黄莺儿,莫教枝上啼。啼时惊妾梦,不得到辽西。’‘细看来不是杨花,点点是离人泪。’即唐人诗云:‘时人有酒送张八,惟我无酒送张八。君有陌上梅花红,尽是离人眼中血。’”(《艇斋诗话》)黄庭坚评苏作《卜算子》(缺月挂疏桐)云:“非胸中有数万卷书,笔下无一点尘俗气,孰能至此!”(《山谷题跋》)也道出了个中消息。此后,炼字、造词、意象、构思,多从前人诗文辞赋中有所汲取。诚如宋刘肃序《片玉集》所言:“周美成以旁搜远绍之才,寄情长短句,缜密典丽,流风可仰,其征辞引类,推古夸今,或借字用意,言言皆有来历。”这样,对于读者来说:“触物而不明其原,睹事而莫征所自,与冥行何别?故曰无张华之博,则孰知五色之珍;乏雷焕之识,则孰辨冲斗之灵。况措辞之工,岂有不待于阅者之笺释耶?”因此,倘无“操千曲”、“观千剑”的“博观”,对词这种最为精美的韵文作品,是难以真正理解、接受的,南宋词尤甚。

词作为“倚声”,比起“不歌而诵”的作品自是不同。清宋翔凤说:“凡情与事,委折抑塞,于五七字诗不得尽见者,词能短长以陈之,抑扬以究之。盖穷居则气郁,气郁则志衰,志衰而虑乱,虑乱而词碎,而能归之节奏之微,道以声音之变,使各就理,靡不开畅;又能包含蕴蓄,不尽其声,俾能平其气以和其疾。是以填词之道,补诗境之穷,亦风会之所必至也。”(《浮溪精舍词自序》引汪小竹语,见《清名家词》)词能“补诗境之穷”实与其“声”相关。王国维在《人间词话》中,对周邦彦极为鄙薄,后却尊之为“词中老杜”,他在《清真先生遗事》中特地指出:“故先生之词,文字之外,须兼味其音律。”因为王国维本人对词乐下过功夫研究,尤精音律,故能谓清真词“今其声虽亡,读其词者犹觉拗怒之中,自饶和婉,曼声促节,繁会相宣,清浊抑扬,辘轳交往。两宋之间,一人而已”。可见他对清真词的美学接受已非仅在语言、境界,更在音律、节奏。唐宋词的“倚声”特点,使人们在欣赏中受到情绪感染,感情与之和谐,此又非文字符号所能及。

再简说后者。私心和偏见对于唐宋词的接受会产生障碍,并导致批评的不公。这里有相近的进词之例,却有不同的结果,原因就在于私心:"景德(宋真宗年号)中,夏公(夏竦,真宗时除光禄丞,仁宗朝累擢知制诰,拜同中书门下平章事,封英国公)初授馆职,时方早秋,上夕宴后庭,酒酣,遽命中使诣公索新词。公问上在甚处,中使曰:'在拱辰殿按舞。'公即抒思,立进《喜迁莺》词(词略)。中使入奏,上大悦。"(《青箱杂记》卷五,转引自《宋词纪事》)"柳三变景祐(仁宗年号)末登进士第,少有俊才,尤精乐章。后以疾更名永,字耆卿。皇祐中,久困选调,入内都知史某爱其才而怜其潦倒。会教坊进新曲《醉蓬莱》,时司天台奏老人星见,史乘仁宗之悦,以耆卿应制。耆卿方冀进用,欣然走笔,甚自得意,词名《醉蓬莱慢》。比进呈,上见首有'渐'字,色若不悦。读至'宸游凤辇何处',乃与御制真宗挽词暗合,上惨然。又读至'太液波翻',曰:'何不言波澄?'乃掷之于地。永自此不复进用。"(《渑水燕谈录》卷八,转引自《宋词纪事》)二词皆歌祥瑞,前者"三千珠翠拥宸游,水殿按《梁州》"正投合真宗之心,后者却令仁宗"不悦"、"惨然',正不投其心。前者的欣赏,接受,后者的拒绝接受,都缘于"私心"。

偏见不同于文化时态之别,其产生主要因于门户之见和勇于立论而疏于细品。如果说宋人对本朝词人的不同接受,主要是由于审美趣味、艺术标准不同,那末清人则根源于门户、派别不同,最显著的莫过于浙西词派与常州词派。浙西派标举"醇雅"而崇奉姜、张,是重在风格,常州派讲比兴寄托,是重在意格。但如周济对姜、张的批评,却离异了自己树立的标准之范围,在艺术性上大加贬抑。又如果说刘熙载"论词莫先于品",以此为标准而较能一以贯之地评价唐宋词人,那末王国维之以"境界"为标准论词,推崇五代,北宋,鄙薄南宋,除艺术趣尚外,也与勇于立论而疏于品尝有关。其晚年之变大概是深入品尝后,另有体会,故所见与早年不同。胡适曾问词于王国维,其《词选》判姜夔以下皆为"词匠",当源于王氏。郑板桥曾说过:"少年冶游学秦、柳,中年感慨学苏、辛,老年淡忘学刘、蒋。"(《词钞自序》)胡适倘若继续治词,很难说不会改变《词选》中的看法。

前述对唐宋词美学接受的三阶段,侧重于论述过程,未及审美感受。这里引一段话以明三阶段的不同之感受:

> 夫意以曲而善托,调以杳而弥深。始读之,则万萼春深,百色妖露,积雪纻地,馀霞绮天,此一境也。再读之,则烟涛澒洞,霜飙飞摇,骏马下坂,泳鳞出水,又一境也。卒读之,而皎皎明月,仙仙白云,鸿雁高翔,坠叶如雨,不知其何以冲然而淡,翛然而远也。(蔡小石《拜石词序》,引自江顺诒《词学集成》卷七)

江顺诒旁案云:"始境情胜也,又境气胜也,终境格胜也。"这段词序以异常精美的语言喻指境界,形象地描述了自己的不同审美感受,虽不必似江顺诒那样指实,然而"曲而善托,杳而弥深"的作品,确实不会给人以始终如一的美感,丝毫不变的体会。宋郭熙《林泉高致·山水训》有"山形步步移","山形面面看","四时之景不同","朝暮之变态不同"之说,移来论词,亦宜于喻指对唐宋词精品的反复吟咏、玩索寻绎。

对一人之词可以有始境、又境、终境的体会，鸟瞰整部唐宋词史，又会有怎样不同的审美感受呢？对此，我们也可以粗略地分成三阶段而言。

第一阶段是晚唐词及五代的西蜀词。这一阶段的词，有写水乡风光、南国风物、劳动生活者，亦有写边塞战争，征人思妇、历史陈迹、神仙传说者，还有隐逸、怀古、咏史、宫怨、自伤身世、感离念乱，抒亡国之痛等不同内容，但写男女之情者，几近十之七八。此时所作多为小令，所用多在应歌，其情趣入于类型化，不必作披文入情的深究，而以精美艳丽的意象见胜。在接受的过程中，会充分感受到词中写景状物明丽如画，语语如在目前，故又以王国维所说的"不隔"为特征。《人间词话》说："'画屏金鹧鸪'，飞卿语也，其词品似之。'弦上黄莺语'，端己语也，其词品亦似之。"这是对"花间"派代表美学感受的印象。如果推至整个晚唐、西蜀词，能否以张泌的《蝴蝶儿》"蝴蝶儿，晚春时"，"还似花间见，双双对对飞"来概括呢？恐怕差可拟之。

第二阶段是南唐和北宋词。如果说"花间"词中仅有温庭筠所作令人索求托意，且并非全然无中生有的话，南唐词就因其"堂庑特大"、"感慨遂深"，"皆在《花间》范围之外"（均见《人间词话》），不能不令人反复咏味、深入寻绎了。温庭筠的仕途遭遇、身世之感，与不幸的女性相似，"代言"而作，虽无意亦似有意。李璟感慨时序的"菡萏香销翠叶残，西风愁起绿波间"（《浣溪沙》），令王国维看出"大有众芳芜秽，美人迟暮之感"（《人间词话》），也可能虽无意寄托，却令人有事异情同之想。若谓冯延巳"和泪试严妆"的作品终难指实托意，李煜之善作"赋而比"，抒其亡国之痛，当无疑义了。纵使不言李煜词在其他方面给人的独特感受，仅以这"赋而比"（明为赋体，实为比体，有所寄托）而言，就非他人所及。"二主词，中主能哀而不伤，后主则近于伤矣，然其用赋体不用比兴，后人亦无能学者也。"（吴梅《词学通论》）此真具眼之见。

北宋前期词虽仍用于娱宾遣兴，还是以男女之爱、离情别绪为大宗，然而我们在阅读过程中，可以感受到作者的主观感情已与客观物境酝酿交融，词中的意象或浸染着作者外射的感情，或为"物移我情"之物，虽有淡隽（如晏欧）与深厚（如周秦）之别，却均属"有我之境"。因所多在"感物而动"，情因景生，境界亦多为"不隔"。风格虽有婉约与豪放之别，"有我"与"不隔"却是共同的。北宋是彻底摆脱类型化，充分体现出创作个性的时代。王鹏运曾概括为"潘逍遥之超逸，宋子京之华贵，欧阳文忠公之骚雅，柳屯田之广博，晏小山之疏俊，秦太虚之婉约，张子野之流丽，黄文节之隽上，贺方回之醇肆"，更云"苏文忠之清雄，敻乎轶尘绝迹，令人无从步趋"（《半塘老人遗稿》）。北宋词由于"多就景叙情，故珠圆玉润，四照玲珑"，读之给人以"浑涵"的感受。意境浑融不仅是我国传统文学批评认可的创作极诣，欧洲的批评家也认为第一流作品应是"古典"（偏于客观的意象优美）和"浪漫"（偏于主观的感情强烈）的和谐统一。周济以北宋"浑涵"为高，所以常州词派倡"由南追北"、"以吴（文英）希周（邦彦）"，甚至有人认为："苏之大，张之秀，柳之艳，秦之韵，周之圆融，南宋诸老何以尚兹？"（吴衡照《莲子居词话》）

第三阶段是南宋词。朱彝尊曾说："世人言词，必称北宋。然词至南宋始极其工，至宋季而始极其变。"（《词综·发凡》）当然，这是"尊南"派，亦同后来王国维的"尊北"一样，都失之偏颇。相较而言，还是谢章铤所论公允："北宋多工短调，南宋多工长调；北宋多工软语，南宋多工硬语。"总括而言，南宋词主观的情志强于客观物境。在豪放派，是主观胜于客观，意胜于境，当然是"有我之境"，而且写景既明，写情亦显，当然"不隔"，易为读者接受。南宋豪放派词与北宋婉约派词相比，虽有志之大小，情之强弱，抒发之显隐曲直，音律之谐协与不羁等种种不同，但均属"有我"、"不隔"之境，因此，相较而言，风雅派更具第三种境界的特点。风雅派词虽以"出而味之"多于豪放派的"入而受之"，感情沉缓低黯多于激切昂扬，但无论是对恋情的追忆，对时弊的讽谏，或尚存希冀，或充满哀恸，在词中都是浸染着主观的感情志趣，同样是"有我之境"。可是，由于"即事叙景"之多不取眼前，"缘情布景"的错综交织，见意象未必知情之所在，词义可觉可感却难于指实，除"雾里看花，终隔一层"（《人间词话》评姜词）外，还有"凌乱碧"（《人间词话》评吴词）之感，可见风雅词的境界又以"隔"者为多。

对南宋词的美学接受，从豪放词与风雅派分别又会得到"情胜乎辞"与"辞胜乎情"之感。沈雄《古今词话》曾引蔡伯世一段话："子瞻辞胜乎情，耆卿情胜乎辞，辞情相称者，唯少游一人而已。"我们如果置具体词人不评，这三种类型之分还有相当合理性。豪放派多表现"入而受之"的感情，多未降温，强烈、激切，属意胜于境，写恢复之事，言匡世之志，其境大，其情高，不似周、秦之"情辞相称"、"浑化"，而是显见"情胜乎辞"的特点。风雅派则不同，因多表现"出而味之"的感情，多经降温，掩抑低回，其情或掩抑、或凝聚在形象之中，从字面看来，属境余于意，"辞胜乎情"。但倘若再作深入寻绎，则因比兴寄托的关系而另有不同感受，此在下节再论。

三　作者未必然　读者何必不然
——"寄托"的政治解读与接受的再创造

据宋释文莹《湘山野录》卷中载："吕申公屡乞致仕。仁宗眷倚之重，久之不允。他日，复叩于便坐，上度其志不可夺，因询之曰：'卿果退，当何人可代？'申公曰：'知臣莫若君，陛下当自择。'仁宗坚询之，申公遂引陈文惠尧佐曰：'陛下欲用英俊经纶之臣，则臣所不知。必欲图任老成，镇静百度，周知天下之良苦，无如陈某者。'仁宗深然之，遂大拜。后文惠公极怀荐引之德，无以形其意，因撰《燕词》一阕，携觞相馆，使人歌之曰：'二社良辰，千家庭院。翩翩又见新来燕。凤凰巢稳许为邻，潇湘烟暝来何晚。　乱入红楼，低飞绿岸。画梁时拂歌尘散。为谁归去为谁来，主人恩重珠帘卷。'申公听歌醉笑曰：'自恨卷帘人已老。'文惠应曰：'莫愁调鼎事无功。'老于岩廊，蕴藉不减。"（转引自《宋词纪事》）这则笔记说得很清楚：宰相吕夷简（封申国公）欲致仕，宋仁宗征询可代之人，吕夷简遂推荐了陈尧佐，陈尧佐在拜相后，难形其意，撰写了《踏莎行》燕词，寄托其对于荐引的感激。词中以燕喻贤士，而特喻自己，"凤凰巢稳许为邻"，谦恭却未见寒乞，非常得体，上结以燕子的来晚自责相从恨迟，下片在欢快欣喜之中，结句的"主人恩重珠帘卷"，感恩之情溢于言表，却又终未直接说破。吕夷简之醉笑"自恨卷帘人已老”,亦见动情,陈尧佐的应答,更申足己意。

若谓孟浩然“不才明主弃,多病故人疏”(《岁暮归南山》),将落第失意的缘由表述得过于直白,以“欲济无舟楫,端君耻圣明”(《临洞庭湖赠张丞相》)求“干禄”,就较为委婉。但是,孟诗之希望得到援引只是用比兴来表达,较之陈尧佐的燕词,还缺少蕴藉之致,这就缘于比兴并非就是寄托。诚如陈廷焯所说,虽“字字譬喻,然不得谓之比”,因为“太浅露”就“未合风人之旨”(见《白雨斋词话》卷六)。陈氏燕词以比兴来寄托其感激援引之情,既虚又活,若远若近,真是“小小咏物,亦贵得风人比兴之旨”(清蒋敦复《芬陀利室词话》卷三),所以为高。

陈尧佐的燕词是确有寄托,虽蕴藉而仍能见出,但有不少作品并非似此词之表达感激之情,而涉及政治讽谕,就很难指实了。对于唐宋词的“寄托”之解读与接受过程中的再创造,清谭献有一颇著名的说法:

> ……又其为体,固不必与庄语也,而后侧出其言,旁通其情,触类以感,充类以尽;甚且作者之用心未必然,而读者之用心何必不然,言思拟议之穷,而喜怒哀乐之相发,向之未有得其诗者,会遂有得于词。
>
> 皋文《词选》(按,评苏轼《卜算子》)以《考槃》为此,此言非河汉也。此亦鄙人所谓作者未必然,读者何必不然。(《复堂词话》)

对于传达者的陈尧佐和接受者的吕夷简,可以有完全的沟通,“侧出其言,旁通其情,触类之感,充类以尽”,没有任何间阻,前者“然”,后者“亦然”。读者倘了解了事情经过,也会“然”其所以“然”。可是在许多场合,对于唐宋词的寄托是很难作出正确判断的。近人蔡嵩云就说过:“正中《鹊踏枝》十四章,郁伊惝恍,究莫测其意旨。刘融斋谓其词流连光景,惆怅自怜,冯梦华则以为有家国之感寓乎其中。然欤?否欤?”“看人词极难,看作家之词尤难,非有真赏之眼光,不易发现其真意。有原意本浅而视之过深者,如飞卿《菩萨蛮》本无甚深意,张皋文以为感士不遇,为后人所讥是也。有原意本深而视之过浅者,如稼轩词多有寓意,后人但看其表面,以为豪语易学是也。自来评词,尤鲜定论,派别不同,则难免入主出奴之见,往往同一人之词,有扬之则九天,抑之则九渊者。”(《柯亭词论》)怎样才能做到“真赏”呢?任二北《词学研究法》有一极为简明的说法:“比兴之确定,必以作者之身世,词意之全部,词外之本事三者为准。”这也可以看作“知人论世”原则的具体化。

这里举晏殊《山亭柳·赠歌者》为例:

> 家住西秦,赌博艺随身。花柳上,斗尖新。偶学念奴声调,有时高遏行云。蜀锦缠头无数,不负辛勤。　数年来往咸京道,残杯冷炙谩销魂。衷肠事,托何人?若有知音见采,不辞遍唱阳春。一曲当筵落泪,重掩罗巾。

论者很少论及此词，很容易因不察其中寓意而放过。人们多因“晏元献公以文章名誉，少年居富贵，性豪俊，所至延宾客，一时名士，多出其门”（欧阳修《归田录》卷一），只看到为词“温润秀洁”一面。其实，晏殊亦有其仕途遭挫之时：仁宗明道二年（1033年），章献太后崩，晏殊罢参知政事，以礼部尚书知亳州。原因在于仁宗为李宸妃所生，儿时却被刘后抱养，李妃失宠。李妃死时，仁宗已继位，命晏殊为李妃撰墓志，此时刘后（即章献太后）尚在，晏殊不敢写出仁宗为李妃所生，待刘后死，晏殊受到指责，虽吕夷简为之辩护，仍遭贬。据《宋史·后妃传》：“章献太后崩，燕王为仁宗言，陛下乃李宸妃所生，妃死以非命。仁宗号恸顿毁，不视朝累日，下哀痛之诏自责。”晏殊被贬，因正逢仁宗之痛、怒，可谓情之必然。被贬后，晏殊先知亳州，又徙陈州，后虽召还并代吕夷简为相，却次年即被罢，以工部尚书知颍州，再移陈州，徙许州，六十岁迁户部尚书，以观文殿大学士知永兴军（今西安），三年后才自永兴军徙知河南，兼西京留守，以久病归京，六十五岁卒。了解了晏殊的仕履、经历，就可从此词中看到“西秦”，“咸京道”诸语，当非泛设。年老远宦的情怀，适为席上闻歌所触，题为“赠歌者”，无非是“借他人酒杯，浇自己块垒”，故词中语不必字比句喻，歌女的形象与情感，却又是作者的喻托。“骑驴十三载，旅食京华春”，“残杯与冷炙，到处潜悲辛”（杜甫《奉赠韦左丞丈二十二韵》）。晏殊的处境虽不至于此，位极人臣而被贬外任，亦其情相近。衷肠相托，知音见采，亦“女为悦己者容”与“士为知己者用”之相通。总之，“词外之本事”虽不可知，从“作者之身世”，“词意之全部”综而察之，可以认定《山亭柳·赠歌者》之有寄托及托意为何了。

“作者未必然，读者何必不然”并不是随意的。谭献经验性地以“旁通其情，触类以感，充类以尽”言接受法，是侧重在由内到外地读词；任二北的“三者为准”以确定比兴，则是由外到内地读词。合二人所言，可以对唐宋词的比兴寄托作出较正确的政治解读，可以在美学接受过程中有所再创造。知性与感性的统一，写实与象喻的统一，应该是这种接受的完整构成。

知其人尚须论其世，倘不具深心，就难明托意。杨慎博学，有时却失之浅尝。其《词品》卷五云：“詹天游以艳词得名，见诸小说。其送童甕天兵后归杭《齐天乐》云：‘相逢唤醒京华梦，胡尘暗斑吟发。倚担评花，认旗沽酒，历历行歌奇迹。吹香弄碧。有坡柳风情，逋梅月色。画鼓江船，满湖春水断桥客。　当时何限俊侣，甚花天月地，人被云隔。却载苍烟，更招白鹭，一醉修江又别。今回记得。再折柳穿鱼，赏梅催雪。如此湖山，忍教人更说。’此伯颜破杭州之后也。观其词全无黍离之感，桑梓之悲，而止以游乐言。宋末之习，上下如此，其亡不亦宜乎？”况周颐联系詹玉所处时代、情势，发其深微之义。《蕙风词话》卷三云：“升庵斯言，微特论世少疏，即论词亦殊未允。当元世祖威棱震叠，文字之狱，在所难免，第载籍弗详耳。凤林书院《草堂诗馀》无名氏选至元、大德间诸人所作（天游词录九首），并皆南宋遗民词。多悽恻伤感，不忘故国，而于卷首冠以刘藏春、许鲁斋二家，以文丞相、邓中斋、刘须溪三公继之，若故为之畦町。当时顾忌甚深，是书于有所不敢之中，仅能存其微旨，度亦几经审慎而后出之。天游词歇指云：‘如此湖山，忍教人更说。’看似平淡，却含有无限悲凉。以此二句结束全词，可知弄碧吹香，无非伤心惨目，游乐云乎哉？曲终奏雅，吾谓天游犹为敢言。”此词是在对比之中寄托故国之思、兴亡之感，词中所写游乐胜景，兼具象征故国之意和怀念故国之情。况周颐堪称善察、善评，是能以“论世”为前提，将“旁通其情，触类以感，充类以尽”，与“作者之身世，词意之全部，词外之本事”结合起来，故能辨析真义，作出正确的接受。

詹玉此词可以认定为有所寄托，但由于是借送友而插入托意，全词可由读后之感性继而得出知性的结论，但毕竟不是浑涵之作，难以见出写实与象喻的统一。最能体现“作者未必然，读者何必不然”的，还是被周济称为“以其能实，且能无寄托”“浑涵之诣”的北宋词，此“无寄托”并非真无寄托，而是如况周颐所说的“流露于不自知，触发于弗克自已”的无意寄托。苏轼尤可见之。其《水调歌头》(明月几时有)被内侍录以进呈后，神宗读至“又恐琼楼玉宇，高处不胜寒”，曰：“苏轼终是爱君。”乃命量移汝州(见《岁时广记》卷三十一引《复雅歌词》)。这就是宋神宗“何必不然”的接受。刘熙载《词概》云：“词以不犯本位为高。东坡《满庭芳》‘老去君恩未报，空回首弹铗悲歌’，语诚慷慨，然不若《水调歌头》‘我欲乘风归去，又恐琼楼玉宇，高处不胜寒’，尤觉空灵蕴藉。”以后者“不犯本位”，“空灵蕴藉”，也是认定其有所寄托，“何必不然”。苏轼的《卜算子》(缺月挂疏桐)常为人所道及，此处不赘。我们不妨再看他的《贺新郎》：

乳燕飞华屋，悄无人、桐阴转午，晚凉新浴。手弄生绡白团扇，扇手一时似玉。渐困倚、孤眠清熟。帘外谁来推绣户？枉教人、梦断瑶台曲。又却是、风敲竹。石榴半吐红巾蹙，待浮花浪蕊都尽，伴君幽独。秾艳一枝细看取，芳心千重似束。又恐被、西风惊绿。若待得君来向此，花前对酒不忍触。共粉泪、两簌簌。

乳燕将人引入华屋之内，展现了一位桐阴下的出浴美人，手弄团扇，孤眠清熟，可见百无聊赖，极为寂寞，风敲竹被误为推绣户，梦断瑶台，更为之怅惘失望。下片石榴独芳，伴美人孤寂，美人的芳心亦如榴花“千重似束”，由花之终将“西风惊绿”，人亦必将迟暮，“待得君来向此”，只有泪珠与花瓣簌簌而落了。前人解说此词，众说纷纭，胡仔《苕溪渔隐丛话》后集卷三十九力辟杨湜《古今词话》为官妓秀兰所作之说，谓“东坡此词，冠绝古今，托意高远，宁为一娼而发邪”，是具眼之见。此词虽不必如《项氏家说》卷八所云：“盖以兴君臣遇合之难，一篇之中，殆不止三致意焉。瑶台之梦，主恩之难常也。幽独之情，臣心之不变也。恐西风之惊绿，忧谗之深也。冀君来而共泣，忠爱之至也。”(转引自《宋词纪事》)但却具有知性与感性统一，写实与象喻统一的品格。

先说后者。华屋无人，桐阴转午，美人新浴，手弄团扇，困倚而眠，风竹惊梦，都可看作写实性笔墨，是审美直觉所得，具有表象原有的生动、自然。同时，团扇相伴又具有美人弃捐的象征意义，梦断瑶台通常隐喻遇合无期，“后半阕别开异境”(谭献《谭评词辨》)，以半吐之榴花陪伴佳人，无意争春，初夏才开，芳心千重，坚贞不渝，形象、品格、内心，构成三重复合之比喻。这岂非写实与象喻的统一？那种种为妓、为妾而作之论，正是只看到了此词的写实性品格。极喜作字笺句比的黄蓼园对此词却未多言，大概是出于对其“美人芳草”的整体象征性品格的认同吧。

再说前者。因为苏轼并非“桓亘一寄托于搦管之先”，而是“身世之感，通于性灵。即性灵，即寄托”（况周颐《蕙风词话》卷五），以其惯有的随物赋形，行于所当行，止于所当止的态度进行创作，使词中意象带有“把客观存在（事物）所显现的作为真实的东西来了解和表现”（黑格尔《美学》第一卷）的特点，从而具有直切、自然、生动的描述性特征，所以首先是给人以审美愉悦的感性。在此基础上，又可逐渐体味出种种美丽意象之中所蕴含的象喻性，在对班婕妤《团扇歌》、杜甫《佳人》所创造意象之延续性的认同中，结合苏轼的境遇，就继而产生托喻身世、情怀的知性认识。

因为此词并非索物托意，强附兴义，而是随机触发，浑涵圆通，故若远若近，极虚极活，政治解读与美学接受，认识与创造可兼得之，故可作为“然”与“不然”的典范来看待。形象大于思想是文学创作中常有之事，读者在美学接受的过程中，积极发挥主观能动性，就能进行审美的再创造。“或深思之，或浅尝之。不浅尝不得其真，不深思不得其美。真者，其本来之固然；美者，其引申假借之或然也。”（俞平伯《积木词序》）“浅尝”得其“真”，得其“本来之固然”，此即写实性品格之所在；“深思”得其“美”，得其“引申假借之或然”，此即象喻性品格之所在，亦即“寄托”得以存在的基础。“必谓文词之意穷于作者之意中，又安得为知类通方乎！赤水玄珠得之象罔，文章之出于意匠惨淡经营中者固系常情，而其若有神助者，亦非例外也。”（同上）这是从创作者的角度而言，文词之意并不一定穷于作者之意中。“其逸兴之遄飞也，其文如之，则如野云孤飞矣；其深情之摇荡也，其文又如之，则如绿波之摇荡矣。亦有意乎？亦无意乎？安见其可浅尝而不可深思乎？”（同上）这就为既“得其固然”又“求其或然”提供了基础。合前后而言，“作者未必然，读者何必不然”的理论根据得到了阐明。

唐宋词在五代、北宋阶段的有所寄托，还是表现在“感士不遇”的个人遭遇上（李煜另当别论），南宋及宋季则因特有的历史原因，词中常有“君国之忧”的寄托，或二者的纠缠、结合。因而，伴随着接受过程三阶段的三种境界：“直观感相的渲染”之始境，“活跃生命的传达”之又境，“最高灵境的启示”（宗白华语，见《美学散步》）之终境，还只是伴随着接受过程的深入，审美感受的发展、递升。对有政治寄托之作，还要有政治的解读。人们对“花间”词多不以政治眼光看待，张惠言《词选》却发其托意，而遭人讥评。其实，早在由宋入元的仇远，就发见了牛希济《临江仙》的政治寄托。词云：

峭碧参差十二峰，冷烟寒树重重。瑶姬宫殿是仙踪。金炉珠帐，香霭昼偏浓。一自楚王惊梦断，人间无路相逢。至今云雨带愁容。月斜江上，征棹动晨钟。

此词系咏巫山神女事，但仇远如此评曰：“牛希济《临江仙》芊绵温丽极矣，自有凭吊凄凉之意，得咏史体裁。”（《花间集评注》引）虽未详言，但已逗出以蜀臣入唐而难忘旧国之旨。是耶？非耶？仇远身丁宋季离乱，入元而不忘故国，从词中凄凉的气氛中感发其旨趣，更当就“一自楚王惊梦断，人间无路相逢”窥出深意，如此的政治解读，就是“作者未必然，读者何必不然”的一个典型例子。

要对唐宋词的寄托作出合乎实际的政治解读并非易事。本章第一节论及常州词派之尤重以寄托论唐宋词，与经学发达，以解经法读词有关，也与清代文字狱大兴有关。这样，对前人作品就未免深求。人们不赞同张惠言《词选》所析（诸如温庭筠《菩萨蛮》“篇法仿佛《长门赋》”，“照花”四句，《离骚》初服之意。欧阳修《蝶恋花》“庭院深深”，闺中既已邃远也，“楼高不见”，哲王又不悟也；“章台游冶”，小人之径；“雨横风狂”，政令暴急也；“乱红飞去”，斥逐者非一人而已，殆为韩、范作乎？）不仅在于割裂形象，字笺句此，更在于温庭筠、欧阳修的时代，与张惠言时代的文化、政治背景不同。因此，这类的“作者未必然，读者何必不然”，就不是正确的政治解读和接受中的美学再创造。

人们从苏轼词中读出托意，是因为其深受党祸之害，《水调歌头》的“又恐琼楼玉宇，高处不胜寒”，《卜算子》的“《考槃》之意”，都涉政治，“读者何必不然”是因为可以找到文化时态对应点。同样，南宋的主战、主和之争，失势、得势之异，外有强权，内有奸佞，及至宋季陵夷，元朝代立，重重压力之下，岂能不掩抑其辞，婉转曲达？因而对南宋词的寄托之解读，多得人们认可。前面多有论及，此不再例举。这里，想侧重对最以比兴见长的南宋词作一鸟瞰，看看读者在豪放词派和风雅词派所得的主要者为何。

前面说过，南宋豪放派“情胜乎辞”，风雅派“辞胜乎情”。倘作简单推论，情胜者必较辞胜者感人，亦即豪放派较风雅派更能感人。事实却不然。如经过从浅尝到深思的过程，读者从“情胜乎辞”者更多接受到“知”，而从“辞胜乎情”者更多接受到“感”。其主要原因是：以辛弃疾为代表的豪放派多数作品“以文为词”，而风雅词派则多用比兴。

所谓“以文为词”，除“文以气为主”，表现出激昂排宕、慷慨纵横的气势，造就出“气胜”之境外；还在“驱使庄、骚、经、史”，“笔力甚峭”（《词林纪事》引楼敬思语）；或在于用文的“直陈”、铺排。且不说辛弃疾《贺新郎》（别茂嘉十二弟），是一气奔迸、极铺排能事中借写古人离别之“感”而欲人“知”其壮志难酬之恨；即以被称为“裂竹之声，何尝不潜气内转”（谭献《谭评词辨》）的《水龙吟》（登建康赏心亭）言，亦是似曲（迂回反复）而直（陈述情志），似隐（使事用典）而显（借古人说自己），表达自己所感；却重在人知。其他的辛派词人胸襟、才力多不及稼轩，不少作品多在纸上奔腾，“感”固不足，“知”却更明。

豪放词的“知”“感”相较，首先给人的是“感”：能直接被其显露、激越的情志所感，或通过诠释典、事而为之所动。但这种“感”骤遇之如在目前，深味之却病浅薄，难以形成味之愈久，感之愈深的持续力量，其思想意蕴强于艺术形象，最终还是“知”过于“感”。因而，读“情胜乎辞”的词，所得多在“知”。

风雅派遵循词的“缘情”传统，又以比兴寄托来丰富表现手法、增添“言志”色彩。他们不像辛弃疾那样多以咏史而言今，或以艳情言君臣，却特多咏物词。这是由于词之材质，本多轻灵细艳之物，假此寄托情志，不易失之狂怪；物虽无知，引类伸之，触类而长之，常觉事异而情同；物又无情，虽强索托意，亦不易罹于文网，可避时之所忌；且义无定指，耐于玩索，指事类情，见仁见智，各有所得。

风雅词因藏情于内，迷离惝恍，骤然观之，仅得形象，难见真意，且文字又多琢炼，似是“辞胜乎情”，但实际上这种欲露不露，不落言筌的情志，正是反复缠绵，深加锻炼的结果。“沿波讨源，虽幽必显”，对词意先是“知”，赏玩既久，有会于心，就逐渐为其沉厚深隐而悠渺婉曲之情所感，形成附丽于形象的持续感情力量（且不论是发人向上还是使人低黯伤痛）。各择姜夔“感士不遇”和王沂孙“君国之思”作品一首，可证上说。

姜夔咏梅八首《卜算子》之一：

> 绿萼更横枝，多少梅花样。惆怅西村一坞春，开遍无人赏。　细草藉金舆，岁岁长吟想。枝上么禽一两声，犹似宫娥唱。

词人分两次向朝廷献《大乐议》、《琴瑟考古图》，以及《宋圣铙歌十二章》，第一次遭嫉而未得上奏，第二次得下诏免解，应试礼部，却未得中。从此一生布衣，依人为食。事隔多年，想起“细草藉金舆”的似曾知遇，未免难忘顾念之情，于是，自叹如今无人赏识的凄苦之情和不平之鸣寄之于词，很能引起有类似遭遇者的深切同情。可以认为，细读此词所受感动并不下于“叹年光过尽，功名未立；书生老去，机会方来”，“披衣起，但凄凉感旧，慷慨生哀”（刘克庄《沁园春》）的明确以道。

王沂孙《眉妩》（新月）：

> 渐新痕悬柳，淡彩穿花，依约破初暝。便有团圆意，深深拜，相逢谁在香径？画眉未稳，料素娥，犹带离恨。最堪爱、一曲银钩小，宝奁挂秋冷。　千古盈亏休问，叹慢磨玉斧，难补金镜。太液池犹在，凄凉处、何人重赋清景？故山夜永，试待他窥户端正。看云外山河，还老桂花旧影。

似“画眉未稳”，“一曲银钩小”的月亮是美的，“犹带离恨”的嫦娥，可曾知道人间的离恨？月亮有千古不断的盈亏循环，但金镜难补，残破的河山已无望恢复了。“太液池”的北宋宫苑虽在，却久沦敌手，清景难赋，旧江山期待月圆，可是故国河山唯有影在月中者尚是完整无缺的。全词可谓“思表纤旨，文外曲致，言所不追，笔固知止”（《文心雕龙·神思》）。忠爱绸缪之旨迷离于含蓄婉约之辞，通过联类玩索，义生文外，秘响傍通，可得其家国之感。愈作辨识，愈觉其反复缠绵的感情力量，其之感人又何下于中锋突进的“百年短短兴亡别，与君犹对当时月”（刘辰翁《忆秦娥》）呢？

“作诗之法，情胜于理；作文之法，理胜于情。”（邹祗谟《与陆荩思》，载《尺牍新钞》二集）诗情胜于理，故重在“感”，文理胜于情，故重在“知”。豪放派近文，故以“知”胜，风雅派尤较诗精美，故以“情”胜。对南宋词的美学接受，又有如此不同。

结 语

论完《唐宋词的美学接受》后，这本小书也告结束了。这里，还有几句话作为结语。

现代著名词学家龙榆生先生在《研究词学之商榷》（载《词学季刊》第一卷第四号）一文中，曾下过一个定义："推求各曲调表情之缓急悲欢，与词体之渊源流变，乃至各作者利病得失之所由，谓之词学。"同一文中，他又列举三百年来词学成绩"彰彰可纪者"的图谱、音律、词韵、词史、校勘诸学的代表，同时又主张另创声调、批评、目录之学。这"八学"与"三义"构成了完整的"词学"，自无疑义，但在此文发表半个多世纪之后，"词学"的概念是否应有所发展、突破呢？

诚然，龙榆生先生所说的"三义""八学"，作为词学的子系统，其建设并未完成，但是，值得注意的是：早在1908年的王国维《人间词话》，已昭示了词的"批评之学"的新变精神。在"西学东渐"的形势下，《人间词话》为传统的词学批评另辟出美学批评的新苑。恰是这种美学批评，是从文学本体出发，又回到本体，不同于泛泛的品藻，不尽的纪事，琐屑的辨证……《人间词话》历八十余年仍是海内外瞩目的热点，正说明了这种美学批评、新变精神的生命力。因此，传统词学及其新分支是可以老树着花与新枝绽朵并出的。

怀着这一信念，我自发表第一篇词学论文《论姜夔词的清空》（载《文学遗产》八二年第一期）以来，一直有着对唐宋词作一全局性美学研究之念。但由于种种原因，直到今天才写成这本小书。形形色色的美学论著太多了，目迷五色之后，往往就有找不到自我之感。因此，对拙著的写作，最感困难的就在于体例的建构。经过多次酝酿、筛选，最后就确定了这六章：审美对象、题旨原型、艺术境界、审美意识、艺术传达、美学接受。前三章是从作品出发，后三章从作者与读者出发，故与一般的美学著作编次不同。另外一个难题就是难以把握微观、中观与宏观的关系，写着写着，自己也不由得纳闷：这是赏析还是论述？是艺术评论还是美学分析？可以说：自始至终，我都在受着"正名"问题的困扰。

不管怎么说，这本权称为"美学"的小书，终于奉献在专家和读者面前。"抛砖引玉"一语，在我并不是套语，我相信，真正的《唐宋词美学》一定会"玉出昆冈"。

感谢两位导师：万云骏教授为拙著写序，马兴荣教授认真审阅书稿，提出许多宝贵意见。想起十多年前，在两位先生指导下读书的研究生时代，就难以抑止内心的激动。责任编辑宫晓卫先生为拙著的出版付出了不少劳动。写作过程中，参照了多位学者的有关论著，于钱锺书先生的《管锥编》获益尤多，刘庆云先生的《词话十论》更使我减少了资料翻检之劳，在此一并致谢。

邓乔彬

1992年10月

重印后记

不知不觉间，拙著《唐宋词美学》出版已逾十年了。

当时仅印了一千册，散落在各地书店，读者很难见到。后因获得第二届夏承焘词学奖，有人来电或来信问及此书，说无从购得或借到，望我能代买或赠送，我都只能告以爱莫能助，留下了深深的遗憾。

十年间，我所带的硕士、博士生和爱好词学的本科生，多次问及拙著是否有再版或重印的可能，我都觉得很难。当时的出版已是非常不易，十年来市场经济的发展，使出版社的生存压力更大，这是我们这些界外之人所不能想象的。市场决定需要，学术著作的需求量太小，其出版难的问题，近年来似乎多是在各地各部门经济资助下解决的，因此，我对拙著的重印一直未怀奢望。没有想到，当年担任该书责任编辑的宫晓卫先生，在任齐鲁书社社长多年，使该社经济情况很见好转之后，能主动提出此书的重印一事。对此，我深感喜出望外，并有松一口气的感觉，因为这毕竟可以对学生和读者有一个明确的交待了。

十年中，我将主要的研究兴趣转到中国绘画思想史、古代文学学术史，以及文化与文艺关系史上，并出版了几种相关的著作，可是，仍然割舍不下对唐宋词的挚爱之情。多年来，一直都以词学作为招收博士生的第一研究方向，还出版了几种词学选本、著作，并接续施蛰存、马兴荣先生，主编了《词学》第十三、十四辑。但是，对词学关注确实是少了。一旦有意于“重操旧业”时，却如从一个房间出去而再返回后，发现原在房内的熟面孔已变成了许多生面孔，原先被视作“小道”的词学领域已成为热门，新著纷纷问世。我曾有过的写作设想已见于别人所著，致使薄薄的拙著出后再无新作跟上，圈内人士也以为我已“淡出”词学界。于是，此书的重印，无疑将促使我重新燃起对词学的热情，但愿自己能在旁涉其他领域后再回到原先的“主业”上来，并且能体现出“螺旋形上升”，有较以前高一些的手眼。

当年，业师万云骏教授抱病为拙著写序，曾说起自己年轻时为衣食奔走，中年时又主要忙于教学，到年老时深感有愧于当年吴梅先生对自己的期许，希望我能多出论文、著作。未想到，一年半后，万师即骑鹤西归。如今，先生仙去已经十年，天人相隔，再无缘亲承謦咳了，可当时所说，言犹在耳。十年间，我以无负于先师的期望自励，出版了几种著作，发表了几十篇论文，且仍有不少设想，有志于继续研究，却猛然间发现自己已将进入老年，精力日见衰退，似乎很难实现写出大部头著作的宏愿了。但我想，桑榆虽不能远照，毕竟仍能发光，人，任何时候都不能轻言放弃。马兴荣师比我年长十九岁，仍天天坚持跑步、看书，仍在继续词学研究，不见老之至。去年登江西三清山，见他健步如飞，我跟在身后，气喘吁吁，自感岁月已全然吞噬了自己当年运动员的素质，两相对照，真是深自有愧。这登山的一幕，对于人生而言，是颇具象征意义的。

我毕业后留在华东师大工作了二十一年，五十九岁时作为“引进人才”到了暨南大学，回到幼时曾生活过的故乡。一年多来，适应了这里的环境和生活，对人生从六十岁开始是有切身体会的。近代以来，广东曾出现过不少著名的词学家，有过不短的词学兴盛期，而龙榆生先生当年在上海的暨南大学创办《词学季刊》，更是词学史上的大事。我想，四迁其址而最终落在广州的暨大，是很应该兼得广东和暨大的学术传统，重现词学之辉煌的。我自己虽难有多大作为，但相信，是可以期待于未来，冀望于暨大青年学者的。

近三年前，在上海思念故乡，以儿时经常仰望的五桂山为自己的书斋命名，如今回到南粤，面对窗前小小的明湖，又有了临风轩的新斋名。家乡与故乡，母校与新校，我的思绪、感情常常在此间牵萦。而词学，是我踏上学术研究道路的始点，应是始于斯又终于斯的！

邓乔彬

2004年4月于暨南大学明湖苑临风轩

宋词与人生

前　言

人生自是有情痴，此恨不关风与月
——“缘情”之极品，一代之文学

“文学即人学”是曾被严加批判、又是改革开放后广为流行的一句话。在“以阶级斗争为纲”的岁月里，“人性”与“人道主义”是忌语，“人学”讲“抽象的人性”，不讲阶级斗争，当然会横遭挞伐。到了今天，实为天经地义的朴素真理，再作陈述时会没有一点激情，甚而流于空泛。殊不知从理论上肯定“文学即人学”只是西方在经历了资产阶级革命后的结果，而这句话传入我国还是几十年前的事情。在两千多年的封建社会中，文学常被政教工具论所扭曲，其“人学”的价值得不到统治者的承认。举个例子讲，《诗经》中的《国风》不仅占了整部诗集中作品的大多数，而且其中相当多的是表现男女爱情的主题，可是因受汉儒解经的影响，却长期被曲解为“后妃之德”的教本，直到南宋的大儒朱熹才在《诗集传》中对自汉代以来被人们深信不疑的《毛诗序》作了总批判，指出：“凡《诗》之所谓‘风’者，多出于里巷歌谣之作，所谓男女相与咏歌、各言其情者也。”也正因为如此，所以著名学者朱自清先生在其名著《诗言志辩》中，对西晋陆机《文赋》所说的“诗缘情以绮靡”一语给予了高度的重视。

“缘情”是对于“言志”的突破。在古老的《尚书·尧典》中有“诗言志，歌永言，声依永，律和声”之说，而“言志”的“志”，其本意是记忆、记录、怀抱三义（闻一多的看法），而到了“诗言志”这句话中，就专指“怀抱”，在以后的发展中，更是与政教大事牢牢的挂上了钩。人是有感情的，“情动于中而形于言，言之不足，故嗟叹之”，这就造就出最原始的诗歌。“诗缘情”一语只不过是承认了一个早已存在的事实罢了。在我国长期的诗歌史中，“言志”的传统一直在继续着，“缘情”的传统也一直在发展着。到了唐朝中期，一种用新兴音乐“燕乐”伴奏的新诗体——词，开始兴盛，并向缘情的方向发展。隐士张志和，诗人白居易、刘禹锡都纷出新作，晚唐的温庭筠和韦庄更是大量作词，成为了“花间词派”的“鼻祖”和先导。经过五代时期、尤其是西蜀和南唐的继续开拓，到了宋代，词这种文体获得了长足的发展，不仅是“创调数百，列体盈千”，而且文人学士、高官大吏纷纷染指，造就出一代之盛。

宋代是一个“郁郁乎文哉”的时代，由于从宋太祖以来就奉行优待文人的政策，出身贫寒的庶族地主阶级知识分子或过去不为人重视的商人子弟，都可以通过科考的途径踏上仕途，造就出宋代特有的集合文士、学者与高官为一体的现象。在他们为官之前，是以较多的精力关注经史与诗文，在诗赋及策论上用功，以求仕进；而为官之后，则常有充当多种人生角色的现象：庙堂上进国策，当众人论经史，朋友间赠诗文，酒宴中作小词，并非一二人之所为。他们在正式场合不能表露的思想与感情，在被视为“小道”的词中就可以不必避忌，可以尽情地倾诉；他们正人君子的人生角色也许扮演得太累，在词中就可以彻底放松，真实地表现出并不那么高大的一面；他们甚至可以在词中暴露自己的隐情，表达对异性的赏玩、思恋或倾慕。伤离怨别、叹老嗟卑，生活中的不满与牢骚，都可以出于笔下，流播于酒宴与歌场。尽管宋朝为知识分子提供了较多的仕进机会，但仕途毕竟拥挤，又因国力不强，长期受迫于辽、夏、金、元，南宋时期更是丧失了几近一半的国土，“中州士女”的大量南迁，使北宋以来的冗官问题更为突出，士人为官更为困难，以至于许多人奔走江湖，以谋衣食。所以那些长期沉抑下僚、或终身布衣的文士，更是没有扮演多种人生角色的顾忌，也没有分散精力、多方“经营”的机会，他们倾全力于文学，专心致志地写词，作品中完全用不着掩真作伪、虚饰矫情，而是尽情地倾诉自己的身世之感、飘零之思、沦落之悲、家国之怨，还有那些人生不偶的遗憾，难以忘怀的爱情，绵绵不绝的思恋……

在宋人词中，我们看到的虽也有应歌、应社的无谓之作，酬酢、应景的无聊之篇，但主要的还是他们的真情实感、喜怒哀乐，摆脱了“教化”观的制约、功利目的的异化，所以不以追求“善”为最高目的，而是求真、求美，以其“真”感动人心，以其“美”悦人视听。正因如此，千百年来，宋词得到人们的喜爱，尽管在宋代视之为“小词”、“诗余”，地位远在经史、诗文、歌赋之下，后人论宋代文学却多首先取之，著名学者王国维更是将其与楚之骚、汉之赋、六朝之骈文、唐之诗、元之曲并论，作为宋朝的“一代之文学”。

欧阳修曾在《玉楼春》词中写道：“人生自是有情痴，此恨不关风与月。”我们的着眼点不应只限在“风与月”，而要看到“人生自是有情痴”对于感情的勇敢承认，而这正是“文学是人学”的体现。当然，宋词中所表现的感情是与生活紧密相关的。生活中的家长制造就了以“父母之命，媒妁之言”决定儿女婚姻的社会现象，才会在宋词中有那么多表现婚外情的作品，使得爱情这一“永恒主题”绽放出苦涩多于甜蜜的诸多“野花”。生活中有“遇”与“不遇”，“幸”与“不幸”，但宋词的作者却都清醒地认识到生命的短促，所以伤春悲秋，惧怕老之将至，常常缅怀青春少年时。在政治斗争和日常生活中，往往会有挫折，倾诉于笔下而为词，让我们看到了或忧惧、悲戚、烦恼，或坦荡、旷达、狷洁、疏狂的性情发露，而多为本真之情。社会生活的丰富性，也带来了宋词中情感表现的丰富性，既有志士对民族斗争中济世之愿失落的悲愤，又有宦游生活中对羁旅行役的厌倦，对于安定、平和生活的向往，更有在民族灾难中失去亲人、流离失所的痛楚；当然，还有节序活动和丰富的民俗，温馨的亲情及精神生活、闲情雅趣中的诸多快乐与伤感……而多姿多彩的生活中所造就的敏感的心灵所产生的感情，都体现出“人生自是有情痴”的总体精神。

的确，宋词称得上是“缘情”之极品，一代之文学，尽管时间已过去近千年，我们与祖先的精神纽带却无法割断，我们不仅在肌体上带着祖先的遗传基因，在精神、感情上同样如此，让我们借助宋词去了解宋人的生活，去一窥我们祖先的心灵历史……

爱　情

一　伤高怀远几时穷？无物似情浓
——“永恒主题”的新发展

爱情，历来是文学的母题。在中国，两千多年前的《诗经》中，不乏青年男女相思相恋的动人歌唱。即使在教会统治的欧洲中世纪，禁欲主义盛行，男女之恋仍未被扼杀，尚有骑士的破晓歌。文艺复兴之后，人文主义登上历史舞台，爱情更成了欧洲诗坛的轴心，“永恒主题”表现出不尽的魅力。

我国的爱情诗虽有悠久的历史，但由于封建礼教的压迫和束缚，并未能得到顺畅、持续的发展。在欧洲，走出中世纪之后，爱情逐渐成为了婚姻的基础，使之具有了近代的意义。而我国由于封建社会的特别漫长，受到“父母之命，媒妁之言”的制约，婚姻历来都是包办的，恋爱并不是婚姻的基础，充其量也只能是婚姻后侥幸得到的附加物。因此，不仅现实中留下了不少的爱情悲剧，文学作品中也有如《孔雀东南飞》这样的优秀篇章。

就诗歌的发展史而言，爱情题材有一个转移、深化的问题。著名学者钱锺书先生在他的《宋诗选注·前言》中说：“据唐宋两代的诗词看来，也许可以说，爱情，尤其是在封建礼教眼开眼闭的监视之下那种公然走私的爱情，从古体诗里差不多全部撤退到近体诗里，又从近体诗里大部分迁移到词里。”所以，人谓宋诗言理而不言情，而宋词却以爱情取胜。

北宋词人张先写过这样一首《一丛花令》：

> 伤高怀远几时穷？无物似情浓。离愁正引千丝乱，更东陌、飞絮濛濛。嘶骑渐遥，征尘不断，何处认郎踪！　双鸳池沼水溶溶，南北小桡通。梯横画阁黄昏后，又还是、斜月帘栊。沉恨细思，不如桃杏，犹解嫁东风。

因为真挚的爱情是任何感情都无法替代的，这就是“无物似情浓”的深刻认知，所以就会有“伤高怀远几时穷”的重笔发问、感慨。千万条柳丝更是牵动离愁，濛濛飞絮恰似心中的纷乱，在这春天尤易撩动心绪的时候，作者为相思的女子作代言之想：回忆当时的离别，马嘶声渐杳，尘土飞扬而去，渐渐地走远了，何处又能认得情郎离去的踪迹呢？鸳鸯成双成对地在池上嬉戏，南北之水还可以有小船相通，热烈相恋的男女却难以会面。黄昏之后，登上小楼画阁，只能看到一弯斜月，这楼阁也许从前是两人经常幽会之处,如今只有冷月闲照。思量至此,饱尝相思之苦的女子,禁不住要突发奇想:与其作为人而这样受相思的煎熬,还真不如去做桃花、杏花,尚可以抓住时机,嫁给东风了。唐人有诗写道:“嫁得瞿唐贾,朝朝误妾期。早知潮有信,嫁与弄潮儿。”这里还是由商人向水手的“低就”,而张先词中,却是由人及物的“无理之想”,倘非痛苦之极,是不可能作此想象、发此言语的。

前面说过,古代因为婚姻是由父母所包办,当事人自己并没有选择的自由,所以宋词中所写的或者并不是婚前的恋爱,甚至是婚外情,但我们还是应从历史的高度上来认识,以恩格斯所说的男女双方当事人应以互爱为婚姻的前提,来加以肯定。对于爱情这一“永恒主题”在宋词中的新发展,我们也应看到它的进步性。

今天,社会的进步已经给我们提供了以互爱作为婚姻前提的足够条件,梁山伯、祝英台或焦仲卿、刘兰芝的爱情悲剧是不应该发生了,虽然也有极个别的父母为了某种追求而不顾子女的意愿,但包办婚姻毕竟为社会所不齿,为法律所不容。青年男女可以自由恋爱、自主婚姻,“不如桃杏,犹解嫁东风”确实成了“无理之词”。但是,在商品经济成为主导的今天,社会的健康肌体上免不了还会长出毒瘤,出现了许多怪现象。一部分先富起来的“大款”自是“白天坐着轮子转,晚上围着裙子转”,不乏滥情纵欲、宿妓嫖娼者。而另外的“半边天”中,既有被拐卖他乡、强迫嫁给穷汉的农村妇女,又不乏为追求物质享受而主动去作“金丝鸟”的女青年,甚至还有“业余”充当“三陪”小姐的知识女性。对这些不良社会现象,我们一定要有正确的判断力,决不能被滚滚红尘迷了眼睛,不分好歹,以到人世间“潇洒走一回”的借口为之辩护,甚至跟他们一样放浪形骸。的确,“伤高怀远几时穷”?古人为了追求真正的爱情,甚至感叹人不如草木,以“不如桃杏,犹解嫁春风”,为爱情这一永恒主题谱写了新调。我们今天虽不必因人为的原因、为爱情的阻隔而伤高怀远,但也应不忘“无物似情浓”,懂得了真情应该永远高于物欲,我们才能为爱情这一永恒主题奏出美丽的新乐章。

二 一从恨满丁香结,几度春深豆蔻梢
——痴情少女的美丽形象

在人类的发展历史上,曾有过母系氏族社会时期,此时,女性在生产劳动中居于主导地位,所以在家庭中的地位也在男性之上。但在进入父系社会以后,女性的这种地位就不再继续,因为在家庭生活和社会生活中,劳动与经济的支配权是起决定性作用的。所以,在漫长的封建社会,女性绝对没有恋爱与婚姻的主动权。恩格斯曾说:“在整个古代,婚姻的缔结都是由父母包办,当事人则安心顺从。古代所有的那一点夫妇之爱,并不是主观的爱好,而是客观的义务;不是婚姻的基础,而是婚姻的附加物。”(《家庭、私有制和国家的起源》)这种情况对于女性而言,更甚于男性,他们在爱情与婚姻中的遭遇经常是很不幸的。

“父母之命,媒妁之言”决定了青年男女的婚姻,而男子尚可以在青楼歌馆找到婚

姻以外的爱情的补充，女子身在闺中，与社会隔绝，除非心如古井，身如槁木，否则，对真挚的爱情的由衷向往应是很自然的。在遥远的周朝，统治者出于增殖人口以提供劳力的考虑，尚有“仲春之月，令会男女，奔者不禁”的规定，因此，《诗经》中才会有那么多的爱情诗。到了封建社会的中后期，女子就绝对没有这种自由了，所以我们在晚唐韦庄的《思帝乡》词中，可以偶尔看到青年女子那种对于爱情与婚姻的强烈期盼，因为“春日游”的机会本来就难得，看见了“谁家少年足风流”更是不易，故此“妾拟将身嫁与，一生休”的想法虽大胆、却又是真情实感的自然流露。韦庄的这首词，当然不是女子自作，而是词人的“代言”，他们很少有受教育的机会，难以用笔墨表达所感与所思，而男性词人倘非抱着赏玩的心情，而是出于同情与理解，在词中塑造了这些痴情女子的形象，无疑是值得肯定的。

在词人所塑造的女性形象中，如韦庄笔下那样大胆而热烈地倾诉所愿所想的，毕竟极其少见，尤其是宋代的较为封闭的社会环境，较为内倾的心理特点，确与唐代的开放型社会和受“胡风”影响形成的“通脱”风气很不相同，我们见到的多是将深情藏于心底的一类。而且比起唐代诗人所写的女子来，宋词中女子更显得美丽而痴情。李商隐曾赠诗给杜牧，谓“刻意伤春复伤别，人间惟有杜司勋”，其实他们俩都属于善写“伤春伤别”的诗人，且都有过以花拟人的佳作。杜牧写过“娉娉袅袅十三余，豆蔻梢头二月初。春风十里扬州路，卷上珠帘总不如”（《赠别二首》）。以二月初的豆蔻花来比喻十三岁刚出头的小歌女。产于南方的豆蔻，开花成穗时，嫩叶卷之而生长，待穗头深红，叶也渐渐展开，花渐放出，颜色稍变淡，其含苞待放的花被称为“含胎花”，常被用作喻处女。诗人笔下的这一形象是美丽的，但是，怜爱之中却难以见到其内心的感情。李商隐在其《代赠二首》中写道：“楼上黄昏欲望休，玉梯横绝月如钩。芭蕉不展丁香结，同向春风各自愁。”前两句是写女子欲见情人而不得的无奈，第三句以芭蕉喻情人，以丁香喻自己，芭蕉不展，丁香结而未开，都缘于不得与对方相见，“同向春风各自愁”点题，道出了心中的感情。由于杜牧与李商隐以豆蔻和丁香塑造了美丽、深情的女性形象，宋词中遂有合二者为一的作品，较杜、李二人更深入了一层。

试看李吕的《鹧鸪天·寄情》：

> 脸上残霞酒半消，晚妆匀罢却无聊。金泥帐小教谁共？银字笙寒懒更调。
> 人悄悄，漏迢迢，琐窗虚度可怜宵。一从恨满丁香结，几度春深豆蔻梢。

作者没有什么名气，此词却写得很好，尽管词中还带有“小姑独宿，不惯无郎”的类型化色彩，但词人却善于作环境渲染，表现这位女子的孤独难耐，寂寞无聊，而这又具有相当的典型性。她所恋的男子之所以离她而去，多半不是负情，或是因为追求功名，或是因为谋取钱财，因为男子担负着赡养家庭的责任，总不能不在外谋生。词人们并未将主要的同情给予男子，而是将笔触转向独守深闺的女子，表现了她们在感情上的饥渴，态度是比较诚恳的。

今天，随着妇女解放运动的深入发展，在全世界的范围内，妇女已越来越显示出自己在社会和家庭生活中的地位。过去已经离我们越来越远，但是，古典文学中塑造的女性形象还是难以令人忘怀，“一从恨满丁香结，几度春深豆蔻梢”，我们还可以体会到豆蔻年华的少女的深情缱绻，这样的美丽形象确实具有永恒的艺术魅力。

三 人面不知何去，绿波依旧东流
——流水带走的和带不走的

离合聚散是人生常见的事，在宋词中是重要的题材，其中的男女之别，更是常写而常新。

南北朝时期梁代的江淹，曾写过一篇著名的《别赋》，以“黯然销魂者，唯别而已矣”开头，这“黯然销魂”四字，是非常沉重的。《别赋》认为，“别虽一绪，事乃万族”，赋中写了富贵者之别、刺客之别、从军之别、赴绝国者之别、学道成仙者之别、游宦之别及闺中之思、恋人之别等七种别离。在宋词中，最多的别离题材当数最后两种。

主要作于东汉末年的《古诗十九首》充满了离别相思的哀感，而造成这种夫妻或情人离别的原因即在于汉代的游学兼游宦。宋代是科举制度非常发达的时代，既然自古以来士、农、工、商“四民”就以“士”打头，此时仕途大开，又何乐而不为呢？于是求官与游宦就成了离别的主要原因。“四民”中的农与工，或依傍于土地，或劳作于城镇，基本上都属于“定”而不别的一类。“动”而不“定”的，除了“士”，还有“商”。白居易《琵琶行》中“老大嫁作商人妇”的琵琶女就对“商人重利轻离别”非常不满，殊不知，倘不“重利”，这衣食又将何来？宋代的商业比唐代更为发达，商人与商人妇的离别应是非常普遍的事情。在南宋时期还因为仕途拥挤而造成众多的士人游谒江湖、以求衣食的现象，形成了“动”而不“定”的新的一族。

在外求官与游宦，免不了舟车劳顿、风餐露宿，至于做买卖、跑生意，则更为辛苦，弄不好还会被不法之徒谋财害命。在家的女子呢？他们虽因“主内”而无“主外”的男子那种羁旅行役之苦，却仍受到相思的折磨，所以“闺思”、“闺怨”一直是代代相沿的文学题材，到了宋代，又绽放出新花。《别赋》中所言：“居人愁卧，怳若有亡。日下壁而沉彩，月上轩而飞光。见红兰之受露，望青楸之离霜。巡层楹而空掩，抚锦幕而虚凉。知离梦之踯躅，意别魂之飞扬。”遂有了千姿百态的表现。我们不妨选其一，以见“居者”对于“行者”的思念。

晏殊有一首写离情的《清平乐》：

> 红笺小字，说尽平生意。鸿雁在云鱼在水，惆怅此情谁寄。 斜阳独倚西楼，遥山恰对帘钩。人面不知何去，绿波依旧东流。

这首词应属于“恋人别”的性质。首两句明白无误地点明了来信的内容是表其相思之情，三、四句是说虽有天上飞过的大雁，水中游泳的鱼儿，却无法让它们传递书信，使人惆怅不已。下片则是惆怅外化的表现：在斜阳下独倚着西楼，因为这里还可以留住最后的一缕阳光，而远处的山恰又对着帘幕的钩子，之所以写斜阳、远山，是因为在阳光之下，目力只能尽于此，再也无法看到远山之外远去的相爱者。结尾两句一写人、一写水。“人面不知何去”是用唐人崔护《题都城南庄》的诗句：“人面不知何处去，桃花依旧笑春风”，倘泥定于此，此词就应是写男子对女子的思念，但实际上，如前面所说，古代更多的是男子行于外、而女子居于内，故看作是女之思男为更好。在感叹“人面不知何去”之后，是以景结情的结句“绿波依旧东流”，此句与上句形成了“变”与“不变”的对比：既然“人面”一语出于“人面桃花相映红”，是对于青春容颜的倾慕与思恋，那么红颜易老（也包括李后主“只是朱颜改”之类的感触）与绿波不改是形成了多么强烈的对比！在这里，一方面可见思念者的惆怅惘然，另一方面又见出了人生的遗憾在大自然的永恒面前是显得多么的无奈。

“人面不知何去，绿波依旧东流”，流水载舟，将自己的情人带走了，流水无情，将自己的青春年华也将带走了，带不走的只有不尽的相思和绵绵长恨，这两句所昭示、所蕴涵的意义是很深远的。千百年来，人们不断地歌唱着爱情与青春的主题，“太阳下山明天还会爬上来，花儿谢了明天还会一样的开，我的青春小鸟一去无影踪，我的青春小鸟一去不回来”，是唱了几十年却依然没有唱厌的歌曲，它尽管不同于《清平乐》，但感叹与悼惜青春难再，又岂无渴求真挚爱情的潜台词？东流的绿波永远不变，桃花人面却转瞬即逝，古人以他们的真切体验告诉我们要珍惜青春与爱情，我们难道应该拒绝吗？不！真正理解生活真谛的人是懂得如何去珍惜的。

四　多情自古伤离别，更那堪冷落清秋节
——悲秋的岂止是宋玉

伤春悲秋是我国古代文学的一个重要母题。在《诗经》中已有伤春之作，到了《楚辞》，伤春悲秋的作品渐多。屈原在其名著《离骚》中写道：“日月忽其不淹兮，春与秋其代序，惟草木之零落兮，恐美人之迟暮。”这是因为看到时岁播迁、草木零落而深感人的生命之短暂，在“恐年岁之不吾与”之时，兴起其通过努力来实现美政理想的愿望。所以这里的伤春表现出的却是一种努力奋发、自我鞭策的精神。宋玉的《九辩》是著名的“悲秋之祖”：“悲哉秋之为气也！萧瑟兮草木摇落而变衰。憭栗兮若在远行，登山临水兮送将归。皇天平分四时兮，窃独悲此凛秋。白露既下百草兮，奄离披此梧楸。去白日之昭昭兮，袭长夜之悠悠。离芳蔼之方壮兮，余委约而悲愁。”显然，这是由于见草木变衰而引发出的另一种生命意识，表现出难抑的悲怨。

宋词中颇多伤春悲秋之作，而这类作品又常与离别相思结合在一起，其中不乏名篇，如柳永的《雨霖铃》就是。此词应是柳永从汴京南下时为惜别恋人而作，词云：

寒蝉凄切，对长亭晚，骤雨初歇，都门帐饮无绪，留恋处，兰舟催发。执手相看泪眼，竟无语凝噎。念去去、千里烟波，暮霭沉沉楚天阔。 多情自古伤离别，更那堪冷落清节！今宵酒醒何处？杨柳岸，晓风残月。此去经年，应是良辰好景虚设。便纵有千种风情，更与何人说！

柳永属于那种被称为“风流才子”的人物，他并非不要“功名”，但他的本性颇似晚唐的温庭筠，即“好逐弦吹之音，为恻艳之词”，因为喜欢音乐歌舞，纵情于青楼妓馆之中，且常应歌妓们的要求为教坊新声填词，而所作又常常传唱于都下，以至于博得了轻薄无行的坏名声。所以“务本向道”的宋仁宗对他并不欣赏，宰相晏殊也认为他虽与自己同有填词之好却并不是一路人。这样，柳永就更加留连坊曲，以异性对自己的倾慕与爱情作为仕途失意的补偿，留下了不少的情词，这首《雨霖铃》就是著名的代表作之一。在这首词中，我们可以看到许多的无奈，尽管柳永并未写出自己离汴京南行的原因，但无疑与生计问题相关。为了生计，不得不与恋人分手，在寒蝉凄切之时，作别于长亭。虽设帐饮酒以饯行，却又实无情绪，难以下咽，因雇舟南下，船家不管你情绪如何，催着要出发了，当此离别之际，只有执手相看，泪眼朦胧，默默无语，似凝噎在喉。此时虽还未走，思绪却已飞驰千里之外，想到烟波渺渺，暮霭沉沉，而不尽的南天更在自己的视线之外，心里当然就更沉重了。此时，作者超越了眼前所限，在换头处感慨：“多情自古伤离别，更那堪冷落清秋节！”前句是对于人生感触的哲理体认，后句是以物候之移情来加重之。虽未行或始行，却已设想到“都门帐饮”后的“今宵酒醒何处”，而杨柳岸的杨柳系不住行舟，与自己做伴的也并非自己的所爱，只是凉凉的晓风，弯弯的残月。因为身边再无所爱的知己，所以良辰美景如同虚设，千种风情也无人可说，生活对于自己来说几乎变得毫无价值可言了。

柳永的离别相思之作并非只限于一己的意义。“多情自古伤离别”道出了一个普遍性的人生哲理，尤其是长期在农业文化背景下的古代中国，人们更对故土、故人和亲人、爱人怀有深深的眷恋，难舍难分，非到万不得已是不会选择分离的。所以那些见于笔下的悲悲切切、缠缠绵绵并不是言不由衷的类型化情绪，而是真切的感受，我们不应因为在词中所见甚多就不以为然。“更那堪冷落清秋节”是递进式的表达，因为人们懂得情因物感，“悲落叶于劲秋，喜柔条于芳春”几成为情感产生的形象概括，在秋日与所爱者分离更为痛苦增加了几许分量。如果说宋玉的悲秋主要是出于“贫士失职而志不平”，那么柳永在这里的感慨就是在“贫士失职”的基础上又增加了“爱的失落”这一更为沉重的主题，所以这在悲秋基础之上的伤离，实又让人感受到足够的沉重。宋玉的《九辩》是“悲秋之祖”，柳永的《雨霖铃》的伤离与悲秋，提出了对封建社会知识分子命运的思考与关怀，它之所以能在千百年来不断地感动着一代又一代的读者，这应是一个重要的原因。

今天，诸多的流行歌曲也在唱着不尽的“哥哥妹妹”，不尽的离愁别怨，但多只能给人以“作秀”的虚假感觉，也许是因为现代社会的“物欲”盖过了情感，也许是因为过多的情歌已难以让我们感动，所以，“多情自古伤离别，更那堪冷落清秋节”还能给我们一份激动，因为这是对于“真”的回归。

五　天涯地角有穷时，只有相思无尽处
——超越了空间的爱情

晏殊自小有“神童”之称，后又成“太平宰相”，但是他却写了不少伤春悲秋之作，其中还有善作代言的闺怨之词。如《玉楼春》：

绿杨芳草长亭路，年少抛人容易去。楼头残梦五更钟，花底离愁三月雨。

无情不似多情苦，一寸还成千万缕。天涯地角有穷时，只有相思无尽处。

这首词曾招致“妇人语”的讥评，晏殊的幼子、同样也是著名的词人晏几道曾为乃父辩护，却无法否定这一事实，因为此词的确就是“妇人语”。我们今天读这首词，就应该欣赏作者能以高官的身份体会闺中思妇的感情，并作了准确传神的表达。晏几道在为其父辩护时，是很懂得如何抓住关键的，他把“年少”释之为“年轻”，这样就将代言变为了自抒，“妇人语”之讥似乎就难以成立，但实际上全词确是被“年少”所抛的“妇人”的自写其心理活动。对于今天的一般读者而言，并不会着意于古人的批评与反批评，懂得闺怨之所以产生，了解词中的感情表达，应更有意义。

闺怨的产生原因，在江淹《别赋》中道及的七种离别同时亦已经说出。对于宋人而言，最主要的当是游宦与经商，而这两者都与经济问题紧密相关，倘非作官或从商，又何来衣食的保证呢？在封建社会，男子担负起养家糊口的责任，倘无先人的余荫可仰，总免不了要离家出外谋生，与闺中人的离别也是免不了的。正是基于这一事实，所以马克思主义的经典作家一直都将妇女的解放同其经济地位的独立相联系，我国在“五四”以后之所以重视易卜生的话剧，鲁迅小说《伤逝》所引发的关于“娜拉走后会怎样”的讨论，也同样是关系到妇女的经济独立问题。直到今天，广播电台“市民与社会”节目关于找个好丈夫的讨论，竟然引出了“找到好丈夫比找份好工作更重要”及“找丈夫等于是第二次投胎”的话题，就可知这一问题是如何的常说常新了。

还是回到有关词本身的话题。此词写了一个常见的题材：在绿杨飘拂、芳草连天的大好春光之时，自己不得已走出了香闺，踏上了长亭路，去送别所爱，而那个“年少”却是“抛人容易去”。他去了不打紧，却把自己留在了深深的相思中了：楼头五更的钟声惊醒了残梦，三月摧残鲜花的春雨犹如自己的眼泪。倘若是无情之人，就不会懂得感情丰富的人的内心世界了，这无疑又是“多情自古伤离别”的体现，一寸芳心化作了千丝万缕，缠绕着千思万念，也蕴藏着千愁万恨，终于在词的最后自然生发出题旨：即使是天之涯、地之角，天地虽有尽头，自己的相思之情却是无穷无尽，无边无涯。我们不可能据词中所写就找出“年少抛人”的原因所在，也不能肯定分别的原由就是生计

问题;当然也不能责备词中的女子不懂得体会男子的社会角色,以其不理解生活的艰辛而只知相依相傍。我们所要肯定的是那种“无情不似多情苦”的一往情深,是“天涯地角有穷时,只有相思无尽处”的难以改变。

封建时代的女子,大概除了丈夫在得高官后自己可以成为“命妇”而与之相伴外,恐怕在相当长的时间内只能独守空房,以盼丈夫博取功名利禄。正因如此,人们对于崔莺莺的不希望张生“昨夜成亲,今日别离”,赴京应考,对其“但得一个并头莲,煞强如状元及第”的愿望给予了高度的评价,因为其中蕴涵着难得的反封建精神。但我们应该看到,一般说来,人们很难超越自己所处的时代,也正因为如此,《西厢记》才能得到那么高的评价。所以,出于历史唯物主义的认识,我们可以充分地肯定古代女子的“无情不似多情苦”,正是凭借着这种专一,才能够不使爱情因为时间的流逝而变得暗淡失色,而是“楼头残梦五更钟,花底离愁三月雨”,越转越深,如陈年老酒,越久越醇。

古代由于技术条件所限,地理上的阻隔很难跨越,不似今天的可以借助于飞机、火车、汽车,在短时间内到达所爱者的身边。因为古代的女子几乎处于隔绝状态,无任何事业、社交可言,所以后人可以同情“荡子行不归,空床难独守”的表白,并作出人性的肯定。由此观之,那种“天涯地角有穷时,只有相思无尽处”的对于爱情的信念,不仅可见情深意真,而且更具有了超越空间所限的强烈意识,对于今天爱情观已经发生了显著变化的“地球村”“居民”来说,这种意识、信念和专一,除了认识作用外,还应有教育和警示的现实意义。

六 第一是早早归来,怕红萼无人为主
——分手前的叮咛嘱咐

宋词中有不少篇章刻画了男女离别时的难舍难分之情,柳永、晏几道、秦观等以写爱情著名的词人且不说,即使是被某些论家认为“情浅”的词人,也有这方面的佳作,姜夔就是其中之一。姜夔曾写过一首《长亭怨慢》,其词前小序有云:“桓大司马云:‘昔年种柳,依依汉南;今日摇落,凄怆江潭;树犹如此,人何以堪!’此语予深爱之。”据“一代词宗”夏承焘先生考证,此词之作与怀念合肥情人有关。词的下片说:

> 日暮,望高城不见,只见乱山无数。韦郎去也,怎忘得玉环吩咐。第一是早早归来,怕红萼无人为主。算空有并刀,难剪离愁千缕。

这里写出了一段隐情:姜夔在年轻时,曾游合肥,与善弹琵琶的一对姐妹歌女(一说是一人)相识并相恋,其后可能出于生计原因,不得不两下分离。可是这段恋情在作者的心中却难以抹去,所以屡屡见于词,这里所写的就是对当年分手时情景的回忆。唐人欧阳詹在太原与一妓女相恋,临别之时赠之以诗,有句:“高城已不见,况复城中人。”词中的“望高城不见”就用此事。当年的欧阳詹在离别时,想到的是城之高大尚不可

见，更何况城中之人？而今日的姜夔，望高城已不可得，只能看到乱山无数，相隔的距离更为遥远，于是不由自主地想起了当年分别时的情景。据《云溪友议》所载：韦皋游江夏时，与女子玉箫有情，临别时，留下了玉指环，约好了少则五年、多则七年来迎娶。但后来韦皋八载不至，玉箫绝食而死。词人在此处用韦皋、玉箫一事，恐怕多少有些自责之意。因为当年自己临别之时应有后约，但现在难践其约，故深感有负于对方，想及此，就免不了会回忆起分手时的叮咛嘱咐："第一（加重之意）是早早归来"，原因何在呢？因为"怕红萼无人为主"，"红萼"是歌女的自拟，因为当时她们地位低下，难以主宰自己的命运，所以会有"无人为主"的担忧。事实也证明，这种担心并非多余，因为姜夔迫于生计，在离别合肥之后，一直漂泊江湖，依人旅食，他并非不爱旧日的情人，却无法与之结合，所以在深感愧疚之时，对于"树犹如此，人何以堪"会有如此深刻的生命共感和流年似水的震撼。

姜夔是一位多才多艺、志趣高洁的雅士，他一生布衣、依人而食，尽管博得了同代及后代人的尊敬与同情，但他生前的生活却是困顿、拮据的，知情者有"家无立锥"之评，其窘况可知，他不能与相恋的歌女最终结合，确实是情有可原。但是，由于封建社会中的女子处于社会下层，卖艺的歌女尤其更在底层，她们的命运更应值得同情。写至此，很可以让人想起姜夔经常以之自拟的杜牧。传说杜牧曾游湖州，识得一民间女子，仅十余岁，与其母相约十年后来娶，十四年后，杜牧始出为湖州刺史，寻此女时，始知已嫁人三年，并生二子。杜牧感叹此事，作《叹花》一诗："自是寻春去校迟，不须惆怅怨芳时。狂风落尽深红色，绿叶成荫子满枝。"（一作"自恨寻芳到已迟，往年曾见未开时。如今风摆花狼藉，绿叶成荫子满枝。"）因为此诗之作与传说的杜牧有约于民女而终未得有关，诗中流露出深深的惆怅，人们都将同情给予了诗人，却并没有替这一民家母女着想，所以相比之下，姜夔的词及其表达的对于歌女的思恋、负疚，更应值得肯定。在这首词中，作者不仅以树写情，有句："阅人多矣，谁得似长亭树。树若有情时，不会得青青如此！"而且并非只从自己着笔，却将回忆移到了歌女一侧。事隔多年，想起了当年分别时的嘱咐，"早早归来"的期盼是多么的殷切，"怕红萼无人为主"又说得多么委婉，如今，非但"早早"不能实现，连"迟迟"的"归来"都无法做到，至此，韦皋、玉箫就不是一般的使事用典，而是怀着异常的沉痛，想到韦郎的难践其约，而致玉箫绝望而死，自己的心中也就充满了悔与愧，这虽非自己负情，而是实在的不得已，但又岂能因此而自我原谅？

古人已逝，作品却永存，我们可以忘却许多相似的离别场景描写，却难以忘怀"第一是早早归来，怕红萼无人为主"的深情嘱咐，因为这不仅是对于红颜易老、青春难再的担忧，更是对于无法主宰自己命运、只能寄望于知己的殷切期待，既缘于感情，又基于社会与现实。正因为如此，所以姜夔才会有那样的沉痛，我们读来也会被深深地打动。时代在前进，社会在发展，在物质文化异常发达的今天，爱情似乎也为之异化了，不带功利目的、物欲色彩的纯真的爱也变得越来越宝贵了，因此，读到古人这类作品，犹如吹来了一阵清风，感动之余，心灵似乎也得到了净化。

七　马滑霜浓，不如休去，直是少人行
——文人学士与红颜知己的婚外情

宋词中经常写到文人学士与歌妓之间的婚外情，其中有的还写得非常细致生动，如周邦彦的《少年游》：

并刀如水，吴盐胜雪，纤手破新橙。锦幄初温，兽烟不断，相对坐调笙。　低声问：向谁行宿？城上已三更。马滑霜浓，不如休去，直是少人行。

据张端义《贵耳集》所说，此词有其特有的“本事”：风流皇帝宋徽宗“驾幸”名妓李师师家，没想到在他之前，知名的词人、音乐家周邦彦已经来了。在得知皇帝将到的消息后，周邦彦无奈，只好躲到了床底下。皇帝带来了一颗新橙子，说是江南才进贡之物，并与李师师谈论玩笑。没想到周邦彦在床底下都听到了他们的谈话，等皇帝走后，写成了上面这首词。后来，李师师唱起此词，皇帝问是谁的作品，李师师据实回答了，由于暴露了与妓女的隐私，皇帝不由得大怒。坐朝时，找借口下令将周邦彦“押出国门”。隔了一两天，徽宗又到李师师家，没见到她本人，问她的家人，知道是去为周邦彦送行了，徽宗竟然一直坐到初更才候得李师师归来。见其愁容满面，眼泪未干，皇帝不禁大怒，问她到哪儿去了，李师师只有据实回答，说是去送周邦彦了，不知官家来，真是罪该万死。皇帝却问送行时有没有作词，李师师回答说有《兰陵王》词，遂让她唱一遍。不料一曲唱罢，徽宗竟然“大喜”，即下令复召周邦彦为大晟府(国家音乐机关)乐正，重新回到了汴京。

据学者们的研究，上面所说并非事实，实际上，这是一首文人的狎妓词。词的上片写了一个温馨可人的美好场景：女子的纤纤素手拿起并州所产的锋利刀具(杜甫有诗句“焉得并州快剪刀，剪取吴松半江水”)，切开了时新的果品——橙子，蘸着洁白的细盐(李白有诗句“玉盘杨梅为君设，吴盐如花皎如雪”)，向作者劝尝。然后再让我们打量这周围的环境：华丽的帏帐中温度初升，暖和如春，兽形的香炉中不断地透出丝丝缕缕的烟香。在这宜人的气氛中，两人相对而坐，款款深情地听她“调笙”。在上片所营造的温馨环境酝酿了自然生发的依恋之情后，下片以女子的口吻写出了因难以割舍、遂生挽留之意的经过。先是大概有男子的告辞，然后是女子的低声相问：“今晚到哪儿去住呢？”再接着是相劝：“夜已深，城上已经敲过了三更。霜结得很浓，马蹄容易打滑，路很难走，很少会有人在这样的时候上路，就不如别去了罢。”词中并未直接写出作者自己的感情和想法，而是从对方着笔，女子只是委婉相劝，并非直白表露，却将缠绵偎依之情与态写得深挚动人，所以一直得到后人的称道、赞赏。

一首狎妓之作，竟然写得如此缠绵而不猥亵，当然不会让人鄙嗤，可是，我们究竟应该如何正确地看待古代文人学士同妓女的交往与感情呢？恩格斯认为：“在整个古

代，婚姻的缔结都是由父母包办，当事人则安心顺从。古代所仅有的那一点夫妇之爱，并不是主观的爱好，而是客观的义务；不是婚姻的基础，而是婚姻的附加物。”所以，古代的爱情是存在于婚姻之外。恩格斯紧接又说：“现代意义上的爱情关系，在古代只是在官方社会以外才有……在奴隶的爱情关系以外，我们所遇到的爱情关系只是灭亡中的古代世界的崩溃的产物，而且是与同样也处在官方社会以外的妇女——艺妓，即异地妇女或被释放的女奴隶发生的关系：在雅典是在它灭亡的前夜，在罗马是在帝政时代。如果说在自由民男女之间确实发生过爱情关系，那只是对婚后通奸而言的。”①尽管古代中国社会与欧洲有很大的不同，但恩格斯以上的论述却足以解释古代婚姻与爱情的关系，具有很大的涵盖性，可以用来说明我国古代、尤其是宋词中常见的婚外情描写。正如恩格斯所由衷赞美的古代希腊妓女高于罗马的贵妇，我国古代的妓女虽是被侮辱与被损害的一群，但她们中并不缺乏才貌双全者，宋代的歌妓们尤其如此，文人学士与他们交往，在自己并不满意的婚姻之外寻找感情寄托，进而产生爱情，可谓适不足怪。尽管我国古代的妓女并不像恩格斯所说：“一部分优秀的雅典艺妓，在希腊，是受古人尊崇并认为她们的言行是值得记载的唯一的妇女。”但她们还是赢得了正直、善良的人的不少同情，在古代的戏曲小说中也留下了诸多的美好形象。

文学作品是时代生活的反映，《少年游》也不例外，当然，这种文人学士与妓女的交往与爱情是特定时代的产物，在今天是不应盲目仿效的。

八　衣带渐宽终不悔，为伊消得人憔悴
——男儿并非都是负心汉

古代的文学作品中塑造了不少负心汉的形象，如明代拟话本小说《杜十娘怒沉百宝箱》中的李甲，京剧《秦香莲》中的陈世美，都广为人知。为什么人们广泛的认同“痴心女子负心汉”之说呢？恐怕主要的原因在于封建社会男女双方的交往与结合中，男子占有了经济关系的主导面，女子因为不能取得独立的经济地位，所以多处于被动。因此，我们可以在古老的《诗·卫风·氓》中，读到那位被抛弃的女子以自己的惨痛经历对后来者的告诫：“斑鸠儿啊，见着桑葚千万别嘴馋！姑娘们啊，见着男人不要和他缠！男子们寻欢，说甩马上甩；女人沾上了，摆也摆不开。”（余冠英《诗经选》译文）因为这是真正的经验之谈。

可是，男人并不都是负心汉，柳永的《蝶恋花》词就有如此表白：

> 伫倚危楼风细细，望极春愁，黯黯生天际。草色烟光残照里，无言谁会凭阑意。　拟把疏狂图一醉，对酒当歌，强乐还无味。衣带渐宽终不悔，为伊消得人憔悴。

---

① 引自《马克思恩格斯选集》第四卷，人民出版社1972年版，第72–73页。

此词不同于柳永其他作品的比较直露，而是写得较为含蓄。开头写了自己一人伫立楼头，感受着细细的和风，极目天涯，一种莫名的惆怅油然而生。为什么呢？因为远处的天际，烟光笼罩着草色，在夕阳的余晖映照下，令人很自然地想起《楚辞·招隐士》："王孙游兮不归，春草生兮萋萋。"显然，"无言谁会"的"凭阑意"，就是自己的倦游而思归了。在此词的下片，作者并不急于点明"凭阑意"，而是写了自己以"对酒当歌"的"疏狂"生活来排遣心中的愁闷，可是"图一醉"终有醒时，歌酒风流的"强乐"并不能消去静下来的寂寞感。至此，终于道出了春愁的原委，"衣带渐宽终不悔，为伊消得人憔悴"，原来是为了那个心中的"她"，而心甘情愿地受着折磨，以至于瘦骨伶仃、形容憔悴也是值得的。柳永的类似情感还表达在其他的作品中，如《曲玉管》的"杳杳神京，盈盈仙子，别来锦字终难偶。断雁无凭，冉冉飞下汀洲，思悠悠。 暗想当初，有多少、幽欢佳会，岂知聚散难期，翻成雨恨云愁！阻追游。每登山临水，惹起平生心事，一场消黯，永日无言，却下层楼。"《八声甘州》的"不忍登高临远，望故乡渺邈，归思难收。叹年来踪迹，何事苦淹留？想佳人、妆楼颙望，误几回、天际识归舟。争知我、倚阑干处，正恁凝愁。"都可见出他对于所爱女子的深情。

不仅是柳永，宋代的词人中颇多深于情者。如张先的《千秋岁》下片："莫把幺弦拨，怨极弦能说。天不老，情难绝。心似双丝网，中有千千结。夜过也，东窗未白凝残月。"所倾诉的自己对于爱情的坚贞不渝，令人想起了汉乐府诗《上邪》的"山无陵，江水为竭，冬雷震震，夏雨雪，天地合，乃敢与君绝"。其"天不老，情难绝"的表白，更过于柳永。晏几道也是一位以写爱情词著称的词人，他的《蝶恋花》最足以见出魂牵梦萦的相思之情："梦入江南烟水路，行尽江南，不与离人遇。睡里消魂无说处，觉来惆怅消魂误。 欲尽此情书尺素。浮雁沉鱼，终了无凭据。却倚缓弦歌别绪，断肠移破秦筝柱。"周邦彦《解连环》的结句"拚今生、对花对酒，为伊泪落"，则更是与"衣带渐宽终不悔，为伊消得人憔悴"同义。

以上的这些作品有一个共同的特点，即男性词人在抒发自己的感情时，都表现了对于爱情的忠贞。这可以说明，尽管有"痴心女子负心汉"之说，但并非绝对化的规律。在封建社会中，男子也免不了会受到一夫多妻制的影响，而对女性具有泛爱的倾向，连曹雪芹在《红楼梦》中塑造的封建社会后期理想人物贾宝玉，都会见一个爱一个，"见了姐姐就忘了妹妹"。所以宋代词人在其主要是与歌女的交往中，经常会有所爱对象不断转移的情况，柳永就是一个最为典型的"多情种子"。可是我们毕竟应该承认，这是一种社会性的历史文化现象，对古人的要求，不能无视他们所生活的历史条件之所限，重要的是，即使在当时，仍然有不少才华横溢的男子，在两性关系上表现出很严肃的态度，是真心的相悦相爱，而不仅是欣赏、更不是玩弄，纵然他们不能超越历史而表现出足够的专一，但诸如"衣带渐宽终不悔，为伊消得人憔悴"的内心表白还是能深深打动读者。

九　天使教人，霎时厮见何妨
——“愈朴愈厚”的另一个痴心男子

在上一篇谈柳永词中的“衣带渐宽终不悔，为伊消得人憔悴”时，我们曾列举了一系列的作家作品，来说明忠于爱情的男子并不少见，在本篇，我们将谈谈另一位著名的词人，即前面已道及的将狎妓之作写得充满温馨气息的周邦彦。周邦彦极富文才，精通音律，在元丰初年游京师时曾献《汴都赋》万余言，引起宋神宗的重视，在《宋史》中虽入《文苑传》，实际上任地方官时颇有政绩，但在他最为擅长的词中，却常以又一个“多情种子”的形象出现。如代表作之一的《风流子》：

> 新绿小池塘，风帘动，碎影舞斜阳。羡金屋去来，旧时巢燕，土花缭绕，前度莓墙。锈阁里、凤帏深几许？听得理丝簧。欲说又休，虑乖芳信，未歌先噎，愁近清觞。　遥知新妆了，开朱户、应自待月西厢。最苦梦魂，今宵不到伊行。问甚时说与，佳音密耗，寄将秦镜，偷换韩香？天使教人，霎时厮见何妨！

据南宋王明清的《挥麈余话》所说，此词是周邦彦为溧水令时所作。因溧水主簿的姬人长得漂亮而且聪慧，经常在酒宴上给官员们侑酒，周邦彦就写下了这首《风流子》以寄意。但是，近代学术大师王国维在《清真先生遗事》中说：“案明清记美成事，前后抵牾者甚多，此条疑亦好事者为之也。”因为周邦彦作为一县之最高长官，如果对属下官员的小妾如此“寄意”是很不合情理的，所以王国维之辨在理。不过，这首《风流子》即使没有特定的“本事”，其作为爱情词的性质却是可以肯定的。

从词的文意看，作者似乎有过一段隐情，如今，不知什么原因，却已成阻隔，过去的所爱者已无法接近。当自己来到昔日心上人的住地跟前时，顿生“咫尺画堂深似海”（韦庄《浣溪沙》词有句：“咫尺画堂深似海，忆来唯把旧书看。”）之感，不能与之见面，所思所感就抒发在这首词中。“我”徘徊在池水泛绿的小池塘边，看见不远处的风吹帘动，帘影映入塘中，在斜阳的照射下，水波晃动，碎影摇曳，也使自己的思绪为之牵萦不已。今昔的身份与关系都不同，碍于此，是无法与之相见了，所以此时是多么羡慕那些可以自由地飞来飞去的燕子，因为它们能飞到那“藏娇”的“金屋”中，与伊人亲近；即使不能像燕子，能似土花（苔藓）一样在过去生长过的墙头上再度萌生也是令人羡慕的呀。如今，“我”是人不如物，虽重临旧地，却难温前情，只能远眺绣阁，听到传自深深的凤帏中的琴声。这琴声传递出什么信息呢？在“我”听来，似乎是难以倾诉心中的情感，大概是出于对耽搁“芳信”的担忧，故此分明听出其中的欲说还休之意。她在重重的帏帐中，应该以弹琴解闷，但从琴声中听不到欢乐，可以设想她也应愁对酒杯，未歌先噎，也是思绪满怀吧。至此，作者不知不觉地将己之思人转为人之思己，遂在换头腾挪笔墨，移至女子一侧。“遥知”是在远处设想，想着她晚妆之后打开朱红色的窗户，如唐人元稹《会真记》所写，在西厢房等待月亮上来，之所以“待月”，是因为同一轮明月会普照所有的人，“海上生明月，天涯共此时”，是相思之情的寄托。当然，这毕竟只是“我”的一种揣想，而此时自己感到最大的痛苦就是今宵梦魂不能到达她的身边，让她在西厢空等，虽仅咫尺却如天涯。在充分感受到睽隔的痛苦后，忍不住要发问：“什么时候才能像汉代的徐淑因不能随夫秦嘉赴任，以明镜为赠，如晋代贾充之女因私慕韩寿而以异香相贻，将互通情愫的‘佳音密耗’传递给我呢？”可是，现实是太难以改变了，不由得极其无奈地从心底喊出：“老天啊，你就是能开恩让人短时间地见上一见，又有何妨碍呢！”

周邦彦本以作词“典丽精工”著称，近代著名词人况周颐却在《蕙风词话》中独称道此词的“最苦梦魂，今宵不到伊行”和“天便教人，霎时厮见何妨”是“愈朴愈厚，愈厚愈雅”。之所以如此，是因为这是一个痴情男子发自内心的真切感情的体现。我们前面说过，在古代的男女交往中，男子处于主动的地位，所以分袂之苦多是男方造成的，不过，分袂固然有如《会真记》的男主角那样“始乱终弃”，为追求功名利禄而抛弃了崔莺莺，还以“善于补过”自辩，但还有种种不得已的原因，连韦庄都有被王建夺去所爱而作《女冠子》词一说。我们无从考证周邦彦的《风流子》究竟有何“本事”，却不能不被词中表达的痴情所打动。今天，我们无论是读李商隐朦胧感慨的“相见时难别亦难”，还是读周邦彦“愈朴愈厚”的“天便教人，霎时厮见何妨”，都会透过历史的风尘，去感受古人的心灵，真情之作，总是能让人心心相印的。

十　两鬓可怜青，只为相思老
——爱情的痛苦多于甜蜜

我们今天读宋词的爱情之作，常有一个印象，即作品中所抒发的痛苦之情要多于甜蜜。前面所列举的柳永、晏殊、张先、周邦彦、姜夔，时间有先后，地位有高低，他们的爱情词却多是以表现心中的痛苦感受为主。不妨还可以举些例子：

吴山青，越山青。两岸青山相送迎，谁知离别情？　君泪盈，妾泪盈。罗带同心结未成，江头潮已平。

——林逋《长相思》

到此因念，绣阁轻抛，浪萍难驻。叹后约丁宁竟何据。惨离怀，空恨岁晚归期阻。凝泪眼、杳杳神京路。断鸿声远天暮。

——柳永《夜半乐》

断梦归云经日去，无计使、哀弦寄语。相望恨不相遇，倚桥临水谁家住？

——张先《惜双双》

别后不知君远近，触目凄凉多少闷。渐行渐远渐无书，水阔鱼沉何处问？
夜深风竹敲秋韵，万叶千声皆是恨。故攲单枕梦中寻，梦又不成灯又烬。

——欧阳修《玉楼春》

我们都可以不举北宋中期以后的例子了。正因为爱情带来的更多是痛苦，尤其是思念的痛苦，所以晏几道有一首颇具概括性的《生查子》词：

> 关山魂梦长，塞雁音书少。两鬓可怜青，只为相思老。　归傍碧纱窗，说与人人道：真个别离难，不似相逢好。

此词的构思类似于李商隐的七绝《夜雨寄北》，在此时此地的"君问归期未有期，巴山夜雨涨秋池"，设想彼时彼地的"何当共剪西窗烛，却话巴山夜雨时"，也是在感慨关山阻隔、音书难通之时，设想与心上人相逢时的温馨对话。开头两句道出了相爱者的别离心态：因为两下里隔着千山万水，思念牵萦不已，只有在魂梦中才能相见，一个"长"字足以见出空间的遥远，令人感叹不已，即使是从边塞飞来的大雁也难以带来音讯、书信。在长长的、苦苦的期待中，青青的两鬓也会很快染上白雪。作者身在远方，却设想着与所爱者（"人人"是对所爱者的昵称）再见面时的情景：当我回到你的身边，再靠近碧绿色的纱窗前，与你款款深情地交谈，那时最想说的话就是最简单、也最真实的感受："真的是别离难啊，哪有相逢相聚那么好呢！"

"真个别离难，不似相逢好"，是几乎不能称之为哲理的人生信条，但是真理本身就是朴素无华的。我国由于是传统的农业国家，与航海的商业文明国家不同，后者主动，前者主静，商业以追求最大的利润为目的，农业是为求温饱、更以亲情为重。在《诗经》中，我们既可以看到"饥者歌其食，劳者歌其事"的诸般内容，也可以看到征人、役者对家乡和亲人的深深系念，而"一日不见，如三秋兮"的表白则可看成是"两鬓可怜青，只为相思老"的原型。汉代诗中的那些诸如"客从远方来，遗我双鲤鱼。呼儿烹鲤鱼，中有尺素书。长跪读素书，书中竟何如？上言加餐食，下言长相忆。"（《饮马长城窟行》）"秋风萧萧愁杀人，出亦愁，入亦愁。座中何人，谁不怀忧？令我白头。胡地多飙风，树木何修修。离家日趋远，衣带日趋缓。心思不能言，肠中车轮转。"（《古歌》）"高田种小麦，终久不成穗。男儿在他乡，焉得不憔悴？"（《古歌》）都是朴实无华的作品，都道出了同一个道理，同样的感情。而《古诗十九首》之所以被后人评为"惊心动魄，可谓几乎一字千金"（钟嵘语），正在于其中的游子思妇之情的真切动人，试看"思君令人老，岁月忽已晚"（《行行重行行》），"还顾望旧乡，长路漫浩浩。同心而离居，忧伤以终老"（《涉江采芙蓉》），都能透过尘封的岁月给人以永恒的感动。因为不得已的离别，使爱情的痛苦多于甜蜜，《诗经》以来的原型精神在宋词中得到进一步的发扬，"两鬓可怜青，只为相思老"，是对这种精神的更为形象深刻的概括。

十一　两情若是久长时，又岂在朝朝暮暮
——追求爱情高境的另一种说法

"两鬓可怜青，只为相思老"表达的是最多数的爱恋中人对于离别的感受，不过也

有人会在传统的恋爱题材中翻出新意，表现了另一种境界，如秦观的《鹊桥仙》就是。词云：

纤云弄巧，飞星传恨，银汉迢迢暗度。金风玉露一相逢，便胜却人间无数。柔情似水，佳期如梦，忍顾鹊桥归路。两情若是久长时，又岂在朝朝暮暮。

这是一首写传说牛郎、织女“七夕”相会的神话题材作品，却改变了过去的一贯写法。牛郎、织女的故事发生得很早，而《古诗十九首》的《迢迢牵牛星》所写的牛、女是悲剧色彩的：“迢迢牵牛星，皎皎河汉女，纤纤擢素手，札札弄机杼。终日不成章，泣涕零如雨。河汉清且浅，相去复几许？盈盈一水间，脉脉不得语。”人们也一直对他们间的只有一年一度的会面非常同情。秦观的这首七夕词，可以说是对从前的同一题材作品的翻案。如果说“飞星传恨”尚带有离愁，可当牛郎、织女“暗度”过迢迢的银河，在金风玉露的美好环境中相逢时，这一次见面就胜过了人间的千遍万遍。下片的“柔情似水，佳期如梦”，写出了他们间难舍难分的感情，如水的柔情自不必说，一年一遇的好日子竟然如在梦中，因为平时只能在梦里相逢，所以真正的相逢反而被当成是梦了。正缘于这难得的一遇，马上就要分手，当然是要“忍顾鹊桥归路”了，可是作者并不将其题旨止于此，而是在最后翻进一层，以令人警醒的“两情若是久长时，又岂在朝朝暮暮”，昭示了爱的高境，正如明人沈际飞所说：“(世人咏)七夕，往往以双星会少离多为恨，而此词独谓情长不在朝暮，化腐朽为神奇！”

秦观并不是像苏轼那样豁达的人，他的爱情词常常充满了离愁别恨，不少作品都显得情绪低黯。如《水龙吟》的“玉佩丁东别后。怅佳期、参差难又。名缰利锁，天还知道，和天也瘦。花下重门，柳边深巷，不堪回首。念多情、但有当时皓月，向人依旧。”《八六子》的“倚危亭，恨如芳草，萋萋刬尽还生。念柳外青骢别后，水边红袂分时，怆然暗惊。”《满庭芳》的“销魂，当此际，香囊暗解，罗带轻分。谩赢得青楼薄幸名存。此去何时见也，襟袖上，空惹啼痕。伤情处，高楼望断，灯火已黄昏。”都写得凄婉动人。他设为女子立场着想所写的词，如《减字木兰花》：“天涯旧恨，独自凄凉人不问。欲见回肠，断尽金炉小篆香。 黛蛾长敛，任是春风吹不展。困倚危楼，过尽飞鸿字字愁。”也愁态可掬。可以认为，《鹊桥仙》在秦观的词中是一个例外。

尽管是个例外，但毫无疑问，此词是表现出了爱情的高境。这种很高的意境，固然与所写的对象是神话人物有关，如果说《古诗十九首》的《迢迢牵牛星》是以人写神，《鹊桥仙》并未将神作为人来写，“胜却人间无数”一说应与神仙故事中的“山中方七日，世上已千年”有关。而牛女相会又是发生在广漠的天宇，美好的秋夜，面对着长长的银河，悠悠的天宇，金风拂面，玉露生凉，本来就应使人得到共感，精神上会有所提升。或许是秦观久陷于人间俗世的情感纠葛中，偶尔面对天宇，恰逢七夕，由宇宙的永恒，对照人间的短暂、无常而有所感怀，双星虽一年一遇，却永无止日，人间的相爱者虽终日厮守至老，与天、与神相比，也如同只有一瞬，恐怕“金风玉露一相逢，便胜却人间无数”之说与此不无关系。当然，词的结句还是并未脱离人间，但我们是否可以认为这是从牛女故事得到的启发有关呢？秦观是苏门弟子，既然苏轼有《水调歌头》中秋词，以天上说人间来解脱现实中的烦恼，秦观也应会偶尔受神话的启发而振拔精神。

宋词多绮思艳语，因为这是特殊的“缘情”园苑，一直以爱情为题材之大端，宋人之多对男女之别倾诉悲声，是因为在“小道”中不必掩盖真我的面目。但是，天下的有情人往往并不能成为眷属，即使属意于对方也会因种种的原因而别离，如果是情侣能幸运地结合成夫妻，也免不了会有长长短短的别离，更不用说那些文士与歌妓间的难以持久的爱情了，因此，面对生离死别，也应能自我劝慰，化解悲愁。

连有“古之伤心人”之称的秦观都有《鹊桥仙》这样的追求爱情高境之作，今天的有情人，也不应拒绝“两情若是久长时，又岂在朝朝暮暮”。至于如当代诗人舒婷《神女峰》的“与其在悬崖上展览千年，不如在爱人肩头痛哭一晚”，恐怕可以算是在爱情久遭禁锢后的一种翻案了，这是又一种高境，会给人以新的启迪。

十二　郎袍应已旧，颜色非长久
——谈宋词中的衣服与爱情

“睹物思人”是一句老话，在宋词中，此话尤见于对衣服的描写与寄意。试看三个例子：

忆郎还上层楼曲，楼前芳草年年绿。绿似去时袍，回头风袖飘。　郎袍应已旧，颜色非长久。惜恐镜中春，不如花草新。

——张先《菩萨蛮》

曲阑干外天如水，昨夜还曾倚。初将明月比佳期，长向月圆时候、望人归。罗衣著破前香在，旧意谁教改。一春离恨懒调弦，犹有两行闲泪、宝筝前。

——晏几道《虞美人》

辋川图上看春暮，常记高人右丞句。作个归期天定许，春衫犹是，小蛮针线，曾湿西湖雨。

——苏轼《青玉案》下片

这三首词都写到衣服，并通过写衣服来寄寓爱情。

张先的《菩萨蛮》从女方着笔，写春天的登高怀远，思念所爱。春天气和景明，草长莺飞，是撩人情思的季节，从《古诗十九首》的《青青河畔草》，经王昌龄的“忽见陌头杨柳色”，到温庭筠的《菩萨蛮》十四章，闺怨的主题已被发挥得淋漓尽致，张先此词为避免雷同，遂自出机杼。词之首句直言“忆郎”之旨与登楼之举，次句写登楼所见的眼前一片芳草，芳草的意象自淮南小山《招隐士》以来，一直就含蕴着“王孙游兮不归，春草生兮萋萋”的原型意义，作者应有深意，读者也不应轻轻放过。芳草年年绿，今年又绿似去年时，而芳草之绿又令人想起心上人出行时所穿的袍子之绿，想起他临行时回头依恋、袖袂飘飘之状，是一直深印在我的心中。换头仍紧扣袍子来写，悬想去时之袍如春草之新绿，今日之袍应是色彩已褪，无知的袍尚已变旧，何况多情的人呢？“颜色非长久”一句语带双关，由郎之袍关合己身，青春易逝，红颜难久，自然也就引出了“惜恐镜中春，不如花草新”的感慨了。此词将“年年岁岁花相似，岁岁年年人不同”的题旨同爱情联系在一起，又从五代牛希济词的“记得绿罗裙，处处怜芳草”得到启发，将男思女换为女思男，翻出了新意。所以词中的“郎袍”不是一件简单的衣服，而是爱情的寄寓与象征。

晏几道的《虞美人》也可以看成是着笔于女子的怨别之作。上片写女子的心理与行动：倚着曲栏杆望月，由于望月怀人一直就是递相沿袭的意象，此举当然也是思念所爱，“昨夜还曾倚”一句并非多余，惟此才能见出有昨又有今，望月思人已非偶见之举。“初将明月比佳期，长向月圆时候、望人归”二句，通过“初将”、“长向”、“望”却终不得的变化，将由希望变为失望的心理隐然托出。换头着笔于衣服，“罗衣著破前香在，旧意谁教改”是长久期待而无着的联想，罗衣虽已穿破，留在上面的芳香却仍然还在，那么往日的温情是否已经改变了呢？想至此，不由得落下两行眼泪在心爱的宝筝前，长长的一个春天也没有心思去调弦弹奏了。词中的罗衣着破却前香犹在，表现出女子对于爱情的忠贞不渝，是自穿之衣，不同于张先词的“郎袍”，但同样是爱情的寄托与象征。

苏轼的《青玉案》是送人归吴之作，因为被送者苏坚（字伯固）跟从苏轼已三年未归，苏轼在为他送行时所作的这首词的下片，特地指出“作个归期天定许”，而结尾三句“春衫犹是，小蛮针线，曾湿西湖雨”，更以其豪放的个性却不忘温馨的提示，因为苏坚穿了三年的春衫还是“小蛮”（以白居易的舞妓代姬人或歌女）的针线，上面带着西湖的雨水啊！在这里，“小蛮”针线做成的“春衫”也是为爱所维系。所以况周颐《蕙风词话》评之曰：“‘曾湿西湖雨’是情语，非艳语。与上三句相连属，遂成奇艳绝艳，令人爱不忍释。”

上面三首词，都写到衣服，都寓托爱情，寄有深意。衣服不仅是遮羞、御寒之物，而且因其与人体的亲近，很易引起联想。长期的离别，容易由对方或自己所穿的衣服想起以往曾有过的温情款款，从而借此而抒发心中的思念，表白此时此刻的心情。宋词中此类作品甚多，以上不过只是其中几例，仅此，我们已可体会古人情感世界的丰富。在“慈母手中线，游子身上衣”以外，还有另外一类的以衣服相寄托的感情，通过这些作品，我们可以窥见古人的心灵，也会为他们的爱情而为之感动。

十三　无处说相思，背面秋千下
——思妇怀人的无言之悲

思妇怀人是古代诗歌常见的题材，之所以如此，是因为现实生活中的男子经常要离家外出，在家的女子在孤单寂寞中打发岁月，“怀人”是很自然的事儿。远在周朝，因为男子的服兵役、劳役，或出外谋生，使《诗经》中所留下的思妇怀人之作达到了相当的数目，其中不乏名篇。试举《王风·君子于役》一例：

君子于役，不知其期。曷至哉？
鸡栖于埘，日之夕矣，羊牛下来。
君子于役，如之何勿思！
君子于役，不日不月，曷其有佸？
鸡栖于桀，日之夕矣，羊牛下括。
君子于役，苟无饥渴。

余冠英《诗经选》今译：

丈夫当兵去远方，谁知还有几年当。哪天哪月回家乡？
鸡儿上窠，西山落太阳，羊儿牛儿下了冈。
丈夫当兵去远方，要不想怎么能不想！
丈夫当兵去得远，多少月呀多少天。几时团来几时圆？
鸡儿上窠，太阳落了山，羊儿牛儿进了栏。
丈夫当兵去得远，但愿他粗茶淡饭不为难。

在这首诗中，思妇不仅有“如之何勿思”的明言其思念，而且还有“苟无饥渴”的愿望。即使是唐人王昌龄的《闺怨》，也有“悔教夫婿觅封侯”的明确以“悔”字道出心理活动之处。

思妇怀人之作在宋词所有题材中占有很大的比例，其中固有明言思念或以物寄情者，也有表现无言之悲的佳作，晏几道的《生查子》就是这样一首作品：

金鞭美少年，去跃青骢马。牵系玉楼人，绣被春寒夜。　消息未归来，寒食梨花谢。无处说相思，背面秋千下。

此词写得很通俗易懂：一个美少年挥着金鞭，骑着青骢马走了，出外干什么？词里没有说，笔墨转向写留在家中的少妇。她虽然不愁衣食，居于玉楼，盖着绣被，可形只影单，百无聊赖，尤其在春寒之夜，更能让人体会独宿的滋味，因此只是一心牵挂着远行在外的男子。这里“牵系”一语是明确道出了女子的心理，但并无显见的感情色彩以表其悲伤，仅“绣被春寒夜”一句以环境衬托人物的孤寂难耐。下片说，他远去后没有任何音信消息，眼看寒食已过，梨花谢尽，春光抛人，心中的烦恼当然也渐渐堆积，但是作者并不点明，却转而展示了一个“定格”的镜头：秋千架下，女主人公背面站着，无伴无侣，无言无语，既无心荡秋千，又无意赏花草，她是在默默地忍受着相思的痛苦，无法诉说，也无处诉说。这“背面秋千下”的形象虽然悄无声息，却“此时无声胜有声”，给人以无尽的联想和惆怅。晏几道很擅长用前人的成句，如《临江仙》的“落花人独立，微雨燕双飞”，就是用五代翁宏的现成诗句以入词，而此处是将李商隐的诗句“十五泣春风，背面秋千下”翻出新意。南宋曾季狸《艇斋诗话》指出：“晏叔原小词：‘无处说相思，背面秋千下。’吕东莱极喜诵此词，以为有思致。”吕本中是理学家，却喜爱此词之“思致”，是很能说明这种思妇怀人的无言之悲所具有的感情力量是多么动人心魄。

诚然，晏几道虽长期沉抑下僚，却毕竟是贵公子出身，此词表达的也决非下层女子的相思之情，如果用以前惯用的阶级分析法来看待，确实很难与“反映现实”挂上钩。但是，这类作品毕竟是一种类型的社会生活与普遍性的人生情感的表现，至少对我们还有认识价值，何况那“无处说相思，背面秋千下”所体现出来的无言之悲，能比诸多的语言给予我们更多的感动和更高的审美价值。

十四　帘卷西风，人比黄花瘦
——一个闺中思妇的典型形象

前面所谈及的离别相思之作都是出于男子之手，或为自抒，或为代言，自抒者当然是真情实感，代言者却有时免不了终隔一层，所以要体会女子自己的真实情感，最好还是能看到女子之所作。而遍观宋代女词人，当毫无疑问是以李清照为第一。

李清照出身于诗书官宦之家，有深厚的文化修养和杰出的文学才能，善文、工诗、能书、能画、尤以词名，十八岁时嫁给了太学生赵明诚。此时，赵明诚之父赵挺之为吏部侍郎，李清照父李格非为礼部员外郎。不久，赵挺之一路高升，李格非却入元祐党人籍。尽管有父亲成为“党人”的不幸，且清照致诗公公以救父而未成，但丈夫赵明诚开始踏上仕途，不久又毁《元祐党人碑》，赦天下，除党人一切之禁，所以李清照前期的生活还是安定、幸福的。尽管如此，她的许多作品都充满了离别相思之苦。有的写得比较含蓄，如《如梦令》：“昨夜雨疏风骤，浓睡不消残酒。试问卷帘人，却道海棠依旧。知否，知否？应是绿肥红瘦！”虽词中未见怀人字句，从女主人怜春惜春与侍女木然不觉的对照中，却可以就其伤春品味出背后的伤别。有的则明确标明“离情”，如《蝶恋花·离情》：“暖雨晴风初破冻，柳眼梅腮，已觉春心动。酒意诗情谁与共？泪融残粉花钿重。　乍试夹衫金缕缝，山枕斜欹，枕损钗头凤。独抱浓愁无好梦，夜阑犹剪灯花弄。”此词所写的是初春，雨暖了，风和了，冰封的土地破冻了，柳芽初绽，像沉睡的人才张开了眼，梅花如同少女的脸腮，带着浅红。春天万物复苏，自己也春心萌动，但是，又能与谁分享这酒意、这诗情呢？形只影单，孤苦自怜，忍不住眼泪双流，模糊了妆粉，使花钿也变得沉重了。春衫初试，虽是金缕缝就，却无人欣赏，既然不能“女为悦己者容”，也只能试而不穿，无聊中，斜靠着枕头，连美丽的饰品也无所顾惜了，这样独自怀着浓浓的愁绪，进入了梦乡，却仍无好梦，睡而又醒，深夜时还剪着灯花，再无睡意。这里尽管没有思念的直白,此意却已出。

在李清照前期的词作中,《醉花阴》堪称为表现相思之情的名篇。据元代伊世珍所说,李清照曾将这首词寄给赵明诚,赵看后,自叹不如,却又想胜出,闭门谢客、废寝忘食地写了三天三夜,共写了五十首,然后将妻子所作夹在其中给友人陆德夫看,陆德夫再三细看,最后说只有三句写得最好,而这三句却是李清照所作。此词写道:

薄雾浓云愁永昼,瑞脑销金兽。佳节又重阳,玉枕纱橱,半夜凉初透。 东篱把酒黄昏后,有暗香盈袖。莫道不消魂,帘卷西风,人比黄花瘦。

前一首写伤春,这一首写悲秋。先说天气,天从早到晚被薄雾浓云所笼罩,使人发愁,独自点燃了香料,让它在兽形的铜香炉内燃尽。时令很快,不觉已到了重阳佳节,天气转凉,半夜时,直觉得睡在碧纱橱(以此罩着床,以防蚊蝇小虫之类)内,枕着瓷枕,一阵阵的凉意袭来。重阳时节,应该赏菊饮酒,如今自己一人独对篱畔的菊花,把着酒杯,孤独中只觉得菊花暗暗的香气充盈到了衣袖之内。江淹《恨赋》称"黯然销魂者,惟别而已矣",此时此刻,为别情所扰,能说不消魂吗?于是再无心思品酒赏菊了,可是回到房中,西风还是吹开门帘,钻进来了,倘与菊花对照,相思中的人应是比这黄花还要消瘦吧!

此时的李清照虽是地位高贵的少妇,自不同于那些为衣食发愁的贫妇,但闺中的寂寞,分离的痛苦也是分量不轻。中国人重亲情,也重节日,重阳佳节本是亲人团聚的日子,王维《九月九日忆山东兄弟》一诗曾写道:"独在异乡为异客,每逢佳节倍思亲。遥知兄弟登高处,遍插茱萸少一人。"兄弟尚如此,何况夫妻?李清照对于离别可能已有较长时间的感受,故有"佳节又重阳"的"又"字。"有暗香盈袖"一句,并不只是写菊花,而是出于《古诗十九首》的"馨香盈怀袖,路远莫致之",暗含路远而难通音信与情愫之意。由于赵明诚与李清照夫妇间有着共同的情趣、爱好,情感甚笃,对于分离之苦,感受自不同于他人。

南宋初年,王灼在其所著的《碧鸡漫志》中既称道李清照为"本朝妇人,当推文采第一",但又深斥其"闾巷荒淫之语,肆意落笔。自古缙绅家之能文妇女,未见如此无顾藉也"。这显然是带有"卫道士"色彩的偏见。李清照在其词中倾诉的感情是真实动人的,她创造的"帘卷西风,人比黄花瘦"的闺中思妇典型形象有永恒的艺术魅力。

十五 把酒送春春不语,黄昏却下潇潇雨
——不幸女子的断肠词

宋代女词人数李清照最有名,此外就是魏夫人与朱淑真了。魏夫人过的是贵妇人的生活,一生无风无浪,作品雍容典雅,朱淑真却因爱情与婚姻的不幸而留下了一部《断肠词》,通过她的作品,可以看到内心的感情世界,也可以让我们了解当时社会生

活的一个侧面。

相传朱淑真出身于贵族家庭，才貌出众，工诗词，通音律，善绘画，但婚姻却很不美满。至于她的丈夫是何许人，研究者有不同的说法。有的说她是嫁给了市井小民，也有的说她的丈夫曾应试礼部，后来又在江南做官，可是朱淑真与他感情不合。不管她的丈夫是怎样出身的人，感情不合却是事实，上错花轿嫁错郎的结果，是留给她一生的痛苦和遗憾。从朱淑真的词作中，似乎也可看到她曾有过爱情的欢乐。如《清平乐》一词："恼烟撩露，留我须臾住。携手藕花湖上路，一霎黄梅细雨。 娇痴不怕人猜，和衣睡倒人怀。最是分携时候，归来懒傍妆台。"其中换头两句大胆地写出了恋爱中少女的真切体验，清人吴衡照的《莲子居词话》以之与李清照相并："易安'眼波才动被人猜'，矜持得妙；淑真'娇痴不怕人猜'，放诞得妙。均善于言情。"可是她的《断肠词》正如词名一样，表现痛苦的无疑是主调。且看：

独行独坐，独倡独酬还独卧。伫立伤神，无奈轻寒著摸人。 此情谁见，泪洗妆残无一半。愁病相仍，剔尽寒灯梦不成。

——《减字木兰花·春怨》

山亭水榭秋方半，凤帏寂寞无人伴。愁闷一番新，双蛾只旧颦。 起来临绣户，时有疏萤度。多谢月相怜，今宵不忍圆。

——《菩萨蛮》

前一首连用五个"独"字，可见其心中所感受到的孤单寂寞是多么强烈！在初春时节，寒意未消，风儿阵阵，无聊伫立，这轻寒撩起了春愁，孤独之情又有谁知道呢？眼泪打湿了脸，妆也残了，剩下的还没有一半，既愁又病，紧紧相连，使人难以入睡，剔尽了灯还未能成梦。全词确是春怨之情，怨的是什么呢？从这一连串的"独"字就可以知道了。前一首写春怨，后一首写秋怨。山亭水榭应是欣赏秋光的好场所，秋色方半，时光正好，但因凤帏寂寞，无人相伴，这美好的秋景也只能撩起心中的新愁闷，双眉紧皱，笑脸难开。夜间起来，美丽的"绣户"只有流萤飞过，能感谢的是一轮缺月，它为了可怜我，今晚竟然不忍独圆。这可见因孤寂之极，而出此有情却"无理"的"痴语"。

朱淑真的《蝶恋花·送春》可看成她的代表作。词云：

楼外垂杨千万缕，欲系青春，少住春还去。犹自风前飘柳絮，随春且看归何处？ 绿满山川闻杜宇，便做无情，莫也愁人苦。把酒送春春不语，黄昏却下潇潇雨。

送春是因为惜春，惜春就要留春，此词不写自己如何有留春之意，而借杨柳来写之。杨柳系不住春天，只好用飘扬的柳絮去追逐春天，看她将回到哪里去？山川一片绿色，杜鹃鸟的啼声一阵阵传来，鸟虽不懂人的感情，听到这凄苦的啼声，似乎是替愁人而哀鸣。最后,既然留春不住,就只有把酒送春了,可是,春天毕竟无知、故也无语,只有黄昏的潇潇春雨不停落下,在多情的作者看来,怕是很像惜别的眼泪了。

春去秋来本是大自然的规律,人们之所以伤春悲秋,是生命意识的体现,是对于时光流走、年华逝去的无奈与留恋,女子的伤春更有悼惜爱情失落的特定意义。在李清照的前期词,伤春主要是伤别,是对于不能与夫君始终相伴相守的深切遗憾;而朱淑真,却因不幸的婚姻而感到终生无着,内心的悲痛远过于前者。像她这样的女子,物质生活并非第一位,精神的相通、情感的融洽是更为重要的追求,爱既已失落,心儿无所系,只能在词中倾诉自己的悲伤、失望,她自己将所作命名为"断肠词",决非无病呻吟。朱淑真不是社会下层的妇女,没有衣食之忧,但是,她对爱情的追求,对于自己不幸婚姻的强烈不满,以及对于不满的倾诉,不仅是当时社会上层妇女精神世界的真实反映,而且是对于道学之禁锢人性的真正反抗。人们既然可以对同样是上层贵族女子的林黛玉给予深切的同情,为什么又不能充分地肯定朱淑真的《断肠词》呢?

十六 世情薄,人情恶,雨送黄昏花易落
——陆游、唐琬爱情悲剧的意义

我国古代有许多爱情悲剧,其中有一类是因于婆婆对媳妇的嫌弃所造成的,汉末的《古诗为焦仲卿妻作》(又名《孔雀东南飞》)所写的焦仲卿与刘兰芝的故事就是著名的代表。焦仲卿与刘兰芝婚后感情甚笃,但媳妇却不遂婆婆的心,焦母要赶走兰芝的理由是"此妇无礼节,举动自专由",因此就"吾意久怀忿,汝岂得自由!"据《大戴礼记》的《本命篇》,汉代有"七去"之说,即:"不顺父母,去;无子,去;淫,去;妒,去;有恶疾,去;多言,去;盗窃,去。"凡这七种理由之一都可以被驱赶出门,显然,焦母是以"七出"的第一条理由将刘兰芝赶出焦家的。其实,从焦仲卿为之辩护的"共事二三年,始尔未为久。女行无偏斜,何意致不厚"来看,并非不顺婆母,诗中未提及子女,看来,"无子"应是主要的原因。而有的研究者认为,据刘兰芝说:自已"鸡鸣入机织,夜夜不得息",可是,"三日断五匹,大人故嫌迟。非为织作迟,君家妇难为"。可见她作为个体经济中的家庭手工业的主要生产者,满足不了婆婆所规定的生产额度,成为家庭生产关系的牺牲品。焦仲卿无力阻止母亲的决定,只好约定暂时回娘家,以后再迎回,而刘兰芝回到娘家后,却为兄长不容,逼其再嫁,终于引发了刘、焦双双殉情的悲剧。

无独有偶,宋代也有类似的爱情悲剧,其结果虽非双双殉情,但也是一方因情早亡,一方遗憾终生,这,就是陆游与唐琬的故事。

据说,大诗人陆游得同郡的唐琬许配为妻,唐琬是大家闺秀出身,知书识礼,婚后,伉俪相得,感情甚洽。唐琬与陆游的母亲本是侄女与姑姑的关系,却不知因何原因而失欢于既是姑姑又是婆婆的陆母,陆游虽努力相求,却终无效,被逼休妻,而置之于别馆,时往探视,又为母发现,唐琬只得再嫁"同郡宗子"赵士程,彼此间再无音问可通。几年后的一个春日,陆游在家乡绍兴禹迹寺附近的沈氏园游赏,恰遇随后夫来游

的唐琬，赵士程倒很大度，还让唐琬给陆游送去酒肴。陆游感慨不已，怅然久之，乘醉写成《钗头凤》一词：

红酥手，黄縢酒，满城春色宫墙柳。东风恶，欢情薄。一怀愁绪，几年离索。错，错，错。　春如旧，人空瘦。泪痕红浥鲛绡透。桃花落，闲池阁。山盟虽在，锦书难托。莫，莫，莫！

词中先以特写镜头写唐琬的以酒相劝，而面对这满城春色、宫墙细柳，心中却只有难抑的悲怨，感叹自己之所以欢情薄，是因为"东风恶"所致(这是对于母亲的不敢明说的抱怨)。几年来的分离，使自己只有满怀的愁绪，想来这真是最大的错误啊，故连下三个"错"字。时间过去了，春天依旧如期地降临人间，可被感情折磨的人儿却是明显的消瘦了，想来她一定是经常流泪，手绢上的泪痕杂着妆痕的红色，如染血一般。桃花已落，池阁清冷，春天将去，这岂非与唐琬有几分相似？东风催春而又摧春，言其"恶"可真不为过。现在暂得一见，以后就难了，虽然当年的山盟海誓依然还在耳畔、心中，但是碍于各有家庭，今后是实在难通书信了。同在一郡，却如天人永隔，这真令人伤心欲绝，所以只能连呼"罢了，罢了，罢了！"在极沉痛的感喟中结束全词。

唐琬在陆游写词之后，作了同调的词：

世情薄，人情恶，雨送黄昏花易落。晓风干，泪痕残。欲笺心事，独语斜阑。难，难，难！　人成各，今非昨，病魂常似秋千索。角声寒，夜阑珊。怕人寻问，咽泪装欢。瞒，瞒，瞒！

头二句，写出了对礼教所歪曲的人情世道的愤懑，雨送黄昏，花儿易落，既呼应原词的"桃花落"，又是自己命运的象征，晓风吹干了眼泪，泪痕却还在，想写出自己的心事，却怎样落笔呢？只能斜倚栏杆独自说给自己听，真是难啊，难啊，难啊！换头点明了今天已非过去，双方已各有家庭，碍于礼教，只能将思念藏在心里，而受感情的折磨，只有病中的梦魂可以像秋千一样飘荡。在角声吹寒、夜已阑珊之时，是最难受的相思时刻。尤其怕人寻问，只好吞下苦泪，装作欢笑，瞒着，瞒着，再瞒着！

"世情薄，人情恶，雨送黄昏花易落！"这是封建时代被外力所拆散的恩爱夫妻的痛苦心声，无论是焦仲卿、刘兰芝还是陆游、唐琬，古人的爱情悲剧将永远给后人一份感动！

十七　千里孤坟，无处话凄凉
——旷达之人的悼亡之痛

古典诗歌中有"悼亡"一类，西晋时的潘岳曾写过三首，似是此类题材的发端之作。三首其一中写道："……望庐思其人，入室想所历。帏屏无仿佛，翰墨有余迹。流芳未及歇，遗挂犹在壁。怅恍如或存，回惶忡惊惕。如彼翰林鸟，双栖一朝只。"睹物思人，低回不已，并以飞鸟的由双而成单，来拟丧妻后的感受。南朝时的沈约也有题为《悼亡》的诗："去秋三五月，今秋还照房。今春兰蕙草，来春复吐芳。悲哉人道异，一谢永销亡。屏筵空有设，帷席更施张。游尘掩虚座，孤帐覆空床。万事无不尽，徒令存者伤。"开头说，去秋的十五月亮，今秋依然未变，今春的兰花蕙草，明年仍然吐露芬芳，二事的重复是为了衬托"人道"的不可重复，"悲哉"一语使诗情陡转，"一谢永销亡"的感叹见出了"悼亡"的无比沉痛。然后是对于人去室空的诸般陈述，使悲情得到进一步的渲染，最后表明自己的悲伤。唐诗中最有名的悼亡诗当数元稹的《遣悲怀》三首，其中的第二首最为动人："昔日戏言身后意，今朝都到眼前来。衣裳已施行看尽，针线犹存未忍开。尚想旧情怜婢仆，也曾因梦送钱财。诚知此恨人人有，贫贱夫妻百事哀。"元稹之妻韦丛是太子少保韦夏卿的幼女，下嫁元稹后备尝生活的艰辛，却安于贫贱，矢志不渝地支持丈夫，当家理财。韦丛一旦去世，元稹非常悲伤。这第二首就在回忆韦丛与他人的关系中的乐善好施，表达了自己的悼念，开头两句与最后两句，写得尤其平实感人。

宋词本是酒席宴上用作"侑觞""佐欢"的歌词，题材很狭窄，多写花前月下、男欢女爱的内容，大文豪苏轼却将本是诗中的题材入之于词，引发了词坛的变化。除了著名的"大江东去"、"明月几时有"等作品外，他还将"悼亡"写入词中，此即《江诚子·乙卯正月二十日夜记梦》。词云：

十年生死两茫茫，不思量，自难忘。千里孤坟，无处话凄凉。纵使相逢应不识，尘满面，鬓如霜。　夜来幽梦忽还乡，小轩窗，正梳妆。相顾无言，惟有泪千行。料得年年肠断处，明月夜，短松冈。

苏东坡是非常豁达、开朗的人，因此，有人就以为其并非深于情者，其实不然，此词堪称明证。苏轼十九岁时与十六岁的王弗结婚，王弗聪颖贤惠，孝顺公婆，与苏轼非常恩爱，可惜只活了二十七岁，逝于汴京，次年归葬四川的祖茔。父苏老泉曾对苏轼说："妇从汝于艰难，不可忘也。"(《亡妻王氏墓志铭》）而后来尽管经历了许多风浪，东坡也的确没有忘记这位结发妻子。从此词的题目可见，这是东坡在乙卯年，即宋神宗熙宁八年(1075年)的正月二十日夜里梦见了亡妻，梦醒后写下了这首词。词的开头直说，妻子已经去世十年了，十年来，人鬼相隔，生死茫茫，但是说是不再思量，那是不可能的，因为当年的一切都教人难忘啊！十年来奔波在仕途，再没有回到故乡，想起她的孤坟远在千里之外(此时苏轼知密州，在今山东)，而自己所遭受的磨难与困苦，她在另一个世界的孤单寂寞，是真的没有互相倾诉的机会，这又让人感到多么的凄凉！但是，退一步想，纵使能逾越天人之隔，跨过千山万水，见到了面，恐怕也不认得了，因为这些年来，自己与主张变法者意见不合，经过了太多的变化，从乞任通判杭州，到移知密州，满面尘土，两鬓如霜，已非当年风采了。上片写做梦之前，下片写梦境。在梦中，自己忽然回到了家乡，看到了小小的轩窗之下，爱妻正在对镜梳妆。相别已久，乍一重逢，应有说不完的知心话吧，可偏偏是无言哽咽，只有千行清泪滚滚流下，只有是真正的情深意切才会如此的“此时无声胜有声”。最后是梦醒后的感慨：在明月的朗照下，在栽着小松树的山冈上，坟茔中的妻子还一定会年年为思念丈夫而肝肠寸断吧！

苏轼固然因政治上的失意而将失落感带到了词中，但是比起他后来遭受的磨难和一系列的被贬，根本就算不了什么，所以此词之作最主要的还是缘于对亡妻的深情。与前面所说的悼亡诗相比，《江城子》的最大不同在于不是写清醒时的痛楚，而以记梦之由表达十年来的生死难忘之情，不仅在词中是一个创举，而且与前人同类题材的诗歌相较，尤显得曲折动宕，读来令人深志不忘。苏轼不仅是坦荡荡的君子，是敢于讲真话，善于做实事，经常想到老百姓根本利益的好官吏，而且心胸广阔，为人豁达，但他不寡情、不窒欲，我们似乎多能看见他的豪放，却很少看到他内心深处的缠绵，读这首《江城子》，不仅可以了解苏轼多情、深情的一面，而且可以更真切地懂得鲁迅说的“无情未必真豪杰”的深刻涵义。

十八 空床卧听南窗雨，谁复挑灯夜补衣
——又一感人至深的悼亡之作

宋词的悼亡名作除苏轼《江城子》外，贺铸的《半死桐》也几可称伯仲。

贺铸是一位有独特个性的人物，他是宋太祖孝惠后的族孙，仕途却并不平坦。他身长七尺，面呈铁色，眉目耸拔，非但长得不英俊，甚至可以说是近于丑陋，故有“贺鬼头”之称。不过他的仕途多舛并非是因为长相的原因，据说，他极有“丈夫气”，却说话没有顾忌，口无遮拦，极喜谈论世事，又对权贵不买账，稍不中意，就会将他们说得一钱不值，所以这样一位人以为有“侠气”的人物，是不会讨人喜欢的。他十七岁到汴京，作右班殿直，后到地方上担任武职，直到四十岁才转为文官。我们读他的不少作品，都会感受到其中的雄壮郁勃和英风侠气。如《行路难》(《小梅花》)上片：“缚虎手，悬河口，车如鸡栖马如狗。白纶巾，扑黄尘，不知我辈可是蓬蒿人？衰兰送客长安道，天若有情天亦老，作雷颠，不论钱，谁问旗亭美酒斗十千？”《六州歌头》上片：“少年侠气，交结五都雄。肝胆洞，毛发耸。立谈中，死生同。一诺千金重。推翘勇，矜豪纵。轻盖拥，联飞鞚，斗城东。轰饮酒垆，春色浮寒瓮，吸海垂虹。间呼鹰嗾犬，白羽摘雕弓，狡穴俄空。乐匆匆。”在宋代普遍的重文轻武风气下，文人都显得比较文弱，像贺铸这样豪气逼人、又兼备文武之质的，确是很难得的人才。

贺铸《东山词》却有颇多爱情之作，其中有些是有所寄托的，如名篇《青玉案》(凌波不过横塘路)、《踏莎行》(杨柳回塘)，人们多以之并非写男女之情，而是借写情而言其不遇。更多的是真写爱情，源于乐府或出于现实的都不少。我们这里看他的悼亡之

作《半死桐》:

> 重过阊门万事非，同来何事不同归？梧桐半死清霜后，头白鸳鸯失伴飞。
> 原上草，露初晞。旧栖新垅两依依。空床卧听南窗雨，谁复挑灯夜补衣！

所用的调名本是《鹧鸪天》，作者之所以自命为《半死桐》，是缘于汉人枚乘的《七发》，此赋谓龙门有桐树，树根半生半死，伐以制琴，其声为天下之至悲；又，是如其词中所云"梧桐半死清霜后"，以此意象来寄托悼亡的哀思。贺铸的夫人赵氏出身于皇族，与词人结缡后，却因夫君的沉抑下僚而生活拮据，赵氏勤俭持家，辛劳与共，对丈夫百般体贴，夫妻间相濡以沫，琴瑟甚和。据学者研究，可能在宋哲宗元符元年（1098 年）六月后到徽宗建中靖国元年（1101 年）九月前，贺铸因服母丧，停官闲居苏州，其间曾于元符三年（1100 年）冬天有北行之举，赵氏可能就是在此时去世的。词的开头说"重过阊门万事非"，就是指自己从北方归来后，一切都发生了变化，妻子的弃己先去，使自己的内心万分悲痛，故发"同来何事不同归"之问，"无理"是因为"有情"，问得无理正是深蕴其情的体现。唐代诗人孟郊的《列女操》有诗句："梧桐相待老，鸳鸯会双死。"贺铸在词的三四句用之，妻子的亡故对自己来说是重大的打击，故喻为梧桐遭严霜而半死，"鸳鸯"未能白头双死，临老了还只得失伴而飞。汉乐府诗《薤露》云："薤上露，何易晞！露晞明朝更复落，人死一去何时归？"贺铸在词的换头用此诗意，"原上草，露初晞"，是以草上的露水初干暗喻妻子的新殁，而面对着这一事实，词人的感情在新坟与旧居间牵萦不已，"依依"两字极尽其缠绵之意。结尾两句"空床卧听南窗雨，谁复挑灯夜补衣"，将一腔深情寓于平凡之中，读来特别感人。作者当年曾写过一首《问内》诗，其中有句："庚伏厌蒸暑，细君弄针缕。乌绨百结裘，茹茧加弥补。劳问汝何为，经营特先期？"从中可见妻子的辛劳与贤惠。如今爱妻已去，最令人难忘的就是日常生活中这类充满亲情的小事，所以"空床"之"空"已可见"失伴飞"的悲凉，挑灯夜补衣的不可再得，就更显凄惋难抑。

前面已说过，古代的婚姻并不以当事人的互爱为基础，宋词所写的男女之情多发生在文人与歌妓间，道及夫妇间爱情的几乎没有，连"忆内"、"悼亡"之作也很少，其中能见真情的尤为罕见。记得约半个世纪前有一部著名的电影《李双双》，它的男主人公喜旺曾对人夸示自己与女主人公李双双的关系："人家是先恋爱后结婚，我与你嫂子是先结婚后恋爱。"古人的婚姻既然不以爱情为基础，因此，能在婚后发展出爱情已属不易，而像贺铸的悼亡词所流露出那样的哀伤，足见出他们在婚后的共同生活中培育出了多深厚的爱情，这无论对于豪放任侠的词人，还是对于这个时代，都非同寻常，极其难得。今天，当我们读到那些对糟糠夫妻贫困生活的既辛酸又甜蜜的回忆，对自己临老失伴的痛彻心扉的哀吟，仍会为之感动。

十九　若得山花插满头，莫问奴归处
——难道只能够是被侮辱与被损害吗？

根据一些学者的研究，宋代文化与宋代社会发展已具备了某些近代的特点，当然，这主要是从政治制度与经济关系而言，倘就社会生活来说，恐怕很难作出这样的论断。若以恩格斯《家庭、私有制与国家的起源》的观点为据，来衡量宋人的爱情与婚姻，是绝对与近代挂不上钩的。美学大师朱光潜先生曾对中西爱情诗作过比较，指出了其间的不同。他认为，西方社会侧重个人主义，诗人的恋爱史近于他的生命史，中国重兼善主义，文人所接触的多为同僚，且大半生奔波于仕宦；西方受中世纪骑士风影响，女子的地位及教育水准较高，中国因儒家传统影响，女子地位低，加以中国重功名事业，因此在中国得之于友朋的乐趣在西方则得之于女子；西方"恋爱至上"，中国真正的爱情见之于"桑间陌上"，所以西方在爱情中实现人生，中国诗人只能在恋爱中消遣人生。而这些不同所体现出来的中西爱情与婚姻之别，差可看成是"近代"与"古代"之别。我们这样说，决非认为外国的月亮比中国的圆，而是据此可拓展我们的眼光，在世界的范围内来认识自己的历史。

中国古代的男子是不幸的，因为他们不能像《康定情歌》所唱的那样"世上溜溜的女子，任我溜溜的求哟"，但是，古代的女子更为不幸，她们除了同样不能做到"世上溜溜的男子，任你溜溜的爱哟"，更因没有独立的经济地位，没有任何社交可言，从婚前到婚后都始终处于被动的地位，除政权、族权、神权之外，还受到夫权的压抑，搞不好就会被丈夫抛弃。在宋代社会的女性中有一特殊的群体——妓女，她们更是不幸人群中最为不幸的一族，悲剧命运常与她们的一生相伴，所以她们的遭遇最值得同情。妓女之中，不乏色艺皆绝者，也不乏有骨气、重人格者，比如引起一时轰动的台州营妓严蕊就是一个代表。

严蕊是南宋孝宗淳熙年间台州（今浙江天台）的营妓（即地方官妓，之所以被称为"营妓"是因为以在乐营教习歌舞为业），她色艺俱绝，善作诗词，聪明伶俐，名传四方。知州唐仲友曾命其作词并有奖赏。当时大儒朱熹任提举两浙东路常平茶盐公事，行至台州时，恰因唐仲友被同官高文虎所谮，且告发唐仲友者不少，朱熹遂上状弹劾，又以唐与严蕊有私情为罪名，因宋代规定地方长官虽可以让官妓歌舞陪酒，却不准"全面三陪"，如查实，要拿官妓问罪，官吏也要受处分。严蕊在台州监狱中被关押月余，又受刑罚，但她始终不肯招认与唐仲友有私，后移至两浙东路治所的绍兴狱中，面对狱吏的诱供，她以"死不可诬"相斥，受刑几至于死。朱熹改官之后，岳霖任浙东提点刑狱公事，看她伤病严重，让她作词以自陈，她口占一首《卜算子》，得岳霖怜悯，当天就判她出狱，脱去乐籍，从良嫁人。她的《卜算子》是这样写的：

不是爱风尘，似被前缘误，花落花开自有时，总赖东君主。　去也终须去，住也如何住！若得山花插满头，莫问奴归处。

词的开头就表明自己并不是喜欢风尘生活，沦落为妓恐怕是前世因缘所定，先以“不是”一词为自己辩护，再用“似”字表明对宿命的似信非信、却又无可奈何的复杂心理。第三句、第四句用花开花落是掌管春天的天神东君所定，来比喻自己这类人的命运操纵在有权者手中，并委婉地希望岳霖能成为护花的东君。过片的“去也终须去，住也如何住”是说自己如果被从营妓中放出，当然是最终的结局，如果仍然留在营妓中，又将如何留下呢？正说反说，互为补充，将自己想脱离苦海的意愿说得既婉转又明确。最后呼应开头“不是爱风尘”之意，表达渴望过正常人生活、哪怕是当个山姑村妇的愿望。

严蕊作为一个无法主宰自己命运的营妓，初时不得已以色艺事人，后又成为了官场斗争的牺牲品，虽然最后得到主管刑狱的长官岳霖的同情，如其所愿而脱籍从良，但在冤狱中已备尝身心、人格的伤害，差点丢掉了性命，留在她心灵上的伤害是无法治愈的。西方一位大作家将妓女称为“被侮辱与被损害的人”，严蕊就是既被侮辱又被损害的不幸女子，她的命运之悲惨决非李清照、朱淑真等贵妇可比。通过她的故事，我们可以了解宋代社会生活的一个侧面，通过她的词作，我们可以看到底层妇女、特殊人群所具有的才能，而更为可贵的是与她的地位全然相反的意志和人格。有人认为，著名学者陈寅恪之所以写《柳如是别传》，是因为在须眉之中难以找到真正的男子汉，我们说，如果将视线投向宋代，身为下贱、心却不低的严蕊也可以令不少须眉汗颜，身处当时，她不能摆脱被侮辱与被损害的命运，但她不屈的挣扎，终于证明了自己的灵魂是不可侮的。

闲情

一　夕阳芳草本无恨，才子佳人空自悲
——宋词中的感物而动与生命意识漫谈

记得少年时代读《红楼梦》，对林黛玉的伤春悲秋印象极深，伤春的“花谢花飞飞满天，红销香断有谁怜”，悲秋的“秋花惨淡秋草黄，耿耿秋灯秋夜长，已觉秋窗秋不尽，那堪风雨助凄凉”，至今仍能背诵。当然，那时唱的是《我的祖国》、《让我们荡起双桨》，以“我们是共产主义的接班人”自豪，虽凭直觉感到林妹妹文词的美，却实在不懂得她哪来那么多的愁怨和眼泪。稍长，阅读古典文学作品渐多，才知道几乎凡是才子佳人都会伤春悲秋。我们今日谈宋词，不能不谈这一点，因为伤春悲秋可以说是这“一代之文学”的一大内容。苏东坡门下“四学士”之一的晁补之写过一首《鹧鸪天》：

> 绣幕低低拂地垂，春风何事入罗帏？胡麻好种无人种，正是归时君未归。
>
> 临晚景，忆当时，愁心一动乱如丝。夕阳芳草本无恨，才子佳人空自悲。

我们借其结句为题，来谈谈宋词中的感物而动与生命意识问题。

感物而动是指人们在感受到外界景物、环境的变化时，触动了内心的情感，并有所抒发。在先民的文学作品中，感物而动主要体现为一种与生产劳动相关的生存意识。比如《诗经》的《七月》，余冠英《诗经选》译文：

> 七月火星向西沉，九月人家寒衣分。冬月北风叫得尖，腊月寒气添，粗布衣裳无一件。怎样挨过年！正月里修耒头，二月里忙下田……
>
> 七月火星向西沉，九月人家寒衣分。春天里好太阳，黄莺儿叫得忙。姑娘们拿起高筐筐，走在小路上，去采养蚕桑。春天里太阳慢悠悠，白蒿子采得够。姑娘们心里正发愁，怕被公子带了走……
>
> ……四月里远志把子结，五月里知了叫不歇。八月里收谷，十月落树叶。
>
> 冬月里打貉子，还得捉狐狸，要给公子做皮衣……

在比《诗经》时代更早的商朝，对四季与月份的感受还远没有周朝那么敏锐，这与商代人尚处于以畜牧为主、兼及游农的生活有关。周朝的农业发达，对天文、气象以及季节、物候的变化逐渐变得愈来愈敏感、细腻，而伴随着春种、夏管、秋收、冬藏的农业生

产活动的进行,以及生活资料达到社会的一定满足程度时,“感物而动”也渐从生产活动转移到审美活动上来。现在看来,《诗经》中单独的景物描写极其罕见,但涉及景物的比兴岂非与艺术审美活动相关?到战国时代,诞生于南方的《楚辞》,感物而动及伤春悲秋渐渐多了起来,我们前面曾举屈原与宋玉的作品以证之,并指出他们的伤春悲秋与生命意识大有关系。《楚辞》之后,文学作品似乎对主体与客体的关系愈加关心,情景交融几乎涵盖所有的诗体文学,其他文体也受到了影响。重要的文学理论著作如《文赋》、《文心雕龙》、《诗品》也都对心与物、情与景的关系作了理论探讨与阐发。

宋词比起其他各代的不同文学体裁作品来,尤其侧重于表现人的感情世界,而记大事、述功德、论学问等,于词极不相宜,故可大致被认为是内倾型的“心绪文学”。可以认为,宋词中的“心绪”又常常发之于生命意识。其中的一类源于屈原的“恐年岁之不吾与”,希望在有限的生命历程中将自己的雄心与才干用于事业,去实现人生的目标。比如辛弃疾,是一位有过非凡战斗经历、有出色的政见与政绩的人物,但他也有伤春之词。如:“谁向椒盘簪彩胜?整整韶华,争上春风鬓。往日不堪重记省,为花长把新春恨。　春未来时先借问,晚恨开迟,早又飘零近。今岁花朝消息定,只恐风雨无凭准。”(《蝶恋花·戊申元日立春席间作》)此词之作,与太上皇赵构新逝有关,作者寄希望于孝宗有志北伐,但又怕他难下决心,伤春的“心绪”关系着君国大事。但宋词中更多的伤春“心绪”是因感受到生命的易逝而以及时行乐相劝、自劝者。其中有得意者如宋祁的《玉楼春》:“浮生长恨欢娱少,肯爱千金轻一笑?为君持酒劝斜阳,且向花间留晚照。”失意者如黄庭坚的《鹧鸪天》:“身健在,且加餐,舞裙歌板尽清欢。”俗者如柳永的《定风波》:“镇相随,莫抛躲,针线闲拈伴伊坐,和我。免使年少,光阴虚过。”雅者如苏轼的《望江南》:“休对故人思故国,且将新火试新茶,诗酒趁年华。”都是及时行乐思想的不同体现。

“夕阳芳草本无根,才子佳人空自悲”两句,在晁补之的词里有其特定的含义,我们借过来用作漫谈宋词中的感物而动与生命意识,下面将继续这一话题。

二　人生如逆旅,我亦是行人
——一个很老的话题,一种甚新的感悟

人生以及人生态度是古代哲人们难以回避且喜欢探讨的问题。孔子以“敬鬼神而远之”的态度对待鬼神,而以现实的、积极的态度对待人生。他曾如此总结自己的一生:“吾十有五而志于学,三十而立,四十而不惑,五十而知天命,六十而耳顺,七十而从心所欲,不逾矩。”庄子很感叹大树的长寿和蟀蛴的短命,且认为:“人生天地之间,若白驹之过隙,忽然而已。”在《逍遥游》中塑造出了“至人”、“神人”这些最早的神仙。文学作品当然也经常涉及人生与人生态度问题,文学家们对此作出了各种各样的答案,却依然代代没有穷已地在继续探索着。

《诗经》的一些作品，感叹时光的易逝，并生出及时行乐之意。如《唐风·蟋蟀》：

蟋蟀躲进屋里，一年快要到底。如今再不寻乐，时光所剩无几。（余冠英译）

《唐风·山枢》更不厌其详地罗列衣裳、车马、钟鼓、酒食等“子之所有”，劝之以及时享受，以免留给他人。汉末无名氏所作的《古诗十九首》令人“惊心动魄”，其重要的主题就是感叹人生短暂，少数的重视身后名，更多的是以取得权势、及时行乐相号召：

人生天地间，忽如远行客。斗酒相娱乐，聊厚不为薄。

——《青青陵上柏》

人生寄一世，奄忽若飚尘。何不策高足，先据要路津？

——《今日良宴会》

人生非金石，岂能长寿考？奄忽随物化，荣名以为宝。

——《回车驾言迈》

人生忽如寄，寿无金石固。万岁更相送，圣贤莫能度。

——《驱车上东门》

三国时代起于乱世之中、统一了中原的曹操，同时也是一位大诗人，他的作品慷慨任气，以建功立业为志，但他的《短歌行》却感慨“对酒当歌，人生几何？譬如朝露，去日苦多”。西晋时期，陆机以名将之后及出众的文才见赏于显贵，心中却颇多哀怨，其《短歌行》可谓将前面诸作的主题合而出之：

置酒高堂，悲歌临觞。人寿几何，逝如朝霜。时无重至，华不再阳。苹以春晖，兰以秋芳。来日苦短，去日苦长。今我不乐，蟋蟀在房。乐以会兴，悲以别章。岂曰无感，忧为子忘。我酒既旨，我肴既藏，短歌有咏，长夜无荒。

唐代大诗人李白的名篇《春夜宴从弟桃李园序》说得比较简单，却概括得当：

夫天地者，万物之逆旅；光阴者，百代之过客。而浮生若梦，为欢几何？古人秉烛夜游，良有以也。

连一生忧国忧民、坚持儒家思想的杜甫，都有“细推物理须行乐，何用浮名伴此身”的想法。

宋人虽因能通过努力踏上仕途，不似汉末乱世人生，发《古诗十九首》式的感慨，但不少著名文豪也在对生命的感悟中流露出悲观情绪，如欧阳修《秋声赋》说：

草木无情，有时飘零。人为动物，惟物之灵。百忧感其心，万事劳其形，有动乎中，必摇其精……奈何以非金石之质，欲与草木而争荣。

苏东坡屡言人生短暂，人生如梦："寄蜉蝣于天地，渺沧海之一粟。哀吾生之须臾，羡长江之无穷。"(《前赤壁赋》)"故国神游，多情应笑我，早生华发，人间如梦，一樽还酹江月。"(《念奴娇》)他在《念奴娇·送钱穆父》一词的下片写道：

重重孤舟连夜发，送行淡月微云。尊前不用翠眉颦。人生如逆旅，我亦是行人。

我们且不评论此词，作为送别之作，如此相劝意在减轻离别的悲伤，用意是积极的，我们之所以将结句拈出以作本篇的题目，是因为这两句在旷达之中露出了前述各诗的题中之义，尤其脱胎于李白以天地为逆旅、以人生为过客的思想。苏轼对朋友的相劝，积极中见出消极，已非青年时的意气风发，勇敢精进，当与他当时的心理相关。他为摆脱新旧党之争而自请出知杭州，对政党政治不无厌倦，故发此既旷达又消极之语，可谓并不奇怪。

"人生如逆旅，我亦是行人"是苏东坡消极时之所吟，而人生比他顺当得多的高官却比他吟唱得更多，下面将继续谈谈这种现象及其原因。

三 无可奈何花落去，似曾相识燕归来
——年光之叹是缘于对生命的强烈留恋

据考古学家的观察研究，生活在距今约一万八千多年前的山顶洞人，尚处在旧石器时代的晚期，他们死后，尸体旁被撒上矿物质的红粉。为什么会有这种仪式呢？据有些学者的看法，认为这是一种原始社会的巫术礼仪。可以推测，红色不仅是为了求美，更因为山顶洞人懂得失血过多会导致死亡，撒上红粉当有祈求生命的意义，是以原始的巫术招回已逝去的生命。

从20世纪50年代过来的人都知道，当时流行过一本书——《钢铁是怎样炼成的》，主人公保尔·柯察金有一段名言，一开头就是："人最宝贵的是生命，这生命，属于我们只有一次。"作为共产主义战士的这位外国朋友，对我们最重要的教诲是：要将这宝贵的生命献给世界上最壮丽的事业——为全人类的解放而斗争。

从原始的人类到最先进的共产主义战士，都懂得生命的宝贵。今天，恐怕除了各种原因的自杀者以外，大概只有邪教教徒是因痴迷"教义"(也有被暴力所逼)会自戕而求"升入天国"，否则都会懂得死生之为大。综观古代，杀身以成仁者因"成仁"而轻生死，游侠一类人为重"一诺"(而非"取义")去"舍生"，此外，各色人等都珍惜生命。"全生"、"贵真"作为哲学是一家之论，在实际生活中，应为多数人所信奉。为了能祈求长生不老，历代的帝王，又相信过多少方士、各类骗子，付出了多少代价与努力！历史

上最有作为的秦皇、汉武、唐宗、宋祖，至少是前三位，都对长生之术大感兴趣，可炼丹、服食却并未求得长生，甚至还比普通人早死。因此，《古诗十九首》的感慨“服食求神仙，多为药所误。不如饮美酒，被服纨与素”（《驱车上东门》），可以认为是一种哲学层次上的“人的觉醒”。

宋代道教流行，对长生术感兴趣的恐怕大有人在，但宋词中更多的还是面对现实人生（金代因全真道大行，金词颇多宣传教义者），在行乐时尤见对生命的留恋，但它们不像《古诗十九首》那样直露，所流露出的淡淡哀愁，得其艺术性相助，却是似淡犹浓。且看晏殊的名篇《浣溪沙》：

一曲新词酒一杯，去年天气旧亭台。夕阳西下几时回？ 无可奈何花落去，似曾相识燕归来。小园香径独徘徊。

上片所写是“对酒当歌”，下片是“去日苦多”，由生命意识所决定的恋生惧死，在“无可奈何”一语背后隐约可见。

晏殊七岁能文，以神童荐，真宗景德二年召试，赐同进士出身，少年得志，官至宰相。他生于承平之时，仕至高位，志得意满，政事之余，全以诗酒为乐。叶梦得《石林诗话》曾有关于他“喜宾客，未尝一日不宴饮”的记载，在宴游之中以诗词消遣，过着征歌逐舞的生活。正因如此，他的《珠玉词》真是如珠似玉，有“温润秀洁”之评。这首《浣溪沙》先写当前：听着歌女唱自己新作的歌词，边听唱、边喝酒，自然兴味无穷，但忽然想起去年也是此时、此地、此景、此情，一样的听歌饮酒，一样的杨柳轻拂，一样的亭台楼阁，一样的“一曲新词酒一杯”，但是“年年岁岁花相似，岁岁年年人不同”，光阴如白驹过隙，时岁匆匆竟又一年，看到西下的夕阳，未免有“几时回”之叹。光阴之逝，不可追回，虽有富贵，犹有不足，作者未免深深叹息。人无千日好，花无百日红，水流花落，青春逝去，美好事物的衰亡都是不可抗拒、无可奈何的事。但春天还要年复一年的到来，似曾相识、去而复来的燕子不就是证明么？燕子虽回，青春小鸟却一去永不回，酒阑人散后，未免带着莫名的哀愁在小园的花径上独自徘徊。

尽管词中“无可奈何花落去，似曾相识燕归来”一联有哲理的思考，落花之去，燕子之来，既是衰亡，又是新生，既是无情，又是有情，可见出作者在努力化解心中的惆怅；但“无可奈何”较之“似曾相识”，分量要重得多，所以“燕归来”的自我劝慰并未能真正释去心灵深处的撼恨，否则为什么还要在满是落花的园中小径上徘徊不已呢？词中并没有如同《古诗十九首》式的明言直说，由落花春去引发的人生思考却似轻犹重。这种思考不是理性的，而是对外界景物季节性变化的直觉感受，是哲理的自我劝慰无法消释的。对于天地自然来说，“燕归来”代表了“不变”，而对于个人来说，“花落去”却是生命流走的象征，是不可复归的“变”。所以对于年光的轻轻叹息的背后，是对生命、对生活的强烈流恋之情。“死生亦大矣”！“太平宰相”无法回避这一问题，普通人也是一样。

四　一场愁梦酒醒时，斜阳却照深深院
——达官贵人的淡淡哀愁是无病呻吟吗？

《诗经》、《楚辞》、汉乐府诗，直到唐代诗歌，无论是言志、抒情、叙事、状物，大多比较实在，即如晚唐"朦胧诗"之祖的李商隐"无题"，也虽朦胧而不虚飘，因为它们多是缘事而起情，有其事，有其情。宋词则不然，不少作品的"感于哀乐"并非"缘事而发"，而是表现一种"心绪"，这种"心绪"可能是受外物的触动而有所感，故发而出之；也可能并非真的是"感物而动"，只是借外物发之而已。如果是"夕阳芳草本无限，才子佳人空自悲"倒也罢了，因为才子佳人本来就多愁善感，其"自悲"也是"空"的，却偏偏不是普通的才子佳人，而是高官显宦，因此出于他们笔下的闲愁（之所以称之为"闲愁"，是因为对普通人说来，这些不应该成之为愁，只能是"富贵闲人"之愁）就常被认为是无病呻吟。

在宋代之前，南唐政权的宰相冯延巳就以善于在词中表现闲愁著称。且看他的一组《鹊踏枝》：

谁道闲情抛弃久？每到春来，惆怅还依旧。日日花前常病酒，不辞镜里朱颜瘦。　河畔青芜堤上柳，为问新愁，何事年年有？独立小桥风满袖，平林新月人归后。

梅落繁枝千万片，犹自多情，学雪随风转。昨夜笙歌容易散，酒醒添得愁无限。　楼上春山寒四面，过尽征鸿，暮景烟深浅。一晌凭栏人不见，鲛绡掩泪思量遍。

六曲阑干偎碧树。杨柳风轻，展尽黄金缕。谁把钿筝移玉柱？穿帘海燕双飞去。　满眼游丝兼落絮。红杏开时，一霎清明雨。浓睡觉来莺乱语，惊残好梦无寻处。

这些作品都是自抒其情，不像他的另外一些同调之作是设为女子之言。前一首"日日"的花前病酒，自应是闲愁，而"年年"的新愁，又原因何在呢？次首似可回答。梅落繁枝，笙歌易散，都昭示着美好事物的难以持久，加以后面的相思，更是将爱情的失落与理想人生的无法永恒交织为一体。第三首可看作前面的补充与形象演示：上片还是美丽的新柳与美妙的音乐，下片即转为柳絮飘飘，春天将去，红杏仅仅才开，"一霎"的春雨就将其摧残，所以黄莺惊破的不仅仅只是浓睡，而"无寻处"的"好梦"又何尝不是最美好的事物与理想呢？我们很难就当时南唐的国势及冯延巳的地位同这些作品联系起来，作知人论世的阐发，如有些论家那样去发掘词中的寄托，然而其中的好景难久、人生无常之意，却是难以掩抑的。

北宋前期与冯延巳很相似的是晏殊，不仅都是宰相，而且两人的作品风格相近，故经常相混。晏殊的作品也多写闲愁。如《踏莎行》：

小径红稀，芳郊绿遍。高台树色阴阴见。春风不解禁扬花，蒙蒙乱扑行人面。
翠叶藏莺，珠帘隔燕。炉香静逐游丝转。一场愁梦酒醒时，斜阳却照深深院。

此词写的是时序流走所引发的淡淡哀愁，上片展示了绿暗红稀的暮春初夏景色，下片转至室内，最后以斜阳深院中的梦回酒醒，点出了感慨韶光抛人的轻愁。之所以说是“轻愁”，因为词中并无更深、更重的喟叹。而他的另一首《木兰花》同样写斜阳酒醒，却点明了年光之叹的背后是“死生亦大矣”的沉重主题：

池塘水绿风微暖，记得玉真初见面。重头歌韵响琤琮，入破舞腰红乱旋。
玉钩阑下香阶畔，醉后不知斜日晚。当时共我赏花人，点检如今无一半。

一开始就点明了这是一年最美好的季节——春天，水绿风暖，酒宴初张，初次见到那位能歌善舞的玉人，她唱至“重头”（词前后阕句式和音韵全同者）时的美妙声音，她舞至“入破”（唐宋大曲最后一段称为“破”，“入破”即“破”的第一遍）时的飞旋舞姿都叫人难忘。“玉钩阑下香阶畔，醉后不知斜日晚”的情景虽从过去持续到了今天，但清醒后却是更大的醒悟：时光的流走也带走了生命，“当时共我赏花人，点检如今无一半”，人生的速朽是不容置辩的事实，现在是他人已逝，很快就是自己，所以有论者以为：“往事关心，人生如梦，每读一过，不禁惘然。”

正如以前常说的，不同的阶级确有不同的爱憎，但只要不是生不如死，恋生惧死的想法应是人所共有，所以，达官贵人淡淡哀愁的背后是对死生大事的感慨，不止是无病呻吟而已。

五　如此春来春又去，白了人头
——铁的法则是多么的无情

生命意识及其引发的人生忧患一直是文学作品的重要主题，因为宋词善于传递人的心绪，展示人的灵魂，故尤见其在“打穿人生后壁说话”时的感情力量。

人们往往在人生中年的后半段会有“叹老”的现象，并常常与“嗟卑”连在一起，使“叹老嗟卑”成为一个习惯性用语。可是，历史上却并非只是卑者叹老，试看：

欢乐极兮哀情多，少壮几时兮奈老何！

人亦有言，忧令人老。嗟我白发，生一何早！

前两句出自汉武帝刘彻的《秋风辞》，后四句出自魏文帝曹丕的《短歌行》，而这两人都是人间最高的统治者，决非“位卑”。汉武帝在当时算是享高寿了，而曹丕只活到中年。杜甫曾说“人生七十古来稀”，可见古人的寿命的确要比今天短。人们对于生命流逝的感受，往往在不知不觉之中，正如陶渊明《杂诗十二首》所说：

昔闻长老言，掩耳每不喜。奈何五十年，忽已亲此事。

每当“亲此事”之时，就会为生命之将尽感到真切的悲哀，因为此时正如太阳的将落山，“年在桑榆间，影响不能追”（曹植《赠白马王彪》），是不可能像歌中所唱的“太阳下山明天还会爬上来”的依然故样，每个人的一生只能如一天的太阳从升起到落下，明天的太阳是人家的。为此，多少年来，又有多少诗人感叹年光的流走，青春的速去。试看唐人所作：

宛转蛾眉能几时？须臾鹤发乱如丝。

——刘希夷《代悲白头翁》

君不见高堂明镜悲白发，朝为青丝暮成雪。

——李白《将进酒》

今年花似去年好，去年人到今年老。

——岑参《韦员外家花树歌》

江边一树垂垂发，朝夕催人自白头。

——杜甫《和裴迪登蜀州东亭送客逢早梅相忆见寄》

岁去人头白，秋来树叶黄。搔头向黄叶，与尔共悲伤。

——钱起《伤秋》

君看白发诵经者，半是宫中歌舞人。

——卢纶《过玉真公主影殿》

满眼青山未得过，镜中无那鬓丝何。

——杜牧《书怀》

诗人们都认识到岁月催人这一简单、朴素的真理，其中如李白虽迷信道教，也并未真正相信长生术。

比较而言，唐代外向，更重视开边拓土，节度使拥兵在外，权力很大，文人常有通过从军边塞以求建立边功、博取富贵者；宋代却轻武人而重文士，文人可以通过科举踏上仕途，掌握权力，享受富足的生活。如果说唐代诗人在他们的作品中表现的生活面和思想情趣还是非常广阔的话，宋代词人以词为“小道”，词的内容题材要相对狭窄得多，其中，感慨时光抛人以及由此引发的哀愁极为常见，以及时行乐自劝或相劝，也是自然的延伸。我们在前面曾多次引用并分析晏殊的词，因为他作为“太平宰相”却常发悲声，而时代与地位与之相近的欧阳修说得较少，现在不妨作些补充。欧阳修是诗文革新的领袖，是著名的文学家、历史学家，他在宋史上被认为是转变士风的关键人物，但他的词却与他的诗文很不相同，爱情词且不说，感慨年光流逝之作与《古诗十九首》的主题、情调并无多大区别。如《浪淘沙》：

今日北池游，漾漾轻舟。波光潋滟柳条柔。如此春来春又去，白了人头。　好妓好歌喉，不醉难休。劝君满满酌金瓯。纵使花时常病酒，也是风流。

此词先写“今日”，在北池游赏时，波光潋滟，轻舟摇漾，柳条轻柔，目之所接，身之所感，都令人赏心悦目。但作者并不将此“定格”，而是想起年年都有春天，年年的春去春来，终于要使青春远去，老之将临。下片谓边听歌妓的美妙歌声边饮酒，不喝醉是难以罢休的，为此，劝在座的各位都要把酒杯斟满，纵然在这百花齐放的春天喝得过了量，醉了病了，也何尝不是风流之举呢？词中最关键的是“如此春来春又去，白了人头”两句，因为句中点明了天地不变、人生却难逃由壮而衰的规律，这是自然界无情的、铁的法则，任你身份地位不同，却同样无法抗拒衰老。尽管我国自古以来就有“三不朽”之说，可是纵然做到了立德、立功、立言，死后又能知道什么呢？前人曾有将生前一杯酒看得比身后名更为重要的，欧公在此未作选择，词中提倡及时行乐的思想却无疑是显而易见的。

六　春风解绿江南树，不与人间染白须
——无理之妙与无奈之情

据说有这样一个谜语：“早上四条腿，中午两条腿，晚上三条腿，是什么？”带翼的狮身女怪斯芬克司据于山口要道，问着每一个过往的行人，如果行人回答不出，就要被吃掉；如能答出，斯芬克司就从山顶往下跳，以死相答。行人都没有猜对这个谜，山下堆起的白骨成山。后来俄迪浦斯回答出这是人，斯芬克司跳崖自杀而死。大概因为传说中的古人不怎么聪明，竟然想不到小孩在地上爬时是四条腿，成年后用两条腿走路，到老年时，足力不济，靠拐棍帮助，成了三条腿，以至猜不对而成了冤魂。人生都要经历从出生到衰老、死亡的过程，这是一个很简单的道理，我们中国的古人似乎对此感受尤深。

大概是因为中国的古代人本着“身体发肤，受之父母，不敢毁伤”的古训，不像现在要理发，而是“束发”之后戴上帽子，男子行“冠礼”就是表示成年了。留着那么长的头发，对镜之时，很容易发现自己头发的变化，所以我们在古人的诗歌中经常可以看到对白发的感叹。豪放飘逸如李太白，笔下也屡屡见之：

猿声催白发，长短尽成丝。

——《秋浦歌》

不知明镜里，何处得秋霜。

——《秋浦歌》

春风余几日，两鬓各成丝。

——《赠钱征君少阳》

朱颜君未老，白发我先秋。

——《忆襄阳旧游赠马少府巨》

杜甫也不少：

白头搔更短，浑欲不胜簪。

——《春望》

自知白发非春事，且尽芳樽恋物华。

——《曲江陪郑八丈南史饮》

苦遭白发不相放，羞见黄花无数新。

——《九日》

除了头发，胡须也是可见年龄变化的标志，不知是否唐人写白发多了，宋人认为难以过之，虽一面还写着白发，一面就转写胡须了。如辛弃疾有《鹧鸪天·有客慨然谈功名因追念少年时事戏作》，其过片云："追往事，叹今吾，春风不染白髭须。"无独有偶，不太知名的赵师侠也有一首《鹧鸪天·丁巳除夕》：

爆竹声中岁又除，顿回和气满寰区。春风解绿江南树，不与人间染白须。

残蜡烛，旧桃符，宁辞末后饮屠苏。归欤幸有园林胜，次第花开可自娱。

显然，此词的爆竹除岁和桃符、屠苏等意象都脱胎于王安石的名篇《元日》："爆竹声中一岁除，春风送暖入屠苏。千门万户曈曈日，总把新桃换旧符。""春风解绿江南树"一句，也只是将王安石的名句"春风又绿江南岸"改动两字而已，却远没有王诗中洋溢的除旧迎新之乐观情绪。开头两句是过年的喜庆气氛，但三四句就转为对岁月流逝、人之将老的感叹。下片说归去幸好家中还有园林之胜，可以遍观花开以作自娱。此词一扬一抑又一抑一扬，稍见顿宕，而写得并不怎么高明，但其中的"春风解绿江南树，不与人间染白须"两句，却不是"点金成铁"。

在爆竹声中，旧的一年又过去了，新的一年马上就要降临。氤氲的火药气与人们欢乐、吉祥的气氛合成了"满寰区"的"和气"。从这"和气"似乎可以见到季节的变换：春风很快就要吹来，将吹绿江南的树木；但是，春天能重回大地，人却不可能有第二春啊！如果说，"如此春来春又去，白了人头"是在"渐变"之中对自然界铁的法则的认识，那么"春风解绿江南树，不与人间染白须"就是在"突变"中的认识，前者显得被动，后者却很主动。

我们之所以摘出这两句以之为题，是因为它们在同样表现出大自然铁的规律的同时，又将一种“无理之妙”与“无奈之情”很巧妙地结合在一起。作者承认了春风将染绿江南草树的事实，也承认它不能将老人的白胡须染黑的事实，既然都是事实，却发此“多余”的感慨，岂非无理？而他明知无理，仍然发之，则可见内心的无奈。一者是不变之“理”，一者是无奈之“情”，两相撞击而出之，可见到词人对人生与自然关系的真切体会，这也是人人心中所有、笔下所无的体验，作者将其即时之所得捕捉入之于词，遂成永恒之境。虽淡犹浓，使人震慑。

七　仔细思量，好追欢及早
——算寿帐后的醒悟

人们都知道“人生七十古来稀”这句诗，但这却是一笔笼统的帐，不细算犹可，若要仔细算算，多少有些令人感到触目惊心。但是，会有人去细算这笔帐吗？有！比如宋人王观就有一首《红芍药》：

> 人生百岁，七十稀少。更除却十年孩童小，又十年昏老。都来五十载，一半被、睡魔分了。那二十五载之中，宁无些个烦恼？　仔细思量，好追欢及早。遇酒追朋笑傲，任玉山推倒。沉醉且沉醉，人生似、露垂芳草。幸新来、有酒如渑，结千秋歌笑。

此词写得非常通俗易懂，帐却算得很精。人能活到七十岁的已经不算多了，可是这七十年还是不完整的。可不？自打从娘胎里生出来后，小孩子的十年懵懵懂懂的，懂得什么呢？最后的十年，又老又昏，还是懵懵懂懂的，又能感知、享受到什么呢？掐头去尾这么一算，七十岁就只剩下五十年了。可是五十年当中竟然有一半的时间用在了睡觉上，于是余下的仅剩二十五年了。二十五年当中如果都是令人快活的事倒也罢了，可是哪有那样的好事呢？古人说过：“天下不如意，恒十居七八。”宋人方岳也说：“不如意事常八九，可以语人无二三。”（《别子才司令》）这一段好年华，烦恼的事儿可多着呢。这样一算，岂不叫人气馁？既然人不能逃脱上天的安排，无法延长自己的寿命，那就只有想法尽量好好地度过这一生了。

有人不满足现状，要祈求上苍尽量的赐予，想实现自己的梦想，可结果又怎样呢？明朝宗室朱载堉有一首小曲写得好：“逐日奔忙只为饥，才得有食又思衣。置下绫罗身上穿，抬头又嫌房屋低。盖下高楼并大厦，床前缺少美貌妻。娇妻美妾都娶下，又虑出门没马骑。将钱买下高头马，马前马后少跟随。家人招下十数个，有钱没势被人欺。一铨铨到知县位，又说官小势位低。一攀攀到阁老位，每日思想要登基。一日南面坐天下，又想神仙下象棋。洞宾与他把棋下，又问那是上天梯？上天梯子未做下，阎王发牌鬼来催。若非此人大限到，上到天上还嫌低！”愿望的无止境，将会使自己永远不满足。所以王观在词的下片很现实地只举一个“酒”字。他说，仔细想来，要抢时间来尽早“追欢”，遇到有酒宴时，尽量去与朋友们欢笑享受，任凭喝醉了，像当年的嵇康一样，如玉山被推倒。让沉醉接着沉醉，因为人生就像芳草上的露珠一样短暂。所幸的是，近来并不缺酒喝，因为酒很丰盛，就像渑水一样的多。《左传·昭公十二年》载，春秋时的鲁昭公十二年，晋昭公宴请齐景公，“齐侯举矢曰：‘有酒如渑，有肉如陵。寡人中此，与君代兴。’”意谓酒像渑水一样多，肉像山陵一样高，形容宴席的丰盛。又，渑水在齐国，出临淄县北。大家一起快乐，边歌边笑，结千年之欢。

毫无疑问，这是在算寿帐之后的醒悟，在作者看来，人的生前事业、身后名声，都算不了什么，最现实的就是要抓紧时间，及时享乐，就像晋人张翰所说：“使我有身后名，不如即时一杯酒。”此词的作者王观生活期与苏轼相近，曾累官至翰林学士，因赋应制词《清平乐》有“黄金殿里，烛影双龙戏”，“折旋舞彻《伊州》，君恩与整骚头”等句，宣仁太后以为亵渎神宗，罢其职，故自称“王逐客”。如果此词作于被罢之后，是不难理解何以会如此消极看待人生的，因为在他生活的那个时代，词人至多只是感慨人生短暂，较含蓄地倡以及时行乐，像他那样直白“追欢及早”的，几为仅见。

王观《红芍药》的主题和情感，在元散曲创作中得到了继续与发扬，因为那是一个“九儒十丐”的社会，文人学者都看不到什么希望。从不同民族的地位来说，蒙古人是第一等，色目人是第二等，汉人（北方地区先亡于元，汉民族称为汉人）第三等，南人（南方后亡，故以“南人”区别于北方）为最低一等；从职业、行当来说，知识分子（儒）的社会地位只比乞丐高一等，排到了第九，甚至还在妓女之下。故此元散曲的作者常以“抑圣为狂，寓哭于笑”的态度来创作，及时行乐成了一个重要的主题。如卢挚的[蟾宫曲]：“想人生七十犹稀，百岁光阴，先过了三十。七十年间，十岁顽童，十载尫羸，五十岁除分昼夜，则分得一半儿白日。风雨相催，兔走乌飞，子细沉吟，都不如快活了便宜。”也是用“算帐法”来拆分岁月，同样是在二十五年中算日子，最终自劝行乐，与王观《红芍药》有异曲同工之妙。

八 旧游无处不堪寻。无寻处，惟有少年心
——失落的岂止是寻旧之情

记得在上初中时读过一本诗剧《潮来的时候》，作者好像是“鬼才”徐訏，情节多已忘记，其中有几句诗却一直记得很清晰。这是概括人生几个重要阶段的四句诗：“莫恋童年时的笑容天真烂漫，莫迷少年时的幻想花花斑斑，更难信青年时梦中的情谈和老时来清茶浊酒的一杯一盏。”那时还是爱幻想的少年时代（尽管幻想无非只是长大了干什么之类），那个年代绝对没有早恋现象，当然不知“青年时梦中的情谈”是什么，与“老时来”的距离似乎很遥远、很遥远。转眼五十多年过去了，已到了老年之时，又想起了这四句诗，才突然发现诗人所写竟然失落了中年阶段。是因为作者当时还是青年，

尚未体验到中年的滋味、还是其他？倘如此，那么为什么又写到老年的清茶浊酒呢？想来，恐怕人的中年是一个尴尬的年龄段，很难作一概括，即如现在经常讲的中年时上有老、下有小，经济负担最重，工作压力最大，孩子升学，家庭建设，自己的事业、职称，都是不能不考虑的问题，能从中取一点来概括吗？恐怕很难。如果要问，中年时回忆过去，最让人追寻的、最叫人难以忘怀是什么？一定会有各色各样的答案。那么有没有共同的呢？如果读过一首宋词——章良能的《小重山》，恐怕是能够以心会心、感其所感的。

章良能是南宋淳熙时的进士，累官至同知枢密院事、参知政事，官做得很大，词只有一首。唐人张若虚的《春江花月夜》曾被称作"以孤篇压倒全唐"，章良能的《小重山》自是当不起这一评价，不过也称得上是一首佳作。词云：

柳暗花明春事深。小阑红芍药，已抽簪。雨余风软碎鸣禽。迟迟日，犹带一分阴。往事莫沉吟。身闲时序好，且登临。旧游无处不堪寻。无寻处，惟有少年心。

此词开头用最见特征的景物"柳暗花明"点明了时序：春事已深。小花栏中的红芍药，已抽出了像簪子一样的尖尖花苞。"雨余风软碎鸣禽"句本之于唐人杜荀鹤《春宫怨》的"风暖鸟声碎"，有论者认为，"鸣禽曰碎，于理不通"（见陈霆《渚山堂词话》），其实，这个"碎"字是最恰当地传递出百鸟争鸣的纷繁之状。词中把诗句的"风暖"改为"风软"，使人有一种惬意感，而增加的"雨余"二字，统领了红药抽簪、鸣禽声碎以及后面的日犹带阴等种种"春事深"的景物、意象。春天由初春转为春深，白天渐渐变长，《诗经·七月》已有"春日迟迟"一语，说明古人观察得很细致，词中"迟迟日"当本于此，而"犹带一分阴"不仅承上"雨余"之意，而且将春天的阴晴不定又妩媚可人的特点作了准确的传递。

照一般写法，常是上片写景，下片抒情，此词却是在重游旧地、很自然要沉浸到回忆之时，插入"往事莫沉吟"作为换头，显得很突兀，无疑也有一种自我警醒的作用。作者告诫自己不要沉吟往事，而要趁着身闲无事、时序正好之时，去登临揽胜，不要辜负大好的春光。尽管已经关照自己不要沉吟往事，却仍然无法做到这一点。因为游览之后，还是禁不住处处要引起对往日的追忆，眼前的风景依然如故，可物是人非，流年似水，伴随着年华的消逝，当日的少年之心已一去不可复得，再也无法追寻。眼前的时序虽好，时光却不能倒流，过去的春天是永远不能再返回了。现在虽得身闲，而当人生老大之后，对失去了少年时的心情、理想，会有难以名状的失落感，是会有所不甘的。因为"少年心事当拏云"，迸发的是理想主义的光辉，人到中年，虽更有理性了，失落了少年心却失去了激情，不仅要令人"沉吟"，还会令人凄然的。综观此词，由于没有叹老的语句，我们将它看成是中年所作，那种在重游旧地时所引发的惆怅，少年心无可追寻的失落，恐怕每一个从青年、从中年过来的人，都会有相似的体验。作者是言自己的心情意绪，却又写出了他人心中所有、笔下所无的体验、感受，确能引起人们的共鸣。

古人有“人到中年万事休”一说，这当然不是我们所能赞同的，如果将人的一生比作一棵树，少年是蓓蕾初放之时，青年是开花的季节，中年应是结果的时候，即使到老年也仍然可以发挥余热，近年来甚至还有“人生从六十岁开始”的说法。这充分说明了时代不同，认识也会随之变化。不过，如果在生活中失落的不止是寻旧之情，更有对“少年心”的珍惜，至少说明他的心里还保留着一份对于纯真和本然的向往。在人性被物欲异化之时，纯真、本然是多么可宝贵！今天，真希望人们能多一点、再多一点“少年心”。

九　不知筋力衰多少，但觉新来懒上楼
——对不知不觉的衰老之体验

每一个人都要经历从出生到死亡的过程。上古时候，生产力低下，食物不足，饥寒交迫，野兽交侵，疾病袭击，原始人的寿命极短。即使是强盛的罗马帝国时期，因为战争，人们的寿命仍很短，以致我们现在看到的古代罗马人画像都是英武的青年。随着时代的前进，科学的发达，时至今天，人的预期寿命变得越来越长，从生到死的过程也随之延长，“七十小弟弟，八十不稀奇”，使“人生七十古来稀”早已成过时的老话。

在我国的历史上，魏晋南北朝时期充满了战乱、饥荒、疾疫，黄巾起义、董卓之乱、三国之争、司马篡魏、八王之乱、侯景之变……数不清的纷争杀戮，造成了社会的长期动乱，下层人民自不必说，连上层人士也不能远祸。曹植四十而亡，曹丕父子贵为天子，死时都未过四十。孔融、祢衡、杨修、何宴、嵇康、张华、陆机、陆云、郭璞等著名人士都在壮年死于非命，那个时代罕有长寿者。唐、宋都属经济发达、社会较安定、繁荣的时期，人的寿命也显较前代为长，但我们从文学作品中读到的，却不乏作者中年时已叹老的情况，最典型的就是韩愈《祭十二郎文》所说的“吾年未四十，而视茫茫，而发苍苍，而齿牙动摇”。

人生都会经历从生到死、由壮到老的过程，对于老之将至或已至，人们会有不同的感受，文学家也会有自己不同的表达。一般说来，除前面屡举的最为显见的感慨白发之生外，自道眼花也是一个重要内容。如杜甫的名句“春水船如天上坐，老年花似雾中看”（《小寒食舟中作》），后面一句就是自谓年老视力差，看花不清，如同雾中所见。又如张籍的述老兼及眼耳：“老去多悲事，非唯见二毛。眼昏书字大，耳重觉声高。”（《咏怀》）宋代大词人辛弃疾的言老，更有自己的独到体会。且看他的《鹧鸪天·鹅湖归病起作》：

> 枕簟溪堂冷欲秋，断云依水晚来收。红莲相依浑如醉，白鸟无言定自愁。
> 书咄咄，且休休。一丘一壑也风流。不知筋力衰多少，但觉新来懒上楼。

最后两句传递出自己对于不知不觉的衰老的体会，就很有特色。

我们知道，辛弃疾是一位了不起的人物，他从小就受到爱国主义的教育，立下了

崇高的志向,十九岁时在山东参加了抗金的义军,担任掌书记之职,追杀叛徒,后又说服义军领袖耿京决策南向,率部到宋军,又带领五十余骑突入金营万众之中,抓获杀害耿京的叛徒张安国,连夜急驰,献之于宋高宗之前,使高宗为之“三叹息”。后来,尽管他在地方官的任上都很有政绩,却难于久安其位,不断迁徙,甚至被罢官。此词就是辛弃疾在四十三岁至五十三岁间闲居江西上饶时所作。词的上片写景:秋天将至,溪边轩堂上的枕头和席子都透出了凉意,飘在水面上的断云在落日的余晖中渐渐的消散了,水上的红莲相互依偎,似是喝醉了酒的美人,立在岸边的白鹭悄无声息,好像正在发愁。从表面看来,上片只是写景,但秋天的枕簟生凉,会令人想起扇子被弃,进而也会联想到作者的被罢官;红莲的“醉”,白鸟的“愁”,也让人体会到这是作者内心感情的外射所致。过片三句连用三个典故:《晋书·殷浩传》载,因为殷浩对功名富贵很在意,所以在被罢官后终日用手在空中写着“咄咄怪事”(哎呀,这真是怪事呀!)四个字;《旧唐书·司空图传》载,司空图淡泊名利,隐居于中条山时作《休休亭记》,以“休”字有闲退、安适二义,谓“休,休也,美也,既休而具美存焉”;《汉书·叙传》载班嗣书简云:“渔钓于一壑,则万物不奸其志;栖迟于一丘,则天下不易其乐。”三句相连,是自我劝慰,面对挫折而故作旷达之语。但是,词的最后却借病后写变化,在“不知筋力衰多少”的自问后,自答以“但觉新来懒上楼”,看起来是一种很普通的感觉,实际上蕴涵着很多的无奈,让人想起作者空有抗金北伐、恢复失地之志,却不得不闲居乡村的事实,只能空待时光抛人,看自己英雄老去,功业难成。

当年刘备曾因自己的闲居无事,怕大腿上生出赘肉难以骑马而流泪,是为功业难成而悲。如今辛弃疾对不知不觉老病将至的感悟,出之虽妙,却是旷达而难掩其悲。他不是一般的叹老,筋力衰,懒上楼,对于一位曾是“壮岁旌旗拥万夫”的抗金勇士,这意味着无所作为的空自老去,所以,我们可以在将他的其他作品与此词对读时,益发感受他的诸如“春风不染白髭须”,“廉颇老矣,尚能饭否”的悲凉,尤其因为作者当时还处在人生的中年时期,这种衰老的感觉,更使我们感受到英雄失路的无奈。

十 为君持酒劝斜阳,且向花间留晚照
——“对酒当歌,人生几何”的新版本

前面曾屡举《古诗十九首》(简称《十九首》)的例子,说明在乱世之中由于自然人性论的勃发,导致了“人的觉醒”。当然,这是对汉代带有神学色彩的儒学的一种反动,因为在新的天人关系学说中,已消失了先秦儒学的民本精神,人成了“天”表现自己意志的手段。所以“人的觉醒”无疑是宣称人并非只是手段,而应是目的本身。但是,我们又应看到,那种宣扬力据要津、及时行乐、放情肆志的思想,是有很大的消极作用的。梁启超就曾说过:“他们的人生观出发点虽在老庄哲学,其归宿点则与《列子·杨朱篇》同一论调……千余年来中国文学,都带悲观消极的气象,《十九首》的作者怕不能不负点责任哩!”(《中国之美文及其历史》)其消极影响即使对于紧相连接的建安文学也无

例外。如曹操的《短歌行》主要是表现渴求人才以完成建功立业之志的作品，但其开头的“对酒当歌，人生几何，譬如朝露，去日苦多”，就带有《十九首》的情调、气象。我们在前面也引用过李白的《春夜宴从弟桃李园序》，其及时行乐之旨也有《十九首》的影响。

宋代前期，尽管有外患，辽与西夏一直对边境构成了很大的威胁，输银帛以求平安是既定的方针。但是，因为毕竟结束了长期以来的纷争与分裂，政治基本安定，经济持续发展，社会呈现了繁荣兴旺的景象。宋太祖在“杯酒释兵权”时就当面对石守信等功臣宿将说，要他们“多积金帛田宅以遗子孙，歌儿舞女以终天年”，宫廷中常有庆赏、宴会，官僚贵族家中也常有文酒之会，追求享乐成为一时风尚。宋仁宗时期的宋祁，作词不多，却很能表现出这种时代风气。宋祁与兄同举进士，有“大小宋”之称，历官翰林学士、史馆修撰、进工部尚书，拜翰林学士承旨，一生得意，享尽荣华。丁传靖辑《宋人佚事汇编》卷七载：宋祁“晚年知成都，带《唐书》于本任刊修。每宴罢，开寝门，垂帘燃二椽烛，媵婢夹侍，和墨伸纸，远近皆知尚书修《唐书》，望之如神仙焉。多内宠，后庭曳绮罗者甚众。尝宴于锦江，偶微寒，令取半臂（背心），诸婢各执一枚，凡十余枚俱至。子京视之茫然，恐有厚薄之嫌，竟不敢服，忍冷而归”。这种“温柔的痛苦”正是当时高官生活的真实反映。

宋祁有《锦缠道》词：“燕子呢喃，景色乍长春昼。睹园林、万花如绣。海棠经雨胭脂透。柳展宫眉，翠拂行人首。　向郊原踏青，恣歌携手。醉醺醺、尚寻芳酒。问牧童、遥指孤村道：‘杏花深处，那里人家有。’”表现了在春光正好之时的恣意享乐，没有宋词中常见的春愁酒病、淡淡哀伤。他还有一首以其中名句而知名的《木兰花》：

> 东城渐觉风光好，縠皱波纹迎客棹。绿杨烟外晓寒轻，红杏枝头春意闹。　浮生长恨欢娱少，肯爱千金轻一笑。为君持酒劝斜阳，且向花间留晚照。

寒冬已去，春天来临，最先是感受东风送暖，故词以“东城渐觉风光好”开头，冰化河开，水波轻漾，如细纱生皱，好像主动地迎接游人的船桨。此时，如烟的杨柳外还令人感受到拂晓时的轻寒，但是红杏花已开满枝头，让人觉得其中有一种蓬勃的生机、热闹的春意。春天是这样的美好，令人免不了要生出许多的感慨。人的一生，不如意之事常八九，忧患多而欢娱少，正如杜牧所说“人世难逢开口笑”，而为了这难得的一笑，不妨一掷千金而不必顾惜了。最后是点睛之笔：“为君”（既是为你、又是为我，是为了我们大家，同时又是劝阻太阳）举起酒杯，劝斜阳不要那么快地落下山去，为了能使大家还能抓紧时间来延续欢娱，我们还希望能将你的余晖留在花间。

此词以“红杏枝头春意闹”一句而知名，有人认为好，有人认为不好。近代学术大师王国维称道它“着一‘闹’字而境界全出”，这些都是从艺术上着眼的见解。从立意上看，词中所表现的思想与李白的“夫天地者，万物之逆旅；光阴者，百代之过客。而浮生若梦，为欢几何？古人秉烛夜游，良有以也”，是如出一辙，只不过李白所说的是秉烛夜游，而宋祁所说的是向斜阳相劝，望其多停留一会罢了。他们共同的一点，都是出自信奉“对酒当歌，人生几何，譬如朝露，去日苦多”，而希望能够及时行乐，在有限的生命中能尽量延长幸福的享受。

我们能够说这是颓废的人生观、没落的情趣吗？诚然，比起范仲淹的“先天下之忧而忧，后天下之乐而乐”来，这种只追求个人享受的志向确实显得比较低下，但是，即如欧阳修是一位公认的振拔士人志节的人物，他的词中也不乏追求享乐的内容，时代的风气如此，我们是不能过高要求古人的。

性 情

一 人有悲欢离合，月有阴晴圆缺，此事古难全
——解脱之道得之于宇宙意识

人活在世上总会有烦恼，有的人善于解脱，有的人不善于解脱，结果也就不同。宋代的著名文人中，苏轼、黄庭坚都可入于善用佛家思想解脱烦恼之列，不过，这样的认定，主要还是指因党争激化后的被贬谪之时。其实，苏轼在此前已充分显示出他的豁达性格，比如他的词作名篇《水调歌头》就可见出，只不过当时用作解脱的不是佛老学说，而是可称为"宇宙意识"的思想。

"宇宙意识"是著名的诗人、学者闻一多先生提出的概念。他在《唐诗杂论·宫体诗的自赎》中论述刘希夷和张若虚，就用了这一名词："……所谓泄露天机者，便是悟到了宇宙意识之谓。从蜣螂转丸式的宫体诗一跃而到庄严的宇宙意识，这可太远了，太惊人了！"他赞叹张若虚的《春江花月夜》有"更迥绝的宇宙意识！一个更深沉，更寥廓，更宁静的境界！在神奇的永恒面前，作者只有错愕，没有憧憬，没有悲伤"。联系他在前面所说的"永恒"、"无上的智慧"等，"宇宙意识"应是指对世界与人生的哲理层次的认识。

苏东坡的《水调歌头》展现的就是一个人天交互的世界：

> 明月几时有？把酒问青天。不知天上宫阙，今夕是何年。我欲乘风归去，又恐琼楼玉宇，高处不胜寒。起舞弄清影，何似在人间！　转朱阁，低绮户，照无眠。不应有恨，何事常向别时圆？人有悲欢离合，月有阴晴圆缺，此事古难全。但愿人长久，千里共婵娟。

词前有一小序："丙辰中秋，欢饮达旦，大醉，作此篇。兼怀子由。"由前者可知这是写于丙辰年，即宋神宗熙宁九年（1076年）中秋之日，是醉后的抒情之作，由后者可知兼有怀念其弟苏辙之意。当年，苏轼在密州（今山东诸城）任知州。苏轼是一位"奋厉有当世志"的人物，有很强的入世精神，但因同王安石政见不合，对实行新法有自己的不少保留看法，所以为了避开激烈的政治斗争，他在熙宁四年（1071年）以开封府推官通判杭州，到熙宁七年又调知密州。此次调任，虽说是出于自愿，实际上是因冷遇而被外放。我们本着论世而知人的精神考察苏轼当时的心理与感情，可知他已没有"当时共客长安，似二陆初来俱少年。有笔头千字，胸中万卷；致君尧舜，此事何难"（《沁园春》）的豪情。此词借中秋明月来抒发情感，一开头就陡然发问："明月几时有？"使人不由得想起

了屈原的《天问》,屈原生当战国时代后期,代表了由蒙昧转向理性时代的人们的疑惑。而苏轼此问,却是借着把酒而发,似带着醉意,分明又留着清醒。《千字文》以“天地玄黄,宇宙洪荒”打头,似乎只是一个中国人从宇宙天地讲起的习惯性开局,苏轼则不然,他在“把酒问青天”之后,经“不知天上宫阙,今夕是何年”的第二度发问之过渡,转入到“我欲乘风归去”。这一句语涉双关,结合前面的“天上宫阙”,既是作为“谪仙人”的自己返回天宫的醉话,又是欲回到皇帝身边的清醒的意愿。但接下来的却是“又恐琼楼玉宇,高处不胜寒”的顾虑,这又是一个双关语,即“醉话”中的“谪仙人”真的怕天上的寒冷,而现实中的自己,对于权力中心的斗争,的确还是心存怕意的。因此上结的“起舞弄清影,何似在人间”,既是对自己的告慰,又是对自己的警示。过片三句写月亮的绕屋而变,终于照着我这无眠之人。此后,就展开了以“宇宙意识”作自我解脱的过程。“不应有恨,何事长向别时圆?”是发问,因为石曼卿写过“月如无恨月长圆”的句子,如今月亮是如此的圆,应不是有恨了,可又怎样解释我的满怀离恨、兄弟不能团圆呢?显然,这是作者将人事入于天象,故有此问。在自设障碍后,作者又自为化解:说到人事,人间本有悲欢离合,说到天象,月亮也有阴晴圆缺,自古以来就没有完美无缺的事物,还是寄希望于人的健康长久,“隔千里兮共明月”(谢庄《月赋》),虽分离而能共同受到这月光的朗照。

人活在世上,免不了会有各种各样的烦恼,纷纷扰扰,止而又续,如果不会自我化解,愈积愈多,甚至能摧垮人的精神、肉体,所以庄子既教人学会“无情”、“无己”,要人们不为自己的穷通、寿夭而计较和悲喜,又提倡“独与天地精神相往来”,不要纠缠于身边之事。苏东坡的这首《水调歌头》从“月有阴晴圆缺”的宇宙永恒之中得到启发,以之观照世间,使“人有悲欢离合”得到了对应,于是,个人的境遇、进退、得失,以及兄弟间的离别,也就显得不是那么困扰、纠缠不已,自己的精神境界也得到了提升。俗话说“站得高,看得远”,苏轼以“宇宙意识”来化解矛盾,或许可以给我们以启发。

二 回首向来萧瑟处,归去,也无风雨也无晴
——君子坦荡荡,自能履险如夷

俗话说,“君子坦荡荡,小人常戚戚”。但实际上人生的道路很不平坦,“戚戚”常多于“荡荡”,却与“君子”“小人”无涉。举个例子讲,孔夫子应是“万世师表”的君子了,但是《论语·阳货》却载有他所说:“吾岂匏瓜也哉,焉能系而不食?”意思是:我难道是葫芦瓜吗?怎能挂在那里给人看而不吃!也就是说,我不能只是摆摆样子,而不为世所用。这里,尽管是打个比方,以委婉其辞,我们还是可以感觉到他的牢骚。可见,即使像孔子这样的大君子,也免不了因难以施展才华而心有所“戚戚”。在汉末时,“建安七子”之一的王粲,当他避乱荆州而作《登楼赋》时,就用了“匏瓜”一说,写道:我多么希望王政稳定啊,就可以在大道上驰骋、出力,我很怕像匏瓜一样被悬在那里,也怕像淘干净了的井,却没有人来饮水。确实,古人多很看重仕途经济,如同陶渊明那样,能做

到“不汲汲于富贵,不戚戚于贫贱”的,的确是很少。

古人“学而优则仕”,踏上仕途并不容易,“十年寒窗无人问,一举成名天下知”,“结果”虽美妙,“过程”却很长,这且不说,即使当了官,谁又能保证一帆风顺、步步高升呢?元人查德卿曾感叹“如今凌烟阁一层一个鬼门关,长安道一步一个连云栈”,这或是极而言之,仕途艰险却是很多人的切身体验。这样,学会化解矛盾,努力作好自我心理调节,就是很重要的事情。宋代大文豪苏轼,堪称这方面的榜样。

苏轼不像他的父亲苏老泉那样晚才考中进士,他与弟弟苏辙都属于早达者,二十出头就中了进士,大名在外,踌躇满志。但是,由于他对王安石变法持有异议,在出任几处州郡长官之后,因作诗讽刺新法而被捕下狱。出狱后被贬官黄州,当了一个小小的团练副使。作为“罪废”的“逐臣”,不仅精神上倍感压抑,生活上还非常困顿。他先是住在定惠院,家属来后移居临皋亭,在这江边的驿亭,苦遭太阳的暴晒,因为生活的窘迫,他不得不在营房废地上盖屋、种地,在他的“东坡”上躬耕觅食。他不但不能实现自己“涤荡振刷”的济世之志,而且连养家活口都很困难。此时的苏东坡,虽也感到苦闷,不免有消沉情绪,但是他毕竟挺直了脊梁,努力保持乐观向上的精神,极力化解内心的痛苦,表现出旷达的人生态度。

苏东坡的乐观、旷达,同他的学生秦少游相比,更见突出,可明显看出二人的不同。

少游困顿场屋二十年之后,才考中进士,登上仕途,所以虽只做了一个很小的官——为秘书省校对黄本书籍,过着靠人送米接济的生活,他还是很满足的写出了“出门尘涨如黄雾,始觉身从天上归”的诗句。但是,由于他被看成是苏轼一党,也遭贬谪,在被贬处州时,他所作的《千秋岁》词,就流露出深深的悲慨,此词的最后几句最可见之:“日边清梦断,镜里朱颜改。春去也,飞红万点愁如海。”以至于当他的朋友衡阳太守孔毅甫读到此词时,感叹少游正当盛年,却出语如此悲怆,恐其将不久于人世。

苏东坡却很不同。他固然也在他的名作《念奴娇·赤壁怀古》中感叹“人间如梦”,却又对自己的早生华发释以自笑多情,词中如画的江山,英雄的历史,形成了豪迈、雄奇的基调,终难抑其积极向上的精神。此时,苏轼四十七岁,虽为自己不能像周瑜以青年统帅的身份建立丰功伟业而遗憾,又终不为被贬而消沉,他既从游蕲水清泉寺见兰溪溪水西流的地理现象中,借题生发,以《浣溪沙》词发其“谁道人生无再少?门前流水尚能西。休将白发唱黄鸡”的感悟,表现出乐观的人生态度;又借道中遇雨的经历及体会,表明了自己面对忧患的处世哲理。请看他作于元丰五年(1082年)的《定风波·三月七日沙湖道中遇雨雨具先去同行皆狼狈余独不觉已而遂晴故作此》一词:

> 莫听穿林打叶声,何妨吟啸且徐行。竹杖芒鞋轻胜马,谁怕?一蓑烟雨任平生。　料峭春风吹酒醒,微冷,山头斜照却相迎。回首向来萧瑟处,归去,也无风雨也无晴。

从此词的小序中,我们就可以知道苏东坡与其他人的不同。当途中遇雨之时,同行诸人都很狼狈,只有东坡一人不为风雨所动。有了这份泰然,似乎风雨也被感动了,天空很快就放晴。东坡从大自然的风雨中感悟到人生的哲理,就写下了这一首词。自然界经常会有风风雨雨,人世间又何尝不是如此?如果能将这种面对风雨而不觉的态度移到人生忧患上,那么,也就能安之若素、处变不惊,虽履危难而若行平地。待到行经艰险,到达彼岸,就会如同经历风雨之后,“回首向来萧瑟处,归去,也无风雨也无晴”,只要无所畏惧,也就走过来了。我们切不要以为“料峭春风吹酒醒”,是如同流行歌曲所唱的“留一半清醒留一半醉”,酒意尚未全消而故作壮语,尽管苏东坡是得之于庄子“任天而动”的思想,却将消极变为积极,消解了在逆境中的“戚戚”之情,而以开阔的胸怀,做到坦坦荡荡,如《易经》所说:“天行健,君子以自强不息。”

苏轼与秦观都是愈贬愈远,苏轼即使到了非常落后的海南,依然豪气不减,秦观却愈来愈气馁。宋代惠洪《冷斋诗话》说:“少游谪雷(州)凄怆,有诗曰:‘南土四时都热,愁人日夜俱长。安得此身如石,一时忘了家乡。’……东坡《雨中诗》曰:‘平生万事足,所欠惟一死。’有英特迈往之气,可畏而仰哉!”两相对照,苏轼“回首向来萧瑟处,归去,也无风雨也无晴”的人生态度无疑是更值得我们学习,在今天,仍可以给我们以足够的启示。

三 此心安处是吾乡
——情怀旷达自能随遇而安

一个情怀旷达的人,不管是在顺境还是逆境,都应该能坦然处之。以晋人为例,如果说,那个为了莼菜羹、鲈鱼脍而弃官南归的张翰,其“任性自适,无求当世,时人贵其旷达”,自谓“使我有身后名,不如即时一杯酒”,还并非处于逆境;那么,陶渊明的既能“三仕”又能“三隐”,以“环堵萧然,不蔽风日。短褐穿结,箪瓢屡空”的“五柳先生”自况,过着“晨兴理荒秽,戴月荷锄归”的生活而自得其乐,就应是真正的旷达了。从陶渊明的《责子诗》来看,他的儿子似乎很不争气,但他却能在无奈之中自我宽慰:“白发被两鬓,肌肤不复实。虽有五男儿,总不好纸笔。阿舒已二八,懒惰故无匹。阿宣行志学,而不爱文术。雍端年十三,不识六与七。通子垂九龄,但觅梨与栗。天运苟如此,且尽杯中物。”能有旷达的精神,所以在后来他的房子被烧、生活转为极其困顿之时,他也没有呼天抢地,病卧在床时,也拒绝了权贵的馈赠。

说到宋代文人的旷达,当然首先会想到苏轼。对苏轼的旷达,首先是可看他的自我表达,但是他有时也通过赞许别人以表现之,甚至所写的还是身份卑微的歌女。如《定风波》:

常羡人间琢玉郎,天教分付点酥娘。自作清歌传皓齿,风起,雪飞炎海变清凉。 万里归来年愈少,微笑,笑时犹带岭梅香。试问岭南应不好?却道,此心安处是吾乡。

此词原有序:“王定国歌儿曰柔奴,姓宇文氏,眉目娟丽,善应对,家世住京师。定国南迁归,余问柔:‘广南风土,应是不好?’柔对曰:‘此心安处,便是吾乡。’因为缀词云。”这王定国名叫王巩,跟从苏轼学为文,苏轼因“乌台诗案”被捕入狱,审结后被贬为黄州团练副使,而王定国因曾收受苏轼的诗而遭牵连,被贬宾州(治所在今广西宾阳南)监盐酒税,歌女柔奴同行。三年后,王巩北归,又与苏轼相遇,设宴招待,并叫柔奴向苏轼劝酒。苏轼有感于广西在岭南地区,荒凉僻远,柔奴同行三年而愈见年轻,相问之下,竟然有如此富有哲理的回答,实是大合于苏轼的性格。当然,这也许正是柔奴“善应对”之处,而苏轼则正好借此作引申发挥,所以写下了这首富含哲理、又颇见性情之词。

此词先写王巩之得到柔奴:真羡慕王巩你这个“琢玉郎”(出于唐人卢同《与马异结交诗》的“白玉璞里琢出相思心,黄金矿里铸出相思泪”,指多情种子),老天竟然交付给你这样一位心灵手巧的“点酥娘”(可能指柔奴有类似于今天的“裱花”工艺,梅尧臣曾说他的亲家有女子能“点酥为诗”。也可能因柔奴肤色白皙,加以“柔”与“酥”相关,“点酥娘”可谓一语多义)。她不仅貌美、手巧,而且异常聪慧,能够自己创作歌曲,歌声从她的朱唇皓齿间传出来,就像一阵清风吹来了雪花飞舞,使得炎热之地也为之变得清凉了。换头点出了被贬归来之事,很惊奇为什么在万里之遥、气候酷热的南方三年,竟然会越来越年轻,你就看她那微笑的样子吧,笑的时候好像还带着大庾岭上梅花的香气。最后写了作者与她的对话:“试问岭南应不好”是出于常理的否定性设问,而“却道”二字来了一个转折,“此心安处是吾乡”变成了肯定,也见出了年纪轻轻的柔奴竟然会有如此高的认识。所以倘回过头来再看“岭梅”一语,就很可以体会出其中的寓意,因为柔奴不就像那大庾岭上的梅花一样,是不为风霜雨雪所折服的吗?

柔奴性聪慧而又善于应对,也许是懂得面对像苏轼这样的人物应该怎样说话,于是才有“此心安处,便是吾乡”的对答,因为苏轼出入于佛老,在遇危难之时能努力做到恬然自适、随遇而安,泰然面对一切。《金刚经》有“应无所住而生其心”之说,“无所住”就是要圆通透脱,不要“住”而板滞僵化。只有这样,才能不惧忧患,苦乐随缘。苏轼在他被贬多次、且越贬越远后,依然能做到坦然处之。正因为他有这种不为穷通所扰、处惊而不变的乐观精神和人生态度,所以对于柔奴所说的“此心安处,便是吾乡”大加赞赏,以至有此词之作。而我们也不妨可将它看成是苏轼借柔奴之口来表达自己的思想。苏轼在初贬黄州之时,自感政治环境的险恶,因而《卜算子》之写孤鸿,有“拣尽寒枝不肯栖”之句。而一旦从佛道思想中得到解脱后,他的其他作品就能写得超旷悠然。待到自己被贬岭南后,他还真能做到“此心安处是吾乡”,在惠州是如此,被更远地贬到海南的儋州之后仍然如此。有了旷达的情怀,就能随遇而安。这首《定风波》似是为柔奴而写,却又是自己人生态度的寄寓,同时又成了今后生活的预言,确实很有意义。

四　都为自家，胸中无事。风景争来趁游戏
——要以淡泊的心情来解脱人世间的烦恼

人活在世上总有烦恼。在古代，尽管富贵者不像穷汉子为没钱娶妻而发愁，但是他在成群的妻妾中也会感到争风吃醋的烦恼；不像穷人家为揭不开锅而叹气，但是空对山珍海味而难以消食解气也是烦恼；不像穷人家为天冷没衣服穿而瑟瑟发抖，却也会为皮袍子焐得出鼻血而烦恼。俗话说，知足者常乐，如果“人心不足蛇吞象”，就会像前面所引的明代《山坡羊·十不足》小曲一样，会“上到天上还嫌低”。

其实，知足与不足，愉快与烦恼，本身具有相对性。鲁迅先生说过，美国的煤油大王不会知道北京捡煤渣的老婆子的烦恼，这和贾府的焦大不会爱上林妹妹，弱不禁风的小姐出的是香汗，卖苦力的工人出的是臭汗等一样，当然是论证感情的阶级性的很好的例子。但我们是不是也可以设想煤油大王也有他的烦恼呢？比如同行间的竞争、兼并，产油国的政治不稳定，工人罢工，运输困难等，都可以成为他的烦恼，否则我们就不能理解为什么“自杀王国”日本的自杀者并不乏老板了。近来好几次看到这样一则寓言式的小故事：一个看来是贫穷的渔夫在海边钓鱼，一个看来是阔老的游客对他做了一番劝喻，意思是：“你过着这样的穷日子难道就甘心吗？你为什么不好好地去经商、去奋斗，等挣了大把的钱，不就可以过上好日子了吗？”渔夫问：“什么是好日子呢？”阔老答：“像我一样，有了钱，就离开城市，来到这海边度假，晒晒太阳，钓钓鱼，多好啊！”渔夫说：“那好，你看我现在在干什么？不就在海边、在太阳下，在钓鱼吗？”当然，我们不必进一步地去追究，因为看来是同样的钓鱼却有谋生与休闲的不同，阔老奋斗了好久，却似乎只来到了渔夫的出发点，我们不必说这一“圆圈游戏”式的故事类似于哲学上的诡辩，它给我们的启示，只是重在人生要有一份好心情，而不在于物质的享受。

宋人不同于前代的学士文人，因为自宋立国以来的既定方针就优待文士，宋代的科举取士数要较唐代多得多，各类特科考试也有不少，所以宋代似乎不像前代有那么多的隐士逸民，好像除了林逋、魏野，就很难想起其他有名的隐者来。在人们的印象中，宋代的城市生活特别繁荣，宋人也特别追求生活上的享受。其实，宋代文人至少被两件大事所困，一是朝中的党争，二是民族的矛盾。如果说，苏轼的一再被贬是因为党争的原因，那么辛弃疾的被迫长期闲退，就是因为由宋金矛盾引起的主和与主战之争。苏轼在被贬时多借助庄禅来解脱，辛弃疾也多有慕庄羡陶之作。而遍观宋代词人，善作解脱之词的，不能不说到朱敦儒。

朱敦儒有的作品对表现解脱之道写得很有禅悦味，如《临江仙》：

信取虚空无一物，个中着甚商量。风头紧后白云忙。风元无去住，云自没行藏。　莫听古人闲话语，终归失马亡羊。自家肠肚自端详。一齐都打碎，放出大

圆光。

上片用形象来表现佛家教义，风无去住，云没行藏，即众生所见皆幻象之意，亦即是对“虚空无一物”的“信取”。下片说不要执着于塞翁失马与亡羊补牢的得失祸福，而要打破一切成说，跳出三界之外，在佛家的经义中求得解脱。显然，这不像苏轼那样以消极见积极，他的精神解脱是消极的。相比之下，他的《感皇恩》所阐发的解脱之道更可取些。词云：

一个小园儿，两三亩地。花竹随宜旋装缀。槿篱茅舍，便有山家风味。等闲池上饮，林间醉。　都为自家，胸中无事。风景争来趁游戏。称心如意，剩活人间几岁。洞天谁道在、尘寰外。

词写得很通俗易懂，正如其词中所说的“有山家风味”，而“等闲池上饮，林间醉”，则可以看出从容自在的生活，和不为人间诸事所困的逍遥心态。过片“都为自家，胸中无事。风景争来趁游戏”是全词的点睛之笔。一个人如果能做到忘却营营世念，不为名利得失所困扰，就能以审美的态度来对待人生。这是一种类似于“万物静观皆自得，四时佳兴与人同”（程颐《秋日偶成二首》）的认识，且又不带宗教的说教意味。对朱敦儒来说，有了这样的认识，就能在“剩活人间几岁”的余生中过得“称心如意”；对于他人来说，不汲汲于富贵，不戚戚于贫贱，甘于淡泊的生活，也就能解脱人世间的烦恼。即使在今天，也还能给我们一定的启示。

五　诗万首，酒千觞，几曾着眼看侯王
——如果不看重仕途经济，“人”字就可以大写了

中国古代的士人多很看重仕途经济，因为古代的中国是官本位的国家。宗法社会从家庭的家长制发展为宗族的家长制，进而为整个国家的家长制，居于最上的皇帝将老百姓看成“子民”，又通过各级官员来治理，他们被称作“父母官”。虽然不少人都记住了“民以食为天”这句话，却不太记得住“国以民为本”，民主、民主，民是做不了主的，只能求“青天大老爷”作主。若有幸遇着个清官、好官，还能喊出“当官不为民做主，不如回家卖红薯”的很大众化、农民化的口号，拼着不要头上的这顶乌纱为百姓做主。事实上，“三年清知府，十万雪花银”的却大有人在，官官相护当然也是屡见不鲜的现象。读书人“学而优则仕”，不就是为了能出人头地，改变自己的境遇，或也想着要为官清正，为老百姓做主吗？反之，如果不想踏上仕途，又怎能实现从“经邦济世”到改善自身环境、条件的“经济”之愿呢？所以，千百年来，士人们几乎都是往做官的路上挤。像《儒林外史》中的杜少卿，《红楼梦》中的贾宝玉，那样的鄙视仕途经济，显然已是带有近代意识的理想人物，肩负着为封建社会挖墓的任务了。

但是，我国自古以来，又有另一类人物，即事实上宁愿“游戏于污渎”也不想当官的庄子，和虚拟中的《楚辞》之渔父。《后汉书》开始为“逸民“立传，称道那些“不事王侯，高尚其事”的逸民、隐士。又将他们分成各种类型：“或隐居以求其志，或曲避以全其德，或静己以镇其躁，或去危以图其安，或垢俗以动其概，或疵物以激其清。”《后汉书·隐逸传》又说，西汉末，王莽篡政时，“裂冠毁冕、相携持而去之者，盖不可胜数”。而光武帝登位，“侧席幽人，求之若不及”，但仍然是“若薛方、逢萌，聘而不肯至；严光、周党、王霸，至而不能屈”，还是坚持隐逸生活。在东晋时代，又有被称为“隐逸诗人之宗”的陶渊明。唐朝的隐士要比前代少，这与政治比较清明，士人普遍怀有建功立业的思想有关，但唐代又以假隐士的“终南捷径”著称。宋代为知识分子提供了比唐代更为宽广的仕进之路，所以隐士很少，终生隐居者可谓微乎其微。宋代的最高统治者对文人很优待，一旦为官，就能得到很好的生活待遇。名相寇准在做官前生活很贫困，当了大官，就极力追求享受，宋祁与他的哥哥同中进士，也一路仕至高官，他生活奢侈，哥哥劝其不要忘记当年吃过的苦，他却说：当年吃苦，不就是为了今天的享受吗？所以，宋人对仕途经济是很看重的。

“一登龙门，身价百倍”，不仅是李太白一人的体会，也是众多士人的共同体验。但是，在“登龙门”之前，还常有“伺候于公卿之门，奔走于形势之途，足将进而趑趄，口将言而嗫嚅”（韩愈《送李愿归盘谷序》）的情况，心高气傲的人是很难因此而委屈自己的。而一旦为官，也难保一帆风顺，搞不好就要丢官受刑，家破人亡，妻离子散。也许是因为北宋文人多“仲夏夜之梦”，不屑于仕途经济的很少，所以朱敦儒的《鹧鸪天·西都作》显得很抢眼。此词写道：

> 我是清都山水郎，天教分付与疏狂。曾批给雨支风券，累上留云借月章。
> 诗万首，酒千觞。几曾著眼看侯王？玉楼金阙慵归去，且插梅花醉洛阳。

朱敦儒“志行高洁，虽为布衣而有朝野之望”（《宋史·文苑传》），北宋时，隐居避世，靖康年间，钦宗将他召至京师，欲授以学官，他自称“麋鹿之性”，“爵禄非所愿”，固辞而还山。此词堪称是他前期生活的写照。词以“我是清都山水郎”开局，就透露出傲岸之气，“清都”出于《列子·周穆王》：“清都紫微，钧天广乐，帝之所居。”作者竟然宣称自己是天帝身边主管山水的侍从，所以连“疏狂”都是“天教分付”的。非但如此，“山水郎”还对下“曾批给雨支风券”，对上“累上留云借月章”，这一浪漫的“自我设计”将“疏狂”表现得极其生动。下片回到了现实，“诗万首，酒千觞”是自己诗酒风流的生活，“几曾著眼看侯王”则再度表现出于极度自尊、自傲的“疏狂”本性。最后说，我连天上的玉楼金阙都懒得归去，更何况人间的官衔？还是在洛阳且插梅花以图一醉吧。

此词的“眼目”是“疏狂”两字，而最见光彩的是“诗万首，酒千觞，几曾著眼看侯王。”有了这样的傲骨，就不会为富贵、贫贱而烦心，能以高尚的志行、无垢的胸襟对待人生、社会。的确，在古代如果不看重仕途经济，“人”字就可以大写了，朱敦儒不是自封为“清都山水郎”了吗？在今天，有了这种精神，也就不会在权力、金钱面前低眉顺眼，丧失人格了。

六 个中须著眼，认取自家身
——若要解脱烦恼，就要始终记住自己的历史定位

人世间的烦恼有很多是因为欲望得不到满足而造成的，所以老子说：“人之大患，在我有身。”这话的一个主要意思就是因为有这个身子就有了许多欲念，反之，若没有这个身子也就没有这么多的忧患了。要满足欲念和愿望，除了机会，还有一个既认识客观条件、又充分认识自己的问题。否则，对自己的人生道路就设计得不够准确，目的难以达到，就会心理失衡，平添许多烦恼。另外，对看准了的、正确的东西就要坚持，要将原来设计好了的人生正确角色一直扮演下去，以免因经不起外力压迫或利益引诱，在“错位”之后落下话把，遗恨终生。总之，能够这样做了，就是正确的人生定位，也可以为尽量避免人世间的烦恼，找到了最好的解脱之道。朱敦儒就有这样的真切体会，他在词中曾因此而反思人生，总结教训。

朱敦儒的生活期跨越南北宋，《宋史》本传谓其“有文武才”，他自己在《雨中花·岭南作》一词中回忆过早年的生活：“故国当年得意，射麋上苑，走马长楸。对葱茏佳气，赤县神州。好景何曾虚过，胜友是处相留。向伊川雪夜，洛浦花朝，占断狂游。”比起陈与义的“杏花疏影里，吹笛到天明”要狂放、浪漫得多。前面所说的《鹧鸪天·西都作》以“清都山水郎”自诩，以“诗万首，酒千觞，几曾著眼看侯王”表其志趣、人格，孤傲之气不难想见。但是，由于“靖康之变”，“清都山水郎”当不成了，却成了难民。“胡尘卷地，南走炎荒”，一直逃到了广东的南雄州，再到南海（今广州），在两广地区活动了三年多。后得诸人赞誉，皇帝赏识，赐进士出身，当上了官。十多年后，被罢官，再归隐。他本来可以继续年轻时曾行之许久的隐居生活的，却因秦桧喜其才，强起之为鸿胪少卿，仅二十余日，秦桧死，即致仕，再度隐居。即便如此，已因失节于大奸臣而遭物议，有人借前引的《鹧鸪天》词讥其晚节不保，写了讽刺他的诗：“少室山人久挂冠，不知何事到长安。如今纵插梅花醉，未必王侯著眼看。”长年隐居的高节妙士，仅仅因为爱其子而畏惧秦桧，怕不从其命会遭窜逐，最后未能咬紧牙关，落得个前功尽弃，遭人讥讪。这当然使之后悔不已，所以他的晚年作品多消极“看穿”之语。

朱敦儒有一首《临江仙》，表达了在历尽沧桑之后，对人世的反思之意。词云：

> 堪笑一场颠倒梦，元来恰似浮云。尘劳何事最相亲？今朝忙到夜，过腊又逢春。 流水滔滔无住处，飞光忽忽西沉。世间谁是百年人？个中须著眼，认取自家身。

起头两句是说人生就好像一场颠倒的梦，又像天上的浮云一样，飘忽不定，在尘世之

中辛劳不已。试问什么事情最令人感到亲切呢？作者没有回答，而时间的脚步却似乎难以停止下来，以让人能好好地欣赏、品味一下，匆忙之中只见一天天地从早忙到夜，过了腊月就又到了春时。过片用流水的滔滔流去，不肯停留，用太阳如飞转的光轮，很快就西沉，以比时间的消逝。孔子曾说过："逝者如斯夫，不舍昼夜。"庄子曾说："人生天地之间，若白驹之过隙，忽然而已。"都是对于时间飞逝、生命难久的体会。既然古人有"人生七十古来稀"的感叹，当然作者也可以在这里发问："人世间有谁是百年长寿的人呢？"于是，用最后两句来点题："这其间可一定要注意看准了，在人生中必须要认清自己的立足点啊！"

前面说过，朱敦儒早年清高绝俗，在为官多年后又隐居于嘉兴，这在主和势力占据统治地位而主战派纷遭打击、迫害之时，应是一个正直之士的较好的处世方式和解脱之道，如果能坚持始终，他将以"清都山水郎"的形象永留在宋代人物的画廊中。二十多天的出山，且又是因为大奸臣秦桧的原因，能体谅者犹解其中苦衷，但一般人谁又会为他的身家性命多作设想呢？中国人历来将"立德"放在"立功"、"立言"之前，可见对德行、人品的重视，朱敦儒青年时虽自塑"狂放"的形象，实际上极重名节，在徽宗朝奸相当道时，他谢绝征召，不愿同流合污。南渡后做官，也是直士推荐、友人相劝的结果，连宋高宗都有"此人朕用橐荐以隐逸命官"之说，却遗憾地未能将这一角色坚持到底。

当然，我们今天应该用历史唯物主义的观点来看待历史人物和历史现象，要论其世、解其事，才能知其人，对朱敦儒不必求全责备。而朱敦儒在这首词中所总结出的"个中须著眼，认取自家身"，却是很重要的经验教训，在他不失为消极的解脱之道，而对我们今天来说，也具有现实的警示意义。

七　待浮花浪蕊都尽，伴君幽独
——以花拟人，为狷洁者画像

苏东坡是性情中人，故为词开豪放先声。但他的不少作品又写得温柔婉约，著名的《水龙吟》杨花词就是一个很好的例子。比如说，用"萦损柔肠，困酣娇眼，欲开还闭"的拟人手法，来写杨花，还真亏他老人家想得出来！他还有一首《贺新郎》，与上面这首可称为姊妹篇，且应另有政治上的寄托。词是这样写的：

> 乳燕飞华屋，悄无人，桐阴转午，晚凉新浴。手弄生绡白团扇，扇手一时似玉。渐困倚、孤眠清熟。帘外谁来推绣户？枉教人梦断瑶台曲。又却是、风敲竹。　石榴半吐红巾蹙，待浮花浪蕊都尽，伴君幽独。秾艳一枝细看取，芳心千重似束。又恐被、西风惊绿。若待得君来向此，花前对酒不忍触。共粉泪、两簌簌。

此词一开头就将读者引向一座栽有梧桐树的深院，小燕子在华丽的屋子里飞，房里却是悄无声息，梧桐的树阴已转过了中午，一位刚出浴的美人在树阴下乘凉，等待着晚风的到来。只见她手拿生绡做成的白团扇，纤纤素手和团扇竟然都像玉一样洁白。在这样困人的夏天，新浴的美人渐渐感到疲倦了，一个人在这清幽的环境中入睡，进入了梦乡。在梦中，好像有人推开了绣户珠帘，使到达瑶台仙境的美梦被打断了，孤单的女子还是忍不住一阵兴奋，猜想莫不是她思念的人来到了身边？可叫人失望的是，这并非心上人的到来，而是风儿吹动竹子发出的声音，真是枉断好梦了。

下片写她穿过桐阴，来到了石榴树下，只见榴花半开，像摺起来的红巾。石榴在夏天开花，此时春天已过，百花已开尽，只有这美丽的石榴花清幽而孤独地陪伴着你。此时，如摘下一枝细看，你看到的是芳心千重还没有打开。在花尚未盛开之时，已想到它的衰败，如果秋风一起，很快就连绿叶都要凋谢，更何况娇嫩的花儿呢！美人又想，现在等待你来，你却不来，等到他日来时，若再到这石榴前持酒赏花，恐怕是看不到美丽的花儿了，那时，只有凋零的花瓣与带着脂粉的眼泪一起簌簌下落。

对于这首词，有人努力去寻找它的“本事”，有认为是为官妓秀兰而作的，也有认为是为一个名叫榴花的侍妾而作的。前者说苏轼知杭州时，宴集于西湖，官妓秀兰因浴后疲倦，睡过了头，未能及时赶来唱曲，折下一枝石榴花请罪，东坡作了这首词，让秀兰当场唱了为大家佐酒。后者说，在晁以道家见到此词的真迹，打听下来，原来是为侍妾榴花作的。当然，这样的理解未免是太过于刻板了。在生活中，或许会发生为某一女子写诗、写词之事，但此词境界之高，断非具体的事实可限。胡仔就认为：“东坡此词，冠绝今古，托意高远，宁为一娼而发耶！”而结合现实来看，此词应该是有寄托的。

苏轼自称“早岁便怀齐物志，微官敢有济时心”（《和柳子玉过陈绝粮》），有积极用世之心，但因政见上的分歧，不能实现自己的抱负，他也就免不了会运用《离骚》以来的“芳草美人”传统，表现君臣难以遇合的感触。词中的美人应是作者自喻，她的被冷落自然也如现实中一样，梦中的期待与醒后的失望，表现出心中的真实情感。至于团扇的形象，又有秋扇见捐的特定涵义。石榴花的“伴君幽独”可看出一片忠心，而年华易逝、红花难久则有《离骚》“恐美人之迟暮”的寓意。可以认为，此词发展了杜甫“天寒翠袖薄，日暮倚修竹”的佳人形象，与“浮花浪蕊”判然有别的榴花志在“伴君幽独”，而“幽独”一词也就同那些好为逢迎的小人划清了界限，表现出狷介之士的高洁。

宋词作品的是否有寄托，必须结合作者所处的环境、时势及其本人的抱负、情怀来看。苏轼在他的经历中，有过君臣遇合的缺憾，后来更是因为“乌台诗案”而获罪，成为“元祐党人”而被贬。如果写作此词之时他任官于杭州，还是在获罪和被贬之前，那么“伴君幽独”的一片忠心和狷介之士的形象，无疑是有寄托的。神宗皇帝读到他的“我欲乘风归去，又恐琼楼玉宇，高处不胜寒”，曾有“苏轼终是爱君”之叹，是对于《水调歌头》词中寄托的认可。人们在他被贬黄州时所写《卜算子》的孤鸿形象中，也看到了托意，都说明了东坡词确有寄托，也确能被理解。《贺新郎》时而榴花、时而美人的美丽动人的艺术形象，是生活所激起的创作激情创造出来的，绝不是游戏闲笔，我们应该有这样的认识。

八 当年不肯嫁春风,无端却被秋风误
——君子不趋时的零落之悲

人生在世,常会遇到与自己的意志和愿望不相符合的事,有些人出于对利益的考虑,就会让意志、愿望屈服于利益,甚至为了自己的利益而不惜出卖朋友,打击别人,落井下石,无所不用其极。而有些人却不为利益所屈,坚持自己的信仰和节操,要知道,这样的做法将意味着什么?轻则难有晋升的机会,重则被贬、获罪,甚至妻离子散,家破人亡。所以,趋时与否,几乎可以看成是君子与小人的一条分界线,因为所谓的"趋时"往往不仅是迎合众人之所好,在高度集权的封建社会里,众人之所好又常是最高统治者的所好,岂不闻"楚王好细腰,国中多饿人"?这比起"城中好高髻,四方高一尺"的追求时尚来,可要重要得多。

伍子胥是为吴国立下大功的人物,可就是因为不迎合吴王之所好,犯颜上谏,被国君怒而杀之。屈原"明于治乱,娴于辞令",很得楚王信任,但因群小盈朝,而屈原又不会看风使舵,终被楚王怒而疏之,最后自沉于汨罗江。宋朝有不杀文臣的"祖宗家法",可是,若不趋时,被贬谪的命运还是会光顾的。苏东坡就是一个很好的例子,在变法派掌权时,他很不识相地陈说新法的毛病,认为不应操之过急,以至于在京城里待不下去,还被人抓住把柄,遭"乌台诗案"而被贬黄州。可后来反对变法的司马光掌权时,他却反过来说新法也有好处,又遭不信任。甚至到了"文化大革命"期间,还有"革命的笔杆子"称他是两面派。

宋代的词人未必都有苏轼般的命运,然而与他命运相同或相近的,也不在少数。所以也就会用咏物之作以表现自己不趋时的零落之悲。东坡的《贺新郎》咏榴花是为狷介之士画像,美人迟暮与榴花零落具有相同的意义。我们还可以看贺铸咏荷花的《踏莎行》:

> 杨柳回塘,鸳鸯别浦,绿萍涨断莲舟路。断无蜂碟慕幽香,红衣脱尽芳心苦。
>
> 返照迎潮,行云带雨,依依似与骚人语。当年不肯嫁春风,无端却被秋风误。

开头两句写荷花生长在杨柳环绕、回环曲折的池塘,那里有成双成对的鸳鸯在戏水。接着写因为池塘小,当它长满了绿萍之后,连采莲小船来回的水路都被遮断了。既然采莲舟难以进入,当然荷花只能是自开自落,无人理睬了。不但是人,就连蜜蜂、蝴蝶也不去爱她的幽香,与它接近,所以荷花只能像美人般的脱尽红衣,它的花瓣一片片地褪尽红色,萎败脱落,只剩下莲蓬中所结的莲子,它的苦味也就是美人的心情啊。过片两句,宕开一笔,转写风景:夕阳的余辉照着水面,好像在迎接晚潮的到来,漂浮的云彩似乎酝酿着雨意。而晚风中的荷花好像在同雅士骚人满怀深情地说话。晚唐诗人韩偓有"莲花不肯嫁春风"(《寄恨》)句,贺铸用此化作"当年不肯嫁春风",以表早先的

不愿趋时，而到今天，“无端却被秋风误”，是既错失了当年的机会，又被尚未到来的秋天所耽误。

荷花开在夏天，前不着春，后不着秋，而春天的花开最盛，秋天也值多种花期，所以自然界中的荷花的确给词人提供了寄托“失时”、“不遇”的基础。若展开联想，桃、李、杏花之在春天盛开，是为了讨春神“东君”的欢心。荷花却孤傲的开在夏天，不趋时、不从俗，无疑是幽洁、贞静品格的表现。而待到秋天来时，她已红衣落尽，芳华逝去，又误花时。这难道不是现实中某些志士仁人的写照吗？古人不仅将山水“比德”，赋之予“仁者”、“知者”的德性，而且“比德”于草木。春天的梅、夏天的荷、秋天的菊、冬天的竹，都有不从众、不趋时的特点，所以有“君子”之赞。屈原“制芰荷以为衣兮，集芙蓉以为裳”就有爱荷的芳洁之意。

贺铸虽出身于有贵戚背景的家庭，却为人梗直豪爽，不趋炎附势。时人称其每“俯首北窗下，作牛毛小楷，雌黄不去手，反如寒苦一书生”，其品质可见一斑，也因此而长期沉抑下僚。《踏莎行》之以荷花自喻，确有现实基础，论词者也能以其词有楚骚之遗意。前面已说，宋代尽管是文人从政的好时代，但是因为对政治见解的不同，最高当政者的取舍之异，就形成了宋代著名的政党政治，有多次“党争”，也造就出许多在党争中失败的文人贤士的悲剧命运。从范仲淹等人以来，宋人就极重品格操守，人或许能得意于一时，但却难经历史的检验。贺铸尽管不是著名的政治家，但他那种不趋时的品格是值得肯定的，《踏莎行》虽有零落之悲，其“比德”的意义却是更重要的。

九　无意苦争春，一任群芳妒
——坚持操守者的自诉

古代诗人喜咏梅花，而宋代尤甚。与此同趣，松、竹、梅作为“岁寒三友”，或梅、兰、竹、菊“四君子”，也成了绘画的主要题材。宋人之爱梅，与他们生活中重雅趣有关，也与诗文革新运动以来所树立的人格精神有关。宋人尊儒重道，更使之向孔子的“山水比德”说认同，而花卉草木也就成了“比德”的最好载体。梅花开在冬春之交，此时东风未送，冰雪犹在，遂使人很容易有抗拒严寒、坚持节操的联想。如果说荷花是出于污泥而不染，那么梅花则是先于百花而不争。在诸多的宋词作品中，陆游的《卜算子》大概算得上是最有名的咏梅篇章了。凡是现在年龄在五十多岁以上的人，都知道毛泽东同志公开发表的《卜算子》词：“风雨送春归，飞雪迎春到。已是悬崖百丈冰，犹有花枝俏。俏也不争春，只把春来报。待到山花烂漫时，她在丛中笑。”此词是国际共产主义运动处于低潮时，表达对于革命前景的信念，谱曲后更广为传唱。毛泽东的这首词就是受到陆游的启发而作的。

陆游是南宋“中兴四大诗人”之一，生平作诗有万首之多，但他从不以诗人自限，他自问：“此身合是诗人未？”梁启超则赞叹他“诗中十九从军乐，亘古男儿一放翁”。陆游降生的那年，金兵大举南侵，他的父亲陆宰是军粮转运官，却在军事紧急关头被劾免官，携家流亡。陆游孩提时就懂得颠沛流离之苦，在幼小的心灵里撒下了仇恨敌人的种子。陆宰结交的都是有气节的爱国之士，陆游从年幼时起，就耳濡目染，接受爱国主义的教育，青年时期更成了爱国志士。他二十九岁时考进士，因名列秦桧孙子之前，受秦桧排挤，直到三十四岁才当上县中小吏，三十六岁做敕令所删定官。由于此职对朝廷用人有发言权，他除主张君主亲贤能、远小人、杜绝幸进以外，还屡次请求朝廷出兵北伐，但无论是高宗还是孝宗都同样听不进，他始而被调职，继而被外放，终而被免官，只能去做诗人。

论其世，知其人，所以陆游的《卜算子》词是有寄托的。词写道：

> 驿外断桥边，寂寞开无主。已是黄昏独自愁，更著风和雨。　无意苦争春，一任群芳妒。零落成泥碾作尘，只有香如故。

此词一开始就极力渲染梅花的寂寞：在冷落的驿站之外，在无人经行的断桥边上，一株无主的寒梅默默地开放。她不仅寂寞，在黄昏时刻独自忧愁，而且风雨相加，使她的处境更为艰难。尽管如此，但她却不为外部环境所动。作者托物言志，借梅花表达自己的理想志趣：因梅花先于百花凌寒而开，“无意苦争春”当然是她的所愿，一个“苦”字，写出了作者对争宠者奔竞、争逐的鄙夷，其中难道不是包含着对主和派的冷然相对吗？无意于争春，却在东风送暖之前开放，只是出于自己的一片赤诚，所以如果“群芳”有妒心，也就让她们去妒忌吧，梅花并不需要为自己辩解。所要表白的是：即使自己已飘零坠落，被碾成了泥土，但一点芳心不会改变，香气依然如故。

在陆游生活的时代，尽管南宋政权已经基本站稳了脚跟，但北方的金朝并没有放弃武装侵略的政策，尤其是北方沦陷区的人民还在对“南师”引领相望。陆游写过“遗民泪尽胡尘里，南望王师又一年”的诗句。范成大出使金朝时，亲见了遗民的意愿，其《州桥》一诗写道：“州桥南北是天街，父老年年等驾回。忍泪失声问使者：‘几时真有六军来？’”所以像陆游这样从小就懂得爱国的志士，是必然不会忘记恢复失地、统一北方的。但是，朝廷中的主和势力很大，高宗统治多年，从无北伐之志，民族英雄岳飞还因为意在“直捣黄龙，迎还二圣”，被以“莫须有”的罪名杀害，抗金将领被解去兵权。孝宗继位后，曾想有所作为，但在“符离战败”后即放弃北伐，签定了“隆兴和议”。所以“驿外断桥边，寂寞开无主”的寒梅，的确是陆游等主战派处境的写照。如果只是要追求个人的功名富贵，陆游完全可以放弃自己抗敌北伐的主张，但正如他在《落梅》诗中所写：“雪虐风饕愈凛然，花中气节最高坚”，爱国理想和气节操守无疑要比个人利益重要得多，因此他借梅花以明志，表示决不会放弃自己的主张，改变自己的初衷，决不会与主和派为伍，去阿谀逢迎，谄媚邀宠。“零落成泥碾作尘，只有香如故”的结局是悲惨的，但不屈的傲骨，坚贞自守的节操却永远为人所敬仰。连毛泽东都汲取其词立意而为之翻新，难道不是很好的说明吗？

十 卖鱼生怕近城门，况肯到红尘深处？
——有名的严光与无名的渔父

仕途经济似乎一直都是古代中国士人需要首先考虑的问题，因为对中国文化影响极大的孔夫子早就给士人安排好了一条道路："修身、齐家、治国、平天下"。尽管他老人家一生中真正称得上是进入"仕途"的，只是在鲁国担任了三个月的司寇，其余的时间多用来教书授徒，可他对于教师这一"阳光下最光辉的职业"似乎并不自豪，对自己只能像个葫芦瓜那样被挂着，光看而不能吃一直感到遗憾。那么为什么仕途经济就那么重要呢？这除了"学成文武艺，货与帝王家"，不是当个被挂起来的葫芦瓜以外，成就感、权力欲以及经济保证都实现了，因为"经济"一词实具经邦济世和"经家济贫"两个含义。所以我们确实不难理解为什么会有"书中自有黄金屋，书中自有颜如玉，书中自有千钟粟"的说法，也不难理解为什么"十年寒窗无人问，一举成名天下知"，之所以"春风得意马蹄疾，一夜看尽长安花"，是因为在科举制度下的中举意味着命运的彻底改变。

不过，古代也有另外一种人，像传说中的巢父、许由，他们都不愿意接受圣君的让位，甚至认为这些话玷污了自己的耳朵，要跑到溪水边洗耳，而当周武王伐纣时，伯夷、叔齐兄弟却大加反对，武王得天下，他俩竟然发誓不食周粟，隐居于首阳山采薇而食。庄子对战国中的杀戮、争霸非常痛恨和失望，所以也无意于当官，甚至把官位比作死老鼠，当楚威王派人拿着很多钱去找他，并许之为相时，他笑着说："你快走吧，不要让我受侮辱了，我宁可在污水中游戏快乐，都不愿意做官，终身不仕才是我的志愿。"东汉初，还有一位有名的隐士——严光，在光武帝刘秀还未成为皇帝前，他俩本是同学，刘秀当了皇帝后，立即将他请到了首都，厚待他，还同他在一个被窝里睡觉。刘秀知道他有学问，品德高尚，想将他留下来作官，但严光拒绝了，还是回到了浙江老家，独自一个人披着羊裘在富春江边钓鱼。严光得到了后人的广泛赞誉，以宋人言，范仲淹就有一篇很有名的《严先生祠堂记》，称道他的"不事王侯，高尚其事"，并作歌以赞："云山苍苍，江水泱泱，先生之风，山高水长！"

陆游写过渔父词，也道及严光。他的《鹊桥仙》写道：

> 一竿风月，一蓑烟雨，家在钓台西住。卖鱼生怕近城门，况肯到红尘深处？
>
> 潮生理棹，潮平系缆，潮落浩歌归去。时人错把比严光，我自是无名渔父。

渔父词是唐人张志和首创，后来南唐后主李煜也写过同类题材之作。宋人有强烈的入世精神，本来对渔父题材不太感兴趣，但因南宋初宋高宗推行对金主和的政策，似有意于让人忘掉北方失地，销损斗争精神，带头作渔父词，一时纷纷仿效。陆游是抗金的志士，却壮志难伸，被迫闲退，不得已而作此词，以表自己的情怀。词的头两句说渔父手把钓竿，这钓竿浴着清风明月，这蓑衣披着烟光雨滴，他的家住在钓台的西面。钓台在今浙江桐庐的富春山，山半有两磐石，耸立东西，俯瞰大江，东面是严光（子陵）钓鱼台，西面是谢翱台，文天祥兵败被害，谢翱登台而哭奠。当然，这里的钓台并不一定是实指，当是借此而提高渔父的形象。上结两句说，渔父以卖鱼为生，但他却无心求利，卖鱼时远离城门，当然更不肯到红尘深处争逐名利了。下片说，渔父的日常生活是潮水起来时要理棹摇船，潮水涨平后要系缆停舟，潮水落下后高唱着渔歌归去。人家错把我比作严光，其实我只是无名的渔父。这里看起来似乎是以为无名的渔父难以同大名鼎鼎的严光相比，实际上，严光虽辞征召，却因光武帝而得名，又披着羊裘垂钓，更有求名之心，所以陆游认为，无名的渔父之卖鱼生怕近城门，实际上比有名的严光还要清高脱俗。

陆游是很想在抗金复国的大业中作一番事业的，但是，由于最高统治者无意于北伐，恢复失地，他只是在剑南前线经历了短暂的抗敌生涯，很快就被投闲置散，只得在家乡徜徉山水，而遭受像陆游一样命运的人，也不在少数。这首《鹊桥仙》看起来像表现隐逸情致的张志和《渔歌子》一样，“一竿风月，一蓑烟雨”，“潮生理棹，潮平系缆，潮落浩歌归去”，是闲适生活，与世无争的恬淡情趣，这应与陆游自我化解思想上的矛盾有关。但是，实际上似乎还应有强抑的幽愤，“生怕近城门”，不肯“到红尘深处”，以及“我自是无名渔父”云云，应是对为求一己私利而不计国家根本利益的那些人的讽刺。倘如此看，作者自塑以无名渔父清高的形象，并不消极，而是有积极意义的。

十一　可惜流年，忧愁风雨，树犹如此
——桓温之叹的永久生命力

俗话说，十年树木，百年树人，是说树木成材虽然不容易，但人的德行、操守、业绩、名声更须百年时间的检验。但是，人作为生物体，其生命却比树木要短得多。美国西部的红杉树，高达几十米，寿命长达几千年，台湾阿里山的神木，也是长寿的树木，山东泰安岱庙和陕西黄帝陵都有汉柏，树龄超过两千年。所以，作为万物灵长的人，在树木面前，常会有人生短暂、速朽的感叹。《世说新语·言语》有一记载：

> 桓公北征，经金城，见前为琅邪时种柳，皆已十围，慨然曰：“木犹如此，人何以堪！”攀枝执条，泫然流泪。

桓公指桓温，人称其少有豪迈风气，得到温峤的赏识，累迁琅邪内史，进征西大将军。他以一代枭雄，竟然会在自己当年种下的柳树面前流泪感叹，可见对于生命的流走、消逝有着多么沉痛的感情，其中所表现出来的生命意识是多么的强烈！

桓温“木犹如此，人何以堪”的感叹，千百年来一直在人们的心头上回荡，宋词中也可以看到这一类似的感慨。比如姜夔的《长亭怨慢》作有小序：

……桓大司马云:“昔年种柳,依依汉南;今看摇落,凄怆江潭;树犹如此,人何以堪!”此语予深爱之。

尽管他将庾信的《枯树赋》误记为桓温的话,但精神是一致的。他在词中继续演绎“树犹如此”之意:“阅人多矣,谁得似长亭树。树若有情时,不会得青青如此!”之所以有这一感慨,是因为他曾有过与合肥歌女的一段恋情。歌女善弹琵琶,而姜夔长于音律,郎才女貌,且互为知音。大概因为生活所迫,不得已分手了,但词人心中对这一交往和感情一直无法忘怀,所以在此词的下片追忆了当年分手时的叮咛:“第一是早早归来,怕红萼无人为主。”可如今只能面对乱山无数而看不到高城。岁月流逝,生命逝去,怎不令人起“树犹如此,人何以堪”之叹呢!

有温峤、桓温之才的辛弃疾,同样也有“树犹如此,人何以堪”之叹。他作于乾道四年至乾道六年(1168年—1170年)间建康通判任上的《水龙吟·登建康赏心亭》写道:

楚天千里清秋,水随天去秋无际。遥岑远目,献愁供恨,玉簪螺髻。落日楼头,断鸿声里,江南游子。把吴钩看了,栏杆拍遍,无人会、登临意。 休说鲈鱼堪脍,尽西风,季鹰归未?求田问舍,怕应羞见,刘郎才气。可惜流年,忧愁风雨,树犹如此!倩何人唤取,红巾翠袖,揾英雄泪!

辛弃疾在擒获叛徒、“奉表南归”后,并未得到最高统治者的赏识,只是因为他有出众的才干,无论到何处、干什么,都政绩昭然,才经常被派到需要处理棘手事情的岗位上,可是还得不到信任,以至有“孤危”之感。此词所抒发的登临感慨,是渴望为国建功、恢复北方失地,同难以实现平生大志的冲突,所以也引发了“树犹如此”的桓温之叹。

词的上片先写自己在登高远望之所见:南方的秋天,天空一碧如洗,江水流向天际,一望无边,远山虽像美人的青螺髻、头发上的碧玉簪一样美,但因为自己心中忧郁,看起来也好像是献愁供恨,引不起心中的愉快。接着写登临之所怀所感:对着楼头落日,听着孤雁叫声,自己作为流落江南的北方游子,纵然手把吴钩细看,醉拍栏杆不停,却并没有人理解我的登临之意。下片表明自己的志向:且不要说张翰见西风起,就想念家乡的鲈鱼脍、莼菜羹,弃官南归,我并不想向他学习;许汜在国家多难之时,只想到求田问舍,遭到胸有大志的刘备之鄙弃,我当然也不会像他那样。最令人感叹的是:年华就像流水一样的白白流走了,即使是树木,也会为遭受风雨的摧残而发愁,更何况是人呢!国事艰难,时光速逝,恢复中原的愿望何时才能实现呢?想到这儿,真叫人气短,又有谁唤取红巾翠袖的歌女,为我擦干英雄的泪水呢!

“可惜流年,忧愁风雨,树犹如此”,桓温之叹之所以具有永恒的生命力,是因为这带着悲情的喟叹具有强烈的生命意识。人生苦短,去日不可追,来日已无多,才子姜夔为自己爱情的失落而痛苦,英雄辛弃疾为自己志向的难圆而感叹。他们之间虽有情感、志趣的不同，但生命意识却是相同的。“树犹如此，人何以堪”的感叹分别落实在私事与国事两端，而这两者也恰是宋词的重要主题，我们可不必评说孰轻孰重。

十二 好是悲歌《将进酒》，不妨同赋《惜余春》
——志士终未失却骨子里的认真

大诗人李太白写过著名的诗篇《将进酒》，诗中云：

> 君不见黄河之水天上来，奔流到海不复回。君不见高堂明镜悲白发，朝如青丝暮成雪。人生得意须尽欢，莫使金樽空对月……钟鼓馔玉不足贵，但愿长醉不复醒。古来圣贤皆寂寞，惟有饮者留其名。

他也写过《惜余春赋》，赋中云：

> ……试登高而望远，极云海之微茫。魂一去兮欲断，泪流频兮成行。吟清风而咏沧浪，怀洞庭兮悲潇湘。何余心之缥缈兮，与春风而飘扬。飘扬兮思无限，念佳期兮莫展。平原萋兮绮色，爱芳草兮如剪。惜余春之将阑，每为恨兮不浅。

又说：

> 春每归兮花开，花已阑兮春改。叹长河之流速，送驰波于东海。春不留兮时已失，老衰飒兮情逾疾。恨不得挂长绳于青天，系此西飞之白日。

显然，这一诗一赋都有些消极情绪，这种情绪应与李白的处境有关，而不是出于他的天性。

宋代词人张元幹写过一首《瑞鹧鸪》，词前有小序：“彭德器出示胡邦衡新句次韵。”词云：

> 白衣苍狗变浮云，千古功名一聚尘。好是悲歌《将进酒》，不妨同赋《惜余春》。风光全似中原日，臭味要须我辈人。雨后飞花知底数？醉来赢取自由身。

从词的小序可看出，此词是因为胡铨而写。胡铨字邦衡，宋高宗建炎二年（1128年）进士，为枢密院编修官，在绍兴八年（1138年）宋金和议垂成之际，他上书极力反对向金人投降，请斩王伦、秦桧、孙近三人头，并羁留金使，兴师问罪。此议出，群情振奋，却因有忤主和派，被除名编管新州（治所在今广东新兴县）。张元幹愤于直道不行、志士被屈，作《贺新郎》词相送，《四库全书总目提要》称道此词“慷慨悲凉，数百年后，尚想其抑塞磊落之气"。胡铨被贬新州后,仍写了一些感慨国事的词,这些作品通过其与张元幹的共同朋友彭德器相传,使张元幹得以看到,读后感慨良多,遂写下这首和韵之作。

此词开头用杜甫《可叹》诗中句子:"天上浮云似白衣,斯须改变如苍狗。"如果说杜诗是重在表现自然界的变化无穷,那么词中所用就是变为对世事变幻莫测的感慨。次句承接世事之变,"千古功名" 显然是指极力反对与金和议之事, 因结果是胡铨被贬,主战派被迫缄口,故有"一聚尘"之叹,"一聚尘"曾见于唐人寒山子诗:"谁家长不死,死事旧来均。始忆八尺汉,俄成一聚尘。"寒山子诗多宣扬勘破世幻的宗教思想,此处的"一聚尘"即表现出人生幻灭之意。岂不? 八尺男子汉说倒就倒,很快便化成了一堆尘土。词中将消极的宗教意识同"千古功名"联系在一起,反对和议、力主抗金的大业竟然成了"一聚尘",可见作者内心是多么激愤! 豺狼当道,英雄失路,空有一腔忠愤,只能令志士扼腕。既然如此,无奈中只能放声悲歌《将进酒》,发泄心中的愁闷。因与胡铨相隔遥远,只得借《惜余春赋》表达"试登高而望远,极云海之微茫"的思念,和"春不留兮时已失,老衰飒兮情逾疾"的感慨。

下片"风光全似中原日"一句,是现在的感受,也是对过去中原生活的怀念,令人想起"过江诸人""风景不殊,正自有河山之异"的"新亭"之叹。"臭味要须我辈人",实是同志的勉励,因为"臭味"即气味,气味之相同即志向、情趣的相投,说明即便遭受打击、贬谪仍不会改变初衷。"雨后飞花知底数"是问句,化用杜甫《曲江》的"一片花飞减却春,风飘万点正愁人",呼应"惜余春"之意,还让人想起南宋政权的前景。结句"醉来赢取自由身"是对胡铨的安慰,因为他已被编管,失去自由,只有在喝醉了酒的时候还能忘却现实,而这样的安慰也足见沉痛。

南宋初年,因宋高宗与秦桧等人推行对金求和的政策,岳飞被冤死,李纲、胡铨等主战派遭受打击。张元幹不怕牵连,作词相送,此词又继表安慰、鼓励,不仅可使我们间接看到当时的政治、社会状况,了解有志抗敌者压抑的心境,而且在似乎是消极的《将进酒》诗、《惜余春》赋的后面,又让我们感受到了志士终未失却骨子里的认真。近千年之后,词人对"民族脊梁"的关怀、同情,仍感动着我们。

十三　长恨此身非我有,何时忘却营营
——从庄子思想中寻找解脱之方

古代士人多恪守儒家教导,以"达则兼济天下,穷则独善其身"为立身行事的信条,但是,儒家代表的主要还是"入世"观,当遭受挫折和不幸时,还常要依靠道家思想来寻求解脱,以求"出世",所以有学者称之为"儒道互补"。宋代大文豪苏东坡大概算得上是最善于"儒道互补"的人物。苏东坡青年时"奋励有当世志",他二十一岁中进士,在二十六岁参加制科考试时,曾针对"长患无材、长患无兵、长患无吏"的现实,提出了有针对性的方针,以求改革弊政。但后来因对王安石变法持有异议,卷入党争,他的一生就充满了坎坷,也从初时的只信奉儒家思想,排斥道、佛,转变为兼取而杂糅之。

苏轼在宋神宗元丰三年(1080年)遭“乌台诗案”,被贬谪黄州(今湖北黄冈),到彼处后,不但在政治上深感压抑,生活上也非常困难,他常到安国寺焚香默坐,自我省察,力求一念清净,还倾心于道家的养生术,在天庆观养炼。通过对佛道思想的汲取,化消极为积极,他在现实中努力消解矛盾,求得心理上的平静。

苏轼初到黄州时,住在城南靠近长江边上的临皋亭,后来开垦出“东坡”,种了庄稼、树木,自号为“东坡居士”,又在此处建了雪堂。元丰五年九月,苏轼在雪堂喝酒,醉后返回临皋,并写了一首词《临江仙》:

> 夜饮东坡醒复醉,归来仿佛三更。家童鼻息已雷鸣。敲门都不应,倚杖听江声。　长恨此身非我有,何时忘却营营?夜阑风静縠纹平。小舟从此逝,江海寄余生。

据叶梦得《避暑录话》记载,苏轼在作了这首词后,传说他“挂冠服江边,拏舟长啸去矣”,消息传到郡守那里时,郡守大为惊恐,“以为州失罪人”,赶紧到苏轼的居处,却只闻他鼾声如雷,竟然还没有醒过来。

此词上片写了喝酒和回家的过程,浅显易懂,不必详说。“醒复醉”三字,将东坡恣纵自适的情态作了生动的刻画,而“仿佛三更”则似还带着醉意,“敲门都不应,倚杖听江声”两句,所展示的是一个“无可无不可”、坦然面对现实的人物形象。到了家,却回不了,在别人将会多么恼火,可苏轼竟然悠闲地拄着拐杖倾听江流的水声。这样,就为下片打下自我解脱的基础。换头突然冒出“长恨此身非我有”的感慨,接着似是自我告诫:不要对世事过于执著,何时才能忘记不绝的忙碌呢!这感慨与自警似与前面不相干,其实这正是在夜深人静时,自己有家却进不了门,在静听江声时得到的启发:鼾声如雷的家童听不见自己的敲门声,主人竟然主宰不了这个家,难道这不是类同于“我”的不能决定“此身”吗?如果能忘却营营,不去为追求什么而忙碌不已,也就像对于回家不那么在意一样,在天地之间,倾听江涛水声,就会在精神上得到解脱,得到了自由。《庄子·知北游》说:“汝身非汝有也。”其本意是说人的生命、身体是天地所造就,并非人所自有。《庄子·庚桑楚》又说:“全汝形,抱汝生,无使汝思虑营营。”是说应当健全人的形体,关爱人的生命,不要让自己百般思虑,千般周旋,而使生机受损。当想通了这一切,就能以审美的态度对待人生,静观万物,看到的是“夜阑风静縠纹平”的美好景色。在被自然美景所陶醉时,不由得生出了一个念头:何不就驾着一叶小舟,任意而行,在江海中去度过余生呢!

尽管苏轼只是发一时之感,并没有真的驾起一叶小舟消失于江海,而是倒头大睡,只让郡守虚惊一场,但这首词却给人以不少启发。人世很少是一生坦途,人生很少是一帆风顺的,所以只有看穿忧患,善作自我解脱,才能不会因逆境而使身心受损。苏轼虽然少年得志,文名远播,仕途开始时也算顺当,但因在变法上的意见分歧,导致自请外任,继而遭乌台诗案被贬黄州,以戴罪之身而感受人情冷暖,备尝人世艰辛。他从庄子的思想中求取解脱之道，与他早年所主张者相左，却是随人生境遇的变化而变化，对他来说，也是成功的。后来，他经历了一再被贬，从偏僻之地的岭南，再到瘴蛮之地的海南，却并未消沉，而依然乐观，应该说，庄子的思想是真正起了作用的。

苏东坡逝去多年了，但他的词依然还有生命力。在今天，社会生活中充满竞争，人们如过多地纠缠在得与失、忧与乐中，可能就会害本伤生，若能真的学会“长恨此身非我有，何时忘却营营”，心灵就会少几分躁动，多一些宁静。

十四　世路如今已惯，此心到处悠然
——看穿名利才能看穿忧患

人生在世，有一样很难挣脱的羁绊，那就是名利。东汉的高士严光，谢绝了汉光武帝的挽留，不愿在京城为官，回到富春江钓鱼，应该说是很了不起的了，所以赢得了“云台争似钓台高”的赞叹——那些画像留在云台上的汉代功臣，还没有在钓台上钓鱼的严光那样高尚。即便如此，宋代竟然还有人写诗讥刺他：“一著羊裘便有心，虚名留得到如今。当时若著蓑衣去，烟水茫茫何处寻。”因为在作诗者看来，严光的所为，尽管不是求利，却仍有求名之嫌。

俗话说，“人生识字忧患始”，如果在儿童时代，只要有饭吃，有衣穿，就没有忧患，“人之大患，在我有身”，应是读书识字、渐知世事后的认识。有忧患，是缘于“有身”，因为“有身”就有“欲”，有欲就有不足。人们常说“知足者常乐”，是因为“欲”少、故能知足；但也因为不知足，才使人有为之奋斗的动力。所以，逐利求名也就成了很自然的事情。老子、庄子等道家人物，愤于人世间的纷纷扰扰，希望回到物质生活极其贫乏的原始社会；孔子则认为“不患寡而患不均，不患贫而患不安”，对热衷于聚敛财富的弟子，他极不以为然，号召其他学生“鸣鼓而攻之”。大概与接受古代哲人的教导有关，中国人似乎更重视“义”而不是“利”，这样也就影响了竞争性，使长期以来社会发展非常缓慢。即便求名，也是要求得正直、清贫等好名声，都懂得“不义而富且贵，于我如浮云”。

这似乎是无法回避的二律背反！物质的进步要付出精神的代价？生活的提高意味道德的沉沦？当然，这是绝对化看法。我们不想介入这一问题的讨论。还是回到前面所说的忧患与名利的关系上来。人之所以有名利之心，是因为名利有精神和物质的双重意义，既给予了精神愉悦、满足，又带来了物质需要、享受。但是，俗话说，“人怕出名猪怕壮”，猪壮了，要被杀，而人做了大官，出了大名，固能得到很多，但也免不了“事修而谤兴，德高而毁来”（韩愈《原毁》），甚至是刀锯有加，黜陟有闻（韩愈《送李愿归盘谷序》有“刀锯不加”、“黜陟不闻”语，此处反用之）。所以，古代隐士自有其隐居的理由。

忧患与名利好像相伴而难分，这又是一个悖论！要解决矛盾，似乎在于将两者都看穿。张孝祥有一首《西江月·题溧阳三塔寺》写得好：

问讯湖边春色，重来又是三年。东风吹我过湖船，杨柳丝丝拂面。　世路如今已惯，此心到处悠然。寒光亭下水连天，飞起沙鸥一片。

张孝祥有志于抗敌救国的大业，他的名篇《六州歌头》感慨“时易失，心徒壮，岁将零”，大有抗金大事时不我待之意，“闻道中原遗老，常南望、翠葆霓旌。使行人到此，忠愤气填膺，有泪如倾”。更表现出沦陷区人民的痛苦与期待。但他自仕宦以来，因支持主战派，建议广开才路，固本培元，虽得高宗嘉许，却因朝中主和派掌权，被一再论罢。他写过《念奴娇·过洞庭》，有“应念岭表经年，孤光自照，肝胆皆冰雪”等句，在表现自己高洁情怀的同时，又不无“孤愤”之意。而这首《西江月》上片写三年后重来旧地，看到的是一片平静的景色，也反映出他心中的平静、坦然。尤其是下片，以富有哲理的语言表现自己的心态：“世路如今已惯”六字，尽管其后面包含着悲辛、幽愤，但“已惯”一出，遂将不平、失落都轻轻扫灭了，在无奈中得到感悟，也就能超然于世务之外，以悠然自得的态度，以静观的审美情趣，来面对大自然。即使是三塔寺这样“三塔虽在，四壁常空”的地方，在他看来，也有美丽的景色，“寒光亭下水连天，飞起沙鸥一片”。

我们可以不必计较张孝祥此词所写的具体事物，甚至也不必了解他的真实情怀，大自然可以淘洗人的灵魂，升华人的精神，但首先必须是人要有对世事的距离（当然不是逃避现实），在“进”而不得的情况下，不妨“退”而自宽。我们可以不去深究作者的人格和功业，只是能从他的这首词中认识到：看穿名利才能看穿忧患。这也许就是“世路如今已惯，此心到处悠然”给我们的启发。

十五　浮云出处元无定，得似浮云也自由
——一场人与浮云的对话

人与人之间常有很大的不同。有的人可以饱食终日，无所事事，却并不觉得无聊；而有的人却觉得时间很不够用，因为有很多的事情在等着他去做。像前面的那种人，根本就不想从事什么工作，更何况承担什么社会责任，他们只希望能躺在前人所创造的功劳、成果上获取享受就行了。而后面的那种人，却有强烈的工作欲望和社会责任感，总想着要开拓、进取，要创造业绩。前面那种人，只习惯于闲逸，而后面那种人，却只习惯于工作，一旦二者互换，发生情性与习惯的“错位”，恐怕都会感到痛苦。现代如此，古代也如此，我们不妨看看古人。宋代有名的词人中，且不说前者，如果一说后者，马上就能令人想到辛弃疾。当然，辛弃疾并不只是习惯不习惯闲逸生活的问题，因为他特殊的出身和经历，使他自幼便具有强烈的爱国主义精神，一直怀着“要补天西北”的强烈愿望，夙愿未偿已很痛苦，更何况无过而遭免官，被迫闲退于山林！

辛弃疾青年时代参加抗金起义军，又“决策南向”，奉表归宋，干过一番轰轰烈烈的大事，后来虽未得到最高统治者的重用，毕竟在地方官任上也作出了很多成绩，他是极想有所作为的，一旦中年赋闲，心中的委屈且不说，习惯于干事业的人，岂能够说闲就闲得下来？他在刚刚被迫闲退带湖时，似乎还为闲逸而高兴过。《水调歌头·盟鸥》

写道："带湖吾甚爱，千丈翠奁开。先生杖屦无事，一日走千回。凡我同盟鸥鹭，今日既盟之后，来往莫相猜。白鹤在何处，尝试与偕来。　破青萍，排翠藻，立苍苔。窥鱼笑汝痴计，不解举吾杯。废沼荒丘畴昔，明月清风此夜，人世几欢哀。东岸绿荫少，杨柳更须栽。"但是，辛弃疾毕竟不是陶渊明，陶渊明生活在"真风告逝，大伪斯兴"的时代，"乱也看惯了，篡也看惯了"，是看穿一切，才隐居躬耕的。而辛弃疾是极想有为，却被迫退隐，英雄失路，志士扼腕，心里能够消释躁动，归于平淡吗？所以我们看到的，无论是前一次闲退带湖，还是后一次隐居瓢泉，都可见他虽努力以庄子和陶渊明为榜样，却更多屈原的情愫，是难平心中激奋，只如清人周济所说，是"敛雄心，抗高调，变温婉，成悲凉"而已。

辛弃疾在闲退时所作的词中，既有表现闲情逸致的"醉倒东风眠永昼，觉来小院重携手"(《蝶恋花》)，"并竹寻泉，和云种树，唤做真闲客"(《念奴娇》)；却更有沉重心情的流露："而今识尽愁滋味，欲说还休"(《丑奴儿》)，"今古恨，几千般，只应离合是悲欢？江头未是风波恶，别有人间行路难"(《鹧鸪天·送人》)。他的一首作年莫考的《鹧鸪天》也应是闲退时所作，在表现哲理的同时，更可看出其中欲化解心中无奈的努力：

> 欲上高楼去避愁，愁还随我上高楼。经行几处江山改，多少亲朋尽白头。
>
> 休归去，去归休。不成人总要封侯？浮云出处元无定，得似浮云也自由。

在《丑奴儿·书博山道中壁》中，辛弃疾也写到了登楼之举："少年不识愁滋味，爱上层楼。爱上层楼，为赋新词强说愁。"那是少不更事的时代，爱登楼是为了写新词而硬说愁，实际上并没有真的忧愁。至于现在，却是"欲上高楼去避愁"，愁不能避，竟然跟着人上到高楼来了。令人感慨的是，所经行之处，江山改貌，且又有多少亲人、朋友都头发白了。这样看来，前面的愁和后面的亲朋白头是紧密相关的，因为亲朋既然白头，自己又何尝不是呢？这就是"时易失，心徒壮，岁将零"(张孝祥《六州歌头》)的感慨啊！下片的"休归去，去归休"，两句相倒，似乎是文字游戏，实际上对于自己来说应是具有告诫的意义："休归去"是自己原有的愿望，而"去归休"是要自己坦然地面对现实。为什么呢？因为人可以进，也可以退，难道都要建功立业，封侯拜相，才算达到人生目的？岂不想想，天上的浮云，其之出、本也无定，其之入、当然也是如此。浮云既然这样，人又为何不能如此？还是像浮云一样吧，无心而出岫，知倦而飞还，又有什么不好呢！人最要紧的还是要得到自由，如同浮云那样在天空飘来飘去，不就是得到自由了吗？

在这场人与浮云的"对话"、"交流"中，辛弃疾似乎是受到大自然的启发，战胜了自我，得到了心理上的平衡。但是，既然词的上片明言"欲上高楼去避愁"，且愁绪随行，上高楼而不去，又有江山改貌、亲朋白头的感慨，难道只因见浮云就得到启发，为自己脱离官场，得自由之身而感到欣慰吗？恐怕未必。如果说少年是"强说愁"，那么现在就是"强解愁"，终未能真的消释愁绪。纵然如此，也可见大词人的胸襟毕竟不同于小儿女的情怀，因为这终究是豪杰的吐属。

雅 趣

一 诗酒趁年华
——说说宋人的生活雅趣

人们常将唐宋两代并称，似乎唐风宋韵有颇多相似性，其实，随着近年来的研究，已能逐渐体会到“唐型文化”与“宋型文化”的诸多区别。相对说来，唐代国力强盛，有足够的民族自信心去主动迎接、融汇外来文化，所以唐型文化受外来影响较大，显得外向、开放、活跃，在生活情趣和艺术风味上更追求热烈、雄壮和动感。宋代立国后，一直受到北方少数民族政权的军事压力，尽管经济发达，却在对外关系上持续扮演受辱的角色，以至于北宋亡于金，南宋亡于元，所以宋型文化的民族本位意识较强，显得内向、封闭、沉稳，在生活情趣和艺术风味上更追求舒缓、纤柔和沉静。如果说，李白豪放飘逸的诗、张旭如风雨雷电的狂草、吴道子大气磅礴的人物画、“声振百里”的《秦王破阵乐》、雄强壮伟的昭陵八骏、粗犷有力的乾陵石狮等，可以作为唐代文艺的代表；那么，追求“光风霁月”之境的理学，深沉瘦硬的诗，婉约阴柔的词，“端庄杂流丽，刚健含婀娜”的书法，马远、夏圭“一角”、“半边”的山水画，朴素淡雅的青瓷等，就可以作为宋代文艺的代表。如果说，唐代文人的生活与诗情见之于从军出塞、学道游仙、寻幽探胜、经行万里、纵酒放歌之中，那么宋代文人却远无唐人的豪情与狂放，政事与文事之外，他们更多的是追求生活的雅趣。

宋人的生活雅趣主要体现在什么地方呢？著名的“西园雅集”可以见之一二。北宋大书画家米芾的《西园雅集图记》是对于李公麟所作《西园雅集图》的一篇说明性文字，文中对参加“雅集”的人物及活动作了很详尽的记录：“……人物秀发，各肖其形，自有林下风味，无一点尘埃气，不为凡笔也。其乌帽黄道服、捉笔而书者，为东坡先生。仙桃巾紫裘而观者，为王晋卿。幅巾青衣、据方几而凝伫者，为丹阳蔡天启。捉椅而观者，为李端叔。后有女奴云鬟翠饰侍立，自然富贵风韵，乃晋卿之家姬也。孤松盘郁，上有凌霄缠络，红绿相间；下有大石案，陈设古器瑶琴，芭蕉围绕。坐于石盘旁，道帽紫衣，右手倚石，左手执卷而观者，为苏子由。团巾茧衣，手执蕉箑而熟视者，为黄鲁直……前有髯头顽童捧古砚而立，后有锦石桥，竹径缭绕于清溪深处……水石潺湲，风竹相吞，炉烟方袅，草木自馨，人间清旷之乐，无过于此。”参加过西园雅集的词人秦观在其《望海潮》中曾有“西园夜饮鸣笳。有华灯碍月、飞盖妨花”的美句美境，可见他对于这段充满雅趣的生活的追怀之情。在私家园林的清幽环境中，苍头翠鬟相绕，炉烟古琴相伴，文人们作文写诗、谈禅论道、评书赏画、品酒啜茗……这种生活确实是唐人所未见或少见的。

如果说西园雅集是追求室外的园中雅趣，南宋赵希鹄《洞天清禄集》则表现了对文人书斋清玩雅趣的欣赏："明窗净几，罗列布置，篆香居中，佳客玉立相映，时取古人妙迹，以观鸟篆蜗书、奇峰远水。摩挲钟鼎，如亲见商周。端砚涌岩泉，焦桐鸣玉佩，不知身居人世，所谓受用清福，孰有逾于此乎！"收藏金石古物，赏玩奇花异石，成为不少文人之所好，乐此不疲，可谓"雅玩"成风。其中如对于金石一项，李清照《金石录后序》曾道及当年与夫君赵明诚共同"雅玩"的美好情趣："得书、画、彝、鼎，亦摩玩舒卷，指摘疵病，夜尽一烛为率……每饭罢，坐归来堂烹茶，指堆积书史，言某事在某书某卷第几叶第几行，以中否角胜负，为饮茶先后。中即举杯大笑，至茶倾覆杯中，反不得饮而起。"夫妻之间并不只是缠缠绵绵，而是充满了文人士大夫的雅趣。

我们不妨借用苏轼《望江南·超然台作》词的结句，作为宋代文人生活雅趣的概括。词云：

春未老，风细柳斜斜。试上超然台上望，半壕春水一城花。烟雨暗千家。 寒食后，酒醒却咨嗟。休对故人思故国，且将新火试新茶。诗酒趁年华。

此词是苏轼在密州（今山东诸城）时所作，作者因清明前后登上超然台，对着满城风雨，撩起乡愁，写成此词。我们可以不管词中所表达的主要意思是什么，如果摘字相连，柳、花、诗、酒、茶等，差可与后人所写打油诗相对照，看到雅俗情趣的不同。诗云："书画琴棋诗酒花，当年件件不离它。如今七事都变更，柴米盐油酱醋茶。"宋代文人的生活相对说来比较优裕，尤其是一旦成为了高官，根本就不用为衣食之事发愁，小老百姓的"开门七件事"不须他们烦心，所以尽管可以在"书画琴棋诗酒花"上用心思。即使像南宋时著名的雅士姜夔，一生依人为食，虽家无立锥之地，却照样可以做到"图书翰墨之藏，汗牛充栋"，不失其"晋宋间人"的风貌。

的确，宋代文人很懂得"诗酒趁年华"的生活雅趣，他们的人生堪称诗意的人生。

二 碧云笼碾玉成尘。留晓梦，惊破一瓯春
——说说宋人的茶趣

上面说到"书画琴棋诗酒花"与"柴米油盐酱醋茶"的雅俗对照，其实，后来"开门七件事"中的茶，在宋代却属于雅事之列。

茶是中国的"国饮"，尽管我国的茶文化不如酒文化那样历史悠久，但种茶、饮茶之习并非晚出，最早的且不说，仅《三国志·吴·韦曜传》已有"或密赐茶荈以当酒"一语，似乎可见茶已有与酒争雄之势。虽旧本中"茶"字还是作"荼"字，直到唐朝"荼"才省作"茶"，但茶的地位已初步可见。唐朝盛行种茶、饮茶，从7世纪以来，南北各地、上下人士都热衷于茶。于是就有"茶圣"陆羽写成《茶经》三卷，对产、采、烹、饮等诸般茶事作了全面记载。从唐德宗开始实行茶法以征税，可见对茶的经济价值的重视。不过，

我国茶文化的发展主要还是在宋代。

茶之称为"文化",不仅是饮用的实用价值,而与文人的参与其事关系极大。李白与杜甫都有咏茶诗,中唐以后,此类诗歌大量出现,其中如皮日休与陆龟蒙唱和,各有咏茶具诗十首。宋代茶业兴盛,茶的制作与相关的饮茶、茶具等,都较唐代进了一大步,文人墨客入茶事于诗歌成了一种普遍风气,其中如苏轼、黄庭坚,所作非常著名,南宋时,陆游的咏茶诗更有几百首之多。苏、黄等人还将茶事写入词中,比起诗来,别有一种情趣与风韵。试看:

龙焙今年绝品,谷帘自古珍泉。雪芽双井赛神仙,苗裔来从北苑。汤发雪腴酽白,盏浮花乳清圆。人间谁敢更争妍?斗取红窗粉面。

——苏轼《西江月》

绮席才终,欢意犹浓。酒阑时高兴无穷。共夸君赐,初拆臣封。看分香饼,黄金缕,密云龙。 斗赢一水,功敌千钟。觉凉生两腋清风。暂留红袖,少却纱笼。放笙歌散,庭馆静,略从容。

——苏轼《行香子》

北苑春风,方圭圆璧,万里名动京关。粉身碎骨,功合上凌烟。尊俎风流战胜,降春睡、开拓愁边。纤纤捧,研膏溅乳,金缕鹧鸪斑。 相如虽病渴,一觞一咏,宾有群贤。为扶起灯前,醉玉颓山。搜搅胸中万卷,还倾动、三峡词源。归来晚,文君未寝,相对小窗前。

——黄庭坚《满庭芳》

词中言茶趣、说茶事,加上使事用典,有着不同于诗的特别风味。

但是,若就茶写茶还未免有逞才使学之嫌,而未见真正的生活雅趣,比较而言,将茶事与他事写在一起,倒是更见其为雅。如李清照的《小重山》:

春到长门春草青。江梅些子破,未开匀。碧云笼碾玉成尘。留晓梦,惊破一瓯春。 花影压重门。疏帘铺淡月,好黄昏。二年三度负东君。归来也,著意过今春。

此词写早年时在汴京时的生活。开头一句借用薛昭蕴《小重山》词成句,不是写汉武帝时陈皇后的宫怨,而与下面两句合在一起,以写春天的到来。严冬过去,青草已青,小梅着花,却未开匀,正是初春的景象。"碧云笼碾"三句写饮茶:从茶笼(储茶之具)中取出像青碧云彩一般的茶饼,用茶碾碾碎,煮成茶汤,待晓梦初醒之时,取茶而饮,可以醒脑,将梦境驱除。唐人郑谷有诗句云"顾渚(按,地名,宋时在浙江长兴县,产名茶,以充贡品)一瓯春有味",李清照取此而用之。下片并不是接着写白天的大好春光,而将笔触伸到了黄昏时候,此时的作者不是后期的国破、夫死、家亡,怕黄昏、怨黄昏,而是赞美黄昏时"花影压重门"和"疏帘铺淡月"的朦胧美景。最后说自己竟然会在两年之中有三度辜负了大好的春光，这是多么的可惜！正因为有此遗憾，所以这次归来，就一定要好好地享受美丽的春天，“著意”二字，表明了自己的决心。

李清照是一位女性词人，但她却具有文人士大夫的情趣，作诗填词固然是其所长，读书论文、赏玩金石、饮酒看花也是她的重要生活内容。此词赏早春的草青梅破，赞黄昏的重门花影、疏帘淡月，再加之以“碧云笼碾玉成尘。留晓梦，惊破一瓯春”的品茶啜茗，就使这种闲适的生活更增添了几分雅趣。

三 枕上诗书闲处好，门前风景雨来佳
——宋人读书赏景的雅趣

宋人重雅趣，其中最主要的恐怕就是读书了。

由于五代十国的战乱，文化遭到了很大的破坏，宋初，作为首都的开封，朝廷的昭文、集贤、史馆这三馆藏书只有一两万卷，只用几个柜子就可以装下了。随着军事征服的推进，各地的图书逐渐汇聚到了开封，为首都的图书建设奠定了规模。除了通过军事征服来缴获书籍以外，政府还经常开展图书的购募活动，使得馆藏逾益丰富。到宋真宗时，藏书已非常可观。开封不仅是京城，也是贵族百官与文人学者的聚集地，私人的藏书也很多，不少人多达万卷以上。神宗时，居住在开封春明坊的宋敏求，藏书有三万卷，王安石在嘉祐年间任职于京师时，曾赁房于春明坊，与宋敏求为邻，从宋家借阅唐人诗集，选编成《百家诗选》。北宋前期，由于宋初统一之时将南方各地的藏书搜罗到开封，所以南方藏书较少，仁宗景祐年间，欧阳修被贬官到夷陵，无书可看，只有靠阅读旧档案度时光。到北宋中期，南方的图书事业开始兴盛，南宋时，更超过了北宋时期的北方地区。图书事业之盛，除了统治者的努力搜求以外，还与图书的出版、印刷业发达有关。宋代的印书业以杭州为最，开封的印版不下于杭州，但纸质差些，此外，四川、福建的印书业也很发达。国子监既是朝廷的教育管理机构和国家最高学府，又是出版管理机构和国家出版社，有的其他中央部门也有专业性的出版机构，它们行使着管理兼商业职能，使得出版、印书业获得很大的发展。从技术的角度言，宋代雕版印刷非常盛行，在此基础上，毕昇又发明了活字印刷术，大大提高了印刷速度。由于各方面的努力和积累，尽管遭受了“靖康之变”的巨大破坏，图书业在经历了由衰而盛之后，到南宋中后期，又达到了鼎盛。宋室初渡时，杭州几无图书可言，到后来，宫廷藏书且不说，私人藏书也极为可观。由宋入元的学者兼词人周密曾说，他的家乡湖州，藏书家甚多，多者有十万卷，次者也有数万卷。

与过去任何一个朝代相比，宋朝文人的读书条件要优越得多，又由于宋代统治者的重文轻武，更促使文人认真读书。在这样的历史、文化背景之下，即使没有功利性目的，读书也会成为一种社会风气，成为文人的生活雅趣。男子自不必说，因为不读书决不可能踏上仕途，在社会上无法安身立命，连贵族女子也喜读书。

从求学的角度讲，宋人的读书途径主要有两条，一是就读于官学，二是从学于私

学。官学如太学,可不说。私学之在宋代,是指书院。宋仁宗时,学者胡瑗在苏州、湖州等地办学,传授学问以外,又以人格、品行教人,后来的许多著名理学家都在书院授学。书院教育其实起源于魏晋以来的山林讲学传统,在唐朝得到了延续,宋代更为之发扬光大。古时的山林讲学,多选择风景清幽之地,唐朝的寺院又为士人的学习提供了方便,寺院除了建在通都大邑以外,又多在名山秀水,继承这一传统,宋代的书院也多在风景名胜之地。这样一来,读书与赏景就成了相辅相成的事。自古以来,文人就向往读书、求学与游历天下相结合的生活,以得"江山之助"为尚,书籍与风景间好像结下了不解之缘,宋人在这点上也有发扬。既然如此,即使是消遣性的读书,似乎也与欣赏风景密切相关,使读书与赏景结合成生活中的一种雅趣。男性词人如此,女性词人也如此。试看李清照的《摊破浣溪沙》:

病起萧萧两鬓华,卧看残月上窗纱。豆蔻连梢煎熟水,莫分茶。　枕上诗书闲处好,门前风景雨来佳。终日向人多蕴藉,木犀花。

此词是李清照在晚年流寓于越中时所作。此时,作者早已经历了夫死家破、流离南迁之苦,已没有当年的诸多情趣,但是,她依然没有失去对生活中雅趣的感受。词中先讲自己在病起之后的变化,镜中最使人触目的是两鬓萧萧,头发花白。病后体衰,怕也是卧多坐少,躺在床上,一时难以成眠,看着残月渐渐地爬上了窗纱。《事林广记》说,将白豆蔻的壳拣净后,放入开水瓶中,泡一阵子,就可饮用。因豆蔻性温去寒,与茶的凉性相反,作者病后不宜饮茶,故云"豆蔻连梢煎熟水,莫分茶"。纵然在病后,作者还是以读书作为休闲之举,体弱不宜远行,只好看看书,再看看门前风景,此时深感读书以闲逸时为好,风景以有雨时更佳,而窗外的桂花,透出谈谈的香气,真像朋友一样给人以关怀。李清照此词是写一时一地的感受,但"枕上诗书闲处好,门前风景雨来佳"两句,却足以见出宋人的生活雅趣,故拈出以为题。

四　一松一竹真朋友,山鸟山花好弟兄
——官场上的失意在山居中得到补偿

现在有一句流行语:商场即战场。此话之所以流行,同市场经济的发展大有关系,为了要抢占商机,争得市场,决策当然重要,运作也不可忽视。但是,在商场这个战场上搏斗的,不可能都是胜利者,许多人会败下阵来,甚至于被杀得片甲不留。而古代的官场,也与战场有几分相似,不少人在其中翻滚浮沉,荣辱变换。元朝人对此看得最透,查德卿的散曲《仙吕·寄生草》曾感叹"如今凌烟阁一层一个鬼门关,长安道一步一个连云栈",对仕途、官场的艰难、凶险说得很形象、很深刻。

宋朝自立国以来,就优待文人,这可能与赵匡胤自己因陈桥兵变、黄袍加身的经历有关。他以过来人的身份深知拥兵者的厉害,所以在当上皇帝后,就"杯酒释兵权",

让战场上的功臣们去享福，而不给他们掌握军权。但对于文官的待遇要相对优厚：朝廷广开科举，实行公平竞争，使不少出身贫寒者踏上仕途，而且实行台谏制，开启言路，还立下了不杀士大夫的“祖宗家法”。尽管如此，官场上也并不风平浪静，甚至还充满了忧患。

北宋时期，对从政的文人来说，遭受到的最大打击是党争。在新、旧党争中，一大批人受到伤害，大文豪苏轼被一贬再贬，最后被贬到海南，遇赦北归不久就病逝于常州。“苏门四学士”也受累于党争，黄庭坚、秦观等都一再被贬，后者更是客死南方。到南宋时期，也有过“庆元党禁”，但最主要还是对金政权主战或主和的斗争，从南渡之初开始，李纲、赵鼎等主战派就与高宗、秦桧进行过斗争，却以失败告终，岳飞以“莫须有”的罪名被杀害。到孝宗时期，大词人辛弃疾作为抗战派的主要代表，虽满怀壮志，却不能走上北伐的战场，只能将他的军事才能用到了镇压茶商军中，且两度被罢官，在江西上饶闲居达二十年之久。

辛弃疾在第一次被罢官闲居带湖时，有《鹧鸪天·博山寺作》一词：

> 不向长安路上行，却教山寺厌逢迎。味无味处求吾乐，才不才间过此生。
> 宁作我，岂其卿。人间走遍却归耕。一松一竹真朋友，山鸟山花好弟兄。

此词开头两句应题：我已闲居乡里，不再走向长安（代指临安）路了，却想不到会一次次地游览远离都城的博山寺，以至于让它都厌于对我逢迎。此时，令人要想起老庄的话头来，只有在《老子》所说的“为无为，事无事，味无味”中寻找乐趣，以庄子“处乎才与不才之间”为处世方法。《庄子·山木篇》载，庄子与他的弟子外出，见到山林中长得高大挺拔的树被伐，是因为用其材，而枝叶茂盛、主干不直的树却因其“不材”能得以天年；所寄宿的主人家将所养雁中的哑雁杀了做菜来招待客人，是因为哑雁不能叫。弟子就问庄子：“昨日山中之木以不材得其天年，今主人之雁以不材死，先生将何处？”庄子笑答：“周将处夫材与不材之间。”辛词换头表明不会改变自己的本性去迁就别人的人生态度（“宁作我”出《世说新语·品藻篇》：“桓公少与殷侯齐名，常有竞心。桓问殷：‘卿何如我？’殷云：‘我与我周旋久，宁作我。’”）和不愿因求名而巴结权贵，宁学躬耕者、不屈其志而得真名的精神。（“岂其卿”出汉人扬雄《法言·问神》卷第五：“或曰：‘君子病没世而无名，盍势诸名卿，可几也。’曰：‘君子德名为几，梁、齐、赵、楚之君，非不富且贵也，恶乎成名？谷口郑子真不屈其志而耕乎岩石之下，名震于京师。岂其卿，岂其卿。’”）因为此时作者被免职闲居乡里，所以下面很自然地承接“郑子真不屈其志而耕乎岩石之下”的潜在意思，道出了“人间走遍却归耕”一语。作者从南归以来，一直在地方官的任上转徙不停，此即“人间走遍”之意，而一个“却”字，实又流露出对当政者不能善待自己的不满。词的最后承接上面，又意思一转，表明自己在人世无君子可处的情况下，只好与松竹花鸟为友的无奈与自我开脱。（唐人元结《丐论》：“古人乡无君子，则与云山为友；里无君子，则与松竹为友；座无君子，则与琴酒为友。”）

辛弃疾在这首词中用了很多典故，曲折地表现了他当时的心绪与情趣。作为一位有出将入相之才、有抗战杀敌之志的英雄人物，在壮年就被迫闲退，心中的不平与愤懑是不难体会的。但就如何对待“出”与“处”而言，辛弃疾在无奈之中还是能够做到自我解脱的，我们可以撇开世无君子这一问题，作者移情于大自然，“一松一竹真朋友，山鸟山花好弟兄”，努力消解官场中的失意，在山居中与松竹花鸟为友，也会净化心灵，得到人生乐趣的补偿。

五 我见青山多妩媚，料青山见我应如是
——物移我情与移情于物

辛弃疾率抗金义军南归宋廷后，曾担任多处地方官，都很有政绩，但因他是坚决的抗战派，遭人猜忌，所以常有“孤危”之感。果不其然，四十二岁时他被劾免官，闲退于带湖，十年后重新起用，不久又被劾，闲居于铅山东期思渡的瓢泉新居，修建了园亭，取陶渊明《停云》诗名，命名其中一堂为“停云堂”。他曾写过一首《贺新郎》，词前的小序说自己有一天独坐停云亭时，感受到水声山色之美，遂仿陶渊明《停云》诗“思亲友”之意，写下了这首词。词云：

甚矣吾衰矣。怅平生、交游零落，只今余几！白发空垂三千丈，一笑人间万事。问何物能令公喜？我见青山多妩媚，料青山见我应如是。情与貌，略相似。 一尊搔首东窗里。想渊明《停云》诗就，此时风味。江左沉酣求名者，岂识浊醪妙理？回首叫、云飞风起。不恨古人吾不见，恨古人不见吾狂耳。知我者，二三子。

“甚矣吾衰矣”出《论语·述而》记孔子语：“甚矣吾衰也，久矣吾不复梦见周公。”孔子此语是感叹其道之不行，辛弃疾用此语作开头，是为自己的政治理想无法实现而感慨。因此时作者年近六旬，罢官后久居乡间，故交零落，所以有“只今余几”之叹。“白发三千丈”用李白《秋浦歌》，加一“空垂”，壮志成空之意可见，“一笑人间万事”，是无可奈何的笑，是故作乐观的笑。正因为这是“苦恼人的笑”，所以又自问“何物能令公喜”，此语出于《世说新语·宠礼》：“髯参军（指郗超，多胡须），短主簿（指王恂，身材矮小），能令公喜，能令公怒。”为自问而自答，向大自然的移情过渡。因为亲朋无多，故旧凋零，所以只能像李白一样，“相看两不厌，只有敬亭山”，怀着一种深深的寂寞感，对着青山抒情，看着山色而愈觉妩媚，且天真地料想，青山如有知觉，也应见我而觉妩媚的，词人之情，青山之貌，两下里是应有不少相似之处的。

上片写了词人的孤寂心态和在这种心态中对青山的联想，下片就陶渊明《停云》诗“思亲友”之旨、从“尚友”的角度写出他对时人的愤慨和自己的高洁情操。过片将陶《停云》诗中的“静寄东轩，春醪独抚。良朋悠邈，搔首延伫”化为“一尊搔首东窗里”，而“想渊明”二句，可见出词人对诗人独酌解闷时孤寂之情的理解。陶渊明有《饮酒》诗，

又屡言饮酒，但是，作为东晋高士，他的饮酒自有深意，那些以纵酒为清高的名士难道能够理解吗？东晋偏安于江左，现在南宋也偏安于江左，古今的“沉酣求名者”，其实都是醉生梦死，如出一辙，念至此，词人毕竟难以压抑自己心中的愤慨，回首高叫，引起了云飞风起。此时，他不由得想起“不恨我不见古人，所恨古人不见我”（《南史·张融传》）一语，加一“狂”字，凸现出一肚皮的不合时宜。孔子提倡“中行”，却认为中行是难以达到之境，故又倡以狂狷，“狂者进取，狷者有所不为也”，辛弃疾自谓为“狂”，正是“进取”被遏后心境、神态的生动写照。词的最后，陡然结之于叹息般的“知我者，二三子”，“二三子”虽出《论语·阳货》，在此却用得极其自然，而感慨知音之少，不但呼应了开头的“怅平生、交游零落，只今余几！”而且再次突出了主题与基调。

在这首词中，我们可以看到辛弃疾在被迫闲退时的无奈与不甘，感慨与愤懑，这里有一个伟大战士在那个特定历史时期的灵魂躁动，而所感的故交零落、知音者稀，是类似于屈原的“众人皆醉我独醒”，在阅读此词时，我们很难抑制对他那种“伟大的孤独感”的崇敬，英雄之词与才子之词有根本的不同，确实是钟磬不同音，呈现出特有的风貌。

在通观此词内容之后，我们还要将“我见青山多妩媚，料青山见我应如是”两句单独拈出，并谈谈其中之妙。之所以将这两句作为本篇题目，不仅因为是全词的“眼目”，立一篇之警策，在现代美学家的论著中，又成了“移情作用”兼“内摹仿”的实例，而且我们可以将它看成是作者在不得已的“闲适”生活中，“独与天地精神相往来”之体现。闲居无事对于一个习惯于轰轰烈烈生活的人来说，实在是非常的无聊，友朋、同道的凋零，更使人深感寂寞，倘能移情于外物，并领略其中蕴藏的美，是应该可以消释生活中的遗憾，提升自己的精神的。既然人与人之间缺少对话，就不妨与大自然“对话”，自然的美景能吸引人的关注，化解他的不良情绪，耸峙的青山更可以在净化灵魂的同时令人产生崇高感，而人若主动的向大自然移情，客体的青山似乎也会带上主体的感情，所以，两下里“相看”而互觉“妩媚”，并非“独语者”的“失语”或“醉话”，从中可见出不仅是雅趣的主体意识，这种对话既有“趣”又有“情”，是宋词中不可多得的笔墨。

节日

一 清光畔，年年常愿琼筵看
——美好的风物与节序

我国幅员辽阔，物产丰富，历史悠久，各民族间长期交往（也包括战争），互相影响，到宋代，已有丰厚的文化积累，有很好的人文、物质基础。由于我国主要的疆域在黄河、长江流域，寒来暑往，四季分明，在长期的农业生产实践中，先民们观察物候之变，总结出“节气”的划分。与之大体相应，又有一系列的节序活动，形成了丰富的民情民俗。宋朝虽然前后遭受北方几个民族的侵略，且北宋亡于金，南宋亡于元；但是，除了诸如“靖康事变”、完颜亮南侵及后来的元军攻陷襄樊、江南、临安等地的战争外，因为宋朝君主多对强邻采取俯首称臣、输银纳绢的政策，所以能换来较长时期的和平。因此，我们今天读宋词，既可以看到靖康以后一个阶段的“黍离之悲”和“恢复”无望、报国无门的郁闷，但更多的还是被传统称为“婉约派”的作品，爱情、闲情是其中大端；此外，节序活动、民情风俗也是重要内容。这一类的词提供了生动活泼的形象，既可以让后人了解当时的社会状况，又能给我们感受历史上丰富的人生。

北宋诗文革新的领袖欧阳修，曾以民间说唱艺术的形式写过一组鼓子词，这就是分咏十二个月风物的十二首《渔家傲》。且看其词：

正月斗杓初转势，金刀剪彩功夫异。称庆高堂欢幼稚。看柳意，偏从东面春风至。　　十四新蟾圆尚未，楼前乍看红灯试，冰散绿池泉细细。鱼欲戏，园林已是花天气。

注：斗杓句，指北斗星开始转向，即春天将临。　剪彩，指将彩绸、彩纸剪成“人胜”、“幡胜”等饰物。

二月春耕昌杏密，白花次第争先出。惟有海棠梨第一。深浅拂，天生红粉真无匹。　　画栋归来巢未失，双双款语怜飞乙。留客醉花迎晓日。金盏溢，却忧风雨飘零疾。

注：昌，通菖，即菖蒲。　飞乙，指燕子。乙，通鳦，即燕子。

三月清明天婉娩，晴川祓禊归来晚。况是踏青来处远。犹不倦，秋千别闭深庭院。　　更值牡丹开欲遍，酴醾压架清香散。花底一樽谁解劝。增眷恋，东风回晚无情绊。

注:祓禊,古代三月三日上巳节在水边祭祀并洗濯,以除不祥。后又代指春游。

四月园林春去后,深深密幄阴初茂。折得花枝犹在手。香满袖,叶间梅子青如豆。　　风雨时时添气候,成行新笋霜筠厚。题就送春诗几首。聊对酒,樱桃色照银盘溜。

注:添气候,指天气逐渐转暖。

五月榴花妖艳烘,绿杨带雨垂垂重。五色新丝缠角粽。金盘送,生绡画扇盘双凤。　　正是浴兰时节动,菖蒲酒美清樽共。叶里黄鹂时一弄。犹鬔松,等闲惊破纱窗梦。

注:角粽,即粽子。　浴兰,古俗在端午时用兰草汤沐浴。　松:非睡非醒的朦胧状态。

六月炎天时霎雨,行云涌出奇峰露。沼上嫩莲腰束素。风兼露,梁王宫阙无烦暑。　　畏日亭亭残蕙炷,傍帘乳燕双飞去。碧盘敲冰倾玉处。朝与暮,故人风快凉轻度。

注:梁王,指梁孝王,曾筑东苑,广三百余里,浓荫蔽日,为避暑胜地。此借指之。畏日,指夏日。　亭亭,悠长。

七月新秋风露早,渚莲尚折庭梧老。是处瓜华时节好。金樽倒,人间彩缕争祈巧。　　万叶敲声凉乍到,百虫啼晚烟如扫。箭漏初长天杳杳。人语悄,那堪夜雨催清晓。

注:祈巧,即乞巧。七夕夜,贵家多于庭院结彩楼,妇女拜织女星,以乞求智巧。

八月秋高风历乱,衰兰败芷红莲岸。皓月十分光正满。清光畔,年年常愿琼筵看。　　社近愁看归去燕,江天空阔云容漫。宋玉当时情不浅。成幽怨,乡关千里危肠断。

注:历乱,指风向乱而不定。　社,此指秋社,立秋后第五个戊日,古时在此日祭土地神。

九月霜秋秋已尽,烘林败叶红相映。唯有东篱黄菊盛。遗金粉,人家帘幕重阳近。　　晓日阴阴晴未定,授衣时节轻寒嫩。新雁一声风又劲。云欲凝,雁来应有吾乡信。

注:授衣时节,指农历九月。《诗·豳风·七月》:"九月授衣。"

十月小春梅蕊绽,红炉画阁新装遍。鸳帐美人贪睡暖。梳洗懒,玉壶一夜轻澌满。　楼上四垂帘不卷，天寒山色偏宜远。风急雁行吹字断。红日晚，江天雪意云撩乱。

注：玉壶，此指计时的漏壶。澌，流冰。

十一月新阳排寿宴，黄钟应管添宫线。猎猎寒威云不卷。风头转，时看雪霰吹人面。　南至迎长知漏箭，书云纪候冰生研。腊近探春春尚远。闲庭院，梅花落尽千千片。

注：排寿宴，宋代重冬至，多有祝寿、祭祀等安排。　黄钟，古代十二律中最洪亮的声调。　添宫线，冬至后，白天渐长，宫女们刺绣，要日添一线之功。　南至，即冬至。书云纪候，古代在春分、夏至、秋分、冬至登台望云气物候，记录所见天象，并与人间吉凶相对照，谓之书云。　研，通砚。

十二月严凝天地闭，莫嫌台榭无花卉。唯有酒能欺雪意。增豪气，直教耳热笙歌沸。　陇上雕鞍唯数骑，猎围半合新霜里。霜重鼓声寒不起。千人指，马前一雁寒空坠。

注：陇上，指原野。　霜重句，化用李贺《雁门太守行》“霜重鼓寒声不起”句意。

这十二首《渔家傲》可以统观一年四季的风物节序，我们且借来一用，以见宋代多彩的人生画卷。

二　春已归来，看美人头上，袅袅春幡
——春天带来的愉悦和悲伤

我国古代以黄河流域为中心，而作为农耕民族，又对天文、气象、历法尤为重视，所以先民们很早就有二十四节气的设定。二十四节气的第一个是立春，宋人关于立春的习俗，可见于周密《武林旧事》的记载：“前一日，临安府造大春牛，设之福宁殿庭。及驾临幸，内官皆用五色丝彩杖鞭牛。御药院例取牛睛以充眼药，余属直阁婆（号管人都行首）掌管。预造小春牛数十，饰彩幡雪柳，分送殿阁，巨珰各随以金银线彩段为酬。是日赐百官春幡胜，宰执亲王为金，余以金裹银及罗帛为之，系文思院造进，各垂于幞头之左入谢。后苑办造春盘供进，及分赐贵邸宰臣巨珰，翠缕红丝，金鸡玉燕，备极精巧，每盘直万钱。学士院撰进春帖子。帝后贵妃夫人诸阁，各有定式，绛罗金缕，华粲可观。临安府亦鞭春开宴，而邸第馈遗，则多效内廷焉。”如果说周密所说主要将目光集中于宫廷，那么高宗、孝宗时期的何耕却给我们提供了当时立春的民情风俗。何耕的《录二叟语》主要讲了“班春”一事。其主要意思是：因为“先王”重视农业，《吕氏春秋》及《礼记·月令》已有关于立春的记载，晋人司马彪的《续〈汉·礼仪志〉》有了更详细的说法。在立春那天，普天下的州县都要用泥土做成春牛，然后分裂牛体，用来祭神，这一仪式

称之为“班春”，即“打春”。成都是大都会，太守以下，以及掌管茶事和漕运官吏的治所，也在这里。立春前一天，管事的就将各种旗帜、锣鼓、杂戏演员、演滑稽的矮人，以及演出各种杂耍、技艺的人员组织、准备好，到时要迎接由儿童扮演的句芒神（古代传说的木神），还有土牛，再献给茗、漕两使者，最后再到太守的官署，把它们安置在准备“班春”的场所。立春那天的黎明，太守带领手下的官吏一起祭句芒神，环绕牛转三圈，边用鞭子鞭打土牛，完成这一仪式后，当官的退到一边去，就叫老百姓上去将牛体分成碎块，大家说笑、喊叫着，互相争夺，等到把土分光了才算了事。传说将春牛的土放在耕作和养蚕的工具上，就会蕃育出很多蚕茧，长出很好的庄稼。所以大家都争着要，连一小颗土块都舍不得丢。这一习俗已历来遵循，成了规矩。

立春是积淀着农业文明、祈求丰收的节日，有特殊的民俗习惯。在宋词中也有不少作品写到立春，其中还不乏名篇。如辛弃疾的《汉宫春·立春日》上片：

> 春已归来，看美人头上，袅袅春幡。无端风雨，未肯收尽余寒。年时燕子，料今宵、梦到西园。浑未办、黄柑荐酒，更传青韭堆盘？

此词是另有寄托之作，我们不准备对此作出分析，而想从立春的民情风俗角度来谈谈。词题写明立春，当然要扣紧这一时令。开头说，冬天过去了，春天已经归来，那么，从哪里可以看出春天的到来呢？花还没开，草还没绿，春天的气息在哪儿？作者将人们的视线引向美人的头上，因为那上头已有春幡在袅袅飘动了。据《岁时风土记》载：“立春之日，士大夫之家，剪裁为小幡，或悬于家人之头，或缀于花枝之下。”据说，小幡多为燕子形，插在头发上。春幡用“袅袅”两字形容，顿生妩媚之态。说是立春了，其实春天尚早，时而风，时而雨，老天爷就是不肯将余寒收尽。且不说二十四节气是根据黄河流域的气候特征而立，即使是长江流域，现在仍有民谚：“不吃端午粽，寒衣不敢送。吃了端午粽，还要冻三冻。”随之又想到，去年南飞的燕子，今天也该梦回西园了。立春日应该是要置办黄柑、青韭的，因为据《遵生八笺》载：“立春日作五辛盘，以黄柑酿酒，谓之洞庭春色。故苏（轼）诗云：‘辛盘堆青韭，腊酒是黄柑。’”但我还没有置办黄柑、青韭，是因为自己没有好心绪，下片就说出了个中的原因。因为与立春本身无涉，此处不作引录和分析了。

立春是每年的第一个节气，在二月四日前后，而由于阴历与公历的差异，会导致立春在新年前的现象。吴文英就写过一首兼过除夕与立春的《祝英台近·除夜立春》：

> 剪红情，裁绿意，花信上钗股。残日东风，不放岁华去。有人添烛西窗，不眠侵晓，笑声转、新年莺语。　旧尊俎。玉纤曾擘黄柑，柔香系幽素。归梦湖边，还迷镜中路。可怜千点吴霜，寒销不尽，又相对、落梅如雨。

剪红裁绿是制成红花绿叶，插在鬓发上，以应立春时令。春风吹上了钗股，好像绽开了满头花朵。下面再写除夕的守岁。换头又回忆昔日与佳人黄柑荐酒的迎春小宴,而与今天的客愁相对照。虽不对此词详作分析,仅从写及的立春看,就可感受到其中的温馨而倍增珍惜之意了。

三 箫鼓喧,人影参差,满路飘香麝
——人间灯彩与天上月色的交映

正月十五是元宵节,又称为上元、元夜、元夕,俗名灯节,不仅是今天为我国人民所重视,在古代同样如此,而且可以认为,现在之重元宵,应是古代的遗俗。只是当今过年时,在年初五"迎财神"的日子里,放鞭炮的热烈程度应是远远过于古代,这倒差不多可以算是对祖先的超越、发展。

《东京梦华录》卷六有关于元宵的记载:"正月十五元宵,大内前自岁前冬至后,开封府绞缚山棚,立木正对宣德楼,游人已集御街两廊下。奇术异能,歌舞百戏,鳞鳞相切,乐声嘈杂十余里……其余卖药、卖卦,沙书地谜,奇巧百端,日新耳目。至正月七日,人使朝辞出门,灯山上彩,金碧相射,锦绣交辉。面北悉以彩结,山沓上皆画神仙故事。或坊市卖药卖卦之人,横列三门,各有彩结金书大牌,中曰'都门道',左右曰'左右禁卫之门',上有大牌曰'宣和与民同乐'。彩山左右,以彩结文殊、普贤,跨狮子、白象,各于手指出水五道,其手摇动。用辘轳绞水上灯山尖高处,用木柜贮之,逐时放下,如瀑布状。又于左右门上,各以草把缚成戏龙之状,用青幕遮笼,草上密置灯烛数万盏,望之蜿蜒,如双龙飞走。自灯山至宣德门楼横大街,百余丈,用棘刺围绕,谓之'棘盆',内设两长竿,高数十丈,以缯彩结束,纸糊百戏人物,悬于竿上,风动宛若飞仙。内设乐棚,差衙前乐人作乐杂戏,并左右军百戏。"后来南宋的诸种笔记对临安的元宵节继续有所记载。

元宵节正当阴历十五,天上月亮正圆,地上灯光辉耀,两相交映,诸般游乐,各色表演,在皇城根下的老百姓,很懂得享受这一刻千金的美好时光,将自己的生活激情充分地发挥在这一天,所以我们经常可以看到宋词中关于元宵节的描写。如:"庆佳节、当三五。列华灯、千门万户。遍九陌、罗绮香风微度。十里然绛树。鳌山耸、喧天箫鼓。"(柳永《迎新春》)要说其中的名作,不得不说到周邦彦的《解语花·上元》和辛弃疾的《青玉案》。

先看前者:

风销绛蜡,露浥红莲,花市光相射。桂华流瓦。纤云散、耿耿素娥欲下。衣裳淡雅。看楚女、纤腰一把。箫鼓喧,人影参差,满路飘香麝。　因念都城放夜。望千门如昼,嬉笑游冶。钿车罗帕。相逢处,自有暗尘随马。年光是也。唯只见、旧情衰谢。清漏移,飞盖归来,从舞休歌罢。

此词上片所写的是元宵夜的景况，却并非只写热闹，而是显得非常幽雅。起头两句点出灯夜的主题，因为有风，所以红烛燃烧得快，而夜露将灯也打湿了。宋代的灯，最喜制作为莲式，所以常称为“芙蓉”、“红莲”等，如姜夔的《鹧鸪天·元夕有所梦》就有“谁教岁岁红莲夜，两地沉吟各自知”的句子。“花市光相射”一句，将花灯、市街、人流及种种光怪陆离的景象都概括其中。因是十五月圆时，故又用“桂华流瓦”指月光（传说月亮中有大桂树）从屋顶上溜过，几缕轻云散去，明亮的月儿好像要从天上下到人间，要同花灯相争。游人中最引人注目的是那些衣裳淡雅、身材苗条的女子。此时听到的是喧天的箫鼓声，看到的是灯光、月光照着的长长短短的人影，满街都飘着香气。从换头“因念都城放夜”可知，上片所写都是对过去都城元夕的回忆，“千门如昼，嬉笑游冶”将汴京元夜的盛况作了准确的概括。而钿车罗帕、暗尘随马，则可见当时青年男女利用这一年一次的机会，寻求交往的情况。此词在展现北宋汴京元夜风光的同时，也让我们看到了人生的情趣。

再看后者：

> 东风夜放花千树。更吹落，星如雨。宝马雕车香满路。凤箫声动，玉壶光转，一夜鱼龙舞。　蛾儿雪柳黄金缕，笑语盈盈暗香去。众里寻他千百度，蓦然回首，那人却在灯火阑珊处。

这首比前一首写得有动感。以火树状固定的灯，用星雨写流动的烟花，写宝马香车，箫鼓声声，玉壶光转，“鱼龙曼衍”等“百戏”。然后是人：游女们戴着闹蛾儿、雪柳、黄金缕，一个个“笑语盈盈”，而最终引出了对意中人的追寻。且不说作者在词中的寄托，其生花妙笔所画出来的场景，比之周邦彦则另有一种风貌。

四　览物兴怀，向来哀乐纷纷
——上巳日的情怀

农历三月上旬的巳日（曹魏以后定为三月三日），是一个很古老的节日。古人在这一天要到水边嬉游，以除不祥。《诗·郑风》有《溱洧》一诗，就是写三月上巳之辰，郑国的男女在溱、洧两条河边聚会的盛况。诗云（余冠英今译）：

溱与洧，方涣涣兮。	溱水长，洧水长，溱水洧水哗哗淌。
士与女，方秉兰兮。	小伙子，大姑娘，人人手里兰花香。
女曰“观乎？”	妹说：“去瞧热闹这么样？”
士曰“既且（徂）。”	哥说：“已经去一趟。”
“且往观乎。洧之外，洵訏且乐。”	“再去一趟也不妨。洧水边上，地方宽敞人儿喜洋洋。”

维士与女，伊其相谑，赠之以芍药。　女伴男来男伴女，你说我笑心花放，送你一把芍药最芬芳。

在这首诗中，洋溢着节日的气氛，是上古时代“仲春之日，令会男女，奔者不禁”风俗的具体体现，可见，“男女授受不亲”其实是后来的事。

到中古时代，上巳日已不同于《诗经》中所描写的情景，而文人在这一天于水边宴集，为诗文之会，成了一道新的风景。王羲之的《兰亭集序》就是写上巳日文人活动的著名作品，而这篇文章又因“书圣”的书写而更为出名。

与清明、寒食、端午、中秋、重阳等节日相比，宋词中似乎很少写到上巳，既然“物以稀为贵”，辛弃疾写上巳日的《新荷叶》就很值得注意。稼轩此词有一小序：“上巳日，子似谓古今无此词，索赋。”子似即吴绍古，字子似，曾任铅山县尉，辛弃疾居铅山时与其常有唱和。其实，上巳并非无此词，李清照就写过，只是没有直接写有关风俗而已。且看李清照的《蝶恋花·上巳召亲族》：

永夜恹恹欢意少，空梦长安，认取长安道。为报今年春色好，花光月影宜相照。　随意杯盘虽草草，酒美梅酸，恰称人怀抱。醉莫插花花莫笑，可怜春似人将老。

据认为此词写在建炎三年（1129年），时在建康（今南京），词中表达了在上巳日与亲族聚会时的感触。长夜安静无声，“欢意少”三字，将伤时和忧国的感情，以及个人的失落感略略点出。“空梦长安，认取长安道”，是以长安代汴京，表明了对汴京陷落于敌手的悲哀。心情既然不佳，对于外界的自然风光其实也无心观照，所以“为报今年春色好，花光月影宜相照”两句，并不能救转“欢意少”。“随意杯盘虽草草”句，是化用王安石《示长安君》的“草草杯盘供笑语，昏昏灯火话平生”，表明了自己对于节日的无心准备。“虽”字与下面的“酒美梅酸”相应，“酸”的“恰称人怀抱”，是此时此刻人与梅的一致，可见哪来的好心情？带着醉意，将花儿插在头上，花儿就不要笑我了，因为人已将老，插花已是不宜，而春天，也像人一样，快要衰老了。

再看辛弃疾的《新荷叶》：

曲水流觞，赏心乐事良辰。兰蕙光风，转头天气还新。明眸皓齿，看江头、有女如云。折花归去，绮罗陌上芳尘。　能几多春？试听啼鸟殷勤。览物兴怀，向来哀乐纷纷。且题醉墨，似兰亭、列序时人。后之览者，又将有感斯文。

显然，此词是对王羲之文的檃栝。首句见《兰亭集序》的“引以为流觞曲水”，次句出谢灵运《魏太子邺中集诗序》：“天下良辰、美景、赏心、乐事，四者难并。”此二句说上巳是三月的春日良辰，曲水流觞则是文人的赏心乐事。兰蕙开花，春光明媚，风和日丽，天气转新。江头有众多明眸皓齿的美女，正如《诗·郑风·出其东门》所说的“有女如云”。她们折了花枝归去，大路上绮罗飘飘，带起了一片芳尘。还能有几多春光呢？且不听啼鸟的叫声殷勤地告诉人们。面对诸多事物，心中感触油然而生，可谓哀乐纷呈。《兰亭集序》云：“向之所欣，俯仰之间，已成陈迹，犹不能不以之兴怀。”辛弃疾对此深有体会，故有“向来哀乐纷纷”之句。文中云：“故列叙时人，录其所述。”此词遂有“且题醉墨，似兰亭、列序时人”句。词的结句是用文中结句：“后之览者，又将有感于斯文。”

李清照与辛弃疾的上巳词都没有《溱洧》男女交往的原始性欢乐。李词感时伤事，辛词一如王羲之原文，有生死之慨。辛词虽是檃栝之作，不具原创意义，但从哲理性而言，却高于李词。天道无穷而人事倏忽，在永恒的大自然面前，人的认识和感情是很复杂的。正如《兰亭集序》所说，一方面是“天朗气清，惠风和畅，仰观宇宙之大，俯察品类之盛，所以游目骋怀，足以极视听之娱，信可乐也”。而另一方面，则是在欣于所遇、怏然自足后，终于认识到了“向之所欣，俯仰之间，已成陈迹”，人也“老之将至”，所以会有“死生亦大矣”之叹。稼轩为解人，岂无生死之悲？尤因此时被迫退隐林下，其建功立业之志与时岁不居的生命意识岂能不发生冲突？所以，当别的词人都以关注生活的热情去写其他的节令与相关的民俗活动时，他却写下了人谓“古今无此”的上巳词。

《新荷叶》主要不是节序活动的反映，却是人生哲理的感叹。如果说，《溱洧》是原始的爱情与生命的赞歌，那么，对生命意识的追寻与揭示，也是《新荷叶》的题旨。人类少年时期的狂欢节日已成过去，但是词人仍在借上巳日的题目，表明对人生与生命的理解。应该说，在这点上并没有背离上巳日原始的意义。

五 芳洲拾翠暮忘归，秀野踏青来不定
——清明寒食时节的游赏之乐

清明也是二十四节气之一，据《孝经纬》所说，“万物至此，皆洁齐清明”。此时，黄河中下游以南地区普遍气温升高，真正进入春天，草木萌芽生长，江南一带，桃红柳绿，景色宜人，不仅是重要的农事活动时期，而且是祭扫先人坟墓的日子，还是踏青游赏的好时节，所以历来为民间所重。古代的诗人墨客经常写到清明，其中最著名的恐怕是杜牧的七绝《清明》：“清明时节雨纷纷，路上行人欲断魂。借问酒家何处有，牧童遥指杏花村。”与清明相连的是寒食，一般说在清明前两天。寒食之作为节令，相传起于春秋时“五霸”之一的晋文公悼念介之推事：介之推有恩于晋文公，却不愿得到封赏，躲到了山上，晋文公派人劝他下山未果，就让人放火，想将他逼下山来，不料介之推竟然抱着树木被火烧死，晋文公非常难过，就将这一天定为禁火日，只能吃冷食，故称为寒食。唐人写寒食的诗当以韩翃的七绝《寒食》较为知名：“春城无处不飞花，寒食东风御柳斜。日暮汉宫传蜡烛，轻烟散入五侯家。”

宋人对于寒食、清明很重视。孟元老《东京梦华录》卷七有《清明节》一则:“清明节,寻常京师以冬至后一百五日为大。寒食前一日谓之‘炊熟’,用面造枣馅飞燕,柳条串之,插于门楣,谓之‘子推燕’。子女及笄者,多以是日上头。寒食第三节,即清明日矣。凡新坟皆用此日拜扫。都城人出郊。禁中前半月发宫人车马朝陵,宗室南班近亲,亦分遣诣诸陵坟享祀……四野如市,往往就芳树之下,或园囿之间,罗列杯盘,互相劝酬。都城之歌儿舞女,遍满园亭,抵暮而归。”宋室南渡后,寒食与清明的习俗改变不大。吴自牧《梦粱录》卷二也有关于这两者的记载:“清明交三月,节前两日谓之‘寒食’,京师人从冬至后数起至一百五日,便是此日,家家以柳条插于门上,名曰‘明眼’……寒食第三日,即清明节,每岁禁中命小内侍于阁门用榆木钻火,先进者赐金碗、绢三匹。宣赐臣僚巨烛,正所谓‘钻燧改火’者,即此时也……宴于郊者,则就名园芳圃,奇花异木之处;宴于湖者,则彩舟画舫,款款撑驾,随处行乐。此日又有龙舟可观,都人不论贫富,倾城而出,笙歌鼎沸,鼓吹喧天,虽东京金明池未必如此之佳。”

宋词中写到寒食清明的作品也不少,不妨分举北宋、南宋各一例。先看张先的《木兰花·乙卯吴兴寒食》:

> 龙头舴艋吴儿竞,笋柱秋千游女并。芳洲拾翠暮忘归,秀野踏青来不定。
> 行云去后遥山暝,已放笙歌池院静。中庭月色正清明,无数扬花过无影。

此词是张先晚年乡居时所作,乙卯是宋神宗熙宁八年(1075年),此时作者已是八十六岁高龄。词中所写的是吴兴(今浙江湖州)寒食日的游春。上片开头写赛龙舟之习,可从前面所引得到印证,然后写游女们在竹架子的秋千上双双打秋千。妇女们在水中小洲上采摘花草,兴致很浓,天晚了,竟然也忘了回家,人们在美丽的野地上踏青,来往不定。下片写自己家中庭院的月夜,因与节令习俗无关,故不论。

再看周密的《曲游春》上片:

> 禁苑东风外,飏暖丝晴絮,春思如织。燕约莺期,恼芳情、偏在翠深红隙。漠漠香尘隔。沸十里乱弦丛笛。看画船尽入西泠,闲却半湖春色。

词中所写是寒食、清明时节临安城西湖上画船游春的情况。作者在其《武林旧事》卷三中有过很详细的叙述:“都城自过收灯,贵游巨室,皆争先出郊,谓之‘探春’,至禁烟为最盛。龙舟十余,彩旗叠鼓,交午曼衍,粲如织锦……都人士女,两堤骈集,几于无置足地。水面画楫,栉比如鱼鳞,亦无行舟之路,歌欢箫鼓之声,振动远近,其盛可以想见。若游之次第,则先南而后北,至午则尽入西泠桥里湖,其外几无一舸矣。弁阳老人有词云:‘看画船尽入西泠,闲却半湖春色。’盖纪实也。”于此可以体会得更真切。词中说,春风从皇宫禁苑吹到了西湖,飘扬起游丝柳絮,让人感到晴天的暖意,而“丝”、“絮”分别与“思”、“绪”谐音，可见又有惹起人们春日思绪之意，所以说“春思如织”。在红花绿叶间，莺燕惹起自己的一片芳情。香尘漠漠，十里箫鼓丝弦声好像沸腾一样，在最热闹时，画船都从西泠桥进入里湖，让半湖春色都冷了下来。

在临安的西湖，清明时节有独特的游赏之乐，十里湖水，画船笙歌，词人的生花妙笔让我们仿佛看见、听见当年春光明媚的情景。

六 莫唱江南古调，怨抑难招，楚江沉魄
——端午节的感慨

农历五月初五是端午节。关于端午节的来历，大致有三种说法：一种以吴均《续齐谐记》、宗懔《荆楚岁时记》为代表，认为端午节是纪念屈原的日子；一种以更早的《风俗通义》、《论衡》为代表，认为“不举五月子”，是源于恶日；还有一种说法，认为端午来源于夏至。现代著名学者闻一多先生认为，纪念屈原说尽管影响很大，但并非事实，他通过详尽的考证，证明了端午其实比屈原早得多，因为它实际上是上古吴越民族举行图腾祭的日子，也就是龙的节日。赛龙舟并不是为了要打捞屈原的尸体，而是祭祀仪式中半宗教、半社会性的娱乐节目。将粽子投入水中，也不是避免蛟龙吞吃屈原的遗体，而本来就是给龙享用的。

闻一多先生的考证已被学术界接受，但在民间，人们还是普遍认为端午与屈原有关。我们无意于讨论这一问题，而不妨将眼光转向宋人，看看他们是怎样写端午的。端午有一个重要的活动内容，即赛龙舟，不少宋词作品都写到此事，如黄裳的《减字木兰花·竞渡》：

> 红旗高举，飞出深深杨柳渚。鼓击春雷，直破烟波远远回。　欢声震地，惊退万人征战气。金碧楼西，衔得锦标第一归。

通过词人所写，可以知道当时龙舟竞渡的状况和气势，千百年后，读来仍感到虎虎有生气。不过，有的作品并不从正面写端午，而是就节日抒发自己孤单寂寞之感，如李之仪的《南乡子·端午》，就没有一点节日气氛：“小雨湿黄昏，重午佳辰独掩门。巢燕引雏浑去尽，销魂。空向梁间觅宿痕。　客舍宛如村，好事无人载一樽。唯有莺声知此恨，殷勤。恰似当时枕上闻。”姜夔的《诉衷情·端午宿合路》也一样：“石榴一树浸溪红，零落小桥东。五日凄凉心事，山雨打船篷。　谙世味，楚人弓，莫忡忡。白头行客，不采蘋花，孤负薰风。”

周密《武林旧事》卷三对临安城的端午节有很详细的记载，读之，可知当时端午的民情风俗。周密写道：“先期学士院供帖子，如春日禁中排当，利用朔日，谓之‘端一’。或传旧京亦然。插食盘架，设天师艾虎……饰以珠翠葵榴艾花。蜈蚣、蛇、蝎、蜥蜴等，谓之‘毒虫’。及作糖霜韵果，糖蜜巧粽，极其精巧……巧粽之品不一，至结为楼台舫

铬。又以青罗作赤口白舌帖子,与艾人并悬门楣,以为禳禬。道宫法院,多送佩带符箓。而市人门首,各设大盆,杂种艾蒲葵花,上挂五色纸钱,排饤果粽。虽贫者亦然。湖中是日游舫亦盛,盖迤俪炎暑,宴游渐稀故也。”大概因为端午节本是源于南方远古吴越民族,所以宋室南渡后,因疆域主要在南方,使得这一节日尤为上下所重,写端午的词也较北宋时更为著名。试举两首为例:

深院榴花吐,画帘开、练衣纨扇,午风清暑。儿女纷纷夸结束,新样钗符艾虎。早已有游人观渡。老大逢场慵作戏,任陌头、年少争旗鼓,溪雨急,浪花舞。　灵均标致高如许,忆平生既纫兰佩,更怀椒糈。谁信骚魂千载后,波底垂涎角黍。又说是蛟馋龙怒。把似而今醒到了,料当年、醉死茶无苦。聊一笑,吊千古。

——刘克庄《贺新郎》

盘丝系腕,巧篆垂簪,玉隐绀纱睡觉。银瓶露井,彩箑云窗,往事少年依约。为当时曾写榴裙,伤心红绡褪萼。黍梦光阴,渐老汀州烟蒻。　莫唱江南古调,怨抑难招,楚江沉魄。薰风燕乳,暗雨梅黄,午镜澡兰帘幕。念秦楼也拟人归,应剪菖蒲自酌。但怅望、一缕新蟾,随人天角。

——吴文英《澡兰香》

前一首的钗符艾虎,游人观龙舟竞渡,都是端午所特有的,对自己因年华老大而懒于逢场作戏,只有当看客的份儿,写得很真切。下片就屈原事发议论,诚如杨慎《词品》所说:“此一段议论,足为三闾千古知己。”又如黄苏《蓼园词选》所云:“非为灵均雪耻,实为无识者下一针砭。”因为作者所写屈原如在今天醒来,对当年事恐怕宁可醉死也不投江,实有自己对现实的感慨。

后一首是作客淮安、为端午怀人而作。上片回忆过去过端午的情景,伊人用五色丝系臂,用写了咒语、符箓的小纸戴在发簪上,以作辟邪,且早早推开帐子起来做过节的准备。“银瓶露井”等句,是对当年情事的回忆。过片写屈原事,“莫唱”是因为这更增添了自己的伤心。“午镜”、“澡兰”都是端午特有的习俗,端午的烧香、写符都要午时,午时悬镜,有驱鬼辟邪功能,而用兰汤沐浴更是古已有之。在设想自己所思念者在端午日的情景后,再拟想她可能在居处(秦楼)盼着自己归来,一个人喝着菖蒲酒。可惜难以相见,只好望着一弯新月,想念在天角(当时淮安在北方边界)的我。

刘克庄与吴文英的词,都是端午日的抒情,刘词重在政治性,吴词在个人情感,侧重点不同,但同样都写及屈原,且都给后人留下了当时的生活画卷。现在,随着科学的发达,与辟邪、驱鬼有关的许多端午节的习俗已“淡出”了我们的生活。端午节的起源也已被证明与屈原无关。但是,在人民的心目中,却很难改变端午存在已久的纪念性意义,人们在吃粽子时,宁可相信是为了避免蛟龙吞噬屈原的遗体,因为,在大家的心目中,始终还是有一个难以抹去的爱国主义的诗魂。

七　天孙东处，牵牛西望，劝汝一杯清酹
——令人遐想的七夕

传说七夕是牛郎与织女会面的日子，却又不知此说从何而来。牵牛与织女之名在《诗·小雅·大东》中已见，是历举天上星宿的徒有其名、并无其实，以讽刺周室不合理的事情无处不在。诗云："或以其酒，不以其浆，鞙鞙佩璲，不以其长。维天有汉，监（鉴）亦有光。跂彼织女，终日七襄。虽则七襄，不成报章。睆彼牵牛，不以服箱。东有启明，西有长庚。有捄天毕，载施之行。"余冠英《诗经选》译为现代汉语："有人不少酒喝，有人喝浆不得，有人佩着宝玉，有人杂佩也没。天上有条银河，照人有光无影。织女分开两脚，一天七次行进。虽说七次行进，织布不能成纹。牵牛星儿闪亮，拉车可是不成。启明星在东方，长庚星在西方。天毕星柄儿弯长，倒把它张在路上。"可见，在《诗经》时代，牵牛星与织女星是不相干的。大概到了西汉时期，牵牛和织女已由两颗星渐成为两位神人，并建成相对的石像，其中应有一些情节，但内容今已不可知。《古诗十九首》中有《迢迢牵牛星》，是借天上的牛女双星来写人间的离别，且从女方着笔："迢迢牵牛星，皎皎河汉女。纤纤擢素手，札札弄机杼。终日不成章，泣涕零如雨。河汉清且浅，相去复几许？盈盈一水间，脉脉不得语。"曹丕的《燕歌行》写女子思念远方的男子，最后也用两星的形象作为结束："牵牛织女遥相望，尔独何辜限河梁。"李善注其弟曹植《洛神赋》，引用曹植《九咏注》说："牵牛为夫，织女为妇，织女牵牛之星各处一旁，七月七日乃得一会。"当是牛女双星七夕相会的较早说法。此后，以牛女双星为题材的文学作品出现渐多。唐人杜牧的七绝《秋夕》，其"天阶夜色凉如水，坐看牵牛织女星"，就可看出故事流传之广。

写及牛女双星的宋词作品不少，前面曾谈过最著名的秦观《鹊桥仙》，不妨再看两例：

> 闲雅。须知此景，古今无价。运巧思、穿针楼上女，抬粉面、云鬟相亚。钿合金钗私语处，算谁在、回廊影下。愿天上人间，占得欢娱，年年今夜。
>
> ——柳永《二郎神》下片
>
> 双针竞引双丝缕，家家尽道迎牛女。不见渡河时，空闻乌鹊飞。　西南低片月，应恐云梳发。寄语问星津，谁为得巧人。
>
> ——张先《菩萨蛮》

这两例在传统的离别、思念以外，又增加了"运巧思"、"竞引双丝缕、"得巧"的内容，这就是"乞巧"。"乞巧"是七夕的重要风俗，在七夕的前一天，贵家多在庭中结彩楼，称为"乞巧楼"，到七日夜，妇人和闺女都对月穿针，又将小蜘蛛放在盒内，等候它结网，如果蛛网结得圆，则是"得巧"。所以，从特定意义而言，七夕又可以算做女人节。

七夕尽管有牛女相会的传说，又有"乞巧"之俗，但对喜好团聚的中国人来说，又是家庭的一次聚会。在初秋降临之时，挥小扇，扑流萤，看夜空，此时的巨大天幕上，银河横亘，一边是明亮的织女星，另一边是稍暗的牛郎星，两星隔着银河相对，大人对孩子讲着牛郎、织女的故事，甚至还指点着牛郎星两旁的两颗小星，说是牛郎、织女的孩子，而他们一家每年才能团聚一次。对小孩来说，这不失为一种教育，使他们从小就懂得珍惜团圆，培养亲情。

葛胜仲的《鹊桥仙·七夕》写得很有家庭气氛，是宋代七夕词中颇有特色的一首：

> 凉飙破暑，清歌萦坐，缺月稀星庭户。瓜华草草具杯盘，喜共浥、初筵零露。
> 天孙东处，牵牛西望，劝汝一杯清醑。精灵何必待秋通，为一洗、朦胧今古。

词中说，在凉风吹走了暑气后，大家无伴奏地唱着歌，在没有月亮而星星也少的夜空下，围坐在庭院里，陈列着瓜果和简单的杯盘，一直到露水生成的时候。天孙（织女星）在东面，牵牛星在西面，仰望星星，还是劝你一杯酒吧。想来这天上的神明，怕也不一定要等到秋天的七夕才相聚，看来是应该澄清自古以来就模糊不清的说法了。

秦观说，"两情若是久长时，又岂在朝朝暮暮"；而葛胜仲说，"精灵何必待秋通，为一洗、朦胧今古"。后者追求理性，前者追求高远的爱情。七夕时，仰望星空，对着牛女双星，人们可以生出许多遐想，但都朝着真、善、美的方向。理性是真，感情要善，神话是美。人生既需要理性，又重视感情，即使科学发达了，神话仍有存在的价值。这，或许就是七夕对于我们的意义。

八 玉界拥银阙，珠箔卷琼钩
——看不完、咏不尽的中秋月亮

现代天文学认为，月球是地球唯一的卫星。对它的形成，似乎主要有两种说法：一种可称为母子说（也可以称为姊妹说），即在原始地球的形成过程中，大量的地球物质被外力拉到、抛到地球外，逐渐凝聚成为月球；另一种可称为"俘虏"说，即月球是被地球引力"捕获"的天体，是将它抓来作为卫星的。月球由于引力小，曾经有过的水和空气都"逃逸"了，以至于变成了荒凉、冷寂的世界。四十多年前，人类已经在月球上留下了自己的足迹，据说，当年登月的宇航员所看到的最美丽天体，就是我们的家园——地球。而在我国古代，崇拜的是太阳，向往的却是月亮。

古人吟咏月亮的诗词实在是太多了，月球在农历八月十五的时候最圆、最亮，因此，中秋的月亮最得人们的青睐。唐代的诗人中，最喜爱月亮的大概是李白，因为月亮既清白又皎洁，与他的自然真率很相近。李白不仅自己字太白，而且妹妹叫月圆，他的孩子叫明月奴。至于他的诗，"床前明月光，疑是地上霜"，"蛾眉山月半轮秋，影入平羌江水流"等，早已成为孩子启蒙时朗朗上口的名篇。说到宋代，苏轼的《水调歌头》中秋词固然很知名，但好像还很难找到与李白相匹配的爱写月亮的词人。但是，宋词中却有很多歌咏中秋的佳作。

宋人之喜咏中秋，与当时民俗风情大有关系。据孟元老《东京梦华录》卷八载，中秋前，“诸店皆卖新酒，重新结络门面彩楼花头”，而“市人争饮”，以至后来“家家无酒”。此时新水果上市，到中秋夜，“贵家结饰台榭，民间争占酒楼玩月。丝簧鼎沸，近内廷居民，夜深遥闻笙竽之声，宛若云外。闾里儿童，连宵嬉戏。夜市骈阗，至于通晓”。吴自牧《梦粱录》卷四写及南宋时中秋习俗：“王孙公子，富家巨室，莫不登危楼，临轩玩月，或开广榭，玳筵罗列，琴瑟铿锵，酌酒高歌，以卜竟夕之欢。至如铺席之家，亦登小小月台，安排家宴，团圞子女，以酬佳节。虽陋巷贫窭之人，解衣市酒，勉强迎欢，不肯虚度。此夜天街买卖，直到五鼓，玩月游人，婆娑于市，至晓不绝。”孟、吴二著所写的是都城，自有如此盛况，而作为民情风俗，虽穷村僻壤，也当被其覆盖。

宋人的中秋词，当然多为文人骚客之作，而宋代的文人又多为官，其中似乎是作于外任者要好于都城。苏轼的《水调歌头》(明月几时有)作于密州任上，张孝祥的《念奴娇》(洞庭青草)作于落职北归途中，辛弃疾的《太常引》(一轮秋影)作于任职建康时，都是很好的例子。中秋咏月词中，以上三例均具高境，之所以如此，与它们的作者创作时怀有一种孤独感，遂升华出“宇宙意识”有关。如果要再找类似的例子，恐怕叶梦得的《念奴娇》也相近，此词有题：“中秋宴客，有怀壬午岁吴江长桥。”词云：

> 洞庭波冷，望冰轮初转，沧海沉沉。万顷孤光云阵卷，长笛吹破层阴。汹涌三江，银涛无际，遥带五湖深。酒阑歌罢，至今鼍怒龙吟。　回首江海平生，漂流容易散，佳期难寻。缥缈高城风露爽，独倚危槛重临。醉倒清尊，姮娥应笑，犹有向来心。广寒宫殿，为予聊借琼林。

不过，较能体现出中秋节庆特点，且有与民同乐之意的，当推张孝祥的《水调歌头·桂林中秋》：

> 今夕复何夕，此地过中秋。赏心亭上唤客，追忆去年游。千里江山如画，万井笙歌不夜，扶路看遨头。玉界拥银阙，珠箔卷琼钩。　驭风去，忽吹到，岭边州。去年明月依旧，还照我登楼。楼下水明沙静，楼外参横斗转，搔首思悠悠。老子兴不浅，聊复此淹留。

此词上片在化用《诗·唐风·绸缪》“今夕何夕，见此良人”以作开头后，即展开了“追忆去年游”：去年中秋，在建康的赏心亭上招待客人，感受到明月之下的千里江山如画，耳闻众多市井的连夜笙歌，老百姓都争着看太守（遨头即太守，张孝祥时任建康留守），等到月亮升起后，家家都卷起了帘箔，观赏天上“玉界拥银阙”的一片冰清玉洁景象。下片转写现在：因赞助张浚北伐，张孝祥被免职，后出知静江府(治所在今桂林)，故谓“忽吹到，岭边州”，明月依旧照着自己登楼，看到了楼下、楼外的风光，仍然激起赏月的兴致，不妨在此地淹留。

“千里江山如画，万井笙歌不夜”两句，将大自然与人间社会的中秋之美作了很好的概括，而“玉界拥银阙，珠箔卷琼钩”，则形象地传递出人们对美的向往之情。大自然是美好的，人生也应该美好，看不完、咏不尽的是中秋的月亮，是否从中体现出人们对天人合一境界的追求呢？

九 绿杯红袖趁重阳，人情似故乡
——秋天不仅仅是丰收

我国的启蒙读物常是宇宙、人生、历史的概括，《千字文》就是代表。它的开头说：“天地玄黄，宇宙洪荒”，是“仰观宇宙之大”，而“寒来暑往，秋收冬藏”则是人类合于自然规律的农业生产活动。自宋玉以来，文学家就多悲秋之作，到陆机作《文赋》，遂有“悲落叶于劲秋，喜柔条于芳春”的总结。但是，如果问农民，应该对春、秋两季都会怀有热爱之情。因为春天是耕作和播种的季节，而秋天则是收获的季节。

秋天是美好的，天高气爽，云淡水清，登临送目之时，或也有萧瑟之感，兴不遇之叹，但从民间的节序活动看，秋天无疑也是丰收。岂不？短短的季节，前有七夕，中有中秋，后有重阳，都是重要的节日。重阳又称重九，曹丕《九日与锺繇书》说得很正确：“岁往月来，忽复九月九日。九为阳数，而日月并应，俗嘉其名，以为宜于长久，故以享宴高会。”所以我们今天以重阳为敬老节，是有古老传统的。据《东京梦华录》所载，重阳的活动主要有赏菊、登高、送糕及禅寺的斋会等。而南宋时期的重阳活动，也见于《武林旧事》，除赏菊以外，“都人是月饮新酒，泛萸簪菊。且各以菊糕为馈”。无论是前者还是后者，对重阳的糕都有详细的记载。《东京梦华录》所载的是“粉面蒸糕”：“上插剪彩小旗，掺饤果实，如石榴子、栗黄、银杏、松子肉之类，又以粉作狮子蛮王之状，置于糕上，谓之‘狮蛮’。”《武林旧事》所说的糕“以糖肉秫面杂糅为之，上缕肉丝鸭饼，缀以榴颗，标以彩旗。又作蛮王狮子于上。又糜栗为屑，合以蜂蜜，印花脱饼，以为果饵。又以苏子微渍梅卤，杂和蔗霜、梨、橙、玉榴小颗，名曰‘春兰秋菊’”。重阳之重视糕，除了与“高”字谐音以外，其深层意义当与庆祝农业的收成有关。而对于文人来说，重阳不仅在于农业文化所积淀的庆贺丰收，也不在信奉登高避祸，他们的作品中，更多的是抒发感情。

宋人写重阳的词不少。其中较有名的当数晏几道的《阮郎归》：

> 天边金掌露成霜，云随雁字长。绿杯红袖趁重阳，人情似故乡。 兰佩紫，菊簪黄，殷勤理旧狂。欲将沉醉换悲凉，清歌莫断肠！

首句指汴京已到秋深时节。“天边金掌”指汉武帝所建的金人承露盘，因为金掌是皇宫特有之物，故用以代指汴京。次句“云随雁字长”写深秋天上的典型景色。三、四句写重阳节时，举绿杯、对红袖，在佳节酒宴上，深感人情有如故乡般温暖。作者之所以出此言，是因为他在地位显赫的父亲死后，家道败落，已从过去的少不更事感受到了世态炎凉，所以对此“人情”分外珍重。下片说，过重阳节了，自有此节的习俗，为了感谢主人的盛意，特地佩戴上紫色的兰花，簪插黄色的菊花。因为好长的时间没有狂放豪饮的生活，为了参加此次佳节盛会，遂“殷勤”理之，以唤起往日的豪情。但是，可能因为压抑已久，恐怕豪情唤不回来，而只能是狂饮导致的沉醉，用它来替换悲凉。那么能不能沉醉呢，自己也没有把握，所以只好吩咐歌女不要唱出让人断肠的歌声，以免使人还是在痛苦中清醒，连沉醉也做不到。

宋词的重九抒情很是丰富，如前面所说的李清照《醉花阴》，是暗说对夫君的相思，他人所作，各抒其情。关于重阳的典故，当以“孟嘉落帽”最著名：桓温重阳日在龙山宴集臣僚，有风来，吹落参军孟嘉头上帽，竟然不觉，后被众人嘲笑，孟嘉从容应对，四座为之叹服。刘克庄的《贺新郎·九日》，对重九的登高感怀发其“常恨世人新意少”之见，因为他们只知道重复“孟嘉落帽”，“爱说南朝狂客，把破帽年年拈出”，他自己是“白发书生神州泪，尽凄凉、不向牛山滴”，表达了关怀国事却又无奈的主题。吴文英的《霜叶飞·重九》也是写重阳的名作，词中写风雨中过重阳，独对黄花而回忆起当年与所爱者重阳登高时的歌舞之乐，现在佳人已逝，已无心写词，对风吹帽落也无所谓了，因为人亡己老，无所留意了。结句“谩细将、茱萸看，但约明年，翠微高处”化用杜诗“明年此会知谁健，笑把茱萸仔细看”，却比杜甫更为沉痛。名气远逊于刘克庄、吴文英的潘希白，其《大有·九日》却写得很好，尤其上结两句“一片宋玉情怀，十分卫郎清瘦”，拈出了宋玉悲秋的主题，是《九辩》精神的回归。

重阳不仅是秋天丰收的节日，更是文士登临抒情的日子，杜牧《九日齐山登高》说：“但将酩酊酬佳节，不用登临恨落晖。古往今来只如此，牛山何必泪沾衣。”但是，宋人很难有如此旷达，他们的重阳词，多的是忧郁、悲伤。

十　饯旧迎新，能消几刻光阴
——除夕的人生感触

除夕是每年最后一天，也指这天的晚上。《风土记》云：“至除夕，达旦不眠，谓之守岁。”可见此风存在甚久。因除夕是除旧迎新的一个分界点，总结过去的一年，对新的一年未免会有所期盼，所以这一天不但有众多的民俗活动，而且诗人雅士也多有作品表达其人生感慨。如果说唐人史青的诗：“今岁今宵尽，明年明日催。寒随一夜去，春逐五更来。”只是在客观的大实话基础上不失为乐观；那么，唐诗中著名的王湾《次北固山下》，其“海日生残夜，江春入旧年”，就是在时序交替中透出了积极向上的生活理趣，难怪为“大手笔”张说所激赏，亲书于政事堂。不知是不是宋代的国运不如唐代，宋人笔下的除夕诗词似无唐人那种开阔的意境、气势。不过，宋人对节日气氛、习俗的描绘，却似胜于唐人。

王湾的诗是大笔濡染："客路青山外，行舟绿水前。潮平两岸阔，风正一帆悬。海日生残夜，江春入旧年。乡书何处达，归雁洛阳边。"宋人也写江行途中过除夕，却是另一种面貌。试看朱敦儒的《卜算子·除夕》：

江上见新年，年夜听春雨。有个人人领略春，粉淡红轻注。　深劝玉东西，低唱《黄金缕》。捻底梅花总是愁，酒尽人归去。

词中写江上过年的情景。江上，春雨，已使词中带上了淡淡愁意。三、四句写歌女，打扮得粉淡红轻，从她的身上就可以领略到春天的提前到来了。歌女对词人和客人深深地劝酒，又低声唱起了《黄金缕》词（即《蝶恋花》，因冯延巳此调之词有"杨柳风轻，展尽黄金缕"句，故名）。对酒当歌，并不能驱除心底的忧愁，将梅花搓碎也销不了愁，酒尽人归后应当更是郁闷。

当然，宋人写除夕也并非都是表现愁绪，如史浩的《喜迁莺·守岁》就很可见节日的欢乐：

雪消春残。听爆竹送穷，椒花待旦。系马合簪，鸣鸦列炬，几处玳筵开宴。介我百千眉寿，齐捧玉壶金盏。最奇绝，是小桃新坼，争妍粉面。　女伴。频告语，守岁通宵，莫放笙歌散。酒晕朝霞，寒欺重翠，却忆凤屏香暖。笑拂满身花影，遥指珠帘深院。待到了，道一声稳睡，明年相见。

词中对除夕守岁及诸多习俗都写得很详尽。先是除夕放爆竹送穷鬼，无非希望新的一年能交上好财运，然后手持花椒酒守岁，等待天明。高官贵人的家门外，可以看到骑马而来的客人系住了马，帽上簪花，来赴宴了，而仆人之多，发出的声音如鸦鸣，掌灯列队成行，此时，华美的筵席就将开始了。来宾们举起了精美的酒壶、酒杯祝贺主人长寿。此时要说最奇绝的就是桃花竟然已开，露出了少女般的娇羞容颜。女伴们频频相告，说我们守岁通宵，也不要让笙歌散了。她们喝了酒，脸上现出红晕，就像朝霞一样，而头上佩戴的翠玉首饰却透出寒意，守岁之时，更让人感到华贵屏风里暖而香的气氛值得留恋。在笑声中归去，拂去满身的花影，指着珠帘后面的深院大宅，自己的家到了，分手时说一声睡个安稳觉吧，让我们明年再见。

史浩的这首词将除夕守岁的全过程写得非常生动、形象，庆祝节日的内容、气氛都清晰地呈现在读者眼前。对作者来说，完全是自己的真实体验，因为他有着宋孝宗老师的身份，一生中，除了短期降职为知府外，一直都是皇帝身边的高官，所以他的笔下所写，完全可能是自己家中除夕的实录。而像吴文英这样依人为食的文人，所写的除夕就愁苦多于欢乐。如他同为《喜迁莺》调的《福山萧寺岁除》，词中的"谁念行人，愁先芳草，轻送年华如羽。自剔短檠不睡，空索彩桃新句"，表现了羁旅中孤身过除夕的愁情。而“轻送年华如羽”的主题，此前又曾出现在韩疁的《高阳台·除夜》里：

> 频听银签，重然绛蜡，年华衮衮惊心。饯旧迎新，能消几刻光阴！老来可惯通宵饮？待不眠、还怕寒侵。掩清尊、多谢梅花，伴我微吟。　邻娃已试春妆了，更蜂腰簇翠，燕钗横金。勾引东风，也知芳思难禁。朱颜那有年年好，逞艳游、赢取如今。恣登临、残雪楼台，迟日园林。

如果说史浩是因富贵荣华而在喜庆中忘却了时岁的流走，吴文英因生活的无奈而感慨轻送年华，那么此词所揭示的“朱颜那有年年好”，则因除夕而有时岁惊心之感，所以“饯旧迎新，能消几刻光阴”的人生感触，是又回到了前面所说的生命意识上来了。

咏 物

一 长记曾携手处，千树压、西湖寒碧
——亦花亦人、抚今追昔的咏梅名篇

比起唐人因受“胡风”影响而追求文艺的热烈浪漫来，宋人更重视本土文化，相对显得沉静、稳重，而喜好“雅玩”，所以咏物是宋词中的一个主要内容。

宋人的咏梅词很多，其中陆游的《卜算子》是以梅托喻、自我明志之作；而最著名的恐怕还是姜夔的《暗香》、《疏影》。张炎在《词源》中说过：“诗之赋梅，惟和靖一联而已。世非无诗，不能与之齐驱耳。词之赋梅，惟姜白石《暗香》、《疏影》二曲，前无古人，后无来者，自立新意，真为绝唱。太白云：‘眼前有景道不得，崔颢题诗在上头。’诚哉是言也！”他所说的“和靖一联”指林逋《山园小梅》的“疏影横斜水清浅，暗香浮动月黄昏”，因此联是真正传递出梅花的神韵，故历来为人所激赏。而对姜夔两首咏梅词的揄扬，也并非张炎的私淑之言，二词确实经受了时间的考验，一直为后人所推重。姜夔这两首词是自度曲，据词的小序所说，他在辛亥年（1191 年）的冬天载雪诣石湖（范成大），石湖请他用新声作词，遂作此两曲，石湖把玩不已，让乐工歌伎们演奏，音节谐婉，就命名为《暗香》和《疏影》。显然，这是得名于林逋的诗句。

对姜夔这两首词，历来的评论有各种各样的说法，许多名家都认为词中别有寄托。晚清词坛四大家之一的郑文焯有一总体性的说法：“此二曲为千古词人咏梅绝调。以托喻遥深，自成馨逸。”“常州词派”的领袖张惠言《词选》认为其作意是“时石湖盖有隐遁之志，故作此二词以沮之”。又说：“以二帝之愤发之，故有昭君之句。”蒋敦复《芬陀利室词话》认为是“暗指南北议和事”。郑文焯《郑校白石道人歌曲》则说：“此盖伤心二帝蒙尘，诸后妃相从北辕，沦落胡地，故以昭君托喻，发言哀断。”而“当代词宗”夏承焘先生则认为是怀念合肥情人。真可谓众说纷纭，令人莫衷一是。

笔者认为，《暗香》主要表现身世之感，而《疏影》主要表现家国之慨。当然，这并不是绝对的，作“主要”之分，就是此意。“家国之慨”的问题比较复杂，很难辨析清楚，所以此处从咏物的角度，专门谈谈《暗香》。先录全词：

> 旧时月色，算几番照我，梅边吹笛？唤起玉人，不管清寒与攀摘。何逊而今渐老，都忘却、春风词笔。但怪得、竹外疏花，香冷入瑶席。　江国，正寂寂。叹寄与路遥，夜雪初积。翠尊易泣，红萼无言耿相忆。长记曾携手处，千树压、西湖寒碧。又片片吹尽也，几时见得？

词中先回忆过去：旧时曾有多少次，在皎洁的月色下，在幽洁的梅花边，我吹起了心爱的笛子，笛声唤起了可爱的玉人，与她冒着清寒，一起攀下梅枝，采摘梅花。这是多么浪漫、美好的情事啊！可惜，岁月匆匆，我已渐入老境，写不出好诗来了。姜夔在这里以何逊自拟，是因为取其爱梅之意。何逊是梁人，《扬州法曹梅花盛开》是他的代表作，诗云："兔园标物序，惊时最是梅。衔霜当路发，映雪拟寒开。枝横却月观，花绕凌风台。朝洒长门泣，夕驻临邛杯。应知早飘落，故逐上春来。"杜甫对何逊爱梅颇欣赏，曾作《和裴迪登州东亭送客逢早梅相忆见寄》诗，有"东阁官梅动诗兴，还如何逊在扬州"的句子。何逊又有《咏春风》诗，姜夔所说的"春风词笔"即用此。作此词时，姜夔还不到四十岁，在长辈范成大面前之所以称"渐老"，不是"卖老"，而是自谦才能减退意。虽"忘却春风词笔"，但看到石湖的梅花那么美，从竹子外吹来冷香，送到"瑶席"上，还是动了诗兴。下片宕开笔墨，先说江南水乡正是寂寞的雪天，如要将梅花寄给远方的人，却路途遥远，又被雪所阻。忍不住对着翡翠酒杯流下了眼泪，红梅花虽无言，也好像陷入了沉思和怀念中。此时，当年与爱人同游的情景又浮上了眼前：携手并行，看千树梅花盛开，似乎压住了西湖寒冷的一湖碧水。可是，梅花终于被一片片吹尽，与爱人也分手了，什么时候再能相见呢？

《暗香》是咏物词，月下梅边吹笛，与"玉人"冒着清寒攀摘，转以何逊自谓文思渐退，再回到目前，说梅花的冷香吹入瑶席而令已命笔，是从过去到现在地写梅。寄与路遥却受阻于雪，不由得把翠尊而泣，红梅无言耿相忆，最令人长记难忘的是西湖边携手赏梅，可惜正如梅花凋残，人也离散，何时梅花再开，人能再逢？也处处离不开梅。但此词并不是纯然的咏物，处处说到梅，也处处说到人，亦花亦人，二者难分。由于不得已的原因，与所爱者的情缘不能继续，抚今追昔的身世之感有着太多的遗憾，尽管词写得朦胧，借梅花自诉其情，读来却仍能撼人心魂。

二　长亭路，应折柔条过千尺
——人生惜别的凄恻婉转

我国很早就有分别时折柳相送的习俗，唐诗中所写尤多。宋词之咏物，当然也少不了柳，而此类作品，当首先让人想到周邦彦的《兰陵王》。我们在前面谈周邦彦的《少年游》时，曾说起过张端义《贵耳集》的一段话，即周邦彦与李师师相会时，恰逢宋徽宗也到其家，周邦彦情急中躲到了床下，无意中听见了宋徽宗所说，并写在《少年游》词中，此词一唱，徽宗大怒，遂将周邦彦赶出都城，周就作了这首《兰陵王》。这段故事应是附会出来的，几乎没有什么可信度。不过至少可以说明，当时人们是将它看成周邦彦离京之作的。且看此词：

柳阴直，烟里丝丝弄碧。隋堤上、曾见几番，拂水飘绵送行色。登临望故国，谁识京华倦客？长亭路，年去岁来，应折柔条过千尺。　闲寻旧踪迹。又酒趁哀弦，灯照离席。梨花榆火催寒食。愁一箭风快，半篙波暖，回头迢递便数驿，望人在天北。 凄恻，恨堆积！渐别浦萦回，津堠岑寂，斜阳冉冉春无极。念月榭携手，露桥闻笛。沉思前事，似梦里，泪暗滴。

严格说来，此词并不是真正的咏物词，只是借柳写离情而已，不过，因为三叠中的第一叠都是写柳，然后再由柳之历来关系着别离而写别情，故统之以柳来命题，也是恰当的。

词中写柳，先从柳阴写起，一个“直”字，既写了日光直射之下每棵柳树的树阴，又总体概括了长堤上成行柳树的树阴。写了柳阴，再写杨柳本身，在人看来，它们好像在薄霭轻烟中展示着自己丝丝缕缕的青碧颜色，“丝丝弄碧”四字，不但准确地写出了杨柳的形与色，而且一个“弄”字，使生气顿出。唐朝时，人们出长安，多在灞桥折柳送别，而宋人之相送出京，是在汴河边告别（汴河开凿于隋朝，故称“隋堤”）。词人自己曾多次为人送别，所以说“几番”，而柳树的拂水飘绵，好像是替人依依难舍，又非常切合柳枝柔软、柳絮飘飘的特点。送别之时，登上高堤，送人远去，自己也不免远眺故乡，可感叹的是又有谁能理解我这个厌倦了京华生活的游子呢？还是说柳树吧，人们在长亭路上送别，年复一年，折下的柳条应该超过千尺之长了。真是人间多别离，柳树也受苦！

第一叠紧扣柳树而专写离别，第二叠转写自己的离情。此时轮到自己离京了，在船开出码头后，刚才告别的激动已经过去，遂静下心来寻思已过去的事：在梨花正开的清明、寒食之时（寒食禁火，节后，皇宫将榆、柳之新火赐臣下），哀弦伴酒，灯照离宴，自己要出京而去了，情人特地来相送。现在，离宴已过，船也离京，愁绪却涌上了心头。过去是“京华倦客”，可一旦离开，又不免眷念，所以船越是开得快，自己越是感到愁苦，风送船行，篙也助力，很快就过去了好几个驿站，回头再看，伊人已远在天北了。

第三叠紧接前面。因离别的凄恻，渐行渐远而离恨为之堆积。船开出很久，人也远去，想来分别处的河上已是水波萦回，渡口的守望所冷冷清清，斜阳冉冉将落，春色漫漫无边，在巨大的时空背景下，更显出了自己的孤单。此时，不由得又想起往事：那些月榭携手并行，露桥双双闻笛的日子，是最值得回忆了。现在已成了过去，所以沉思往事，就好像在梦里一样，不知不觉间，流下了伤心的泪水，又怕人知晓，只好背过身来，暗暗地悲伤。

前面说过，《兰陵王》并不是严格意义上的咏物词，是借柳而写别情。由于古来的折柳送别习俗，使得咏柳与咏别能统为一体。桓温北伐再经金城时，见当年所种柳已有十围之粗，可以发出“树犹如此，人何以堪”的感叹，是表现了强烈的生命意识。周邦彦此词之借柳写别离，是对友情与恋情的珍惜（之所以说到友情，因为有论者认为此词是“客中送客”之作，也可通）。从此词可见，周邦彦虽厌于“京华倦客”的生活，无意于继续宦游，当然是想回归于故园，可当他离开了谋生之所在，要同在此地所建立起来的友情、恋情惜别时，却又会感到十分痛苦。这是他个人的人生体验，却又不限于个人，而有相当的代表性。人生受到诸多意识的纠缠、困扰，也随之产生许多的烦恼、痛苦，所以也就会感慨不如意事常八九。能够坦然面对一切，不为情所困，不为事所扰，是很不容易做到的。

三 只恐舞衣寒易落，愁入西风南浦
——花中君子的赞歌和哀歌

“江南可采莲，莲叶何田田”，古人很早就写到了荷花、莲藕，而江南的采莲也成了一种优美的劳动生活，后来甚至发展出独特的采莲舞。从“比德”的角度看，荷花出污泥而不染，莲藕虚心而有节，莲子芯苦而微甘，所以得到了历代文人画家的钟爱，成为他们笔下常见的题材。宋代著名的理学家周敦颐写过一篇众口相传的《爱莲说》，将“比德”写成美文，可谓小品散文中的上品：

> 水陆草木之花，可爱者甚蕃。晋陶渊明独爱菊；自李唐来，世人甚爱牡丹；予独爱莲之出淤泥而不染，濯清涟而不妖，中通外直，不蔓不枝，香远益清，亭亭净植，可远观而不可亵玩焉。予谓：菊，花之隐逸者也；牡丹，花之富贵者也；莲，花之君子者也。噫！菊之爱，陶后鲜有闻；莲之爱，同予者何人？牡丹之爱，宜乎众矣！

前面，我们曾谈过贺铸咏荷的《踏莎行》，那是一首别有寄托的作品，而说到宋词中并非以寄托为主的咏荷词，很容易让人想起姜夔的《念奴娇》：

> 闹红一舸，记来时尝与鸳鸯为侣。三十六陂人未到，水佩风裳无数。翠叶吹凉，玉容销酒，更洒菰蒲雨。嫣然摇动，冷香飞上诗句。　日暮。青盖亭亭，情人不见，争忍凌波去。只恐舞衣寒易落，愁入西风南浦。高柳垂阴，老鱼吹浪，留我花间住。田田多少，几回沙际归路。

词的小序云：“余客武陵，湖北宪治在焉。古城野水，乔木参天。余与二三友日荡舟其间，薄荷花而饮，意象悠闲，不类人境。秋水且涸，荷叶出地寻丈，因列坐其下，上不见日，清风徐来，绿云自动。间于疏处窥见游人画船，亦一乐也。朅来吴兴，数得相羊荷花中。又夜泛西湖，光景奇绝。故以此句写之。”从上序可知，作者先后生活在武陵、吴兴、西湖，徜徉在荷花中，领略江南莲叶田田的美丽景色，有会心独到的感受，写成此词。武陵的古城野水，乔木参天，给人以野趣。大片水面的荷花莲叶，使得作者能与二三知友荡舟、饮酒于其间，先是靠近荷花而得仔细观察的机会，等秋水干涸后，又能列坐于寻丈高的荷叶之下，在清风徐来、绿云自动中，充分领略游赏之乐。此后，吴兴的荷花，西湖夜游的“光景奇绝”，都给作者进一步提供了创作的冲动，遂写成此词。

词用“闹红一舸”开头，有破空而来之感，作者不是直接就写荷花，而从人的“闹红”写起，小船来到了本是静静的荷花中，从远观到亲近，才有了进一步了解对象的机会，这与周敦颐所说的“亵玩”不是一回事。在小船来时，成双成对的鸳鸯也在船边游过,故谓“尝与鸳鸯为侣”。王安石有“三十六陂流水,白头想见江南”的诗句,此处用之,应是取“流水”之意。在人还未到时,“远观”中只见无数的水佩风裳。李贺《苏小小墓》诗有“风为裳,水为佩”句,本指美人的衣饰,姜夔用之形容荷花荷叶,是拟人化的写法。下面更是如此:翠绿的荷叶散发出清凉,荷花像美人的脸,酒意才销,还带着微红,当水草上洒上细雨时,荷花荷叶更美。清风阵阵,花儿轻摇,如美人嫣然含笑,幽韵冷香,一片神韵飞上了诗句。这里不说诗人写荷入诗,却说“冷香飞上诗句”,将情性赋予荷花,变被动为主动,可见作者的高明之处。

上片写荷之盛,下片转写其衰。日暮之时,青青的荷叶象伞般亭亭耸立,美丽的荷花在没有见到情人前,又怎么忍心凌波而去呢?“凌波”出曹植《洛神赋》:“凌波微步,罗袜生尘。”写女神的步履轻盈。过片几句是用拟人手法曲折地写荷花之将残,接着写其凋残。词中说:就怕像舞衣般的荷花花瓣在秋天易于凋落,这时愁绪伴着西风来到了南浦。因为南浦是送别之地,此处实有与荷花作别之意。盛时已去,荷花难于留人,垂阴的高柳,吐浪的大鱼,都想劝人留步此地。那么游人呢?虽不得不归,却难以忘却无数田田的荷叶,在沙边的归路上流连难去。

姜夔此词用拟人手法咏荷,既写荷之态,又传荷之神,由花而人,确非凡手所为。姜夔人品高,情趣雅,对花中君子是情有独钟,最爱咏梅、荷二花,笔下的荷花与周敦颐所写颇能相合。此词虽不同于贺铸所作寄托君子不趋时之叹,但也并非毫无寄寓。姜夔“少小知名翰墨场,十年心事只凄凉”,所以此词在咏荷时作盛衰对比,写众芳零落,也隐约可见美人迟暮之意。读者可从中体会出作者的身世之感。人对于客观世界的艺术审美很难是纯客观的,多少会将自己的人生遭际和感慨移注、融入其中。所以,《念奴娇》是一曲花中君子的赞歌,清冷而非热烈,又是悼惜生命、美丽难于永恒的悲歌。古人提倡读书、解诗须“知人论世”,对这一原则,确实是不应怀疑的。

四 骚人可煞无情思,何事当年不见收
——且看李清照如何替桂花鸣不平

周敦颐《爱莲说》将菊花、荷花、牡丹分别拟为隐逸者、君子、富贵者,所说精警。因为只是一篇小品,所以只讲到三种花,我们大可不必求全责备,说他遗漏了太多。女词人李清照也爱花,却对古人论列众芳时的疏忽不依不饶,而且,竟然是向伟大的诗人屈原“发难”。此事见于咏桂的《鹧鸪天》:

> 暗淡轻黄体性柔,情疏迹远只香留。何须浅碧深红色,自是花中第一流。
>
> 梅定妒,菊应羞。画栏开处冠中秋。骚人可煞无情思,何事当年不见收。

桂花比起其他的花来,的确缺少作为花的许多特点。它没有轻柔的花瓣,艳丽的色彩,多变的花容。它也不像一般的花,从含苞到初绽,再到盛开,有显见的过程,从而也给

人以日增的欣喜与视觉、嗅觉享受。桂花实在是太不像花,所以人常以“桂子”称之,它的盛开不是以“姿”“色”相炫的,人们只是通过空气中的浓郁香气,才发现了它的脚步已随秋天而来。如此的不事张扬,悄无声息,李清照用什么来写它呢?此词开头十四个字,很准确地抓住了特征:桂花被遮蔽于桂树叶子中,“暗淡轻黄”是它形神兼备的视觉形象,“柔”之一字,则是它的主要体性特点;如果比之于人,就像情怀疏远、行迹难见的君子或佳人,只留下馨香而难见其面目。词人由此而发议论:“何须浅碧深红色,自是花中第一流。”桂花有如此的品性,又何须依仗缤纷的色彩呢。牡丹以深红或紫色为上品,白居易曾在《秦中吟·买花》中有“一丛深色花,十户中人赋”的感叹,而如绿萼梅之类“浅碧”之花,也是梅中上品。桂花情疏迹远而只留其香,有君子、佳人之风,自以其德树起了“花中第一流”的形象,又要什么“浅碧深红”的好颜色呢!

下片进而展开又一轮议论:“梅定妒,菊应羞。画栏开处冠中秋。”李清照爱梅,也爱菊,词中不乏对这两种花的吟哦、赞美,但在此处为了突出桂花,对三者作了比较,不妨借宾以定主,认为梅花对于桂花是定然嫉妒,而菊花在桂花面前应当感到羞惭。尤其从节令而言,桂花更是以其“画栏桂树悬秋香”(李贺《金铜仙人辞汉歌》)成为中秋时分的花中之冠。桂花既有如此高的品格,有别的花卉难以企及的优点,花中一流的地位是不应该被疏忽、被遗忘的。然而事实上并非如此。为此,女词人再次振笔议论,且直接质问伟大的诗人屈原:“骚人可煞无情思,何事当年不见收。”屈原在其代表作《离骚》中以美人喻君主,以芳草花卉喻贤才,形成了“美人芳草”的比兴手法和象征体系,而花草中又钟情于春兰秋菊,他尽管写及很多的花卉,却没有桂花,所以李清照才会大胆地讥刺他“无情思”,且又反问:若非如此,为什么当年没把它收进去呢!

桂花萼小而色黄,若从惯用的以女子拟花角度看,堪称无色无貌,但却有品有质。李清照注意到桂花,不是“翻案”,而是补缺。她立足于“比德”的传统方法,为桂花传神写照,比起柳永用“三秋桂子”同“十里荷花”相并,来描画西湖基本风景线来,是深入的发掘。而她之所以对桂花如此推崇,与个人的禀性大有关系。她年轻时就目睹激烈的党争,并从父亲的受牵连而亲感其害,对公公的“炙手可热心可寒”很有看法,所以,她后来与丈夫赵明诚埋首金石书画中,前后有十年左右。在她看来,文艺与学问,亲情与平常的生活,要比官场重要得多。在桂花“暗淡轻黄”、“情疏迹远”的形象和精神中,不是可以得到对应吗?

宋室南渡前后,词中咏桂之作不少。如向子諲《满庭芳》上片:“月窟蟠根,云岩分种,绝知不是尘凡。琉璃剪叶,金粟缀花繁。黄菊周旋避舍,友兰蕙、羞杀山樊。清香远,秋风十里,鼻观已先参。”朱敦儒《清平乐》:“人间花少,菊小芙蓉老。冷淡仙人偏得道,把住西风一笑。　前身应是江梅,黄姑点破冰肌。只有暗香犹在,饱参清似南枝。”蔡伸《浣溪沙》:“木似文犀感月华,寸根移种自仙家。春兰秋菊浪矜夸。　玉露初零秋夜永,幽香直入小窗纱。此时风月独输他。”都各有特色。但相比之下,似乎都未能如李清照那样把握住“情疏迹远”的本质。倒是陈与义《清平乐》“黄衫相倚,翠葆层层底”,能得桂花形象之要,而“楚人未识孤妍,《离骚》遗恨千年”与李清照所论相同,显示出另一副眼光。

咏物毕竟不只是写生，人生的理想和体验起着很重要的作用，手眼的高低取决于胸襟、识见。李清照是女流辈，却有不凡的士夫气，若非如此，她在咏桂时能明确宣称“自是花中第一流”，并大胆追问“骚人可煞无情思”吗？

五　湘娥化作此幽芳，凌波路，古岸云沙遗恨
——水中仙子与人间憾恨

我们祖先对有些花卉的命名，真令人叹服。比如水仙就是一例。淡洁素雅，亭亭玉立，令人想起了凌波微步的洛神；只要几颗石子，少许清水，就能长出那么清香的花朵，这岂非庄子笔下不食五谷、吸风饮露，而肌肤若冰雪的仙人？宋人在诗画中，多表现梅、兰、竹、菊“四君子”，相对而言，其他花卉不遑多顾。因此，李清照为桂花鸣不平，直道屈原“无情思”而遗漏了不该遗漏的花中上品。至于水仙，则让人想到吴文英的《花犯·郭希道送水仙索赋》。吴词是怎样写水仙的呢？请看：

> 小娉婷清铅素靥，蜂黄暗偷晕，翠翘攲鬓。昨夜冷中庭，月下相认。睡浓更苦凄风紧。惊回心未稳，送晓色，一壶葱蒨，才知花梦准。　湘娥化作此幽芳，凌波路，古岸云沙遗恨。临砌影，寒香乱，冻梅藏韵。熏炉畔，旋移傍枕，还又见、玉人垂绀鬒。料唤赏、清华池馆，台杯须满引。

比起绘画来，人们不由得要感叹文字在描绘事物上的力绌。当然，说力绌是对实际存在的事物（尤其是物）而言，而幻想中的事物，却是文字叙述、描绘的能力要强于绘画。举个很简单的例子，比如《西游记》中孙悟空的七十二般变化，十万八千里的一个筋斗云，眼花缭乱的神魔大战等，小说叙述起来都不是很费力，但要画成连环画就很费事，而且远没有文字叙述那么自由，有不少东西还受到限制，难以表现。文字可以作连续性的叙述，可以很从容地讲故事，描写动作，绘画却很困难。但是，如果要换成静物或动物，或不带故事情节的人物，有作画能力的人画出来的画，其给人的直观印象要比语言描写深刻、清晰得多。换成古典文学的用语来讲，诗词在“比兴”上要强于绘画，但在“赋”上却要逊色些。就说水仙吧，对着它画一幅写生，不管是水彩、水粉、油画，还是彩墨国画，人们看了不会说是其他什么花。而换成诗词，比起散文来，其描写起来要困难得多。那么，吴文英的这首《花犯》又怎样呢？

此词前三句描写水仙，很能抓住特征。“小娉婷清铅素靥”七字，既写出了水仙小而柔美的整体性面貌，又概括出小而白的水仙花瓣特点。“蜂黄暗偷晕”，是写水仙黄色的花蕊，后面三字很形象地传递出这黄色花蕊之神，因为似乎是不知不觉间生出来的。“翠翘攲鬓”状水仙的绿叶，翠翘是翠玉制成的头饰，“攲”字此处通“倚”，因是用女子的形象来写，很难作字字落实的解释。因前三句都以女子拟写水仙，故“昨夜冷中

庭，月下相认”接写梦中与女子的相见，此女即后面所说的“湘娥”，也就是水仙花神。浓睡中的梦已令人难受（后面“遗恨”语，可见梦中相见的是作者一直难以忘怀的“去姬”），加上凄风紧吹，就更让人惊心。梦中惊醒，心尚未稳，人家已在晓色中将一壶青翠的水仙花送来了，此时，才知道晚上做梦真准！

下片换一角度写。水仙是湘江女神化成的，她凌波而来的路，连同古岸、云沙，都带着当年的遗恨（因大舜的二妃娥皇、女英为夫君死于苍梧之野，也殉情而死，成为湘水之神，故曰“遗恨”）。接下来三句再写水仙，写其影，写其香，写其韵。然后又作拟人之笔；如果将水仙花移到熏炉边、枕头旁，似乎又看到了垂着青黑色头发的玉人。最后说，料想你郭希道先生会叫我到你的清华池馆去赏水仙的，到那时，大小杯子都要满引而饮了。

吴文英其实是宋代的“朦胧诗”诗人，他的词在晚清及近代备受推崇，但要读懂却很不容易。此词也如此。作为咏物之作，此词对水仙正面描写并不多，作者始终将花拟人，在不即不离间，而现实又与梦境结合，或真或幻，忽东忽西，使人难以把握。之所以这样写，除了作者个性化的艺术追求外，还应注意到他心中的“去姬”情结：他有一心爱的“姬人”，是一位多情的湘女，可后来却“去之”，吴文英心中就留下了伤痕。所以他的不少作品，都会表现出对“去姬”的怀念。此词明是写水仙，而暗怀“去姬”，因此才会时而花，时而人，真真幻幻，难以循迹。宋人纳妾成风，吴文英虽是依人而食，却也不例外。我们了解了他的伤心史，就可以知道他为何有那么多的感伤。他的人生有自己的缺憾，所以在咏花之作中也没有忘记倾诉。

六　淮山春晚，问谁识、芳心高洁
——见证历史兴亡的琼花

人们都说牡丹国色天香，是最珍贵的花卉，而实际上牡丹栽培甚广，除魏紫、姚黄等名贵品种外，不难一睹芳容。物以稀为贵，花中最为珍稀的，当数琼花。传说琼花是仙人种玉而生，花如白雪，蕊瓣团团，故名之为琼花，天下虽大，仅扬州才有。当年隋炀帝为了看琼花，并到南方富庶之地享乐，特地开挖、修建运河，以便到扬州，终于在农民起义的讨伐声浪中死于此地。

宋词中吟咏花卉之作，也没有忘记琼花，周密就写过《瑶花慢》（又名《瑶华》）。周密此词原有一个一百五十多字的长序，但今传其词的版本却仅剩下不足四十字：“后土之花，天下无二本。方其初开，帅臣以金瓶飞骑进之天上，间亦分至贵邸。余客辇下，有以一枝……”这里说，扬州后土祠的琼花，天下没有第二本，因其珍贵，所以在初开的时候，当地的地方长官就将它剪下，贮于金瓶中，快马加鞭地送到皇宫，有时也分别送到贵人府邸。余下所说，不知其详。此词词调名《瑶花慢》或《瑶华》，始见于吴文英《梦窗词稿》，调名出自屈原《九歌·大司命》：“折疏麻兮瑶华，将以遗兮离居。”琼花与瑶华，二名而一物，周密选此调写琼花，真是天作之合。词云：

朱钿宝玦，天上飞琼，比人间春别。江南江北，曾未见、谩拟梨云梅雪。淮山春晚，问谁识、芳心高洁？消几番、花落花开，老了玉关豪杰。　金壶翦送琼枝，看一骑红尘，香度瑶阙。韶华正好，应自喜、初识长安蜂蝶。杜郎老矣，想旧事、花须能说。记少年一梦扬州，二十四桥风月。

周密在《齐东野语》中说："扬州后土祠琼花，绝类聚八仙，色微黄而有香。仁宗庆历中，尝分植禁苑，明年辄枯，遂复载还祠中，敷荣如故。淳熙中，寿皇亦尝移植南内，逾年憔悴无花，仍送还之。"可见其因故土难离而尤见珍贵。此词一开始就将琼花比作美人的装饰物，接着又以天上女仙许飞琼（西王母的侍女）相拟，所以确实是有别于人间的春色。因为琼花初开就被剪下，贮于金瓶，飞骑送至皇宫，无论是江南还是江北的人们都无法见到，所以就想当然地将它比作密如白云的梨花和像雪一样的梅花。诗词咏物不能像画画的照实而写，而是题里题外，忽纵忽收。接下来的"淮山"指淮河边的都梁山，此时的淮河是宋金的边界，所以将琼花护送到皇宫，而不让它关注淮山，真辜负了它关注国事的一片高洁的芳心。这样用不了几次花开花落，那些边关的将士们都将垂垂老矣，北方故土什么时候才能收复呢？过片三句，即小序所说内容。"一骑红尘"出杜牧诗"一骑红尘妃子笑，无人知是荔枝来"，此诗讥刺唐明皇令驿站快马给杨贵妃送荔枝事，周密将地方官飞骑给皇宫送琼花与之相拟，可见其讽刺之意。飞骑金瓶送到的琼花，像人的青春年华，正值好时候，它应该为初次认识行都临安的蜂蝶（贵胄公子们）而高兴。因此词是咏花，花与蜂蝶自有密切关系，并非意在讥刺。琼花出于扬州，而文学创作与扬州关系最为密切的当数杜牧，如今杜郎已经作古，旧事只能让琼花来说了。包括隋炀帝凿运河、看琼花，以致亡国殒身，直到金兵渡淮南侵，扬州毁于兵火等种种旧事，都只有这无知的琼花所亲历，也只有它是真正的历史见证人。此词在最后说，当年杜牧在扬州，曾有"十年一觉扬州梦，赢得青楼薄幸名"和"二十四桥明月夜，玉人何处教吹箫"的名句，写出了扬州的繁华、美丽，那正像人美好的少年时代啊！

琼花过于珍贵，除了皇亲国戚，一般人很难见到，周密在此词的序中说"间亦分至贵邸"，而"余客辇下，有以一枝"以下残缺，未知什么内容，也不知他是否看到过。或许是这个原因，此词对琼花并未作正面描写。为此，陈廷焯《白雨斋词话》说："不是咏琼花，只是一片感叹，无可说处，借题一发泄耳。"不过，主要原因并不在这里。作者在词中用了杜牧的诗，将当年驿马传送荔枝与当今的飞骑进呈琼花相联系，是有其讥刺现实的深意的。写此词时，正值贾似道擅权，朝政昏暗，政治腐朽，而宋度宗沉湎于酒色，不问政事，对蒙古军南侵一无所知，听信了贾似道的谎报大捷，以为天下太平，而实际上南宋的重镇襄阳、樊城已遭围困，情形危殆。作者对度宗只知看琼花却不知整军经武自有看法，故借咏琼花来讥讽现实，认为若长此下去，用不了多久，就不但是"老了玉关豪杰"，而且亡国的危险已近在眼前，"长安蜂蝶"也难以逍遥了。

南宋的咏物词虽因国势之变而作者常有寄托，但像《瑶花慢》这样直刺朝政的作品还不多见。它让人看到了唐代新乐府的精神,也启迪人们思索历史和人生:隋炀帝逸豫亡身,殷鉴不远,可为什么从宋徽宗直到宋度宗都不知道有这面镜子呢!

七　看云外山河,还老尽、桂花影
——月亮的遐思与怅想

从原始人类开始,就已懂得白天的天上有耀眼的太阳,而晚上的天空最明亮的是月亮。关于太阳与月亮的传古民歌不知唱了多少代！宋词中的咏月词,自然也有可观的数量。

前面已经说过不少中秋咏月词,最有名的当数苏东坡的《水调歌头》“明月几时有”,而辛弃疾注意到了中秋词多为待月者,而无送月者,故作了《木兰花慢》,以补其缺。此词属于《天问》体:

> 可怜今夜月,向何处、去悠悠?是别有人间,那边才见,光影东头?是天外空汗漫,但长风浩浩送中秋?飞镜无根谁系?姮娥不嫁谁留?　谓经海底问无由,恍惚使人愁。怕万里长鲸,纵横触破,玉殿琼楼。虾蟆故堪浴水,问云何玉兔解沉浮?若道都齐无恙,云何渐渐如钩?

屈原有《天问》之作,全篇对天发问,一共提了一百七十多个问题,是古代非常奇特的作品。辛弃疾此词学了《天问》的写法,也对月亮发出了一系列的提问。其中开头的两个问题,被王国维《人间词话》评为“词人想象,直悟月轮绕地之理,与科学家密合,可谓神悟”。其实还可以作个补充:“飞镜无根谁系”恐怕也与“万有引力”定理“密合”。当然,此词并不足以说明辛弃疾的科学水平,这只是想象和猜测而已,它作为词的一种创格,倒是很值得称道的。作者不但打破了上下片的界限,而且一连串的发问造成了纵横豪荡的气势,与苏轼的清奇英特相比而成为别调。

刘克庄也有两首颇为有名的《清平乐·五月十五玩月》:

> 纤云扫迹,万顷玻璃色。醉跨玉龙游八极,历历天青海碧。　水晶宫殿飘香,群仙方按《霓裳》。消得几多风暴,变教人世清凉。
>
> 风高浪快,万里骑鲸背。曾识姮娥真体态,素面原无粉黛。　身游银阙珠宫,俯看积气濛濛。醉里偶摇桂树,人间唤作凉风。

这两首词都具备非凡的想象力,虽非稼轩的《天问》体,浪漫主义的精神却有很大的一致性。但是,宋末的咏月词常是另一种风貌,因为它们不可避免地带上了时代的印记。如蒋捷的《瑞鹤仙·乡城见月》,其上片云:

> 绀烟迷雁迹,渐碎鼓零钟,街喧初息。风檠背寒壁,放冰蟾,飞到蛛丝帘隙。琼瑰暗泣,念乡关、霜华似织。漫将身化鹤归来,忘却旧游端的。

词中充斥着沧桑之感,当与作者经历了国变密切相关。尤其是王沂孙的名作《眉妩·新月》:

> 渐新痕悬柳,淡彩穿花,依约破初暝。便有团圆意,深深拜,相逢谁在香径?画眉未稳,料素娥、犹带离恨。最堪爱、一曲银钩小,宝帘挂秋冷。　千古盈亏休问。叹慢磨玉斧,难补金镜。太液池犹在,凄凉处、何人重赋清景?故山夜永。试待他、窥户端正。看云外山河,还老尽、桂花影。

此词先写新月初上,刚露出一痕,悬于柳梢,月色淡淡地穿过花丛,仿佛划破了天空的黑暗。前蜀牛希济《生查子》词有句:"新月曲如眉,未有团圆意。"此词反用其意,谓在香径深拜新月。新月像嫦娥还未画好的眉毛,想来应是她带着离恨。最可爱的是挂起了帘子看月,所见到的新月就像是一弯银钩。下片说,不必再问自古以来月亮如何圆了又缺,也不必磨快了玉斧补月,因为缺月已无法再补了。宋朝的宫苑虽在,国运已是今非昔比,再无人在此地赏新月、赋新诗了。据记载:"太祖夜幸后池,对新月置酒。问:'当直学士为谁?'曰:'卢多逊。'召使赋诗。请韵,曰:'些子儿。'其诗云:'太液池边看月时,好风吹动万年枝。谁家玉匣开新镜?露出清光些子儿。'太祖大喜,尽以坐间饮食器赐之。"(见陈师道《后山诗话》)可见,在宋初政权刚建立时,借着咏月的题材,还是很可以看出统治者的自信的。现在则全然不同。故山夜长,正等待着月亮端庄、美丽地圆满。等看到月圆之时,只有月中的山河大地影子还是完整无缺的,故国的土地却沦丧殆尽了。

《眉妩》写得比较隐晦,但从词中用语可推测应是宋亡之前的作品。作者将宋代的昔日盛时与今日衰时对照,寄托其金瓯已缺、河山无法整治之意,在咏新月中表达了对国事的憾恨。国家、国家,国与家是紧密相关的,国事与人生有着难以分割的关系,王沂孙生当宋之末世,其作品常有无穷哀感,"亡国之音哀以思",可谓是时代的必然。

八　拣尽寒枝不肯栖,寂寞沙洲冷
——幽人贞吉的自我形象

宋人的咏物词以花卉类为多,而后代的研究者、评论者对南宋的此类作品评价更高些,原因在于南宋的作品常有寄托。北宋的咏物词也不少,擅长于此者甚众,苏东坡就是其中的一个,他不但能写出令关西大汉执铁板铜琵演唱的"大江东去",也善于写温柔婉约的《水龙吟》杨花词。说到他的咏物名篇,免不了要提起咏孤鸿的《卜算子》。此词是苏轼于元丰五年(1082 年)时在黄州所作。而黄州,则是"乌台诗案"后的贬所。

关于"乌台诗案",前面已说了不少,这里还可以作些补充。我们可以从苏轼在狱中寄其弟苏辙的诗中，了解他当时的处境。苏轼写给苏辙诗的短序说："予以事系御史台狱，狱吏稍见侵，自度不能堪，死狱中，不得一别子由。"短短几句话，不能详说，却仍然透出了其中逼供之严酷。其一：

圣主如天万物春，小臣愚暗自亡身。百年未满先偿债，十口无归更累人。是处青山可埋骨，他时夜雨独伤神。与君今世为兄弟，又结来生未了因。

其二：

柏台霜气夜凄凄，风动琅珰月向低。梦绕云山心似鹿，魂惊汤火命如鸡。眼中犀角真吾子，身后牛衣愧老妻。百岁神游定何处，桐乡知葬浙江西。

他想到了可能会死，并非过虑，因为后来苏辙在《亡兄子瞻端明墓志铭》中写到他的狱中遭遇："既付狱，吏必欲置之死，锻炼久之不决。"所以，后来得到神宗的恩赦，经过了四个多月牢狱生活的苏轼，是很庆幸自己能重见天日的。但是，他出得牢房，却仍由御史台差人押解到黄州，还是罪人，因此在到了黄州后，生活非常艰辛，思想也很苦闷。在此期间写的诗、文、词，都有所流露。《卜算子·黄州定慧院寓居作》咏孤鸿就是其中之一：

缺月挂疏桐，漏断人初静。谁见幽人独往来，缥缈孤鸿影。　惊起却回头，有恨无人省。拣尽寒枝不肯栖，寂寞沙洲冷。

此词先描绘了定慧院的深夜环境，为"幽人"及孤鸿的出现奠定了基础。未圆的月亮挂在天上，恰好就在稀疏的梧桐树边，漏壶中的水已经很少，仿佛断了一样，正是夜阑人静之时。此时，有谁还见到有个幽人独自往来，就像缥缈的孤鸿的影子。下半阕承接上文的孤鸿而写：孤鸿惊恐地回头，好像满怀幽恨，却无人了解，它拣遍了已带寒意的树枝，不肯栖息，只得寂寞地落宿到寒冷的沙洲。

因为苏轼名气太大，就有人出来编故事，说是有个年轻女子不肯嫁人，听说东坡要来，高兴地说："我的夫婿来了。"后来单相思而死。苏轼知道此事后，写了这首词，其中的"拣尽寒枝不肯栖"就是写这女子的。而作为咏物词，又有人从真实性的角度来找它的毛病，认为鸿雁并不栖息在树枝上，而是在田野和芦苇丛中，因此词中所写"拣尽寒枝不肯栖"是"语病"。也有人出来为大文豪辩护，他认为既然有隋朝诗人写出"夕宿寒枝上，朝飞空井旁"，苏轼如此写也就有根据了。当然，也有人认为此词是另有寄托的，甚至作了字比句附的解释，如：缺月，是"刺明微"；漏断，是"暗时"；幽人，是"不得志"；独往来，是"无助"；惊鸿，是"贤人不安"。因所说割裂了艺术形象的整体性，也遭到了有些人的嘲笑。

苏轼在劫后余生中，的确有很多人生感慨，尽管此时不敢讽刺新法和现实政治了，但是，用词寄托其寂寞之意，却是很自然的事。词中的幽人与孤鸿，有着本质的相同。《易·履卦》有“履道坦坦，幽人贞吉”语，幽人本义是幽囚之人，引申为幽居、幽静之人，苏轼为贬谪者，自称甚确。而孤鸿的惊起回头，寂寞无依，是否可以让人从中体会到苏轼在遭受政治打击后，既不合流俗又极其失意、满怀幽愤的处境呢？咏物词写到像这样似又不似、入又可出的地步，是一种极高的境界。所以，尽管苏轼是现实中的“罪人”，但他创造的孤鸿形象，表现出“幽人贞吉”的自我，仍被他的朋友兼学生黄庭坚称为“语意高妙，似非吃烟火食人语”。

九 飘然快拂花梢，翠尾分开红影
——幸福的燕子与不幸的闺中妇

燕子是与人为伴的候鸟，它们筑巢在屋檐之下，呢呢喃喃，似与人有款款深情，冬天迁往南方避寒，可到春天暖和时又飞回来了，好像不违故人之约，所以人们都喜欢燕子。

古人不乏写及燕子的诗。《诗经》有著名的《燕燕》，是送别的代表作。唐诗中有刘禹锡的《乌衣巷》，其“旧时王谢堂前燕，飞入寻常百姓家”是耳熟能详的名句。但是，《燕燕》是借燕子起兴写别离之情，《乌衣巷》是借燕子写人世沧桑之感，都不属于纯粹的咏燕之作。要说宋词中的纯然咏燕名篇，当首推史达祖的《双双燕·咏燕》：

> 过春社了，度帘幕中间，去年尘冷。差池欲住，试入旧巢相并，还相雕梁藻井，又软语、商量不定。飘然快拂花梢，翠尾分开红影。 芳径，芹泥雨润。爱贴地争飞，竞夸轻俊。红楼归晚，看足柳昏花暝。应自栖香正稳，便忘了、天涯芳信。愁损翠黛双蛾，日日画栏独凭。

这首词对于燕子真是称得上形容妥帖，是咏物词中的上乘之作。开头三句并无一句直接写燕子，却又是燕子的出场。第一句是说明季节，“春社”是春天的社日，祭祀土神的日子，在立春后的第五个戊日，此时正当春暖，点出了时节，就可以让人想起燕子的归来。第二句用了一个“度”字，就可以想见燕子在帘幕中间飞过的情景。第三句点明了燕子是离开此地后的重新归来。“尘冷”两字是从燕子的感觉来写的，那么这家人家是不是发生了什么变化呢？词中继续写燕子回归后的种种表现。由于离开有一段时间了，所以要熟悉一下环境。“差池欲住，试入旧巢相并”，是说燕子张开尾翼，想尝试着双双飞入旧巢。但一时又拿不定主意，所以在雕梁画栋和藻井（画有菱荷水藻类的井栏状天花板）间仔仔细细地察看，还是定不下来。成双的燕子呢喃不停，就好像情侣一样的亲热，“软语商量不定”是极其传神的一笔。“商量”的结果是决定在此处住下来了，于是，在花梢飘然而过，翠绿色的尾巴分开了红色的花影，在大好春光中开始了新的生活。下片并未另起一意，而是继续写燕子回归后的生活。它们贴着地飞，在长着花草的小径上掠过，衔了长着芹草的泥去做窝，那相互追赶的样子就像是在向人夸示自己的轻盈、俊俏。大概是因为风光太美好了，燕子看够了美景，在柳也黑、花也暗的时候，才回到了自己栖息的红楼。可自己栖息得很香甜，睡得很安稳，却竟然把要紧的事儿给忘了：原来在从南方归来之前，一位天涯游子曾托燕子将自己的书信带给家人，可是在回到故地、双宿双飞，自己一高兴，倒把托信的事丢在了脑后。这样一来，就害苦了红楼的闺中思妇，只见她愁损了双眉，天天在楼上一个人靠着栏杆远望，等不来心上人，只有无限的惆怅。

这首《双双燕》是史达祖的自度曲，内容与调名一致，是咏双燕的作品。作者抓住了候鸟的特点，词一开头就写春燕的归来，然后是双燕寻找旧巢，在一番观察、细看、软语商量后，终于拂花而去。上片写双燕飞回，入屋又出屋，是寻巢之举。下片写衔泥以营旧巢，到黄昏归来。对双燕堪称形容妥帖，能尽物之性。明人卓人月说得很好："不写形而写神，不取事而取意，白描高手。"确实，这是咏物词中的一篇好作品，很可以从中看出宋人那种即物深致、无细不彰的表达技巧，见出他们对美好事物的挚爱。

但是《双双燕》的意义好像又不仅仅停留在此。我们应该注意到词中另转新意的写法：在"看足柳暗花暝"后，咏燕实已告竣，但作者又突然插入忘记捎信一事。这好像有点离题，而实际上是咏物时不忘人生苦乐的体现。词人将双燕的生活写得很美满，无论是"试入旧巢相并。还相雕梁藻井，又软语、商量不定"的有商有量，还是"爱贴地争飞，竞夸轻俊"，"看足柳昏花暝"的行动一致，都是亲亲密密，两下难分。而反观双燕栖息地的红楼，尽管有重重帘幕，有雕梁藻井，显然是富贵者之家，但是这个家不仅"尘冷"，而且红楼上的女主人是"愁损翠黛双蛾，日日画栏独凭"，与双双燕相比，她是形只影单，孤苦寂寞。很显然，燕子的生活是自由、幸福、无忧无虑的，而红楼贵妇却没有幸福可言。这又告诉人们，人生的幸福不在于物质享受，即使有朱楼碧瓦、锦衣玉食的物质享受，而没有志同道合的伴侣，那么在精神上可能还是痛苦的。因此，人们歌颂天上的七仙女下凡，同董永过着"你耕田来我织布，你浇水来我灌园"的劳动生活，因为亲情是宝贵的，共同劳动是幸福的，天国却是太寂寞了。

十　露湿铜铺，苔侵石井，都是曾听伊处
——不知人间怨情的蟋蟀

蟋蟀是一种常见的昆虫，《诗经》中已数见。如《豳风·七月》第五章在"五月斯螽动股，六月莎鸡振羽"两句后，接写蟋蟀的活动变化："七月在野，八月在宇，九月在户，十月蟋蟀入我床下。"因为蟋蟀趋暖避寒，所以会有生活场所的更动。而《唐风·蟋蟀》三章都以"蟋蟀在堂"开头，是因蟋蟀从户外转入户内，标志着一年之将终，作者因此而发出"今我不乐，日月其除"，"今我不乐，日月其迈"，"今我不乐，日月其慆"的叹息，感时光之易逝，而以及时行乐相倡。古人中的市井之徒，常喜好动物相斗，斗鸡与斗蟋蟀大概最为常见。而这两种相斗，又都盛行于唐朝天宝年间，且不仅是市井之徒，而是王

公贵族都参与其事，大诗人李白就曾表示过自己对此事的鄙夷。宋词多咏物之作，其中也有咏蟋蟀者，姜夔的《齐天乐》是这一题材的名篇。此词有小序："丙辰岁与张功父会饮张达可之堂，闻屋壁间蟋蟀有声，功父约予同赋，以授歌者。功父先成，辞甚美。予裴回茉莉花间，仰见秋月，顿起幽思，寻亦得此。蟋蟀，中都呼为促织，善斗；好事者或以三二十万钱致一枚，镂象齿为楼观以贮之。"丙辰是宋宁宗庆元二年（1196年），张功父即张镃。张所赋为《满庭芳·促织儿》：

月洗高梧，露漙幽草，宝钗楼外秋深。土花沿翠，萤火坠墙阴。静听寒声断续，微韵转、凄咽悲沉。争求侣，殷勤劝织，促破晓机心。　儿时曾记得，呼灯灌穴，敛步随音。任满身花影，犹自追寻。携向华堂戏斗，亭台小，笼巧妆金。今休说，从渠床下，凉夜伴孤吟。

而姜夔所赋则为《齐天乐》：

庾郎先自吟愁赋，凄凄更闻私语。露湿铜铺，苔侵石井，都是曾听伊处。哀音似诉。正思妇无眠，起寻机杼。曲曲屏山，夜凉独自甚情绪？　西窗又吹暗雨。为谁频断续，相和砧杵？候馆迎秋，离宫吊月，别有伤心无数。《豳》诗漫与。笑篱落呼灯，世间儿女。写入琴丝，一声声更苦。

很显然，他们两人所写的侧重点是不同的。张词上片写秋天月夜听到蟋蟀声的体会，下片写小时抓蟋蟀、斗蟋蟀情形，从今天的孤独情怀表现今昔之感。秋夜的月色明媚，露水凝聚，梧桐高耸，幽草丛生，楼台外已是秋深。苔藓沿着墙根伸展，萤火虫飘落在墙阴，而就在墙根处，传出了蟋蟀的鸣声。它断断续续，声调微转，在人听来好像是寒声阵阵，凄凉又悲沉。作者认为蟋蟀的鸣声是志在求侣，又因蟋蟀别名促织，民谚称"促织鸣，懒妇惊"，故词中谓"殷勤劝织，促破晓机心"。下片转为回忆。小时在夜间抓蟋蟀，常是随着它的叫声轻轻的跟着，一旦发现钻入了洞内，就用水灌，拿灯照，任凭满身的花影，非要追寻到不可。等抓到了，就把它关在极其精美的笼中，带到华丽的厅堂中相斗。现在年华渐去，儿时的乐趣已不可寻，只有让蟋蟀在床下与我相伴，在秋凉之夜，听它孤吟。

张词所表现的是今昔对比，对童趣不可追寻的失落中，正如人生的秋天之感受油然而生。可见作者虽以懂得生活知名，周密《武林旧事》载有他所拟的一年十二个月的游赏，即《张约斋赏心乐事》，但正如"旧游无处不堪寻。无寻处，惟有少年心"一样，蟋蟀惊心，所惊是在于生命的流逝，富贵者也并不能例外。

姜夔的《齐天乐》不但是个人对物候的感受，而且写出了更为广阔的人群的悲伤情绪。开头从庾信写《愁赋》起，为全词定下"愁"字基调，次句即入以蟋蟀"凄凄"的"私语"声。露水打湿的铜铺（衔挂门环的辅件），苔藓所侵的石井，都是听它鸣声之处。悲哀的声音如泣如诉，使得本来就已失眠的思妇更无法入梦，只好起床织布以遣心中忧愁，蟋蟀的鸣声遂与机杼声混为一片。思妇对着曲曲屏风上的山山水水，未免伤心念远，织就的寒衣何时才能送到经行在外者的手中呢？所思念者又何时能回到自己的身边呢？“夜凉独自甚情绪”一句，实有很丰富的意蕴。换头数句从室内转到室外：西窗吹来了暗雨，断断续续地传来了捣衣的砧杵声，与蟋蟀的悲吟相和相应。接着，作者转出、展示了广阔的空间：候馆中的逐臣迁客、骚人游子，离宫中的失宠嫔妃、寂寞宫女，他们或飘泊远行，或孤寂无欢，在迎秋吊月时，听到蟋蟀的悲鸣，岂非“别有伤心无数”？当自己正准备率意写下“豳诗”（借《七月》写蟋蟀）时，陡然接上小孩呼灯欢叫，在篱落间抓蟋蟀两句，其欢情似与前面的悲情不相符，但正如陈廷焯在《白雨斋词话》中所说：“以无知儿女之乐，反衬出有心人之苦，最为入妙。”这一“反衬”确实使得词中的“苦”字为之更“苦”。

自然界的万物与人，一者无知，一者有情，正如欧阳修《秋声赋》所说：“草木无情，有时飘零，人为动物，惟物之灵。百忧感其心，万事劳其形，有动于中，必摇其精。”而人们的喜爱春天，和相沿不已的悲秋，是悲衰朽、喜新生的表现，其实又缘于生命意识。上面的两首咏蟋蟀之词，一者是个人从小时到现在的不同感受，在童趣与热闹的失落中，让人感受到了人生逝去的美好东西不可追寻。一者则越出了个人的感受，表现了作者对于从思妇到更为广大的人群的人生关怀，对于失意者情感的体验与同情。张镃是循王张俊之后，又有很高的官职；姜夔是一介布衣，终身依人为食。前者似乎只从自己的体验出发，表现自己的感受，局限于一己；而后者却能推己及人，想到了“伤心无数”。尽管都是咏蟋蟀，因所关注者有广与狭的不同，其思想境界也有高下之别。

十一　推手含情还却手，一抹《梁州》哀彻
——承载了多感情重负的琵琶

琵琶是主要的民族乐器，本名“批把”，演奏特点在于拨弦。据汉刘熙《释名·释乐器》所说：“批把本出自胡中，马上所鼓也。推手前曰批，引手却曰把，象其鼓时，因以为名也。”隋唐时期，因盛行燕乐，琵琶的地位非常重要，成为不可或缺的乐器。唐诗有不少写音乐的著名作品，其中白居易的《琵琶行》有很高的知名度，宋词中也有写及琵琶者，虽无可与《琵琶行》相并者，但如辛弃疾的《贺新郎·赋琵琶》，也是很有特色的作品。我们且看稼轩是如何咏琵琶的：

凤尾龙香拨，自开元《霓裳》曲罢，几番风月？最苦浔阳江头客，画舸亭亭待发。记出塞、黄云堆雪。马上离愁三万里，望昭阳宫殿孤鸿没。弦解语，恨难说。辽阳驿使音尘绝，琐窗寒，轻拢慢捻，泪珠盈睫。推手含情还却手，一抹《梁州》哀彻。千古事，云飞烟灭。贺老定场无消息，想沉香亭北繁华歇。弹到此，为呜咽。

咏物之作，不应只是就物写物，而应就历史和现实人生有作者自己的感叹和评判。辛

弃疾此词就是这样写的。据《明皇杂录》所载，杨贵妃的琵琶用龙香板为拨，以逻沙檀为槽，有金缕红纹，蹙成双凤。所以词的开头就写与杨贵妃相关的琵琶事，而从《霓裳羽衣舞》曲罢以来，又有几番风月呢？古人写诗词常有以前朝代今朝的情况，如白居易《长恨歌》一开头就是"汉皇重色思倾国，御宇多年求不得"，以汉代唐，引出了李隆基与杨玉环事。这里则是以唐指宋，借唐玄宗耽于逸乐、不理朝政，引发安史之乱，来暗指宋代。以下用了许多与琵琶有关的典故，来展开作者所要表达的"恨"。《琵琶行》以"浔阳江头夜送客"开头，此词用了诗中之意，因为白居易在此诗序中说"是夕始有迁谪意"，词中的"最苦"是将为官者的迁谪，与琵琶女的有感于"商人重利轻离别"结合而言的。"记出塞"以下，是写昭君出塞事，"马上离愁三万里"一句，既写出了王昭君当年去国时离愁的沉重，又暗指靖康之变的历史悲剧。因为这一悲剧不仅造成了巨大的民族灾难，而且皇帝、后妃及作为国家象征的诸多物品，都被押送到北方绝域，这难道不是"弦解语，恨难说"吗？

过片转写现实：辽阳是唐人经常写到的地方，因唐代疆域辽阔，戍守辽阳是远离家乡，而南宋时期，国土狭窄，且不说辽阳，连扬州、合肥都成边地，"辽阳驿使音尘绝"应是借唐人惯用的题材，写对于北方故土的思念，而这一思念又是与琵琶相统一的，所以是以女子的形象出之，写她在琐窗之中轻拢慢撚的弹奏，泪珠盈盈的样子。"推手"、"却手"已见前面所引刘熙《释名·释乐器》语，《梁州》即《凉州》，其声哀怨，"哀彻"更加深了这种悲哀之情。写至此，作者用"千古事，云飞烟灭"将与琵琶有关诸事顿住，而"贺老定场无消息，想沉香亭北繁华歇"，则又应接上片的"自开元《霓裳》曲罢，几番风月"，因为被称为"贺老"的贺怀智是开元、天宝年间的琵琶高手，元稹《连昌宫词》有句："夜半月高弦索鸣，贺老琵琶定场屋。"贺老定场既无消息，"解释春风无限恨，沉香亭北倚栏干"的帝妃之乐，以及当年的繁华景象当然也无可再见。自然也"弹到此，为呜咽"，因为家国之愁怨实在是难以抑制啊！

琵琶是乐器，却又承载着历史与现实，与朝政的兴废密切相关，有时又浓缩了人生的命运。辛弃疾此词是咏琵琶，但又是借琵琶来表达对于历史、现实、朝政、人生的看法和评判。浔阳江头的被贬官员，老大嫁作商人妇的琵琶女，"同是天涯沦落人"的感受；"马上离愁三万里"，出塞和番的王昭君，以及比昭君命运更为不济的二帝、后妃、宗亲；"贺老定场无消息，想沉香亭北繁华歇"的天宝时期，到类似于唐明皇图逸乐而荒政误国的宋徽宗，都可用琵琶一线穿起。陈廷焯《白雨斋词话》认为："此词用典虽多，却一片感慨，故不嫌堆垛。心中有泪，故笔下无一字不呜咽。"所以词中有显见的悲凉色彩。

现在，我们常把"岁月如歌"四个字挂在嘴上，而如歌的岁月，应不仅仅是欢乐的歌。人生有幸与不幸，当然也有酸甜苦辣，我们应该知道珍惜什么，想努力避免什么，如何去创造幸福生活。我们毕竟生活在一个很有希望的时代，阶级斗争的风雨已过去多年，改革开放给人们带来了巨大的变化与机遇，尽管还有社会、经济转型期的阵痛，有种种的社会不公，有很大的贫富差距，有这样那样的困难，但前途是充满希望的。呜咽的琵琶已成过去，明天的歌声一定会更美好！

羁旅行役

一 人生底事，来往如梭
——幼稚的提问与深邃的哲理

在我们这个世界上，有许多的民族都有自己的“传古民歌”(有的称之为史诗)，尽管它们之间有许许多多的不同，但似乎都牵涉到三个问题：我们从哪里来？我们到哪里去？我们是谁？这看来好像是很简单的问题，其实并不简单。到现在为止，科学已经很发达了，可是对这三个问题恐怕还没有很满意的答案。正因为如此，世界上才会有那么多的宗教来为之解释，也有不少的邪教教主以各自的说法来欺骗信徒，并扮演起救世主的角色。生命的起源、进化，已被现代科学所阐明，被大量的实验所证实，但因考古发掘的现有成果还不能弥补人类进化环节的缺失，使有的科学家依然相信人是上帝造出来的。万有引力定律的发现，天文学的进展，使得人们懂得天体运动的原因所在，但由于对“第一推动力”产生原因的难以有一致意见，就有人相信地球的最初转动是上帝踢了一脚。现代天文学可以解释太阳在到了“晚年”后，将膨胀为红巨星，然后再收缩为物质密度极高的白矮星，最后坍缩为“黑洞”，在成为红巨星时，将大到超过地球的轨道，而作为太阳行星的地球，是如同鸡蛋般的由地壳、地幔、地核组成，但偏偏有那么多人相信不是太阳将给地球带来灾难(几十亿年之后)，而是地球将会爆炸，所以我们到哪里去呢？就成了个极大的问题。

在中国古代的文学作品中，大概除了屈原的《天问》以外，恐怕更多的是关心地上的事情，而不是天上的问题，因为从先秦以来，我们的祖先已因农业文化的重在实际而培养出理性精神，不语怪力乱神，多言今生而少说来世。可是，文学家们还是会有一些带着童趣的提问，如李白发问：“青天有月来几时？我欲停杯一问之。”苏轼也问：“明月几时有？把酒问青天。”如果说这些提问是出于酒后，尚带醉意而并非十分认真，苏轼的另一些词却有幼稚中蕴涵着深邃哲理的提问。如他的两首《满庭芳》都在提问中阐发人生哲理。

一首是：

蜗角虚名，蝇头微利，算来着甚干忙。事皆前定，谁弱又谁强？且趁闲身未老，须放我、些子疏狂。百年里，浑教是醉，三万六千场。 思量、能几许？忧愁风雨，一半相仿。又何须抵死，说短论长！幸对清风皓月，苔茵展、云幕高张。江南好，千钟美酒，一曲《满庭芳》。

很显然,这是演绎庄子思想、并结合现实生活中的感受而发的。在遭受人生重大的打击、挫折后,苏轼早年的儒家积极进取精神不得不为之退缩,所以对于名利思想看得很淡了,“着甚干忙” 应是既问又叹的口气, 如果不经历过人世风波是不会有此体会的。大概是因为变法问题的是非之争使自己大受其害,终有了“乌台诗案”及后来一系列的被贬谪,“事皆前定,谁弱又谁强”似是无可奈何,实是看穿后的一种醒悟,而不必责之为消极。既然如此,面对人生又能干些什么呢?他给自己设定了一个方案:疏狂。具体以行的是要天天喝个烂醉。下片文意不断,继续上片所说:既然人生有那么多风雨,又何必老是说短论长、争论不休呢?还是抓紧良辰美景好好喝酒唱曲吧!

上面这首还是自问少而自答多。另一首则上下片开头都各有一问:

> 归去来兮,吾归何处?万里家在岷峨。百年强半,来日苦无多。坐见黄州再闰,儿童尽、楚语吴歌。山中友,鸡豚社酒,相劝老东坡。 云何,当此去,人生底事,来往如梭?待闲看秋风,洛水清波。好在堂前细柳,应念我、莫剪柔柯。仍传语,江南父老,时与晒渔蓑。

开头用陶渊明《归去来兮辞》成句,接着自问归于何处,万里之外的家乡回不去,还得以待罪之身量移(指被贬者遇赦酌情安置近处)汝州(今河南临汝)安置。当年的《水调歌头》尚能自称“我欲乘风归去”,如今却只能自问“吾归何处”了。为官之人,并无自由之身,且不说他对黄州生活及行将年老的感叹,下片所提的问题:“云何,当此去,人生底事,来往如梭?”若从后面的闲看秋风洛水来看,是针对黄州父老解说为何要去汝州之由,其实,更是提出了对人生目的看法,带有哲理性。

“人生底事,来往如梭?”用白话来说,即:人生为什么要到处奔波呢?苏东坡的这一问题提得好,我们且用来作为看待宋代羁旅行役之词的开头。

二 未暇买田清颍尾,尚须索米长安陌
——人人都要为生计而忙

我们屡次说到老子“人之大患,在我有身”这句话,因为它的含义太丰富,又太实在、太有哲理了。“有身”就会有起码的生活需要,进而还会有欲望,有忧患。大概同为道家代表人物的庄子深知“有身”之累,所以他在自己的名作《逍遥游》中,创造出只要“吸风饮露”而不食五谷的“神人”形象,他们不但活得很自在,而且“肌肤若冰雪,绰约若处子”,引发出后人多少向往之情。但是,实际上老子、庄子本人也只能作虚幻之想而已,后人对老子的事迹、经历知之太少,而庄子,所过的生活倒确实是很贫困的。据《庄子·外物》载,庄子因家贫,不得已向监河侯借粮食,这位当官的倒很爽气地答应了,但是他说:“我将得邑金,将贷子三百金,可乎?”一向教人“无可无不可”的庄子,此时也按不下怒火了,他“忿然作色”而道:“周昨来,有中道而呼者,周顾视,车辙中有鲋

鱼焉。周问之曰:'鲋鱼来,子何为者邪?'对曰:'我东海之波臣也。君岂有斗升之水而活我哉?'周曰:'诺。我且南游吴、越之王,激西江之水而迎子,可乎?'鲋鱼忿然作色曰:'吾失我常与,我无所处。吾得斗升之水然活耳。君乃言此,曾不如早索我于枯鱼之肆!'"庄子所说往往不乏现实与理念的矛盾,也难怪鲁迅先生会在《故事新编》的《起死》中将他戏弄了一番。

人既"有身"就要面对现实,虚幻的神仙世界是不存在的,不切实际的空想只能像鲁迅所说,是如同想拔着自己的头发离开地球一样可笑。宋朝是道教很流行的朝代,宋真宗就曾带头崇奉,宋徽宗更是将道教推崇到无以复加的地步。但是,神仙并没有保佑君主,徽宗甚至还当了金兵的俘虏,被押解到五国城,过着"坐井观天"的苦难生活。人的肉身不能白日飞升,成为神仙,只能老老实实地待在地面上,在"有身"的"大患"中过日子。

苏东坡问:"人生底事,来往如梭?"也就有人很实在地回答这一问题。且看史达祖的《满江红·书怀》:

> 好领青衫,全不向、诗书中得。还也费、区区造物,许多心力。未暇买田清颍尾,尚须索米长安陌。有当时黄卷满前头,多惭德。　思往事,嗟儿剧;怜牛后,怀鸡肋。奈棱棱虎豹,九重天隔,三径就荒秋自好,一钱不值贫相逼。对黄花常欲不吟诗,诗成癖。

史达祖很有文才,但屡试不第,生活贫困,中年时担任过幕僚,后入中书省为堂吏,受到权相韩侂胄的重用,韩因开禧北伐失败,在随之而引发的宋廷内部斗争中被杀,史达祖也受到株连,受了黥刑,被流放。上面这首词大概作于在江汉一带任幕僚时,在词中将自己的满腹牢骚化作嬉笑怒骂,从中却流露出知识分子的无奈与悲慨。词中正话反说,不说自己满腹文才换不到功名,而是穿着这"好一领青衫",竟然还不是从诗书中得到的,居然还费了造物者这许多的心力,"区区"两字,是因自嘲而推及老天,其怨气可见。青衫是低官的服装,身为卑微小官,不能不为生计问题操心。古代的巢父、许由等高士之所以能隐居,恐怕同当时人口不多而地方不少有关,虽然"普天之下,莫非王土",但总有"王者"管不着的地方,只要有一定的劳动力,就可以耕于田、钓于水、樵于山。可是现在不同了,"未暇买田清颍尾"并非真的"无暇",而应是"无钱",无钱买田,又怎能隐居颍水之滨呢?不得已还是走向长安大道,为求得升斗之给来养家活口。尽管对着那么多的"黄卷"(书籍),实在只有惭愧的份儿了。这又是正话反说,真实的意思是对世道不公的愤慨。词的下片说:思量往事,不由得感叹自己的所作所为就如同儿戏,充当微职就像牛屁股,只有挨揍和出粪的资格,还不如鸡口虽小,犹能进食,想起来也觉得可怜。如果丢掉这领青衫,又靠什么维持生计呢?正如食之无味、弃之可惜的鸡肋一样,真是好为难啊!君门九重,如隔云天,威严的虎豹在那里把守,又怎能敲得开呢?陶渊明《归去来兮辞》有"三径就荒,松菊犹存"语,此处用之而"秋自好",是自己不能归去之意，其原因终于还是“一钱不值贫相逼”！对着秋日黄花，本无吟诗的雅兴，却因写诗已成癖好，还是写了，大概也只有这艺术化的人生才能冲淡现实中的不幸吧！

我们且不必对史达祖其人作出是非评判，此词的“未暇买田清颍尾，尚须索米长安陌”两句，却对封建时代的知识分子具有极大的涵盖意义。是的，人人都要为生计而忙。这既可以回答苏东坡的“人生底事，往来如梭”？又可以解答为何宋代会有那么多的羁旅行役之词。

三 此身如传舍，何处是吾乡
——“动”的生涯中对“定”的向往

中国是农业国，从事农业劳动必须依赖土地，而土地是相对静止的，在西周的史诗中还可以看到部落首领带领人们择土而迁的描写。因为当时地多人少，还可以有较大规模的迁徙；待到农业进一步发展，人们不再是刀耕火种了，而他们又懂得长期耕作的“熟地”比“生地”的产出要高得多，迁徙就发生得较少了。存在决定意识，受长期农业文化的影响，人们好“定”而不好“动”，《诗经》中有很多抱怨战争、“王事”的诗篇，都同耽误农时、影响人民的生活有关。孔子说“父母在，不远游”，固然是孝道的体现，但又何尝不是农业文化的影响所致呢？西周的史诗绝对不同于荷马史诗，后者充满了冒险精神，对航海有着极浓的兴趣，其中就折射出商业文化“动”的特点。“商人重利轻离别。”著名旅行家马可·波罗在十多岁时，竟然还没有见过自己的父亲，是因为父亲长期在外经商、旅行，而他自己后来终于也走上了远游中国的道路。

古代中国人虽然依恋故土，不想远行，而有些人却不得不离乡背井。什么人呢？官员、商人、军人。军人有守土之责，商人为逐利而行，而官员则是实现“经济之怀”，并得到一份俸禄，以养家活口。唐朝的天才少年王勃有诗云：“城阙辅三秦，风烟望五津。与君离别意，同是宦游人。”可见，“宦”是同“游”紧密相关的，当然少不了离别。在宋词作品中，羁旅行役之所以成为一个重要的主题，与“宦游”大有关系。

宋代不少词人都有抒发宦游之感的作品。如范仲淹，是“庆历新政”的代表人物，有“先天下之忧而忧，后天下之乐而乐”的名言，却在《苏幕遮》词中写道：“黯乡魂，追旅思，夜夜除非，好梦留人睡。明月楼高休独倚。酒入愁肠，化作相思泪。”又如王安石，更是被列宁赞赏的著名改革家，可是他的《千秋岁引》却有感于“别馆寒砧，孤城画角”，发出了“无奈却被名利缚，无奈被他情担阁，可惜风流总闲却”的叹息。柳永以羁旅行役之词著称，就更不用说了。连旷达的苏轼都有不少表达厌倦宦游、思念故乡的作品。

苏轼早年意气风发，饱读诗书的目的当然是为了用世，出川后，初露头角已引起震动，当他想积极实现“当世志”时，是绝对不会抱怨游宦之苦的。可当他遭受了官场上的种种挫折，尝到了生活的苦涩后，想法就发生了变化。在宋神宗熙宁四年（1071

年)通判杭州时,苏轼经过镇江,写过《游金山寺》一诗,诗的开头说:“我家江水初发源,宦游直送江入海。”已对自己故乡在长江之源,因宦游来到了长江的入海口而有所感慨。而此诗的当中又说:“试登绝顶望乡国,江南江北青山多。”明言对故乡的思念。落日已没、江月初生后,看到了江心炬火、飞焰照山的奇景,作者以之为江神对自己的警告。诗的最后写道:“江山如此不归山,江神见怪惊我顽。我谢江神岂得已,有田不归如江水!”明确表示了对江神指水盟誓之意:只要有田可耕,就决心辞官归隐。熙宁六年(1073年)的冬天,苏轼仍在杭州通判任上,来往于镇江(京口)、丹阳、常州一带,其《醉落魄·离京口作》再度表达宦游、思乡之感:

轻云微月,二更酒醒船初发。孤城回望苍烟合。记得歌时,不记归时节。
巾偏扇坠藤床滑,觉来幽梦无人说。此生飘荡何时歇?家在西南,常作东南别。

但是,一年后,他还是感慨自己的身不由己。且看《临江仙·送王缄》:

忘却成都来十载,因君未免思量。凭将清泪洒江阳。故山知好在,孤客自悲凉。坐上别愁君未见,归来欲断无肠。殷勤且更尽离觞。此身如传舍,何处是吾乡。

此词因送王缄而作,王缄是苏轼妻子王弗的弟弟,而王弗在与苏轼结缡后感情很好,婚后五年,随苏轼开始游宦生活,却不幸数年后因病早逝,归葬于眉山。虽至此已有十年之久,“不思量,自难忘”,见亡妻之弟又勾起心底的思念。作为在外的“孤客”岂能不知家山之好?何况那里还有亡妻的坟茔!只是作为官员,也就身不由己了。下片在表达送别之情后,以“此身如传舍,何处是吾乡”的感慨结尾,“传舍”即旅舍,所以这里是“此身如寄”之意,“寄”者终非真正的归宿,也就难怪要叹息哪里才是自己的家乡了。以苏轼的旷达似不应如此悲凉,之所以会这样,是因为所送者的特殊身份勾起自己的悼亡之情,也与政治上的失意有关。此词结尾两句既有哲理,又富感情,那种“动”对于“定”的向往,和眷念故土之情,对游子来说,更具有动人心魄的力量。

四 不忍登高临远,望故乡渺邈,归思难收
——“浪子”故土情结

人称柳永善作羁旅行役之词。的确如此。他本来也无意于到处漂泊,相反,却对都市的繁华非常留恋,对灯红酒绿的生活非常向往。可是,因为他经常出入青楼,与妓女们打得火热,又应她们及教坊乐工之请,为“新腔”作词,成为当时的“流行歌曲”。一个读书人,不以文章经术闻名,而以“小词”见长,所作所为与宋仁宗“留意儒雅”,提倡“务本向道”不符,被认为是品行不端,成了“问题人物”,遂使他很难踏上仕途。根据陈

师道的《后山词话》说，宋仁宗很喜欢柳永的词，每次喝酒都要歌女们再三唱之，但是，他老人家却把柳永当成了“臭豆腐”，喜欢吃，又说臭。因为柳永写过一首《鹤冲天》，词的结尾说：“忍把浮名，换了浅斟低唱。”此词本是对考进士落第发牢骚，仁宗知道后，竟然在他后来本已考中的情况下，还故意将他黜落，并说：“且去浅斟低唱，何要浮名！”皇帝开了金口，柳永就只能“奉旨填词”了。情场虽然得意，官场终于失意，帝都居，大不易，“浪子”柳永为了谋生，只能浪迹各地，成了“游子”，同时写出自己的生活感受，成为“羁旅行役之词”。

打开柳永的词，可以看见，他除了在东京的青楼酒肆生活外，似乎老是在外漂泊。且看：“冻云黯淡天气，扁舟一叶，乘兴离江渚。渡万壑千岩，越溪深处。怒涛渐息，樵风乍起，更闻商旅相呼，片帆高举。”（《夜半乐》）“一叶扁舟轻帆卷。暂泊楚江南岸。孤城暮角，引胡笳怨。水茫茫，平沙雁，旋惊散。烟敛寒林簇，画屏展。天际遥山小，黛眉浅。”（《迷神引》）“雾落霜洲，雁横烟渚，分明画出秋色。暮雨乍歇，小楫夜泊，宿苇村山驿。何人月下临风处，起一声羌笛。离愁万绪，闲岸草、切切蛩吟似织。”（《倾杯》）对这样的生活，他觉得无奈，也颇多抱怨。既因与所爱分离而自责淹留在外，希望早日相见：“一望乡关烟水隔。转觉归心生双翼。愁云恨雨两牵萦，新春残腊相催逼。岁华都瞬息。浪萍风梗成何益？归去来，玉楼深处，有个人相忆。”（《归朝欢》）又对游宦生涯感到厌倦：“游宦区区成底事？平生况有云泉约。归去来，一曲仲宣吟，从军乐。”（《满江红》）“游宦成羁旅，短樯吟倚闲凝伫。万水千山迷远近，想乡关何处？”（《安公子》）

《八声甘州》是柳永的代表作：

> 对潇潇暮雨洒江天，一番洗清秋。渐霜风凄紧，关河冷落，残照当楼。是处红衰翠减，苒苒物华休。惟有长江水，无语东流。　不忍登高临远，望故乡渺邈，归思难收。叹年来踪迹，何事苦淹留？想佳人妆楼颙望，误几回、天际识归舟。争知我，倚阑干处，正恁凝愁！

此词不同于前面所引的几首，不是在行船、走路的“羁旅行役”过程中，而是“动”中之“定”的表达“归思”，这“归思”又以自己的直抒及佳人“闺思”的拟想来写，双管齐下，别有情致。上片以一“对”字开局，为登临纵目打下了基础，所见者是潇潇暮雨洒落在寥廓江天，洗出了明净的秋色，当此霜风凄紧之时，登高眺望，但见关河冷落，残阳当楼。“是处红衰翠减，苒苒物华休”是秋天的物候之变，“惟有长江水，无语东流”是“伟大的沉默”，物候变，长江不变，对比中应有哲理在。苏东坡曾说：“人皆言柳耆卿词俗，然如‘霜风凄紧，关河零落，残照当楼’，唐人佳处，不过如此。”（见宋赵令畤《侯鲭录》卷七）欣赏其境界，而未及其中透露出大自然变与不变的哲理，其实这与苏轼《前赤壁赋》的水月之喻有些相似，只不过柳永是不自觉为之罢了。长江无语，人却有情，下片转写登高远望、见不到故乡而兴起的“归思”。屈原《哀郢》的乱辞曰：“曼余目以流观兮，冀一返之何时！鸟飞反故乡兮，狐死必首丘。信非吾罪而弃逐兮，何日夜而忘之！”

王粲《登楼赋》也说:“昔尼父之在陈兮,有归欤之叹音。钟仪幽而楚奏兮,壮舄显而越吟。人情同于怀土兮,岂穷达而异心!”柳永也为自己的淹留他乡、难以归家而叹息。想到了家,自然要想到“佳人”,于是就有了“妆楼颙望”、错认归舟的拟想,并回到了自身的凭栏凝愁以作结。

是啊,“人情同于怀土兮,岂穷达而异心”!柳永纵然是留连风月的“浪子”,又何尝没有故土之思呢!从这首词中我们可以看到他在逢场作戏以外的另一面:柳永无疑是个“多情种子”,如果全面地看,应不仅是对歌妓们的滥情,还有故土难离的专一情结。明乎此,也就可以理解为何他善作羁旅行役之词了。感情是文学的根本,绝对没有错!

五 马蹄浓露,鸡声淡月,寂历荒村路
——善画早行图岂无生活的体验

“宦游”是封建社会的普遍现象,唐宋诗词中的羁旅行役之作多与之有关。过去的论诗者很欣赏温庭筠的《商山早行》诗,因为其中的“鸡声茅店月,人迹板桥霜”两句,只用了几个名词构成的意象并置而成,没用一个虚词连接,却极好地传达出羁旅之情。欧阳修《六一诗话》引梅尧臣所论,认为这两句同贾岛的“怪禽啼旷野,落日恐行人”一样,都是“道路辛苦,羁愁旅思,岂不见于言外乎?”宋词中也有很多羁旅行役之作善写早行,不妨可举两例。

一是周邦彦的《蝶恋花》:

> 月皎惊乌栖不定,更漏将残,辘轳牵金井。唤起两眸清炯炯。泪花落枕红绵冷。 执手霜风吹鬓影。去意徊徨,别语愁难听。楼上阑干横斗柄,露寒人远鸡声应。

此词上片写离别前情景。因为行将分别,心中难舍,夜里失眠,所以上片所写都是听见的声音。夜间的月亮皎洁,未必是真实所见,乌鸦受惊而栖息不稳的啼声,却是枕上所闻,若非月色太皎洁,能惊起乌鸦吗?所以“月皎”应是推想之辞。随着时间的推移,夜里的更声已将尽,标示时间的漏壶中的水也将漏完了,此时听见有人摇动井上辘轳打水的声音,黎明即将到来。在自己是夜间未睡,而似是被辘轳声唤醒的她,竟然也两眸清炯炯,并非睡眼朦胧,可见也同样未睡,否则为什么“泪花落枕”会使填塞其中的红绵变得发冷呢?可见已是悄悄地流了一夜眼泪了。

下片转写别时情景。临别之际,拉着手舍不得分离,秋风吹着她的鬓发,真叫人难忘。去意虽已定,却又徘徊不已,彷徨难去。待到决心走了,离别时的叮咛、吩咐恐怕更多于恋恋不舍的别语。这一片离愁在心,真是难以让人卒听。终于到了不得不走的时候,此时我们看到词中展示出由近及远的景色:楼上的天幕间北斗星斗柄横斜,露水寒冷,人已走远,只有晨鸡的叫声彼此相应。

如果说周邦彦此词主要还是侧重于写离别前的感情,那么,我们不妨看另一例,即张榘的词。此词即《青玉案·被檄出郊题陈氏山居》:

西风乱叶溪桥树,秋在黄花羞涩处。满袖尘埃推不去。马蹄浓露,鸡声淡月,寂历荒村路。　身名都被儒冠误,十载重来漫如许。且尽清樽公莫舞。六朝旧事,一江流水,万感天涯暮。

张榘不是有名的词人,但这首词却将游宦的芝麻官受差遣而早行的无奈表现得很生动,并进而写出了对官场得意者的警告,对国家前途命运的担忧。作者是南宋时人,在宋理宗淳祐年间当过句容县的县令,后来又任过江东制置使参议,两次都是做的七品小官,后者更是没有实权的闲职,所以从词题就可以看出他对自己际遇的不满。"被檄出郊"是受上级的差遣,"檄"是官府的文书,因送递官府文书而不得不去,你说能有什么好心绪?

词的上片描画了一幅秋日行旅图。开头的"西风乱叶溪桥树",用七个字展现了秋日的郊野风光:溪流、小桥、大树,西风劲吹,树叶飘落。这是最常见、也是最典型的景色。元代马致远的名作《天净沙》前三句:"枯藤老树昏鸦,小桥流水人家,古道西风瘦马。"实亦与此为近。次句"秋在黄花羞涩处",似是一个特写,黄花(菊)是秋天所特有的花,大概此时尚未开得很透,所以用了"羞涩"一语,而且此语又似是作者此时的心理。可不?高官们可以傍东篱、对黄花,吟诗饮酒,而自己官职卑微,却只能奉命在外奔波效命,想来岂非感到苦涩、羞愧?野地急驰,黄尘扑面,推都推不去,惹来满袖埃土,可还有半分潇洒?"马蹄浓露"三句,是从温庭筠"鸡声茅店月,人迹板桥霜"化出,而从前面的西风、溪桥、黄花、尘埃,到此处的浓露、淡月、鸡声,可见此次的"被檄出郊"是不止一天的路程。

下片转发感慨。在到达了陈氏山居歇脚,时隔十载,重来此地,风物无改,人已渐老,不由得想起杜甫的诗句:"纨绔不饿死,儒冠多误身。"在主人接风时,且尽杯中之酒以解忧愁,此时又想,那些官场上的得势者也不要太得意了,六朝旧事已矣,一江流水不尽,宋廷的将来又怎样呢?想至此,万感交加,"天涯暮"是实写,又何尝不具象征意义!

羁旅行役之词必是出于有此经历者的笔下,逼真的描绘当来自真切的体会。"鸡声茅店月,人迹板桥霜"如此,"马蹄浓露,鸡声淡月,寂历荒村路"亦复如此。

六　老来情味减,对别酒,怯流年
——送行者的功业之慨与年光之叹

中国古代的诗词不仅是羁旅行役之作多,而且相关的送别之作也多。从《诗经》开始,就有此类作品,其中如《邶风·燕燕》作为送别名篇,一直得到后人的重视。此诗第一章写道:

燕燕于飞，差池其羽。　　燕子飞来飞去，飞飞有前有后。
之子于归，远送于野。　　我的妹子远嫁，送到郊外分手。
瞻望弗及，泣涕如雨。　　望望踪影不见，泪下如雨难收。

（余冠英《诗经选》译文）

第二、第三章变换第一章的部分词句，属于《诗经》常见的重章叠句形式，末章另出新意：

仲氏任只，其心塞渊。　　妹子能担重任，思虑切实深沉。
终温且惠，淑慎其身。　　慈爱而又温顺，为人善良谨慎。
“先君之思”，以勖寡人。　　“常常想着父亲”，这是她对我的叮咛。

（余冠英《诗经选》译文）

所突出的是送别时的悲伤，是对远行者的赞美。著名的江淹《别赋》有句：“春草碧色，春水渌波。送君南浦，伤如之何！”仍然是抒发别时的伤感。到唐人的作品中有了变化，如“初唐四杰”的送行诗，出现了另一层意思。王勃的《杜少府之任蜀川》结句：“无为在歧路，儿女共沾巾。”因“同是宦游人”而共勉，而“海内存知己，天涯若比邻”更存一份高远之心；当是因世风的积极向上，人们多有建功立业之志，所以能发出这表现时代精神的新声音。骆宾王的《于易水送人一绝》：“此地别燕丹，壮士发冲冠。昔时人已没，今日水犹寒。”则借荆柯为燕太子复仇刺秦，临行前太子丹及高渐离、宋意送别于易水事，寄寓自己不满于武则天的统治，有意于匡复李唐王朝之志，表达的不是悲戚，而是悲壮。盛唐时代的诗歌由于时代的感发，其送别之作多有勉励行者建功立业之意。如：

流水通波接武冈，送君不觉有离伤。青山一道同云雨，明月何曾是两乡。

——王昌龄《送柴侍御》

……关城树色催寒近，御苑砧声向晚多。莫见长安行乐处，空令岁月易蹉跎。

——李颀《送魏万之京》

君思颍水绿，忽复归嵩岑。归时莫洗耳，为我洗其心。洗心得真情，洗耳徒买名。谢公终一起，相与济苍生。

——李白《送裴十八图南归嵩山二首》其二

……欢娱未尽分散去，使我惆怅惊心神。丈夫不作儿女别，临歧涕泪沾衣巾。

——高适《别韦参军》

宋词中也不乏送别之作，辛弃疾所作尤为著名。其中的一个重要主题是功业之慨与相关的年光之叹。试看他的《木兰花慢·滁州送范倅》：

老来情味减，对别酒，怯流年。况屈指中秋，十分好月，不照人圆。无情水都不管，共西风、只管送归船。秋晚莼鲈江上，夜深儿女灯前。　征衫，便好去朝天，玉殿正思贤。想夜半承明，留教视草，却遣筹边。长安故人问我，倒愁肠殢酒只依然。目断秋霄落雁，醉来时响空弦。

此词是辛弃疾在宋孝宗乾道八年(1172年)时所作，时任滁州知州，正值壮年时期。可此词一开始就自谓“老来”，此中应大有深味。叹老虽是诗词的传统题材，但以辛弃疾的进取精神、英雄本色，是不应叹老的。之所以如此，是因为他南归以来，只是在地方任上辗转，朝廷毫无北伐之意，恢复大计时不我待，如此空掷岁月，何以能干一番事业？故“老来”非真老，而是“怯流年”。当此临近中秋时，友人却要别去，未免对“归船”感叹。下片从送别主题转到朝廷求贤若渴的希望，又终因自己的难有希望，所以最后设想故人对己相问，而回到愁肠醉酒、只能“时响空弦”的无奈。

尽管后来辛弃疾在他的不少送别词里，都有对被送者的功业相许与期待，但叹息自己的空见老去、机会不来仍是主调。功业之慨与年光之叹几乎陪伴他一生，所以这首《木兰花慢》的“对别酒，怯流年”也预示了以后的命运及相关作品的主题，有很大的涵盖性和代表性。

七　年年陌上生秋草，日日楼中到夕阳
——行者能理解居者的痛苦吗

“羁旅行役”一词，从字面上看，是对“旅”者“行”者而言的，而实际上所关涉到的，却应包括“行者”与“居者”，也就是在外与在内、“动”者与“定”者两方面。因为文学的创作主体多为男性，在外的羁旅行役之人也是男性，所以在作品中所表达的内容、情感也多从男子的角度出发。当然，这样说并不是认为此类作品的性别意识和情感走向是单一的，有的甚至专从女子的角度来写。比如《诗经》中的《卫风·伯兮》：“自伯之东，首如飞蓬。岂无膏沐，谁适为容！其雨其雨，杲杲日出。原言思伯，甘心首疾。焉得谖草？言树之背。愿言思伯，使我心痗。”(余冠英《诗经选》译为：打从我哥东方去，我的头发乱蓬蓬。香油香膏哪缺少，叫我为谁来美容！好像天天盼下雨，天天太阳像火盆。一心只把哥来想，哪怕想得脑瓜疼。哪儿去找忘忧草？为我移到北堂栽。一心只把哥来想，病到心头化不开。)当然，严格说，这首诗不能算是羁旅行役主题，而应是思妇怀人之作。就词而言，被称为“百代词曲之祖”的李白《菩萨蛮》：“平林漠漠烟如织，寒山一带伤心碧。暝色入高楼，有人楼上愁。　玉阶空伫立，宿鸟归飞急。何处是归程，长亭更短亭。”其“暝色入高楼，有人楼上愁”和“玉阶空伫立，宿鸟归飞急”四句，就从女子思量、期盼在外者归来的角度来写，可算是羁旅行役之词中男子立场的移易。

宋词中的羁旅行役之词也有不少是兼从两方面着笔的，前面所举的柳永《八声甘州》，是作者以拟想女方对自己的思量，来写对故土、故人的眷念，我们尚可以再举欧

阳修《踏莎行》一例：

> 候馆梅残，溪桥柳细，草薰风暖摇征辔。离愁渐远渐无穷，迢迢不断如春水。
> 寸寸柔肠，盈盈粉泪，楼高莫近危阑倚。平芜尽处是春山，行人更在春山外。

此词据说是欧阳修在景祐初年所写，他援助因言事被贬的范仲淹，自己也受到牵连，被贬夷陵，遂有此作。上片写行者，下片写居者。远行之人在早春时节离家而去，梅残柳细，草薰风暖，景色虽美好，却无心欣赏，很可让人想起《诗·小雅·采薇》，谢玄以之为“三百篇”的最佳，是因为“昔我往矣，杨柳依依，今我来兮，雨雪霏霏”，体现了“以乐景写哀，以哀景写乐”的反常合道原则。随着远行人的渐渐远去，离愁也愈积愈重，如同迢迢不断的春水一样，在他“淡出”画面后，“镜头”转到下片。下片写闺中人：对于别离，她深感悲伤，柔肠为之寸断，眼泪打湿了妆粉。登上高楼，也不必靠着栏杆远望了，因为草地所尽处是春山，可是行人已走到了青山之外，又怎能看得见呢？此词“春水写愁，春山骋望，极婉极切”（李攀龙《草堂诗余隽》）。而春水是行者离愁之喻，春山是居者之见，其分写两头不仅以艺术性见长，且表现出作者关切女性的可贵意识。

如果说欧阳修的《踏莎行》表现了对离别的即时性感受，那么晏几道的《鹧鸪天》却关注到了羁旅行役的历时性感情效果。且看其词：

> 醉拍春衫惜旧香，天将离恨恼疏狂。年年陌上生秋草，日日楼中到夕阳。
> 云渺渺，水茫茫，征人归路许多长。相思本是无凭语，莫向花笺费泪行。

此词开头很独特。“醉拍春衫”是个很有激情的动作，大概因心中有难于消解之情，所以要借酒而出之，乘着酒意未去，“醉拍”而引起对往事的思量，因为这春衫上还留着佳人的香泽，由此而想起与“莲、鸿、苹、云，品清讴娱客”，“持酒听之，为一笑乐”（见作者《小山词序》）的往日。昔日的疏狂已变成了今日的离恨，怎能不烦恼、不以酒浇愁呢！羁愁离恨已不是片刻之事，也不止是自己出行在外的一人之事，怎能不见居者之苦呢？“年年陌上生秋草，日日楼中到夕阳”，这两句虽未言及女子之愁，但远望陌上衰草、近傍楼中夕阳的相思之人的形象已呼之欲出。下片转写空间的阻隔：云山渺渺，流水茫茫，征人的归路是那样遥远。既然相思只能自己体会，无以为说，也无从说起，还是不要向花笺多费笔墨和眼泪了。这是看似无情、实是情深的“决绝语”，不能只作字面上的简单理解。

晏几道也是一个多情种子，堪称是早生的贾宝玉，他的爱情词有深挚的感情。此词自言相思，又移想于伊人，将旅人与居者的互相思念表现得非常感人。“年年陌上生秋草，日日楼中到夕阳”，“年年”、“日日”是时间对空间的超越，是永恒的思念、不绝的爱，能在移情拟想中有这份体贴，真不容易。

古人、今人都需要理解，有了对女子的充分体贴、理解，羁旅行役之词也会为之增色。

八 何物系君心，三岁扶床女
——对变心游子的委婉劝喻

羁旅行役是男子的事，因为他们既以仕途经济作为人生最大愿望，又担负着养家活口之责。古代的道路、交通自不能同今日相比，骑马、乘船，是主要的“旅”“行”方式，风餐露宿，日行夜止，免不了烈日晒，暴雨淋，北风吹。路上辛苦也罢，如果遇上强盗土匪、豺狼虎豹，说不定还会破了财，丢了命。那么没有随行的妻妾们呢，恐怕日子也不好过。她们要为亲人担心，怕他会被风寒所侵，生了病无人好好照顾，又怕会出什么意外，至于对亲人的思念就更不要说了。对于男子来说，一旦此番“行役”结束，科考得中，被授了官，再开始另一番“行役”，到任所当官。以后，或许还有仕途的奔波，但他们的感受同女子确有许多不同。

女子对于为仕途奔波是怎样想的呢？这恐怕很难统一，而有一个问题似乎很难回避，即对于男子是否会变心的担忧。杂剧《西厢记》虽是元代的作品，同样可以用来观照其他的朝代。且看“长亭送别”中张生与崔莺莺的不同心理：

> (旦云)张生，此一行得官不得官，疾便回来。(末云)小生这一去白夺一个状元，正是“青霄有路终须到，金榜无名誓不归”。(旦云)君行别无所赠，口占一绝，为君送行：“弃掷今何在，当时且自亲。还将旧来意，怜取眼前人。”……
>
> ……(末云)有甚言语嘱咐小生咱？(旦唱)
>
> [二煞]你休忧文齐福不齐，我只怕你停妻再娶妻。休要一春鱼雁无消息！我这里青鸾有信频须寄，你却休“金榜无名誓不归”。此一节君须记，若见了那异乡花草，再休似此处栖迟。

在《西厢记》中，为什么崔莺莺会对张生被老夫人逼去应考那样伤心和担心呢？伤心是因为如同[上小楼]所唱：“合欢未已，离愁相继。想着俺前暮私情，昨夜成亲，今日别离。”所以在莺莺看来，“但得一个并头莲，煞强如状元及第”。而担心的原因在前引的对白中已可知。应该说，莺莺的担心并非多余。且不说作为《西厢记》原型的《会真记》中的莺莺的确是被抛弃了，而且王定保的《唐摭言》有关于唐代进士“曲江之宴”的记载，能说明崔、张这种名分未定的婚姻很难经得起豪门择婿的考验。书中说，在新进士得到皇帝曲江之宴的招待后，公卿之家都趁这个机会选择东床佳婿，“车马填塞，莫可殚述”。崔家虽是相国之家，终因相国已死，与还在台上的长安大族不同，利诱威逼之下，得以高中的张生是不是坚持行前的保证，是很难说的。古代戏曲中不乏蔡伯喈、陈世美的形象，就颇能说明问题了。

崔莺莺对于未来的担心是通过自己的倾诉来表达的，在对张生的嘱咐中充满了哀怨，可见，即使是相国的千金小姐，一旦失身于人，照样不免为将来忧虑。在戏曲舞台上看到的秦香莲,却是用一双儿女来规劝陈世美的,但陈世美竟然铁了心,也完全昧着良心,要杀死他们娘儿仨。宋词中有贺铸所作的《陌上郎》(生查子),可看作是对于变心游子的委婉劝喻:

西津海鹘舟,径度沧江雨。双橹本无情,鸦轧如人语。 挥金陌上郎,化石山头妇。何物系君心,三岁扶床女。

上片先写出沧江烟雨中的送别画面:在西面的渡口,轻捷如海鸥般的船,径直渡过沧江,冲破烟雨,向远方而去。船夫摇动双橹,这本是无知之物,但发出的鸦轧声,竟好像是人的说话。下片说,远行者走了,说不定会变成像外出做官的秋胡,多年后回家,在大路上见到采桑女子而心悦之,以金相引诱,被坚决拒绝,到家后,才知采桑妇原来是自己的妻子。而在家等待丈夫归来的女子,却一直在苦等,常常爬上山头向远方眺望,终于化作了石头。词人对行者的谴责是虽轻犹重,对居者的同情是很深很深,双方的对比竟然是这样强烈,令人遐想无尽。词的最后提了一个问题:究竟有什么东西能系住你的心?你能不能想一想刚能扶着床学走路的女儿呢!这是委婉的相劝,其情也真,其意也重,真能给人以强烈的感情震撼。

古人、古事已成为历史,但并未失去其现实的借鉴意义。今天,不少"有花头"的男子置妻儿于不顾,虽然还想到"影响"和面子,"家中红旗不倒",但却是"不回家的人","外面彩旗飘飘",有滋有味地做着"挥金陌上郎"。我们说,纵然"化石山头妇"不能打动你的心,也要想一想"三岁扶床女"吧,无瑕、无辜、又无知的赤子能不能唤回你的良知呢?

九 大笑了今古,乘兴便西东
——少有的离别心态

前面说过,中国因为长期受到农业文化的影响,故土难离成为普遍的意识,人与人之间也特别重视亲情、友情。所以一旦踏上羁旅行役之途,多对家园感到分外依恋,无论是与亲人还是友人告别,都会感到难分难舍。也因为如此,所以古代文学作品中,离别成了一个重要主题,而且多带悲伤色彩。试看:

日暮浮云滋,握手泪如霰。

——江淹《李都尉陵从军》

别鹤声声远,愁云处处同。

——江总《别袁昌州诗二首》

醉别何须更惆怅,回头不语但垂鞭。

——王昌龄《留别郭八》

送君别有八月秋，飒飒芦花复益愁。

——李白《送别》

送君江浦已惆怅，更上西楼看远帆。

——韦应物《送王校书》

古往今来皆涕泪，断肠分手各风烟。

——杜甫《公安送韦二少府匡赞》

远风南浦万重波，未似生离别恨多。

——杜牧《见刘秀才与池州妓别》

宋词作为善于表现情感、心绪的文学，当然写离愁别恨的作品更多。请看：

一曲《阳关》，断肠声尽，独自凭兰桡。

——柳永《少年游》

今古柳桥多送别，见人分袂亦愁生，何况自关情。

——张先《江南柳》

无穷无尽是离愁，天涯地角寻思遍。

——晏殊《踏莎行》

别后不知君远近，触目凄凉多少恨。

——欧阳修《玉楼春》

夜夜魂消梦峡，年年泪尽啼湘。

——晏几道《河满子》

念柳外青骢别后，水边红袂分时，怆然暗惊。

——秦观《八六子》

芭蕉不展丁香结，枉望断天涯，两厌厌风月。

——贺铸《石州引》

就连以豪放著称的辛弃疾，也可以在他的离别词里见到悲伤和眼泪，"唱彻《阳关》泪未干，功名余事且加餐"（《鹧鸪天·送人》）就是一个例子。

不过，宋词中也有在送别时表现出乐观、豪放之情的作品。如张元幹的《水调歌头·赠汪秀才》就是：

袖手看飞雪，高卧过残冬。飘然底事春到，先我逐孤鸿。挟取笔端风雨，快写胸中丘壑，不肯下樊笼。大笑了今古，乘兴便西东。 一尊酒，知何处，又相逢。奴星结柳，与君同送五家穷。好是橘封千户，正恐楼高百尺，湖海有元龙。目光在牛背，马耳射东风。

此词头两句用了袁安卧雪的典故：说东汉时的高士袁安在下大雪时，在家中受冻饿，洛阳令让人到他家看望，门前不见有路，以为袁安已死，等将雪铲除，只见他僵卧床上，问他为什么不出来，他说："大雪天人人都挨饿，在这时候去求助于人不合适。"在雪中过了冬天后，不知怎么春天就飘然而来了。让笔端挟带风雨，写出胸中的丘壑，隐居的生活是不想改变的，因为那样的话，就等于是进入樊笼了。与你谈今论古，了解了历史与现实，乘着高兴，便分手各向西东而行了。今天分手，说不定哪天又在某一个地方相逢。对我们这些穷读书人来说，很容易想起韩愈的《送穷文》，"主人使奴星，结柳作车，缚草为船"，然后将"智穷"、"学穷"、"文穷"、"命穷"、"交穷"通通送走。去种下千棵橘子树，就像封了千户侯一样。当然，我辈是不会像汉末的陈登所鄙视的人，不会一心求田问舍的。

"大笑了今古，乘兴便西东"，在古人中是少见的离别心态，在作者看来，离别并不是永别，他以人生何处不相逢的态度相对待，便不同于别人的无端惆怅、痛苦。当然，他也并非都能这样开朗地看待离别，他为李纲、胡铨送别所写的词，都充满了悲愤，这也说明不同的时间、场合和对象，会有不同的分别心情。

徐志摩在其名作《再别康桥》中写过："轻轻的我走了，正如我轻轻的来；我轻轻的挥手，作别西天的云彩。""悄悄的我走了，正如我悄悄的来；我挥一挥衣袖，不带走一片云彩。"这与古人所作很不同，但那已是新诗的时代了。

十 但使情亲千里近，须信，无情对面是山河
——感情最重要的

悲欢离合是人类社会常有的事，而人们对于"欢"与"合"的感受，多无对于"悲"与"离"那么强烈，大概这也同尝味道一样，甜味总要比苦味容易接受。古人常有天下不如意事常八九之叹，宋代更有人将不如意事同难有相知者联系起来，如方岳《别子才司令》有句："不如意事常八九，可与语人无二三。"所以古人都很重视良朋知己。

在与亲人分别时，人们倾诉的是亲情，而与友人分别，则是友情。无论是亲情还是友情，最主要的是一个字——真。有了对亲人、友人的真情，无论离得多远，都会想到远处有一份关怀，有一份温暖，也就不会感到孤独无靠。王勃说，"海内存知己，天涯若比邻"；苏轼说，"但愿人产长久，千里共婵娟"。一者为友，一者为亲，都给了后人以永恒的感动。

在宋代词人中，如果说柳永、张先、晏殊、晏几道、秦观、周邦彦、李清照、姜夔、吴文英等是善写男女别情的话，那么，被称为"豪放派"的苏轼、张元幹、辛弃疾等则是善写朋友别情的代表。我们且说后者。苏轼在杭州时，与知州陈襄交厚，在陈调任离杭时，苏轼追送到临平（杭州东北，今余杭），并有《南乡子·送述古》之作："回首乱山横，不见居人只见城。谁似临平山上塔，亭亭，迎客西来送客行。 归路晚风清，一枕初寒梦不成。今夜残灯斜照处，荧荧，秋雨晴时泪不晴。"《鹊桥仙·七夕送陈令举》一反七夕词写男女情事

的传统，用作对友人的赠别。《昭君怨·金山送柳子玉》写得境界清幽而又具深情："谁作桓伊三弄，惊破绿窗幽梦？新月与愁烟，满江天。 欲去又还不去，明日落花飞絮。飞絮送行舟，水东流。"因被送者与苏轼情兼亲友（其子是苏轼的堂妹婿），"欲去又还不去"，"飞絮送行舟，水东流"，都透出情谊之深，虽无明说惜别之语，却是分外的隽永，耐人回味。尤其是《八声甘州·寄参寥子》更写出了与参寥（即僧道潜）相知之深：

> 有情风万里卷潮来，无情送潮归。问钱塘江上，西兴浦口，几度斜晖？不用思量今古，俯仰昔人非。谁似东坡老，白首忘机。 记取西湖西畔，正春山好处，空翠烟霏。算诗人相得，如我与君稀。约它年、东还海道，愿谢公雅志莫相违。西州路，不应回首，为我沾衣。

参寥与苏轼不但友谊深厚，而且两人肝胆相照。苏轼任徐州知州时，他从余杭专程前往拜访，苏轼被贬黄州时，他专门从两千里外赶来，与苏轼相游从，像这样的朋友真是难得，所以词中感慨"算诗人相得，如我与君稀"，并有后约：今后要像谢安实现归隐之志，免得老友为我遗憾。

参寥既与苏"诗人相得"，又不计朋友的荣通否泰，不避嫌疑，千里追随，诚然是真正的挚友，是可遇而不可求的。朋友相交，即使不能肝胆相照，志趣相投也是很重要的。有了这一点，就不仅是金钱、酒肉的"朋友"，而是由志趣到感情相通的同志。朋友之间，情还是第一位的。辛弃疾有一首《定风波·席上送范廓之游建康》可说明这一点：

> 听我尊前醉后歌，人生无奈别离何。但使情亲千里近，须信，无情对面是山河。寄语石头城下水，居士，而今浑不怕风波。借使未成鸥鸟伴，经惯，也应学得老渔蓑。

词中的"但使情亲千里近，须信，无情对面是山河"，写得极好！人生有别离，这是无可奈何的事，但是，只要有真正的情谊，即使相隔千里也觉得近，而倘若无情，面对面地相处，也好像隔了大山、大河。俗话说，"酒逢知己千杯少，话不投机半句多"，这里恐怕更多的是志趣的不相投合，而辛弃疾词中这两句却更是对感情的强调。

古人已矣，他们留下的作品及其中体现出来的哲理却有持续的生命力。陈胜在起初当佣工时，曾与一起干粗活的兄弟们相约："苟富贵，无相忘。"但后来揭竿而起，当了大王以后，却不认故人，以致"故人皆自引去"，可见"一阔脸就变"并非起自现在。当今社会，讲的是商品经济，你来我往，"天下熙熙，皆为利来，天下攘攘，皆为利往"，"情"就变得很淡薄了。而另一些人，则学了影视里的一套，讲的是"哥们义气"，有的人甚至会为"朋友""两肋插刀"，错误地理解"义"，同样也缺乏"情"。明乎此，从古人那里汲取些有益的东西，对我们今天的处人、处事都不无帮助。

济世之志

一 将军白发征夫泪
——说说“真元帅”所作的“穷塞主”词

唐朝国力强盛，除了能抵御边裔少数民族政权的侵略外，还经常有开边拓土的行动，而文人也想通过建立边功的途径踏上仕途，常有赴边之举，在边疆从军时，将自己的感触形之于文字，遂使边塞诗成为唐诗的一个重要题材。王昌龄、李颀、高适、岑参等，是盛唐时期边塞诗的主要代表，李白、王维、杜甫也写过不少边塞题材的作品，到中唐时期，国势已弱，但边塞诗的创作仍在继续，李益是此期的代表，只是中唐边塞诗所透露出的气象已非盛唐可比了。

宋朝自立国以来，就一直在对外战争中处于劣势，只好通过向对方输银纳绢以求取和平，所以有作为的政治家都很重视富国强兵、加强边备。“庆历革新”的领袖人物范仲淹就很重视国防问题，他在为官之初，写了《上执政书》，批评朝廷满足于表面的天下太平，不想刷新政事，认为宋朝兵久不用、武备不坚、内外奢侈、官员少有贤能之士，所以一定要发展农业，充实国力，防备外患，慎选官吏，广开言路。庆历三年，进呈《上十事疏》，其中就有“修武备”的内容。范仲淹不仅是说说而已，而且身体力行，在庆历前的仁宗康定元年（1040 年），正是宋朝与西夏关系紧张之时，他被调往陕西，任陕西经略副使，担当抗击西夏的军事重任达四年之久。他考察了宋军屡败的原因，团结羌人，巩固了延州边备，屡挫夏军的进犯，被称为“胸中有数万甲兵”，“军中有一范，西贼闻之惊破胆”。在此期间，他曾作过一首《渔家傲》：

> 塞下秋来风景异，衡阳雁去无留意。四面边声连角起，千嶂里，长烟落日孤城闭。　浊酒一杯家万里，燕然未勒归无计。羌管悠悠霜满地，人不寐，将军白发征夫泪。

词的上片写了边塞的秋天景色。延州因是防范西夏军事进攻的重镇，所以称之为“塞下”，此处与内地风光不同，故以一“异”字总括之。大雁南飞，好像一直要飞到衡阳的回雁峰才肯停下来。“无留意”三字，移情于物，更见出此地的荒凉。李陵《答苏武书》云：“侧耳远听，胡笳互动，牧马悲鸣，吟啸成群，边声四起。晨坐听之，不觉泪下。”“边声”与号角相连，自然是形成了悲凉的气氛。放眼望去，只见千嶂万壑之中，长烟落日之下，只有这一座紧闭的孤城。虽未说敌情，但历来不乏马背上的民族在秋高马肥时入侵的记录，所以，孤城再用一个“闭”字，已透露出边境紧张、肃杀的形势与氛围，也可见出宋廷当时只能取守势的情况。

下片转为抒情。作者担负着戍守的重任,此地离家万里,时间一久,未免动了乡思,可是这浊酒一杯又怎能消释得了浓重的乡愁呢?“一杯”与“万里”的对照实在是太悬殊了。“人情同于怀土兮,岂穷达而异心”,怀归之念是很正常的,但“发乎情”还要“止于礼义”,自己还没有像东汉的窦宪那样打败匈奴,在燕然山勒石纪功,胜利班师,至有“归无计”之语。在思乡之时,并没有忘记自己肩上承担的责任,要排遣两者的重压,是多么的不容易!渐渐地,从黄昏转为入夜,听到的是羌笛悠悠,看到的是霜华满地,又怎能入睡呢?“将军白发征夫泪”一句,极写边地之苦,结出主题,无论是统帅还是士兵,他们都有共同的思家和卫国的矛盾,这是真实的思想感情,没有“先天下之忧而忧,后天下之乐而乐”的胸襟是写不出来的,没有真切的生活体验也是写不出来的。

据魏泰《东轩笔录》所载,范仲淹作了好几首《渔家傲》词,每首都以“塞下秋来”作起句,“颇述边镇之劳苦”,而他的好友欧阳修读后却不以为然,戏称之为“穷塞主”之词。到王素出守甘肃平凉时,欧阳修也作《渔家傲》为之送行,结尾几句是:“战胜归来飞捷奏,倾贺酒,玉阶遥献南山寿。”他还对王素说,此词所写才是“真元帅”的事业。以欧阳修所见,范仲淹身为边疆的统帅,将戍边事业写得太苦、太低沉,不像“真元帅”,倒像是个“穷塞主”(少数民族的酋长)。欧阳修与范仲淹是志同道合的朋友,都是“庆历革新”的中坚人物,但是,欧公因擅长各种文体,且对各自的功能都有自己的看法,诗之“言志”与词的“缘情”是不同的,在他看来,词是“小道”,只是酒宴上用来助兴、佐欢的,以歌唱“边镇之劳苦”在酒宴上不宜,所以会有后来的送王素之作,以示自己所理解的“真元帅”面貌。

然而,正如贺裳《皱水轩词筌》所说,此词“深得《采薇》、《出车》‘杨柳’、‘雨雪’之意”,“令‘绿树碧檐相掩映,无人知道外边寒’听之,知边庭之苦如是,庶有所警触”。“穷塞主词”表现了真实的戍边生活和思想感情,所以经得起历史的考验,成为宋代边塞词的冠冕。

二 六朝旧事随流水,但寒烟衰草凝绿
——审视历史的政治家眼光

宋朝在中国的历史上有自己的辉煌,著名学者陈寅恪先生曾说:“华夏民族之文化,历数千年之演进,造极于赵宋之世。”以主要是唐史专家的身份而发此言,可见陈先生对宋代文化的高度评价。但是,宋代的“文化”固然是足以令人自豪,其“武化”却不能让人恭维。宋太祖赵匡胤当年可以中气十足地向南方小国宣称:“卧榻之旁,岂容他人酣睡!”将个“生于深宫之中,长于妇人之手”的李后主吓得半死。果然不久就大军渡江,李煜肉袒出降,到了宋都,博得个不知是赞誉还是戏弄的评价:“好一个翰林学士。”可是,宋代统治者似乎只能对李煜这样的“翰林学士”式人物夸示武力,在那些“只识弯弓射大雕”的党项羌、契丹、女真民族面前,却只能屈服于对方的武力,从“奉

之如骄子”，进而“敬之如兄长”，到“事之如君父”。从“积弱”渐到“积贫”，使不少有识见的政治家为之认真考虑国家的前途、命运，即使在所写的词中，也通过怀古题材来反思历史，思考现实。

王安石的《桂枝香》正是这样一首作品，它是著名的金陵怀古词：

> 登临送目，正故国晚秋，天气初肃。千里澄江似练，翠峰如簇。征帆去棹残阳里，背西风酒旗斜矗。彩舟云淡，星河鹭起，画图难足。　念往昔，繁华竞逐。叹门外楼头，悲恨相续。千古凭高对此，漫嗟荣辱。六朝旧事随流水，但寒烟衰草凝绿。至今商女，时时犹唱，《后庭》遗曲。

金陵是六朝故都，“钟阜龙盘，石城虎踞”，有很好的地理形势，又在江南富庶之地，但却是亡国之都。为此，唐人写了不少以金陵怀古为题材的诗歌。宋人中，在王安石之前有张昇的《离亭燕》，已写出了“多少六朝兴废事，尽入渔樵闲话”的主题。王安石此词，上片写景，下片怀古抒情，立意比张作《离亭燕》要高得多。

在此词的上片，作者描绘了一幅金陵秋色图。登临而放眼远望，只见作为旧国故都的金陵，正沐浴在晚秋清肃的天气、氛围中。千里清澄的江面像白练般的平静柔和，远远近近的、青翠的山峰就如同簇拥在一起。在夕阳之下，来来去去的帆影在江上移动，酒家的店招、酒旗在西风中缓缓飘扬。因前面写了长江上的“征帆去棹”，这里的“彩舟云淡，星河鹭起”，很可能是转写秦淮河，才更合理的引发了下片的怀古之意，和对“商女”、“后庭遗曲”的感慨。上片结于“画图难足”，可见江山胜概不是几笔就能写尽的，从而也反挑起下片的“漫嗟荣辱”，和积极汲取历史教训的作意。换头“念往昔，繁华竞逐”总冒下片词意，“竞逐”二字，将六朝君主的穷奢极侈、代代攀争作了准确的概括，正因为他们骄奢淫靡，荒废朝政，终于导致了六朝政权一个个的倒台。杜牧《台城曲》有句“门外韩擒虎，楼头张丽华”，典型地概括了隋朝大军已兵临城下、可陈后主还与宠妃张丽华在宫中作乐的情景，词中缩写为“门外楼头”，表现出极高的概括力，而“悲恨相续”四字，更是将六朝的更迭作了形象的浓缩。当自己在登临时凭高眺望，只有空叹历史上的兴亡与荣辱了。六朝的兴衰旧事已像流水一样逝去了，都成了陈迹，连宫阙城墙都渐渐废圮，只有寒烟衰草好像在诉说着过去。令人感慨的是，直到如今，那些被杜牧讥讽为“不知亡国恨”的“商女”，竟然时时还在唱着前朝遗留的《玉树后庭花》。

王安石是著名的政治家，他看到了宋朝自真宗到仁宗、英宗数朝，虽表面承平，但实际上因从上到下都追求享受，皇帝赏赐过众，宫廷开销过大，冗官们拿着俸禄却无所事事，未免坐吃山空，搞得民怨渐起，危机暗生。对此，他在给仁宗皇帝和神宗皇帝上书时都有陈述。这首词则借金陵怀古的传统题材表现了对历史教训的重视，以过去只宜于写花前月下的新兴体裁表现了政治家的卓识，开拓了曲子词的境界。尽管王安石在词中有“漫嗟荣辱”之说，实际上，他不仅是空叹历史的兴衰，对已成的陈迹感慨一番而已，而是认为要认真汲取历史教训，从政治、经济上进行重大的改革，富国强兵，国库充盈，才能免蹈前朝覆辙。

今天，虽然学术界对王安石的变法有不同看法，但是，他变法的初衷是为了国家强盛，应无疑义，动机与效果的不尽相符是另一个问题。从词的创作角度讲，以政治家的眼光审视历史，其立意与眼界之高，也是他人所难以企及的。

三　世事一场大梦，人生几度新凉
——在“奋励有当世志”失落之后

王安石因出于对国家命运的思考和担心，曾在为官不久就大胆向仁宗皇帝上《言事书》，以汉代张角、唐代黄巢为例，要求朝廷提高警惕，尖锐地指出了当时的财政危机和吏治腐败等问题，并提出了解决办法，表现出“矫世变俗之志”。在神宗即位后，他得到重用而推行新法。尽管最后变法失败了，但作为一个政治家、改革家，王安石在我国历史上留下的身影是巨大的。如前所说，即使在传统的“小词”中，也在写怀古的题材时，注入了他作为政治家对于历史和现实的思考。如果说王安石主要是政治家，苏轼则更是一位文学家与学者，却因与政治的牵连，其人生遭遇比王安石要坎坷得多(王安石虽两度罢相，却未入狱及多次被贬)，因而在他的词中常有对人生的喟叹。

苏轼青年时就“奋励有当世志”，三十九岁时作于由海州至密州赴任途中的《沁园春》，就以陆机、陆云兄弟拟自己与苏辙，因“笔头千字，胸中万卷”而自豪，谓“致君尧舜，此事何难”，意气风发而又充满自信的形象跃然纸上。因为在他刚出川参加科考时，正值欧阳修任主考官，读到苏轼的文章大为称赏，次年，与弟苏辙双双及第，少年得志，难怪如此自信。在神宗用王安石变法后，初时对苏轼颇为重视，王欲变科举，兴学校，行新法，苏轼上书多论不宜行之，当神宗召见时，他不顾神宗所愿，认为皇帝“求治太急，听言太广，进人太锐”，建议神宗“安静以待物之来，然后应之”。此说为神宗所不喜，遂改任开封府推官。他先在开封，再通判杭州，然后知密州(今山东诸城)、徐州(今在江苏)，再知湖州(今在浙江)，每到一地，都有政绩，很得百姓拥护。但是，苏轼常将他对时政的不满表现在诗中，尤其是在到湖州上任的谢表中“以诗托讽”，结果被御史台李定、舒亶、何正臣等人弹劾，朝廷下令逮捕，吏卒把正在坐衙的苏轼押解上路，“拉一太守如驱犬鸡”，到京后，投入御史台所设监狱，此即著名的“乌台诗案”(御史台别称乌台)。太皇太后请求神宗宽赦，连此时已退居金陵的王安石也为之求情，那些整人者本想置苏轼于死地，经过四个多月的监禁，最后由神宗决定责授黄州团练副使，本州安置，不得签书公事。

苏轼到黄州后，写了不少诗词文章，其中有《西江月》：

> 世事一场大梦，人生几度新凉？夜来风叶已鸣廊，看取眉头鬓上。　酒贱常愁客少，月明多被云妨。中秋谁与共孤光，把盏凄然北望。

此词是苏轼到黄州后第一个中秋节时所写。此时，距作者入狱的日子将近一年，在明月之下，在这一传统的团圆的日子，免不了会回忆过去，思考将来，触发出很多的感慨。当年在密州中秋时，他还为兄弟的不能团聚作过劝慰，以“人有悲欢离合，月有阴晴圆缺，此事古难全”相勉。但当时只是因与变法思想不合而自请外任，此时却不光是政治上失意，而且以戴罪之身遭受歧视，生活上又极为困难，未免情绪低沉。

此词的一开头就发出“世事一场大梦”的沉重叹息，这如梦的感觉既因于青年时代理想的破灭，又出于被系御史台监狱、遭受诸多凌辱后的九死一生，所以认为人生充满了虚幻。接着的“人生几度新凉”，应中秋之题，虽然世事是“一场大梦”的虚幻，但人生的“几度新凉”却是真实的，只不过在幻与真之间，作“几度”的感慨是有着流年似水的惋惜、惆怅罢了。随着夜来秋风渐起，树叶飘落，廊庑间充满了风声和树叶声，物候之变似乎也象征着人生之变。不是吗？眉头起皱，鬓发渐斑，秋天正如人生的将近垂暮，这怎不叫人为之感叹呢。当年作者只有四十五岁，但在这原可期待建功立业的好年华，却被贬黄州，不知前途何在，未来将会怎样，难怪他会有迟暮之悲了。

下片写自己在中秋之夜的孤独感。“酒贱常愁客少”，不说人贱而说酒贱，其实一个意思，苏轼在因诗获罪、被投入监狱时，旧友多避之不及，到黄州后，因罪人的身份当然是“酒贱”、“客少”。“月明多被云妨”既是中秋时所实见，又有比兴之义，自己虽如明月般高洁，但小人却如浮云遮蔽了光亮。最后说，值此中秋之夜，有谁同我共赏明月呢？孤独之中，只有凄然把盏，向北遥望，寄托对君主和亲朋的怀念了。

在失落了“奋励有当世志”后，济时之愿已被忧谗畏讥所代替，我们看到了苏轼思想上消极的一面，但是，他很快就能自我解脱，以看穿忧患、当下即是的态度对待人生，这是很不容易的事。苏轼在政治上虽然失败了，但他在以后与厄运的斗争中并没有失败，他豁达而勇敢地扼住了命运的咽喉，笑对艰难险阻，在战胜自我中，他无疑是胜利者。

四 三十功名尘与土，八千里路云和月
——民族英雄的慨叹

宋代长于文化而短于“武化”，在对少数民族政权的斗争中经常处于劣势。先是对辽战争，宋太宗亲自统兵而败于高粱河，后来再度分三路出师，又败，大将杨继业被辽的伏兵邀击，被俘不屈，绝食而死。在宋廷转攻为守后，辽政权却采取攻势，在辽兵大举进攻时，大多重臣都主张迁都南方以避其锋，只有寇准等少数人主张抵抗，并力主宋真宗亲往前线督师，此战宋军占有优势，但因宋真宗只盼辽兵早些撤退，遂结“澶渊之盟”，双方约为兄弟之国，宋每年向辽方输纳银十万两、绢二十万匹。至于西夏政权，开始时宋廷采取军事解决与经济封锁相结合的办法，未能奏效，后来西夏改变策略，主动与北宋修好，待元昊继立时，毛羽已丰，连续对宋发起进犯，经过七年战争，再结和议，西夏取消帝号，仍由宋册封为夏国王，宋廷则给予银绢与茶。

在宋朝还只关注辽与西夏时，在北方又兴起了另一个新的民族——女真。女真民族本来被辽政权所统治，因契丹贵族对他们压榨过甚，遂引发了抗辽的斗争，在成立了金国后，屡次打败辽国，最后俘获辽帝，辽亡。当金国屡败辽国时，宋朝与金订立"海上盟约"，欲在取得夹击辽国的胜利后收回燕云之地。但是，在北宋对辽的战争及交割燕云的交涉中，宋廷充分暴露了自己的无能，使得金国能在俘获辽帝后有胆量乘胜侵犯北宋。昏庸的宋徽宗在听到金兵南下的消息后，吓得要死，连忙将皇位传给了儿子赵桓，即宋钦宗。

南下的东路金兵未遇抵抗，长驱直入，渡过黄河，包围开封，向宋廷提出了许多要求，怯弱的最高统治者看不到宋兵及义军的力量，也不能正确估计金兵粮道及退路被断、急欲退兵的形势，竟然答应了赔款割地的要求。在金兵撤退后，河北人民誓死保卫乡土，而金国则继续向宋廷施加军事压力。当北宋君臣对割让之事议论未定时，金兵在无防御的情况下又渡过黄河，攻破开封，将徽钦二帝及后妃、皇子、皇女、宗室、贵戚等三千多人掳掠北去，朝廷的诸多礼器、法物、书籍、地图等，直到工匠、倡优等都被搜罗一空，满载而去。这就是著名的"靖康事变"。这一事变不仅使北宋政权为之覆灭，而且给人民带来了深重的灾难。在随后进行的反侵略战争中，涌现了不少能征善战的将领，其中最为大众熟悉的当数民族英雄岳飞。

岳飞有著名的词作《满江红》：

> 怒发冲冠，凭栏处、潇潇雨歇。抬望眼，仰天长啸，壮怀激烈。三十功名尘与土，八千里路云和月。莫等闲、白了少年头，空悲切。 靖康耻，犹未雪。臣子恨，何时灭！驾长车，踏破贺兰山缺。壮志饥餐胡虏肉，笑谈渴饮匈奴血。待从头收拾旧山河，朝天阙。

此词大约作于宋高宗绍兴初年。当时，宋金战争的重心在川陕地区，岳飞在同土匪与叛军的作战中，收编了不少士兵，壮大了自己的队伍，被朝廷授予"神武后军"番号。后来又在同刘豫的伪齐军队战斗中屡败敌军，收复了襄阳六郡，取得了第一次北伐的胜利。岳飞被擢升为清远军节度使，当时年仅三十二岁。绍兴五年春，岳飞镇压了洞庭湖地区的杨幺军，兵力猛增，次年，在较大规模的北伐中，岳飞的军队取得了胜利。绍兴七年，宋高宗准备大举北伐，但因遭反对而取消成命，岳飞一度愤而辞职。次年，结束了第一次宋金战争，达成了第一次绍兴和议，岳飞坚决反对和议，不但引起了秦桧的极度痛恨，也导致高宗的不满。不久，宋金第二次战争爆发，岳飞接到高宗下达的北伐命令后，立即统兵北上，开始了轰轰烈烈的对金战争。从此词的内容、口气看，很可能作于绍兴七年或稍后。"怒发冲冠"、"仰天长啸"、"壮怀激烈"等语，都可看出北伐之志受阻所激起的悲愤，"八千里路云和月"的转战，却换来了"三十功名尘与土"的感叹，而"等闲白了少年头"、"空悲切"等语，可见岳飞内心是何等的失望。词的换头重提靖康之耻，并表自己之恨，以下即是打败敌人、重整河山之愿的尽情倾诉。

岳飞忠君爱国，却终因坚决反对对金议和，坚持北伐主张，遭秦桧、甚至高宗之大忌，被诬谋反，以“莫须有”的罪名被处死，卒年仅三十九岁。一代民族英雄竟然是这样的下场，难怪人们会如此惋惜、怀念和敬仰他，也如此仇恨奸臣秦桧！“三十功名尘与土，八千里路云和月”，这不仅是岳飞一人的功业之慨，也将永远为后人所感叹、所记取。

五　早信此生终不遇，当年悔草《长杨赋》
——明里是悔，暗里是恨

“靖康之耻”使北宋政权覆亡，侥幸在外的赵构逃过了金人按宋宗室“花名册”进行的搜捕，建立了南宋政权。随后的一系列金兵南侵及宋金之间的战争，是南宋初年历史的主旋律。绍兴十一年岁末，岳飞及其部将张宪、岳云刚被杀害，绍兴和议也很快就签订了。这头血迹未干，那头墨迹已干，宋廷在搬掉了最大的障碍后，终于能顺利地向强权俯首。绍兴和议的主要条款是：南宋向金称臣，而且要“世世子孙谨守臣节”；宋金两国以东起淮水中流，西至大散关为边界，中间的唐、邓二州皆属金国；南宋每年向金国输银二十五万两，绢二十五万匹。此后，虽然也有过金兵的南侵，如绍兴三十一年就曾发生过完颜亮统领号称六十万兵马的分四路进犯，但因虞允文在采石矶的胜利，阻遏了金兵之势，且金国发生内讧，完颜亮被杀，宋金再度议和，所以在较长的历史阶段，两国基本相安无事。偏安江南的南宋君臣过上了“山外青山楼外楼，西湖歌舞几时休”的生活，确实是“暖风熏得游人醉，却把杭州当汴州”。

宋廷中的主和派得势，换来了“和平”、“安定”，但仍有不少爱国志士难以忘怀北方失地与沦陷区的人民，陆游就是其中的一个。

陆游三十九岁时被贬出临安，通判镇江，旋移隆兴（府治今江西南昌），后因“力说张浚用兵”，四十二岁被削官，归山阴故里。三年后，又得起用通判夔州。四十八岁时，离通判夔州任，应四川宣抚使王炎之邀，到了南郑，担任四川宣抚使公署干办公事兼检法官。南郑是当时的抗金前线，而王炎又是主张抗金的主要代表，主宾相得，十分投契。陆游曾在此写过《秋波媚·七月十六晚登高兴亭望长安南山》：“秋到边城角声哀，烽火照高台。悲歌击筑，凭高酹酒，此兴悠哉。　多情谁似南山月，特地暮云开。灞桥烟柳，曲江池馆，应待人来。”此词开头的“边城”、“烽火”，渲染了抗金前线的气氛，“悲歌击筑，凭高酹酒，此兴悠哉”，可见出对收复关中的激情和信心，表现了慷慨从戎的豪情壮志。下片因“登高兴亭望终南山”而生发联想：天上的月亮真是多情啊，可不！它好像懂得人的心理，特地从云中露出真容，照亮了这里，也照亮了终南山。令人想起灞桥的烟柳，曲江的池馆，它们如若有情、有知，是应该等待人来的。词中虽未直接说出北伐、收复失地之事，但意思很明确。通过这首词，可以看出陆游因得王炎相知，对抗金大业是充满豪情的。但是，乾道八年冬，王炎被召回临安，陆游也被改命为成都府路安抚司参议官，从南郑退回到成都。

人去政息，事业无望，在入蜀后，陆游写了一首《蝶恋花》：

> 桐叶晨飘蛩夜语。旅思秋光，黯黯长安路。忽记横戈盘马处，散关清渭应如故。　江海轻舟今已具。一卷兵书，叹息无人付。早信此生终不遇，当年悔草《长杨赋》。

词的上片是对南郑生活的回忆、怀念，以及自己的失望之情。秋天的梧桐飘叶，鸣蛩夜语，固然是“悲落叶于劲秋”的反映，是物之感人、摇人之情的结果，但又何尝没有主观心情的原因？所以“旅思秋光”是有其特定含义的。“长安路”的“黯黯”，既因于王炎之离去，使得他们共同制订的战略方针再也无法实现，而这一方针的重要内容就是收复长安；又寓有对朝廷（以长安指代临安）改变抗金的重要决策的失望。北望长安而不可进，东望临安而不可行，只有不愿行、却不得不行的南行之路。当此时，最令作者思念的还是横戈盘马的南郑生活，大散关、渭水都牵萦在心，“应如故”三字，包含了多少情感！作者后来在一首诗中有“楼船夜雪瓜州渡，铁马秋风大散关”两句，又提及大散关，可见他以自己一生中最值得纪念的两地的生活，都与抗金事业有关。过片的“江海轻舟今已具”显然是归隐之意，既然理想难以实现，还恋着这份俸禄干吗呢？此时，令自己挂心的是“一卷兵书，叹息无人付”，王炎可以虚心采纳自己“经略长安，必自长安始”的战略思想，现在又有谁会听信己言呢，而朝中又有几人在为国家前途命运着想！作者终于从感叹转为愤慨：要是早知道这一生得不到知遇，何必要去陈述抗金大计、恢复方略呢！西汉学者、辞赋家扬雄为汉成帝游幸长杨宫并纵猎，献赋以讽谏之，作者用此典故，所重在“不遇”，而非在赋。

报国无门，英雄失路，心中的怨愤不得不发，却只能婉而出之。“早信此生终不遇，当年悔草《长杨赋》”，明里是悔，暗里却是恨，我们当作如此认识。

六　时易失，心徒壮，岁将零
——功业之念与生命意识的纠缠

岳飞的《满江红》是警顽起懦的英雄之作，其中的“三十功名尘与土，八千里路云和月”，是对自己马背上抗敌生涯的总结和感慨，而“莫等闲、白了少年头，空悲切”，则是不要让时光空溜走的自我警示。岳飞虽有“直捣黄龙府，与诸君痛饮”的伟大志向，当他已取得战争的节节胜利，正迫使金兵不得不考虑从河南撤退时，却被宋高宗与秦桧下令班师回朝，只得“忍令十年之功废于一旦”，遵命而回，并被杀害。这真是令人切齿、扼腕之事！人人心中都有一杆秤，直到今天，人们到杭州西湖游玩，在岳坟前看到“青山有幸埋忠骨，白铁无辜铸佞臣”的对联时，都会在心中生出许多的感慨，对民族英雄的敬仰，对奸臣小人的鄙视，是那么的对比强烈！在历来是将爱国与忠君看成一体之两面的中国，人们竟然还发现了二者的矛盾：岳飞既爱国又忠君，却怎么会被君主所弃、所杀呢？于是，在明朝，著名的画家文征明还写了与岳飞名作同调的《满江红》，不仅斥责奸佞，而且将矛头直指皇帝本人："拂拭残碑，敕飞字、依稀堪读。慨当初，倚飞何重，后来何酷！岂是功成身合死？可怜事去言难赎。最无端、堪恨又堪悲，风波狱。 岂不念、封疆蹙？岂不念、徽钦辱？但徽钦既返，此身何属？千载休谈南渡错，当时自怕中原复。笑区区、一桧亦何能，逢其欲。"这真是"兜底翻"的实话，真正说出了岳飞被冤死的原因所在。

岳飞被害，绍兴和议签定，宋金间有了较长时间的和平，但是，许多的志士仁人并未忘记北方失地和企盼南师的沦陷区人民，张孝祥就是其中的一个。张孝祥在绍兴二十四年举进士第一，上疏请昭雪岳飞之冤，为秦桧所忌，在任建康（今南京）留守时，因赞助张浚北伐而罢职。张孝祥留下了不少词，其中最有名的恐怕当数《六州歌头》，词云：

> 长淮望断，关塞莽然平。征尘暗，霜风劲，悄边声。黯销凝。追想当年事，殆天数，非人力，洙泗上，弦歌地，亦膻腥。隔水毡乡，落日牛羊下，区脱纵横。看名王宵猎，骑火一川明。笳鼓悲鸣，遣人惊。 念腰间箭，匣中剑，空埃蠹，竟何成！时易失，心徒壮，岁将零。渺神京。干羽方怀远，静烽燧，且休兵。冠盖使，纷驰骛，若为情！闻道中原遗老，常南望、翠葆霓旌。使行人到此，忠愤气填膺，有泪如倾。

绍兴三十一年（1161年）十一月，金主完颜亮率兵突破淮河防线，直逼长江北岸，在向采石渡江时，被虞允文所督水师击败，两军夹江东下，完颜亮至扬州被部下所杀，金兵退回淮河，战事暂息。张浚奉诏由潭州（今湖南长沙）改判建康府兼行宫留守。次年正月，张孝祥到建康府，在留守张浚宴客的筵席上赋此词。词的一开始就写出了千里淮河竟无关塞可守，只有莽然平川而已，可见战备之空。面对着征尘、霜风、边声，不由得黯然神伤。追想当年的靖康之变，当是天数所定，而非人力所为，想不到连昔时孔子弦歌讲学的洙泗二水，竟然也被金人占领。看着一水之隔的对岸，满是游牧民族居住的帐幕，牛羊遍野，哨所纵横，猎火映照着河川，胡笳与鼓声不断，让人为之惊心。下片转写自己对时局的看法和壮志难酬的心情。作者在去年闻听采石胜利的消息，曾很高兴地表达"我欲乘风去，击楫誓中流"（《水调歌头》）的志向，但如今仍然是报国无门，所以会有"念腰间箭，匣中剑，空埃蠹，竟何成"的感叹，复又明言"时易失，心徒壮，岁将零"，远眺神京（指汴京），觉得更加渺远难及，何时才能光复呢？可叹的是，朝廷不思进取，竟然满足于对敌"怀远"以换取"和平"，使节们纷纷奔驰于道路，向金国交割岁币，祝贺金主生辰等等，真是何以为情！与此相对照的是，中原的遗老是多么盼望王师啊，使得行人到此，也不由得忠愤填膺，泪流如雨。

岳飞为"三十功名尘与土"而不平，以"莫等闲、白了少年头"自我勉励，可见身负抗敌斗争事业的伟大责任感，是对不平凡人生的期待。同样，张孝祥唱出了"时易失，心徒壮，岁将零"，也是对空有抗敌救国之志、却无法实现的自悼自惜。时光容易流走，人的一生极其短促，作者的生命意识是很强烈的，因为面对着的是主和派的极大势力，无力改变现状，所以只能发出徒有壮心的感慨，时岁将零，草木变衰，人快老去，机会何来？作者对人生、社会、民族、历史的责任感，化成了强烈的功业之念，又与生命意识纠缠在一起，激发出时代的强音。“忠愤气填膺”也是作者的自我写照，读之令人掩卷难忘。

七　了却君王天下事，赢得生前身后名。可怜白发生——付出的与换来的

南宋的爱国志士中，最以词见长的是辛弃疾，最具传奇色彩的也是辛弃疾。辛弃疾出身于一个世代为官的家庭，始祖任大理评事，从甘肃狄道（今临洮）迁居济南。高祖、曾祖、祖父，都是宋朝官员。当金兵攻破开封、北宋灭亡，南宋政权建立起来后，祖父辛赞因家庭人口众多，未能携家南向，滞留在济南。刘豫降金，济南沦陷，为求得禄米养家活口，辛赞不得已而在金朝为官。辛弃疾早年丧父，由祖父抚养成人，祖父虽因生计而无奈食禄于金人，但他常心怀异志，企图等待时机以报效宋廷。辛赞常常带领少年辛弃疾登高望远，指画河山，以抒民族之恨，并图谋择机起事。辛弃疾十四岁应乡试中选，次年至燕京应考，首次受祖父之嘱考察河朔，了解金人的政治形势和军事部署。十八岁时，再赴燕京，知晓了地理形势、兵家利害。当金主完颜亮率兵南侵时，为战争需要，大量征集马匹、壮丁、粮食，而当时正值北方灾害频繁，人民水深火热，金政府的强行搜刮迫使人民纷纷起义。当起义之火遍地燃起之时，二十二岁的辛弃疾也聚众二千余人，在济南附近起义了。当时，拥众二十余万的耿京义军是力量最大的一支，辛弃疾率众投奔耿京，被任命为掌书记，与耿京共同掌兵，图谋恢复大计。

辛弃疾追杀叛徒义端和尚，大得耿京信任。后来金人内讧，无力南侵，南宋无心北伐，只求偏安，双方都关注起义军，宋廷希望义军能牵制金兵，而金人则用诱骗分化与镇压两手。此时，辛弃疾建议决策南向，归附南宋政府，耿京采纳了辛弃疾的建议，决定奉表南归。当辛弃疾与贾瑞在建康得到高宗接见并授官时，耿京被叛徒杀害，义军溃散。辛弃疾得此消息后，率五十骑直趋金营，在五万众之中擒获叛徒张安国，昼夜兼程至建康，叛徒被斩首示众。英雄的壮举使怯弱的“圣天子”为之“一见三叹息”。自此，辛弃疾结束了抗金义军的生涯，成为南宋官员。

辛弃疾南归的那年，宋高宗禅让，传位给了孝宗。高宗当了多年皇帝，自己唯一的亲生儿子在两岁时已夭折，后来再无子女，而宋太宗一系的宗室都在靖康事变时被掳掠北去，不得已只好选立太祖后代。绍兴三十二年，皇太子正式被立，改名赵昚，一月后，高宗下诏举行禅让大礼，宋孝宗登极即位。孝宗一登上皇位，就宣布为岳飞父子昭雪，召回抗战派代表人物，表示抗金的决心。但实际上，他既缺乏政治、军事经验，又对真正的抗战事宜鼠首两端，所以当张浚发动北伐而在符离战败后，主和派又掌握了大权，在隆兴二年（1164年）与金国签订了屈辱的“隆兴和议”。辛弃疾向皇帝上《美芹十

论》,未得任何反响,后又向宰相虞允文呈送《九议》,也未被采纳。他先后出知滁州,任江南西路提点刑狱,讨捕"茶寇",然后又先后任京西转运判官、湖北安抚使、隆兴知府兼江西安抚使、大理少卿、湖北转运副使、湖南转运副使、潭州知州兼湖南安抚使等,转徙湖湘,步履匆匆。在任湖南安抚使一年,取得昭然政绩后,又调任隆兴府知府兼江西安抚使,在救荒济困中作出了很大成绩,但却遭人嫉恨,被弹劾落职。

辛弃疾在地方官任上转徙十年,虽空怀抗金大志,但每到一地都很有作为,却被迫闲退二十年(当中曾被短期起用为提点福建路刑狱公事等职),这不能不让他有太多的感慨。其中,就有第一次闲退时所作的《破阵子》:

> 醉里挑灯看剑,梦回吹角连营。八百里分麾下炙,五十弦翻塞外声,沙场秋点兵。 马作的卢飞快,弓如霹雳弦惊。了却君王天下事,赢得生前身后名。可怜白发生。

此词的题目是:"为陈同甫赋壮词以寄",可见是一首写给他的志同道合朋友陈亮的"壮词"。词中的"八百里"既指当年所参加的耿京义军的阵营范围,又可指牛(《世说新语·汰侈篇》:"王君夫有牛,名八百里驳,常莹其蹄角。"),苏轼有诗:"要当啖公八百里,豪气一洗儒生酸。"(《约公择饮是日大风》)若作后解,即给部下分发烤牛肉之意。"五十弦"原指瑟,此处泛指乐器。"的卢"是烈性快马。此词用浪漫主义与现实主义的虚实结合方法,来表现自己的壮志和悲愤,其中既有当年抗金义军生活的真实体会,又有对投身北伐大业的拟想。作者设想着自己能参加到收复中原、完成统一的事业中,建功立业,以轰轰烈烈的人生赢得生前与身后的名声,但因实际上办不到,所以只能托之于醉和梦,故以"可怜白发生"结尾,点醒真情,回到眼前。

如果付出的是血汗辛劳,换来的是功业、名声、白发,也是足慰平生之事。但事实上是空怀壮志,连任职地方、造福百姓都难以持久,只落得免职闲居。辛弃疾心中的怅恨该是多么难以排遣!

八 却将万字平戎策,换得东家种树书
——一生的理想在现实面前碰得粉碎

辛弃疾在南归宋廷后,先任江阴签判,不久,任满去职。此后数年,他精心准备,就宋金两国的形势和军事斗争前途,作了详尽而精辟的分析,写成十篇论文,名之为《美芹十论》(美芹,典出《列子》,说以前有一人喜食芹菜,以为美食而对人称赞不已。辛弃疾之所以如此命名,是表其人贱物微,将所爱之物献上,却不失忠诚)。冒着越职之罪,奏进朝廷,时为乾道元年(1165年)。

《美芹十论》有审势、察情、观衅、自治、守淮、屯田、致勇、防微、久任、详战十篇。在前三篇中,辛弃疾精辟分析了金国统治者外强中干的情况,认为金虽国土辽阔,但因

实行民族压迫，使得矛盾重重，且逐渐激化，倘遇战争，极容易形成土崩瓦解之势，故其“地广”实不足虑。金政权虽有南宋的岁输金帛，却不能用来养兵，从人民搜刮来的，又多入于官吏私囊，遇战争就豪夺民财，必致民怨沸腾，故“财多”亦不足虑。从表面看来，金政权有“士众”优势，但统治区内的汉族人民多有民族宿怨，当被驱上战场与同族兵戎相见时，极易反戈一击。女真对契丹民族的压迫历来残酷，契丹人被从塞外胁迫从军，常会逃走。军中的不同民族、地区士兵相互不信任，难成一气，所以“士众”也不足虑。

因为有“离合之衅”可乘，“地广”、“士众”、“财多”也不足虑，民心的向背对金政权不利，所以在后七篇中，辛弃疾力主破除流行的“南北定势”论，建议停止向金人输纳岁币，并迁都金陵。他认为，这样一来，可以对内“作三军之气”，对外“破敌人之心”，造成一种战争的形势。三军思奋发，中原人民也将待机而起，停输岁币则内可得养兵费用，外可从精神上压倒敌人。辛弃疾还主张，将北方来归的军民安置在两淮地区，平时为农，战时为兵，利于在战时打击敌人。他还认为，对将帅应在身边安排参谋人员，既可监督将帅，又可使参谋熟悉战略战术。对将帅应量功行赏升迁，使其在战时知勇，还主张将帅与士兵同衣同食，关心士兵的劳苦伤病，多赏少役，安抚孤寡，照料遗属，这样才能上下一心，舍死而战。辛弃疾大胆批评太上皇赵构“用秦桧一十九年而无异论者”，是当废而不废；而孝宗赵昚因符离一役之败就撤张浚的职，是不当废而废。他希望孝宗不信谗言，不只看小节，信之深，任之笃，主战派才能得久任，才能恢复有望。最后，辛弃疾提出了恢复中原的战略规划，即先出兵山东，因山东的金人备边力量单薄，如出兵山东，人民必然起来响应，得山东则可得河北，得河北则可复中原。

《美芹十论》表现出辛弃疾的远见卓识，其战略思想是切实可行的，但因南宋朝廷苟安已久，符离新败使上下更无斗志，主和派代表史浩上奏，反对用兵山东和北伐，“十论”未得采纳，辛弃疾当然不会受到重用。五年后，他得到了孝宗的召见，在对答中论南北形势和人才问题，持论过直，仍是“十论”的观点，不合皇帝胃口，仍然未得重视。

不久后，辛弃疾又向宰相虞允文呈送陈述恢复大计的《九议》，分论用人、长期作战、敌我长短、攻守、阴谋、虚张声势、富国强兵、迁都、团结。当时尽管和局形成已久，但宋廷中已有战备之论，辛弃疾在战论方起之时，就论其抗金北伐、恢复失地的战略战术思想，再度表现出自己的卓识。

在《九议》中，辛弃疾又针对“南北定势”论发表见解，在批判了投降论后，又认为对金作战“无欲速”，在敌强我弱的背后，有民心向背的不同，应对敌行离间分化之策，并示怯以使其骄傲，若骄之不成则拒输岁币而令敌人劳师远征，我方以逸待劳，战而胜之。他还再度陈述由沭阳出兵山东，进而占据河朔、再图燕京的北伐路线。又因为辛弃疾此时任司农寺主簿，所以很重理财之道，提出了战前的“惜费用”、“宽民力”政策及具体措施。由于坚信自己所见的正确，他向虞允文保证，如采用他的建议而不胜，或不用他的建议而能致胜，他都甘愿被杀头，以堵天下大胆妄言者之口。很可惜，虞允文虽有在采石击败完颜亮的战绩，又有知人善任之名，但实际上并无深邃的眼光，《九议》未能得到他的重视，所拟的措施没有一条被采纳。在向虞允文呈《九议》前后，辛弃疾还向宋廷上《论阻江为险须藉两淮》和《谏议民兵守淮》两疏，但也像《九议》一样，同样未得重视。

《美芹十论》和《九议》是很周详的抗敌复国大计，既显示出辛弃疾出众的战略思想，非凡的军事才能，又体现了广大人民的意愿，倘能得到重视，采纳并实施之，战胜敌人、收复失地将并不是梦想。可惜，由于宋廷偏安已久，不思进取，使得爱国志士的崇高理想化为泡影，一腔热忱付诸东流。著名诗人刘克庄在《辛稼轩集序》中说："乾道、绍熙奏篇及所进《美芹十论》、上虞雍公《九议》，笔势浩荡，智略辐凑，有权书衡论之风。其策完颜氏之祸，论请绝岁币，皆验于数十年之后……以孝皇之神武，及公盛壮之时，行其说而尽其才，纵未封狼居胥，岂遂置中原于度外哉！"可见，历史是最能考验人的。可惜，辛弃疾一生不得其遇，到后来韩侂胄发动开禧北伐时，请出辛弃疾，仅是想利用他的名声而已，一待自以为时机成熟，就不让人假手。辛弃疾非但不能参与决策军机，反而失去了一路帅守之职，仅被派往出任镇江知府。即使如此，辛弃疾在镇江任上积极备战时，就任仅一年，就被调走，当他还未到新任，又被弹劾落职，最终满怀忧愤，赍志以殁。

上面，我们之所以不厌其烦地将《美芹十论》和《九议》讲了那么多，是因为这两者本不应成为一纸空文，它们不仅关系着辛弃疾本人的荣辱升降，而且也关系着南宋政权和北方沦陷区人民的命运。可惜的是历史不能重写，也不能假设，后人也只能面对既成的史实，为辛弃疾本人，也更为南宋人民惋惜长叹。

辛弃疾在第二次被迫闲退于瓢泉之时，曾写过《鹧鸪天·有客慨然谈功名因追忆少年时事戏作》：

> 壮岁旌旗拥万夫，锦襜突骑渡江初。燕兵夜娖银胡䩮，汉箭朝飞金仆姑。
> 追往事，叹今吾，春风不染白髭须。却将万字平戎策，换得东家种树书。

此词上片回忆了当年抗金义军的生活和得知耿京被害后擒获叛徒张安国的传奇性经过："赤手领五十骑，缚取于五万众中，如挟毚兔，束马衔枚，间关西奏淮，至通昼夜不粒食。"（洪迈《稼轩记》）自己率领的士兵多为北方人，故称"燕兵"，他们连夜整治武器，清早就对敌人发起了攻击。在追想往事时，很为自己的今天感叹，春风虽能又绿江南岸，却不能将我的白须染黑了。追想过去，最让人感到失望的恐怕就是当年向朝廷、向宰相所上的《美芹十论》、《九议》，竟然毫无用处，还真不如向人换来种树书，倒有经济上的价值呢！

"却将万字平戎策，换得东家种树书"，作者在"戏作"中，用强烈的对比，鲜明的形象，表现了极其沉痛的内心感情。时间虽已逝去，青壮年不能唤回，但总不能忘记过去的一切。一生的理想在现实面前已碰得粉碎，这是个人的政治悲剧，又何尝不是时代的悲剧，进而是南宋人民的人生悲剧呢！

九 报国无门空自怨,济时有策从谁吐
——难伸其志,令人扼腕

南宋朝廷中,有不少主战派的人士在政治斗争中遭受过打击,除人们所熟知的民族英雄岳飞、大诗人陆游、大词人辛弃疾外,前期的李纲、赵鼎、胡铨,后期的吴潜,都入于此列,都有过被贬的经历,也有报国无门的情怀自诉于词。如李纲,既有多首咏史词,表现历史上不少有作为的皇帝在民族战争中的胜利,意在激发当朝君臣的斗志。他在遭受打击而被贬后,颇见心中愁苦:"江湖倦客,年来衰病,坐叹岁华空逝。往事成尘,新愁似锁,谁是知心底。五陵萧瑟,中原杳杳,但有满襟清泪。"(《永遇乐·秋夜有感》)赵鼎在同秦桧的斗争中,因宋高宗的偏袒后者,致使被贬岭南,在贬所写下的《洞仙歌》也表现了凄怨与愤慨:"可怜窗外竹,不怕西风,一夜潇潇弄疏响,奈此九回肠,万斛清愁,人何处、邈如天样。纵陇水秦云阻归音,便不许时闲,梦中寻访?"后又被贬吉阳军(今海南三亚),曾写有《行香子》:"草色芊绵,雨点阑斑。糁飞花,还是春残。天涯万里,海上三年。试倚危楼,将远恨,卷帘看。　　举头见日,不见长安。谩凝眸、老泪凄然。山禽飞去,榕叶生寒。到黄昏也,独自个、尚凭阑。"其心绪之凄凉不难窥见,终致在此绝食而亡。胡铨更有著名的《好事近》:"富贵本无心,何事故乡轻别?空使猿惊鹤怨,误薜萝秋月。　　囊锥刚要出头来,不道甚时节!欲驾巾车归去,有豺狼当辙!"据《宋名臣言行录》:"胡铨以上书论王伦、秦桧,谪吉阳军,又贬新州。张棣(秦桧党)曰:'铨何故未过海?'铨偶为词曰:'欲驾巾车归去,有豺狼当辙。'棣即迎桧意,奏铨怨望,于是送南海编管,流落几二十年。"从上面的几个例子可见,在南宋初的和战之争中,主战派普遍受到压制、打击,多被贬南方荒蛮之地,在他们的词中,虽怕遭受进一步的迫害,而未免掩抑其辞,但其悲怨、愤懑仍多有流露。

南宋后期,在对北方少数民族政权的斗争中,悄然中又更换了对手。历史是惊人的相似,正像北宋的女真政权后来居上,消灭了原来奴役自己的契丹政权一样,南宋到宋理宗当政时,逐渐强大的蒙古军压倒了金政权,并包围了金朝的行都南京开封,金哀宗只得出逃蔡州。更为相似的是,正如当年的北宋与金约定共同夹击辽一样,此时的南宋也与蒙古军相约夹击金军,终于攻破蔡州,金朝灭亡。当年的灭辽,是来了更强大的金,终致"靖康之变",北宋灭亡;如今的灭金,又来了更厉害的蒙古军。南宋政权本想利用金朝灭亡之机收复黄河以南地区,结果三京(东京开封府,西京河南府,南京应天府)未能夺回,反而在蒙古军反攻洛阳时被打得大败,蒙古政权以此为借口,对南宋发动了大规模的进攻。自此,四十多年间,南宋一直都在蒙古政权的虎视眈眈之下。

吴潜生活在宁宗、理宗时代,在理宗开庆元年(1259年)蒙古军包围鄂州,形势危殆时,任左丞相。理宗命贾似道领兵救鄂州,并拜为右相,全权指挥四川、湖广、两淮前线全部宋军。此时,蒙古军已屡屡受挫,但贾似道却秘密派遣亲信到忽必烈军中求和,

遭到拒绝。吴潜采纳他人建议，请理宗命令贾似道移兵黄州，将鄂州防务另交他人。贾似道认定是吴潜有意加害于己，心中记仇，入朝后，利用吴潜与理宗在立太子问题上的矛盾，唆使人弹劾吴潜，理宗将吴潜罢相，流放循州（今广东龙川），并死于此地。吴潜的词，在此前的所作更能体现其被贬官时的心情，如《满江红·豫章滕王阁》的下片："秋渐紧，添离索。天正远，伤飘泊。叹十年心事，休休莫莫。岁月无多人易老，乾坤虽大愁难著。向黄昏、断送客魂消，城头角。"此词写于淳祐七年（1247年），十年来，他多次落职，近六年被罢乡居，刚复官不久，又被贬谪，所以"十年心事，休休莫莫"表现出往事不堪回首的沉痛。再前推十年所写的《满江红·送李御带珙》，则明确道出了报国无门的苦闷：

红玉阶前，问何事、翩然引去？湖海上、一汀鸥鹭，半帆烟雨。报国无门空自怨，济时有策从谁吐？过垂虹、亭下系扁舟，鲈堪煮。　拚一醉，留君住。歌一曲，送君路。遍江南江北，欲归何处？世事悠悠浑未了，年光冉冉今如许！试举头、一笑问青天，天无语。

此词应是吴潜任平江知府时，为辞官后经过此地的李珙而作。"报国无门空自怨，济时有策从谁吐"，道出了离朝引去的原因所在。杨慎《词品》卷五说这两句"亦自道也"，是说出了其中底里。不论是李珙，是吴潜，还是其他人，他们都难有作为，"报国无门空自怨，济时有策从谁吐"具有极大的涵盖性。综观历史，有多少人难伸报国之志，空有济时之策，读其词，让人掩卷长叹。

流落之悲

一 芳菲歇，故园目断伤心切
——民族斗争中的人生悲剧

著名学者钱锺书先生在《宋诗选注·序》的开头说："宋朝收拾了残唐五代那种乱糟糟的割据局面，能够维持比较长时期的统一和稳定，所以元代有汉唐宋为'后三代'的说法。不过，宋的国势远没有汉唐的强大，我们只要看陆游的一个诗题'五月十一日夜且半，梦从大驾亲征，尽复汉唐故地'就知道了。宋太祖知道'卧榻之侧，岂容他人酣睡'，会把南唐吞并，而也只能在他那张卧榻上做陆游的这场仲夏夜梦。到了南宋，那张卧榻更从八尺方床收缩而为行军帆布床。"可就在这"大床"收缩为"帆布床"的过程中，发生了历史的激变——靖康之耻。前面已说，在北宋政权对少数民族的斗争中，始终是处于劣势，对外政策之从"奉之如骄子"，到"敬之如兄长"，再到"事之如君父"，这三部曲的此消彼长，已足可说明这种劣势的走向。但是，再怎么讲，赵宋毕竟是独立的国家，生活在汴京的老百姓只见"太平日久，人物繁阜"，早已习惯"垂髫之童，但习鼓舞，斑白之老，不识干戈"。而汴京城的繁华在历史上也是少见的："举目则青楼画阁，绣户珠帘，雕车竞驻于天街，宝马争驰于御路，金翠耀目，罗绮飘香。新声巧笑于柳陌花衢，按管调弦于茶坊酒肆。"(孟元老《东京梦华录序》)突如其来的靖康事变，粉碎了从上到下的繁华梦，汴京城破后，不但徽、钦二帝及后妃、太子、公主、宗戚、官吏、内侍、倡优等被劫北行，政权倾覆。在金兵搜刮金银、礼器、冠服、法物、图籍同时，十多万百姓被掳掠成为奴隶。黄河数百里间人烟灭绝，淮泗间村落荡然。这无疑是一场历史的大劫难。

宋徽宗赵佶有非凡的文艺才能，却因荒淫而失国，他在被俘北上后，写过《眼儿媚》词：

> 玉京曾忆昔繁华，万里帝王家。琼林玉殿，朝喧弦管，暮列笙琶。　花城人去今萧索，春梦绕胡沙。家山何处，忍听羌笛，吹彻梅花。

其《燕山亭·北行见杏花》的下片还写道：

> 凭寄离恨重重，这双燕，何曾会人言语。天遥地远，万水千山，知他故宫何处。怎不思量，除梦里有时曾去。无据，和梦也新来不做。

从这些话看，俨然就是李后主再世。

突如其来的劫难，不仅使国家覆亡，习惯于和平、安逸生活的宋朝人民，其人生也发生了极大的变化。自称是“清都山水郎”的朱敦儒，“诗万首，酒千觞”的日子已成为过去，他加入到难民的队伍中，一路南逃，他的《水龙吟》自谓：“念伊、洛归隐，巢、由故友，南柯梦，遽如许！”面对着这样的形势，他感叹：“回首妖氛未扫，问人间、英雄何处？”而自己只能在逃难中“但愁敲桂棹，悲吟《梁父》，泪流如雨”。张元幹在《兰陵王·春恨》词中回忆了汴京生活，以眼前的飘泊实出意外：“寻思旧京洛。正年少疏狂，歌笑迷著。障泥油壁催梳掠。曾驰道同载，上林携手，灯夜初过早共约。又争信飘泊？”感慨国运、“黍离之悲”、流离飘泊几乎成为了当时词中的主调。试看：

天涯路，江上客。肠欲断，头应白。空搔首兴叹，暮年离折。

——赵鼎《满江红·丁未九月南渡泊舟仪真江口作》

心折。长庚光怒，群盗纵横，逆胡猖獗。欲挽天河，一洗中原膏血。

——张元幹《石洲慢·己酉秋吴兴舟中作》

连后来成为秦桧门下十客之一的康与之也写过《喜迁莺·秋夜闻雁》，有句：

回首塞门何处？故国关河重省。汉使老，认上林欲下，徘徊清影。

在当时的词人词作中，向子諲是很有代表性的一位。他是南宋初年的主战派大臣，靖康之难，他请康王赵构率兵渡河，以求出其不意地打击敌人，救出徽、钦二帝。建炎三年（1129年），当金兵进攻湖南、围困长沙时，他率领军民与金兵血战八昼夜。后因忤秦桧而致仕，归隐山林。他写过《秦楼月》词：

芳菲歇，故园目断伤心切。伤心切，无边烟水，无穷山色。　可堪更近乾龙节，眼中泪尽空啼血。空啼血，子规声外，晓风残月。

注：“乾龙节”指宋钦宗赵桓的生日。

此词的“芳菲歇，故园目断伤心切”，可看成当时人民共同的感受。生活发生了巨大的变化，也带来了词坛的变化。

二　只言江左好风光，不道中原归思转凄凉
——不难体会的和难以忘怀的

江南是好地方。晋室南渡后，原先的中州士女就发现了南方的美景要胜过北方，《世说新语》中就有不少记载，如：“从山阴道上行，山川自相映发，使人应接不暇，若秋

冬之际，尤难忘怀。”“千岩竞秀，万壑争流，草木朦胧其上，若云兴霞蔚。”都是其中有名的“段子”。在经过南北朝二百多年的对峙后，现在的南京完成了六朝首都的使命，隋唐统一了南北方。“天可汗”唐太宗更是大大地拓展唐朝的势力，到唐玄宗的开元年间，唐朝达到了极盛，但随之而来的“安史之乱”却使之逐渐走向了下坡路。后来宦官专政，军阀割据，到晚唐，又是乱世。词人韦庄避乱于江南，曾写过《菩萨蛮》词，有云：“人人尽说江南好，游人只合江南老。春水碧于天，画船听雨眠。　垆边人似月，皓腕凝霜雪。未老莫还乡，还乡须断肠。”而南方的西蜀、南唐两个政权，也因受到战乱的影响较小，所以能在经济和文化上都有发展，在文艺史上，这两地也以绘画和写词著称。

靖康事变后，又开始了新的一轮“中州士女南迁”。这新“南迁”的过程伴随着太多的痛苦，也在当时人的心灵上留下了不可磨灭的创伤。我们不妨看看吕本中所写的《兵乱后杂诗》：

> 晚逢戎马际，处处聚兵时。后死翻为累，偷生未有期。积忧全少睡，经劫抱长饥。欲逐范仔辈，同盟起义师。
>
> 万事多翻覆，兰萧不辨真。汝为误国贼，我作破家人。求饱羹无糁，浇愁爵有尘。往来梁上燕，相顾却情亲。
>
> 蜗舍嗟芜没，孤城乱定初。篱更留敝屦，屋角得残书。云路渐高鸟，渊潜羡巨鱼。客来缺佳致，亲为摘山蔬。

这种种情形，与靖康之前相比，岂非地下天上？所以孟元老《东京梦华录序》所说的“出京南来，避地江左，情绪牢落”，应当是普遍的现象。

吕本中的词《南歌子》比起他的诗来，因句式的长短变化，语言的婉转流利，而更为动人：

> 驿路侵斜月，溪桥度晓霜。短篱残菊一枝黄，正是乱山深处过重阳。　旅枕元无梦，寒更每自长。只言江左好风光，不道中原归思转凄凉。

词的上片写旅途：天还没亮，就要迎着斜照的月亮，踏着小溪桥上的晓霜，匆忙赶路了。无意间瞥见短短的篱笆旁，小小的园子中，还有开残的菊花，一枝黄花显得那么招眼，这才猛然想起已是重阳节的时候了，可自己却在乱山丛中度过节日，哪有把酒赏菊的闲情雅致呢！下片说，在旅途上经常失眠，睡不着（“元无梦”并不是睡得好），所以就感到秋夜里寒风吹来的打更声显得特别悠长。此时，想起人们都说江南的风光美好，现在自己已身在江南了，却并没有感到有多少喜悦之情。为什么呢？因为中原的故乡已被金人占领，回不去了。因为有这份“归思”，也就使得情绪更转为凄凉。

无独有偶，陈与义也写过在避乱途中过节的词，而比吕本中写得更为深隐。且看《临江仙》：

> 高咏楚词酬午日，天涯节序匆匆。榴花不似舞裙红。无人知此意，歌罢满帘风。　万事一身伤老矣，戎葵凝笑墙东。酒杯深浅去年同。试浇桥下水，今夕到湘中。

此词是作者在南渡后流寓湖南时所写。在端午节时，正值国家多难、兵荒马乱的日子，此时凭吊屈原，尤多感慨。特别是下片的“万事一身伤老矣”，在身世之感的背后又有难以言尽的时世之叹。联系他在另一首《临江仙》中所写的“二十余年如一梦，此身虽在堪惊”，可见陈与义在词中虽无激烈、明显、痛楚的语言，但正如水面下有漩涡，其实并不平静。

战争、动乱，都会给和平的人民带来痛苦，在古代作品中，留下了太多的“伤痕文学”。“只言江左好风光，不道中原归思转凄凉”，是流落江南的北方士人的深切体会，江左的好风光不难领略，而北方的故土更是难以忘怀。20世纪的中国，自1937年的“九一八”事变后，我国的东北地区被日本军国主义的侵略军占领，大量的无辜百姓被残酷杀害，不少人流落到了关内，甚至到了南方。他们也可能是第一次领略“杏花、春雨、江南”的美丽景色，但因失去了家园，离开了生于斯、长于斯的土地，他们还是满怀悲愤地唱起了“我的家在东北松花江上”。今天，我们国家强大了，但台湾还没有回到祖国怀抱，那里的不少老人怕也有“不道中原归思转凄凉”的体会，但愿他们不要带着于右任老先生的遗憾离开人世，而这，也是我们全民族的共同希望。

三　旧时天气旧时衣，只有情怀不似旧家时
——历尽沧桑后的淡语深情

靖康事变后，北方人士流落到南方。在“中州士女”的南渡大军中，既有诸多的官员，也有普通的老百姓，既有像李纲、赵鼎这样的名臣，又有朱敦儒这样的隐士，还有如李清照这样的才女，他们因身份、地位、抱负、胸襟的不同，而有词中的不同情感抒发，但如同吕本中的“归思转凄凉”，却几是共有的基调。

比起男子来，李清照自有她毫不逊色的才情，她的“生当作人杰，死亦为鬼雄。至今思项羽，不肯渡江东”历来为人所传唱。“南渡衣冠欠王导，北来消息少刘琨”，也可见出她对历史及时人的评判。但是，李清照对于词，有着“别是一家”的认识，所以她的词见不到此类内容，而多个人的情感抒发和生活感受。她在十八岁时与太学生赵明诚结婚，赵在婚后曾任莱州、淄川等地太守。因夫妻二人都爱好文学，经常诗词唱和，又都酷爱金石图书，努力于收藏，赵明诚撰写《金石录》，李清照也参与其事，夫妻相得，其乐融融。所以，在李清照的前期词中，虽有因丈夫远宦、两下分离的思念，以至于“人比黄花瘦”，但并未出于闺怨范畴。可当靖康之难起，李清照只得与丈夫渡淮南逃，成了难民，多年搜集的金石书画大都丧失。建炎三年（1129年）八月，赵明诚病死于建康（今南京）。此后，李清照就辗转流落于杭州、越州、台州、金华一带，在颠沛流离中度过

了孤苦无依的后半生。

建炎三年，是宋室南渡后的第三个年头。此年的初春，赵明诚尚在，李清照写了《临江仙》词："庭院深深深几许？云窗雾阁常扃，柳梢梅萼渐分明。春归秣陵树，人老建康城。 感月吟风多少事，如今老去无成。谁怜憔悴更凋零。试灯无意思，踏雪没心情。"因为主战的李纲早已被罢相，宋高宗任用奸佞黄潜善、汪伯彦等人，岳飞上书奏请恢复中原，斥黄、汪辈误国，获越职言事罪而被罢官。为此，李清照深感中原的恢复无望，遂有"春归秣陵树，人老建康城"的感叹。下片"感月吟风多少事，如今老去无成"是今昔对照，过去过的是吟风弄月的风流生活，如今只能看着岁月空去人欲老，将是一事无成。即使是元宵前的试灯，也觉得引不起兴趣，往日踏雪寻诗之类的雅事，也没有心情去做了。

后来，李清照在丈夫死后继续流寓浙江，晚年又有不少作品在表现自己孤苦无依的同时，表达了对过去北方生活的思念。如《永遇乐》："落日熔金，暮云合璧，人在何处？染柳烟浓，吹梅笛怨，春意知几许！元宵佳节，融和天气，次第岂无风雨？来相召，香车宝马，谢他酒朋诗侣。 中州盛日，闺门多暇，记得偏重三五。铺翠冠儿，捻金雪柳，簇带争济楚。如今憔悴，风鬟雾鬓，怕见夜间出去。不如向、帘儿底下，听人笑语。"尽管李清照丈夫已死，无儿无女，景况凄凉，但因她的文才出众，家世显赫，今日在临安过元宵节，还有不少贵族妇女作为她的酒朋诗侣，乘着宝马香车来邀她参加元宵的诗酒盛会。但此时的李清照却转向了过去汴京繁华时的回忆，因闺门闲暇，故特别重视正月十五的元宵佳节。这一天的晚上，会与闺中的女伴一起，戴上插着翠鸟羽毛的帽子，以及用金线捻丝制成的、状为雪柳的头饰，打扮得整整齐齐地上街游赏了。在历尽家国之痛以后，不仅已从"簇带争济楚"的昔日爱俏少女，变成了今天"风鬟雾鬓"的憔悴老妇，而且还从过去的争着上街看热闹，变为今天的"怕见夜间出去"，只是躲在帘子后听人家的欢声笑语。这种心态的衰老，并非仅仅因为年老的原因，而是时代巨变、家国沧桑的影响所致。

李清照晚年所写的《南歌子》，可谓准确传递出她历尽沧桑后的情怀：

> 天上星河转，人间帘幕垂。凉生枕簟泪痕滋。起解罗衣聊问夜何其。 翠贴莲蓬小，金销藕叶稀。旧时天气旧时衣，只有情怀不似旧家时！

词中以"天上"与"人间"相对照，帘幕中的自己若非长夜未睡，又怎能看到星河在天幕上旋转呢！"天上"与"人间"也并不是简单的用词对偶，而应有今昔对比犹如天上人间、自己与丈夫已是天人永隔之潜在意义。所以才会"凉生枕簟泪痕滋"，不知夜之深浅，"起解罗衣聊问夜何其"。换头两句应上"罗衣"而写衣上变化：用翠羽贴成的莲蓬已变小，以金线嵌锈的莲叶也已变稀。还是这旧时的天气，还是这旧时的衣服，但岁月已经流走，衣服也已穿旧，我的情怀当然也不像旧时了。"旧时天气旧时衣，只有情怀不似旧家时！"淡语深情，背后又有多少沧桑之感！

四 寻寻觅觅,冷冷清清,凄凄惨惨戚戚
——“公孙大娘舞剑手”的难抑悲情

“昔有佳人公孙氏,一舞剑器动四方。”这是杜甫为唐代著名的剑器舞舞蹈家公孙大娘写下的诗句。而宋代的李清照也被人称为“公孙大娘舞剑手”,原因出于她的《声声慢》词:

> 寻寻觅觅,冷冷清清,凄凄惨惨戚戚。乍暖还寒时候,最难将息。三杯两盏淡酒,怎敌他晚来风急?雁过也,正伤心,却是旧时相识。　满地黄花堆积,憔悴损,如今有谁堪摘?守著窗儿,独自怎生得黑!梧桐更兼细雨,到黄昏、点点滴滴。这次第,怎一个愁字了得!

因此词开头的十四个叠字非凡手可出,所以就被张端义的《贵耳集》称为“公孙大娘舞剑手”。其实,这只是从表面的艺术技巧看问题,李清照在词中表达的感情具有动人的力量。

李清照随赵明诚南渡后不久,就成了寡妇。如果说她以前所写的是伤春悲秋,是恨离怨别,是对时序变换的敏感,是生离的难堪,是暂时的空虚,是有所期待,是可望团圆;那么现在就是死别的凄然,是永恒的寂寞,是不可期待,是无法重逢。个人的痛楚同国家的苦难交织在一起,所以这首词写得文浅情深,沉痛无比。开头的十四个叠字,是艺术上的新奇创造,但更是心理感受的逼真表现。“寻寻觅觅”正所谓“怅然若失”,因为空虚孤苦,不能希求,不敢追忆,无所寄托,难于排遣,起而又坐,止而又行,就形成了这种“寻寻觅觅”的状态。因如有所失,欲有所觅,而旧欢不来,新愁又至,袭上心头的唯有孤独之感,所以觉得“冷冷清清”。如果“寻寻觅觅”是由内至外的神态,“冷冷清清”则是由外境引起的内情。这内情由冷清而加剧,变成了“凄凄惨惨戚戚”,由轻转重,由浅入深,复又由“戚戚”的较淡转出。以上七组叠字分三层意思,可谓文情并茂。遭遇既苦,心情又坏,值此秋天“乍暖还寒”之时,自己这因愁而损的身体更觉得难以将养了。两三杯淡而寡味的酒,怎能抵得住晚上急风带来的寒意呢?雁飞高空,鸣唳不止,使人伤心,在大雁是因为避寒就暖,而自己的由北而南,与“旧时相识”会于此地,却是由于国难所致。这种伤心似淡却浓,可谓刻骨铭心。下片说,北雁南飞之时,正是满地黄花之日,缤纷的落英,憔悴伤损,任其堆积。倘在承平之时,菊花应插满头,现在谁有雅兴摘花呢?愁是酒浇不去,风又吹个不停,征雁飞,落花积,自己一人闷坐在窗前,怎样打发这时光呢?时间给人的是折磨,而不是享受,此时,黄昏渐临,细雨梧桐,淋淋漓漓,点点滴滴,更增人愁思。而因愁人的敏感,才更觉得雨声点点滴滴的清晰。以上种种,终于逼出了“这次第,怎一个愁字了得”。

如果只欣赏十四个叠字,还只是皮相之见,“公孙大娘舞剑手”所塑造出来的自我形象,是遭受国难家愁的结果,如果没有真情,就只能作无病呻吟,是写不出这样感人

的作品的。

李清照晚年所作，还表现出对故乡的深沉怀念。如《菩萨蛮》：

风柔日薄春犹早，衣衫乍著心情好。睡起觉微寒，梅花鬓上残。　故乡何处是，忘了除非醉。沉水卧时烧，香消酒未消。

此词是作者晚年流寓越中时所作。在经过了一冬、春天即将到来之时，心情总是比较愉快的。感受着柔和的风儿和微弱的阳光，可知道春天的脚步已经悄悄地临近了，换去冬衣，刚穿上夹衫，心情是特别的好。毕竟还是早春，早上睡起还觉得微微的寒意，插戴在鬓发上的梅花已经凋残。早春犹寒，可梅花已残，真正的春天很快就要降临人间，但词人心中的欢乐却是转瞬即逝，为什么呢？因为想起了故乡。现在孤身一人流落在南方，故乡的桑梓，父母的坟茔，儿时的欢乐，青年时的幻想，都多么令人难以忘怀！多少次引领眺望，又是多少次的失望！故乡铭刻在心中，是永远无法从记忆中抹去的，要想忘了她，除非是喝醉了酒，“借酒浇愁愁更愁”，在醉乡中可以暂时忘掉故乡，但醒来后却会更加想念。明知如此，又不得不用酒来麻醉自己。可不？睡时点着的沉香，烧了很久，现在香已烧完，但酒还没醒。这种矛盾的心态和细腻的描写，可看出对故乡反反复复的思念之情。

战争、动乱给李清照原本幸福、和美的家庭带来了灾难和痛苦，与丈夫已成天人永隔，与故乡也相见无期。以一个贵妇人尚且如此，更不必说那些普普通通的老百姓了。古人曾说，宁作太平犬，不作离乱人，当然这是极端的说法，不过从中也可以体现过来人的惨痛体验。历史上有过太多的战争、动乱，上个世纪更有过两次世界大战，无辜的生灵死去无穷无数。现在正当新世纪，衷心祈求和平应是全人类的共同愿望。

五　休舞银貂小契丹，满堂宾客尽关山
——从“商女不知亡国恨”得到的启发

杜牧的《泊秦淮》是很有名的七绝：

烟笼寒水月笼沙，夜泊秦淮近酒家。商女不知亡国恨，隔江犹唱后庭花。

此诗所写到的《后庭花》即《玉树后庭花》，是南朝荒淫误国的陈后主所作。人谓其“玉树后庭花，花开不复久”是“诗谶”，因为陈后主的确是享乐不久就政权覆亡。杜牧是很重视南朝的历史教训的，他的这首《泊秦淮》诗，就是借历史来警告晚唐的当政者，表明了自己对于国事的隐忧。从表面看，好像是责备歌女们不知好歹，竟然还演唱前朝的亡国之音《玉树后庭花》，而实际上是作者用曲笔谴责那些在座中听得津津有味的官僚贵族，是他们在晚唐的多事之秋不以国事为重，而是征歌逐舞，寻欢作乐，从中可

见诗人对于大厦将倾的预感。

多少年来,“商女不知亡国恨”成了被人沿用不已的诗句,用来概括形势危殆却歌舞升平的特殊现象。在北宋被金政权灭亡后,许多人都对历史进行了反思,其中颇有胡乐乱政的看法。当然,我们今天不能简单的看待北宋灭亡的原因,宋徽宗喜好文艺只是荒政误国的一个缘由,以偏概全是不可取的。但是,历史上又的确是有过不少因沉迷于歌舞享乐而导致亡国亡身的例子。在南宋时期,一些较清醒的政治家或官员,都对此是会有感触的,尤其在某些特殊场合,还会激发出忧国之情。范成大的《鹧鸪天》似乎就是这样一首词:

> 休舞银貂小契丹,满堂宾客尽关山。从今袅袅盈盈处,谁复端端正正看。
> 模泪易,写愁难。潇湘江上竹枝斑。碧云日暮无书寄,寥落烟中一雁寒。

此词是作者离开广西经略安抚使兼静江知府任,将赴成都任四川制置使时所写,显然,是别宴上所作。首句所说的“银貂小契丹”是一种少数民族的舞蹈,穿白色的貂裘和绣靴是这种舞蹈的服装特点。王安石有《出塞》诗:“涿州沙上饮盘桓,看舞春风小契丹。”而范成大也有《次韵宗伟阅番乐》诗:“绣靴画鼓留花住,剩舞春风小契丹。”都可证。而且可以知道这种舞蹈很美,很吸引人。之所以“休舞”,是因为“满堂宾客尽关山”,参加宴会的都不是本地人,正如王勃《滕王阁序》所说:“关山难越,谁悲失路之人;萍水相逢,尽是他乡之客。”客中送客将会更使离愁加重。带着深深的离愁而去,今后谁还能欣赏这袅袅盈盈的美妙舞蹈,认认真真的看这样的演出呢?

下片说,要将流泪写出来是容易的,但真正写出心中的愁绪就很难了。潇水和湘江上的斑竹,枝上斑斑驳驳,就好像人的泪痕一样,一眼就能看见。但是,泪水是因为内心的痛苦而流的,要看见人的内心就不是那么容易了。江淹写过《拟休上人怨别》,有“日暮碧云合,佳人殊未来”句,此词的“碧云日暮无书寄”即化用江诗。意思是,我在今后恐怕很难收到你们的来信了,只有看着日暮的碧云,空中的寒烟和寥落、孤单的大雁。

不可否认,此词是写别情之作,但是,我们又应结合作者的为人,作论世而知人的理解。范成大不但是“中兴四大诗人”之一,而且在写此词之前五年(1170 年),曾有过出使金国而不屈其节的经历,他在《州桥》一诗中写道:“州桥南北是天街,父老年年等驾回。忍泪失声询使者:‘几时真有六军来?’”对北方的遗民怀着深切的同情。所以,我们应越过别情这一层,而要进一步看到更深的意蕴。契丹曾建立强大的辽国,长期在对宋朝的战争中处于优势,但却亡于金人。如今,欣赏“银貂小契丹”的舞蹈,难道不会想起契丹民族曾有过的强盛时期?他们当年虎视宋朝时,是多么不可一世,而亡国后,却成了女真人的奴隶。今天在欣赏“银貂小契丹”的表演,是不是会有些类似“商女不知亡国恨”的感慨呢?恐怕很难说完全没有!倘如此,“从今袅袅盈盈处,谁复端端正正看”,就不仅是因别情太重而无心观赏歌舞了,这里似乎也隐藏着对国事的隐忧。宋孝宗虽有过北伐之举,但在遭受符离战败后,与金人签订"隆兴和议",宋廷又对金称侄纳贡,想恢复中原已是完全无望。你说,当看到契丹舞蹈时,难道就不会想起辽国的亡国,进而也想到南宋的命运吗?

"商女不知亡国恨,隔江犹唱《后庭花》。"尽管场合、内容都不同,联想却可以相同。范成大是不是从杜牧那里得到启发?虽然不能肯定,但我们可以有这样的联想。

六 若比广陵花,太亏他
——不仅仅是"黍离之悲"

读南宋词及后人的评价,常可看到"黍离之悲"一语。此语出《诗·王风·黍离》,兹录首章:

> 彼黍离离,彼稷之苗,行迈靡靡,中心摇摇。知我者谓我心忧,不知我者谓我何求。悠悠苍天,此何人哉!

余冠英《诗经选》今译:

> 黍子齐齐整整,高粱一片新苗。步儿慢慢腾腾,心儿晃晃摇摇。知道我的说我心烦恼,不知我的问我把谁找。苍天苍天你在上啊!是谁害得我这个样啊?

据《毛诗序》说,此诗是周人东迁后有大夫行役到了故都,看到原来的宗庙和宫室都已成为田地,种满了黍稷,他心中忧伤,彷徨不去,因"闵周室之颠覆",作了这首诗。后人多从此说。

由于靖康事变,北宋政权覆亡,南渡词人有感于这段痛史,怀着"闵周"之旨,在他们的作品中表现出"黍离"之悲。像张元幹的《贺新郎·送胡邦衡待制》是明言之:

> 梦绕神州路。怅秋风,连营画角,故宫离黍。底事昆仑倾砥柱,九地黄流乱注?聚万落千村狐兔……

而姜夔《扬州慢》则是在词中流露:

> 淮左名都,竹西佳处,解鞍少驻初程。过春风十里,尽荠麦青青。自胡马窥江去后,废池乔木,犹厌言兵。渐黄昏,清角吹寒,都在空城。

前者为西风吹拂下的画角连营感到无比怅惘,想象汴京的故宫已是"彼黍离离",更忍不住悲愤填膺地发问:为什么昆仑山会倾倒,砥柱山会崩塌?为什么黄河会在九州大地上乱流？而千村万落竟然都是不见人烟，狐兔横行。这“狐兔”二字，既应是实写，又应是对侵略者的拟喻。而后者却从扬州这一著名繁华城市的特定角度来写其遭受金兵侵略后的变化。扬州是淮河南面的“名都”，是杜牧以“谁知竹西路，歌吹是扬州”（《题扬州禅智寺》）诗句称道的“佳处”。可当自己在完颜亮南侵此地十五年后到达时，看到的却是一片残破景象。过去被杜牧称为“春风十里扬州路，卷上珠帘总不如”的繁华世界，竟然“尽荠麦青青”，昔日的豪宅名园，只剩下废池乔木，“名都”、“佳处”成了一座空城。张词写了从汴京到千村万落的北方中国，姜词只写了扬州一个点。前者悲愤，后者叹息，而对宋朝遭受侵略、破坏后引起的“黍离之悲”，则是共同的。

南宋词人刘克庄与张元幹、姜夔都不同，他的“黍离之悲”是从咏物角度来写的。试看《昭君怨·牡丹》：

> 曾看洛阳旧谱，只许姚黄独步。若比广陵花，太亏他。　旧日王侯园圃，今日荆榛狐兔。君莫说中州，怕花愁。

如果说姜夔是从实地出发作自度曲，命名为《扬州慢》的话，那么刘克庄此词以《昭君怨》为调，其选择应具深意。历史上的王昭君和亲远嫁匈奴，而靖康事变时，徽钦二帝被掳北行，后妃也相从而流落金国，南宋的爱国诗人、词人每念及此，无不感到愤懑悲伤。姜夔在其咏梅名篇《疏影》中，有“昭君不惯胡沙远，但暗忆江南江北”之句，用以寄托自己的感情。刘克庄此词既用《昭君怨》调名，又咏牡丹命运，两相结合，有很深的托喻。欧阳修曾写过《洛阳牡丹记》，指出牡丹以姚黄、魏紫最为著名：“姚黄者，千叶黄花，出于民姚氏家。”“魏家花者，千叶肉红花，出于魏相仁溥家。”此词独以姚黄代指洛阳牡丹的名品，头两句点出了花中之王牡丹，以姚黄独步天下的事实。三四句换意，说如果比起扬州的名花琼花和芍药来，洛阳牡丹就太亏了，为什么呢？因为扬州虽经战火，但毕竟还在宋金边界的淮河以南的南宋一侧，而洛阳却在沦陷区，在敌人的统治下。下片的“旧日王侯园圃，今日荆榛狐兔”，是中原地区的今昔鲜明对照，黍离之悲油然而出。因为对中州爱之太深，又因未能收复而感到有愧，移情于花，深表关切，故以“君莫说中州，怕花愁”作结句。

古代诗词常以名花比美人，李太白更有《清平调》三章，以“云想衣裳花想容”拟杨贵妃，又谓“名花倾国两相欢，常得君王带笑看”。所以词中牡丹之沦落于敌酋铁蹄下，很容易让人想起身陷绝域的后妃、宫女。因为刘克庄此词具有这一特殊的角度，其涵义也就越出了一般的“黍离之悲”。人们不是常说女人是祸水吗？可带来这场民族浩劫的并不是当代的杨玉环，而是昏庸腐朽、重用奸佞、崇奉道教、追求享乐，却不知道整军经武的当代李隆基——宋徽宗。作者以花拟人，表现出对国变中身遭不幸的女子的深切同情，其价值当不在姜夔《疏影》之下。

七 更听胡笳，哀怨泪沾衣
——身处异域者的真切感受

南宋学者洪迈《容斋三笔》曾记录了一则材料：靖康事变以后，成为俘虏的宋朝帝王子孙和宦门仕族，在被押解到金国后都成了奴隶，要为他们的主人服务。每人每月只能领到五斗稗子，让自己舂成米，可得一斗八升，用作糇粮。每年支麻五把，用来做衣服。此外就再没有一钱一帛的收入。如果男子中有人不能将麻析为缕、连成衣服，那么就只能一年到头光身子。如果遇到好心的主人能可怜他，就让他烧火煮饭，这样尽管常常对着火得到暖气，可才到外面取柴回来，再坐到火边，一冻一热，皮肉就会脱落，过不了多久便会死去。只有那些有专长、有手艺的人，比如医生、绣工之类，能得到主人的喜欢。他们平时只是团团坐在地上，用破席子或芦苇衬着身体，等到有客人来开筵时，让那些会乐器的人去演奏。等到酒阑客散，还是回到老样子，依旧环坐在一起刺绣。主人不管他们的生死，把他们看得如同草芥一般。这就是历史！当时的宋金两国，文明发展的程度很不相同，王孙成了奴隶，只能是这样的命运。历史已经过去，今天我们可以平静地看待当年的民族压迫，在中华民族的大家庭中"相逢一笑泯恩仇"。但是，具有正确历史观的人，也不必讳言过去，因为那毕竟是曾经存在过的事实。

洪迈所说应是完全可信的，因为他的父亲洪皓曾被留金国十五年，见到、听到的都十分可靠。而洪皓本人在词中也留下了身处异域的深切感受，读来令人鼻酸。

洪皓在高宗建炎三年(1129)以徽猷阁待制假礼部尚书的身份，奉命出使金国。完颜宗翰(粘罕)逼他仕刘豫，坚决不从，在经历了死亡的威胁和富贵的利诱后，被流放至冷山，后转至燕京，仍力拒金人官职，并多次派人密奏金朝政情，意在"复故疆，报世仇"，前后留金凡十五年，备尝艰辛，直到绍兴十三年才回到临安。洪皓在留金的日子里，曾写过不少怀念家国的词。如：

无偏。故国迢迢，千万里、共婵娟。但陟屺瞻驰，高楼念远，宁不凄然。

——《木兰花慢·中秋》

茫茫，去国三年，行万里、过重阳。奈眷恋庭闱，矜怜幼稚，堕泪回肠。凭栏处空引领，望江南、不见转凄凉。羁旅登高易感，况于留滞殊方。

——《木兰花慢·重阳》

冷落天涯今一纪，谁怜万里无家。三闾憔悴赋《怀沙》。思亲增怅望，吊影觉欹斜。

——《临江仙·怀归》

都表现了身处异域之人对于祖国、家庭和亲人的怀念，词不以艺术技巧见长，因是真情实感，仍然非常感人。

当洪皓在金时,形势发生了变化,1142年,宋金和议成。高宗明确放弃淮河以北土地,对金称臣,岁贡银绢,金则同意送回徽宗的棺木及高宗母亲韦后。在留金十四年之际的冬至日,洪皓听到迎接韦后等的使者将至,并有感于在别人家宴上听到歌女唱《江梅引》的"念此情、家万里",夜不能寐,追和四章。其中第一首《忆江梅》云:

天涯除馆忆江梅。几枝开。使南来,还带余杭、春信到燕台?准拟寒英聊慰远,隔山水,应销落,赴诉谁! 空凭遐想笑摘蕊,断回肠,思故里。漫弹绿绮,引《三弄》、不觉魂飞。更听胡笳,哀怨泪沾衣。乱插繁花须异日,待孤讽,怕东风,一夜吹。

此词上片说,自己作为被羁北方的宋臣,非常向往南方的红梅,期盼着南宋的使者能将载有杭州春信的梅花带来,但想到路途遥远,花会凋落,心中的话也无从诉说了。下片表达思念故乡之情,抚着绿绮琴弹奏《梅花三弄》,好像魂灵回到了故乡,但耳边传来的胡笳声又告诉自己,还是在金朝,满腔的哀怨化作泪水打湿了衣襟。想满插梅花须待来日,要一人吟诗,就怕一夜风吹,花也飘零,美好的期盼将化作泡影。

洪皓是被羁留的使臣,境遇当然要优于已成为奴隶的王孙贵族,但那种身处异域的感受,绝对不是沉迷于"西湖歌舞几时休"的人所能理解的。读其词,会令人想起当年的苏武。而读其子洪迈所记,则不啻是一幕真实的《哀王孙》。洪皓终于在被留十五年后回归南宋了,而悲惨地客死他乡的,又不知有多少公子王孙!国运竟然如此密切关系着他们的人生,这是不是也有"现代启示录"的意义呢?形式虽然不同,回答应该是肯定的。

八 回首天涯旧梦,几魂飞西浦,泪洒东州
——亡国之音哀以思

和平环境中的人们,是很难理解战争会带来什么。我出生在抗日战争时的陪都重庆,是在日本飞机的轰炸下侥幸存活的,而日机的每一次轰炸,都会造成大量平民的死伤,被炸死者的内脏甚至飞挂到了电线杆上。当然,这是在我懂事后父母才告诉我的,襁褓中的婴儿,又怎能知道这个可怕的世界啊!人们都希望和平,不愿意发生战争,但是,我们对战争与和平的认识,并不是可以用本能来决定的。"文革"时期,我是学校"电影大批判组"的成员,看过《一个人的遭遇》、《雁南飞》、《海之歌》等"修正主义"电影,也写过批判文章。事隔三十多年,已想不起写过什么了,但看电影时的真实感受却记得很清楚。说实话,我是被这些电影深深震撼的,德国法西斯的侵略,造成了多少家破人亡的人间悲剧,从战争的创伤中走出来,当然反对战争,希望和平,有志于建设。但在当时不能这样理解。今天看来,其实那些电影的镜头都很"干净",一点都没有暴力和鲜血,《雁南飞》的男主人公在战争行将结束时,死于敌人冷枪的子弹,一个个大树旋转的画面,然后是轰然倒下,而后是手捧鲜花迎接战士凯旋的女友遍找不到

自己的心上人,头顶上飞过了最初就出现过的南飞的大雁。今天看来,这些甚至显得有些幼稚,但在当时,却使我久久难以忘怀。

在我国的历史上发生过很多的战争,前面说过,宋朝先后受到契丹、党项羌、女真民族各个政权的侵略,最后亡于蒙古族的元。在元兵攻占南宋的过程中,当然又有许多军民死于战火,《宋史纪事本末》卷一百零六《蒙古陷襄阳》载之甚详,据卷一百零七《元伯颜入临安》:"元人索宫女、内侍及诸乐官,宫女赴水死者以百数。"这短短数语,就可知当时是怎么个情形。在元兵攻占了临安后,学者、词人周密离京流亡,在绍兴登蓬莱阁后,写下了《一萼红·登蓬莱阁有感》:

> 步深幽。正云黄天淡,雪意未全休。鉴曲寒沙,茂林烟草,俯仰千古悠悠。岁华晚、飘零渐远,谁念我、同载五湖舟?磴古松斜,厓阴苔老,一片清愁。 回首天涯旧梦,几魂飞西浦,泪洒东州。故国山川,故园心眼,还似王粲登楼。最负他、秦鬟妆镜,好江山、何事此时游!为唤狂吟老监,共赋消忧。

此词上片主要写登蓬莱阁所见。在此地,可以看到贺知章告老还乡时被赐得的鉴湖一曲和王羲之等人兰亭雅集的茂林修竹。当年王羲之俯仰天地,发出"死生亦大矣"之叹,而今天自己的登临,俯仰千古,不胜感慨,孤身漂泊,不能像范蠡那样携西施泛舟五湖,对着四周景色,只有一片清愁。下片抒发思念故国故园的心情。在回首往事时,多少次在绍兴魂飞泪洒(西浦、东州都是绍兴地名)。心中所想,眼中所见,故国与故园已今非昔比,此时的心情就像当年的王粲登楼。有负于如同发鬟的秦望山,像镜子般的鉴湖,即使唤上贺知章一起咏诗,也不能销去心中的忧愁。

失去祖国是最大的痛苦。"亡国奴"的称呼虽非起于古代,但这种感受应是古代就有。周密本是世胄公子,他前期的作品多是湖山游赏、伤春悲秋、闲情雅思、咏物题画之类,只有少数感怀现实、关注国事之作。可当元兵攻破临安后,他身经离乱,词作也就发生了很大的变化。如:"一片古今愁,但废绿平烟空远。无语销魂,对斜阳衰草泪满,又西泠残笛,低送数声春怨。"(《献仙音·吊雪香亭梅》)"萋萋望极王孙草,认云中烟树,鸥外春沙。白发青山,可怜相对苍华。"(《高阳台·寄越中诸友》)与他早先所作很不同。

"亡国之音哀以思","回首天涯旧梦,几魂飞西浦,泪洒东州。"这魂飞泪洒,不是亡国的悲凉之音又是什么?可贵的是,周密在宋亡之后,能坚持民族气节,以故国文献自任,留下了不少重要著作,给后人了解当时的社会提供了方便。

九 悲欢离合总无情,一任阶前点滴到天明
——忧患余生的今昔对比

南宋政权到了后期,朝政非常腐败。在蒙哥登上汗位后,蒙古军大举攻宋,蒙哥亲率主力攻四川,命令忽必烈领军攻鄂州(治所在今湖北武昌),另一路大军由兀良合台

率领，绕道云南攻交趾（今越南），转而又攻潭州（治所在今湖南长沙）。三路大军都遇到宋军的抵抗，蒙哥在双方激战时死于军中，忽必烈听到蒙哥的死讯，为急于赶回北方争夺汗位，答应了贾似道的议和请求而撤兵。在蒙古军强大的军事压力面前，宋理宗却沉湎于酒色，宠信宦官，排斥忠良，使得朝政愈益腐败。由于贾似道谎报大捷，博得了宋理宗的欢心，遂被召入临安，入主朝政。贾似道将左相吴潜排挤出朝，在宋度宗即位后，被尊为“师臣”，更是大权独揽，一手遮天。忽必烈得到汗位后，再度对南宋发起进攻，并将主攻方向从长江上游转向了长江中游。襄樊失陷后，南宋的长江防御体系几近崩溃，元相伯颜统兵沿汉水和长江东下，可称是势如破竹。宋恭帝德祐元年（1275年），在实在不得已的情况下，贾似道勉强拼凑起一支十三万人的军队，又派人向伯颜求和，遭拒绝，双方交战于今安徽铜陵附近，宋军大败，贾似道逃至扬州，后被革职，在被贬的流放途中死于押解官之手。在击溃宋军后，元兵乘胜南下，攻陷建康府，又在镇江府大败宋将张世杰，直逼临安。谢太后等不顾文天祥、张世杰等人的反对，带宋恭帝出降。扬州守将李庭芝、姜才，潭州守将李芾等，都坚持抗战，最后壮烈牺牲。文天祥与陆秀夫、张世杰等人拥立宋度宗之子宋端宗即位于福州，坚持在江西、福建、广东一带抗元。最后文天祥兵败被俘，誓不降元，在大都英勇就义。陆秀夫、张世杰都坚持抗元直至海上，最终失败，为国献身，南宋终在祥兴二年（1279年）灭亡。

在宋元易代之际，许多人在战乱中颠沛流离，饱尝了人生的忧患，也留下了自己的作品，蒋捷就是其中的一位。蒋捷的先世是宜兴大族，他大概在宋度宗咸淳十年（1274年）中进士，几年后宋朝就灭亡了。宋亡后，他也过了一段流亡生活，在元大德年间，有人荐其才，但终不就。在元兵攻占了词人的家乡宜兴及常州、苏州一带后，不久又占领了临安，他为衣食奔走于苏州等地，《贺新郎·兵后寓吴》记录了当时的流浪生活。词云：

> 深阁帘垂绣。记家人、软语灯边，笑涡红透。万叠城头哀怨角，吹落霜花满袖。影厮伴、东奔西走。望断乡关知何处，羡寒鸦、到着黄昏后。一点点，归杨柳。　相看只有山如旧。叹浮云、本是无心，也成苍狗。明日枯荷包冷饭，又过前头小阜。趁未发、且尝村酒。醉探枵囊毛锥在，问邻翁、要写《牛经》否？翁不应，但摇手。

词的开头回忆往日的生活：在垂着绣帘的深阁中，家人围坐灯边，吴侬软语，笑意从红润的脸上透出，现出了酒窝。但是，骤然发生了巨变，作者不能直写元兵暴行，“万叠城头哀怨角，吹落霜花满袖”的象征性，可令人想见老百姓的遭遇。自此，作者就开始了只有影子相随的流浪生活。下片先表达河山易主之悲，再写自己具体的流浪生涯，以及求取衣食的艰辛。

如果说上面的《贺新郎》是具体的流浪者之歌，那么蒋捷的《虞美人·听雨》就是以典型的场面构成画卷，在忧患余生的今昔对比中，概括了自己的一生。且看：

少年听雨歌楼上，红烛昏罗帐。壮年听雨客舟中，江阔云低、断雁叫西风。而今听雨僧庐下，鬓已星星也。悲欢离合总无情，一任阶前点滴到天明。

此词用“听雨”为主线，分别贯穿起青年、壮年、老年三个生活断面，最后用“悲欢离合总无情”来总括，表明了自己对人生的看法。歌楼听雨，罗帐红烛，这是何等浪漫，作者如此写来，当是为了与后面相对照。壮年在客舟中听雨，显然是为谋生而奔走，生活已变得有些苦涩了。而今在流浪途中，听雨在僧庐之下，人已入老年，竟然不得定居，所以终有最后无奈的总结。三个听雨场面分写青年时的欢乐，中年时的奔波，到老年时的流浪，一生的遭遇、苦乐都浓缩在这里了。

我们不必责怪作者为什么不能像文天祥、张世杰那样拿起武器，走向抗元的队伍，为国献身，因为这样的义举不是文人能轻易做到的。我们要看到最广大的人民在战乱年代所遭受的苦难，通过作品去了解当时的社会生活，更多的应该是同情。悲欢离合对于人生来说，是极其普遍的遭遇，但是，在战争年代，却有着不同寻常的意义。当年，孟子曾有过“仁政”的设计方案，为老年人定下了五十衣帛、七十食肉的“生活标准”，在战国争霸中当然不能实行。蒋捷所写的老年流浪，听雨僧庐之下，与孟子所说相对照，差别何其显然。所以，我们真应为今天的和平、发展而深感庆幸。

十　三月休听夜雨，如今不是催花
——淡语难掩的深痛

蒋捷写了《虞美人·听雨》，无独有偶，张炎也写到听雨一事。张炎是“中兴名将”之一的张俊之后，张俊被封为循王，张炎作为他的六世孙，当然是世胄公子，而且他的曾祖张鎡、父亲张枢都是词人，使他接受到良好的教育、熏陶。他生长在一个既有地位、又很富足的家庭，有园林之盛，有不少文士出入门下，又有众多的歌姬。如果一直是承平时世，他大概也会像曾祖一样举行“牡丹会”，让家姬们十人一组，穿同样的服装，演唱古人的牡丹词，然后不断地更换人员、服装，演出歌舞，为客人劝酒，以排场和好客而传为佳话。但是，在张炎二十多岁时，元军攻下了襄阳城，不久，元军渡过长江，文天祥起兵第二年，临安城破，二十九岁那年，南宋灭亡。覆巢之下，岂有完卵？国破家亡，张炎的贵族公子生活结束了，他开始飘泊各处，来往于杭州、四明、天台、苏州、南京之间。过去，他家中常有不少文人寄食，此时自己却不得不寄食于人。

宋亡之前，张炎曾参加文人们组织的诗社活动，他的成名之作《南浦·春水》当是社中题咏。词的上片写道：“波暖绿粼粼，燕飞来，好是苏堤才晓。鱼没浪痕圆，流红去，翻笑东风难扫。荒桥断浦，柳阴撑出扁舟小。回首池塘青欲遍，绝似梦中芳草。”此时，不仅是年轻的张炎，连老成的周密都没有忧患意识，也许是一手遮天的贾似道将消息封锁得太严密，临安城里的文人们都没有感到大厦之将倾，以至于他们的作品写得“绝似梦中芳草”。骤然而至的国破家亡，惊醒了张炎芳草地上的仲夏夜之梦，他面对的是河山变色，只能抱着亡国之痛流浪各地。在宋亡后重游西湖时，他写有《高阳台·西湖春感》，感叹“更凄然，万绿西泠，一抹荒烟”。下片又说：“当年燕子知何处？但苔深韦曲，草暗斜川。见说新愁，如今也到鸥边。”当年的燕子无归，应是主人不知何去，而且“旧时王谢堂前燕，飞入寻常百姓家”已有盛衰兴亡、今昔对照的特定含义，用于此处，显然是故国之思的体现。“韦曲”是唐朝长安的地名，韦氏大族世代居于此，如今苍苔已深，可让人想到张氏家族随时世之变而衰落。“斜川”在江西星子县，陶渊明曾作《游斜川》诗，此处借指宋亡前西湖边的文士雅集之地，“草暗”足见其荒凉之状。连新愁都来到了本该是自由自在的鸥鸟边，虽未说人，既然连鸥鸟都如此，人之愁已可见出。宋亡后，张炎的家被籍没，在重经旧居时，他写下了伤心的词句：“望花外、小桥流水，门巷愔愔，玉箫声绝。鹤去台空，佩环何处弄明月？十年前事，愁千折、心情顿别。露粉风香谁为主？都成消歇。”（《长亭怨·旧居有感》上片）

宋元之易代，无论对于国还是家，都是巨大的改变，对于张炎来说，更是如此，因为此中有特殊的原因。张炎的祖父张濡，在担任独松关守将时，曾杀元使廉席贤、严忠范，元军破临安后，张濡被杀，家产被没收。原先的贵公子，竟然要为生计到处奔忙，生活的落差太大，所以体会尤深。当重过旧居时，能无感慨、能不悲凉吗？

大概由于张炎特殊的家庭背景和身份，也由于元朝在对南宋征服之初会高张文网，张炎的词不得不敛抑其情，将巨痛深情化作淡语而出之。《清平乐》可称代表：

> 采芳人杳，顿觉游情少。客里看春多草草，总被诗愁分了。　去年燕子天涯，今年燕子谁家？三月休听夜雨，如今不是催花。

此词的起头显得很突然，不是常用的渐起，却是陡然而出，一句“采芳人杳”恰如佛家所说的“扫处即生”，生发出下面的意思。春天时分，人们都喜欢采芳拾翠，这里说采芳者少了，显然是因为春天已即将过去，对此众芳凋零的景象，顿时觉得游兴减少，也是很正常的事情，但在此背后还有别的原因，作者按下不表，转说其他。春意正浓的时候没有好好欣赏，草草而过，待到春天将去，却又生遗憾了，其中还有一个原因分掉了看春的兴趣，这就是“诗愁”。前说“客里”，此说“诗愁”，那么究竟是什么呢？作者还是没有说，而词却转至了下片。下片也没有说出“客里”、“诗愁”指的是什么，但燕子的意象绝对不只是燕子而已，这里显然是词人的自喻。张炎曾在元世祖至元二十七年（1290年）北上大都，参与写金字藏经事，原因或在于生计所迫，第二年就南归，所以“燕子天涯”可能指去大都事。而“今年燕子谁家”的自问，则可见词人对自己生活毫无自信，惯于飘泊，却又不甘于如此。通过两说燕子，“客里”、“诗愁”指的是什么应很清楚了。词的结尾自谓“休听夜雨”，因为三月的夜雨属于“摧花”而非“催花”之雨，岂不闻“夜来风雨声，花落知多少”？当然，这是字面上的意思，其内心深处隐然是身世之感、家国之痛。

蒋捷说：“悲欢离合总无情，一任阶前点滴到天明。”张炎说：“三月休听夜雨，如今不是催花。”在富贵闲人的耳中,春雨是非常美妙的,而在愁人听来,却只能增人愁绪。失去了国,也失去了家,还有什么个人的幸福可言?国家、国家,二字连用,真是密不可分。尽管在李煜看来“朕即国家”,“四十年来家国,三千里地山河”都是自己的,但也知道“一旦归为臣虏,沈腰潘鬓销磨”,从帝王降为俘虏,人生的变化有多大!张炎在南宋亡后,家产被籍没,飘泊无依,从“张春水”变为“张孤雁”,所品味的人生也是只有苦味了。蒋捷不是帝王,也不是贵族,却同样饱尝国破后的颠沛流离之苦。

古人古事和半个多世纪前日本侵华的历史都告诉我们:有国才有家。爱国主义并不是空话,在和平时期,可以很轻快地唱起“我们都有一个家,名字叫中国,兄弟姐妹都很多,景色也不错”。但绝对不要忘了“中华民族到了最危险的时候”和“冒着敌人的炮火前进”!

代结语

人情不似春情薄，守定花枝，不放花零落
——让我们满怀感情，贴近古人，走进他们的生活

以上，我们通过宋词作品，从爱情、闲情、性情、雅趣、节日、咏物、羁旅行役，以及济世之志、流落之悲等方面，对宋人的社会生活和思想感情，匆匆作了一番巡礼。过去，人们常说文学是社会生活的反映，后来，又说文学就是人学。持“反映论”的强调客观，持“人学论”的强调主观。其实，文学史既应是人类的心灵史，也应是人类的社会生活史，宋词就很全面地将生活史与心灵史融为一体。在文学史的流程中，宋词成为了“一代之文学”，又在其流传过程中，一直给人以感动，直到千年之后，我们还可以在阅读中感受当年的生活和古人的心灵悸动，仿佛可以看到一幕幕生活场景和男男女女的音容笑貌。

西方从工业革命以来，社会结构和人的生活都发生了巨大的变化，尤其是进入信息时代以后，生存状态与思想观念的变化更是前人难以想象的，“地球村”与“世界经济一体化”概念的提出，就是最好的证明。我们国家在结束了“大革文化命”之后，重新打开了关闭已久的国门，此时又一次痛苦地发现，我们比起先进的国家，竟然落后了那么多年！中国人不得不再一次睁开眼睛看世界，并奋起直追，以求尽快地缩短与先进国家的差距。改革开放以来的三十多年，我国发生了翻天覆地的变化，在邓小平理论的指引下，各项事业都有很大发展，经历了这一段历史变化的人们，在回首前尘时，恐怕都会毫无例外地发出惊叹。是啊，三十多年前，谁能想象出今天到处高楼林立、高速公路贯通南北东西的情景，在样样都要票证的时代，能设想今天的买方市场吗？物质生活的巨大变化是有目共睹的，同样，精神生活的变化也是显著的。

不过，经历了巨变的中国人也会发现，随着改革开放、打开国门，也的确带进来一些苍蝇蚊子，但是，在外国电影纷纷进入已久，不少人感兴趣的往往不再是崇高和美，而是娱乐性，是拳头和枕头。相关的书籍阅读也往往与之类似，除了功利性、实用性的阅读外，审美被降到了极其次要的地位，而文学的功能似乎大部分转移到了娱乐性、游戏性一侧。当年的一切，早已成为过去，青年人对于三十多年前发生的事情，几乎看成是天方夜谭。

文艺不应是纯然的崇高，老是让人肃然挺立或正襟危坐，是难以接受的，也是无法做到的。人类普遍具有儿童般的天性，需要娱乐、游戏、放松、休闲，但是，人类在物质文明不断进步的同时，也不应在精神上沉沦。走出了中世纪黑暗的欧洲人，在喊出博爱、平等、自由口号的同时，也知道真善美的追求是人类的共同目标，甚至是终极目

标。世界变得愈来愈小,经济在很快地一体化,也有人开始对文化的民族性与世界性的关系提出了新看法。但是,正如政治上不应是单极世界一样,文化更不应是单一的,强调民族性并没有成为过时的话题。在我国经济与社会迅速发展的今天,我们不应忘却自己民族曾有过的辉煌,不应在迅猛的发展中割断与历史的联系,未来的文化发展并不意味着在“全新”基础上的新生。我们虽不必再对“老牛车水慢悠悠”的农业文化缅怀不已,但也不能忘却曾有过的精神家园……

没有名气的南宋词人管鉴在其《醉落魄》词中写道:

> 春阴漠漠,海棠花底东风恶。人情不似春情薄,守定花枝,不放花零落。

宋代众多的词人曾以满腔深情关注过身边的生活、事情、人物,曾袒露出自己的心灵和感情。千年之后,依然给我们以感动。我们也不应冷落古人,我们还可以同他们进行灵魂的对话。对宋词这笔文化遗产,我们很可以本着“人情不似春情薄,守定花枝,不放花零落”的态度,珍视她,爱惜她,理解她。尽管她实际上已随着历史而零落了,但我们至少还应将她看成是护花的春泥。

让我们满怀感情,贴近古人,走进他们的生活和内心世界……

爱国词人辛弃疾

时代的风云

辛弃疾，原字坦夫，后改字幼安，号稼轩，南宋著名的爱国词人。他生活在宋金对峙、南北分裂，充满着矛盾斗争的时代，“国家不幸诗人幸”，正是时代的风云酝酿和催生出他的作品。他的文学成就和始终关怀国家、民族命运的处世精神，一直为后世所仰慕、赞颂。

宋高宗绍兴十年五月十一日（1140 年 5 月 28 日），辛弃疾诞生在山东历城（今属济南）四风闸，当时这里正处于金人统治下。这年，民族英雄岳飞领导的武装力量大败金兀术主力，收复颍昌（今河南许昌）、郑州、洛阳，驻兵朱仙镇（今开封附近），准备渡河北上，直捣黄龙。但是，赵构、秦桧投降集团却下令岳飞班师回朝。在辛弃疾尚未满周岁的绍兴十一年四月，岳飞、韩世忠、张俊被解除兵权，岳飞且在这年岁末惨遭杀害。当杀害岳飞的罪恶屠刀还在滴血时，南宋投降派与金朝的“绍兴和议”竟然签定了。这一“和议”的主要条款：一是南宋向金称臣，并“世世子孙谨守臣节”；二是宋、金两国以淮水中流至大散关（今陕西宝鸡境内）为界，中间的唐、邓二州皆属金国；三是南宋每年向金国输纳银二十五万两，绢二十五万匹。

赵宋立国以来，至此可谓真正完成了对北方少数民族政权从“奉之如骄子”，到“敬之如兄长”，直至“事之如君父”的三部曲。

女真族从 5 世纪以来就居住在今东北地区的白山黑水之间。

12 世纪初，以完颜部为中心的生女真部落，逐步形成部落联盟，成为女真国家的基础。1114 年，完颜阿骨打举兵反辽，取得胜利。次年，正式建立了金国，并屡败辽军。此时，宋朝君臣见辽国必亡，就派人与金国订立同盟：与金人夹击辽国，胜利后将石敬瑭割给辽国的燕云十六州收归北宋，北宋则将每年输与辽国的岁币转送金国。北宋政权出动了二十多万军队攻打辽国燕京，却吃了两次败仗。宋朝君臣转而又请金兵从居庸关进军攻打燕京，不久，燕京被金兵攻克。辽国的中京大定府、西京大同府和南京析津府（今北京），都先后被金人所占。1125 年，辽国天祚帝在逃往党项的途中被金兵追获，辽国亡。

金代辽而兴之后，这一处于奴隶社会低级阶段的政权，较之辽国更富于侵略性，对北宋赵佶政权构成了更大的威胁。可是，昏庸的赵佶全然不知整军经武，以备金人南侵。而虎视眈眈的金政权，却从北宋对辽作战和交涉燕云的经过中，全然了解了北宋政治的腐朽和军事的虚弱。于灭辽后，立即乘胜南下。

北宋的最高统治者宋徽宗赵佶，是一个荒淫腐朽的皇帝，他当政二十五年来，迷信道教，宠幸奸佞，搜刮天下，聚敛不休，除擅长书画蹴鞠外，对理国之事可谓一无所知。如今听得金兵南下，他如何能统帅军队抵抗侵略呢？于是急忙传位给儿子赵桓(钦宗)。

从云中(今山西大同)南下的西路金兵,在太原城遇到军民的长期抵抗、牵制,不能迅速南侵。从平州(卢龙)取道燕京南下的东路金兵,却由于燕京的官吏和守军不战而降,得以长驱直下,渡过黄河,包围开封,并向北宋政府提出了赔款、割地的要求:输金五百万两,银五千万两,牛马万头,绢帛一百万匹;割太原、中山(今河北定县)、河间(今河间县)三镇,以及三镇所辖全部州县。

此时,金兵虽然包围了开封,但黄河以北的许多重要城镇,还在宋兵的掌握之中,金兵的退路和粮道完全可能被宋兵切断。而首都被围的消息传出后,不但老将种师道率陕西的政府军队前去救援,各地人民和地方武装力量,也组织起来开赴开封,打击金兵。甚至农民起义军亦知国仇至上,准备到开封参与抗金。在这样的形势下,金军统帅不能不有后顾之忧,而考虑尽早撤离。但北宋最高统治集团昏庸而怯懦,被金政权的军事讹诈吓破了胆,全然看不到有利形势,答应了赔款、割地的要求。

北宋最高统治者为了自己苟且偷生,不惜牺牲国土和财富,但三镇人民却誓不愿割弃,以死坚守,朝廷得知后,转而降诏令其固守。在北宋君臣对割让三镇尚议论未决时,金兵再度南侵。这时,西路金兵已攻破太原。于是,在靖康元年(1126年)冬天,东、西两路金兵迅速南下。由于各路勤王之师和义勇军民已被遣返原地,黄河两岸无足够的防御力量,金兵就在无抵抗的情况下渡过黄河,攻破开封,将宋徽宗、宋钦宗父子扣押在兵营中,并大肆搜刮开封府库及官户、民户的金银布帛。靖康二年(1127年)四月,金兵将两个北宋皇帝和后妃、皇子、皇女及宗室、贵戚三千余人掳掠而去,同时被掠走的还有大量工匠、倡优,以及装载几千车的宋廷舆服、法物、礼器、书籍、舆图、金银财宝等。在短暂的时间内,北宋政权就被颠覆了。

当初女真人民起兵反抗辽廷的压迫剥削,他们所进行的战争无疑是正义的;但地位倒转,女真贵族政权成为侵略者后,它对宋朝的战争就是非正义的了。

当时的女真民族刚从奴隶制过来不久,因而金兵的南侵充分表现出掠夺性与凶残性。

女真贵族侵略者在宣和七年(1125年)第一次南下渡河,并围开封时,就沿路大肆屠杀,使开封到黄河的数百里之间,村落凋残,人烟绝灭。靖康元年(1126年)再度南侵时,非仅邻近开封的州县再遭劫掠烧杀,而且金兵四出侵扰,山东、河南许多州县都受到掳掠杀戮之害,中原百姓弃尸遍野,臭闻数百里,淮河、泗水之间,繁华荡然。至于逃亡中冻馁而死和妻离子散的,更是难以胜计。

金兵包围开封时,曾将城外坟茔大肆发掘,出尸取榔,以作马槽。城中居民饥寒交侵,疾疫连绵,死尸相枕藉。开封被攻陷后,金兵纵火焚屋,三日不绝,财物被洗劫一空,昔日极为繁华的首都,只剩下一堆瓦砾。广大中原地区的城镇农村,都遭到极大破坏,不仅田地荒芜,而且女真人因为有露宿的习惯而尽焚所经地区的房屋,汉族人民即使侥幸不死,也失去住所。中原地区所受的灾祸,确是自古以来所未见。

靖康二年(1127年)春,金兵从开封撤退,但黄河以北地区和山西、河北的大片土地仍被他们占领。女真贵族实施残酷的民族压迫政策,为了防止汉族人民起来反抗,制定苛法严刑,专用酷吏任事。汉族人民如对金人稍有不满,便以"乱言"之罪处以酷刑;村落中只要有一人参加武装抗金斗争,全村居民都被"连坐"屠杀;倘有人据城抵抗,城破后全城居民便惨遭杀害;金兵统帅粘罕甚至下令将成千汉人活埋在云中府郊外。女真贵族还强迫中原人民剃发结辫,禁止他们穿汉族服装,改为女真人服饰,强行磨灭人民的民族意识。

女真贵族对汉人的经济剥削,也是惊人的。随着灭辽和颠覆北宋政府,女真政权本身的社会形态也发生了急遽的变化:贵族奴隶主在入主中原后,迅速成为地主。但他们习惯于游牧生活,不懂得农业,于是,或强迫奴隶耕作,或租地给中原农民,甚至将农田改为牧场。女真贵族除对汉民实行高额地租剥削外,还将沉重的赋税负担加到中原人民头上,横征暴敛,有如虎豹食人,苛捐杂税,可谓多如牛毛。此外,兵役和劳役也是汉族人民的沉重负担,青壮年被抓去当兵,搜来的壮丁甚至被标价出卖,或被驱往鞑靼、西夏去交换马匹。女真统治者还在华北下令"以人口折还债务",12世纪初已兴盛于完颜部的债务奴隶制,如今竟被移植过来。广大汉族人民悲声盈野,对金人的残暴十分仇恨。

女真贵族政权在五年之内相继灭亡辽与北宋,此后,又迅速推进到淮河一带。为了在军事占领之后,不留下政治的真空,金政权先是册立宋朝降臣刘豫为伪齐皇帝,将所占领的河北、山东、陕西、淮北等地,置于这一傀儡政权的统治之下,使它成为金政权与南宋政权之间的缓冲力量。

在设置伪齐政权的同时,为了加强对汉族人民的直接统治,金政权下令将东北地区的女真人,迁徙到华北。女真人到华北后,好像星罗棋布,散布四方,以后,又进而移入中原和陕、甘,命名为"屯田军"。完颜亮夺取帝位,于1153年改燕京为中都,并正式迁都中都后,继续将屯田军南迁到开封周围。屯田军在各村落之间建寨筑堡,与汉人杂处,数十户以上设百夫长,数百户以上设千夫长,将汉族人民置于屯田军的监视之下。

屯田军到达屯戍地区后,金政府按户口赐给官田,让他们自足口粮。但中原、华北等地区没有足够的官田可供分配,金政府就以检查"官田"、"荒闲牧地"、"逃绝户地"和僧道寺观土地的名义,强行收夺最肥沃的大片土地,分给屯田军,甚至连汉人的牲畜、农具和家具,也加以掠夺。

土地掠夺的结果,使汉人愈趋贫困,而女真权贵人均占地达数十顷之多。虽然有一部分屯田军在分得土地后自行耕种,与汉族农民杂处,久而逐渐汉化;但大部分屯田军并不肯亲自耕种,使大片肥田沃土渐成荒地,而千夫长、百夫长则强迫汉族农民为他们无偿耕种,或是将田地强行佃给汉人。金政府还屡次派官员到各地"拘刷良田",进行新的掠夺。这种大规模的土地掠夺,一直持续至13世纪初。

女真政权对汉民族的军事侵略、政治压迫和经济剥削,不仅使中原汉族人民深受苦难,也使整个汉民族面临着生死存亡的关头。因此,他们反对外来民族压迫的斗争从未停止过,大大小小的武装斗争的烽烟,幻化成了时代的风云。

辛弃疾就在这样的时代风云中成长起来了。

在我国各民族渐次融合,并形成多民族的统一国家的过程中,曾发生过难以胜计的纷争。周恩来正确地指出:“民族间的互相侵犯,在我国的历史记载上是很多的。在各民族互相侵犯中,如果算总账,汉族侵犯兄弟民族的次数多、时间长。”在汉、唐等朝确实如此,但宋朝自建立以来,却因军事力量薄弱,长期遭到北方少数民族政权的侵犯,边患日亟,难于自振。先是辽与西夏交侵,继而金、元相迫,其中尤其以女真贵族的金政权的南侵,给汉族人民带来了巨大灾难。毛泽东曾指出过:“爱国主义的具体内容,看在什么样的历史条件之下来决定。”我们不妨以此作为钥匙,综观当时的历史条件,以便对辛弃疾作为一个爱国主义者作出具体的分析。

起义与南归

辛弃疾出身于一个世代任官职的家庭。始祖辛维叶任大理评事,从甘肃狄道(今临洮)迁来济南。高祖辛师古、曾祖辛寂、祖父辛赞,都是宋廷官员。

女真侵略军攻破开封,将北宋皇室掳掠北去,但徽宗第九子康王赵构得脱,即位于应天府,建南宋,后迁往扬州。辛赞因为家庭人多族众,未能携家南向,而滞留在济南。刘豫降金,济南沦陷后,为了求得禄米养口,辛赞不得已而在金朝为官,先后做过朝散大夫、陇西郡开国男、亳州谯县令,并知开封府,赠朝请大夫。辛弃疾的父亲辛文郁,也受赠金朝的中散大夫。

辛弃疾早年丧父,由祖父抚养成人。祖父辛赞在亳州谯县当县令时,辛弃疾跟随于任所,跟着亳州人刘瞻读书。刘瞻善于作田园诗,诗中不乏清新野逸之趣。他门生甚多,其中最优秀的是辛弃疾和党怀英。辛弃疾虽比党怀英小七岁,但亳州人认为两人的聪颖不相上下,并称"辛、党"。

辛赞虽因生计而无奈食禄于金人,但是他的民族意识不泯,常心怀异志,等待时机,企图报效宋廷。他常常带领少年辛弃疾登高望远,指画山河,以抒民族之恨,并图谋择机起事,盼望当年大规模抗金斗争那样的好形势适时而来。

当年金兵南下时,贵族、豪绅纷纷迁徙避难,而广大劳动人民却忠于乡土,不愿南逃,选择了武装斗争的道路,他们结成山营水寨,阻截并邀击敌人。

河东人民结成红巾军,将粘罕的南侵军长期阻截在太原城下。他们心怀宋朝,用建炎年号,对金兵无所畏惧,金兵虽然多方追捕,但是红巾军却愈战愈强。

河北、山东的忠义民兵,后来形成了两支主力部队:一支是以庆源府(今河北赵县)五马山为根据地,由马扩、赵邦杰及冒充信王赵榛的赵恭所领导的队伍,打着信王的旗帜,人数在十万以上。他们与各地的忠义社多有联系,总计达数十万之众。另一支是活动在共城县(今河南辉县),由原政府军统制官王彦所领导的八字军(他们在脸上刺着"赤心报国,誓杀金贼"八个字),有近十万人。两河忠义社所属十九寨,均听从王彦号令,以后队伍又不断壮大。此外,还有一些规模较小的队伍。

忠义民兵的抗敌活动,不仅牵制了金兵南侵,而且使金人虽占华北,却难以稳定统治。但是,由于武器短缺,给养消乏,难以给金兵更加沉重的打击。他们不断向宋廷呼吁,要求给予物质支援,派遣政府军协同作战,但赵构政权所关心的,只是自己的小朝廷。政府军非但未能负起主要战斗职责,而且不肯协同民兵作战,以致在金兵集中力量对忠义民兵进行"扫荡"时,忠义民兵由于在武器给养和组织指挥上劣于敌人,终于被各个击破,或是化整为零。随着河东、河北的人民武装逐渐削弱瓦解,河南、山东的大片土地也相继沦陷。金兵攻下东平府(今山东汶上、平阴、东平、梁山、肥城、阳谷、东阿等县)后不久,又陷徐州,直逼扬州,使得赵构政权只得弃城渡江,南逃杭州。

以赵构为首的投降集团,既不愿支持、协同广大人民武装对金作战,又限制打击主战派的抗金活动,从而丧失了驱逐金兵,恢复河北、河东失地的大好时机,而且使河南、淮北的大片国土再沦敌手。从1129年起,形成了宋、金以淮河为界的局面。

南宋政权难道只能长期划江自困、划淮自守吗? 不! 如果不是主战派的杰出代表岳飞惨遭杀害,岳家军及其他爱国武装力量完全可能收复河朔,直捣黄龙,"遗民泪尽胡尘里,南望王师又一年"的不幸,将不会延续百余年之久。甚至赵宋的历史,也不会最后由元蒙来改写。

岳飞是农民出身的优秀将领,他从军以来,就一直在抗金前线作战。建炎四年(1130年),他率兵收复建康;绍兴二年(1132年),他驻军江州(今九江),制定了"连结河朔"的战略,与河北民兵密切联系;绍兴三年(1133年)起,岳飞肩负起江州至江陵的防务,曾几次对刘豫的伪齐政权和金政权采取攻势,先后收复湖北、河南的许多州郡。在岳家军及其他抗金武装力量的努力下,到绍兴十年(1140年),终于形成了大败金兀术主力,攻克郑州、洛阳,与太行山义勇军遥相呼应,准备渡河北上的大好形势。但赵构、秦桧集团既惧怕金人,又怕岳飞功成后会形成对自己统治权的威胁,因此下令班师,并以"莫须有"的罪名杀害了岳飞,与金国签订了丧权辱国的"绍兴和议"。

辛弃疾诞生伊始,就在笼罩着"绍兴和议"阴影的环境中,并在民族压迫下成长起来。他目睹北方汉族人民所受的深重民族灾难,从小心中就埋藏着反抗的种子,在祖父的教育、引导下,这一种子逐渐发芽、生根。只要时机到来,他就要报效祖国,投入驱逐女真贵族的战斗中去。

完颜亮迁都燕京之后,仿照唐、宋科举制度,每三年举行一次进士科考试。辛弃疾十四岁时,应乡试中选,次年被送往燕京应试。辛赞叮嘱他仔细考察河朔之地,了解金人的政治形势和军事部署。这次科场失利。十八岁时,辛弃疾再赴燕京应考。在两次赴考中,他得以审视燕山形势,以便日后图谋举事。辛赞虽然未及实现愿望而去世,但却锻炼了孙儿。通过实地考察,辛弃疾对幽燕、中山的地理形势了如指掌,谙晓兵家利害,为南归后拟定北伐计划打下了基础。

青少年时代的辛弃疾,目睹女真统治者的种种暴行,又受到祖父爱国思想的熏陶,读书无意于科举名禄,只是想乘机起事,投身于驱逐侵略者的战斗之中。在受业于刘瞻门下时,虽是辛、党并称,但后来党怀英以文章、书法得到金政权垂青,跻身上层,官至内翰承旨;而辛弃疾却乘机举义,率众抗金,成为出色的领导人,两人走上了完全不同的道路。

辛赞等待多年而未及睹见的起义时机,终于到来了。

绍兴三十一年(1161年)秋,金主完颜亮率领号称六十万的大军,分四路南侵,准备荡平南宋。

完颜亮在准备举兵南犯前,为了战争需要,大量征集马匹、壮丁,搜刮粮米。当时,北方正值水、旱、蝗害频起,赋税本来就重,金政府以种种名目强行搜刮,使北方人民膏血竭尽,抗金武装斗争的星火,很快就在河南、山东、淮北等地形成燎原之势。而且,契丹人民也在长城以北组成了数万人的抗金队伍,使女真统治者腹背受敌。非仅如此,金政权甚至后院失火,驻守大名府的女真屯田军万余人,在千户长完颜福寿的统领下,逃回了辽东。于是,在真空地区的大名府,王友直率众武装斗争,不久即达十万之众。此外,在胶东的密州,有赵开领导的一支起义军,在海州(今江苏东海东北),有魏胜领导的一支,均达十余万之众。起义军中声势最大的,是泰山附近耿京领导的一支。耿京出身于农民家庭,愤于女真统治者的压榨、剥削,与李铁枪等六七人聚义起事。初举事时,仅数十人,攻占了莱芜和泰安两个县城后,很快发展到二十余万人。

在北方抗金起义军"大者连城邑,小者保山泽",如遍地烈火燃起的形势下,早就有志于抗金的二十二岁的青年辛弃疾,也乘时而起,聚众两千余人,在济南附近起义了。

耿京得到贾瑞辅佐,拥众二十余万,大名府的王友直义军也愿意接受他节制。但由于耿京"出身于垄亩之中",持阶级偏见的地主阶级知识分子,不愿听命于他。辛弃疾却毅然率众投归耿京。这时,耿京自称"天平节度使",而辛弃疾这位义军中难得的有名望的文人,被耿京任命为掌书记(掌管书檄文告)。他们共同领兵,图谋恢复大计。

辛弃疾在尚未隶属耿京时,曾认识喜谈兵法的和尚义端。辛弃疾入耿京营后,义端亦聚众千余,辛劝说他一同归入耿京营。但是不久后,义端偷了耿京的节度使印,从军营中逃跑。因为义端是辛弃疾劝说归入耿京营的,节度使大印又归掌书记所管,所以耿京怒而欲杀辛弃疾。辛弃疾并不多作辩解,仅向耿京请求:"请给我三天期限,让我追获义端。如果到期不获,再杀我不迟。"耿京准其所请。辛弃疾想,义端出逃,必然是将耿京军中的机密虚实奔告金兵统帅,以邀功请赏,就急驰而去将他追获。义端被抓住后,非常害怕,对辛弃疾说"我知道您力能杀人,但求您不要杀我"。但是辛弃疾对这种叛变行为极其痛恨,杀了义端,持首级归报耿京。自此,耿京对辛弃疾更为器重、信任。

在完颜亮逾淮南侵时,太行山以东的忠义之士纷纷起义。潼关以东,淮水以北,奋起者不可胜计,中原广大地区已为义军所占,成为完颜亮的心腹大患。面对金兵南犯,怯懦的宋高宗赵构如惊弓之鸟,又想重施昔日兀术南侵时所取的"解散百官,浮海避狄"的故伎。经主战派力劝,才勉强到建康督师。企图在采石(今安徽当涂西北)渡江的金兵被虞允文率部击败,被迫撤退,宋廷百官及广大百姓才得以人心稍安。正当金兵败于采石,转向扬州时,传来了辽阳留守完颜雍自立为帝的消息。完颜雍下诏宣布完颜亮的罪恶,并进据燕京,称金世宗。完颜亮得知后大怒,传令部下,限三日内渡江,灭宋后再讨篡逆。不料,此举激成部将叛变,他们杀死完颜亮后,与宋廷议和,罢兵北归。

赵构小朝廷从来没有恢复的大志,面对着金人内讧、政局不稳,中原义军大盛的形势,无心制订反攻良策,而只望偏安局面能长久维持,以此为万全之计。而女真统治者慑于重重矛盾,也知道一时无力南征。在这样的形势下,南北两个政权都将目光注视着中间地带的农民起义军:赵构集团希望义军能继续在金人统治区进行斗争,以牵制其兵力，使之难以挥师南侵；而女真统治者深知义军是心腹大患，于是采用诱骗分化办法，下令大赦，宣布“在山者为盗贼，下山者为良民”，同时镇压继续战斗的义军，调集各路大军，对他们实行各个击破。

耿京义军是军威最壮、声势最大的一支，自然成了女真统治者的重点打击目标。义军发展迅速，但缺乏训练，器械不精，组织不严，用于敌后骚扰，是游刃有余，但如与金兵主力正面交锋，则难于取胜。况且敌人的诱骗分化，对这支以小生产者的农民为主体的军队，岂能不发生影响？因此，摆在耿京义军面前的是严峻的出路问题。

绍兴三十一年（1161 年）十月，金蔡州新息（今河南息县）县令范邦彦开城迎宋师，率众南归。这件事对辛弃疾很有启发，作为耿京军中的主要谋士和决策人，他向耿京提出了决策南向，归附南宋政府的建议。

耿京同意了辛弃疾的建议，决定奉表南归。

绍兴三十二年（1162 年）正月，耿京派遣诸军都提领贾瑞渡江，与宋廷接洽。贾瑞因不通文墨，不谙礼仪，怕到宋廷后不能应对宰相百官的诘问，要求再派一文人同往。耿京就让辛弃疾与他同行。这月中旬，贾瑞和辛弃疾经楚州（今江苏淮安）到达建康（今南京），此时高宗正在建康，贾瑞、辛弃疾立即得到召见。高宗授予耿京天平军节度使官衔，贾瑞为敦武郎阁门祗侯，皆赐金带，辛弃疾为右儒林郎，改右承务郎，其余统制官皆修武郎，将官皆成忠郎，共补官员二百余人。

正当贾瑞、辛弃疾奉表南归时，发生了耿京被害的重大事件。

杀害耿京的主谋，是张安国和邵进。张安国本来也是义军首领，接受耿京节制，因受完颜雍“下山者为良民”和“重赏”之诱，勾结耿京部下邵进，乘贾瑞、辛弃疾奉表南归的时机，杀害了耿京。因为主帅被杀，义军顿时溃散，余部被张安国、邵进等人挟持，投降了金人。张安国以杀害耿京、瓦解义军之功，得到金人赏赐，成了济州（今山东省巨野县）知州。

贾瑞与辛弃疾回到海州（今江苏省东海县东北），得到耿京被害的消息。辛弃疾与统制王世隆、义军将领马全福，率五十铁骑，直趋金营。这时，张安国正与金将酣饮，没有料到辛弃疾会突入有五万人之众的金营中，因而措手不及，被辛弃疾缚于马上，急驰而出，金人兵将追之不及。辛弃疾率众昼夜不停，急驰淮南。张安国最后被押解建康，斩首示众。辛弃疾立功南归，仍授前官，改差江阴签判①。

这时的辛弃疾，虽是二十三岁的青年，但已以过人的胆识和勇气使人折服，甚至连怯弱的“圣天子”，也“一见三叹息”。自此，辛弃疾结束了抗金义勇民兵的生涯，告别了故乡，怀着整顿乾坤的壮志，赴江阴任上。但是，他万万没有料到，自此竟再无缘与金人在战场上见面，再不能回到故乡见中原父老了。

---

① 宋代任官制度，有官、职、差遣之别。官即用以确定官位、俸禄的官称。职为一种加官，即馆职与贴职，用以授文学之士，贴职又常称为职名。差遣为官员所任实际职务，有时也简称为职。

十论和九议

青年英雄辛弃疾，于五万人众中擒获叛徒张安国，并率众南归，真可令南宋朝野刮目相看。但是赵构政权对南归的义军领袖却充满疑忌，“壮岁旌旗拥万夫”的渡江部众，被作为流民散置州县，辛弃疾本人则被派任江阴签判，协助地方官处理政务，再也无缘施展他的抱负和才干。

就在辛弃疾南归那一年，赵构传位于赵昚，即宋孝宗。赵构做皇帝三十余年，从未提恢复失地之事。赵昚初继位，很想有所作为，他起用主战派张浚任枢密副使，企图以武力击败金人，恢复失地。

宋孝宗隆兴元年(1163年)夏，张浚以李显忠、邵宏渊为将，渡淮河北上，取得了一些战绩。但不久，李、邵二部发生磨擦，待到金兵主力开来，宋兵不战而自溃于符离(今安徽宿县)，死亡甚众，粮草、器杖也丢弃殆尽。这年八月底，张浚死，主战派人物被排斥于政府之外，秦桧的死党汤思退掌握大权，和议之论又占据主流。隆兴二年(1164年)，南宋与金政府签订了屈辱的“隆兴和议”。

辛弃疾在江阴签判任上不久，就任满去职了。此后数年，踪迹莫考(有的研究者认为，这段时间里，辛弃疾漫游于吴、楚各地)。他虽然位卑言微，却未忘国事，就宋、金两国的形势和军事斗争前途，作了详尽而精辟的分析，写成十篇论文，命名为《御戎十论》(又名《美芹十论》①)。并冒着越职之罪，奏进朝廷，时为乾道元年(1165年)。

“十论”计有审势、察情、观衅、自治、守淮、屯田、致勇、防微、久任、详战十篇。在呈进“十论”的进书札子中，辛弃疾指出，虽然张浚所倡的北伐遭到符离之败，但与秦桧当政以来所奉行的投降政策相比，毕竟使二十多年来民心低落的萎靡之气得以一振，一度表现出奋发精神，因此不应因这一战役的失败而改变政策，放弃恢复中原的根本大计。

辛弃疾在审势、察情、观衅三篇中，精辟论述了女真统治者外表强大、内里虚弱的形势。认为女真统治者虽然国境广阔，但因施行民族压迫，致使矛盾重重，并逐渐激化，一遇战争，起义蜂起，广阔的地区极易成土崩瓦解之势，因而女真所恃的“地广”，实不足虑。女真政权虽有南宋岁输金帛，却不能用于养兵，从人民身上搜刮的脂膏，多入于官吏私囊，遇战争便豪夺民财，必使民怨沸腾，因而所恃“财多”，亦不足虑。金国表面上虽有“士众”的优势，但统治区域内的汉族人民深怀怨愤，多有父兄被杀、田园被掠的宿怨，当他们被驱上战场与同族弓刀相见时，极易反戈一击。又由于女真贵族对契丹民族的压迫剥削历来苛酷，契丹人从塞外被胁迫从军，当然不乐于卖命，常在驱遣途中逃

① 美芹，典出《列子》，说从前有一个人喜食芹菜，对他人称赞，但此人食后大吐不止。辛弃疾以“美芹”称“十论”，意思是说虽然人贱物微，但将自己所爱之物献上，实出于忠诚之心。“美”为赞美的意思。

走。军队中不同民族、不同地域的士兵，互相猜防，难成一气。因此，“士众”亦不足虑。而且，中原地区的汉族人民受屯田军剥削、役使已久，创巨痛深，虽然历次的反抗斗争都未能成事，但总不甘于臣服，如果宋师北伐，他们定会乘时而起，成为内应。至于女真最高统治集团内部，更是互相猜忌，争权、倾轧，甚至骨肉相残成风。

辛弃疾曾两入燕京，久居齐、鲁，率义军队伍与金人遭遇过，对敌人的虚实了如指掌，所以度时审势能不为敌方“形”、“势”的表面现象所惑，看出了敌人外强中干的本质。

正因为有“离合之衅”可乘，“地广”、“士众”、“财多”亦不足虑，民心的向背且对女真政权不利，所以在后七篇中，辛弃疾力主破除宋廷流行的“南北定势”论，停止向金人输纳岁币，并迁都金陵。他认为这样一来，就可以对内“作三军之气”，对外“破敌人之心”，造成一种战争的形势。三军怒而思奋发，中原人民也将待机而起，以为内应。停输岁币，朝廷可得养兵的经费，对外则可以从精神上压倒敌人。

辛弃疾还主张，将从北方来归的军民安置在两淮地区，分给田地，给以住房、器具、种子，耕畜，让他们一边农耕，一边军训，平时为农，战时为兵。这样，敌人来时不足为忧，又可减轻沉重的军粮负担，节省长途转运粮饷的人力、物力、财力，最终可以积累力量，出击并消灭敌人，恢复失地。

辛弃疾深知斗志、士气在战斗中的决定性作用，他分别从将帅和士卒两方面，提出了“致其勇”的措施。对将帅，他主张应在他们身边安置参谋人员，既对将帅起监督作用，不使他们拥兵自强，又可使参谋熟悉战略战术。对将帅应量功行赏升迁，使他们因求爵禄而在战斗中增添勇气。辛弃疾深知温饱不充的士兵和歌舞不休的将帅之间苦乐不均，主张将帅与士兵同衣同食，并分担士兵的劳苦。在战争中，要为伤兵包扎伤口；士兵牺牲了，要安抚、照料孤儿和寡妇；对士卒少行役使驱遣，注意行赏和抚恤。这样才能消除他们心中的不平，使他们舍身而战。上下一心，才能攻无不克，守无不固。

任用贤能是极其重要的问题，辛弃疾大胆批评太上皇赵构“用秦桧一十九年而无异论者”，是当废而不废；批评宋孝宗赵昚因符离一役就撤张浚之职，而无视他数十年作为主战派代表的诸多业绩，是不当废而废。他希望赵昚像古代贤主那样，不以一次胜败决定任废，不听信谗言，不着眼于小节，要信之深，任之笃。这样，主战派人士才能得久任而成为“纲”，纲举目张，才能恢复有望。

最后，辛弃疾提出了恢复中原的战略规划。他认为，应先出兵“其形易，其势重”的山东，山东近燕京，得山东则可取河北，得河北则可复中原。山东如金人之首，京、洛、关、陕则为其身，收复山东是关键。而且，金人在山东的备边兵力单薄，宋廷如果出师山东，山东人民必然会起来响应。

《美芹十论》表现了辛弃疾的远见卓识，他杰出的战略思想建立在精密分析的基础之上，是切实可行的。但是，由于南宋朝廷苟安已久，符离新败又使畏敌如虎的积习重新发作。投降派代表史浩上奏，极力反对用兵山东和北伐。“十论”当然不会被宋廷君臣所接受，辛弃疾也当然不会受到重用了。

奏进《美芹十论》后，两年内辛弃疾的经历不详，乾道四年（1168年）他二十九岁时，才得任建康府通判。建康是江南重镇，设有行宫留守和军马钱粮总领所。辛弃疾就任通判时，史正志任行宫留守，叶衡任淮西军马钱粮总领，赵彦端、韩元吉、严焕等人也在建康任职，都是士大夫中有名的人物。辛弃疾常与他们往来游宴，以歌词唱酬，开始显露出他的才华。

闻道清都帝所①，要挽银河仙浪②，西北洗胡沙③。回首日边去④，云里认飞车⑤。

——《水调歌头·寿赵漕介庵》

袖里珍奇光五色，他年要补天西北。且归来、谈笑护长江，波澄碧。

——《满江红·建康史帅致道席上赋》

在这些作品里可以看到，辛弃疾不但希望他的上级、朋友能够在驱逐女真统治者的斗争中建功立业，也希望自己能够为国效力。

但是，诚如他在另一首词中所写：

我来吊古，上危楼、赢得闲愁千斛⑥。虎踞龙蟠何处是⑦？只有兴亡满目。柳外斜阳，水边归鸟，陇上吹乔木。片帆西去，一声谁喷霜竹⑧？ 却忆安石风流，东山岁晚，泪落哀筝曲⑨。儿辈功名，都付与、长日惟消棋局⑩。宝镜难寻，碧云将暮，谁劝杯中绿⑪？江头风怒，朝来波浪翻屋⑫。

——《念奴娇·登建康赏心亭，呈史留守致道》

他缅怀东晋名臣谢安，为时光抛人，自己无法报效国家而感到深深的忧愤。

辛弃疾在建康通判任上两年多之后，于乾道六年（1170年），被孝宗赵眘召见于延和殿。辛弃疾在对答中论南北形势及三国、晋、汉人才，所持论点过于劲直，仍是《美芹

---

① 清都帝所，清都这一天帝所在的处所。

② 要挽银河仙浪，指借助于神的力量（银河里的水浪）。

③ 胡沙，指女真统治者。以上两句表明，欲用银河水浪冲净胡沙，即驱逐女真统治的意思。

④ 日边，太阳旁边，即皇帝左右，指朝廷。

⑤ 飞车，传说中能跟着风远行的车。此处以飞车比喻赵彦端所乘坐的车。

⑥ 千斛，形容很多。斛，量器，古代以十斗为一斛，后又以五斗为一斛。

⑦ “虎踞”句，说建康（今南京市）的帝王气象到哪儿去了，也就是南宋国力衰弱的意思。诸葛亮对孙权说，秣陵（今南京市）这地方，钟山像龙蟠绕，石头城像老虎蹲踞，真是帝王之都。

⑧ “一声”句，谁吹奏出激越动人的笛声呢？霜竹，指笛子。

⑨ “却忆”三句，想起东晋谢安，这一淝水之战的胜利的缔造者，晚年仍如早年未曾出仕时一样，还是想隐居东山，在皇帝召开的宴会上，他听到桓伊弹筝唱诗而落泪。

⑩ “儿辈”二句，亦写谢安事。谢安弟谢石和侄子谢玄在淝水之战中击败前秦苻坚，捷报传来时，谢安与客人下围棋，客人问他什么事，他不露声色地回答：“小儿辈已破贼。”这里，辛弃疾借谢安事而实写自己功名未就、抑郁无聊的感慨。

⑪ “宝镜”三句，难寻宝镜照着容颜变老，而岁月已晚，有谁劝酒呢？杯中绿，指酒。

⑫ 波浪翻屋，形容在赏心亭上看到江上风浪很大。

十论》中的观点,不合皇帝的胃口,当然难以得到重视。

延和殿召见之后,辛弃疾被调任司农寺主簿。不久,他向宰相虞允文呈送陈述恢复大计的《九议》。《九议》分论用人、长期作战、敌我长短、攻守、阴谋、虚张声势、富国强兵、迁都、团结。这时,和局形成已久,但宋廷中已有和议不可久恃、当行战备之论。辛弃疾在这种战论方张之时,纵观全局,以备战为前提,详言抗金北伐、恢复失地的战略战术。

辛弃疾首先针对"南北定势"的投降主义论调,指出"恢复之事,为祖宗,为社稷,为生民而已",皇帝、宰相都不能为私利而回避这一重大职责。因为辛弃疾对敌我双方的情况有深刻的了解,所以在批判了"言和者欲终世而讳兵"(即主和派想终生忌讳谈论战事)的投降论后,又批判了"论战者欲明日而亟斗"(即主战派想明天就能投入战斗)的速胜论,指出必须有远谋和成算,而且不能因局部的胜败而改变,从等待数年以求决胜出发,战不可轻发,从而得出"无欲速"的结论。他指出,南宋土地不如金广,军队不如金强,钱粮不如金富,赏罚号令不如金严,但在敌长我短的背后,却有民心向背的不同。汉人对女真人怨恨很深,军队中的北方少数民族也心怨而不平,逢战征集钱粮,必然激起人民反抗。又金国将相虽汉人与女真人并用,但是两不相安;皇族内部嫡庶交争,各不相让。因此,可以派人进入敌人营垒内部,对上至心腹大臣,下至州府兵卒,施行离间分化之计。同时,对敌人可表示怯懦,让他们骄傲,使他们懈怠而攻其不备。若骄之不成,则拒绝输岁币而准备交战,使敌人劳军远征,我方以逸待劳,可战而胜之。

在《九议》中,辛弃疾再次陈述由沭阳出兵山东,进而占据河朔、图谋燕京的北伐路线。因为这时辛弃疾在司农寺主簿任上,所以《九议》很重视理财之道。他着眼于国家有足够财力维持久战之需,提出了战前"惜费用"和"宽民力"的政策,即节约用于赏赐、祭祀、营建园苑、住宅等的"浮费",减免人民的工役。

由于坚信自己所拟方略的正确,辛弃疾在《九议》的"引语"中,向虞允文保证:如采用他的建议而不能致胜,或不采纳他的建议而能致胜,都甘于被杀头,以堵天下大胆妄言者之口。

可惜的是,虞允文虽有过在采石击败完颜亮的光荣战绩,也有知人善任之名,但实际上并没有伯乐的眼力,《九议》没有得到他的重视,所拟措施,也没有一条得以采纳施行。

大约就在向虞允文呈《九议》前后,辛弃疾还向宋廷上《论阻江为险须藉两淮》和《谏议民兵守淮》两疏,分别提出严守淮南以保长江流域,和依靠民兵屯田守淮的建议。但是如同《九议》一样,两疏也未得到任何重视。

《美芹十论》和《九议》这样周详的复国大计,不仅显示了辛弃疾杰出的战略思想和非凡的军事才能,而且也体现了广大人民的愿望,统治者倘能采纳实施,收复失地将会成为现实。但是,宋廷苟安已久,枉用真鼠而不用真虎,难怪辛弃疾要发出深深的感喟了。他登上建康的赏心亭,凭栏远眺,怅想今古,写下了著名的《水龙吟·登建

康赏心亭》:

楚天千里清秋,水随天去秋无际。遥岑远目,献愁供恨,玉簪螺髻[①]。落日楼头,断鸿声里[②],江南游子[③]。把吴钩看了[④],栏杆拍遍[⑤],无人会,登临意。　休说鲈鱼堪鲙[⑥],尽西风,季鹰归未[⑦]?求田问舍,怕应羞见,刘郎才气[⑧]。可惜流年,忧愁风雨,树犹如此[⑨]!倩何人唤取,红巾翠袖[⑩],揾英雄泪[⑪]?

直到晚年,辛弃疾在沉闷窒息的南宋小朝廷饱经忧患之后,当"有客慨然谈功名"时,他回忆起青年时代的壮举和《美芹十论》、《九议》被弃置一旁的冷遇,仍然无限感慨,写了一首《鹧鸪天》:

壮岁旌旗拥万夫[⑫],锦襜突骑渡江初[⑬]。燕兵夜娖银胡䩮[⑭],汉箭朝飞金仆姑[⑮]。　追往事,叹今吾,春风不染白髭须。却将万字平戎策[⑯],换得东家种树书[⑰]。

辛弃疾当年率众南归,当然希望能有所作为,但没有料到《美芹十论》、《九议》竟然会成为一纸空文,这确实是令人感慨万端!

---

① 玉簪,女子插在头上,用来绾住头发的玉器。螺髻,梳成螺形的发髻。

② 断鸿,离群的孤雁。

③ 江南游子,流落江南的人,作者自称(因自己是北方人)。宋朝时,建康属于江南东路。

④ 吴钩,兵器,似剑而刃弯曲,以吴地(今苏南、浙西一带)出产的最著名。看吴钩是表示借以建功立业的意思。

⑤ 栏杆拍遍,因为关怀世事,心中感慨难平,故此手拍栏杆。

⑥ 鲙,即"脍",把肉切细。

⑦ 季鹰,晋人张翰的字。据《世说新语》所载,张翰在洛阳当官时,见秋风起而思念吴中的菰菜莼羹和鲈脍,说:"为什么要在几千里以外做官,以求名利?"就回到南方家中。以上三句是说自己不愿学张翰,因想念家乡的莼菜鲈鱼而弃官回乡,而希望能有所作为。

⑧ "求田"三句,说自己不愿作一个只知添置个人产业的人,实际上是对自己的被闲置、不受重用的处境不满。据《三国志·魏书·陈登传》所载,刘备曾批评许汜在天下大乱时,不忧国家,无救世之意,只想为个人添置田产、房舍。刘郎,指刘备。

⑨ "可惜流年"三句,可叹惜的是,年华竟如流水般地在国势飘摇中逝去,人同树木一样变得衰老了。据《世说新语》载,桓温北伐时,经过金城,见以前所种的柳树已有十围粗了,他感叹道:"树木都如此,人怎么经得起时光的消耗呢?"手攀树枝而流泪。

⑩ 倩,请。红巾翠袖,指代美人(歌女)。

⑪ 揾,擦拭。

⑫ "壮岁"句,少壮时领着万众义军,旌旗招展。此句连下句,当指辛弃疾率五十铁骑突入金营捉拿张安国事,张安国被抓获时,辛弃疾向大家宣称,南宋的十万大军即将到来,被裹挟投降的耿京旧部,立即有上万人反正。

⑬ 锦襜突骑,精锐的锦衣骑兵。襜,衣服飘动状。此句指抓获张安国后,率领骑兵渡江南归。

⑭ "燕兵"句,指作者所统率的北方起义兵将,乘着夜色整治装束,准备朝袭敌人。娖,整理。银胡䩮,银色或镶银的箭袋。

⑮ "汉箭"句,早上汉兵(即作者所领义军)的羽箭射向敌人。金仆姑,箭名。

⑯ 平戎策,平定入侵者的策略,即指《美芹十论》、《九议》等。

⑰ "换得"句,表示不得志而退耕垄亩。东家,东邻的农家。

地方十年

辛弃疾南归十年来，除了漫游吴、楚外，则在江阴签判、建康通判和司农寺主簿任上，与自己的期望甚远。南渡后第二个十年中，辛弃疾一直任地方官，虽未能投入抗金大业，但却显示了他杰出的才干。

第一，出知滁州。

乾道八年(1172年)，辛弃疾出知滁州(今安徽滁县)。

滁州在淮东、淮西之间，扼江、淮要冲。辛弃疾在《美芹十论》中，曾指出两淮在抗金战争中的战略地位，延和殿召对时，又重对孝宗论奏。因为完颜亮的南侵和后来的符离兵败，滁州曾两度遭受女真铁骑蹂躏，和有大江屏蔽，既安全又富足的江南州县相比较，它既容易遭受侵扰，又民生凋敝，所以南宋朝廷早就将这一战略要地视作边陲之地了。

尽管宋廷将辛弃疾派到滁州，并不是让他实施他的守淮计划，但他却欣然赴任，准备在这"极边之地"小试牛刀。

滁州两遭侵犯，而且水旱继作，辛弃疾到任时，城郭已成瓦砾，居民只能以茅草、芦苇搭棚栖身，穷得市无鸡鸣猪叫，多数人逃荒在外，一片萧条。辛弃疾的前任将这里视作畏途，都不愿久居，也无意改变它的陋状。辛弃疾因为深知此地的战略地位，所以面对荒凉、残破而毫不退缩，谋求重建滁州的良策，以振兴这一抗金的前哨阵地。

到任之后，辛弃疾看到这里居民的租赋仍同常年，实在无力负担，就上疏朝廷，要求豁免积欠的赋税，经一再请求，终于得到批准。此外，又规定凡是商旅经过滁州，可减免十分之七的营业税，以促进商业发展。滁州这时的居民数，仅及战前一半，田地荒芜严重，辛弃疾采取措施，将流亡者召回故土，从事农业生产，由政府借钱给他们修建房屋，使他们得以安居。对于南流到淮南地区的百姓，也按屯田法给以土地、农具、种子、耕畜，让他们在滁州安家，农忙时耕种收割，农闲时组织壮丁军训。

辛弃疾出知滁州后，正值当地风调雨顺，他采取的种种措施迅速见效，生产发展，人口渐多，商贩云集，税收猛增。他将税收所得的钱用于烧砖伐木，雇工营建，很快使得屋舍店肆鳞次栉比，一片繁荣。为了给滁州人民创造娱乐条件，他又特地筹建奠枕楼。落成之日，与民共乐，登楼举酒，并写成《声声慢》一词。从词中可见，辛弃疾"身在楚尾吴头"，眼望"东南佳气"，心怀"西北神州"，禁不住为自己的政绩感到欣喜，发出了"华胥梦，愿年年，人似旧游"的歌唱。

在"边地"的滁州，辛弃疾派出侦探深入金国。根据侦察得的情报，分析北方的形势，看到了女真政权内部矛盾重重，日趋腐化，衰象频生，而金国北面的蒙古贵族政权正在兴起，并日益强大。因而，他曾有奏议上呈君相，提出了"仇虏六十年必亡，虏亡则中国之忧方大”(周密:《浩然斋意抄·镇江策问》)的极富远见的见解。历史的发展,完全验证了辛弃疾的预见:六十二年后的宋理宗端平一年,即1234年,金亡。到1276年,临安城被元兵所破,1279年文天祥兵败被俘,陆秀夫负幼帝投海死,南宋灭亡。

辛弃疾虽然为重建滁州的成绩感到欣慰,但同时又为自己难展大才、不得重用,而感到愤慨、凄然。在《木兰花慢·滁州送范倅[①]》一词中,对“玉殿正思贤”,尚不为无望;但自己论敌国事的奏议呈送君相后,却未闻回响,则未免感叹“长安故人问我,道愁肠殢酒只依然”[②]了。由宋入元的词人周密(他又以善于辑录历史旧闻著称),曾回顾辛弃疾滁州上奏议一事,有“惜乎斯人之不用于乱世”(《浩然斋意抄·镇江策问》)的感叹。高宗之杀岳飞,孝宗之未用辛弃疾,虽然性质不同,后果却几乎如一,确是令人深深惋惜的。

第二,讨捕“茶寇”。

茶的栽种和焙制,以及茶叶的消费,在中国已有很久的历史。公元8世纪末,唐朝政府已开始向茶农、茶商收取茶税。入宋后,茶税成了政府税收的主要来源之一。

宋室南渡后,为了解决财源缩小、开支增大的矛盾,就加重税收,茶税也不例外。茶价随着茶税的不断上升而上升。人们不堪茶价之贵,贩私茶的行业逐渐兴起。私茶商贩等茶叶长成后,就向茶农购买,漏过税收一关,以远低于纳税茶商的销售价,卖给用户。茶税收入减少,势必引起政府关切,于是就在各地关隘、渡口派人把守,凡是担运茶叶者都要检查。这样一来,茶叶私商便以结队武装贩运的形式对抗,逐渐成为“茶寇”。在盛产茶叶,易于走私的江西、两湖,“茶寇”的活动尤为激烈。

宋孝宗淳熙二年(1175年)四月,一批私茶商贩四百多人在湖北荆南起事,共推赖文政为首。因为“茶寇”常常以逸待劳,又得当地人报告官兵动静,所以能突破围追堵截,从湖北入湖南,连连打败政府军,转入江西。鄂州(今湖北武汉、黄石一带)、江州(今江西九江)两地驻军尚未及出动,茶商军已南入广东。广东提点刑狱使臣林光朝,未等得朝廷命令,就调集当地“摧锋军”拦击,茶商军被击败,折回江西。回江西后,茶商军屡败乡兵,南宋政府的招安和讨捕均告失败,又派上万大军攻讨。但由于官兵轻敌冒进,招致大败。

在惩处失职的官员后,宋孝宗采纳了叶衡的举荐,起用辛弃疾为江南西路提点刑狱,命他讨捕“茶寇”。叶衡在建康任淮西军马钱粮总领时,与辛弃疾相识。辛弃疾离任滁州后,曾在任建康留守的叶衡幕中作参议官,叶衡很知道他的才干。淳熙元年(1174年)末,叶衡为相,力荐辛弃疾“慷慨有大略”。辛弃疾因而得到孝宗召见,留任临安仓部郎官,半年多后即出任江西提点刑狱,统领军队,准备讨捕茶商军。

辛弃疾接受任命后,离开临安,到江西赴任。首先,他调集了赣州、吉州和湖南郴州(今郴县附近)、桂阳军(今桂阳县)等地的乡兵,淘汰老弱,留下壮勇,准备搜捕茶商军。

---

① 倅,副职。

② 殢酒,滞留于酒中,因忧愁而沉迷于酒。

茶商军原来凭借险峻的地形转战山中，官兵不便列阵，弓箭也难以射入丛林之中。如今辛弃疾命令熟悉地形的乡丁入山搜索，又命令荆、鄂二州的军队尾追截击，这样一来，茶商军就陷入了疲惫不堪的困境。

等到茶商军陷入困境之后，辛弃疾乘机进行招诱。他派兴国县尉黄倬到茶商军营垒中，劝说赖文政接受招安。赖文政见大势已去，只好亲身到辛弃疾那里投降。赖文政投降后，被辛弃疾押到江州处决。茶商军的残部，一部分被编入鄂州都统制皇甫倜的军队，另一部分则被遣送回家。

剿灭茶商军后，辛弃疾得到宋孝宗赵昚的奖赏，在留任江西提点刑狱的同时，又得到了秘阁修撰的职名。

辛弃疾当年为反抗民族压迫，投身于耿京的农民起义军，毫不犹豫地拿起武器同金兵作战。但当茶商为反对过重的茶税而结成茶商军，成为封建政权心腹之患时，辛弃疾同样也毫不犹豫地受命镇压，这就表明了他的阶级局限。尤其是对茶商军首领赖文政，竟用招安之名加以诱杀，难以说是光明磊落的举动。这是不必为之讳言的。

辛弃疾由于剿灭茶商军有功，得到了审问囚犯、巡察州县等权利。他来到吉州（今江西新干、泰和的赣江流域一带）、赣州（今江西赣州市一带）巡视，想起金兀术大军南侵时，南宋皇室逃到赣州的情景。此事虽已过去四十年之久，但辛弃疾心中还是抑郁难平。他登上万安县造口镇的郁孤台，写了一首《菩萨蛮》，突破一般的感叹兴亡，表现了痛恨投降政策，念念不忘中原的深刻而特定的含义。这首词是这样写的：

> 郁孤台下清江水[①]，中间多少行人泪。西北望长安，可怜无数山[②]。 青山遮不住，毕竟东流去[③]。江晚正愁余，山深闻鹧鸪[④]。

作者远望青山，俯瞰白水，想起当年金兵南下，百姓惊恐南逃，甚至连隆祐太后都成为逃窜的难民，觉得江水之中饱含着难民的眼泪。抬头远望北方，北宋的都城掩隐在无数的青山之外，如今广大的中原，正在异族统治之下，而当今皇帝被群小包围，似乎已忘却二帝掳北之耻，忘却北方的广大百姓，这真使人伤心感慨！青山能遮住我远望长安（故都汴京）的目光，但却挡不住奔腾的赣江水。只是希望局势不要像这流水一样滔滔东逝，不可挽回。在这日晚江边、愁思满怀之时，听到深山中传来鹧鸪的啼叫声。这声声如同“行不得也”的鸟声，触发了自己的心事。自己虽有恢复中原失地的夙愿，但朝廷如此，颓局如此，怕也“行不得”了！

---

① “郁孤”句，郁孤台下流着清江水。郁孤台在今江西赣州市西南，因地势郁然孤峙，故名，为唐宋时的一郡名胜。赣江经台下向北流去，与袁江合流之处名清江，此处当指赣江。

② “西北”二句，朝西北方向瞭望中原故都（以长安代汴京），可惜被众多的山峰遮蔽阻隔，感叹中原尚未恢复。

③ “青山”二句，青山虽然遮挡住人们望长安的视线，但毕竟挡不住江水，赣江水依旧向东奔流而去。

④ “江晚”二句，江边已是暮色，我心中充满愁闷，听见深山中传来了鹧鸪的啼叫声，鹧鸪叫声似“行不得也”，因而深虑自己恢复中原之志未必能行。

第三,转徙湖湘。

淳熙三年(1176年)秋冬之际,辛弃疾调任京西转运判官,赴襄阳(今湖北襄阳、谷城、光化、南漳等地)就职。第二年春,南宋政府派辛弃疾任江陵(今湖北江陵县)知府,兼湖北安抚使。这年冬,迁为隆兴(今江西南昌)知府,兼江西安抚使。淳熙五年(1178年)春,辛弃疾被召为大理少卿。后又出为湖北转运副使。次年春三月,改为湖南转运副使。数年的匆匆转徙,使他从“二年历遍楚山川”(《鹧鸪天》)的感慨,到“闲愁最苦”(《摸鱼儿》)的渐露幽怨,很为自己的“蛾眉遭妒”、难展其才而不满。

在湖南转运副使任上,辛弃疾奏进《论盗贼札子》。在辛弃疾来到湖南以前,湖南已发生了多次武装暴动。这是统治阶级对人民横征暴敛的结果。辛弃疾据调查的情况,在《论盗贼札子》的奏章中,分析了人民起义的原因:老百姓不仅身受官吏的层层剥削,而且受到富豪的兼并和盗贼的劫掠,他们如果不铤而走险,简直就没有活路。他深刻地指出:百姓是国家之本,而贪官污吏却迫使他们为盗,又不断进行剿灭,长此以往,国家这棵大树就会因日刻月削而损伤、折断。他建议皇帝深思人民为盗的原因,讲求平息起义的方法,而不是单凭武力镇压。

尽管辛弃疾也是统治集团中的成员,在论述官逼民反的同时,尚不忘称颂最高统治者——皇帝,他上奏的目的也是为了缓和阶级矛盾,从而倡导修明政事,整顿吏治。但他在札子中,毕竟还能真实地反映农民所受的压迫和剥削,揭露贪官污吏的罪行,体现了揭露弊端、改革政治的愿望,客观上还是有利于民生和国家强盛的。

像辛弃疾这样能顾及国家根本利益,能体恤民困的开明派,在统治阶级内部是罕见的。因此,贪官污吏视之如仇敌。他在札子中也透露了“孤危”之感。

宋孝宗因对连年的农民起义感到害怕,很赏识辛弃疾的见解,将他改任潭州(今长沙一带)知州,兼湖南安抚使,并在手诏中批复了辛弃疾的札子:希望他能施行自己的见解,不要惧怕豪强,要视情况实行诛罚和赏赐。

辛弃疾改任湖南安抚使后,成为一方帅守。他对贪官污吏或罢或杀,严加打击。到任不久,他就奏请以官米招募工人,兴修水利,又拿出十万石粮食,救济永、邵、郴三州饥民。在采取一系列除弊兴利措施的同时,辛弃疾为打击和限制豪强地主的势力,用有力的措施整顿了乡社。乡社遍布湖南的潭州、郴州(今湖南郴县附近)、连州(今广东连县、连山、阳山等县地)、道州(今湖南道县、宁远以南)、桂阳(今湖南桂阳、蓝山、嘉禾等县地)等地,社内民户从二三百家到五六百家不等,由一乡的豪酋统领。事实上,乡社是豪强地主用以欺压乡民的机构,同时也成为州县政府推行政令的障碍。许多在湖南担任过地方官的人,都提出过“尽罢乡社”的建议。

辛弃疾到湖南任上后,深知乡社之害,但怕“尽罢”的方法会激起豪酋的群起反抗,酿成大祸害,因而提出了切实可行的办法:将乡社一律化大为小,大者不过五十家,小者减半,并属之巡尉而统之县令,所有兵器由县政府管理。南宋政府同意了这一意见,湖南乡社经过普遍整顿,豪强地主的势力被大大限制。

在整顿乡社之后,辛弃疾又着手创置湖南飞虎军。南宋军队的风气败坏已极。军政统率不一,士兵被将校占为私有,奔走公门,苟图衣食,因此骑射操练废弛,风纪全无。逃亡者不追,冒名者不举,没有丝毫战斗力。湖南控带两广,多民族杂处,因为武备空虚,而时有暴动发生。为此,辛弃疾奏请朝廷,依广东摧锋军、荆南神劲军、福建左翼军之例,别创湖南飞虎军,上属枢密院(管理军事机密和边防的最高国务机关),下听湖南安抚使节制调度。宋孝宗批准了他的建议,令他规划措置。

辛弃疾接到批准诏令后,立即着手具体工作:他在五代时割据湖南的马殷建于长沙的营垒故基上,建造了新营房;招募步兵三千,骑兵五百;派人以五万贯钱,从广西买回五百匹战马,并请准南宋政府,下令给广西安抚使司,每年带买三十匹马以备用。

辛弃疾创建飞虎军的奏章上达朝廷时,枢密院中就有人加以阻挠;当他雷厉风行地实施各项措施时,有人又劾奏他"聚敛民财",降下御前金字牌,命令他停止建置工作。辛弃疾接到金字牌后,将它藏起来,督责监办人员,限于一个月内建成营栅,逾期按军法治罪。这时,正值秋雨连绵,二十万片瓦无法烧制,辛弃疾下令每户供瓦二十片,限两日收齐,然后付与一百文钱,果然如期收齐。他又允许犯人到驼嘴山凿石赎罪,很快解决了石料来源。等到营栅建成后,辛弃疾将营建过程、费用等,一一开陈,并绘图缴进,以报呈看验,洗刷了"聚敛"的罪名,孝宗也就释然了。

飞虎军建成后,很快就以出色的军事素质,成为雄镇一方的军队,而且"为江上诸军之冠"。不仅对内足以维持治安,对外也使金人畏惧,称之为"虎儿军"。直到二十多年后的开禧二年韩侂胄伐金时,还调用过它。

第四,江西救荒。

辛弃疾就任湖南安抚使一年,政绩卓然,但由于南宋朝廷的既定方针是不让地方官久任一地。他很快又在淳熙七年(1180年)冬,被调任隆兴府知府兼江西安抚使。

这时,正值隆兴府遭受严重旱灾,粮食严重欠收。辛弃疾担负起救荒的使命。他到任后,马上在通衢大街上张榜,榜文仅八个大字:闭粜者配,强籴者斩。既命令囤积居奇者将粮米粜卖出来,又严禁缺粮户向囤粮户强夺,以严刑制止了投机倒把活动,稳定了秩序。

接着,辛弃疾召集官吏、儒生、商人、市民,让他们推举精明能干的人物,把公家的钱和银器借给他们作本钱,不收利息,让他们外出籴粮,限月内运到城下粜卖。一月之内,粮船接连而至,粮价大减,百姓得以度荒。这时,邻境的信州(今江西上饶)也遭灾荒,向隆兴府求助,隆兴府官员不允。辛弃疾说:"均为赤子,皆王民也。"将粮船的十分之三,拨给了信州。

辛弃疾的救荒之举,使隆兴人民安度荒年,成绩卓著,受到了南宋朝廷的奖励,将他的官阶转为奉议郎。

辛弃疾在努力为老百姓办事的同时,仍未忘记为国建立功勋。淳熙八年(1181年),辛弃疾在江西帅任上送别朋友张坚(字仲固)去兴元府(今陕西汉中市)赴任时,曾写过一首《木兰花慢·席上送张仲固帅兴元》:

汉中开汉业[1]，问此地、是耶非？想剑指三秦[2]，君王得意，一战东归。追亡事[3]，今不见；但山川满目泪沾衣[4]。落日胡尘未断，西风塞马空肥[5]。　一编书是帝王师[6]。小试去征西[7]。更草草离筵，匆匆去路，愁满旌旗。君思我，回首处，正江涵秋影雁初飞[8]。安得车轮四角[9]，不堪带减腰围[10]。

在这首词中，辛弃疾借历史针砭现实，在系念北方之时，表现了对偏安投降政策的愤慨。作者从张坚将要赴任的汉中写起，汉中是刘邦开创汉朝基业的发祥地，在项羽力量远过于刘邦的情况下，刘邦只得受封于汉中这一隅之地。但他整治得法，力量急剧发展，终于打败三秦王（章邯、司马欣、董翳），一战东归，并逐渐完成战胜项羽、统一全国的伟业。当然，作者追念前人，是为了要和今人对照，刘邦能不囿于汉中之封，完成统一大业，宋廷却偏安江南，不图恢复北方失地。作者进而借萧何追韩信事，反衬自己及抗金志士不得重用，沉痛地怅望北方，深慨胡尘未断，塞马空肥。词的下片以张良佐汉成霸业，来比喻张坚帅守汉中，希望他有所建树，在送行之中融入更高的意义。最后，则表达了对朋友的惜别之情。

这时，辛弃疾虽然握有帅守江西的大权，但朝廷苟安已久，根本就没有恢复北方失地的打算，他为国立功的愿望，也只能成为空想。而且，他非但不能在抗金大业上有所建树，甚至因遭忌恨而被劾落职。

数年来，辛弃疾屡任地方官，独当一面。他办事果敢，为人刚正不阿，赢得了百姓的拥护和僚属的尊敬，但也招致了一部分官吏的忌恨。谏官王蔺对辛弃疾提出弹劾，说他“用钱如泥沙，杀人如草芥”（《宋史·稼轩本传》），“奸贪凶暴，帅湖南日虐害田里”（《宋会要·职官·黜降官》），把辛弃疾不理会枢密院的阻挠，建成飞虎军营栅事，说成是“凭陵上司”[11]。在王蔺弹劾之前，辛弃疾刚被任命为两浙西路提点刑狱公事，这时不容分辩，就被罢免落职。

---

① “汉中”句，项羽自立为西楚霸王，立刘邦为汉王。刘邦以汉中为根据地，渐次建立了汉朝的帝业。

② 剑指三秦，项羽三分关中，将秦国的降将章邯等人立为王，以拒汉王刘邦。后来，刘邦出汉中而东进，三秦王或被打败，或投降。

③ 追亡事，指萧何追韩信事。韩信由项羽部投入刘邦部下，与萧何接触多，萧何知其才干，但未得刘邦重视，韩信离之而去。后来萧何追回韩信，刘邦纳萧何建议，拜韩信为大将，打败了项羽。

④ “但山川”句，此是借用唐诗原句。唐李峤《汾阴行》：“山川满目泪沾衣，富贵荣华能几时？不见只今汾水上，惟有年年秋雁飞。”

⑤ “落日”二句，落日之时，看满眼胡尘未断（指金人的侵略、占领尚在继续），西风之中，叹塞马空肥（秋高马肥，正当用兵之时，但朝廷无心抗战，英雄无用武之地）。

⑥ “一编书”句，出《史记·留侯世家》，下邳圯上老父出一编书（《太公兵法》）示张良，说：“读此，则为王者师矣。”此处引张良事，是因为张坚也姓张。

⑦ “小试”句，说张坚这次受命西行帅守兴元，仅是小试其才。

⑧ “正江涵”句，出杜牧《九日齐山登高》：“江涵秋影雁初飞，与客携壶上翠微，尘世难逢开口笑，菊花须插满头归。但将酩酊酬佳节，不用登临恨落晖。古往今来只如此，牛山何必独沾衣？”

⑨ 车轮四角，出陆龟蒙《古意》诗：“愿得双车轮，一夜生四角。”即盼车轮生角，无法开出，以将客人留下。

⑩ 带减腰围，出《古诗十九首》的《行行重行行》：“相去日已远，衣带日已缓。”即思念使人消瘦之意。

⑪ 凭陵，侵扰。

闲居与起用

从乾道八年(1172年)春出知滁州,到淳熙八年(1181年)冬在江西安抚使任上改为两浙西路提点刑狱公事,被王蔺所劾落职,辛弃疾在地方官任上共计十年。落职之后,就开始了他长达二十年之久的被迫退休的生活。

第一,闲退带湖。

南归以来,辛弃疾一直奔波于仕途,难以在一地久居,而"孤危"之感,也使他萌生退意。当他在江西安抚使任上时,就准备择地筑室,以作退身之所。他买下了信州上饶城北一里处的一块土地,兴建起一座园子。

此地有一个狭长的湖泊,清澈的湖水映着灵山的倒影,辛弃疾将这个湖泊称作带湖。他自己规画绘图,在高处建房数十间,低处十弓之地则辟为稻田,准备一旦退出官场,便躬耕于此。又面临稻田筑室,号为"稼轩",取人生在于勤劳,当以务农为先[①]之意,并自号为稼轩居士。

带湖新居前枕澄湖,凭高筑屋,有集山楼、植杖亭、婆娑堂、信步亭、涤砚渚诸胜处。初落成时,著名学者朱熹曾潜入观看,惊为平生所未见。

在新居将成时,辛弃疾曾写过一首《沁园春》:

> 三径初成[②],鹤怨猿惊[③],稼轩未来。甚云山自许,平生意气;衣冠人笑,抵死尘埃[④]。意倦须还,身闲贵早,岂为莼羹鲈鲙哉[⑤]!秋江上,看惊弦雁避,骇浪船回[⑥]。 东冈更葺茅斋,好都把、轩窗临水开。要小舟行钓,先应种柳;疏篱护竹,莫碍观梅。秋菊堪餐,春兰可佩[⑦],留待先生手自栽[⑧]。沉吟久,怕君恩未许,此意徘徊。

词中很明显地流露了抽身退避之意。如今自己被劾落职,"君恩"已许,于是就开始了长期的退隐闲居生活。

辛弃疾率部南归之后,虽长期在地方任上转徙,难以施展宏伟的抱负,更未能实

---

① 原话为:"尝谓人生在勤,当以力田为先。"见《宋史·稼轩传》。

② 三径,指隐居的园圃,语出陶渊明《归去来辞》:"三径就荒,松竹犹存。"三径原意为院中小路。

③ 鹤怨猿惊,说园中的白鹤、猿猴惊怪它们的主人未回。语出孔稚圭《北山移文》:"慧帐空兮夜鹤怨,山人去兮晓猿惊。"

④ "甚云山"四句,为什么自己平生所重在意气,与世不合,以隐居云山自许,而实际上仍身在官场,为人所笑呢!甚,作"为甚"解。衣冠,古代士大夫服装,借指官爵。抵死,执迷之意。尘埃,指官场。

⑤ 莼羹鲈鲙,见前所引《水龙吟·登建康赏心亭》。

⑥ "看惊弦"二句,比喻自己应急流勇退。"惊弦"、"骇浪"都指那些令他起"孤危"之感的谗言。

⑦ "秋菊"二句,出于屈原《离骚》:"朝饮木兰之坠露兮,夕餐秋菊之落英。""扈江离与辟芷兮,纫秋兰以为佩。"表现出一种清高孤洁之意。

⑧ 先生,作者自称。

现投身于民族斗争最前线的志愿，但每到一处，都是尽心竭力，奋发有为。然而最终却被劾免官，投闲置散，这当然不是他的本愿。很难想象，一个满怀报国热情的人会真的“云山自许”，即使有“惊弦雁避，骇浪船回”之念，也不会是他的思想主流。如今一朝被免官，他不得不将愤懑之情藏于心底，而表现出淡泊的胸怀。他在《水调歌头·盟鸥》中写道：

带湖吾甚爱，千丈翠奁开①。先生杖屦无事②，一日走千回。凡我同盟鸥鹭，今日既盟之后，来往莫相猜。白鹤在何处，尝试与偕来。　破青萍，排翠藻，立苍苔③。窥鱼笑汝痴计，不解举吾杯④。废沼荒丘畴昔⑤，明月清风此夜，人世几欢哀。东岸绿阴少，杨柳更须栽。

词中充溢着乍从官场抽身时对大自然的清新感受。但是，闲居之初的“十里涨春波，一棹归来，只做个、五湖范蠡”⑥（《洞仙歌》）的表面平静，毕竟难以压抑心中的愤懑。他虽然一面写着：“醉倒东风眠永昼，觉来小院重携手”（《蝶恋花》），“细写《茶经》煮香雪”（《六么令》），“并竹寻泉，和云种树，唤做真闲客”（《念奴娇》），但另一面却又流露了“而今识尽愁滋味，欲说还休”（《丑奴儿》）的沉重心绪。《鹧鸪天·博山寺作》可谓表达这种矛盾心情的代表作：

不向长安路上行，却教山寺厌逢迎⑦。味无味处求吾乐⑧，材不材间过此生⑨。宁作我，岂其卿⑩。人间走遍却归耕。一松一竹真朋友⑪，山鸟山花好弟兄⑫。

不能走在通向长安（指首都）的道路上，为国效力，却被迫隐居。与松竹花鸟相处，在无所作为之中打发日子，作者虽以“宁作我，岂其卿”来自慰自勉，但“人间走遍却归耕”，毕竟不难见其心中的愤懑。

南归二十年来，非但不能投身战场，扫荡胡尘，光复故土，而且整顿吏治、兴利除弊的种种作为，竟落得被劾去职。这就难怪辛弃疾要感叹“宝瑟泠泠千古调，朱丝弦断

---

① 翠奁，翠绿色的镜子，用以比喻湖水的清澈。奁，镜匣。

② 杖屦，出游时持杖穿屦。屦，鞋。古时席地而坐，外出才穿鞋。

③ “破青萍”三句，站在长着苍苔的岸边，拨开青青的浮萍和翠绿的水藻而看鱼。

④ “窥鱼”二句，说可笑的是自己看鱼，看得如同痴呆，竟连酒都忘记喝了。

⑤ “废沼”句，过去这里是废池荒山。畴昔，过去，从前。

⑥ 范蠡，春秋末年的政治家，曾辅佐勾践灭吴，功成身退，传说游于五湖。

⑦ 山寺，指博山寺，在江西广丰县西南崇善乡，本名能仁寺，五代时开山，宋绍兴年间开堂。厌逢迎，厌于在官场逢迎。

⑧ 味无味，语出于《老子》：“为无为，事无事，味无味。”表现了无所作为的虚无观点。

⑨ 材不材间，语出于《庄子·山木篇》，庄子的学生问庄子：“昨天所见山中的树木，因其不成材而免遭砍伐，得以活下来。今天所见主人家的大雁，因它不会叫（不成材）而被杀，您将如何以此看待处世方法呢？”庄子笑着说：“我将处于成材与不成材之间。”表明了庄子在乱世中的处世方法。这两句借用老子、庄子的话，流露了作者被迫退隐，无可用世时的消极思想。

⑩ “宁作我”二句，说自己应当安于本分，固守贫穷，不必求公卿之位。

⑪ “一松一竹”句，隐喻世无君子，而以松竹为友，隐居山林。

⑫ “山鸟山花”句，在归耕生活中，以山鸟山花作为弟兄。

知音少”(《蝶恋花》)了。被迫退隐之后,辛弃疾在平静的生活中积淀了对多年官场生活的感受,《千年调》一词,就是这种总结:

卮酒向人时,和气先倾倒①。最要然然可可②,万事称好③。滑稽坐上,更对鸱夷笑④。寒与热,总随人,甘国老⑤。　少年使酒,出口人嫌拗。此个和合道理,近日方晓:学人言语,未会十分巧。看他们,得人怜,秦吉了⑥。

这是对官场中“但多磕头,少说话”的强烈讥讽,表现出对自己因为不愿逢迎、苟合而遭排斥的激愤。辛弃疾是否就此转入“无为无味”,以闲居来自乐呢? 不! 他虽然也被自然风光所陶醉,写下了“春入平原荠菜花,新耕雨后落群鸦”(《鹧鸪天》),“一川松竹任横斜,有人家,被云遮。雪后疏梅、时叫两三花”(《江神子》)等词句,也有“便此地,结吾庐。待学渊明,更手种门前五柳”(《洞仙歌》)之念,但是他内心既难于平静,时有牢骚不平,更常借贺寿、赠人之作,以功业许人,亦见自许之意。他希望他的朋友能为国家、民族效力,也希望自己不是就此沉埋。为朋友韩元吉贺寿,他写了一首《水龙吟》:

渡江天马南来⑦,几人真是经纶手⑧? 长安父老,新亭风景,可怜依旧⑨。夷甫诸人,神州沉陆,几曾回首⑩! 笑平戎万里,功名本是真儒事,公知否?　况有文章山斗⑪,对桐阴、满庭清昼⑫。当年堕地⑬,而今试看:风云奔走⑭。绿野风烟⑮,平

---

①“卮酒”二句,举起酒杯向人敬酒时,先要表现出俯仰随人的和气之色。卮,盛酒器。

② 然然可可,语出于《庄子·寓言篇》,原文有辩证法色彩,但主要表现出庄子的相对主义观点。此处辛弃疾借用,以表达不表明自己态度,不置可否的意思。

③ 万事称好,样样都说好,这是一种世故、圆滑的态度。原出于《世说新语》所记司马徽事,司马徽不议论人,当别人向他征求看法时,他都说“好”。

④ 滑稽,古代的酒器。鸱夷,皮制的口袋,用以盛酒。这两句的滑稽、鸱夷,指那些没有思想,如同酒囊饭袋的人。

⑤“寒与热”三句,说那些俯仰随人的人,就像能去寒解热的甘草一样。甘草,中药,味甘平,能调和各种药,是中药中不可少的配方,有“国老”之号。

⑥ 秦吉了,鸟名,产于林邑国,能学人言,胜过鹦鹉。

⑦“渡江”句,指宋朝南渡以来。

⑧ 经纶手,治理国家的能手。

⑨“长安”三句,中原父老百姓盼望北伐,南渡的达官贵人也感慨山河变异,但都只能枉自叹息,偏安江南的情况并未改变。新亭风景,出于《世说新语》,说东晋的官员常在新亭喝酒,其中一人坐而叹息,说:“风景无不殊,正自有山河之异!”大家怀念西晋而流泪。丞相王导说:“大家应为王室效力,收复中原,怎能像囚犯一样相对而哭呢!”新亭,一名劳劳亭,三国时东吴所建,在今南京市南面。

⑩“夷甫”三句,据史载,桓温北伐时曾登楼望中原,说:“使神州沉沦,王夷甫等人不得不负其责!”这里借以指责南宋统治者对收复北方失地不关心。王衍,字夷甫,清谈家。

⑪ 文章山斗,将韩元吉的文章比作韩愈的文章。韩愈是唐代古文运动领袖,他死后,人家将他的文章看成泰山、北斗。

⑫“对桐阴”句,这句称颂韩元吉的家世。北宋有相州韩氏与颍川韩氏并盛,颍川韩氏在其京师宅第前多种桐树,世称“桐木韩家”,以别于相州韩琦。韩元吉有《桐阴旧话》十卷,以记家世旧事。

⑬ 堕地,指诞生、出生。

⑭ 风云奔走,称颂韩元吉风云际会,在政治上发挥作用。犇,同奔。

⑮ 绿野风烟,唐宰相裴度见宦官擅权,就无意于政事,在洛阳午桥营建别墅,称为绿野堂,与白居易、刘禹锡等人以诗酒文章度日。风烟,景色。

泉草木[①],东山歌酒[②]。待他年、整顿乾坤事了[③],为先生寿。

这首词未陷入一般寿词的揄扬歌颂,却指斥当政者误国而不思故土的罪责,指出“真儒”当以“平戎万里”为功名事业,期望韩元吉能以其地位、人望,负起“整顿乾坤”的大业。

韩元吉在宋孝宗初年曾任吏部尚书,主张恢复中原,但这时他似乎是真正退隐了,对国事的热情逊于辛弃疾。因而,辛弃疾在落落寡合之中依然寻觅知音,希望与志同道合的友人过往研讨抗敌救国的大计,共同改变国家的命运。而与陈亮的“鹅湖之会”,就是这一“极论世事”的英雄聚会。

第二,鹅湖之会。

赵构、秦桧投降主义集团所推行的方针政策,使整个汉民族面临着被异族统治者完全征服的危险,学术界、思想界中的有识之士,为求救国,努力研求“经世致用”之学,其间,以孝宗时期的浙东学派最为著名。

陈亮是浙东学派的后起之秀,是一位杰出的唯物主义思想家。他反对空谈性理,把那些大敌当前不思报国,而只知搞个人内心修养那一套的儒者,指斥为风痹不知痛痒之人。他重视用兵、理财的“治国、平天下”,打出了“义利双行,王霸并用”的治学、治世旗号。为寻求抗金之计,他专心研读《孙子兵法》,写过《酌古论》二十一篇。淳熙五年(1178年)春,他向孝宗赵昚上书,主张迁都建康,以振奋民气,志在复仇。早在“隆兴和议”签定时,他就独持异议。陈亮虽是布衣之士,却始终关怀国政,批判投降主义,主张改革政治,挥师北伐,确是当时“异军突起”的人物。

淳熙五年(1178年)春,陈亮在杭州向孝宗赵昚上书时,辛弃疾正调任大理少卿,也在杭州,经浙东学派的著名学者吕祖谦介绍,二人才相识。由于政见相同,思想相近,相识之后成了莫逆之交。

陈亮上孝宗皇帝书没有得到重视,离开了临安。而辛弃疾在各地转徙为官,与陈亮没有得到晤见的机会。辛弃疾被罢官之后,两人一直有书信往来。淳熙十年(1183年)春,陈亮致书辛弃疾,约秋后来访,后因故而未能成行。次年春,陈亮被迫害入狱,近百日才得释放。直到淳熙十五年(1188年),两人才能有“鹅湖之会”。

鹅湖是铅山县境内的胜境,是绵亘百里的大山的主峰。山下寺院亦名鹅湖,寺前长松十里,绵延不断,著名学者朱熹、吕祖谦、陆九龄、陆九渊等,曾在这里讲论过理学。鹅湖寺也随之成为学术史上的胜地。

辛弃疾在营建带湖新居之后,又在离鹅湖不很远的期思渡(铅山县东北境和上饶接界处)旁另建了一处新居。因为附近有一汪形状如臼的清泉,辛弃疾称它为瓢泉。他有时住在瓢泉别墅,常到鹅湖寺。陈亮来访,辛弃疾约在鹅湖寺相见。

---

① 平泉草木,唐宰相李德裕在洛阳郊外三十里建平泉庄,以楼台树木负名。

② 东山歌酒,东晋谢安曾寓居东山(今浙江上虞县西南),常携妓游,纵情歌酒。以上以晋、唐名相之寄情山水田园,喻韩元吉寓居上饶。

③ 整顿乾坤,恢复中原失地,完成统一大业。

淳熙十五年(1188年)冬天,陈亮从故乡——浙东永康来到铅山。这时,辛弃疾正在小病中,客人的到来,使他感到病退身轻。两人同饮瓢泉水,共步鹅湖寺,"长歌互答,极论世事",围绕着政局、国事,展开了热烈的讨论。

五年前陈亮约秋后来访时,就认为四海之内威信最高的人物是辛弃疾和朱熹。但他觉得两人很不相同,怕他们话不投机,因而很想从中做些联络工作。后来事虽未行,但此念一直系于心中。这次来访前,陈亮曾致书闲居于武夷山的朱熹,约他在赣、闽之交的紫溪相候。但当辛、陈二人如期赴约时,朱熹却未到。

陈亮在铅山盘桓十天,告别而去。辛弃疾怀着眷恋友人的深挚之情,在陈亮别后的第二天,竟然紧追而去,希望能够留住他。一直追到鹭鹚林,由于雪深泥滑,再难前行,才停在方村地方,独自饮酒,深感惆怅。他投宿在泉湖吴氏的四望楼,夜半听到邻近悲凉的笛声,更触动满怀思绪,写成《贺新郎》一首:

把酒长亭说①。看渊明、风流酷似,卧龙诸葛②。何处飞来林间鹊?蹙踏松梢微雪,要破帽、多添华发③。剩水残山无态度,被疏梅、料理成风月④。两三雁,也萧瑟⑤。

佳人重约还轻别⑥。怅清江、天寒不渡,水深冰合。路断车轮生四角⑦,此地行人销骨⑧。问谁使、君来愁绝?铸就而今相思错,料当初、费尽人间铁⑨。长夜笛,莫吹裂。

五天之后,陈亮来信索词,两位挚友心思竟是如此相同。在得到辛弃疾的词后,陈亮马上写了和作,词中直言"父老长安今余几,后死无仇可雪",对"胡妇弄,汉宫瑟"深表激愤,而又对"只使君从来与我,话头多合"极感欣慰。阅毕陈亮的和词,辛弃疾意犹未已,再依韵和作。词中上片有"硬语盘空谁来听"一语,实是对自己与陈亮不合统治者口味的言论、文章的不平之鸣。下片将心中难以压抑的苦闷、愤慨作了倾诉,"汗血盐车无人顾⑩,千里空收骏骨⑪"二句,将自己与陈亮的怀才不遇之感,表述为慷慨悲凉之音。词中最后写道:"我最怜君中宵舞⑫,道男儿到死心如铁。看试手,补天裂。"则深刻

① "把酒"句,拿着酒杯在驿亭中喝酒话别。

② "看渊明"二句,这是辛弃疾对陈亮的称颂:陈亮是布衣之士,似隐居的陶渊明,但其风流儒雅和心怀天下的抱负,却更像高卧隆中的诸葛亮(有卧龙之称)。

③ 蹙踏松梢"二句,飞鹊踏落了松梢的雪,落在破帽上,像添了花白的头发(自嘲衰老)。

④ "剩水残山"二句,是说冬日的山水无美可言,被稀疏的梅花点缀之后,就显得景色美了。态度,意态、风度。料理,安排。风月,指景色。

⑤ 萧瑟,孤单、凄凉。

⑥ "佳人"句,说陈亮重于所约,但又轻于离别。佳人,即佳士,指陈亮。

⑦ "路断"句,因雪深泥滑而路断难行,好像车轮生了四只角,不能转动。

⑧ 行人销骨,说自己非常感伤,黯然销魂。

⑨ "铸就"二句,指费尽人间铁铸成的错刀,还不足抵相思的深厚之情。错,指错刀,即锉刀。

⑩ 汗血盐车,以良马挽盐车来比喻埋没人才。汗血,大宛产的良马,出汗如血,日行千里。

⑪ "千里"句,事出《战国策·燕策》。古有君主以千金求千里马,三年未得,涓人(侍臣)自请访求,以五百金买千里马之骨归,年内千里马至者有三。骏骨,骏马之骨。

⑫ 中宵舞,据《晋书·祖逖传》,祖逖与刘琨情好而同寝,半夜闻鸡声,踢醒刘琨起而起舞,祖逖、刘琨都是有名的爱国志士,这里有用古人相比之意。

赞许了陈亮志在复国的爱国主义精神。

辛弃疾对陈亮的赞美，确实是陈亮受之无愧的。陈亮关切国事的热情从未衰落，虽遭受迫害、打击，仍不改变。相比之下，朱熹对国事就不够热心，他没有赴紫溪与辛、陈会晤，在给陈亮的信中，说自己作为“腐儒”，无足轻重，当今世上并不缺乏孔子、孟子、管仲、诸葛亮式的人物，希望自己能留在山中著书，与世人不相干涉为好。正因为辛弃疾、陈亮是真正关怀国事的志同道合的挚友，所以在陈亮辞行之后，有辛弃疾的追赶之举。在鹅湖之会的第二年，当陈亮再度被关入监狱时，辛弃疾能通过自己与大理少卿的交谊，使他主持公道，而开脱陈亮。陈亮死后，辛弃疾在《祭陈同父文》中，沉痛地感叹道：“而今而后，欲与同父憩鹅湖之清阴，酌瓢泉而共饮，长歌相答，极论世事，可复得耶！”他虽“知悲之无益而涕不能已”，为挚友一洒英雄热泪。

第三，任职福建。

在过了整整十年的闲居生活之后，宋光宗绍熙二年（1191 年）冬，辛弃疾被朝廷起用为提点福建路刑狱公事。第二年春，赴福州就职。

辛弃疾并没有改变过去的作风，办事依然雷厉风行，对工作尽职尽力，关心民间疾苦，对属员严加督责。这样一来，他对人民虽然宽厚，却使州县官员不满，甚至连福建安抚使林枅，也同他不甚相和。林枅死后，辛弃疾以提点刑狱兼摄安抚使职，直到郑侨到任。

辛弃疾不仅勇于调查、处理疑狱，力避下层人民被冤迫，而且关心经济，建议在汀州推行“经界”，改行“钞盐”法。

宋朝对豪强地主兼并土地的行为，一向取纵容政策，豪强地主在夺得土地之后，可享有免税、免役的特殊权利，而这些税、役依然由原业主负担。中小地主对此不满，农民更是深受其害，他们要求清查土地所有权，并按实有土地负担税、役。这就是所谓“经界”。

在辛弃疾上疏论“经界”之前，南宋政府曾在部分地区推行过“经界”法令，但地域不广，时间也很短，在福建则从未推行。从赵汝愚所上的一道奏章中可知，由于“有税者未必有田，而有田者未必有税”，汀州一带各县的农民纷纷逃亡。豪强不纳赋税，有时弱者也壮胆附从。地方官对最难收取赋税的地方亦感头痛，不过他们自有良策：将这些地方的赋税作为寨兵衣食，让他们自行催纳。一方不纳，一方饥寒切身，寨兵披甲持械下乡，致使互相仇怨，矛盾很深。

绍熙元年（1190 年），朱熹作漳州守时，曾建议在福建漳、泉、汀诸州推行“经界”法，因遭豪强反对而未行。辛弃疾到福建任上时，所见赋役不均情况仍与赵汝愚所奏相同。辛弃疾对漳、泉、汀三州情况作了分析，了解到前两州并不乐于推行“经界”，唯独汀州，不管是穷人还是富人，都要求推行。他认为，凡是老百姓希望做的，你顺从他们的愿望去做了，就容易得到百姓支持，就是为人民建立了功勋。因此，他建议在汀州推行“经界”。

辛弃疾还建议在汀州改行“钞盐”法。所谓“钞盐”，原来实行于产盐的“下四州”：

福州、泉州、漳州、兴化，即盐商向政府交纳一定数量的税款，政府就发给证明，允许贩运包销一定数量的食盐。在不产盐的"上四州"：建宁、南剑、汀州、邵武，则实行官营。官运官销的办法弊端不少。赵汝愚在论汀州弊政的奏章内也谈到，由于汀州地势高，离海远，运来的盐渐渐不到最初的数额，运盐者以灰土杂入盐中充数，使盐质粗劣。这样一来，就有人从广东私贩食盐入界，质优而价贱，致使官盐无法销出，只得采用按人口强制派销的方法。此外，州县诸层又将各种渠道得来的官盐强行销售，使百姓不胜其扰。有些官员曾建议改变盐法，但一般州县官员却只求经费足用，对民众利益毫不考虑，所以不愿改变。辛弃疾就任福建提点刑狱时，"上四州"仍用官营盐法。

辛弃疾通过实地调查，了解到官营盐法对汀州之害，确认汀州宜行"钞盐"法。因此，他代行安抚使权时，便上书宋光宗，论"经界为上"，"钞盐次之"。

辛弃疾考虑问题多立足于人民，除建议推行"经界"、"钞盐"以外，还极其重视财政问题，以解决长期来福建的财政困难。

福建靠海枕山，"海盗"、"山贼"不少，因而有较多的军队戍守，对粮饷需求量很大。在福州，住着一支原由洛阳迁来的赵姓王族，初时还不足二百人，每年由福州供给三万贯作费用。随着人口增殖，所耗费的钱粮也日益增剧。福建地少人多，对这两项负担很觉沉重。辛弃疾在兼摄福建安抚使时，对情况作了全面了解，统筹全盘，尽量节约浮费，紧缩开支，并设置"备安库"，将节省的钱粮存于库内。几个月后，库中存钱已达五十万贯。当时正值福建年景不错，辛弃疾打算待秋后谷贱时，以库钱籴粮两万石，做到可供军饷和宗室，又有备无患。

一面是积极理财，一面是不扰人民，安抚百姓。辛弃疾刚到福建提点刑狱任上，就委派上杭县令鲍粹然解决汀州疑狱，指示他量刑务从宽厚。绍熙五年（1194年），又派福清县主簿傅大声审问长溪县的囚犯。傅大声辨明情况，释放了五十多人，仅留十多人在狱。长溪县令认为傅无客主之礼，十分恼火。辛弃疾就亲自过问，同意傅大声的处理。对下属，辛弃疾厉行法治，同时又注意关怀他们的疾苦。所以，闽人很推重他的治绩。

辛弃疾更重视增强军事实力。绍熙三年（1192年）冬，他被召入朝，岁末启行，途中曾访朱熹和陈亮。到京后，光宗赵惇召见于便殿。辛弃疾在《论荆襄上流为东南重地》的答对札子中，申述了自己的战略见解。他认为，在古代南北方战争中，北兵南下时，倘从两淮地区南侵长江，不败则死，但从上游渡江，则事必成功，因而长江防务当以荆、襄地区为重。加强荆、襄守备，是宋廷所在地的江浙得以安全的必要条件，也是抵御北方侵略者的关键。辛弃疾不仅论述了荆、襄的战略地位，而且就如何加强这一带的防御力量，提出了具体建议。他认为，应从长江以北取襄阳，合荆南为一路，设一帅守，专任荆、襄之责；从长江以南取辰、沅、靖、澧、常德，合鄂州为一路，置一帅守，上接江陵，下连江州，东西船舰相联，专任鄂渚之责。在札子的最后，辛弃疾还向宋光宗提出了"居安虑危"的衷心期望，希望光宗能任贤使能，让有才干的主战派人物主持军机之事，还要做好车马、器械的物质准备。只有做好了全面的备战工作，才能防患于未然。但光宗其人并无真正的“光复”大志，这一札子并未得到重视。

召对之后，辛弃疾被任为太府少卿。半年后，提职名为集英殿修撰，改派为福州知州兼福建安抚使。

虽然论奏长江上流军事防御的建议未得到重视，辛弃疾并不放弃在自己职权范围内增强军事力量的努力。他打算用“备安库”的钱，打造一万副铠甲，并招募强壮之士补充军额，加以严格的训练，使之成为军事素养很高的一支军队。

然而，秋禾刚登场，籴粮工作方始，造铠、募兵尚未顾及时，谏官黄艾对辛弃疾提出了弹劾，罪名是“残酷贪饕，奸赃狼藉”（《宋会要·黜降官》）。依然是不容置辩，福州守与福建安抚使全被罢免，只给了一个主管建宁府武夷山冲佑观的挂名差事。两个月后，又将集英殿修撰降为秘阁修撰。第二年冬十月，御史中丞何澹再奏劾辛弃疾，说他残酷贪婪，化公为私，将福州席卷一空。于是，不问青红皂白，连秘阁修撰亦被撤。再过一年，甚至主管武夷山冲佑观的挂名职务亦被罢。

革去辛弃疾最后一个挂名职务的“臣僚言”，是很能说明问题的。这些臣僚说：倘若还给辛弃疾保留一个职务，他日再得帅守一方，还会成为国家军民之害。辛弃疾种种为国为民之举，竟被视作害国、害军、害民，这是十多年前“孤危”的复萌。他始终没有成为“寒与热，总随人”的“甘国老”，这对顽固派、投降派是十分可怕的，被劾撤职就不是奇怪的事了！

第四，退休瓢泉。

辛弃疾被罢去福建帅任之后，依然回到上饶带湖家居。他进一步营建铅山县的瓢泉别墅，第二年春全部建成。瓢泉别墅建成一年左右，带湖的住宅毁于火灾，辛弃疾只得携家定居瓢泉。

辛弃疾在这次被劾罢官之前，并非没有主动抽身退避之想。他在《最高楼·吾拟乞归，犬子以田产未置止我，赋此骂之》中，曾有“富贵是危机”之叹，并准备“未曾得米弃官归”。大概是建功立业之想压倒了退隐之念，结果又落到被劾罢官的境地。想起第一次闲退时的盟鸥之作，这次归途中不禁“代白鸥见嘲”：“白鸟相迎，相怜相笑，满面尘埃。”“而今岂是高怀，为千里莼羹计哉！”（《柳梢青》）但是，毕竟是宦海风波经见已惯，此时辛弃疾心中还是很平静的。他“喜草堂经岁，重来杜老；斜川好景，不负渊明”。看到瓢泉附近的美景，他感到十分喜悦：“青山意气峥嵘，似为我、归来妩媚生。解频教花鸟，前歌后舞；更催云水，暮送朝迎。”（均见《沁园春·再到期思卜筑》）他以杜甫、陶渊明自拟，闲退之后，许多时间都是在优游山水和饮酒中度过。

辛弃疾在《兰陵王·赋一丘一壑》中写道：“古来贤者，进亦乐，退亦乐。”较之前次壮年时的闲退，这时辛弃疾的情怀，似乎没有那样难平、那样激愤了，酒喝得多了，对陶渊明的赞美也较由衷了。他涉足佛典，奉读老庄，在词中用着庄子话头，显得极其得心应手。

在铅山瓢泉的生活中，辛弃疾与一些士大夫诗酒酬唱，忘情山水，过从最密的有六七人，而且留下了许多唱和之作。辛弃疾曾写过一首《行香子·博山戏呈赵昌甫、韩

仲止》,大概可以概括自己饮酒读庄之外的全部生活:

少日尝闻:“富不如贫,贵不如贱者长存①。”由来至乐,总属闲人。且饮瓢泉,弄秋水②,看停云③。 岁晚情亲,老语弥真。记前时劝我殷勤:“都休殢酒,也莫论文④。把《相牛经》、种鱼法,教儿孙。”

然而,年华渐老,岁晚田园的生活,难道真是“谁识年来心事,古井不生波”(《水调歌头》)么?他心中有时也会掀起波澜的。他一面学庄周以应世,作庄子语以写词,一面又借古人写自己心中的不平:“千古李将军,夺得胡儿马。李蔡为人在下中,却是封侯者⑤。”他不仅没有准备将自己彻底沉埋,而且畅想:“芸草去陈根,笕竹添新瓦。万一朝家举力田,舍我其谁也⑥。”(《卜算子》)为国立功的心仍未泯灭。他在送族弟辛茂嘉赴调时,曾就自己与茂嘉同姓“辛”字“戏赋”一首,细读这首《永遇乐》,我们不仅不会认为是戏谑、放旷之作,相反却看出他虽然遭受压抑而肝胆不变,为国建功之心跃动不已:

烈日秋霜,忠肝义胆,千载家谱。得姓何年,细参辛字。一笑君听取:艰辛做就,悲辛滋味,总是辛酸辛苦。更十分、向人辛辣,椒桂捣残堪吐⑦。 世间应有,芳甘浓美,不到吾家门户。比着儿曹,累累却有、金印光垂组⑧。付君此事,从今直上,休忆对床风雨⑨。但赢得、靴纹绉面⑩,记余戏语。

词中围绕着自己所姓的“辛”字,十分贴切地以艰辛、悲辛、辛酸、辛苦,来写自己的大半生遭遇,纵使遭遇坎坷,辛辣的本性却难改,“甘国老”、“秦吉了”的脾气也难以学到,虽则甘芳甜美不到我们辛家,但并不改我们报效国家的夙愿,因此当茂嘉弟赴调时,以“休忆对床风雨”相勉,不求闲居之乐⑪,可见报国之心难泯。

---

① “富不如”二句,这是庄子的思想,认为富与贫、贵与贱没有差别。辛弃疾用这思想作自我安慰。

② 秋水,《庄子》有《秋水》篇,这里语带双关。

③ 停云,陶渊明有《停云》诗,表现思念亲友的意思。辛弃疾在山中筑堂,周围遍种松竹,将堂号为“停云”。

④ “都休殢酒”二句,出于杜甫《春日忆李白》:“渭北春天树,江东日暮云。何时一尊酒,重与细论文?”这里反其意而用,既不沉迷酒中,又不评论文章,有消极的思想。

⑤ “千古”四句,据《史记·李将军列传》,说善战的李广才略过人,却未得封侯;他的从弟李蔡才干在下中水平,名声远逊于李广,却得到封侯,位至三公。

⑥ “芸草”四句,隐喻朝政更新之时,欲治国平天下,自己又当肩负大任了。笕,用长竹连成引水竹管,此处似是以竹作瓦之意。力田,指勤于农事,此处似是喻政事。

⑦ “更十分”二句,以椒桂捣残,辛辣犹在,喻自己辣气犹存,不讨人喜欢。

⑧ “比着儿曹”二句,接前三句所说的芳甘甜美不到我们辛家,而比看那些儿辈(喻无德无能者)却高官厚禄,权势很大。印,官吏的印章。组,用丝织成的宽带子,古时用来佩印。

⑨ 对床风雨,出韦应物诗:“宁知风雨夜,复此对床眠。”苏轼、苏辙曾引此表示兄弟之谊。

⑩ 靴纹绉面,脸上的皱纹象靴面上的皱纹一样。

⑪ 苏辙《逍遥堂诗引》中说,自己幼时与兄苏轼共读,未曾一日相舍,年长后,因作官而分手,当读到韦应物诗“宁知风雨夜,复此对床眠”后,心有所感,相约早日从官场退身,而求闲居之乐。

他的另一首送别辛茂嘉的《贺新郎·别茂嘉十二弟》,更写得苍凉感慨。词中并非倾诉兄弟之情,而是列举古代的家国之恨:既写了王昭君的被迫和亲、离别故国,汉武帝的陈皇后被贬入长门宫,也写了李陵在匈奴泣别苏武,荆轲刺秦王而在易水与送行者诀别。这些史实,可以使人产生广泛的联想:靖康之难时,开封陷落,二帝和嫔妃被押送金国,成为阶下囚徒,成为奴隶,这比昭君和番、陈皇后被贬,要凄惨得多;文武官员流落异国,他们的处境当然不会优于苏武;宋朝义军的慷慨杀敌,更比荆轲刺秦王,要悲壮得多。辛弃疾借古人写自己壮志未酬的苦闷。因此,我们不难理解,在辛弃疾消闲于相牛经、种树书时,并未忘记他的"平戎策",并未忘记抗金复国的大业。

辛弃疾在闲退瓢泉之后,交友甚多,其中有的虽见面不多,但对他的思想有很大影响。朱熹就是其中重要的一位。朱熹曾受到权贵打击,在他死后,辛弃疾顶住压力,亲往武夷山祭吊,表现出可贵的正义感。

朱熹是唯心主义哲学的集大成者,他的以"存天理、灭人欲"为中心的哲学,本来与陈亮、辛弃疾的思想很不相同。在金政权欲以侵略战争消灭南宋政权时,朱熹也主张抗战,但当金人变更策略,南宋政权内部矛盾激化时,他实际上就放弃了积极抗击侵略的主张。先前,陈亮约朱熹在紫溪相会,朱熹未应约前往会见辛、陈。辛弃疾起任福建提点刑狱,由于朱熹的名声很大,他上任之前曾去问政。朱熹告诫他:对老百姓要宽厚,对知识分子要礼遇,对下属官吏要严格。从后来辛弃疾为政的情况看,也确是照朱熹的意见去做的。此后,辛、朱间情谊不错,常有往来。在宋光宗召见前,辛弃疾曾专门到建阳访朱熹,同游武夷山,赋《九曲棹歌》。朱熹书写"克己复礼","夙兴夜寐",题其二斋室。可见,作为"一代儒宗"的朱熹,虽以身心寄托于道德性理之上,重"内省",而不似辛弃疾之重在抗金复国,重外在功利,但两人还是有共同语言的。

在赵扩代赵惇而立,成为宋宁宗之后,韩侂胄以贵戚身份,且有"定策"、拥戴之功,成为朝中最有权势的人物,甚至可以不通过中书省,而借皇帝的名义"内批",来罢免大臣。在韩侂胄炙手可热的时候,朱熹正被右丞相赵汝愚荐进朝廷作侍讲。朱熹看到韩如此弄权,就向皇帝弹劾他"擅权害政"的罪状。但韩侂胄早已羽毛丰满,势力远过于赵汝愚、朱熹,因此朱熹不但未能扳倒韩侂胄,反而被罢免了侍讲之职。不久后,赵汝愚亦被罢右丞相,并被逐永州(今湖南零陵县)安置。抵达衡阳时,死于船上。朱熹虽然落职,但作为道学家领袖的地位,却是难以动摇的。韩侂胄等人于是宣布道学为"伪学",说道学家是以道学的伪装,掩护政治上的阴谋活动,下令禁止"伪学"。庆元三年(1197 年)冬,宣布以"伪学之魁"朱熹为首的"伪学逆党"名单,共五十九人,限制他们的活动。这就是"庆元党禁"。

在朱熹成为"伪学之魁"后,有些原与朱熹有关系的人,为求官职,不惜纷纷洗雪,但辛弃疾却在复得主管武夷山冲佑观职务后,与朱熹过往殷勤。相交既久,相知亦深,陈亮已死,辛弃疾对朱熹的学识品行愈见钦敬。朱熹亦以"施展杰出的才干,以报效朝廷",来期许辛弃疾。庆元三年(1199 年),朱熹给辛弃疾信中,又以"克己复礼"相勉。

庆元六年(1200 年)三月,朱熹病死于武夷山中,年七十一。由于朝廷禁止到武夷山会葬，门生故旧都不敢去送殡。辛弃疾听到朱熹的死讯，写了一首《感皇恩·读〈庄子〉，闻朱晦庵即世》，词的下片写道：

一壑一丘，轻衫短帽，白发多时故人少。子云何在，应有《玄经》遗草。江河流日夜，何时了？

以汉代扬雄（子云）作《太玄》经，拟朱熹的著作，并化用杜甫的“尔曹身与名俱灭，不废江河万古流”（《戏为六绝句》），称颂朱熹的文章、事业不朽。辛弃疾还作了祭文，亲往武夷山祭吊。祭文中说：“所不朽者，垂万世名。孰谓公死，凛凛犹生。”（《宋史·稼轩传》）不仅表现出辛弃疾对这一重要人物的公正的历史评价，还可见辛弃疾对朋友的交谊，更可见他的正义感，以及他不向恶势力低头的反抗精神。

第五，讴歌农村。

辛弃疾被迫闲退带湖、瓢泉，是他在政治上的失意，但正是这种失意，使他的歌词创作得到了动力：一方面，他痛斥投降派，缅怀神州故土，表现了难以压抑的为国立功的愿望；另一方面，从官场退却之后，使他得以接近农村和农民，写出了许多讴歌农村的自然清新之作。

在辛弃疾之前，文人写词很少涉及农村。唐代仅刘禹锡《竹枝》一首，五代仅孙光宪《风流子》一首，在整个北宋词坛，也只有苏轼在任徐州知州时所作的《浣溪沙》五首较有特色。辛弃疾农村题材的词作，不仅对苏轼的词风有所继承，而且有很大发展，对词坛的贡献不容低估。

辛弃疾先后闲居江西上饶、铅山达二十一年之久。在这些日子里，他虽然为自己的被弃置不用，无从报效国家民族，而深感抑郁、悲愤，但由于从恶浊的官场中退居田园，充分领受了淳朴的民风，得到大自然的陶冶、慰藉，因而也有所得。他广泛接触到自然风光、农村景物、农事劳作、农家习俗，怀着很大的兴趣，很高的热情，写下了一幅幅农村生活图。

在辛弃疾笔下，我们可以看到江西农村一年四季的不同景色。

春天，大地昭苏，一派蓬勃生机：

春入平原荠菜花，新耕雨后落群鸦。多情白发春无奈，晚日青帘酒易赊。闲意态，细生涯，牛栏西畔有桑麻。青裙缟袂谁家女，去趁蚕生看外家。

——《鹧鸪天·游鹅湖，醉书酒家壁》

陌上柔桑破嫩芽，东邻蚕种已生些。平岗细草鸣黄犊，斜日寒林点暮鸦。山远近，路横斜，青旗沽酒有人家。城中桃李愁风雨，春在溪头荠菜花。

——《鹧鸪天·代人赋》

风雨催春寒食近，平原一片丹青。溪头唤渡柳边行。花飞蝴蝶乱，桑嫩野蚕生。

——《临江仙·即席和韩南涧韵》

桑叶绽芽，荠菜着花，小牛鸣叫，乌鸦成阵，桑麻竞长，蝴蝶纷飞，真是春色无边，春意盎然。尽管作者略有年光催人、自发渐生的淡淡哀愁，但置身在大好春光中，受到感染，身心振奋，轻愁渐消。城中的秾桃艳李难经风雨，溪头荠菜花有顽强的生命力，作者在政治上虽然失意，但从中不是另有感悟吗？

夏天，农事渐忙，丰收在望：

明月别枝惊鹊，清风半夜鸣蝉。稻花香里说丰年。听取蛙声一片。　七八个星天外，两三点雨山前。旧时茅店社林边，路转溪桥忽见。

——《西江月·夜行黄沙道中》

北陇田高踏水频，西溪禾早已尝新，隔墙沽酒煮纤鳞。　忽有微凉何处雨，更无留影霎时云。卖瓜人过竹边村。

——《浣溪沙·常山道中即事》

前一首写的是夏夜景色：月满中天，清风阵阵，稻花飘香，喜鹊惊飞，蝉鸣声声，蛙鼓一片。在这样美好的夜色中，作者趁凉夜行，但夏夜天气多变，转眼间星、月被浓云所遮，只有远天有七八颗星星闪亮，山前已有雨滴落下，这是暴雨将来的征兆，作者匆匆往前赶路，寻找避雨处，路转后跨过溪桥，终于见到了熟知的茅店。后一首写初夏景色：早禾已收，正尝新米，农夫沽酒煮鱼，忙中偷闲小酌。骤雨送来微凉，霎时云过而未留影。

经过春、夏的辛勤劳动，加上风调雨顺，“酿成千里稻花香”（《鹊桥仙》），终于获得了秋天的丰收，农民的生活也较好过了：

父老争言雨水匀，眉头不似去年颦，殷勤谢却甑中尘。

——《浣溪沙》

在这丰收年景中，农事已毕，可享受秋社的快乐和农家的欢愉了：

连云松竹，万事从今足。拄杖东家分社肉，白酒床头初熟。　西风梨枣山园，儿童偷把长竿。莫遣旁人惊去，老夫静处闲看。

——《清平乐·检校山园，书所见》

我们可以看到作者拄杖去分社肉，嗅到床头酒香，分享农家丰收乐的高兴心情。在下片，他写了村童乘自己不在，拿长竿偷打山园梨枣的调皮状，自己正为丰收而高兴，竟不想惊动这些顽童。

辛弃疾不仅写了农村四季的景色和农事，而且展现了淳朴的民风和有趣的习俗。

茅檐低小，溪上青青草。醉里吴音相媚好，白发谁家翁媪？　大儿锄豆溪东，中儿正织鸡笼。最喜小儿无赖，溪头卧剥莲蓬。

——《清平乐·村居》

溪草边，茅檐下，老两口在交谈，吴侬软语在醉中听来更醉人，三个儿子都各有所忙：大儿锄豆，中儿织鸡笼，只有小儿子还小，躺在溪头剥莲蓬。这是司空见惯的农村生活，但写在词中又那样清新、活泼、逼真。

鸡鸭成群晚未收，桑麻长过屋山头。有何不可吾方羡，要底都无饱便休。新柳树，旧沙洲，去年溪打那边流。自言此地生儿女，不嫁余家即聘周。

——《鹧鸪天·戏题村舍》

在作者的眼中，鸡鸭成群，桑麻茂盛，农民只求不受冻馁之苦，这样简单的生活欲望，倒是令人羡慕的。农村平静的生活很少变化，柳树虽新，沙洲依旧，溪水却不知为何改向了。即使周围环境有改变，但长期的婚姻习俗却未变，儿女的婚嫁始终不出本村的余、周两姓。

在辛弃疾笔下，可以看到村妇的形象：

一川明月疏星，浣纱人影娉婷。笑背行人归去，门前稚子啼声。

——《清平乐·博山道中即事》

在明月疏星的夜晚浣纱，浣完后笑着回去，幼儿的啼声连成一片，写得极有生活气息。"青裙缟袂谁家女，去趁蚕生看外家"（《鹧鸪天》），农忙之时，只能抽空回趟娘家。"谁家寒食归宁女，笑语柔桑陌上来"（《鹧鸪天》），这是趁节日回娘家了。

农村中人们能友爱相处："羊肠九折歧路，老我惯经从。竹树前溪风月，鸡酒东家父老，一笑偶相逢。此乐竟谁觉，天外有冥鸿。"（《水调歌头》）"夜来归梦江上，父老欢予。荻花深处，唤儿童、吹火烹鲈。"（《汉宫春》）辛弃疾宦海浮沉，多年来深知官场险恶，对农民的善良、友爱、好客，可谓感触尤深，倍觉安慰。

不可讳言，辛弃疾所作的农村题材词，对农村生活有美化之处，并未真正接触到农民所受的剥削、压迫问题。尽管他能不囿于封建士大夫的偏见，很重视农业，以"稼"名轩，以"稼轩"为号，长期生活在农村，而且青年时代举义山东，与农民有过战斗的情谊。但是，他毕竟未曾以耕作为业，在以理想化的目光看待农村时，就难以发现苦难与不平。不过，辛弃疾闲居所在的铅山、上饶一带，在当时均属富庶地区，是稻米、茶叶、矿物的重要产区，农民生活相对安定，他以北人南来，对比中原，感受当有不同，因此也不尽是粉饰现实。而且，和那些一味艳羡城中桃李，只知在名利场中角逐，从不知关心农事、关怀农民的官僚、士大夫相比，辛弃疾毕竟高尚得多。因而，对他这部分词作的思想意义、美学价值，以及它们在词史上的地位，都不应低估。

晚岁生涯

又过了九年退隐生活之后,辛弃疾再度被起用,他离开铅山瓢泉,开始了晚岁再仕的生涯。

第一,帅守浙东。

嘉泰三年(1203 年),辛弃疾六十四岁,被起用为绍兴知府兼浙东安抚使。浙东是南宋首都临安(今杭州)的所在地,这一委任,又燃起他从政报国的热情。当然,经过这几十年的风风雨雨,辛弃疾深刻认识到,“功成者去,觉团扇、便与人疏”①(《汉宫春》)。对个人境遇也蒙上了庄子的达观色彩:“达则青云,便玉堂金马②;穷则茅庐。逍遥大小自适,鹏鷃何殊③。”(《汉宫春》)但是,辛弃疾尽心职守的态度,还是一如既往。

辛弃疾看到,即使是京畿之地,官府和豪绅同样对农民苛刻盘剥,致使农民承担沉重的赋税又被层层加码。因此,他到任不久,就向朝廷上奏章,论述“州县害农之甚者六事”。奏章未留下全文,从《文献通考》中可以看到的有两件事:一是“折变”,即农户向官府交纳每年的赋税后,倘有余,官府则以“折变”的办法重新高估数目,以催交纳;二是官府向农户收超额的“斗面米”和钱款。他举例说,有一个大吏作郡守四年,多取斗面米六十万斛和钱百万余贯,贮存于别的仓库,后来假称这六十万斛米,是用这百万余贯钱籴买的,交出米后,将钱贪污了。辛弃疾认为,对这种种害农的行为,不能纵容姑息。他这种关心民瘼的态度,是值得肯定的,也证明以前对他所加的“残酷贪饕”的罪名,是恶人先告状,是不实之词。辛弃疾对害农的州县官非常痛恨,而部属中忠于职守、为政勤勉的,则为他所敬赏。如会稽县丞朱权,就属于此列。

辛弃疾帅守浙东时,曾有一批贩私盐的商人起事害民,被他平息下去了。可惜因记载不详,难知详细经过。

辛弃疾仍然非常关心对敌斗争的形势。金人占据华北、中原虽久,但民族矛盾并未和缓,女真贵族内部矛盾重重,日益强大的蒙古军队屡次击败金国,金政权内外交困。辛弃疾一方面从出使金国的朋友那里了解金国的内部情况,另一方面派人进入金国,侦察自己年轻时所熟悉的军事要地的新情况,并亲自绘成总图,以掌握全局。

---

①“觉团扇”句,出于汉代班婕妤《怨歌行》,以秋天气候转凉时,圆形的纨扇被弃置一旁,喻女子被弃。此处借指功成后被弃。

② 玉堂金马,语出扬雄《解嘲赋》:“历金门,上玉堂,有日矣。”金门指官署之门,旁有铜马,故称金马门。玉堂指殿堂。

③ 逍遥二句,系隐栝庄子《逍遥游》语意,为“大小虽殊,而放于自得之场,则物任其性,事称其能,各当其分,逍遥一也”(郭象:《庄子注》)之意。鹏,大鹏。鷃,小鸟。

第二,北伐方针。

辛弃疾起废而帅守浙东后,依然感到南宋小朝廷官场恶浊,因而感慨"胶胶扰扰几时休?一出山来不自由",告诫自己"随缘道理应须会,过分功名莫强求"(《瑞鹧鸪》)。但是一旦机遇当前,他就会置自身利益于不顾,表明自己的态度和见解。

嘉泰四年(1204年),宋宁宗赵扩召见辛弃疾。辛弃疾陈述了对盐法的见解,更重要的是对宁宗讲金国必乱必亡的见解。

受召离绍兴帅府前,辛弃疾的朋友陆游,曾为他赋诗送行。同样被投闲置散多年的陆游,深知辛弃疾的才具和不遇:"大材小用古所叹,管仲、萧何实流亚①。"他希望朝廷能把北伐重担交付辛弃疾,并劝勉他莫对往事心存芥蒂,要为国立功:"深仇积愤在逆胡,不用追思灞亭夜。"②(均见《送辛幼安殿撰造朝》)陆游所见是对的,辛弃疾此行确与韩侂胄的拟议北伐有关,而辛弃疾也确是不计前嫌,以国事为重。

韩侂胄以外戚身份登上相位,资历和才干都不相称,韩皇后一死,已失去了国戚的身份。他急于建功立业,得知金人国势渐弱,便急于对金用兵。为此,他从财政、军事上进行种种准备,并解除"伪学党禁",起用主战派,削除秦桧王爵,追封岳飞为鄂王,造成了抗战的舆论。辛弃疾的复出,与韩侂胄起用主战派有关,皇帝的召见,当然也是与北伐相关的。嘉泰四年(1204年)正月,辛弃疾得宁宗召见。他对宁宗说:金国必然大乱,必将灭亡,希望授权元老大臣,让他们制定应变的策略。

辛弃疾在召见时的应对,虽然可令韩侂胄"大喜",但就北伐的战略战术思想来说,两人却是大相径庭。辛弃疾早在四十年前奏进《美芹十论》时,就批判过速胜论。四十年来,民心士气依然故态,长期未经用兵,将帅无能,兵卒无勇,难以指望这支军队能冒矢石而取胜。因此,辛弃疾认为,尚需二十年的功夫,提高国力、军力,才能出兵北伐。他所说的"必乱必亡",是要让宁宗建立信心,并不是认为敌人"速乱速亡"。他建议宁宗将用兵大计托付元老大臣,是因为他们老成持重,不同于韩侂胄所倚重的那般好为大言,性行浮躁,易于轻举妄动的人物。

果然,韩侂胄是要借重辛弃疾的声望,来证实自己的北伐之见,"论证"已毕,真正的北伐大业却不容辛弃疾插手。召见之后,辛弃疾虽然得到职名的提升,但具有实权的浙东安抚使职务,却被解除了。不久,辛弃疾被派作镇江知府。

第三,镇江任上。

对于韩侂胄的主张北伐,辛弃疾无疑是支持的,他曾写过一首《清平乐》:

新来塞北,传到真消息:赤地居民无一粒③,更五单于争立④。　维师尚父鹰

---

① 管仲,春秋时人,帮助齐桓公成霸业。萧何,汉相,辅佐汉高祖刘邦平定天下。

② 灞亭夜,出《史记·李将军列传》:李广失官后,夜饮城外,还至霸陵亭,灞陵尉醉,大声呵斥李广,叫他停下,李广从人答以"故李将军",尉曰:"今将军尚不得夜行,何乃故也!"令李广宿于亭下。

③ "赤地"句,说因遭旱灾而形成千里赤地,百姓无粒米之收。

④ "五单于"句,据《汉书·匈奴传》载,呼韩单于当政时,匈奴内部互相杀伐,屠耆单于、乌藉单于、呼揭单于、车犁单于相继竞立,形成五单于的混乱局面。这里说女真政权核心的内讧不断。

扬[1]，熊罴百万堂堂[2]。看取黄金假钺[3]，归来异姓真王[4]。

词中用姜尚(子牙)辅佐周武王伐商纣王，比拟韩侂胄北伐。辛弃疾确实希望统治南宋朝廷数十年的投降、主和论调就此休矣，因而在兴奋之余，对韩侂胄作了过分的推许。

但是，韩侂胄支持辛弃疾复出，只不过是想利用他作为主战派中坚人物的威望。在认为辛弃疾已论证了北伐的见解，形势对自己有利之后，韩侂胄以为大功唾手可得，便不想再让辛弃疾有发言权，而将他改派地方任职。

辛弃疾不但未能参与决策军机，反而失去了一路帅守之职，仅被派作镇江知府。但是，镇江是一个具有重要战略地位的重镇，它据大江之险，与建康(今南京)共扼要冲。如果说辛弃疾当年出知滁州时，重在重建经济，那么如今当镇江知府则是重在军事建设，准备一酬四十多年的北伐素志了。

辛弃疾尚未到任，镇江的士大夫刘宰，已写信表示欢迎，并将他拟为张良、诸葛亮、期望他能担负起抗金大业。辛弃疾尽管已是老年，依然壮心未已，他登上北固亭，俯仰古今，写下了著名的《永遇乐》：

千古江山，英雄无觅、孙仲谋处[5]。舞榭歌台，风流总被、雨打风吹去[6]。斜阳草树，寻常巷陌，人道寄奴曾住[7]。想当年：金戈铁马，气吞万里如虎[8]。　元嘉草草，封狼居胥，赢得仓皇北顾[9]。四十三年，望中犹记、烽火扬州路[10]。可堪回首，佛狸祠下，一片神鸦社鼓[11]。凭谁问：廉颇老矣，尚能饭否[12]？

---

① “维师”句，出于《诗经·大雅·大明》：“维师尚父，时维鹰扬。凉彼武王，肆伐大商。”尚父指姜太公。鹰扬，即似雄鹰展翅般。凉是辅助之意。此处以拟韩侂胄。

② “熊罴”句，百万勇士阵营坚强。熊罴为熊和罴，两种猛兽，用以比喻勇猛的武士。

③ 黄金假钺，即赐给黄钺。黄钺是用黄金为饰的斧，古代为帝王所专用，或赐给专主征伐的重臣，因韩侂胄负征伐重任，故有“黄金假钺”之说。假，给予，赐予。

④ “归来”句，凯旋而归，得以异姓封王。杜甫《闻河北诸节度入朝绝句》：“十二年来多战场，天威已息阵堂堂。神灵汉代中兴主，功业汾阳异姓王。”即歌颂郭子仪因功事而被封为汾阳郡王。

⑤ “英雄”句，孙权字仲谋，曾建京口为吴国首都，与魏、蜀三分天下，所以作者想起孙权曾击破南犯的曹兵，感慨孙仲谋而今无处可寻。京口，古城名，故址在今江苏镇江市。

⑥ “风流”句，英雄事业的流风余韵，随时间的风雨而消失了。

⑦ 寄奴曾住，南朝宋武帝刘裕小字寄奴，先世由彭城移居京口，他在此起事，后来平定桓玄叛乱，进而推翻东晋，成为刘宋开国皇帝。

⑧ “想当年”三句，颂扬刘裕的业绩。他先后灭南燕、后秦，光复洛阳、长安，最后称帝。

⑨ “元嘉”三句，元嘉二十七年公元450年，刘义隆派出的王玄谟北伐大军惨遭失败，后魏军队乘胜追到长江边，声称要渡江，都城震动。刘义隆登烽火楼北望，对北伐表示忏悔。元嘉，宋文帝年号。草草，草率封狼居胥，王玄谟对刘义隆陈北伐之策，刘说闻后“使人有封狼居胥意”。史载霍去病曾追击匈奴至狼居胥山，封山而还。

⑩ “四十三年”三句，四十三年前，作者率部南归，南归之前，正在扬州以北参加对金人的斗争。

⑪ “佛狸祠下”二句，说敌占区中香火很旺，表示土地和人民已非我有。佛狸，后魏太武帝的小字，他击败王玄谟的军队以后，率部追击至长江北岸的瓜步山(今属江苏六合县)，在山上建立了行宫，后为佛狸祠。神鸦社鼓，庙中吃祭品的乌鸦和社日祭神的鼓声混成一片。

⑫ “凭谁问”三句，事出《史记·廉颇蔺相如列传》，借廉颇言自己年纪虽老，雄心犹在，但有谁能关心自己呢？

在这首词中，他从当地历史出发，写了几个历史人物、两次北伐战争，在对照之中，借古言今，向韩侂胄发出了北伐必须慎重对待的警告。辛弃疾首先歌颂了固守江东的孙权，对他能挫败曹操的赞美，无疑就寓有对南宋政权的批判。其次，对刘裕北伐的壮举表示了赞颂。然后，他对刘裕之子刘义隆不能继承父业，好大喜功，招致王玄谟北伐惨败，表示了批判。最后，借廉颇表达自己老将未得重用之悲。

辛弃疾在镇江任上时，先后派出侦察人员多人，对金国的兵骑之数，屯戍之地，将帅姓名，钱粮仓库，都作了充分了解。在知己知彼的基础上，作了周密的规划。

辛弃疾认为，从符离之役不战自溃以后，南宋官兵已不堪渡淮迎敌，只能"以禁旅列屯江上，以壮国威"了。倘若建立用以征战的军队，一定要从沿边土著壮丁中招募，因为他们自幼习练弓马，接近敌占区，惯于与敌人周旋。所以，辛弃疾制作了一万件红色战衣，准备在靠近淮河的沿边地区招募万员兵士。

辛弃疾对官军的腐败情况了如指掌，因此他认为，新军组建之后，应与官军分屯驻扎，以免杂处日久，染上怯敌、争功的恶习。

辛弃疾还认为，分屯之后，不可不壮军势。军队应依淮河分为淮东、淮西二屯，每屯二万人方能成军。淮东屯设在山阳(今江苏淮安)，淮西屯设在安丰(今安徽寿县南)，选择或依山或阻水之地为屯。将新军成员的老幼亲属都安置屯中，使他们没有后顾之忧。然后配以新将帅，进行严格训练，逐渐造成雄壮的军势，以战胜敌人。

辛弃疾的这些具体规划，是切实可行的。但是，韩侂胄等人并不把前线地带的重要军事职权交给他，加以宋廷习惯对地方官员频繁调动，辛弃疾任镇江知府刚满一年，就又调任了，他的北伐计划终难实行。更为可叹的是，当他尚未抵达隆兴府新任时，已被"好色、贪财、淫刑、聚敛"的罪状所劾，改授"提举冲佑观"的空名。

开禧元年(1205年)秋，辛弃疾回到铅山。如果说他原先对韩侂胄还寄予很大期望，在为他祝寿时称颂"维师尚父鹰扬"的话，那么现在落职而归，可算看清了"郑贾正应求死鼠[①]，叶公岂是好真龙[②]"(《瑞鹧鸪》)。韩侂胄抓住了北伐的旗帜，营求的却是以为唾手可得的盖世功名，难怪辛弃疾还在镇江任上时，就有"偷闲定向山中老"(《瑞鹧鸪》)之念了。对这次晚年复出，他确实非常后悔。

第四，忧愤以殁。

镇江归来后，辛弃疾仍旧居住在铅山瓢泉。第二年春，他六十七岁，南宋政府再起用他为绍兴知府、浙东安抚使，他辞免了。

五月，宋廷正式发布伐金诏令，这就是著名的"开禧北伐"。宋兵仓猝出师，由于轻敌冒进，各路军队纷纷溃败。这次战争使宋廷遭受到巨大损失：百年来训练的军队一日而溃，百年来整治的器械、物资一日而散，百年来公私的储藏一日而空，百年来中原人民盼望南师之心一日而失。导致战争失败的原因，从军事上来说，在于招兵不作选

---

① "郑贾"句，据《战国策·秦策》，郑国人称未经加工的玉为璞，周人称鼠之未腊者为朴。周人带鼠问郑国商人："要买朴吗？"说："要的。"周人取出鼠，郑人不敢要。

② "叶公"句，据《新序·杂事》，叶公子高喜好龙，家中雕画着不少龙，真龙听见后，从天而下，头窥于窗，尾施于堂，叶公见了，吓得五色无主。辛弃疾以此二句讽刺韩侂胄。

择，对士兵不分屯，军势不振作，对敌方情况不明。而这一切，没有一件不是辛弃疾所预言的。

这年，宋廷将辛弃疾的职名升为龙图阁待制，任命为江陵府知府，并要他行前先到临安向皇帝奏事。奏对之后，颁发诏令，改留临安任兵部侍郎，时为开禧三年（1207年）春。

辛弃疾一生的理想所系，就在于抗金复国，兵部侍郎握有兵权，倘在从前，他是断无推辞之由的。但从这几年的朝政和个人际遇中，辛弃疾深知韩侂胄等人名利不让人分沾，罪责却望人分担，事情已难以收拾，金人在施加军事压力，内部酝酿着政治危机，他当然不能以残年来支持残局，况且自觉身体情况不佳，因而极力推辞这一新的任命。

辛弃疾回到铅山，八月得病，转为沉重。秋天，在宋金和议过程中，金人提出以索取韩侂胄首级作为和议条件。韩侂胄大怒，又准备开战，想再次利用辛弃疾，将他提拔为枢密院都承旨，让他速至临安供职奏事。诏命到时，辛弃疾病已沉重，上书辞谢。垂殁之前，他说："韩侂胄岂是能用辛稼轩来建立功名的人？我辛稼轩又怎么会依附韩侂胄以求取富贵呢？"（见谢枋得：《祭辛稼轩先生墓记》）开禧三年（1207年）九月初十，辛弃疾与世长辞。临终前，他大呼数声"杀贼"。

辛弃疾逝世后，家中并无财物，只有诗词、奏议、杂著而已。灵柩被葬在铅山县南面十五里的阳原山中。

稼轩词的杰出成就

第一，爱国主义的内容。

辛弃疾留下了六百多首词，不仅数量居两宋词人之冠，而且在思想内容和艺术成就上，都堪称两宋词坛的顶峰。

稼轩词的爱国主义内容，使词坛焕发出耀眼的光辉，达到了前所未有的思想高度。正是辛弃疾的作品，使词这一历来被视作“卑体”、“小道”的园苑，让人刮目相看。

辛弃疾自幼生长在山东，感受过中原汉族人民思念故国的深切感情，亲身体验过民族压迫的滋味。他在擒获张安国、率众南归之后，始终没有忘记中原，没有忘记北方汉族人民所受的蹂躏。因此，在他的词中，时常出现思念北方的内容：

> 还记得、梦中行遍，江南江北。
>
> ——《满江红·江行，简杨济翁、周显先》

然而，梦境毕竟不是现实，现实是：

> 落日胡尘未断，西风塞马空肥。
>
> ——《木兰花慢·席上送张仲固帅兴元》

因此，他就未免“但山川满目泪沾衣”了。

辛弃疾被劾落职，闲居带湖之后，更无从报效国家，深感忧闷，甚至消极。但对北方沦陷区的忆念之情，却未见衰落：

> 起望衣冠神州路，白日消残战骨①。叹夷甫诸人清绝②，夜半狂歌悲风起，听铮铮、阵马檐间铁③。南共北，正分裂。
>
> ——《贺新郎·用前韵送杜叔高》

神州世族、士绅经行的道路上，如今累累白骨被太阳消残，这是当代王衍误国的结果。

---

① “起望”二句，起而望见中原曾为世族、士绅所经行的道路上，如今太阳将覆盖路上的战争遗骨都晒残了。衣冠，指世族、士绅。

② “叹夷甫”句，可叹的是，诸多的王夷甫以清谈为能事。用以讽刺南宋士大夫的清谈之风。夷甫，晋清谈家，清谈、不理政事而误国，被石勒所杀。

③ “听铮铮”句，听檐下的铁马相撞发出的铮铮声。铁马，挂在屋檐下的马形铁片。

夜间被檐下铁马之声惊醒，在悲风之中，想起北方沦陷，国土分裂，真使人倍觉难过！

虽然两度长期被迫闲退，但直到晚年，复出而就任镇江知府时，辛弃疾还在《永遇乐·京口北固亭怀古》中，流露了故土难忘、中原人民苦难难忘和雄心难平之意。

辛弃疾怀念中原，并非只停留在口头上，他率众南归，就是希望有朝一日能再率部北征，抗击金人，恢复失地，为国家、为人民建功立业。因此，他的词中充满了抗敌斗争的激情，和对功业的向往：

醉里挑灯看剑①，梦回吹角连营②。八百里分麾下炙③，五十弦翻塞外声④。沙场秋点兵⑤。　马作的卢飞快⑥，弓如霹雳弦惊⑦。了却君王天下事⑧，赢得生前身后名。可怜白发生！

——《破阵子·为陈同甫赋壮词以寄之》

这首词是寄给他的志同道合的朋友陈亮的。词中所写的军旅生活，是作者经历过，并希望能再实践的。他希望骑骏马飞驰，拉开硬弓战斗，为收复中原、统一国家，建立不朽功业，留下一世英名。但是，理想虽是炽热的，现实却是冰冷的，只能在闲居之中"可怜白发生"。

辛弃疾深刻认识到，自己不能投身于抗金斗争，是因为那伙误国权臣推行妥协苟安政策的结果，因此在词中对他们常有斥责，屡作批判。他把那些只会跟着主降派大官学舌的小人称为"秦吉了"；把那些不表明是非曲直的人喻为甘草，甚至更为轻蔑地把他们拟为尘埃；把给抗金事业带来巨大破坏的投降派，比作兴波作浪的水怪、鱼龙。他认为，如果不是这些如同争风吃醋的女子般的投降派，宋孝宗是会信任自己的，因此严厉地警告他们：

君莫舞，君不见、玉环飞燕皆尘土⑨！

——《摸鱼儿·淳熙己亥，自湖北漕移湖南，同官王正之置酒小山亭，为赋》

---

①"醉里"句，乘着酒兴，挑亮了灯看剑。看剑，有期望立功之意。

②"梦回"句，梦中醒来时，听到各个军营里响起了接连不断的号角声。

③"八百里"句，八百里范围内的部队，都分到了熟牛肉。当时耿京义军人多，所占地广，故称"八百里"。"八百里"又可指牛，《晋书·王济传》中有牛名叫"八百里驳"。"八百里"连后面的"炙"，为熟牛肉。麾下，部下。炙，烤熟的肉。

④"五十弦"句，各种乐器合奏出雄壮的乐曲。五十弦，古时的乐器瑟有五十根弦，此处指合奏的各种乐器。翻，演奏。塞外声，从边域外传入的军歌，曲调雄壮悲凉。

⑤"沙场"句，秋天在战场上检阅军队。

⑥的卢，骏马名，性子猛烈。

⑦霹雳，雷声，用以比喻射箭时弓弦的响声。

⑧"了却"句，指完成了收复中原的天下大事。

⑨"君莫舞"三句：你（善妒者）不要太得意了，你没见玉环、飞燕这样的宠姬都化为尘土了吗？玉环，杨贵妃，唐玄宗宠妃，安史之乱时随唐玄宗出逃，羽林军深恨杨家弄权误国，玄宗不得已将她赐死于马嵬坡。飞燕，赵飞燕，汉成帝宠后，被废为庶人（平民），自杀死。

由于朝臣多讳言抗金大事，有西晋清谈之风，对主战派则攻击、诽谤，辛弃疾或在不得决策权的地方任上匆匆迁徙，或长期投闲置散，心中充满了壮志难伸、英雄失意的悲愤。稼轩词中对此常有抒发。

总之，辛弃疾一生中深切关怀国家、民族的生死存亡，始终不忘中原人民，和被敌人侵占的大好河山。他在词中倾诉了抗敌御侮、收复失地的强烈愿望，在叹惜中原沦陷时，表现出对投降派误国祸民的不满和痛恨，表达了壮志难伸、报国无门的极度悲愤。尽管他的作品中也有故作达观、实则消沉的思想，但毕竟难以掩盖爱国主义的主要思想倾向。

第二，稼轩词的艺术成就。

稼轩词不仅具有深刻的内容和现实主义的思想光辉，而且具有高度的艺术成就。稼轩词的艺术成就是多方面的，概括说来，可以分为四个方面。

内容与手法。稼轩词的爱国主义内容，与现实生活是不可分割的。但在"别有人间行路难"的现实中，并不能事事直写现实，因而稼轩词虽然大部分是写实的，但也有一部分采用了浪漫主义的手法，表现出辛弃疾的创作个性和艺术特色。

南渡以来一直是主和派主持朝政，主战派倍遭压抑，辛弃疾在现实与理想的冲突中深感苦闷，因而经常以梦境、神话来解脱思想羁绊，一伸自己的意志：

> 我志在寥阔，畴昔梦登天。摩挲素月，人世俯仰已千年。有客骖鸾并凤，云遇青山、赤壁[①]，相约上高寒。酌酒援北斗，我亦虱其间。　少歌曰[②]："神甚放，形则眠。鸿鹄一再高举，天地睹方圆。"欲重歌兮梦觉，推枕惘然独念：人事底亏全？有美人可语，秋水隔婵娟。
>
> ——《水调歌头·赵昌父七月望日用东坡韵叙太白、东坡事见寄，过相褒借，且有秋水之约；八月十四日余卧病博山寺中，因用韵为谢，兼寄吴子似》

为了冲开现实生活的樊笼，词人在梦幻之中登上高空，以骋自己的寥廓之志。他驾凤玩月，与李白、苏轼相会，在高寒的天空，以北斗舀酒而共酌同欢，并举首高歌，一睹天地方圆。这首词表现了作者对恶浊的厌弃，对光明的追求，但最终还是梦醒回到现实，仅以挚友赵昌父可以对语作为安慰。

辛弃疾在被迫闲退时，对"天生我材必有用"感到疑惑，他借山中巨石来言志抒怀，表现出奇特的浪漫主义色彩：

> 我笑共工缘底怒，触断峨峨天一柱。补天又笑女娲忙，却将此石投闲处。野烟荒草路，先生拄杖来看汝。倚苍苔，摩挲试问：千古几风雨？　长被儿童敲火苦，时有牛羊磨角去。霍然千丈翠岩屏，锵然一滴甘泉乳。结亭三四五，会将暖热携歌

① 青山、赤壁，代指李白、苏轼。李白墓在青山，苏轼有《赤壁赋》两篇，词《念奴娇》亦为赤壁怀古之作。

② 少歌，《楚辞·九章·抽思》有"少歌"，王逸注"少亦作小"。

舞。细思量：古来寒士，不遇有时遇。

——《归朝欢·题赵晋臣敷文积翠岩》

一块补天之石被遗弃此间，被儿童敲火，牛羊磨角，这不是作者的自我写照吗？在这野烟荒草间，巨石会倚重于翠岩、甘泉，而结束被冷遇的生活，这是作者希望自己最终能被用于“补天”。

感情与形象。唐代大诗人白居易论诗，将感情视作诗之“根”。宋代词坛最伟大的词人辛弃疾，正是如此。他不仅以炽热的感情，关怀北方的失地和铁蹄下的人民，关切抗金大业，几十年来热情未减；而且对于志同道合的朋友、共事的同僚以及邻居，也都能赤心相待；他虽未能与农民同耕共作，但与他们共享丰收之乐，对他们十分关注；甚至对山水、草树、走兽、花鸟、虫鱼，都怀着真挚的爱。在这样深沉、真挚的感情驱使下，他才能创造出鲜明生动的艺术形象，而不同于前人词作，多重在主观抒情。

由于情真、情深，辛弃疾所刻画人物形象往往显得鲜明、饱满，而不是苍白、萎靡、隔膜。他笔下的人物形象，不仅切合人物身份，而且往往是寥寥几笔，就足以传神。“破敌金城雷过耳，谈兵玉帐冰生颊”（《满江红》），这是写武将；“谁家寒食归宁女，笑语柔桑陌上来”（《鹧鸪天》），这是写村女；“隔户语春莺，才挂帘儿敛袂行。渐见凌波罗袜步，盈盈，随笑随颦百媚生”（《南乡子》），这是写歌女；“朱颜晕酒，方瞳点漆，闲傍松边倚杖”，这确实是“不须更展画图看，自是个、寿星模样”（《鹊桥仙》）了。

除了对人物形象的刻画外，还不能忽略辛弃疾笔下的山水形象。在辛弃疾之前，除了少数词人外，山水词作多境界较狭小，或多表现阴柔之美，缺乏雄奇开阔的境界。所以辛弃疾山水之作的新贡献，就在于一改恬淡、轻柔、幽美的宗风，写出了山水的雄壮气势，表现出阳刚之美。

辛弃疾写杭州西湖，并不去表现它的“三秋桂子，十里荷花”，而是以健气凌云之笔、飞动的气势，将飞来峰、冷泉亭写得不同凡响：

直节堂堂，看夹道冠缨拱立。渐翠谷、群仙东下，珮环声急。谁信天峰飞堕地①，傍湖千丈开青壁。是当年、玉斧削方壶②，无人识。　山木润，琅玕湿③。秋露下，琼珠滴。向危亭横跨，玉渊澄碧。醉舞且摇鸾凤影，浩歌莫遣鱼龙泣。恨此中、风物本吾家，今为客。

——《满江红·题冷泉亭》

他写山：

---

① “谁信”句，西晋时，慧理到此峰，说：这是天竺国灵鹫山之小岭，不知何年飞来。造灵隐寺，并号此峰为飞来峰。

② 方壶，山名。

③ 琅玕，美石，亦可指竹。

青山欲共高人语，联翩万马来无数。

——《菩萨蛮·金陵赏心亭为叶丞相赋》

叠嶂西驰，万马回旋，众山欲东。

——《沁园春·灵山齐庵赋。时筑偃湖未成》

他写湖：

为爱琉璃三万顷，正卧水亭烟榭。

——《贺新郎》

他写潮：

望飞来、半空鸥鹭，须臾动地鼙鼓。截江组练驱山去，鏖战未收貔虎。

——《摸鱼儿·观潮上叶丞相》

他写雪：

造物故豪纵，千里玉鸾飞。等闲更把、万斛琼粉盖玻瓈。好卷垂虹千丈，只放冰壶一色，云海路应迷。

——《水调歌头·和王正之右司吴江观雪见寄》

这些描写山水风光的作品，都可见鲜明、生动、健朗，清新，也革除了他自己喜欢用典使事的习气。

在辛弃疾所描绘的景象事物、自然风光中，都可见“风格即人”的特点，可见作者感情的外溢和折射。

看黄底、御袍元自贵，看红底、状元新得意。如斗大，笑花痴。汉妃翠被娇无奈，吴娃粉阵恨谁知。

——《最高楼·赋牡丹》

这里赋予牡丹精品御袍黄、状元红以人的神情，它们置身于众多牡丹中，当使“汉妃翠被”、“吴娃粉阵”为之忌恨，这里男性美胜于女性美，实属写花的奇笔。

辛弃疾以他浪漫主义的想象力，赋予自然景物以生命，常是拟人手法与移情作用并到，尤见形象的生动或风趣。他曾说过：“一松一竹真朋友，山鸟山花好弟兄。”(《鹧鸪天》)他笔下出现过不少这样的“朋友”和“弟兄”。

昨夜松边醉倒，问松："我醉何如？"只疑松动要来扶，以手推松曰："去！"

——《西江月·遣兴》

这里将物拟人，使之人格化，并与它对话，在幽默、风趣之中，更可见英雄失意、难展其才的沉痛。但是，辛弃疾也善于以"物我欣然一处"来排解：

台倚崩崖玉灭瘢，青山却作捧心颦。远林烟火几家村。　引入沧浪鱼得计，展成寥阔鹤能言。几时高处见层轩？

——《浣溪沙·席上赵景山提干赋溪台，和韵》

青山似西子捧心，鱼得计，鹤能言，作者移情于山水花鸟，则见它们对人满怀深情。这些作品较之单纯的拟人手法来，艺术性当然更高。

稼轩词正由于感情深沉真挚，形象鲜明生动，二者互为表里，情、意与物、境契合无间，所以能够形成完整的意境。

继承与创新。以比喻、比拟为主要含义的"比"和以发端、暗喻为主要含义的"兴"，自《诗经》以来就是诗歌创作的主要艺术手法。但是，比、兴不仅可以分别言之，还可合而成为一个不可分割的完整概念。在创作时，将客观事物喻为或拟为某物，并从中寄托主观的意志、情思，具有言此而意彼的特点。因而，"比兴"与"寄托"几乎成为同义词。

从屈原的《离骚》以来，比兴寄托的传统，一直为优秀的诗人所继承，且以大量作品丰富了诗歌艺术宝库。词则不然，它长期以来被作为抒写艳情、闲愁的工具，虽然比、兴的艺术手法甚至多于诗，但却与寄托无关，难见其蕴含的深刻思想意义。直到辛弃疾，才把词等同于诗，继承了比兴寄托的传统，创作出大量佳篇。

如《水龙吟·登建康赏心亭》一词，就是以古比今的寄托之作，词中写了四个古人，实际上都是说自己：不愿像张翰那样因恋故乡的鲈鱼莼菜而弃官，也不愿像许汜那样求田问舍，而希望像刘备那样有为，像桓温那样不虚度时光。但是他不仅不能似桓温北伐，而且落职归田，因而写了李广"甚当时健者也曾闲"（《八声甘州》），其实是以李广自拟，诉说心中的不平。

辛弃疾所作中秋词《太常引·建康中秋夜为吕叔潜赋》，词中"乘风好去，长空万里，直下看山河"，有明显的游仙色彩，"斫去桂婆娑"则指除掉主和派的势力，既可见比兴寄托之意，又可见浪漫主义的特点。前面论浪漫主义手法的《水调歌头》等词，也多为以仙比俗的寄托之作。

写男女之情本是词之所长，辛弃疾对此多有发扬，常寓有深意，其中最为著名的就是《摸鱼儿》。词中以汉武帝的陈皇后被贬长门宫，比况自己的遭冷遇、见弃，以杨玉环、赵飞燕拟得宠的主和派，完全是对现实的针砭，因而，使宋孝宗阅后不乐。

咏物是词之大宗，稼轩词中也不乏此类，其中固然不少逞才应酬之作，但有寄托的也不少：

开元盛日，天上栽花，月殿桂影重重。十里芬芳，一枝金粟玲珑。管弦凝碧池上，记当时、风月愁侬。翠华远，但江南草木、烟锁深宫。

——《声声慢·嘲红木犀。余儿时尝入京师禁中凝碧池，因书当时所见》

词中从开元盛世，写到安禄山攻陷长安，大宴凝碧池。“翠华远，但江南草木，烟锁深宫”，点出了翠羽为饰的皇帝旗帜北行，江南草木被笼罩于深宫之烟，词之嘲红木犀，实是寓有痛惜徽、钦二宗被金人所掳、北入绝域的意思。又《鹧鸪天·徐衡仲惠琴不受》，借琴以明己志；《贺新郎·赋琵琶》则寓托盛衰之感，都是以物比人的寄托之作。

如果说在词的领域里，辛弃疾继承了诗的比兴寄托的传统，成为立意与艺术的一大特色；那么他的以文为词，就更见创造性。

辛弃疾的以文为词，历来很少有人赞赏，认为不是当行本色。其实，这一创造是形式适应内容的变革结果。也正是以文为词，造就了稼轩词为“词论”的独特面貌。当然，议论多，使事用典多，与形象思维规律不甚相合，以文为词确实有不少缺点，这也不应讳言。

《贺新郎·别茂嘉十二弟》一词，用了文章、辞赋的铺排手法，连用昭君出塞和番，陈皇后失意长门宫，庄姜送归妾，李陵、苏武诀别，荆轲离燕刺秦王数事，以古代美人和英雄的辞家去国，来抒发心中的无穷感慨，显示出苍凉而沉郁的力量。他的说理之作《哨遍》三首，更见以文为词的特点。那些化用经、史、诸子语的作品，往往留下文的痕迹，显得不甚调和，读来未免拗涩。但也有些作品写得较成功，甚至全以经书句子集成，却浑然如同已出，可见辛弃疾运用与熔铸之力。

相对说来，比兴寄托更合于词的特质，易于为人接受，以文为词则是变调，且难于容人学步。有人学此而流为纸上奔腾的叫嚣之风，是难以让稼轩代为受过的。

刚美与柔美。词历来以阴柔之美见长，辛弃疾所作却以阳刚之美见胜，但在主体风格之外，又可见多样性的风格。

稼轩词中的抗战词，常见激扬奋厉之志，呈现出劲健豪放的风格。写景的作品中，这种风格也很多。但是由于辛弃疾长期闲居，即使为官，也处处受掣肘、难展才干，因而又有“敛雄心、抗高调，变温婉，成悲凉”（周济：《宋四家词选目录序论》）的特点。于是，深沉郁积的感情，与曲折跌宕的笔触，结合成沉郁顿挫的风格。前面所提到的《贺新郎·别茂嘉十二弟》、《永遇乐·京口北固亭怀古》等，都不乏这种风格。

在辛弃疾之前，词虽然以柔美婉约为主要特征，但并不等于风格单一。辛弃疾虽然是词坛异军，风格以劲健豪放、沉郁顿挫为主，但也并不抛弃传统。他师法前人，出以自己的面目，造就了多样性的艺术风格。大体说来，属于柔性美一类的稼轩词，不以典丽精工和哀感顽艳见长，而主要表现为清新明丽和缠绵婉约。如：

听我尊前醉后歌，人生无奈别离何。但使情亲千里近；须信：无情对面是山河。　寄语石头城下水：居士，而今浑不怕风波。借使未成鸥鸟伴；经惯，也应学得老渔蓑。

——《定风波·席上送范廓之游建康》

盈盈泪眼，往日青楼天样远。秋月春花，输与寻常姊妹家。　水村山驿，日暮行云无气力。锦字偷裁，立尽西风雁不来。

——《减字木兰花·长沙道中，壁上有妇人题字，若有恨者，用其意为赋》

前一首显得清新明丽，后一首显得缠绵婉约。

除清新明丽、缠绵婉约的风格外，稼轩词中有一部分作品显得清劲高旷，另一部分则显得奇艳险涩，还有标明学习他人的作品，如效"花间"体，效白乐天体，效朱敦儒、李清照体，甚至还有学《楚辞·天问》的作品，显示出非凡的艺术才能。辛弃疾不仅善于吸收诸家之长，还能在铸史熔经之外，用口语入词。如：

欲上高楼去避愁，愁还随我上高楼。经行几处江山改，多少亲朋尽白头。

归休去，去归休。不成人总要封侯？浮云出处元无定，得似浮云也自由。

——《鹧鸪天》

这类词，似随手拈来，显得真率明净，挥洒自如。

总之，辛弃疾不仅对词的传统风格有所继承，而且有突破、发展。稼轩词具有龙腾虎掷、气势纵横的博大境界，可以感触到真力弥满、忧愤深广的非凡意蕴，不少作品可谓真、善、美的结合。

当然，辛弃疾思想上有局限，这些局限也必然反映到作品中。稼轩词以爱国主义为主旋律，但也有庸陋之作。在艺术上，往往长调用典过多，失之过深，小令肆口而成，失之过浅，而且开议论之风，难说是艺术上的贡献。

辛弃疾逝去八百年了，但是他留下的作品将永远长存！他的爱国主义思想，是一份值得珍视的精神遗产，他的爱国主义词作，将永远在中国文学史上占据重要的一席！

附　录

生平大事年表

宋高宗绍兴十年五月十一日(1140年5月28日)出生于山东历城四风闸。

绍兴二十三年(1153年)应乡试中选。

绍兴二十四年(1154年)第一次抵燕山。

绍兴二十七年(1157年)第二次抵燕山。

绍兴三十一年(1161年)金主完颜亮统兵大举南侵。辛弃疾聚众二千人起义,投耿京部下任掌书记,追杀叛徒义端。

绍兴三十二年(1162年)受耿京之命,奉表南归。晋见宋高宗赵构,授职右承务郎。入金营擒获叛徒张安国,押赴建康治罪。被任命为江阴签判。

宋孝宗隆兴二年(1164年)江阴签判任满,去职。

乾道元年(1165年)奏进《美芹十论》。

乾道四年(1168年)任建康府通判。

乾道六年(1170年)召对延和殿,上疏论淮河重要性及训练民兵守淮。迁任司农寺主簿。作《九议》,上虞允文。

乾道八年(1172年)任滁州知州,政绩显著。有奏议呈君相,论敌国事。

淳熙元年(1174年)任江东安抚司参议官。因叶衡推荐,得召见,迁任仓部郎官。

淳熙二年(1175年)出任江西提点刑狱。进击茶商军,诱杀茶商军首领赖文政。加封秘阁修撰。

淳熙三年(1176年)由江西提点刑狱调任京西转运判官。

淳熙四年(1177年)任江陵知府兼湖北安抚使。冬,迁任隆兴知府兼江西安抚使。

淳熙五年(1178年)召为大理少卿。出为湖北转运副使。与陈亮相识。

淳熙六年(1179年)由湖北转运副使改任湖南转运副使。奏进《论盗贼札子》。改任潭州知州,兼湖南安抚使。

淳熙七年(1180年)在湖南安抚使任上,以官米募工,兴修水利,赈济饥民;整顿湖南乡社;创置湖南飞虎军。加封右文殿修撰,改任隆兴府知府兼江西安抚使。

淳熙八年(1181年)在江西安抚使任上,因江西饥荒,任救荒之责。救荒有成绩,转奉议郎。改任两浙西路提点刑狱公事,被谏官王蔺弹劾落职。带湖新居落成。

淳熙九年(1182年)在上饶带湖闲居。会见朱熹。

淳熙十年(1183年)陈亮约秋后来访,未果。

淳熙十四年(1187年)主管冲佑观。

淳熙十五年(1188年)门人范开编刊《稼轩词甲集》成。陈亮来访,留十日,极论世事。别后,作《贺新郎》三首。

宋光宗绍熙二年(1191 年)被起用为福建提点刑狱。

绍熙三年(1192 年)赴福建提点刑狱任。决汀州疑狱。上疏论经界及钞盐事。与朱熹过从甚密。年底被召赴临安。

绍熙四年(1193 年)赴召途中,于建阳访朱熹,浙东会陈亮。到京,受宋光宗召见,奏论荆襄上流应加强兵备。迁任太府少卿。秋,加集英殿修撰,任福州知州兼福建安抚使。

绍熙五年(1194 年)在福建安抚使任上,置备安库,开释长溪县囚犯五十余人,修建福州郡学。陈亮卒。七月,被罢职,主管武夷山冲佑观。被再劾,降为秘阁修撰。

宋宁宗庆元元年(1195 年)家居上饶,被劾,免去秘阁修撰。

庆元二年(1196 年)徙居铅山县期思渡瓜山之下。秋,冲佑观职亦被罢,无任何职务。

庆元四年(1198 年)复集英殿修撰职名,主管武夷山冲佑观。

庆元五年(1199 年)朱熹来信,以"克己复礼"相勉。

庆元六年(1200 年)朱熹卒,稼轩为文悼念,并亲往而哭吊。

嘉泰三年(1203 年)起任绍兴知府兼浙东安抚使。奏请察知并奏劾州县官员害农之弊。建秋风亭。与陆游、刘过相识、交游。

嘉泰四年(1204 年)被宁宗召见于临安,论盐法;并言金国必乱必亡,愿嘱元老大臣预为应变之计。加封宝谟阁待制,提举佑神观,奉朝请。任镇江知府。派人侦察金国,并招兵以备战。

开禧元年(1205 年)改任隆兴知府,尚未到任,又降职。秋,回铅山家居。

开禧二年(1206 年)任命为绍兴知府、两浙东路安抚使,辞免。韩侂胄请宋宁宗诏令伐金,兵败。进稼轩宝文阁待制。又进龙图阁待制,任命为江陵知府。未就任,召赴临安奏事。

开禧三年(1207 年)至临安,被任为兵部侍郎,两次上章辞免,获准。回铅山。八月得病。进为枢密都承旨,并令至临安奏事,未受命。九月初十卒,终年六十七岁。葬于铅山县南十五里阳原山中。